Physica-Schriften zur Betriebswirtschaft

Herausgegeben von

K. Bohr, Regensburg · W. Bühler, Mannheim · W. Dinkelbach, Saarbrücken
G. Franke, Konstanz · P. Hammann, Bochum · K.-P. Kistner, Bielefeld
H. Laux, Frankfurt · O. Rosenberg, Paderborn · B. Rudolph, Frankfurt

Physica-Schriften zur Betriebswirtschaft

Herausgegeben von

K. Bohr, Regensburg · W. Bühler, Mannheim · W. Dinkelbach, Saarbrücken · G. Franke, Konstanz · P. Hammann, Bochum · K.-P. Kistner, Bielefeld · H. Laux, Frankfurt O. Rosenberg, Paderborn · B. Rudolph, Frankfurt

---

Informationen über die Bände 1-30 sendet Ihnen auf Anfrage gerne der Verlag.

Band 31:
Heinrich Kuhn
Einlastungsplanung von flexiblen Fertigungssystemen

Band 32:
Markus Funk
Industrielle Energieversorgung als betriebswirtschaftliches Planungsproblem

Band 33:
Michael Wosnitza
Das Agency-theoretische Unterinvestitionsproblem in der Publikumsgesellschaft

Band 34:
Andreas Dieter Robrade
Dynamische Einprodukt-Lagerhaltungsmodelle bei periodischer Bestandsüberwachung

Band 35:
Rudolf Vetschera
Entscheidungsunterstützende Systeme für Gruppen

Band 36:
Heike Yasmin Schenk
Entscheidungshorizonte im deterministischen dynamischen Lagerhaltungsmodell

Band 37
Thomas Hartmann-Wendels
Rechnungslegung der Unternehmen und Kapitalmarkt aus informationsökonomischer Sicht

Band 38
Erich Keller
Entscheidungswirkungen von Bankbilanzen am Aktienmarkt

Band 39
Klaus B. Schebesch
Innovation, Wettbewerb und neue Marktmodelle

Band 40
Thomas Hamann
Simulation von Informationsprozessen auf idealtypischen Börsenmärkten

Band 41
Günter Lassak
Bewertung festverzinslicher Wertpapiere am deutschen Rentenmarkt

Band 42
Erwin Esser
Angebotspreisbestimmung für das kundenindividuelle Projektgeschäft

Band 43:
Renate Hecker
Informationsgehalt von Optionspreisen

Band 44:
Thomas Spengler
Lineare Entscheidungsmodelle zur Organisations- und Personalplanung

Band 45:
Christoph Kaserer
Optionsmärkte und Risikoallokation

Band 46:
Bernd Hempelmann
Qualitäts- und Kommunikationspolitik angesichts von Produktrisiken

Band 47
Stephan Schumacher
PPS-Systeme für Unternehmen der Klein- und Mittelserienfertigung

Band 48
Andreas Bölte
Modelle und Verfahren zur innerbetrieblichen Standortplanung

Band 49
Andrea Piro
Betriebswirtschaftliche Umweltkostenrechnung

Band 50
Hermann Jahnke
Produktion bei Unsicherheit

Bernd Schäfer

Informationsverarbeitung und Preisbildung am Aktien- und Optionsmarkt

Eine empirische Intraday-Untersuchung zur Preisanpassungsgeschwindigkeit an schweizerischen und deutschen Aktien- und Optionsmärkten

Mit 54 Abbildungen

Physica-Verlag
Ein Unternehmen des
Springer-Verlags

Dr. Bernd Schäfer
Rellikonstraße 7
CH-8124 Maur, Schweiz

ISBN-13: 978-3-7908-0847-6 e-ISBN-13: 978-3-642-99780-8
DOI: 10.1007/978-3-642-99780-8

Die Deutsche Bibliothek - CIP-Einheitsaufnahme
Schäfer, Bernd:
Informationsverarbeitung und Preisbildung am Aktien- und Optionsmarkt: eine empirische Intraday-Untersuchung zur Preisanpassungsgeschwindigkeit an schweizerischen und deutschen Aktien- und Optionsmärkten / Bernd Schäfer. - Heidelberg: Physica-Verl., 1995
(Physica-Schriften zur Betriebswirtschaft; Bd. 51)

NE: GT
Zugl.: Zürich, Univ., Diss.

88/2202-5 4 3 2 1 0 - Gedruckt auf säurefreiem Papier

Meinen Eltern
und Manuela

VORWORT

Diese Intraday-Untersuchung ist die erste umfangreiche Studie, welche sich ausführlich mit dem innertäglichen Handelsgeschehen an schweizerischen und deutschen Aktien- und Optionsmärkten auseinandersetzt und den Informationsfluß zwischen diesen Märkten untersucht. Die zentrale Fragestellung lautet, ob Informationen an einem der beiden Märkte schneller verarbeitet werden und damit die Marktpreise den Preisen des anderen Marktes zeitlich vorauslaufen. Es werden dazu Aktien an den wichtigsten schweizerischen und deutschen Parkettbörsen sowie Aktien- und Indexoptionen an den Computerbörsen SOFFEX und DTB analysiert. Neben statistischen Analysen werden konkrete Handelsstrategien an beiden Märkten entwickelt, die einen eventuell vorliegenden zeitlichen Vorsprung eines Marktes zu abnormalen Gewinnen auszunutzen versuchen.

Die vorliegende Arbeit wurde im Februar 1994 an der Wirtschaftswissenschaftlichen Fakultät der Universität Zürich als Dissertation angenommen. Es ist mir ein besonderes Anliegen, an dieser Stelle allen aufrichtig zu danken, die zum erfolgreichen Abschluß dieser Dissertation beigetragen haben.

An erster Stelle gilt mein Dank meinem Doktorvater Herrn Prof. Dr. K. Hässig. Seine konstruktive Unterstützung sowohl bei der Planung und Entstehung der Dissertation als auch seine ständige Gesprächsbereitschaft und kritischen Hinweise hatten einen maßgeblichen Anteil am Gelingen der Arbeit. Ohne den mir eingeräumten Freiraum wäre eine solche wissenschaftliche Forschungsarbeit nicht möglich gewesen. Darüber hinaus war er für mich ein geschätzter Vorgesetzter, der mich fachlich jederzeit unterstützte und zudem durch seine positive menschliche Haltung stets zu motivieren verstand.

Herrn Prof. Dr. M. Janssen danke ich für die Übernahme des Korreferats. Weiter hat er mir in großzügiger Weise die für die Untersuchung benötigten Real-Time-Daten zur Verfügung gestellt, wofür ich ihm ebenfalls herzlich danke. Einen besonderen Dank möchte ich an Herrn Dr. M. Denzler richten, der mir stets behilflich war und durch seine zahlreichen wertvollen Hinweise wesentlich zum Gelingen der Arbeit beigetragen hat. Weiter danke ich J. Bührer und R. Tanner für die Unterstützung bei der Aufarbeitung der Real-Time-Daten.

Den Herausgebern dieser Reihe sowie dem Physica-Verlag danke ich für die Aufnahme meiner Arbeit.

Schließlich möchte ich meiner lieben Frau Manuela von Herzen danken. Sie hat nicht nur das komplette Manuskript Korrektur gelesen und mir zahlreiche nützliche Hinweise gegeben, sondern brachte vor allem sehr viel Geduld auf und war mir in der gesamten Zeit eine große moralische Unterstützung, die mir die Kraft gab, diese Arbeit zu vollenden.

Zürich, im November 1994 Bernd Schäfer

INHALTSVERZEICHNIS

Abkürzungsverzeichnis

Abb.	Abbildung
AMEX	American Stock Exchange
Bd.	Band
bzgl.	bezüglich
bzw.	bewziehungsweise
ca.	circa
CH	Schweiz
CBOE	Chicago Board Options Exchange
CBOT	Chigago Board of Trade
CME	Chigago Mercantile Exchange
D	Deutschland
DAX	Deutscher Aktienindex
Def.	Definition
Diff.	Differenz
d.h.	das heißt
DTB	Deutsche Terminbörse
DJIA	Dow Jones Industrial Average
evtl.	eventuell
f.	folgende
ff.	fortfolgende
Fn.	Fußnote
ggf.	gegebenenfalls
Hrsg.	Herausgeber
i.a.	im allgemeinen
i.d.R.	in der Regel
impl.	implizit
Jg.	Jahrgang
Kap.	Kapitel
KCBT	Kansas City Board of Trade
kum.	kumuliert
LIFFE	London International Financial Futures Exchange
Mio.	Millionen
Min.	Minute
MMI	Major Market Aktienindex

Nr.	Nummer
NYSE	New York Stock Exchange
S.	Seite
s.	siehe
SBAI	Swiss Bid/Ask-Index
Sek.	Sekunde
SMI	Swiss Market Index
SOFFEX	Swiss Options and Financial Futures Exchange
sog.	sogenannt
S&P 100	Standard & Poor's 100 Index
S&P 500	Standard & Poor's 500 Index
Tab.	Tabelle
u.	und
u.a.	unter anderem
u.ä.	und ähnliches
usw.	und so weiter
u.U.	unter Umständen
vgl.	vergleiche
z.B.	zum Beispiel

1 EINLEITUNG

1.1. Problemstellung und Ziel

Einer der wichtigsten und kontrovers diskutierten Trends auf den internationalen Finanzmärkten ist die zunehmende Ablösung von *traditionellen Parkettbörsen* durch *vollelektronische Computerbörsen*.

Am 19. Mai 1988 eröffnete die Swiss Options and Financial Futures Exchange (SOFFEX) den Handel mit Aktienoptionen auf zunächst 11 permanent gehandelte Schweizer Aktien bzw. Partizipations- oder Genußscheine; der Handel von Kontrakten auf den Swiss Market Index (SMI) wurde am 7. Dezember desselben Jahres aufgenommen. Am 26. Januar 1990 nahm die Deutsche Terminbörse (DTB) ihren Geschäftsbetrieb auf. Als erste Produkte wurden Aktienoptionen auf 14 deutsche Standardwerte gehandelt, die Einführung von Futures-Kontrakten auf den Deutschen Aktienindex (DAX) und auf eine idealtypische Bundesanleihe folgte am 23. November des gleichen Jahres.

Die SOFFEX und die DTB sind elektronische Börsen, an denen das traditionelle Börsenparkett durch ein vollelektronisches Handelssystem (die SOFFEX-Software wurde in Lizenz an die DTB vergeben) ersetzt wird. Dieses Handelssystem integriert verschiedene Funktionen, die vollautomatisiert sind und vom Computer wahrgenommen werden. Hierzu zählen neben der Informationsweiterleitung und der Kommunikation alle Aufgaben des Handelsprozesses wie der Orderabgleich, die Preisermittlung und die Auftragsausführung. Es handelt sich um eines der wenigen weltweit existierenden Systeme, die einen sehr hohen Automatisierungsgrad im Handelsprozeß aufweisen. Die Börsenteilnehmer sind via User-Devices online mit dem Host der jeweiligen Börse verbunden und können über angeschlossene Terminals Aufträge und Quotes (Angebots- und/oder Nachfragepreise) in das EDV-System eingeben. Die manuelle Tätigkeit bezieht sich nur noch auf die Eingabe der offenen Positionen. Es werden somit die Funktionen des traditionellen Parketts nachgebildet, indem die Angebots- und Nachfragepositionen sowie das Zusammenführen der offenen Positionen durch eine automatische Auftragsausführung des Computersystems durchgeführt und die Resultate über die Bildschirme ausgegeben werden. Eine physische Präsenz der Börsenteilnehmer vor Ort ist somit nicht mehr notwendig.

Eine weitere Neuheit gegenüber den traditionellen Präsenzbörsen sind die aus dem angelsächsischen Bereich bekannten *Market-Maker*, deren Funktion eine integrierende Komponente des Handelssystems darstellt. Market-Maker sind von der jeweiligen Börse zugelassene Handelshäuser, die sich verpflichtet haben, für bestimmte Wertpapiere den Markt zu machen, d.h. auf Anfrage verbindliche An- und Verkaufskurse zu stellen. Die Market-Maker-Funktion garantiert einen kontinuierlichen Handel in dem Sinne, daß Transaktionen immer sofort durchgeführt werden können, wenn sich Aufträge und/oder Quotes ausführbar gegenüberstehen. Sie soll weiter für die erforderliche Liquidität des Marktes sorgen.

Verfechter von Computerbörsen argumentieren, daß durch sie der Parketthandel nicht mehr notwendig sei und aufgelöst werden könnte. Denn durch die Computerbörsen würde der Prozeß der Preisanpassungsgeschwindigkeit beschleunigt. So führt Hauck[1] aus: *"Typisch für Terminbörsen ist jedoch der hohe Automatisierungsgrad, wie er z.B. in den noch jungen Terminbörsen der Schweiz (SOFFEX) und in der Bundesrepublik Deutschland (DTB) zu finden ist. Der Grund für den verstärkten Computereinsatz liegt zum einen im ansteigenden Handelsvolumen, aber auch in der schnelleren Reaktionszeit auf Preisveränderungen gegenüber der älteren Handelsform, wodurch Preisineffizienzen schneller ausgeglichen werden können."* Pollock[2] schreibt in einem Artikel zur Computerbörse mit dem Titel "Die Zukunft gehört dem Computer": *"... Die wachsenden Zugriffsmöglichkeiten auf Finanzinformationen sowie die zunehmende Schnelligkeit der Datenübertragung werden die Transparenz und Effizienz der Finanzmärkte erhöhen. ... Jedoch nicht mehr an einer Präsenzbörse, sondern am Bildschirm werden die Anlageentscheidungen ausgeführt. Denn je automatisierter ein Markt ist, um so effizienter wird er."*

Kritiker von Computerbörsen behaupten, daß durch die Elimination von Parkett-Händlern der Markt gerade eine geringere Liquidität und eine niedrigere Preisanpassungsgeschwindigkeit aufweisen wird.

Die Frage, ob ein Computerhandel im Vergleich zur Präsensbörse die Reaktionsgeschwindigkeit und damit die Preissetzung beschleunigt, ist bisher in der Schweiz und Deutschland noch nicht wissenschaftlich untersucht worden. Zimmermann[3] führte bereits 1990 aus: *"Die wichtige Frage, ob letztlich "quote-driven markets" (SOFFEX) oder "order-driven markets" (Aktienmarkt) eine höhere Liquidität, Preiskontinuität und -effizienz erzeugen, kann nur durch eingehende wissenschaftliche Untersuchungen analysiert werden."* Der Securities and Investments Board, London, schreibt im Vorwort der Studie über Inter-Market Volatility Linkages:[4] *"The relationship between financial derivatives and the related cash markets has been the subject of considerable international regulatory interest in recent years as the derivate markets have grown in significance."*

Sieht man einmal von dem Umstand unterschiedlicher Handelssysteme in Form von Parkett- und Computerbörsen ab und betrachtet die Tatsache, daß es sich um Aktien- und Optionsmärkte, also Kassa- und Terminmärkte handelt, so ist die Frage zu stellen, ob es auch hier zu Unterschieden in der Preisanpassungsgeschwindigkeit zwischen diesen beiden Märkten kommen kann. Grundsätzlich läßt sich anführen, daß unter wohlfahrtstheoretischen Gesichtspunkten die Existenz von Optionsmärkten den Handel vervollständigen kann, wenn die

---

1 Hauck (1991), S. 79.

2 Pollock, M., SOFFEX Extra, 1/1990, S. 19f.

3 Zimmermann (1990), S. 84.

4 Board/Goodhart/Sutcliffe (1992), Vorwort.

Märkte zuvor unvollständig waren und jetzt mit Hilfe von Optionen neue Auszahlungsströme ermöglicht werden. In der Literatur wird mehrheitlich die Meinung vertreten, daß sich Informationen an Optionsmärkten schneller in den Preisen widerspiegeln müßten als an Aktienmärkten. Es wird argumentiert, daß Marktfriktionen wie Transaktionskosten, unterschiedlich hohe Kapitalanforderungen und Leerverkaufsrestriktionen dazu führen, daß es für einige Marktteilnehmer vorteilhaft ist, an den Termin- anstelle den Kassamärkten zu agieren. Präferenzen von informierten Marktteilnehmern für den organisierten Optionsmarkt sollten sich in einer schnelleren Verarbeitung von Informationen gegenüber dem Aktienmarkt äußern, so daß die Preise auf diesem Markt den Preisen des zugrundeliegenden Kassamarktes zeitlich vorauslaufen.

Empirische Untersuchungen zu Unterschieden in der Preisanpassungsgeschwindigkeit am Aktien- und Optionsmarkt existieren in der Schweiz und Deutschland nicht. Einer der Gründe für das fast gänzliche Fehlen von Intraday-Untersuchungen (Untersuchungen über den Handelstag) in der Schweiz dürfte in der nicht vorhandenen Datenbasis liegen, da zu erwarten ist, daß evtl. zeitliche Interdependenzen bzw. Muster in den Marktpreisen eher kurzfristiger Natur sind und sich mit Tagesschlußkursen nicht nachweisen lassen. Zeitabstände von einem Börsentag reichen für solche Untersuchungen nicht aus; es ist eher mit Minutenabständen zu rechnen. Dies setzt voraus, daß ein liquider Markt mit (fast) zeitkontinuierlichen Preisnotierungen während eines Börsentages vorliegt und der genaue Zeitpunkt einer Preisfeststellung zusammen mit der Preisangabe auf Datenträgern festgehalten wird.

Das Vorliegen von Real-Time-Daten (sog. "time-stamped data"), d.h. Daten auf der Ebene einzelner Transaktionen, bei denen für *alle Transaktionspreise* bekannt ist, zu welchem *Zeitpunkt* sie festgelegt wurden und wie groß das entsprechende *Transaktionsvolumen* gewesen ist, ermöglicht es, Intraday-Analysen im Bereich der empirischen Kapitalmarktforschung durchzuführen. In Intraday-Analysen findet die jeweilige Marktstruktur explizite Berücksichtigung, da insbesondere die Preisermittlung von der Ausgestaltung eines Handelssystems abhängig ist. Dies gilt auch für die Transaktionskosten, deren Höhe die Attraktivität eines Marktes entscheidend beeinflußt. Eine Komponente der Transaktionskosten ist die Geld-Brief-Spanne, an dem sich die Kosten der Auftragsausführung messen lassen. Dies sind implizite Kosten, die im Gegensatz zu Provisionen oder Gebühren nicht explizit bekannt sind und die nicht auf einfache Weise erfaßbar sind.

Andererseits muß bei dem Mangel an Intraday-Untersuchungen auch berücksichtigt werden, daß die Computerbörsen SOFFEX und DTB noch sehr jung sind. Vor Eröffnung dieser Börsen wurde am schweizerischen und am deutschen Optionsmarkt pro Option und Tag zumeist nur ein Preis festgestellt.

Die Verfügbarkeit von Real-Time-Daten hat in den USA nicht nur zu Untersuchungen von Verlaufsmustern von Renditen, Volatilitäten, Autokorrelationen und Umsätzen innerhalb des Tages angeregt. In jüngster Zeit haben z.B. eine Reihe von Intraday-Analysen der Renditen amerikanischer Aktien einen U-förmigen Verlauf der Volatilität während der Börsenzeit und

Intraday-Saisonalitäten aufgedeckt. Auch Denzler/Janssen[1] haben in ihrer Untersuchung für den schweizerischen Aktienmarkt mittels Real-Time-Daten Evidenz gegen die Hypothese eines unendlich schnellen Informationsverarbeitungsprozesses gefunden. Es wurden einige wenige Studien für den amerikanischen Markt durchgeführt, welche zeitliche Interdependenzen zwischen dem Aktien- und Optionsmarkt vor dem Hintergrund untersuchen, daß neue Informationen sich unterschiedlich schnell in den Preisen an diesen Märkten widerspiegeln. Diese Studien arbeiten mit variablen Börsendaten und Zeitintervallen im Minutenbereich sowie Geld-Brief-Spannen. Als Untersuchungsgegenstand wird im wesentlichen die Chicago Board Options Exchange (CBOE) und die New York Stock Exchange (NYSE) betrachtet. Meist wird die Hypothese zugrundegelegt, daß Optionspreise Informationen widerspiegeln, welche noch nicht in den gleichgerichteten Aktienkursen enthalten sind; es wird der Informationsgehalt von Optionspreisen für die Kursentwicklung der zugrundeliegenden Aktien analysiert. Einige der Arbeiten lassen in ihrer Hypothese jedoch offen, ob Optionspreise den zugrundeliegenden Aktienkursen vorauslaufen oder ob der umgekehrte Zusammenhang gilt.

Der hier vorliegenden Untersuchung stehen Real-Time-Daten zur Verfügung, d.h. Daten, die jede Sekunde des Börsenhandels widerspiegeln. Dabei handelt es sich um ein sehr umfangreiches Datenmaterial, da sämtliche Aktien- und Optionskurse der Schweiz und von Deutschland mit einbezogen werden. Es werden sowohl Bezahltkurse als auch Geld- und Briefkurse mit zugehörigen Volumina analysiert. Bei den untersuchten Börsen bzw. Wertpapieren handelt es sich um Aktienoptionen an den Terminbörsen SOFFEX und DTB sowie den zugrundeliegenden Basistiteln, die an den Börsen Genf, Basel und Zürich für die Schweiz sowie Frankfurt, Düsseldorf, München und Stuttgart für Deutschland gehandelt werden. Zusätzlich werden für die Schweiz Indexoptionen auf den SMI sowie die Werte dieses Indexes mit einbezogen. Die SOFFEX und die DTB stellen Computerbörsen dar, während es sich bei allen schweizerischen und deutschen Aktienbörsen um herkömmliche Parkettbörsen handelt.

Das Ziel der vorliegenden Untersuchung ist eine Analyse der *Geschwindigkeit, in der sich neue Informationen in den in einer ökonomischen Beziehung stehenden Kassa- und Terminmärkten niederschlagen*. Es sollen in einer Intraday-Analyse *kurzfristige zeitliche Interdependenzen zwischen dem Aktien- und dem Optionsmarkt* untersucht werden. Aufgrund der unterschiedlichen Handelssysteme stellt sich damit auch die Frage, ob sich *Informationen an Computerbörsen schneller in den Preisen widerspiegeln als an herkömmlichen Parkettbörsen*. Die beiden zentralen Fragestellungen dieser Arbeit lauten:

1. Gibt es zeitliche Unterschiede in der Verarbeitung von Informationen bzw. existiert eine sog. *Lead-Lag-Beziehung* in der Preisanpassungsgeschwindigkeit zwischen dem Aktien- und Optionsmarkt?
2. Existiert Ineffizienz zwischen den beiden Märkten in der Art, daß evtl. vorhandene zeitliche Preisanpassungsverzögerungen an einem Markt ausgenutzt werden können und dadurch abnormale Gewinne erzielbar sind?

[1] Denzler/Janssen (1991).

1.2. Aufbau der Arbeit

Im einzelnen gliedert sich die Arbeit wie folgt:

Im Kapitel 2 wird zunächst das Konzept der Informationseffizienz betrachtet. Ausgangspunkt ist der Effizienzbegriff von Fama[1]. Nach diesem wird ein Markt als informationseffizient bezeichnet, wenn die Preise in jedem Augenblick jeweils sämtliche relevanten Informationen vollständig widerspiegeln. Fama und andere Autoren sowie auch solche Modelle, welche das Verhalten von Marktteilnehmern an spekulativen Märkten explizit unter unvollständiger Information modellieren, haben die implizite Annahme einer *zeitverzugslosen Informationsverarbeitung* gemeinsam. Von dieser unendlich schnellen Informationsverarbeitung wird in der empirischen Untersuchung abgewichen und davon ausgegangen, daß der *Informationsverarbeitungsprozeß Zeit benötigt*.

Die Hypothesen der nicht-zeitverzugslosen Informationsverarbeitung und der Präferenzen von Investoren werden hier herangezogen, um zu begründen, daß es zu Unterschieden in der Preisanpassungsgeschwindigkeit am Aktien- und Optionsmarkt kommen kann. Werden Informationen an einem der beiden Märkte schneller verarbeitet, so laufen die Preise dieses Marktes den Preisen des anderen Marktes zeitlich voraus. Eine derartige *Lead-Lag-Beziehung* zwischen Kassa- und Terminmärkten, speziell zwischen Aktien- und Optionsmärkten, ist Gegenstand des Kapitels 3. Dabei soll auch eine Übersicht über weitere Gründe gegeben werden, warum es überhaupt zu Unterschieden in der Preisanpassungsgeschwindigkeit an diesen Märkten kommen kann.

Für die Untersuchung sind die bisherigen empirischen Arbeiten zu diesem Themengebiet von besonderem Interesse. Anhand eines Literaturüberblicks werden sie danach ebenfalls in Kapitel 3 dargestellt. Die Betonung liegt auf denjenigen Arbeiten, welche zeitliche Interdependenzen in den Preisen von Aktien und Optionen sowie Aktien und Futures untersuchen. Diese Studien haben i.d.R. Real-Time-Daten zur Untersuchung herangezogen.

Bei der empirischen Untersuchung zur Lead-Lag-Beziehung zwischen Aktien- und Optionsmarkt ist zu beachten, daß Options- und Aktienpreise bzw. deren Renditen nicht direkt verglichen werden können. Allerdings können über die Arbitragetheorie zwischen den einzelnen gehandelten Instrumenten *ökonomische Gleichgewichtsbeziehungen* hergeleitet werden. Aus einer solchen Gleichgewichtsbeziehung kann ein Vergleichsmaßstab - nämlich der implizite Aktienkurs bzw. die implizite Aktienrendite - zur empirischen Untersuchung der relativen Preisanpassungsgeschwindigkeit zwischen Aktien- und Optionsmarkt hergestellt werden. Bei Gültigkeit des gewählten Optionsbewertungsmodells stellen die *impliziten Aktienkurse die Schätzwerte des Optionsmarktes für die Gleichgewichtsaktienpreise dar*. Aus diesem Grunde hat die Theorie der Optionsbewertung einen hohen Stellenwert in dieser Arbeit.

---

1 Fama (1970).

Im Kapitel 4 werden zunächst die Grundlagen dargestellt, d.h. es wird nach einer Abgrenzung des Optionsgeschäftes und der Darstellung der Terminologie auf Optionscharakteristiken sowie auf Einflußgrößen von Optionen eingegangen.

Kapitel 5 behandelt dann die Bewertung von Aktienoptionen. Es werden zunächst präferenz- und verteilungsfreie Wertgrenzen abgeleitet, welche für den empirischen Teil von Wichtigkeit sind. Hierbei werden insbesondere die an der SOFFEX und DTB geltenden Auszahlungsschutzregelungen berücksichtigt. Anschließend erfolgt die Vorstellung des Modells zur Bewertung von Aktienoptionen, welches im empirischen Teil benötigt wird. Es erfolgt eine kritische Stellungnahme zur Verwendung dieses Modells. Weiterhin wird zur Einordnung der Wertgrenzen und des konkret vorzustellenden Optionspreismodells eine kurze Übersicht über die Optionspreistheorie gegeben.

Die strukturellen Unterschiede der untersuchten Aktien- und Optionsbörsen sind für die empirische Analyse von besonderer Bedeutung. Deshalb wird im Kapitel 6 der Untersuchungsgegenstand charakterisiert. Dazu gehört eine allgemeine Darstellung charakteristischer Merkmale des Börsenhandels, um die beiden Handelssysteme besser einordnen und vergleichen zu können. Marktstrukturen der schweizerischen und deutschen Aktien- und Optionsmärkte sind zu erläutern. Auf die Ermittlung der Untersuchungsperiode für diese Intraday-Analyse soll hier ebenfalls eingegangen werden. Der Abschluß dieses Kapitels bildet dann die Beschreibung der umfangreichen Datenbasis der Real-Time-Aktien- und Optionsdaten. Dazu ist zu erwähnen, daß die vorliegende Arbeit eine umfassende Untersuchung des Aktien- und Optionsmarktes der Schweiz und von Deutschland darstellt. Dies ist zum einen damit zu begründen, daß es sich um eine Intraday-Analyse von Real-Time-Daten handelt, welche jede Sekunde des Börsengeschehens widerspiegeln. Zum anderen beschränkt sich diese Untersuchung nicht - wie manche andere Arbeiten - auf einige wenige Basistitel oder etwa auf die ausschließliche Auswertung von Bezahltkursen. Um ein aussagekräftiges Ergebnis zu erhalten, werden vielmehr alle Geld-, Brief- und Bezahltkurse für alle Aktienkaufoptionen der SOFFEX und der DTB sowie der zugehörigen Basistitel zugrundegelegt. Weiterhin werden auch SMI-Optionen betrachtet. Der Umfang solcher Basisdaten nimmt ein beträchtliches Ausmaß an. Um dies zu verdeutlichen, ist zu erwähnen, daß bei Betrachtung eines jeden Handelstages in der Untersuchungsperiode insgesamt 3441 verschiedene Optionen an der SOFFEX und der DTB handelbar waren. Der Speicherbedarf beträgt allein für diese Basisdaten mehr als 570 Megabyte, ohne daß Auswertungsdaten einbezogen sind. Die gesamte Informationsmenge umfaßt dabei ca. 11 Mio. Preis- oder Volumenmeldungen mit ca. 86 Mio. Einzelinformationen.

In Kapitel 7 soll in einer statistischen Analyse untersucht werden, ob ein zeitlicher Vorsprung (Lead-Lag-Beziehung) des Options- oder des Aktienmarktes existiert oder Informationen sich gleich schnell in den Preisen der beiden Märkte widerspiegeln. Dazu werden ausschließlich *Bezahltkurse* der beiden Märkte bzw. deren *Renditen* verwendet. Die Renditen werden über 5- bzw. 10-Minuten-Intervalle gebildet. Es wird ein Untersuchungskonzept mit einer multiplen Regressionsanalyse vorgestellt, in der implizite Aktienrenditen auf vergangene, gleichzeitige und zukünftige beobachtete Aktienrenditen regressiert werden. Dazu ist die Ermittlung impliziter Aktienrenditen und Volatilitäten erforderlich, für die bestimmte Algorithmen notwendig sind. Ebenso folgt, daß für die zur Verfügung stehenden Daten einige Ausschlußkriterien zu bilden sind, welche ebenfalls im Konzept erläutert werden. Die multiple Regressionsanalyse wird sowohl für den gesamten Handelstag als auch spezifische Teilperioden durchgeführt, da zu erwarten ist, daß die Informationsverarbeitung um so mehr Zeit benötigt, je größer die zu verarbeitende Informationsmenge ist. Dies bedeutet, daß zu Beginn eines Handelstages mehr Informationen zu verarbeiten sind, nämlich auch die, die über Nacht entstanden sind. Weiter werden unterschiedliche Handelsaktivitäten und Basistitel berücksichtigt.

Kapitel 8 untersucht, ob sich eine Lead-Lag-Beziehung nicht nur aufgrund von Renditen, d.h. Bezahltkursen, sondern auch mit Hilfe einer Handelsstrategie, welche Geld- und Briefkurse benutzt, feststellen läßt. Weiterhin ist dabei auch zu untersuchen, ob eine evtl. vorliegende Lead-Lag-Beziehung so stark ausgeprägt ist bzw. die Ineffizienzen so groß sind, daß evtl. vorhandene zeitliche Preisanpassungsverzögerungen ausgenutzt werden können und dadurch abnormale Gewinne erzielbar sind. Im Unterschied zur statistischen Analyse aus Kapitel 7 geht es hier darum, ob durch reellen Handel eine Lead-Lag-Beziehung aufgezeigt bzw. eine vorhandene Lead-Lag-Beziehung ausgenutzt werden kann. Da dazu Geld- und Briefkurse anstelle von Bezahltkursen benötigt werden, ist es somit auch möglich, direkte Transaktionskosten in Form von Geld-Brief-Spannen und Gebühren zu berücksichtigen. Es werden also Handelsstrategien vorgestellt, die evtl. vorhandene Intermarkt-Ineffizienzen zu risikolosen Gewinnen auszunutzen versuchen. Dabei wird sowohl die Möglichkeit eines zeitlichen Vorsprungs des Options- als auch des Aktienmarktes berücksichtigt. Die Handelsstrategien werden für verschiedene Ausführungszeiten und unterschiedliche Halteperioden der Kauf- und Verkaufspositionen durchgeführt. Weiter werden auch hier wiederum unterschiedliche Handelszeiten mit einbezogen.

Kapitel 9 faßt die wichtigsten Ergebnisse zusammen.

2 INFORMATIONSEFFIZIENTE KAPITALMÄRKTE

Finanztitel verbriefen Ansprüche auf *zukünftige* sichere oder unsichere Zahlungen. Der markträumende Preis wird davon abhängen, welche Informationen Anbieter und Nachfrager über zukünftige Umweltzustände besitzen, die entweder die Charakteristik der angebotenen Zahlungsreihen oder die Präferenzen der Investoren und damit die Bewertung dieser Zahlungsreihen verändern.

In einem etwas engeren Rahmen stellt sich die Frage, ob organisierte Kapitalmärkte effiziente Kommunikationssysteme sind. Nimmt man eine exogen vorgegebene Gesamtinformationsmenge an, so stellt sich die Frage, welche Teil-Informationsmengen sich zu welchen Zeitpunkten in den Marktpreisen widerspiegeln. Bedeutsam ist dabei, ob der Erwerb von Informationen kostenpflichtig ist und wann Anreize zum Erwerb kostenpflichtiger Informationen bestehen.

Die definitorischen Abgrenzungen des Begriffes der Informationseffizienz sind vielschichtig. Bereits in den Vierziger Jahren hat Hayek[1] einen enger gefaßten Begriff der Informationseffizienz von Wettbewerbsmärkten vorgestellt, in dem die Rolle von Marktpreisen als Informationsvermittler erkannt worden sind. Trotz der nahezu unübersehbaren Fülle wissenschaftlicher Arbeiten gibt es nur wenig Versuche, sich dem Begriff theoretisch-definitorisch zu nähern. Die überwiegende Zahl der Arbeiten ist rein empirisch, ohne daß eine klare Begriffsdefinition vorgenommen wird. Einen Überblick über die erschienenen empirischen Arbeiten gibt Fama.[2]

Grundsätzlich können die theoretischen Arbeiten in zwei Klassen eingeteilt werden:[3]

a) Informationskosten werden vernachlässigt.

   Die vorhandenen Informationen, über deren Herkunft nichts gesagt wird, stehen allen Investoren gleichermaßen zur Verfügung. Dies schließt die Entstehung von Informationsasymmetrien aus, bedeutet jedoch nicht notwendigerweise, daß die Investoren homogene Vorstellungen über zukünftige Umweltzustände besitzen und daß sie bezüglich ihrer Präferenzen homogen sind.

b) Betrachtung der Informationseffizienz bei kostenpflichtiger Informationsbeschaffung.

   Diese Klasse wirft die Frage auf, wann Anreize zur Informationsbeschaffung bestehen und ob Informationskosten nicht die Existenz eines informationseffizienten Kapitalmarktes ausschließen.

---

1 Hayek (1945).

2 Fama (1970) für die bis 1970 erschienenen Arbeiten. 20 Jahre später erfolgte eine völlige Überarbeitung anhand der neueren Literatur (vgl. Fama (1991)).

3 Vgl. Frantzmann (1989), S. 10ff.

Im folgenden soll auf die Informationseffizienz kurz eingegangen werden. Es erfolgt dabei eine Beschränkung auf den Markteffizienzbegriff von Fama[1] sowie bei kostenpflichtiger Informationsbeschaffung auf die Arbeiten von Grossman/Stiglitz[2] und Hellwig[3]. Auch diese Modelle, welche das Verhalten von Marktteilnehmern an spekulativen Märkten unter unvollständiger Information explizit modellieren, haben mit Fama gemeinsam, daß eine Welt beschrieben wird, in der die Informationsverarbeitung *zeitverzugslos* abläuft. Dies bildet die Ausgangsbasis der Hypothesen und Implikationen dieser Arbeit.

Eine Übersicht über die theoretischen Arbeiten sowohl ohne als auch mit Informationsbeschaffungskosten gibt Frantzmann[4].

2.1. Der Markteffizienzbegriff von Fama (Informationseffizienz ohne Berücksichtigung der Informationsbeschaffung)

Nach Fama[5] wird ein Markt dann als effizient bezeichnet, wenn die durch Angebot und Nachfrage bestimmten Preise in jedem Augenblick sämtliche verfügbaren Informationen über vergangene sowie in der Zukunft zu erwartenden Preise vollständig widerspiegeln. Es handelt sich bei der Markteffizienz um ein informationstheoretisches Konzept. Sobald Informationen auftauchen, werden diese *sofort (unendlich schnell)* verarbeitet, in ihren Konsequenzen für die zukünftige Kursentwicklung interpretiert und dementsprechend im laufenden Aktien- bzw. Optionspreis zum Ausdruck gebracht,[6] so daß sich der Aktien- bzw. Optionsmarkt in einem kontinuierlichen dynamischen Gleichgewicht befindet.[7]

Da ferner gemäß der Effizienzhypothese davon ausgegangen wird, daß preisrelevante Information nur zufällig und unabhängig eintreffen kann, (sie müßte ja sonst ex definitione schon im Preis enthalten sein), werden auch Aktienkursänderungen bzw. Optionspreisänderungen zufällig und unabhängig auftreten.[8]

Diese Definition schließt die Möglichkeit aus, mit Hilfe dieser Informationen systematische abnormale Gewinne zu erzielen. Jede für die Kursbildung relevante Information ist also - nach der Effizienzhypothese - bereits in dem Moment im Kurs impliziert, in dem sie zustande kommt (bei der strengen Effizienz) oder allgemein bekannt oder publiziert wird (bei

1 Fama (1970).
2 Grossman/Stiglitz (1976b; 1980). Grossman (1989).
3 Hellwig (1980; 1982).
4 Vgl. Frantzmann (1989), S. 12ff.
5 Vgl. Fama (1970); Fama/Miller (1972); Fama (1979); Fama (1991).
6 Es werden hier ausschließlich Aktien- und Optionsmärkte betrachtet.
7 Sinngemäß in Anlehnung an Gerber (1979).
8 Vgl. Heri (1981), S. 565ff.

der halb-strengen Effizienz). Die schwache Effizienzhypothese beschränkt die betrachtete Informationsmenge auf alle vergangenen Kursbewegungen.[1]

Für einen effizienten Markt im Sinne Famas sind folgende Bedingungen konstitutiv:[2]

a) Sämtliche objektiv vorhandenen Informationen sind für jedermann kostenlos verfügbar,

b) Transaktionskosten gibt es nicht,

c) alle Marktteilnehmer sind Preisnehmer,

d) alle Marktteilnehmer handeln rational.

Zusammengenommen implizieren die Bedingungen a) und d), daß sämtliche Marktteilnehmer homogene rationale Erwartungen bilden.[3]

In Anlehnung an Fama[4] läßt sich ein effizienter Markt (auf den Aktienmarkt übertragen) formal wie folgt beschreiben:

I_t	bezeichne die Menge aller Informationen, die zum Zeitpunkt t erhältlich sind,
I_t^m	bezeichne diejenige Informationsmenge, die in t vom Markt (m) (d.h. jedem Marktteilnehmer) zur Preis-/Kurssetzung verwendet wird. $(I_t^m \subseteq I_t;\ I_t^m \leq I_t)$,
S_t	Preis einer Aktie im Zeitpunkt t,[5]
$f(S_{t+1} \mid I_t)$	sei die "wahre" bedingte Dichtefunktion[6] (Wahrscheinlichkeitsverteilung) des Kurses in t+1, der sich aufgrund der Information in t ergibt,[7]
$f^m(S_{t+1} \mid I_t^m)$	die vom Markt "geschätzte" Dichtefunktion des Kurses in t+1, d.h. die subjektiven Verteilungsvorstellungen der Marktteilnehmer in Abhängigkeit der verwendeten Information in t.

---

1 Für eine eingehende Darstellung der Ausprägungsformen (bzw. Teilhypothesen) der Effizienzhypothesen vgl. z.B. Heri (1981). Auf das in der theoretisch orientierten Literatur effizienter Märkte vielzitierte Informationsparadoxon wird später eingegangen. Es geht im Grunde folgender Frage nach: Wenn die jeweiligen Preise an einem effizienten Markt alle Informationen wiederspiegeln und sich ein Ressourceneinsatz nicht lohnt, wie können dann die Preise die Informationsmenge beinhalten und widerspiegeln?

2 Fama/Miller (1972), S. 335.

3 Der Hypothese rationaler Erwartungen (Rational Expectations Hypothesis) wurde erstmals von Muth (1961) geschlossen formuliert und formalisiert. Für einen Überblick über die Literatur rationaler Erwartungen vgl. Sijben (1980).

4 Fama (1970). Vgl. hierzu auch die Darstellung von Barth/Cordes (1980). Es wird davon ausgeggangen, daß die relevanten Transaktionen in diskreten Zeitpunkten t-i, t, t+i abgewickelt werden.

5 Auf die des öfteren verwendete Tilde (˜) für stochastische Größen wird hier verzichtet.

6 Die Definition des effizienten Marktes beruht auf der vagen Idee, es existiere ein "wahres" Modell, welches das stochastische Verhalten von ökonomischen Variablen beschreibt. (Granziol, M., Kommentar zu Gerber (1979))

7 Man kann die Definition eines effizienten Marktes erweitern, indem man unterstellt, daß die Marktteilnehmer nicht nur die "wahre" bedingte Wahrscheinlichkeitsverteilung für den Zeitpunkt t+1 kennen, sondern die gesamte mehrdimensionale bedingte Wahrscheinlichkeitsverteilung aller künftigen Preise, d.h. der Preise in den Zeitpunkten t+i, i = 1,2,...)

Der Markt wird dann als effizient bezeichnet, wenn einerseits gilt

$$I_t^m = I_t, \tag{2-1}$$

wenn also der Markt (die Marktteilnehmer) zur Gleichgewichts-Bildung sämtliche verfügbaren Informationen verwendet und andererseits gilt

$$f^m(S_{t+1} \mid I_t^m) = f(S_{t+1} \mid I_t) , \tag{2-2}$$

der Markt also die Information richtig interpretiert und so die "wahre" Dichtefunktion für die Schätzung der künftigen Kurse verwendet.

Ferner muß gewährleistet sein, daß

- der von den Marktteilnehmern subjektiv erwartete Kurs mit dem tatsächlichen, objektiven Erwartungswert übereinstimmt

$$E^m(S_{t+1} \mid I_t^m) = E(S_{t+1} \mid I_t) \quad (E = \text{Erwartungsoperator}), \text{ und daß} \tag{2-3}$$

- die von den Marktteilnehmern geschätzte subjektive Varianz der Kursverteilung ebenfalls mit der tatsächlichen, objektiven Varianz übereinstimmt

$$V^m(S_{t+1} \mid I_t^m) = V(S_{t+1} \mid I_t) . \tag{2-4}$$

Die Bedingungen (2-3) und (2-4) decken sich mit den Anforderungen an rationale Erwartungen im Sinne von Muth[1]. Somit wird bei dieser Darstellung auch die Identität der formalen Markteffizienz und der formalen Darstellung der *Rational Expectations Hypothesis* augenscheinlich. Es wird auch deutlich, daß rationale Erwartungen eine notwendige und hinreichende Bedingung für Markteffizienz sind.

Markteffizienz bedeutet also, daß der Markt in t alle relevanten Informationen besitzt, diese richtig interpretiert und bei der Festsetzung der Preise in t berücksichtigt.

Der Preisbildungsprozeß wird in der Literatur wie folgt beschrieben:[2]

Phase I: Die Marktteilnehmer sammeln und interpretieren die im Zeitpunkt t anfallenden Informationen I_t^m.

Phase II: Im Anschluß an Phase I schätzt der Markt die Wahrscheinlichkeitsverteilung des künftigen Preises $f^m(S_{t+1} \mid I_t^m)$ im Zeitpunkt t+1.

---

1 Muth (1961).

2 Vgl. z.B. Heri (1982), S. 110ff.; Gerber (1979), S. 588. Die Beschreibung des Kursbildungsprozesses anhand des Devisenmarktes kann hierbei übertragen werden.

Phase III: Unter Verwendung eines Gleichgewichtsmodells setzt der Markt nun einen "angemessenen" Preis für den Zeitpunkt t.

Diese Darstellung macht deutlich, daß bei der Behandlung von Markteffizienzfragen das *Gleichgewichtsmodell* eine Schlüsselrolle einnimmt, bildet es doch das Bindeglied zwischen Phase II und III; ohne dessen Spezifikation hat die Hypothese der Markteffizienz keine testbaren Implikationen, da die formellen Effizienzbedingungen (2-1) und (2-2) nicht direkt beobachtet werden können. Um die Entwicklung der Marktpreise auf einem effizienten Markt charakterisieren zu können, muß zur empirischen Überprüfung die Markteffizienzhypothese mit einem ökonomischen Gleichgewichtsmodell verbunden werden. Dieses Modell bestimmt, wie die Marktteilnehmer, aufgrund der Kenntnis der Wahrscheinlichkeitsverteilung des zukünftigen Marktpreises den laufenden Preis festlegen.[1]

Auf das Gleichgewichtsmodell soll an dieser Stelle nicht näher eingegangen werden. Es sei der Übersicht halber aufgeführt, mit welchen Modellen in der Literatur gearbeitet wird:[2] (R_t: Rendite eines Wertpapiers in der Periode t)

a) $E[R_{t+1} | I_t] > 0$ — Modell einer positiven Ertragsrate (Submartingale-Modell allgemeinster Art).

b) $E[R_{t+1} | I_t] = \text{konst.}$ — Modell einer konstanten positiven Ertragsrate (allgemeines Random-Walk Modell).[3]

c) $E[R_{t+1} | I_t]$, — bestimmt durch ein "Markt-Modell" der Portfoliotheorie.

d) $E[R_{t+1} | I_t]$, — beschrieben durch das sogenannte "Sharpe-Lintner Modell" des Kapitalmarktgleichgewichts.

Fama bezieht ein "relevantes" Marktgleichgewichtsmodell in seine Definition ein. Dadurch entsteht ein prinzipielles Problem für empirische Untersuchungen: Jeder Test der Hypothese "Der Markt ist informationseffizient" ist eigentlich ein Test der verbundenen Hypothese "Der Markt ist informationseffizient *und* das verwendete Gleichgewichtsmodell ist das gültige". Daraus folgt, daß die Einzel-Hypothese der Informationseffizienz nicht verworfen und damit eigentlich nicht überprüft werden kann.

Informations- und Transaktionskosten werden üblicherweise vernachlässigt. Die Kritik am rationalen Erwartungsmodell setzt in der Literatur meist wie folgt an:[4] Im allgemeinen wird Sammeln, Analysieren und Verarbeiten von Informationen den Einsatz knapper Ressourcen verlangen. Ein Erwartungsbildungsprozeß, der auch *ökonomisch* rational, d.h. gewinnmaximierend oder kostenminimierend sein will, kann deshalb nicht davon ausgehen, daß In-

1 Vgl. Granziol (1981), S. 15.

2 Da es in diesen Modellen um die Entwicklung von Periodenertragsraten geht, werden diese Modelle auch Ertragsratenmodelle bezeichnet (Neumann/Klein (1982), S. 177).

3 Das Random-Walk-Modell unterscheidet sich vom Martingale-Modell durch die zusätzliche Annahme, daß die Preisänderungen voneinander unabhängig und identisch verteilt sind, während beim Martingale (Submartingale) nur ein Erwartungswert von Null (größer/kleiner als Null) und Unkorreliertheit der Preisänderungen unterstellt wird.

4 Vgl. z.B. Heri (1982), S. 144f.; Granziol (1981), S. 10ff.

formationen kostenlos zur Verfügung stehen. Vielmehr werden alle Marktteilnehmer abzuwägen haben zwischen den aufzuwendenden Informationskosten und den aufgrund des verbesserten Informationsstandes möglichen spekulativen Gewinne. Aufgrund eines solchen Vergleiches ist es sinnvoll, nicht nach maximaler, sondern nur nach optimaler Informiertheit zu streben, d.h. nur diejenigen Informationen zu sammeln, die das günstigere Verhältnis zwischen Kosten und Ertrag aufweisen. Bei ökonomisch rationalen Erwartungen kann demnach nicht mehr unterstellt werden, daß sich im gegenwärtigen Kurs sofort *alle* neuen Informationen in vollem Umfang niederschlagen. Damit ist es jedoch möglich, zusätzliche Erkenntnisse für die Prognose des zukünftigen Marktpreises zu gewinnen. Die einzelnen Abweichungen sind in diesem Fall aber nicht mehr statistisch unabhängig voneinander, es kommt zu Abweichungen vom Random-Walk.

Aus der obigen Beschreibung des Preisbildungsprozesses wird deutlich, daß in dem statischen Konzept von Fama keine Aussage über den Verlauf der Informationsverarbeitung über die Zeit gemacht, sondern angenommen wird, daß dieser Prozeß unendlich schnell abläuft. Die gesamte Verarbeitung findet im Zeitpunkt t statt. Sobald Informationen bekannt werden, sind sie auch schon in den Preisen enthalten. Hier liegt es nahe, die Hypothese gegenüberzustellen, daß die Informationsverarbeitung Zeit benötigt. Es ist weiter die Frage zu stellen, ob aufgrund identifizierbaren Mustern in den Marktpreisen Aussagen über die Geschwindigkeit des Informationsverarbeitungsprozesses gemacht werden können.

2.2. Informationseffizienz bei kostenpflichtiger Informationsbeschaffung

Verschiedene Autoren untersuchen die Frage, ob bei heterogenen Erwartungen bzw. heterogenen Informationen der Marktteilnehmer und kostenpflichtiger Informationsbeschaffung ein informationseffizientes Marktgleichgewicht möglich ist. Solche Modelle modellieren also explizit das Verhalten von Marktteilnehmern an spekulativen Märkten unter unvollständiger Information. Während Fama[1] Informationseffizienz als einen Zustand definiert, in dem die beobachteten Marktpreise eine bestimmte Informationsmenge widerspiegeln *("...prices fully reflect available information...")*, untersuchen diese Arbeiten hingegen die Frage, wann und in welchem Umfang aus Marktpreisen bestimmte Informationen gewonnen werden können *("...prices are revealing information..."[2])*. Der Unterschied besteht darin, daß der Preis eines Wertpapiers durchaus z.B. eine veröffentlichte Information widerspiegeln kann, ohne daß der Preis den isolierten Informations-"Wert" oder Informations-"Einfluß" enthüllt oder daß die Information *an sich* aus dem Marktpreis "extrahiert" werden kann.[3] Neue Effizienzdefinitionen werden also nicht gegeben, sondern es wird generell untersucht, ob im Marktgleichgewicht alle Informationen aus den Wertpapierpreisen herausgelesen werden können, falls der ursprüngliche Erwerb der Informationen mit Kosten verbunden ist.

---

1 Vgl. Fama (1970, 1979).

2 Grossman (1976); Grossman/Stiglitz (1976b; 1980).

3 Frantzmann (1989), S. 23.

Grossman[1] zeigt für den Fall heterogener Informationszustände bzw. Erwartungen von N Investoren, daß unter bestimmten Bedingungen jeder Marktteilnehmer aus dem Gleichgewichtspreis eines Wertpapiers die unterschiedlichen Informationen der übrigen Marktteilnehmer erschließen kann. Dann wird seine private Information redundant, da er aus diesem Gleichgewichtspreis die gleichen Informationen erhält, die er hat, wenn er die privaten Informationen aller anderen Marktteilnehmer kennt.[2]

Bei Erweiterung auf den Fall von N (> 1) risikobehafteten Wertpapieren und der Annahme, daß die Beschaffung von Informationen mit Kosten verbunden ist, entsteht folgendes Paradoxon: Wenn der Marktpreis alle verfügbaren Informationen allen Marktteilnehmern (kostenlos) vermittelt, dann besteht für diese kein Anreiz, Informationen zu erwerben. Werden jedoch keine Informationen erworben, so kann der Marktpreis diese auch nicht widerspiegeln. Es kann gezeigt werden, daß deshalb (je nach Modellannahmen) kein stabiles Gleichgewicht existiert. Grossman schließt daraus:[3] *"The price system can be maintained only when it is noisy enough so that traders who collect information can hide that information from other traders. ... It is not enough for traders to observe only prices."*

Um dieses Paradoxon aufzulösen, modellieren Grossman/Stiglitz[4] und Hellwig[5] den Marktpreis als verrauschtes Signal der zugrundeliegenden Informationen.[6] Der Preis offenbart den Marktteilnehmern dann nur noch einen Teil der verfügbaren Informationen, der Markt ist nicht mehr informationseffizient im Sinne von "revealing the available information". Für die Marktteilnehmer besteht dann ein Anreiz, kostenpflichtige Informationen zu erwerben.

Grossman/Stiglitz[7] analysieren ein Modell, in dem sich die Marktteilnehmer durch Bezahlen eines fixen Betrages über die Ertragsmöglichkeiten einer Anlage informieren können. Es wird in einem Einperiodenmodell ein Markt mit zwei Wertpapieren, d.h. einer risikolosen Anlagemöglichkeit und einem risikobehafteten Finanztitel, betrachtet. Die Rendite des riskanten Wertpapiers (R) wird bestimmt durch eine Informationsvariable (I), deren Realisation nach Aufwendung von C Geldeinheiten beobachtbar ist, und durch eine nicht beobachtbare Störgröße (ε):

$$R = I + \varepsilon \tag{2-5}$$

Informierte Investoren unterscheiden sich von nicht informierten dadurch, daß sie C Geldeinheiten ausgegeben haben und I kennen. Weiter kennen nicht informierte Investoren das Angebot der Anlage (X) nicht. Es ist abhängig vom Preis des Risikotitels und der Informa-

---

1 Grossman (1976; 1981; 1989, Kap. 3).

2 Zu diesen Bedingungen siehe Grossman (1976).

3 Grossman (1976), S. 585.

4 Grossman/Stiglitz (1976b; 1980). Grossman (1989).

5 Hellwig. (1982).

6 D.h. die Anzahl preisbeeinflussender Zustandsvariablen ist größer als die Anzahl risikobehafteter Wertpapiere. Vgl. Franzmann (1989), S. 25.

7 Grossman/Stiglitz (1976b; 1980). Grossman (1989).

tionsvariable I. Somit können nicht informierte Investoren die Information I nicht vollständig aus dem Preis herauslesen, da sie nicht wissen, ob Veränderungen im Marktpreis auf Änderungen von I oder X zurückzuführen sind. Es ergibt sich ein Gleichgewicht, in dem sich ein Teil der Anleger informiert.

Unter der Annahme, daß alle Marktteilnehmer Nutzenfunktionen mit konstanter absoluter Risikoaversion besitzen und daß I, ε und X unabhängig und multivariat normalverteilt sind, zeigen Grossman/Stiglitz, daß gilt:[1]

1. Je größer der Anteil informierter Investoren ist, desto informativer ist der Preis des risikobehafteten Wertpapiers.[2]
2. Je größer der Anteil informierter Investoren ist, desto kleiner ist das Verhältnis des erwarteten Nutzens der informierten Investoren zu dem der nicht informierten. Der Anreiz zur Informationsbeschaffung wird um so geringer, je mehr Marktteilnehmer bereits informiert sind.
3. Die Höhe des gleichgewichtigen Anteils informierter Investoren ist umgekehrt proportional zur Höhe der Informationskosten.
4. Ist die Höhe des Pro-Kopf-Angebots des risikobehafteten Wertpapiers bekannt ("kein Rauschen"; es besteht ein präzises Signal), dann vermittelt der Marktpreis die gesamte verfügbare Information und es existiert kein Marktgleichgewicht bei kostenpflichtiger Informationsbeschaffung.

Die Annahme kostenloser Informationsbeschaffung ist damit nicht nur hinreichend für die Informationseffizienz[3], sondern auch notwendig. Sind Informationen nicht kostenlos, dann existiert kein informationseffizientes Kapitalmarktgleichgewicht.

Hellwig[4] kritisiert den Ansatz von Grossman/Stiglitz[5] aufgrund seines statischen Charakters. In deren Modell ziehen die zunächst nicht informierten Anleger die Informationen aus den beobachteten Preisen, bevor überhaupt eine Transaktion stattfindet. Im dynamischen Ansatz von Hellwig lernen hingegen die nicht informierten Anleger aus den Gleichgewichtspreisen *vergangener* Transaktionen, nicht aber aus dem momentanen Marktpreis. Hellwig betrachtet den Kapitalmarkt sowohl in diskreter als auch stetiger Zeit und gelangt zu unterschiedlichen Ergebnissen. Bei diskreter Betrachtung ist *"der Markt nicht vollkommen informationseffizient, weil in jeder Periode die jeweils neueste Information schon im Marktpreis enthalten, von den Anlegern aber noch nicht ausgenutzt ist. ...Die informierten Anleger realisieren im Durchschnitt höhere Erträge als die nicht informierten; es besteht ein*

[1] Grossman/Stiglitz (1976b; 1980). Vgl. auch Frantzmann (1989), S. 25f. Auf die mathematisch aufwendigen Ableitungen der einzelnen Aussagen wird hier nicht eingegangen.

[2] Der Informationsgehalt des Preises wird an der durch I bedingten Varianz der statischen Verteilung von P gemessen.

[3] Fama (1970), S. 387.

[4] Hellwig (1982).

[5] Grossman/Stiglitz (1976b; 1980).

Anreiz zur Informationsbeschaffung".[1] In einer Grenzwertbetrachtung zeigt Hellwig weiter, daß "bei infinitesimal kleiner Periodenlänge, d.h. in stetiger Zeit, *"der Markt beinahe informationseffizient ist, da der Informationsvorsprung der informierten Anleger in jeder Periode klein ist"*. Diese Ergebnisse widersprechen der These von Grossman/Stiglitz[2] von der "Unmöglichkeit informationseffizienter Märkte".

[1] Hellwig (1982), S. 13 u. 26

[2] Grossman/Stiglitz (1976b; 1980). Grossman (1989).

3 Zeitliche Interdependenzen an Kassa- und Terminmärkten

Diese Arbeit untersucht mittels Real-Time Kursdaten, d.h. Daten, die jede Sekunde des Börsenhandels widerspiegeln, ob Informationen sich an *Computerbörsen* schneller in den Preisen widerspiegeln als an herkömmlichen *Parkettbörsen*. Stellvertretend für Computerbörsen werden die *Terminbörsen* der Schweiz und von Deutschland, die Swiss Options and Financial Futures Exchange (SOFFEX) und die Deutsche Terminbörse (DTB) untersucht.[1] Für die herkömmlichen Parkettbörsen werden schweizerische und deutsche Aktienbörsen *(Kassamärkte)* herangezogen.

Das Ziel dieser Studie ist eine Intraday-Analyse der *Geschwindigkeit, in der sich neue Informationen in den in einer ökonomischen Beziehung stehenden Kassa- und Terminmärkten niederschlagen*. Es sollen *kurzfristige zeitliche Interdependenzen zwischen dem Aktien- und dem Optionsmarkt* untersucht werden.

Aus diesem Grunde wird im folgenden zunächst auf die *Lead-Lag-Beziehung* zwischen Kassa- und Terminmärkten, speziell zwischen Aktien- und Optionsmärkten, näher eingegangen. Dabei sollen auch einige Gründe angeführt werden, warum es überhaupt zu Unterschieden in der Preisanpassungsgeschwindigkeit an diesen Märkten kommen kann. Zunächst wird dazu der Umstand vernachlässigt, daß Unterschiede im Handelssystem - nämlich Computer- versus Parkettbörse - existieren. Die aufgeführten Gründe zu einer Lead-Lag-Beziehung zwischen Aktien- und Optionsmarkt sind damit unabhängig vom Handelssystem. Anschließend wird die Lead-Lag-Beziehung betrachtet, wenn Optionen an einer Computerbörse, Aktien aber an einer herkömmlichen Parkettbörse gehandelt werden.

Dabei muß betont werden, daß es hier nicht um die Aufstellung eines Hypothesenkomplexes geht, der später untersucht werden soll. Die Hypothesen der nicht-zeitverzugslosen Informationsverarbeitung und der Präferenzen von Investoren reichen aus, um zu begründen, daß es zu Unterschieden in der Preisanpassungsgeschwindigkeit am Aktien- und Optionsmarkt kommen kann. Es soll hier anhand einiger aktueller Arbeiten ein Überblick gegeben werden, welche Gründe und Implikationen in der Literatur angeführt werden, die zu Unterschieden in der Preisanpassungsgeschwindigkeit an Aktien- und Optionsmärkten (bzw. allgemeiner Kassa- und Terminmärkten) führen können. Die einzelnen Punkte werden dabei nicht näher analysiert.

Anhand eines Literaturüberblicks werden danach bisherige empirische Studien dargestellt. Die Betonung liegt auf denjenigen Arbeiten, welche Unterschiede in der Preisanpassungsgeschwindigkeit an Kassa- und Terminmärkten, d.h. zeitliche Unterschiede in den Preisen von Aktien und Optionen sowie Aktien und Futures untersuchen. Desweiteren werden auch Er-

[1] Eine ausführliche Erläuterung von Computer- und Parkettbörsen anhand der hier untersuchten Börsen erfolgt im Kap. 6.

gebnisse solcher Studien aufgeführt, die in indirektem Zusammenhang mit der Problemstellung und Zielsetzung dieser Arbeit stehen. Dabei handelt es sich vor allem um den Einfluß des Optionshandels auf den Aktienmarkt sowie Tests zu Rendite-Saisonalitäten an Aktien- und Optionsmärkten. Es wird dabei vor allem auf diejenigen Arbeiten eingegangen, welche gegenüber der zeitverzugslosen Informationsverarbeitung von der Vorstellung ausgehen, daß der Informationsverarbeitungsprozeß Zeit benötigt. Zum Teil wird direkt die Preisanpassungsgeschwindigkeit getestet. Da die untersuchten Effekte kurzfristiger Natur sind (Minuten oder Stunden), werden besonders jene Untersuchungen aufgeführt, die ebenso Intraday-Effekte analysieren und denen i.d.R. Real-Time-Daten zur Verfügung stehen. Durch die Darstellung dieser Arbeiten ist eine Einordnung der vorliegenden Untersuchung sowie eine Beurteilung des verwendeten methodischen Ansatzes möglich.

3.1. Lead-Lag-Beziehung

Ausgangspunkt der zu untersuchenden Hypothesen und Implikationen dieser Arbeit bildet die Theorie informationseffizienter Märkte. Nach Fama[1] wird zwischen einer schwachen, halb-strengen und strengen Form der Effizienz unterschieden. Ihnen gemeinsam ist die zumindest implizite Annahme, daß der Prozeß der Informationsverarbeitung ohne Zeitverzug, d.h. unendlich schnell abläuft. Sobald beispielsweise im Rahmen der halb-strengen Form eine Information öffentlich bekannt wird, ist sie auch schon in den Preisen enthalten. Wie schon im Kap. 2. erläutert, haben auch solche Modelle, welche das Verhalten von Marktteilnehmern an spekulativen Märkten unter unvollständiger Information explizit modellieren, mit Fama gemeinsam, daß eine Welt beschrieben wird, in der die Informationsverarbeitung *zeitverzugslos* abläuft.

Es kann angenommen werden, daß der Informationsverarbeitungsprozeß nicht unendlich schnell abläuft. Es existieren hierzu einige Studien, die dazu Evidenz liefern.[2] Hier wird nun die engere Interpretation der Effizienzhypothese (unendlich schnelle Informationsverarbeitung) der Vorstellung gegenübergestellt, daß der Informationsverarbeitungsprozeß Zeit benötigt.

Diese Interpretation der Effizienzhypothese liefert testbare Implikationen nicht nur für den Verlauf von Aktien- oder Optionskursen über den Handelstag. Der Aktien- und Optionsmarkt sind zwei an sich unabhängige, jedoch in einer ökonomischen Beziehung stehende[3] Märkte. Geht man von der Vorstellung aus, die Informationsverarbeitung benötigt Zeit und unterstellt zusätzlich die Hypothese, daß es Präferenzen der Investoren für das Handeln an einem der beiden Märkte gibt, so kann man erwarten, daß der Markt, welcher neue Infor-

1 Vgl. Fama (1970); Fama/Miller (1972); Fama (1979); Fama (1991).

2 Z.B. Denzler/Janssen (1991) für die Schweiz sowie Harris (1986), French/Roll (1986), Lockwood/Linn (1990), McInish/Wood (1990). In der Literaturübersicht wird darauf näher eingegangen.

3 Aktien sind die Basisinstrumente der Optionen.

mationen schneller verarbeitet (Informationen sich schneller in den Preisen widerspiegeln), dem anderen Markt zeitlich vorausläuft, also als *Preissetzer*[1] fungiert.

In einem ökonomischen Gleichgewichtszustand sollte der Preis einer Option und der zugrundeliegenden Aktie jegliche Informationen widerspiegeln. Die Geschwindigkeit, in der sich Preise aufgrund neuer Informationen anpassen, hängt neben dem Verhältnis von Risiko und Rendite der beiden Wertpapiere vor allem von der Höhe der Marktfriktionen ab. In einer Welt perfekt funktionierender bzw. vollkommen friktionsloser Finanzmärkte[2] sollte zwischen den beiden Märkten vollkommene Simultanität herrschen, in der Art, daß neue Informationen zeitgleich reflektiert werden und sich damit in den Preisänderungen auf beiden Märkten zeitgleich niederschlagen.[3] Gibt es Marktfriktionen, so ist zu erwarten, daß die Preisanpassungsgeschwindigkeit von der Attraktivität des Marktes abhängt, welche durch verschiedene institutionelle Faktoren beeinflußt werden kann.[4]

Besitzt ein Marktteilnehmer (private) Informationen, die einen Einfluß auf den zukünftigen Wert eines Wertpapiers (Vermögenswertes) nehmen können, so wird er versuchen, sein Wissen durch entsprechenden Handel des Wertpapiers auszunutzen. Er wird den Preis des Wertpapiers aufgrund seiner Kenntnisse neu setzen und entsprechend am Markt handeln. Bestehen keine unterschiedlich hohen Transaktionskosten sowie keine Restriktionen[5] und gibt es keine Präferenzen der Investoren, so ist zu erwarten, daß Kassa- und Terminmärkte für alle Investoren und Händler gleichermaßen zugänglich sind. Investoren, welche neue Informationen bekommen, sammeln und analysieren, würden in der Entscheidung, auf welchem Markt sie handeln sollten, indifferent sein. Dies führt dazu, daß sich neue Informationen nahezu gleichzeitig in den Preisen der Wertpapiere beider Märkte widerspiegeln sollten. Falls allerdings etwaige Bedingungen dazu führen, daß einer der beiden Märkte bevorzugt wird, so ist anzunehmen, daß neue Informationen auf jenem bevorzugten Markt schneller verarbeitet werden. Die Preise dieses Marktes werden den Preisen des anderen Marktes zeitlich voraus sein. Anders ausgedrückt, es kommt zu einer ***Lead-Lag-Beziehung*** zwischen diesen beiden Märkten, wobei der bevorzugte Markt einen zeitlichen Vorsprung ***(Lead)*** gegenüber dem anderen aufweist bzw. die Preise des anderen Marktes zeitliche Verzögerungen ***(Lags)*** aufweisen.[6]

---

1 Ein Markt wird als führend in der Rolle der Preisfestsetzung (Preisfindung) oder auch als Preissetzer bezeichnet, wenn sich neue Informationen im Vergleich zu anderen Märkten zuerst auf diesem Markt in den Preisen widerspiegeln. Vgl. Laatsch/Schwarz (1988), S. 274.

2 Alle Finanzmarkttitel sind beliebig teilbar und Investoren werden nicht besteuert. Es gibt keine Transaktionskosten (in Form von Bankprovisionen, Maklergebühren, Spesen, Geld-Brief-Spannen (bid-ask spreads), usw.) und Margins. Vgl. Trautmann (1986), S. 4-11.

3 Nach Stephan/Whaley (1990), S. 191 müßten sich neue Informationen auch simultan im Handelsvolumen beider Wertpapiere niederschlagen.

4 Auf einzelne detaillierte Gründe gehen wir später noch ein.

5 Z.B. Leerverkaufsrestriktionen.

6 Siehe hierzu z.B. Ng (1987), S. 252f; Anthony (1988), S. 949ff.; Stephan/Whaley (1990), S. 191ff.; Finucane (1991), S. 446ff.

Grünbichler/Longstaff/Schwartz[1] weisen auf verschiedene Gründe hin, die zu einer Lead-Lag-Beziehung zwischen Aktien- und Optionsmarkt führen können. Dabei muß auch betont werden, daß beispielsweise eine zu geringe Handelsaktivität auf eine möglicherweise verfälschte Lead-Lag-Beziehung in den Daten hinweisen kann.[2] Ebenso können Geld-Brief-Spannen zu negativen Autokorrelationen bei den Aktienrenditen und damit zu einer verfälschten Lead-Lag-Beziehung führen.[3] Stoll/Whaley[4] zeigen, daß diese Effekte mittels ARMA-Modellen[5] aus den Renditereihen der einzelnen Wertpapiere herausfiltriert werden können.

Verschiedene Autoren[6] argumentieren, daß Marktfriktionen wie Transaktionskosten, unterschiedlich hohe Kapitalanforderungen und Leerverkaufsrestriktionen dazu führen, daß es für einige Marktteilnehmer vorteilhaft ist, an den Termin- anstelle den Kassamärkten zu agieren. Darüber hinaus verweisen Grünbichler/Longstaff/Schwartz[7] auf die Arbeiten von Grossman/Miller[8] und Miller[9], die zeigen, daß *"futures markets may provide more immediacy to traders than does the spot market"*. Eine Implikation hieraus ist, daß informierte Marktteilnehmer deshalb der Meinung sein könnten, daß sie an Terminmärkten ihre privaten Informationen nicht nur zu niedrigeren Kosten sondern auch schneller umsetzen könnten. Dies würde zu einer Lead-Lag-Beziehung zwischen Aktien- und Futurespreisen führen, da neue Informationen vom Futures- auf den Aktienmarkt übertragen werden.

Andererseits nennen einige Autoren auch Gründe, welche informierte Marktteilnehmer dazu veranlassen, den Aktienmarkt gegenüber dem Terminmarkt zu bevorzugen. Finucane[10] er-

---

1 Grünbichler/Longstaff/Schwartz (1992), S. 4f. Genau genommen muß es hier Aktien- und Futuresmarkt heißen. Die Gründe gelten allerdings generell für Kassa- und Terminmärkte.

2 Eine geringe Handelsaktivität kann bedeuten, daß die einzelnen Wertpapiere evtl. nicht häufig genug gehandelt werden, so daß die beobachteten Preise nicht den neuesten Stand an Informationen widerspiegeln. Wird die Lead-Lag-Beziehung aufgrund von Transaktionsdaten analysiert, so ist also zu beachten, daß beispielsweise eine gewisse Börsenmüdigkeit einzelner Aktien dazu führen kann, den Anschein zu erwecken, Optionspreise würden den Aktienkursen zeitlich voraus sein. Somit kann Evidenz für einen zeitlichen Vorsprung des Optionsmarktes auch einfach vom zu geringen Handeln der einzelnen Aktien herrühren und eben nicht durch eine Anpassungsverzögerung der Aktienkurse hervorgerufen werden. Zur näheren Erläuterung des Effektes einer niedrigen Handelsfrequenz siehe Stoll/Whaley (1990), S. 448ff.

3 Die Berechnung der Renditen erfolgt aufgrund von Bezahltkursen. Sind die Renditeintervalle dafür äußerst kurz (z.B. 10 Minuten) und kommt beispielsweise innerhalb eines Renditeintervalls lediglich ein neuer Bezahltkurs zustande, welcher entweder ein Brief- oder ein Geldkurs gewesen sein muß, so wird die Rendite dieses Intervalls wesentlich von der Geld-Brief-Spanne beeinflußt. Roll (1984) zeigt, daß in einem informationseffizienten Markt mit mindestens einer Transaktion (Geschäft) pro Zeitintervall in den Preisänderungen negative serielle Abhängigkeiten (Autokovarianzen erster Ordnung) festzustellen sind, welche auf die Bewegungen zwischen Geld- und Briefkursen zurückgeführt werden können. Die Höhe der Autokovarianz erster Ordnung stelle ein implizites Maß für die Geld-Brief-Spanne dar. Bei solch kleinen Zeitintervallen kann deshalb die Geld-Brief-Spanne einen dominanten Teil jeglicher Preisänderungen ausmachen. Zur Autokorrelation erster Ordnung von Aktienrenditen siehe auch die Studie von McInish/Wood (1991).

4 Stoll/Whaley (1990).

5 Autoregressiver-Moving-Average-Prozeß.

6 Siehe z.B. Black (1975), Manaster/Rendleman (1982), S. 1044; Bhattacharya (1987), S. 1; Anthony (1988), S. 2; Stoll/Whaley (1990), S. 442; Miller (1990b); Finucane (1991), S. 450; Chan (1990; 1992).

7 Grünbichler/Longstaff/Schwartz (1992), S. 4f.

8 Grossman/Miller (1988).

9 Miller (1990b), S. 406.

10 Finucane (1991).

mittelt in seiner Untersuchung einen 15-minütigen Lead von Index-Optionspreisen gegenüber den Aktienindexpreisen. Dagegen stellen Stephan/Whaley[1] einen 15 bis 20-minütigen zeitlichen Vorsprung des Aktienmarktes gegenüber dem Optionsmarkt fest. Da Finucane Indexoptionen, Stephan/Whaley aber Aktienoptionen untersuchen, werden die unterschiedlichen Resultate von Finucane wie folgt begründet: *"Traders with firm-specific information may have a preference for trading the underlying stock, while traders with market information may turn to the contingent claims markets first because of lower transactions costs and greater speed of execution."*[2] Subramanyam[3] und Chan[4] zeigen ebenso, daß es für informierte Marktteilnehmer mit unternehmensspezifischen Informationen vorteilhaft sein kann, direkt in Aktien und nicht in Futures zu handeln. So ist es also auch für manche Informationen möglich, daß Informationen vom Aktienmarkt zum Terminmarkt fließen.

Als weiterer nicht zu unterschätzender Punkt ist zu nennen, daß neben den bisher genannten oder implizierten Motiven für den Handel auf dem Optionsmarkt auch noch ein anderes Motiv ausschlaggebend sein kann, nämlich daß ein Großteil der Optionen als Instrument der Risikoabsicherung benutzt wird. Wenn derartige Motive des Risikomanagements mit Optionen in den Vordergrund treten, dann nimmt die kurzfristige Sicht und das typische Element des Profitierens von neuen Informationen durch Beobachten des Marktes und sofortiges Reagieren auf neue Informationen an Bedeutung ab. In diesem Fall würde ein Preisvorsprung des Optionsmarktes nicht zu erwarten sein.[5]

3.2. Informationsverarbeitung: Computerbörsen vs. Parkettbörsen

Es existieren verschiedene Möglichkeiten, wie der Bildschirmhandel an Computerbörsen auf die Lead-Lag-Beziehung zwischen Aktien- und Optionspreisen einen Einfluß ausüben kann.

Bei den vollelektronischen *Computerbörsen* wird der Handel vollständig über Computersysteme abgewickelt. Das elektronische Handelssystem integriert verschiedene Funktionen, die vollautomatisiert sind und vom Computer wahrgenommen werden. Dies umfaßt u.a. die Aufgaben der Informationsweiterleitung, der Kommunikation, der Preisermittlung und der Handelsabschlüsse. Die manuelle Tätigkeit bezieht sich nur noch auf die Eingabe der offenen Positionen. Es werden somit die Funktionen des traditionellen Parketts nachgebildet, indem die Angebots- und Nachfragepositionen sowie das Zusammenführen der offenen Positionen durch eine automatische Auftragsausführung des Computersystems durchgeführt wird. Dies führt dazu, daß die Zeit von der Aufnahme einer Order bis zur Ausführung des Geschäfts (Trade) erheblich reduziert wird. Z.B. schreibt Grossman[6]: *"Computerized tra-*

---

1 Stephan/Whaley (1990).

2 Finucane (1991), S. 456.

3 Subrahmanyam (1991).

4 Chan (1990; 1992).

5 Vgl. Stephan/Whaley (1990), S. 209.

6 Grossman (1990), siehe dazu Grünbichler/Longstaff/Schwartz (1992), S. 5.

ding has considerably increased the efficiency of executing portfolio trading strategies by speeding up the process of information collection, demand execution (analysis), and order execution. On a real time basis, prices can be collected, trading instructions generated and orders communicated."

An Parkettbörsen muß ein Auftrag i.d.R. per "Boten" zum Händler gebracht werden. Zusätzlich ist nicht sicher, ob dieser Auftrag sofort ausgeführt werden kann. Da sich bei einer Computerbörse alle Aufträge und Geschäfte im Informationssystem befinden, ist die logische Konsequenz daraus, daß die Aufnahme und Weiterleitung von Preisinformationen schneller erfolgen muß als an Parkettbörsen. Dort müssen alle Preisinformationen erst in das jeweilige Informationssystem (Report-System) eingegeben werden.[1] Hasbrouck/Sosebee[2] zeigen, daß das durchschnittliche Meldungs-Lag an der New York Stock Exchange (NYSE) ca. zwanzig Sekunden beträgt und bis zu hundertzwanzig Sekunden lang sein kann. Da durch den Computerhandel dieses Lag eliminiert wird, sollten die Preisdaten an einer solchen Börse die aktuellen Informationen schneller widerspiegeln.

Harris[3] argumentiert, daß durch Computerbörsen niedrigere Börsen-Fixkosten resultieren, die sich in einer Wettbewerbsumgebung auf sinkende Transaktionskosten der Marktteilnehmer auswirken müßten. Sofern wiederum die Transaktionskosten an einem computerisierten Terminmarkt geringer ausfallen, wird ein Handeln für informierte Marktteilnehmer bereits bei weniger signifikanten Informationen vorteilhaft. Daraus resultiert eine Beschleunigung der Preisanpassungsgeschwindigkeit an computerisierten Terminmärkten und somit - für den hier zu untersuchenden Fall von Aktien und Optionen - eine Verstärkung des Leads von Optionspreisen gegenüber den Aktienkursen.

Weiter ist auch zu beachten, daß bei vollelektronischen Computerbörsen die physische Präsenz der Händler am Handelsort nicht mehr erforderlich ist. Aus diesem Grunde ist auch ein persönlicher Kontakt zwischen den Händlern für den Abschluß nicht mehr notwendig. Grünbichler/Longstaff/Schwartz[4] weisen darauf hin, daß durch diese Anonymität die Transparenz in der Art gegenüber dem Parketthandel verloren geht, daß kein Marktteilnehmer seinen jeweiligen Geschäftspartner kennt. In einigen Studien wird der Einfluß der Markttransparenz bzw. Händleranonymität auf die Preise der gehandelten Papiere untersucht.[5] Das grundsätzliche Thema dieser Arbeiten ist, daß informierte Marktteilnehmer den Handel an weniger durchsichtigen Märkten bevorzugen. Es besteht die These, daß an diesen

1 Hierbei muß nach einzelnen Börsen unterschieden werden. An der Zürcher Börse wird der Handel direkt zwischen Vertretern der Ringbanken abgewickelt, ohne Einschalten von Brokern oder Maklern und Spezialisten. Alle Brief-, Geld und bezahlte Kurse werden laufend vom Kursreporter aus dem Ring über Mikrofon und Leitung zur Kurseingabe in einen Computer übermittelt. Anschließend erscheinen die Kurse auf dem Bildschirm des Ringinformationssystems. Der Verlauf des Handel an jedem einzelnen Ring kann auf diese Weise an den Bildschirmen verfolgt werden. An der New York Stock Exchange (NYSE) werden die ausgerufenen Kurse von einem Kursreporter (Floor Reporter) übermittelt. Zur Meldung eines Geschäfts gehört das manuelle Ausfüllen einer Karte und das Eingeben in einen Scanner (Reader).

2 Hasbrouck/Sosebee (1992). Siehe hierzu Grünbichler/Longstaff/Schwartz (1992), S. 5f.

3 Harris (1990b).

4 Grünbichler/Longstaff/Schwartz (1992), S. 6.

5 Vgl. z.B. Miller (1990b); Harris (1990b); Röell (1990); Admati/Pfleiderer (1990); Forster/George (1992).

Märkten ein aggressives Handeln möglich ist, ohne daß damit die Preisgabe von Informationen einhergeht. Dies erhöht die Präferenz informierter Marktteilnehmer für ein Handeln an einer Computerbörse wie der SOFFEX oder der DTB, was sich durch einen Lead der Optionspreise gegenüber den Aktienkursen ausdrücken sollte.

Allerdings ist auch zu berücksichtigen, daß bei Computerbörsen alle Preisinformationen via Bildschirm abgerufen werden. An der SOFFEX existieren beispielsweise pro Tag ca. 340[1] mögliche handelbare Aktien- und Index-Optionen. Es ist einleuchtend, daß nicht alle Preise auf einem Bildschirm angezeigt werden können. Auch sind i.d.R. die jeweiligen Software-Systeme so ausgerichtet, daß ein Händler bei jeder Systemanfrage jeweils nur Preise (bzw. Orders) einer Auswahl von Optionen auf einen bestimmten Basistitel erhalten kann. Dies kann sich mindernd auf die Effizienz der Verarbeitung von Preisinformationen auswirken.

Ein weiterer Faktor, der gegen die schnellere Verarbeitung von Informationen an Computerbörsen spricht, ist eine evtl. vorhandene geringere Liquidität von Computerbörsen. Grünbichler/Longstaff/Schwartz[2] verweisen auf Miller[3], der die Möglichkeit einer geringeren Liquidität von Computerbörsen diskutiert. Die These sagt aus, daß die Liquidität durch den Computerhandel verringert wird. Es wird argumentiert, daß *"by eliminating the role of the floor trader, screen-trading markets have fewer traders who are willing to provide immediacy to the market by absorbing order imbalances"*. Zusätzlich bemerken die Autoren, daß *"by providing quotes in an electronic screen market, traders provide a free option to the market and risk having quotes "picked off" by traders with better information"*.[4]

Die oben angeführten Punkte sollten einen Eindruck darüber geben, daß es an Kassa- und Terminmärkten bzw. Parkett- und Computerbörsen zu Unterschieden in der Preisanpassungsgeschwindigkeit kommen kann. Insgesamt gesehen ist in der Literatur der Anteil derjenigen Autoren größer, die die These eines zeitlichen Vorsprungs von Terminmärkten bzw. Computerbörsen gegenüber Kassamärkten bzw. herkömmlichen Parkettbörsen vertreten. Die Frage, ob eine Lead-Lag-Beziehung zwischen dem Aktien- und Optionsmarkt der Schweiz bzw. von Deutschland vorliegt, kann letztlich nur durch eine eingehende wissenschaftliche empirische Untersuchung beantwortet werden.

Anhand eines Literaturüberblicks werden im folgenden bisherige empirische Studien dargestellt. Den Schwerpunkt bilden Arbeiten zu Unterschieden in der Preisanpassungsgeschwindigkeit an Kassa- und Terminmärkten. Es werden zusätzlich auch Ergebnisse solche Arbeiten aufgeführt, die in indirektem Zusammenhang mit der Problemstellung und Zielsetzung dieser Arbeit stehen, um die vorliegende Untersuchung besser einordnen zu können.

---

1 Diese Zahl basiert auf mindestens drei Ausübungspreisen, vier Verfallterminen, Unterscheidung nach Kauf- und Verkaufsoptionen sowie Optionen auf 13 Aktientitel und einem Index. Es ist zu beachten, daß diese Zahl nur zur Illustration dient. Es wird später noch gezeigt werden, daß ein Großteil der Optionen nicht gehandelt wird, d.h. nicht wenigstens einen Bezahltkurs pro Tag aufweist.

2 Grünbichler/Longstaff/Schwartz (1992), S. 7.

3 Miller (1990b).

4 Grünbichler/Longstaff/Schwartz (1992), S. 7.

3.3. Überblick über empirische Untersuchungen

Im folgenden werden empirische Studien zur Informationseffizienz vorgestellt. Dabei liegt die Betonung auf denjenigen Arbeiten, welche in einem Zusammenhang zu der hier durchgeführten Untersuchung stehen. Dieser Zusammenhang bezieht sich vor allem auf die These der nicht-zeitverzugslosen Informationsverarbeitung sowie die Interdependenzen zwischen Kassa- und Terminmärkten. Es ist deshalb notwendig, zunächst eine Einordnung der empirischen Studien zur Informationseffizienz vorzunehmen, da hier nicht alle aufgeführt werden.

Die Informationseffizienz von Kapitalmärkten wurde in verschiedensten Studien getestet. Dabei haben sich einerseits die Arbeiten allein auf die Betrachtung des Aktienmarktes beschränkt. Desweiteren wurde in einzelnen Studien die Existenz von Optionsmärkten explizit im Untersuchungsansatz berücksichtigt. Die einzelnen Ansätze haben unter Nichtbeachtung der Tatsache, welche Form der Informationseffizienzhypothese getestet wird, gemeinsam, daß sie von einer zeitverzugslosen Informationsverarbeitung ausgehen. Sobald beispielsweise im Rahmen der halb-strengen Form eine Information öffentlich bekannt wird, ist sie auch schon in den Preisen enthalten. Die empirischen Arbeiten überprüfen, ob die gewählten Informationen in den Preisen enthalten sind.

Fast alle Untersuchungsansätze für den Aktienmarkt weisen dabei mehr oder weniger stark modifiziert folgende Grundstruktur auf: Ausgangspunkt der Untersuchung ist ein Gleichgewichtsmodell für den Aktienmarkt. Für die jeweils relevante Art der Information wird sodann untersucht, ob ein Investor, nachdem ihm diese Information zugegangen ist, durch sofortigen Kauf bzw. Verkauf der jeweiligen Aktien und späteren Glattstellung der Position systematisch abnormale Gewinne (Überrenditen) erzielen kann.[1] Die Überrenditen werden jeweils über eine gewisse Zeitspanne von t-1 nach t errechnet, wobei diese Zeitspanne der in der jeweiligen Untersuchung gewählten Zeiteinheit entspricht. Für diese Zeiteinheiten werden am häufigsten Tage, Wochen oder Monate gewählt. Entsprechend werden die über den Zeitraum zwischen Kauf bzw. Verkauf und Glattstellen der Position aufkumulierten Überrenditen pro Zeiteinheit auch als "abnormal return" bzw. "abnormal performance" dieses Zeitraumes bezeichnet.[2]

Untersuchungen, die den Optionsmarkt berücksichtigen und den Anspruch erheben, lediglich den Grad an Informationseffizienz für den Optionsmarkt zu testen, lassen sich vielmals durch folgendes Vorgehen charakterisieren: Mittels verteilungs- und präferenzfreien Wertgrenzen oder mit einem i.d.R. verteilungsabhängigen Optionsbewertungsmodell werden

---

[1] Bei Verfolgung einer vollständig risikolosen Portefeuillestrategie werden die entsprechenden Gewinne als *abnormal* bezeichnet, wenn sie die Verzinsung der eingesetzten Finanzmittel mit der risikolosen Verzinsungsrate übersteigen. Bei Verfolgung einer risikobehafteten Portefeuillestrategie werden die entsprechenden Gewinne dann als *abnormal* bezeichnet, wenn deren *Erwartungswert abzüglich einer Risikoprämie* die Verzinsung eines risikolosen Finanztitels übersteigt. Darauf wird im Kap. 6 näher eingegangen.

[2] Auf Probleme solcher Untersuchungsansätze sowie die Möglichkeit statistisch signifikanter Aussagen vor allem zur Ablehnung der Informationseffizienzhypothese wird hier nicht eingegangen. Vgl. dazu beispielsweise Hecker (1993), S. 25ff.

Fehlbewertungssignale errechnet. Beim Erkennen eines Fehlbewertungssignals wird eine bestimmte Portefeuillestrategie ausgelöst, für die dann jeweils überprüft wird, ob sie zu Überrenditen führt.[1]

Auf die Darstellung dieser Studien soll hier nicht eingegangen werden.[2]

In dieser Arbeit gilt es vielmehr, von der Vorstellung auszugehen, daß der Informationsverarbeitungsprozeß Zeit benötigt. Unter Umständen wird er von identifizierbaren Mustern in den Marktpreisen begleitet. Desweiteren liegt hier die Betonung auf den Untersuchungen zu Interdependenzen zwischen Kassa- und Terminmärkten.

Dieser Informationsverarbeitungsprozeß wurde empirisch bislang weniger untersucht.[3] Als Gründe für das fast gänzliche Fehlen solcher Untersuchungen in der Schweiz nennen Denzler/Janssen[4] die nicht vorhandene Datenbasis, da zu erwarten ist, daß evtl. Muster in den Marktpreisen eher kurzfristiger Natur sind und sich mit Tagesdaten (Schlußkursen) nicht nachweisen lassen. Zeitabstände von einem Börsentag reichen für solche empirische Untersuchungen nicht aus; es ist eher mit Minuten- oder Sekundenabständen zu rechnen. Dies setzt natürlich voraus, daß

a) ein liquider Markt mit (fast) zeitkontinuierlichen Preisnotierungen während eines Börsentages vorliegt, und

b) der genaue Zeitpunkt einer Preisfeststellung zusammen mit der Preisangabe auf Datenträgern festgehalten wird.

Das Vorliegen von Real-Time-Daten, d.h. Daten auf der Ebene einzelner Transaktionen, bei denen für *alle Transaktionspreise* bekannt ist, zu welchem *Zeitpunkt* sie festgelegt wurden und wie groß das entsprechende *Transaktionsvolumen* gewesen ist, erlaubt es, eine Analyse des oben beschriebenen Sachverhalts vorzunehmen und einige der Implikationen entsprechender Annahmen und Hypothesen empirisch zu überprüfen.

Zur Problemstellung dieser Arbeit existieren nur sehr wenige Studien, die außerdem ausschließlich den amerikanischen Aktien- und Optionsmarkt untersuchen. Zur besseren Einordnung werden deshalb in der Literaturübersicht nicht nur jene Arbeit aufgeführt, sondern auch Studien, die in indirektem Zusammenhang zur vorliegenden Untersuchung stehen. Die empirischen Arbeiten können in folgende Gruppen eingeteilt werden:[5]

1 Auch hier wird auf die Problematik solcher Ansätze, vor allem hinsichtlich Fehlspezifikationen des Gleichgewichtsmodells, nicht eingegangen. Vgl. hierzu z.B. Trautmann (1986), Kap. 7.

2 Neben den Artikeln von Fama (1970; 1991) wird für eine Systematisierung auf Hecker (1993), S. 22f. verwiesen.

3 Vor allem in der Schweiz bestehen bis auf die Arbeit von Denzler/Janssen (1991) keine Arbeiten zum Aktienmarkt. Auf internationale Arbeiten wird noch eingegangen.

4 Denzler/Janssen (1991), S. 1.

5 Es sei betont, daß sich diese Einteilung noch wesentlich verfeinern ließe. Hier wurde eine sehr grobe Einteilung gewählt, da es vornehmlich darum geht, die Arbeiten zur Problemstellung dieser Untersuchung zu den anderen abzugrenzen.

1. Lead-Lag-Beziehung zwischen Aktien- und Optionsmarkt

Da in dieser Arbeit davon ausgegangen wird, daß die Informationsverarbeitung Zeit benötigt, wird untersucht, ob sich Informationen am Optionsmarkt schneller in den Preisen widerspiegeln als am Aktienmarkt. Im folgenden sollen deshalb vor allem empirische Studien aufgeführt werden, welche sich ebenfalls mit dieser Frage auseinandersetzen und explizit den Aktien- und Optionsmarkt untersuchen. Dabei liegt die Betonung auf solchen Arbeiten, welchen Real-Time-Daten zur Verfügung stehen.

Die vorliegende Untersuchung ist in diese Gruppe einzuordnen.

2. Lead-Lag-Beziehung zwischen Aktien- und Futuresmarkt

Die oben genannte Fragestellung ist allerdings nicht nur auf die Wechselwirkung von *Aktien* und *Optionen* beschränkt, sondern kann beispielsweise auch auf andere Termininstrumente wie *Futures* angewendet werden. Somit sollen auch solche Studien dargestellt werden.

Die Untersuchungen kurzfristiger zeitlicher Interdependenzen zwischen Kassa- und Terminmärkten (Gruppen 1 und 2) können grundsätzlich in zwei Teile gegliedert werden. In einer allgemeinen Sichtweise gilt es der Frage nachzugehen, ob Options- oder Futurespreise Informationen widerspiegeln, welche noch nicht in den gleichgerichteten Aktienkursen enthalten sind. Weiterhin besteht auch die Möglichkeit, spezifische Ereignisse (Events) wie z.B. Dividenden- oder Gewinnankündigungen zu betrachten. Hier gilt es herauszufinden, ob diese Informationen schneller bzw. effizienter in den Optionspreisen enthalten sind als in den zugehörigen Aktienkursen. Bei den bisher veröffentlichten Studien hierzu ist zu bemerken, daß sie ausschließlich Ergebnisse für den Aktienmarkt ableiten. Es wird versucht zu erklären, ob sich die Anpassung von Aktienkursen an veröffentlichte, neue fundamentale Informationen bei den Aktien, für die auch ein Optionshandel stattfindet, schneller vollzieht als bei Aktien, für die keine Optionen gehandelt werden. Aus diesem Grunde werden diese Untersuchungen in die Gruppe 4 mit aufgenommen.

3. Informationsverarbeitung und Intraday-Saisonalitäten

Eine große Anzahl Studien weist im Gegensatz zum Konzept der Informationseffizienz Rendite-Saisonalitäten verschiedener Wertpapiere nach. Unter Saisonalitäten sind konsistent wiederkehrende Muster zu verstehen. Die ersten Arbeiten mußten sich auf Tages-, Wochen- und Monatsdaten beschränken. Grundsätzlich lassen sich bei den Studien zu Saisonalitäten folgende Kategorien unterscheiden:

1. Turn-of-the-Year
2. Turn-of-the-Month
3. Day-of-the-Week
4. Intraday

Aktuelle Intraday-Untersuchungen mit Real-Time-Daten gehen der Frage der nicht-zeitverzugslosen Informationsverarbeitung nach und analysieren zeitliche Muster von Renditen bzw. Volatilitäten über den Handelstag. Da die Hypothese einer nicht unendlichen schnellen Informationsverarbeitung Voraussetzung der vorliegenden Untersuchung ist, soll auf die Ergebnisse dieser Studien eingegangen werden. Die meisten der Arbeiten betrachten Aktien. Es existieren aber ebenso Untersuchungen zu Anleihen, Index-Futures und Optionen.

Studien zum Turn-of-the-Year- und Turn-of-the-Month- und Day-of-the-Week-Effekt werden nicht betrachtet. Eine ausführliche Übersicht über diese Arbeiten gibt Frantzmann[1].

4. Einfluß des Optionshandels auf den Aktienmarkt

Ansätze einer weiteren Gruppe fragen nach dem Einfluß des Optionshandels auf die Kurse der zugrundeliegenden Aktien und beziehen in ihren Tests keine Daten von Optionspreisen ein, sondern beschränken sich allein auf die Auswertung von Aktienkurszeitreihen. Das wesentliche Untersuchungsziel dieser Studien besteht in der Beantwortung der Frage, ob Termingeschäfte die Kursentwicklung von Aktien stabilisieren oder destabilisieren, d.h. ob der Optionshandel steigende Aktienkursvolatilitäten und/oder abnormale Muster in den Aktienrenditen und im Handelsvolumen induziert. Die Arbeiten können dabei zunächst in dreifacher Hinsicht eingeteilt werden: Eine Untergruppe analysiert den Einfluß des Optionshandels auf die Kurse der zugrundeliegenden Aktien in allgemeiner Hinsicht. Die zweite Untergruppe untersucht die Hypothese, daß Optionsverfalltermine die Kursentwicklung der den Optionen zugrundeliegenden Aktien in einer engen zeitlichen Umgebung um den Fälligkeitstermin in vorhersehbarer Weise beeinflussen. Die dritte Untergruppe betrachtet dagegen die Einführung von Optionen. Wie schon weiter oben erwähnt, wird hier eine vierte Untergruppe mit aufgenommen, welche versucht zu erklären, ob sich die Anpassung von Aktienkursen an veröffentlichte, neue fundamentale Informationen bei den Aktien, für die auch ein Optionshandel stattfindet, schneller vollzieht als bei Aktien, für die keine Optionen gehandelt werden.

Im folgenden werden die einzelnen Studien aufgeführt. Es sei betont, daß der Literaturüberblick keinen Anspruch auf Vollständigkeit erhebt. Weiter konzentriert sich die Darstellung auf diejenigen Arbeiten, welche in engem Zusammenhang mit dieser Untersuchung stehen. Die anderen Arbeiten werden der Vollständigkeit halber erläutert, um auch die vorliegende Untersuchung besser einordnen zu können. Dabei werden im wesentlichen Studien behandelt, welche Real-Time-Daten zur Analyse verwenden. Da etliche dieser Untersuchungen auf Ansätzen früherer Studien beruhen, denen aufgrund technischer oder allgemeiner Umstände Tagesschlußkurse anstelle von Real-Time-Kursen zur Verfügung standen, sollen diese Arbeiten ebenfalls behandelt werden.

---

1 Frantzmann (1989), Kap. 5 sowie Frantzmann (1986; 1987). Er führt selbst eine Untersuchung zu Renditesaisonalitäten am deutschen Aktien- und Rentenmarkt durch.

3.3.1. Lead-Lag-Beziehung zwischen Aktien- und Optionsmarkt

Diese Studien untersuchen zeitliche Interdependenzen zwischen dem Aktien- und Optionsmarkt vor dem Hintergrund, daß neue Informationen sich unterschiedlich schnell in den Preisen am Optionsmarkt und am Aktienmarkt widerspiegeln. Meist wird die Hypothese zugrundegelegt, daß Optionspreise Informationen enthalten, welche noch nicht in den gleichgerichteten Aktienkursen enthalten sind, d.h. es wird der Informationsgehalt von Optionspreisen für die Kursentwicklung der zugrundeliegenden Aktien analysiert. Einige der Arbeiten lassen in ihrer Hypothese jedoch offen, ob Optionspreise den zugrundeliegenden Aktienkursen vorauslaufen oder ob der umgekehrte Zusammenhang gilt. Es wird grundlegend eine Lead-Lag-Beziehung zwischen Aktien- und Optionsmarkt untersucht, d.h. ob allgemein neue Informationen am Aktien- und Optionsmarkt nicht völlig zeitgleich verarbeitet werden.

Empirische Untersuchungen hierzu existieren in der Schweiz und Deutschland nicht. Dies ist einerseits, wie schon erwähnt, auf die nicht vorhandene Datenbasis (Real-Time) zurückzuführen. Diese Studien arbeiten mit variablen Options- und Aktiendaten und Zeitintervallen im Minutenbereich sowie Geld-/Brief-Spannen für den Aktien- und Optionsmarkt. Andererseits muß auch berücksichtigt werden, daß die Computerbörsen SOFFEX (Eröffnung: 19. Mai 1988) und DTB (Eröffnung: 26. Januar 1990) noch sehr jung sind. Vor Eröffnung dieser Börsen wurde am Schweizer und am deutschen Optionsmarkt pro Option und Tag zumeist nur ein Preis festgestellt.

Die wenigen existierenden Studien zur Problemstellung dieser Arbeit wurden am amerikanischen Aktien- und Optionsmarkt durchgeführt. Als Untersuchungsgegenstand wird im wesentlichen die Chicago Board Options Exchange[1] (CBOE) und die New York Stock Exchange (NYSE) betrachtet. Da diese Studien für die vorliegende Untersuchung von besonderem Interesse sind, wird auf die Methodik und Resultate dieser Arbeiten näher eingegangen. Auf die Arbeiten der anderen oben beschriebenen Gruppeneinteilung wird dagegen nur kurz eingegangen, da sie nur in indirektem Zusammenhang mit dieser Arbeit stehen.

Die nachfolgende Tab. 3-1 gibt einen Überblick über die Arbeiten der ersten Gruppe. Angegeben ist der Autor, die zu untersuchende Hypothese bzw. das Ziel der Untersuchung, der Gegenstand der Untersuchung (Daten) und das Untersuchungsergebnis. Einzelne Arbeiten werden im Anschluß ausführlicher beschrieben.

---

[1] Die CBOE ist die älteste und größte Optionsbörse der Welt. Sie begann Anfang 1973 den Handel mit Kaufoptionen auf 16 Aktien. 1977 erfolgte die Erweiterung auf Verkaufsoptionen. Zu Beginn der achtziger Jahre wurde die Grenze von hundert verschiedenen Aktien übersprungen. 1983 wurde mit den S&P 100-Optionen der Handel in der ersten Option auf einen Aktienindex aufgenommen. Beim Handelssystem handelt es sich - bis auf kleinere Orders - um das Open-Outcry-Prinzip (siehe hierzu Kap. 6).

Tab. 3-1: Empirische Untersuchungen zur Lead-Lag-Beziehung zwischen Aktien- und Optionsmarkt

Informationsgehalt von Optionspreisen / Lead-Lag-Beziehung zwischen Aktien- und Optionsmarkt[1]		
Autor(en), Ziel	**Daten**	**Wichtige Ergebnisse**
Panton (1976): Informationsgehalt von Optionspreisen. Unternehmensinsider haben Präferenzen für den Optionsmarkt.	Tagesdaten, Tagesschlußkurse von ausgewählten Aktienoptionen auf sechs Aktientitel an der CBOE sowie zugehörigen Aktien der NYSE, 26.4.73-31.7.73	Es ist nicht möglich, mittels einer Handelsstrategie, welche auf dem Vergleich von Optionspreisen mit Modellwerten beruht, den Aktienkurs vorherzusagen.
Manaster / Rendleman (1982): Informationsgehalt von Optionspreisen. Optionspreise haben vorhersagenden Charakter für die zugrundeliegenden Aktienkurse.	Tagesdaten, Tagesschlußkurse von Aktienoptionen an der CBOE sowie zugehörigen Aktien der NYSE, 26.4.73-30.6.76	Ein Vergleich von impliziten mit beobachteten Aktienkursen zeigt, daß die impliziten Aktienkurse Informationen widerspiegeln, welche noch nicht völlig in den beobachteten Aktienkursen enthalten sind. Es können jedoch mittels Handelsstrategien keine signifikanten abnormalen Gewinne am Aktienmarkt erzielt werden.
Bhattacharya (1987): Informationsgehalt von Optionspreisen. (Intraday-Lead-Lag-Beziehung zwischen Aktien- und Optionsmarkt.)	Real-Time-Daten, Geld- und Briefkurse von Aktienoptionen an der CBOE, Bezahltkurse der zugehörigen Aktien an der NYSE, 2.6.77-15.8.78	Obwohl die Optionspreise einen gewissen vorhersagenden Charakter aufweisen (ohne Transaktionskosten werden positive Übernacht-Renditen erzielt), ist es mittels einer Handelsstrategie, welche beobachtete mit impliziten Aktienkursen vergleicht, nicht möglich, bei Einbezug von Transaktionskosten abnormale Gewinne zu erzielen.
Anthony, J.H. (1988): Tages-Lead-Lag-Beziehung zwischen Aktien- und Optionsmarkt anhand Handelsvolumen.	Tagesdaten, Tagesvolumina von Aktienoptionen an der CBOE sowie der zugehörigen Aktien an der NYSE, 1.1.82-30.6.83	Regression der Handelsvolumina von Aktien und Optionen. Das Handelsvolumen von Optionen hat einen zeitlichen Vorsprung gegenüber dem Volumen der zugrundeliegenden Aktien von etwa einem Tag.
Kumar / Shastri (1990): Informationsgehalt von Optionspreisen. Optionspreise haben vorhersagenden Charakter für die zugrundeliegenden Aktienkurse.	Tagesdaten, Tagesschlußkurse von ausgewählten Aktienoptionen auf sechs Aktientitel an der CBOE sowie den zugehörigen Aktien an der NYSE, 22.8.77-31.8.78	Die Hypothese, daß die impliziten Aktienkurse Informationen widerspiegeln, welche noch nicht völlig in den beobachteten Aktienkursen enthalten sind, wird abgelehnt. Es können keine abnormalen Gewinne am Aktienmarkt erzielt werden.
Stephan / Whaley (1990): Intraday-Lead-Lag-Beziehung zwischen Aktien- und Optionsmarkt.	Real-Time-Daten, Bezahltkurse von Aktienoptionen an der CBOE sowie den zugehörigen Aktien an der NYSE, 2.1.86-31.3.86	Regression impliziter Aktienkursveränderungen auf vergangene, gleichzeitige und zukünftige beobachtete Aktienkursveränderungen. Die beobachteten Aktienkursveränderungen haben einen zeitlichen Vorsprung gegenüber den impliziten Veränderungen von etwa 15 Minuten. Bei Regression der Handelsvolumina von Aktien- und Optionsmarkt zeigt sich ein noch größerer Vorsprung des Aktienmarktes von mindestens 20 Minuten.

1 Da einige Studien lediglich von der Hypothese ausgehen, daß neue Informationen sich schneller in den Optionspreisen widerspiegeln, werden hier zwei Titel angegeben.

Tab. 3-1: Fortsetzung

Autor(en), Ziel	Daten	Wichtige Ergebnisse
Gunter (1990): Intraday-Lead-Lag-Beziehung zwischen Aktien- und Optionsmarkt.	Real-Time-Daten, Geld- und Briefkurse von Aktienoptionen an der CBOE, Bezahltkurse der zugehörigen Aktien an der NYSE, Januar 1983 - September 1985	Studie mit ähnlichem Ansatz wie Manaster/Rendleman (1982) oder Bhattacharya (1987). Es wird die Intraday-Lead-Lag-Beziehung zwischen Aktien- und Optionsmarkt untersucht. Bei Annahme eines Aktienmarktleads zeigen Handelsstrategien für den Fall von Übernacht-Halteperioden positive Gewinne. Unterstützung der Ergebnisse von Stephan/Whaley (1990).
Finucane, T.J. (1991) Intraday-Lead-Lag-Beziehung zwischen Aktien- (Index-) und Optionsmarkt.	Real-Time-Daten, Geld-, Brief- und Bezahltkurse von S&P 100-Optionen, berechneter S&P 100-Indexwert, 2.12.85-30.11.88	Es wird die Put-Call-Parität zur Berechnung impliziter Indexwerte herangezogen. a) Intraday-Korrelationen von Indexrenditen mit Abweichungen von der Put-Call-Parität. b) Regression impliziter S&P 100-Indexveränderungen auf vergangene, gleichzeitige und zukünftige beobachtete Indexveränderungen. Resultate zeigen, daß relative Index-Optionspreise gegenüber dem Aktienmarkt einen Vorsprung von etwa 15 Minuten haben.
Hecker (1993): Informationsgehalt von Optionspreisen im Vorfeld abnormaler Kursbewegungen am Aktienmarkt.	Tagesdaten, Tagesschlußkurse ausgewählter Optionen und zugrundeliegender Aktien (BASF, Bayer, Hoechst, BMW, Daimler-Benz, VW) an der Frankfurter Wertpapierbörse, 1.4.83-31.12.87.	a) Mittels Korrelationskoeffizienten von beobachteten und impliziten Aktienrenditen können keine Hinweise auf eine schnellere Verarbeitung von Informationen am Optionsmarkt gegenüber dem Aktienmarkt gefunden werden. b) Vor Zeitpunkten mit abnormalen Renditen am Aktienmarkt werden signifikante relative Fehlbewertungssignale am Optionsmarkt festgestellt. Dies wird auf Aktivitäten von Insidern am Optionsmarkt zurückgeführt.

Die meisten dieser Untersuchungen haben gemeinsam, daß sie die Preise bzw. Renditen am Aktien- und Optionsmarkt betrachten und aufgrund von zu realisierenden Handelsstrategien oder statistischen Analysen miteinander vergleichen wollen. Dazu ist zunächst zu beachten, daß Options- und Aktienpreise bzw. deren Renditen nicht direkt verglichen werden können.[1] Für empirische Untersuchungen der relativen Preisanpassungsgeschwindigkeit zwischen Aktien- und Optionsmarkt wird deshalb eine Art *Vergleichsmaßstab* benötigt. Damit ist gemeint, daß der Preis einer Option, welcher die Informationen des Optionsmarktes beinhalten sollte, zunächst auf ein vergleichbares Niveau zum gegenüberzustellenden Aktienkurs zu bringen ist.

Aktien- und Optionsmarkt sind zwar grundsätzlich unabhängig, es können jedoch zwischen den einzelnen gehandelten Instrumenten *ökonomische Gleichgewichtsbeziehungen* hergeleitet werden, da Aktien ja die zugrundeliegenden Basiswerte der Optionen sind. Mittels einer solchen Beziehung ist es dann auch möglich, ein Vergleichskriterium abzuleiten. Als Gleichgewichtsbeziehung kann z.B. das Black/Scholes-Modell[2] als Beispiel eines verteilungsabhängigen Optionsbewertungsmodells herangezogen werden, welches unter Zuhilfenahme der Annahmen der Arbitragetheorie und speziellen Hypothesen über den stochasti-

1 Darauf wird in Kap. 7 näher eingegangen.

2 Black/Scholes (1973).

schen Prozeß der zugrundeliegenden Aktie die eindeutige Bestimmung eines Kaufoptionswertes gestattet.[1] Da ein solches Modell plausiblerweise den Aktienkurs selbst - neben weiteren Einflußgrößen - als Parameter enthält, kann es dann durch Umkehrung der Beziehung (falls möglich) für die Ermittlung des Vergleichsmaßstabes herangezogen werden. Abgesehen von den anderen Parametern stehen hier der *Wert einer Kaufoption und der Aktienkurs* in Beziehung.[2] Ist der derzeitige Optionspreis am Markt beobachtbar und sind alle weiteren Parameter außer dem Aktienkurs gegeben, so kann man den Wert der zugrundeliegenden Aktie im Gleichgewicht errechnen.[3] Aus der Logik des Modells von Black/Scholes[4] folgt, daß dieser implizite Wert denjenigen Wert der zugrundeliegenden Aktie darstellt, für die ein *kontinuierlich angepaßtes Hedgeportefeuille aus Optionen und Anleihen äquivalent zur Aktie* ist. Bei Gültigkeit des Optionsbewertungsmodells stellen somit die *impliziten Werte die Schätzwerte des Optionsmarktes für die Gleichgewichtsaktienpreise dar.*[5]

Sofern es sich bei den empirischen Untersuchungen um die Durchführung einer Handelsstrategie handelt, so muß zunächst eine Annahme getroffen werden. Diese kann lauten, daß entweder der Optionsmarkt Informationen schneller als der Aktienmarkt verarbeitet oder umgekehrt, der Aktienmarkt dem Optionsmarkt zeitlich voraus ist. Wird beispielsweise die Hypothese eines Optionsmarktleads getroffen, so sind deshalb die Richtung und ungefähres Ausmaß zukünftiger Aktienkursänderungen durch Auswertung gegenwärtiger Optionspreise bzw. deren Veränderungen prognostizierbar. Es kann daraus eine Strategie implementiert werden, die bei einem entsprechenden Signal eine Kauf- oder Verkaufsposition einer entsprechenden Aktie vorsieht, welche dann nach einer bestimmten Halteperiode wieder glattgestellt wird. Damit handelt es um einen direkten Test auf Informationseffizienz des Aktienmarktes. Als Kauf- bzw. Verkaufssignal zur Auslösung der Handelsstrategie gilt i.d.R. ein Abweichen des impliziten vom gleichzeitig am Markt beobachteten Aktienkurs.[6]

Bei den statistischen Untersuchungen werden i.d.R. beobachtete und implizite Aktienkurse bzw. Aktienkursveränderungen und auch die Handelsvolumina am Aktien- und Optionsmarkt auf zeitliche Verschiebungen untersucht.

Die Studie von Manaster/Rendleman[7] wird hier als erste vorgestellt, obwohl darin keine Real-Time-Kurse verwendet werden. Vielmehr bildet sie die Ausgangsbasis für viele neuere

1 Dieses Modell wird in Kap. 5 ausführlich behandelt.

2 Grundsätzlich können auch andere Beziehungen, wie z.B. die *Put-Call-Parität* herangezogen werden, welche die drei Titel Kaufoption, Verkaufsoption und Aktienkurs (und insolvenzrisikofreien Finanztitel) in Beziehung setzt. Sie hat bei empirischen Untersuchungen insbesondere den Vorteil, daß die zukünftige Volatilität der Aktienrendite nicht geschätzt werden muß. Vgl. z.B. hierzu die Untersuchung von Finucane (1991). Die Put-Call-Parität wird ebenfalls in Kap. 5 behandelt.

3 Auf die einzelnen Parameter, insbesondere die nicht direkt beobachtbare Volatilität der Aktienrendite, wird in Kap. 5 und 7 näher eingegangen.

4 Black/Scholes (1973).

5 Vgl. Manaster/Rendleman (1982), S. 1043f.

6 Da in realitätsnahen Handelsstrategien Transaktionskosten berücksichtigt werden müssen, wird i.d.R. erst dann von einem Kauf- oder Verkaufssignal ausgegangen, wenn der Betrag der Abweichung einen vorgegebenen Grenzwert überschreitet. Dieser Grenzwert hängt wesentlich von der Geld-Brief-Spanne, d.h. der Differenz zwischen dem Brief- und Geldkurs des betrachteten Wertpapiers ab.

7 Manaster/Rendleman (1982).

Studien mit grundsätzlich gleicher oder ähnlicher Fragestellung. Weiter haben diejenigen Studien, welche Handelsstrategien durchführen, einen ähnlichen Untersuchungsaufbau.

Manaster/Rendleman[1] untersuchen die Vorhersagekraft von Optionspreisen für die zugrundeliegenden Aktienkurse. Die Studie basiert auf der Hypothese, daß mehr informierte Investoren am Optionsmarkt handeln. Als mögliche Gründe werden für die Präferenzen von Investoren niedrigere Transaktionskosten, mit niedrigeren Kapitalanforderungen verbundenen Leverage- und Liquiditätseffekte sowie uneingeschränkte Leerverkaufsmöglichkeiten am organisierten Optionsmarkt angegeben. Bei Gültigkeit dieser Hypothese sollte der Optionsmarkt einen zeitlichen Vorsprung in der Verarbeitung von Informationen gegenüber dem Aktienmarkt aufweisen.

Manaster/Rendleman verwenden für ihre Studie Tagesschlußkurse von Kaufoptionen und deren zugrundeliegenden Aktien. Ausgangspunkt ihrer Tests ist ein für jeden Tag ermitteltes relatives Fehlbewertungssignal, welches der prozentualen Abweichung des impliziten Aktienkurses vom Aktientagesschlußkurs entspricht. Der implizite Aktienkurs sowie die implizite Volatilität werden dabei simultan errechnet, wobei die beiden zu schätzenden Größen durch Invertierung des dividendenadjustierten Optionsbewertungsmodells von Black/-Scholes[2] numerisch mit Hilfe eines Suchalgorithmus ermittelt werden.[3]

Die Nullhypothese, daß implizite Aktienkurse gegenüber den beobachteten Aktienkursen keinen zusätzlichen Informationsgehalt in bezug auf zukünftige Aktienkurse besitzen, wird zunächst unter Verwendung eines erweiterten Marktmodells getestet. Es handelt sich um ein Zwei-Faktor-Modell, bei dem die Aktienrendite vom Tag t bis zum Folgetag t+1 als endogene Variable und die Rendite des Marktindex für dieselbe Zeitspanne sowie das relative Fehlbewertungssignals[4] des Tages t als exogene Variablen gewählt werden.[5] Ist der Regressionskoeffizient des relativen Fehlbewertungssignals signifikant positiv, so impliziert dies eine positive Korrelation zwischen der Aktienrendite vom Tag t bis zum Folgetag t+1 und dem relativen Fehlbewertungssignal des Tages t. Manaster/Rendleman weisen darauf hin, daß eine positive Korrelation allenfalls als erstes Indiz dafür gewertet werden kann, daß der Informationsgehalt des impliziten Aktienkurses in t tatsächlich über den des zur gleichen Zeit beobachteten Aktienkurses hinausgeht.[6]

Um Klarheit darüber zu erhalten, ob die beschriebene positive Korrelation als Ablehnung der Hypothese auf Informationseffizienz des Aktienmarktes interpretiert werden kann, wird die Untersuchung um die Betrachtung zweier Handelsstrategien, einer ex-post- und einer

---

1 Manaster/Rendleman (1982).

2 Für eine Definition dieser Formel siehe z.B. Geske/Roll (1984), S. 444. In Kap. 5 wird dieses Verfahren ausführlich behandelt.

3 Auf derartige Schätzmethoden wird im Kap. 7 eingegangen. Manaster/Rendleman (1982) geben nicht an, welcher Suchalgorithmus eingesetzt wird.

4 Damit ist das zuvor angesprochene Kauf-/Verkaufssignal gemeint.

5 Vgl. Manaster/Rendleman (1982), S. 1051 und Hecker (1993), S. 45.

6 Es wäre ebenso möglich, daß dieser Befund auf eine zeitlich spätere Notierung des Optionsschlußkurses im Vergleich zum Aktienschlußkurs zurückzuführen ist. Vgl. Manaster/Rendleman (1982), S. 1055.

ex-ante-Strategie[1] erweitert. Es werden dazu jeden Tag alle Aktien entsprechend der Höhe der relativen Fehlbewertungssignale geordnet und etwa fünf gleich große Aktienportefeuilles gebildet. Gemäß ex-post bzw. ex-ante-Test werden diese dann fiktiv noch am gleichen Tag bzw. am nächsten Tag verkauft. Sodann wird getestet, ob die Rangfolge der Portefeuilles, die sich nach den ermittelten Portefeuillerenditen ergibt, mit der nach den relativen Fehlbewertungssignalen gebildeten Rangfolge der Portefeuilles positiv korreliert. Sofern die Fehlbewertungssignale Informationen bezüglich der Gleichgewichtspreise des Aktienmarktes enthalten, müßten Portefeuilles mit niedrigen Signalen geringere Renditen als solche mit hohen Signalen erzielen.

Die Resultate von Manaster/Rendleman[2] scheinen zwar auf einen Informationsgehalt von Optionspreisen für die Prognose zukünftiger Aktienkurse hinzuweisen, d.h. daß der Optionsmarkt dem Aktienmarkt scheinbar zeitlich voraus ist, es können jedoch mittels Handelsstrategien im Durchschnitt keine signifikanten abnormalen Gewinne am Aktienmarkt erzielt werden. Darüber hinaus sind Verzerrungen ihrer Ergebnisse aufgrund asynchroner Preisbildung am Aktien- und Optionsmarkt nicht auszuschließen.

Das Problem der mangelnden Synchronisation von Aktien- und Optionspreisen tritt beim Einbezug von Tagesschlußkursen auf, wenn hierbei der exakte Feststellungszeitpunkt nicht erfaßt wird. Deshalb kann es schon allein deshalb zu Diskrepanzen zwischen festgestelltem Optionspreis und berechnetem Black/Scholes-Wert kommen, weil der in die Formel eingesetzte Aktienkurs zwar am gleichen Tag, aber zeitlich vor oder nach dem Optionspreis festgestellt worden ist. Das gleiche gilt demzufolge auch für die Ursache von Diskrepanzen zwischen dem für einen Tag erhobenen Aktienkurs und dem für diesen Tag berechneten impliziten Aktienkurs.[3]

Bhattacharya[4] führt deshalb zur Untersuchung von Manaster/Rendleman an: *"However, they were unable to distinguish the information lead/lag from pricing lead/lag attributable to nonsimultaneity of closing trades in the option and the stock. A shortcoming of their paper, due to the daily data, was that the hypothesis had to be restricted to a one-day lead/lag period; they could not test it for shorter, and more plausible, intra-day periods."*

Die Untersuchung von Kumar/Shastri[5] ist grundsätzlich ähnlich derjenigen von Manaster/-Rendleman aufgebaut. Auch bei dieser Untersuchung werden Tagesdaten verwendet. Sie hat zum Ziel, die Resultate dieser Autoren nochmals zu überprüfen. Es werden dazu einige

1 Beim ex-post-Test erfolgt - im Unterschied zum ex-ante-Test - die Ausführung zum gleichen Zeitpunkt, in dem das Signal erkannt wurde. Damit wird der Zeitabstand zwischen dem Erkennen einer Fehlbewertung und dem Aufbau einer entsprechenden (Portefeuille-)Position ignoriert. Auf diese Begriffe wird im Kap. 8 näher eingegangen.

2 Manaster/Rendleman (1982), S. 1055f.

3 Zu weiteren Problemen bei der Asynchronität von Aktien- und Optionspreisen im Falle von Tagesschlußkursen siehe Hecker (1993), S. 48ff.

4 Bhattacharya (1987), S. 3.

5 Kumar/Shastri (1990).

mögliche Fehler in der Vorgehensweise korrigiert.[1] Die Hypothese, daß die impliziten Aktienkurse Informationen widerspiegeln, welche noch nicht völlig in den beobachteten Aktienkursen enthalten sind, wird abgelehnt. Es können keine abnormalen Gewinne am Aktienmarkt erzielt werden.

Bhattacharya[2] versteht seine Untersuchung, bei der er die gleiche Hypothese wie Manaster/Rendleman unterstellt, als eine Verbesserung der Studie dieser beiden Autoren, da er anstelle von Tagesschlußkursen Real-Time-Kurse verwendet.[3] Ansonsten ist seine Studie ähnlich angelegt. Bhattacharya versucht, das methodische Vorgehen und die zu testenden Strategien soweit als möglich von Manaster/Rendleman zu übernehmen, um in gewissem Maße auch Vergleiche der Ergebnisse zu ermöglichen. Allerdings werden zusätzliche Handelsstrategien getestet. Darüber hinaus wird untersucht, ob es Hinweise darauf gibt, daß an Tagen vor Dividenden- und Gewinnankündigungen die untersuchten Zusammenhänge verstärkt auftreten.[4]

Zur Durchführung der Handelsstrategie werden zunächst implizite Volatilitäten und implizite Aktienkurse simultan ermittelt, wobei die beiden zu schätzenden Größen durch Invertierung des dividendenadjustierten Optionsbewertungsmodells von Black/Scholes[5] numerisch mit Hilfe des Newton-Raphson-Suchalgorithmus ermittelt werden.[6] Die Invertierungsprozedur wird jeweils für Paare von Kaufoptionen auf die gleiche Aktie und mit gleicher Restlaufzeit, aber unterschiedlichen Basispreisen, angewandt. Die Optionen müssen deshalb gleiche Restlaufzeiten aufweisen, da gezeigt werden konnte, daß implizite Volatilitäten von ansonst identischen Optionen systematisch mit der Restlaufzeit voneinander abweichen.[7] Bhattacharya[8] verwendet zusätzlich nur Optionen, die am Geld sind ("*at*"- bzw. "*near-the-money*"), da diese aufgrund einer Untersuchung von Beckers[9] am genauesten zur Schätzung der Volatilität der zukünftigen Aktienrendite beitragen. Besonders wichtig ist, daß Bhattacharya implizite Geld- als auch Briefkurse ermittelt. Dementsprechend ist er der Meinung, daß seine Studie die Schwächen anderer Studien überwindet, da a) Real-Time-Kurse anstelle von Tagesschlußkursen einbezogen werden, b) das Problem der mangelnden Synchronisation von Schlußkursen der Optionen und Aktien entfällt und c) zumindest für Optionen Geld-Brief-Spannen aktuell beobachtet werden.

---

1 Siehe Kumar/Shastri (1990), S. 166ff.

2 Bhattacharya (1987).

3 Die Daten enstammen der Berkeley Options Data Base. In dieser sind alle Geld- und Briefkurse an der CBOE enthalten. Zu jedem dieser Kurse wird der letzte gültige bezahlte Aktienkurs der zugrundeliegenden Aktie angegeben. Somit müssen für die Aktienkurse die Geld-Brief-Spannen geschätzt werden. Eine Schätzmethode wurde von Bhattacharya erstmals in Bhattacharya (1983) vorgestellt.

4 Bhattacharya (1987), S. 8f.

5 In Kap. 5 wird dieses Modell ausführlich behandelt.

6 Auf derartige Schätzmethoden wird im Kap. 7 eingegangen.

7 Vgl. z.B. Macbeth/Merville (1979).

8 Bhattacharya (1987). Im Unterschied dazu werden bei Manaster/Rendleman (1982) alle Optionen einbezogen.

9 Beckers (1981).

Auch bei Bhattacharya werden Kauf- und Verkaufssignale aufgrund des Vergleiches beobachteter mit impliziten Aktienkursen ermittelt. Da Bhattacharya von der Annahme eines Optionsmarktleads ausgeht, zeigen - vereinfacht gesagt - wesentlich höhere (tiefere) implizite gegenüber beobachteten Aktienkursen ein Kaufsignal (Verkaufssignal) an. Es wird auch hier ein Grenzwert bestimmt, der wesentlich von den Transaktionskosten abhängt.

Bei Ausführung eines Arbitragesignals werden unterschiedliche Ausführungszeiten (Execution Lags) und Halteperioden analysiert.[1] Bis auf die Übernacht-Halteperiode zeigen die Ergebnisse negative Renditen. Sofern die aufgebauten Positionen am nächsten Morgen glattgestellt werden, ergeben sich für die Handelsstrategien positive Renditen bei allen Ausführungszeiten. Bhattacharya[2] schließt daraus, daß *"the information contained in option prices ist not immediately reflected in stock prices, and that a larger fraction of information assimilation in the stock market occurs overnight than at other times."* Gunter[3] weist darauf hin, daß *"this is a key point in the analysis of Bhattacharya's results and provides motivation for intertemporal segregation in the investment strategy."* Es wird in der vorliegenden Untersuchung noch gezeigt werden, daß der Betrachtung unterschiedlicher Handelszeiten eine bedeutende Rolle zukommt. Zur Vollständigkeit sei noch erwähnt, daß Bhattacharya bei den Renditeberechnungen noch keine Transaktionskosten berücksichtigt hat. Er weist darauf hin, daß es nicht klar ist, ob bei Einbezug aller Transaktionskosten ein positiver Gewinn entsteht.[4] Es ist ihm nicht möglich, mittels ex-ante-Handelsstrategien abnormale Gewinne nachzuweisen.

Stephan/Whaley[5] untersuchen die Intraday-Lead-Lag-Beziehung zwischen Aktien- und Optionspreisveränderungen sowie dem Handelsvolumen für einige ausgewählte Aktien, die als Basistitel von CBOE-Optionen fungieren. Wie auch bei Bhattacharya werden implizite Aktienkurse aus den Kaufoptionspreisen ermittelt.[6] In einer multiplen Regressionsanalyse werden implizite Aktienkursveränderungen auf vergangene, gleichzeitige und zukünftige beobachtete Aktienkursveränderungen regressiert. Die Kursveränderungen werden dabei über 5-Minuten-Intervalle gebildet.[7]

---

1 Mit Ausführungszeit ist die zeitliche Differenz zwischen Erkennen des Fehlbewertungssignals und dem Ausführen der Handelsstrategie gemeint. Es werden ein ex-post-Test, d.h. sofortige Ausführung, sowie ex-ante-Tests mit Ausführungszeiten von bis 15 Minuten und 15-30 Minuten durchgeführt. Bei den Halteperioden werden 15, 30, 45, 60, 120 Minuten sowie eine Übernacht-Halteperiode gewählt. In Kap. 8 wird noch näher auf diese Ausführungszeiten und Halteperioden eingegangen.

2 Bhattacharya (1987), S. 12.

3 Gunter (1990), S. 33.

4 Bhattacharya (1987), S. 14. Dabei sind auch Analysekosten für die Handelsstrategie und Börsensitzkosten angesprochen.

5 Stephan/Whaley (1990).

6 Auf die Schätzmethode zur Invertierung des Optionsbewertungsmodells wird in Kap. 7 näher eingegangen.

7 Da bei den 5-Minuten-Kursveränderungen eine Autokorrelation festgestellt wird, die aufgrund der kleinen Intervallänge auf die Geld-Brief-Spanne zurückgeführt wird, werden mittels eines Moving-Average-Prozesses erster Ordnung diese Effekte herausfiltriert. Die sich ergebenden "autokorrelationsfreien" Innovationen (Residuen) werden dann anstelle der Kursveränderungen in die Regressionsgleichungen eingesetzt.

Die Autoren gehen von der Hypothese aus, daß neue Informationen in den betrachteten Kapitalmarktsegmenten nicht zeitgleich verarbeitet werden. Während Bhattacharya[1] allerdings für seine Handelsstrategien ausschließlich die Hypothese zugrundegelegt, daß Optionspreise den Aktienkursen zeitlich voraus sind, lassen Stephan/Whaley in ihrer Hypothese jedoch offen, ob Optionspreise den zugrundeliegenden Aktienkursen vorauslaufen oder ob der umgekehrte Zusammenhang gilt. Sie analysieren damit auch die Möglichkeit eines Aktienmarktleads.

Die Resultate zeigen einen zeitlichen Vorsprung des Aktienmarktes gegenüber dem Optionsmarkt von etwa 15 Minuten. Die Ergebnisse der Regression der Handelsvolumina von Aktien- und Optionsmarkt über den Handelstag ergeben einen noch um 5 bis 10 Minuten längeren Aktienmarktlead.[2]

Diese Resultate widersprechen der in der Literatur allgemeinen Meinung, daß aufgrund einiger institutioneller Faktoren Optionspreise den Aktienpreisen vorauslaufen müßten. Sie sind vor allem inkonsistent zu denen von Bhattacharya, der allerdings nur die Hypothese eines Optionsmarktleads mittels Handelsstrategien untersucht hat. Stephan/Whaley[3] bemängeln diese Vorgehensweise. Sie kritisierten an seiner Handelsstrategie, daß er nur eine Seite berücksichtigt habe, nämlich den Fall eines Optionsmarktleads. Um auch einen Lead des Aktienmarktes zu testen, müßte er aus den beobachtbaren Geld- und Briefkursen implizite Aktienkurse ermitteln, um eine Überbewertung (Unterbewertung) von Optionen zu festzustellen. Sie führen aus, daß er bei Umkehrung seiner Strategie positive Handelsgewinne nach Abzug von Transaktionskosten festgestellt hätte.

In der Untersuchung von Gunter[4] werden ebenfalls kurzfristige zeitliche Interdependenzen zwischen dem Aktien- und Optionsmarkt untersucht. Die Untersuchung enthält zwei Teile.

Der erste Teil besteht aus einer Rendite-Analyse, welche aufgrund von Renditemustern über den Handelstag einen Indikator für eine evtl. vorhandene Lead-Lag-Beziehung zwischen dem Aktien- und Optionsmarkt liefern soll. Aus den Preisen von Aktienoptionen an der CBOE werden mittels des dividendenadjustierten Black/Scholes-Modells implizite Aktienkurse berechnet. Anschließend werden die Intraday-Renditemuster von beobachteten und impliziten Aktienkursen mittels einer Dummy-Variablen-Regression auf Saisonalitäten analysiert. Die Resultate zeigen erhebliche Differenzen der Renditemuster zwischen beobachteten und impliziten Werten. Implizite Übernacht-Renditen weisen keinen negativen Weekend-Effekt auf und sind leicht größer als beobachtete Aktienrenditen in den übrigen Über-

---

1 Bhattacharya (1987).

2 Hier sei auf die Studie von Anthony (1988) hingewiesen, der ebenfalls Zusammenhänge im Umsatzvolumen der beiden Kapitalmarktsegmente untersucht. Die Resultate zeigen, daß das Handelsvolumen des Optionsmarktes dem Aktienmarkt um einen Tag vorausläuft. Wie auch bei der Studie von Manaster/Rendleman (1982) muß hier allerdings angeführt werden, daß nur Tagesvolumina analysiert wurden. Auf die Kritik von Bhattacharya (1987) wurde schon hingewiesen.

3 Stephan/Whaley (1990), S. 207.

4 Gunter (1990).

nachtperioden von Dienstag bis Freitag. Betrachtet man die erste Handelsstunde, so ergeben sich erheblich größere beobachtete als implizite Renditen für alle Handelstage.

Im zweiten Teil der Untersuchung wird mittels einer Handelsstrategie nach dem Muster von Manaster/Rendleman[1] bzw. Bhattacharya[2] ein direkter Test der sog. "intermarket efficiency" durchgeführt. Im Unterschied zu Manaster/Rendleman werden allerdings nicht Tagesschlußkurse, sondern Real-Time-Geld- und Briefkurse der untersuchten Aktienoptionen verwendet. Für die zugehörigen Aktien müssen - wie auch bei Bhattacharya - aus den Bezahltkursen die Geld- und Briefkurse geschätzt werden. Besonders bemerkenswert ist, daß im Unterschied zur Untersuchung von Bhattacharya nicht davon ausgegangen wird, daß der Optionsmarkt dem Aktienmarkt zeitlich voraus ist. Vielmehr werden sowohl für die Annahme eines Optionsmarktleads als auch eines Aktienmarktleads Handelsstrategien entwickelt und getestet. Bei den Handelsstrategien werden verschiedene Ausführungszeiten sowie Halteperioden berücksichtigt. Die Resultate zeigen nur für den Fall von Übernacht-Halteperioden positive Gewinne. Dies allerdings auch nur dann, wenn angenommen wird, daß der Aktienmarkt einen zeitlichen Vorsprung gegenüber dem Optionsmarkt aufweist. Gunter[3] kommt zum Schluß: *"The results of both analysis are inconsistent with the hypothesis that the option market leads the stock market and consistent with the hypothesis that that the stock market leads the option market if an overnight holding period is assumed"*.

Diese Resultate unterstützen die Ergebnisse von Stephan/Whaley[4], welche eine Preisanpassungsverzögerung des Optionsmarktes angezeigt haben. Sie stehen im Widerspruch zu etlichen früheren "Event"-oder "Announcements"-Studien, welche die Renditen vor und nach spezifischen Ankündigungen untersucht und einen zeitlichen Vorsprung des Optionsmarktes bei der Einbeziehung neuer Informationen gegenüber dem Aktienmarkt herausgefunden haben. Die Differenzen können gemäß Gunter[5] so interpretiert werden, daß *"there are different price relationships between stock and option markets at the time of specific information releases than when general price changes are investigated."* Bezüglich der Unterschiede zu den Resultaten zu Bhattacharya weist Gunter darauf hin, daß die Untersuchungsperioden verschieden sind. Die Untersuchung von Bhattacharya bezieht sich auf einen noch relativ jungen Optionsmarkt. Die Anzahl der Basistitel sowie das Handelsvolumen wuchs an der CBOE in den Jahren zwischen 1975 und 1983 erheblich, was durch die Unterschiede des Datenumfangs der beiden Studien deutlich wird.

Gunter[6] weist noch darauf hin, daß seit Mitte der achtziger Jahre Index- und Futures-Optionen an der CBOE sehr an Popularität gewonnen haben, nicht zuletzt aufgrund etlicher Anwendungen in der Portfolioinsurance. Dies bewirkte aber auch einen Rückgang des Handels

1 Manaster/Rendleman (1982).

2 Bhattacharya (1987).

3 Gunter (1990), S. 109.

4 Stephan/Whaley (1990).

5 Gunter (1990), S. 154.

6 Gunter (1990), S. 154.

in Optionen auf individuelle Aktien. Deshalb schlägt Gunter[1] vor, daß *"in the current economic environment, the relationship between stock market prices and index option prices may therefore provide better concluding statements useful for regulatory purposes"*.

Während man gemäß Finucane[2] aufgrund einiger institutioneller Faktoren[3] zum Schluß kommen könnte, daß Optionspreise neue Informationen schneller reflektieren als die Preise ihrer zugrundeliegenden Aktien, zeigt sich die empirische Evidenz uneinheitlich. Manaster/Rendleman[4] sowie Bhattacharya[5] finden heraus, daß Optionspreise einen zeitlichen Vorsprung gegenüber den Aktienpreisen haben. Dagegen kommen Stephan/Whaley[6] zu dem Ergebnis, daß Aktienkursveränderungen den gleichgerichteten Kaufoptionspreisveränderungen im Durchschnitt um fünfzehn bis zwanzig Minuten vorauslaufen. Ebenso scheint der Aktienmarkt in bezug auf das Umsatzvolumen führend zu sein, wobei der Vorlauf in diesem Fall noch fünf bis zehn Minuten länger sein dürfte. Gunter[7] führt den gleichen Test wie Bhattacharya für die gleichen Börsen durch. Der Untersuchungszeitraum ist allerdings aktueller. Während Bhattacharya nur die Annahme eines Optionsmarktleads untersucht hat, analysiert Gunter beide Seiten, als sowohl die Annahme eines Options- als auch eines Aktienmarktleads. Er kommt zum Schluß, daß die Hypothese eines Optionsmarktleads verworfen werden kann. Dagegen findet er Evidenz für einen zeitlichen Vorsprung des Aktienmarktes.

Als eine mögliche Erklärung für die unterschiedlichen Resultate gibt Finucane[8] die Problematik der Volatilitätsschätzung an. Während Manaster/Rendleman und Bhattacharya eine simultane Berechnung der impliziten Volatilität und des impliziten Aktienkurses vornehmen, wird bei Stephan/Whaley eine sequentielle Schätzmethode bevorzugt. Aus diesem Grund wendet Finucane einen anderen Ansatz zur Analyse des Informationsgehalts von Optionspreisen an. Da er die Put-Call-Parität[9] als Gleichgewichtsbeziehung heranzieht, muß die Volatilität der zugrundeliegenden Aktienkurse nicht geschätzt werden. Aufgrund der Resultate kommt er zum Schluß, daß die Preise von Indexoptionen denen des Aktienmarktes um ca. fünfzehn Minuten voraus sind. Allerdings zeigen auch hier die Ergebnisse, daß dieser Lead nicht zu abnormalen Gewinnen ausgenutzt werden kann, sofern Transaktionskosten mit einbezogen werden.

---

1 Gunter (1990), S. 154.

2 Finucane (1991), S. 446.

3 Finucane (1991), S. 450 weist z.B. auf Manaster/Rendleman (1982) hin: *"Informed traders may, however, reasonably turn to the options market first due to advantages resulting from lower trading costs, greater leverage, and fewer restrictions on short sales."*

4 Manaster/Rendleman (1982).

5 Bhattacharya (1987).

6 Stephan/Whaley (1990).

7 Gunter (1990), S. 154.

8 Finucane (1991), S. 446.

9 Siehe Kap. 5.

Da Finucane Indexoptionen, Stephan/Whaley aber Aktienoptionen untersuchen, werden die unterschiedlichen Resultate von Finucane[1] wie folgt begründet: "*Traders with firm-specific information may have a preference for trading the underlying stock, while traders with market information may turn to the contingent claims markets first because of lower transactions costs and greater speed of execution.*"

Zum Schluß sei noch auf zwei Untersuchungen mit abweichendem, aber doch ähnlichem Hintergrund hingewiesen.

Hecker[2] überprüft in ihrer Studie den Preiszusammenhang zwischen dem deutschen Aktien- und Optionsmarkt[3] auf der Basis von Tagesdaten. Die Untersuchungsperiode erstreckt sich über die Zeit vom 1. April 1983 bis zum 31. Dezember 1987. Da die DTB damals noch nicht existierte, ist der Untersuchungsgegenstand der Options- und Aktienkurse die Frankfurter Wertpapierbörse. Grundsätzlich wird in dieser Studie die Frage untersucht, ob Optionspreise einen durch Insidertransaktionen am Optionsmarkt erklärbaren Informationsgehalt für die zukünftige Kursentwicklung der jeweils zugrundeliegenden Aktien besitzen.

In einem ersten Teil werden beobachtete und implizite Aktienrenditen[4] mittels Korrelationskoeffizienten auf eine (tägliche) Lead-Lag-Beziehung untersucht. Aus den Resultaten geht keine Antizipation von Aktienkursveränderungen aufgrund des Optionsmarktes hervor. Die Gruppierung von Aktienportefeuilles nach dem Kriterium, ob implizite oder beobachtete Kurse höher ausfallen, zeigen ebenso keine signifikanten Unterschiede der Aktienrenditen. Im Hauptteil der Untersuchung wird anhand von Zeitreihen für Options- und Aktienkurse der Frankfurter Wertpapierbörse überprüft, ob Intervallen mit deutlichen Abweichungen von der erwarteten Gleichgewichtsrendite am Aktienmarkt systematisch ausgeprägte relative Fehlbewertungssignale am Optionsmarkt vorausgehen. Während der erste Teil der Studie keinen Hinweis auf eine schnellere zeitliche Verarbeitung von Informationen am Optionsmarkt liefert, werden im zweiten Teil signifikante Fehlbewertungen von Kaufoptionen vor Zeitpunkten mit abnormalen Renditen am Aktienmarkt festgestellt. Die Testergebnisse lassen sich als erstes Indiz dafür interpretieren, daß Insider dazu tendieren, positives Insiderwissen bevorzugt am Options- und nicht am Aktienmarkt auszubeuten.[5]

Panton[6] geht in seiner Untersuchung explizit von der Hypothese aus, daß Unternehmensinsider zuerst am Optionsmarkt "einsteigen". Sofern Insider zur Ausbeutung einer kursrele-

1 Finucane (1991), S. 456.

2 Hecker (1993). Siehe auch Wenger/Hecker/Gais (1993).

3 Es werden ausschließlich Kaufoptionen untersucht.

4 Je nach Bedeutung des Rechts auf vorzeitige Ausübung wurde für die Berechnung das Black/Scholes-Modell (Black/Scholes (1973)) oder das Roll/Geske/Whaley-Modell (Roll (1977); Geske (1979b); Whaley (1981)) zugrundegelegt.

5 Es wird darauf hingewiesen, daß dieses Ergebnis Anlaß zu Zweifeln an der Hypothese gibt, die Existenz eines Optionsmarktes belaste die Preisbildung am Aktienmarkt mit spekulativen Begleiterscheinungen. Die Befunde legen im Gegenteil nahe, daß die durch Insiderkäufe erzeugten Preissignale und die damit möglicherweise verbundenen Arbitrageaktivitäten sogar zu einer Beschleunigung der Informationsverarbeitung am Aktienmarkt führen könnten. Vgl. Geleitwort von E. Wenger in Hecker (1993).

6 Panton (1976).

vanten, nicht öffentlichen und auch noch nicht im Aktienkurs antizipierten positiven Information Kaufoptionen kaufen, löst dies demnach Preissteigerungen am Optionsmarkt aus, noch bevor die Information am Aktienmarkt verarbeitet wird und dort zu Kurserhöhungen führt. Dadurch müßten Fehlbewertungen am Optionsmarkt in Form von höheren beobachteten Optionspreisen gegenüber den theoretischen Werten ausgelöst werden. Es wird deshalb beabsichtigt zu untersuchen, ob unter Beachtung der Fehlbewertungen eine Handelsstrategie am Aktienmarkt implementiert werden könnte, die zu abnormalen Gewinnen führt. Die Ermittlung des theoretischen Optionswertes erfolgt nicht über das Black/Scholes-Modell. Vielmehr wird versucht, mittels einer von Box/Wilson entwickelten Technik die unbekannte Funktion der Optionswerte unter Zuhilfenahme der empirischen Daten anzunähern.[1] Vereinfacht gesprochen werden dazu die beobachteten Optionspreise als Funktion der beobachteten Aktienkurse und der Optionsrestlaufzeit betrachtet. Ausgehend von dieser Annahme wird die Optionsbewertungsgleichung mittels einer Taylor-Entwicklung approximiert.[2]

Panton stellt fest, daß die untersuchten Korrelationen zwischen den Abweichungen der Optionspreise von den Modellwerten und den nachfolgenden Renditen der jeweils zugrundeliegenden Aktien nur in Ausnahmefällen signifikant positiv sind. Es ist somit nicht möglich, mittels einer Handelsstrategie, welche auf dem Vergleich von Optionspreisen mit Modellwerten beruht, den Aktienkurs vorherzusagen.[3]

3.3.2. Lead-Lag-Beziehung zwischen Aktien- und Futuresmarkt

Die Begründungen für die Hypothese, daß Informationen an einem Optionsmarkt schneller verarbeitet werden als am Aktienmarkt, beziehen sich an sich nicht nur auf den Optionsmarkt, sondern i.d.R. auf organisierte Terminmärkte generell. Deshalb soll hier der Vollständigkeit halber auch auf jene Studien eingegangen werden, welche die Lead-Lag-Beziehung von Futures und Aktienpreisen untersuchen. Wie schon erwähnt, wird auf die einzelnen Methoden weniger eingegangen. Hier geht es vornehmlich um die Untersuchungsziele und deren Ergebnisse, damit ein Vergleich zu den Resultaten der Untersuchungen des vorigen Abschnitts hergestellt werden kann.

Tab. 3-2 gibt einen Überblick über die einzelnen empirischen Arbeiten.[4] Die Ergebnisse werden im Anschluß zusammenfassend beschrieben.

---

[1] Vgl. zu dieser Technik Box/Wilson (1951).

[2] Mit dem Verfahren will der Autor vermeiden, Annahmen über die Wahrscheinlichkeitsverteilung von Aktienkursen oder wahrscheinliche Ausübungszeitpunkte der Optionen treffen zu müssen. Vgl. auch Hecker (1993), S. 47f.

[3] Vgl. Panton (1976), S. 111f.

[4] Wie schon erwähnt, erhebt dieser Überblick keinen Anspruch auf Vollständigkeit. Aufgrund der doch zum Teil nicht einheitlichen Zielsetzungen der einzelnen Arbeiten wäre dies ohnehin problematisch. Es sollen hier die für die vorliegende Untersuchung wichtigsten Studien und Ergebnisse hervorgehoben werden. Für eine Übersicht weiterer Ergebnisse zu "Inter-Markt-Beziehungen" zwischen Kassa- und Futuresmärkten vgl. z.B. Laatsch/Schwarz (1988), S. 273ff. sowie die verschiedenen Übersichten in Board/Goodhart/Sutcliffe (1992) und Chan/Chung (1993). Eine aktuelle Studie zum Finnischen Index-, Futures- und Optionsmarkt finden sich in Martikainen/Puttonen (1992); Martikainen/Puttonen (1993) und Puttonen (1993). (Fortsetzung auf nächster Seite)

Tab. 3-2: Empirische Untersuchungen zur Lead-Lag-Beziehung zwischen Aktien- und Futuresmarkt

Lead-Lag-Beziehung zwischen Aktien- und Futuresmarkt		
Autor(en), Ziel	**Daten**	**Wichtige Ergebnisse**
Herbst / McCormack / West (1987): Intraday-Lead-Lag-Beziehung zwischen Aktien- und Futuresmarkt.	Real-Time-Daten, Bezahltkurse von S&P[1] 500 Index-Futures an der CME[2] sowie berechnete S&P 500 Indexwerte, Bezahltkurse von Value Line Index-Futures an der KCBT[3] sowie berechnete Value Line Indexwerte, 24.2.82-18.9.82	Kausalitätsanalyse mittels Kreuzkorrelationsfunktion erbringt Evidenz für einen zeitlichen Vorsprung der Indexfuturespreise gegenüber den Indexpreisen zwischen 0 und 16 Minuten.
Cheung / Ng (1990): Intraday-Lead-Lag-Beziehung zwischen Aktien- und Futuresmarkt.	Real-Time-Daten, Bezahltkurse von S&P 500 Index-Futures an der CME sowie berechnete S&P 500 Indexwerte, April 1982 - Juni 1987	Kausalitätsanalyse mittels Kreuzkorrelation von S&P 500 Index- und Futuresrenditen sowie deren Volatilitäten. Resultate zeigen einen zeitlichen Vorsprung der Futurespreise gegenüber den Indexwerten von mindestens 15 Minuten, während umgekehrt nur sehr schwache Evidenz dafür vorliegt, daß mittels den Indexwerten die Preisänderungen von Futures antizipierbar sind. Es besteht Evidenz für einen Lead der Volatilitäten von Futuresrenditen gegenüber den Indexrenditen während der ersten 15 Handelsminuten.
Kawaller / Koch / Koch (1987, 1990): Intraday-Lead-Lag-Beziehung zwischen Aktien- und Futuresmarkt.	Real-Time-Daten, Bezahltkurse von S&P 500 Index-Futures an der CME sowie berechnete S&P 500 Indexwerte, 1984 - 1986	Futurespreise haben einen Lead gegenüber Indexpreisen von mindestens 20 Minuten. Mittels Granger Kausalitätstests wird keine Evidenz für ein systematisches Muster einer einseitigen Lead-Lag-Beziehung zwischen Volatilitäten von Futuresrenditen und Indexrenditen gefunden.
Stoll / Whaley (1990): Intraday-Lead-Lag-Beziehung zwischen Aktien- und Futuresmarkt.	Real-Time-Daten, Bezahltkurse von S&P 500 Index-Futures an der CME sowie berechnete S&P 500 Indexwerte, 21.4.82-31.3.87; Bezahltkurse von MMI[4] - Futures an der CBOT[5] sowie berechnete Werte des MMI, 23.7.84-31.3.87	Regression von berechneten Indexrenditen auf vergangene, gleichzeitige und zukünftige Futuresrenditen. Futuresrenditen haben einen zeitlichen Vorsprung gegenüber den Indexrenditen von 5 bis 10 Minuten. Es liegt ein gewisser Feadback vor, d.h. Indexrenditen haben einen geringfügigen vorhersagenden Charakter.

(Fortsetzung von voriger Seite)
Mittels Tagesdaten wird ein signifikanter Informationsfluß von Futures- bzw. Optionsrenditen zu Indexrenditen festgestellt.

1 Standard & Poor's 500 Index.

2 Chigago Mercantile Exchange.

3 Kansas City Board of Trade.

4 Major Market Aktienindex.

5 Chigago Board of Trade.

Tab. 3-2: Fortsetzung

Autor(en), Ziel	Daten	Wichtige Ergebnisse
Kutner / Sweeney (1991): Kausalitätsbeziehungen von Aktien- und Futuresmarkt.	Real-Time-Daten, Bezahltkurse von S&P 500 Index-Futures an der CME sowie berechnete S&P 500 Indexwerte, 10.8.87-31.12.87	Granger-Kausalitätsanalyse: Futuresrenditen haben einen zeitlichen Vorsprung gegenüber den Indexrenditen von 8 bis 20 Minuten.
Chan / Chan / Karolyi (1991): Intraday-Lead-Lag-Beziehung zwischen Aktien- und Futuresmarkt.	Real-Time-Daten, Bezahltkurse von S&P 500 Index-Futures an der CME sowie berechnete S&P 500 Indexwerte, 1984 - 1989	Kausalitätsanalyse mittels Kreuzkorrelation von quadrierten S&P 500 Index- und Futuresrenditen zeigt keine einseitige Lead-Lag-Beziehung zwischen den zwei Serien. D.h. keine Evidenz für einseitige Lead-Lag-Beziehung zwischen Volatilitäten von Futures- und Indexrenditen.
Schwarz / Laatsch (1991): Intraday-Lead-Lag-Beziehung zwischen Aktien- und Futuresmarkt.	Real-Time-Daten, Bezahltkurse von MMI-Futures an der CBOT, berechnete Werte des MMI, September 1985 - März 1988 aufgeteilt in 4 Teilperioden.	In den ersten fünf Handelsmonaten wird ein Dominieren des Indexes festgestellt. Nach dem Ansteigen des Handelsvolumens von Futures kehrt sich die Beziehung um.
Chan (1990, 1992): Intraday-Lead-Lag-Beziehung zwischen Aktien- und Futuresmarkt.	Real-Time-Daten, Bezahltkurse von MMI-Futures und S&P 500-Futures an der CBOT, berechnete Werte des MMI, August 1984 - Juni 1985 und Januar 1987 - September 1987	Regression von berechneten Indexrenditen auf vergangene, gleichzeitige und zukünftige Futuresrenditen. Evidenz für einen zeitlichen Vorsprung der Futuresrenditen gegenüber den Indexrenditen von 10 bis 15 Minuten. Bei Unterscheidung von negativen oder positiven Informationseffekten bleibt die Lead-Lag-Beziehung in diesem Maße erhalten. Bei Unterscheidung von unternehmensspezifischen und allgemeinen Marktinformationen (mehr Aktien weisen gleiche Richtungsänderung auf) wird die Lead-Lag-Beziehung zwischen Index- und Futuresrenditen größer. Daraus wird geschlossen, daß vor allem allgemeine Marktinformationen vom Futuresmarkt zum Aktienmarkt laufen. Informierte Marktteilnehmer mit unternehmensspezifischen Informationen scheinen dagegen Präferenzen für den Aktienmarkt zu haben.
Grünbichler/Longstaff/-Schwartz (1992): Intraday-Lead-Lag-Beziehung zwischen Aktien- und Futuresmarkt. An Computerbörsen werden Informationen schneller verarbeitet als an Parkettbörsen.	Real-Time-Daten, Bezahltkurse von DAX[1] - Futures an der DTB, berechnete Werte des DAX, November 1990 - September 1991	Regression von berechneten Indexrenditen auf vergangene, gleichzeitige und zukünftige Futuresrenditen. Futuresrenditen haben einen zeitlichen Vorsprung gegenüber den Indexrenditen von 15 bis 20 Minuten. Bei Regression der Volatilitäten der beiden Wertpapiere zeigt sich ein zeitlicher Vorsprung der DAX-Future-Volatilität von 5 Minuten. Evidenz für die Hypothese, daß an Computerbörsen Informationen schneller verarbeitet werden als an Parkettbörsen.

1 Deutscher Aktienindex.

Tab. 3-2: Fortsetzung

Autor(en), Ziel	Daten	Wichtige Ergebnisse
Board / Goodhart / Sutcliffe (1992): Absolute und relative Volatilitäten sowie Verbindung von Aktien- und Futuresmarkt.	Stündl. Daten, Stündl. Werte von FT-SE 100 Futureskontrakten an der LIFFE[1] sowie stündl. Indexwerte des FT-SE 100 Aktienindex, 1984 - 1991, für die Zeit vor 1988 wurde der FT All Share Index (FTA) verwendet.	Die Preisvolatilität am Futuresmarkt ist auf stündlicher Basis höher als auf dem Kassamarkt. Es besteht eine hohe Korrelation zwischen den Volatilitäten an beiden Märkten. Es besteht ein (schwacher) positiver Zusammenhang zwischen dem Handelsvolumen am Index-Futuresmarkt und der Preisvolatilität des Kassamarktes. Ein kausaler Zusammenhang kann aus dieser Korrelation nicht hergestellt werden. Die Autoren vermuten vielmehr, daß das Volumen am Futuresmarkt lediglich Informationsflüsse widerspiegelt, die auch Ursache für Schwankungen am Kassamarkt sind. Zwischen dem Volumen am Futuresmarkt und dem am Kassamarkt besteht ein schwacher, aber signifikanter Zusammenhang.

Die überwiegende Zahl dieser Studien bzgl. einer Lead-Lag-Beziehung zwischen Aktienindizes und Aktienindexfutures findet Evidenz für eine führende Rolle des Futuresmarktes. Der Konsens dieser Studien ist, daß Futurespreise den Preisen der zugrundeliegenden Kassaindexwerte zeitlich voraus sind. Der Futuresmarkt kann als führend in der Rolle der Preisfestsetzung bezeichnet werden, da sich neue Informationen im Vergleich zum Kassamarkt schneller auf diesem Markt in den Preisen widerspiegeln. Der zeitliche Vorsprung des Futuresmarktes beträgt dabei - je nach Studie - zwischen 5 und 20 Minuten.

Die Ergebnisse derjenigen Studien, welche auch die Preisvolatilitäten von Indizes und Indexfutures heranziehen, sind unterschiedlich. Während in einigen Arbeiten Evidenz dafür gefunden wird, daß die Futuresmarktvolatilität derjenigen des Kassamarktes um ca. 5 bis 10 Minuten zeitlich voraus ist, kommen andere Untersuchungen zum Schluß, daß es keine einseitige Lead-Lag-Beziehung zwischen den Preisvolatilitäten von Aktienindizes und Indexfutures gibt. Grünbichler/Longstaff/Schwartz[2], welche einen 5-minütigen Lead der DAX-Future-Volatilität gegenüber der Volatilität des DAX herausfinden, begründen ihre unterschiedlichen Resultate damit, daß "*screen trading may be responsible for the significant lead-lag relation between sqared futures returns and sqared index returns*".

Generell ist bei der Interpretation der Resultate zu beachten, daß es sich hier bei der Betrachtung des Kassamarktes um *Indexwerte* handelt. Wie schon erwähnt, werden unterschiedliche Ergebnisse der Lead-Lag-Beziehung am Kassa- und Optionsmarkt zwischen Index- und spezifischen Aktienoptionen von Finucane[3] wie folgt begründet: "*Traders with firm-specific information may have a preference for trading the underlying stock, while traders with market information may turn to the contingent claims markets first because of lower transactions costs and greater speed of execution.*"

1 London International Financial Futures Exchange.

2 Grünbichler/Longstaff/Schwartz (1992), S. 17.

3 Finucane (1991), S. 456.

Im Falle der Betrachtung von Kassa- und Futuresmärkten zeigen Stoll/Whaley[1], Subramanyam[2] und Chan[3] ebenso, daß bei Unterscheidung von unternehmensspezifischen und allgemeinen Marktinformationen die Lead-Lag-Beziehung zwischen Index- und Futuresrenditen unterschiedlich ausfällt. Die Untersuchungen kommen zum Schluß, daß vor allem allgemeine Marktinformationen vom Futuresmarkt zum Aktienmarkt laufen. Informierte Marktteilnehmer mit unternehmensspezifischen Informationen scheinen dagegen Präferenzen für den Aktienmarkt zu haben. So ist es also auch für manche Informationen möglich, daß Informationen vom Aktienmarkt zum Terminmarkt fließen.

3.3.3. Informationsverarbeitung und Intraday-Saisonalitäten

Seit Anfang der achtziger Jahre führten eine Reihe von Untersuchungen zur Entdeckung empirischer Anomalien, die (teilweise bis heute) nicht in das bestehende Theoriengebäude integriert werden konnten. Eine große Anzahl Studien weist im Gegensatz zum Konzept der Informationseffizienz Rendite-Saisonalitäten verschiedener Wertpapiere nach. Unter Saisonalitäten sind konsistent wiederkehrende Muster zu verstehen. Die ersten Arbeiten mußten sich auf Tages-, Wochen- und Monatsdaten beschränken. Untersuchungen zum Preisanpassungsprozeß sowie das Studium der Mikrostruktur von Finanzmärkten generell erfreut sich steigender Beliebtheit, seit Real-Time-Daten (Transaktionsdaten, sog. „time-stamped data") von Preisen und Volumina für Untersuchungen verfügbar sind.[4]

Die Verfügbarkeit derartiger Daten hat vor allem in den USA zu Intraday-Untersuchungen von zeitlichen Mustern von Renditen, Volatilitliten, Autokorrelationen und Umsätzen innerhalb des Handelstages angeregt. Erste theoretische Erklärungssansätze für bestimmte Verlaufsmuster sind von Admati/Pfleiderer[5] entwickelt worden. In diesem Überblick werden ausschließlich solche Intraday-Untersuchungen aufgeführt. Die meisten der Arbeiten betrachten Aktien. Es existieren aber ebenso Untersuchungen zu Anleihen, Index-Futures und Optionen.

Untersuchungen zu Saisonalitäten am Aktienmarkt unterscheiden sich zunächst einmal danach, welcher Saisonalitätseffekt untersucht wird. Wie schon erwähnt kann man die Kategorien *Turn-of-the-Year*, *Turn-of-the-Month*, *Day-of-the-Week* und *Intraday* unterscheiden. Wesentlich für die Zielsetzung der Untersuchung ist das vorliegende Datenmaterial. Für die hier betrachteten Intraday-Untersuchungen werden i.d.R. Real-Time-Daten benötigt.

1 Stoll/Whaley (1990).

2 Subrahmanyam (1991).

3 Chan (1990; 1992).

4 An sich ist die Frage der Preisanpassungsgeschwindigkeit nicht neu. Bereits in den siebziger Jahren befaßten sich einige Studien zum Aktienmarkt neben der Untersuchung der Markteffizienzhypothese mit der Frage, wie der Markt auf verschiedene Arten von Informationen reagiert. Sie waren allerdings bei der empirischen Auswertung insoweit eingeschränkt, daß sie lediglich Tagesschlußkurse zur Verfügung hatten. Vgl. z.B. Carey/Sheer (1974); Carey (1977); Dann/Mayers/Raab (1977); Fama/Fisher/Jensen/Roll (1969); Hillmer/Yu (1979); Joy/Litzenberger/Mcenally (1977).)

5 Vgl. Admati/Pfleiderer (1988, 1989).

Aufgrund der Ergebnisse der ersten drei Gruppen, auf die hier nicht näher eingegangen wird, kennt man den sog. *Januareffekt*, wonach bei Betrachtung von Monatsrenditen die mittlere Januarrendite strikt positiv und signifikant größer als die mittlere Rendite der übrigen Monate ist. Dies drückt sich besonders für Unternehmen mit kleinerem Marktwert aus (*Firm-Size-Effekt*).[1] Weitere Untersuchungen mit Tagesrenditen zeigen, daß die mittlere Montagsrendite negativ ist, während die mittleren Renditen an den vier anderen Tagen signifikant positiv sind. Dieser Sachverhalt wird als *Montags-(Weekend)-Effekt* beschrieben.[2]

Im folgenden wird auf Intraday-Studien eingegangen. Die Ergebnisse sollen zusammenfassend dargestellt werden. Es sei auch hier darauf hingewiesen, daß die aufgeführten Untersuchungen nur eine Auswahl darstellen. Dabei werden einerseits Studien aufgeführt, die ausschließlich den Aktienmarkt betrachten, sich aber mit der Frage der nicht-zeitverzugslosen Informationsverarbeitung beschäftigen. Daneben existieren Intraday-Untersuchungen anderer Wertpapiere, wie etwa Anleihen, Index-Futures und Aktienoptionen, wobei hier die Betonung auf den Aktienoptionen liegen soll.

Die nachfolgende Tab. 3-3 gibt einen Überblick über die einzelnen empirischen Arbeiten.[3] Die Ergebnisse werden im Anschluß zusammenfassend beschrieben.

1 Siehe z.B. Keim (1983) und Frantzmann (1989), Kap. 5.

2 Siehe z.B. French (1980), Gibbons/Hess (1981). Für eine Übersicht vgl. Frantzmann (1986, 1987, 1989).

3 Wie schon erwähnt, erhebt dieser Überblick keinen Anspruch auf Vollständigkeit. Es sollen hier die für die vorliegende Untersuchung wichtigsten Studien und Ergebnisse hervorgehoben werden. Für eine weitere Übersicht empirischer Arbeiten zu saisonalen Tages-, Wochen- und Monats-Effekten vgl. z.B. Frantzmann (1989). Empirische Arbeiten zu Intraweek- und Intraday-Saisonalitäten sind z.B. Yadav/Pope (1992) aufgeführt. Weiterhin wird darauf hingewiesen, daß sogenannte Event-Studies, welche Intraday-Muster in den Aktienrenditen aufgrund von Ankündigungen analysieren, aufgrund des nur sehr losen Zusammenhangs zur Zielsetzung dieser Arbeit hier nicht betrachtet werden. Zu den wichtigsten Arbeiten zählen hier Dann/Mayers/Raab (1977); Hillmer/Yu (1979); Patell/Wolfson (1982, 1984) und Woodruff/Senchack (1988). Übersichten über testbare Implikationen sind in Patell/Wolfson (1984); Barclay/Litzenberger (1988) oder de Jong/Kemna/Kloek (1992) zu finden.

Tab. 3-3: Empirische Untersuchungen zu Intraday-Saisonalitäten

Intraday-Saisonalitäten		
Autor(en), Ziel	**Daten**	**Wichtige Ergebnisse**
Wood / McInish / Ord (1985): Intraday-Saisonalitäten von Aktienkursen.	Real-Time-Daten, Bezahltkurse von Aktien an der NYSE, September 1971 - Februar 1972, 1982.	Volatilität von Indexrenditen hat U-förmigen Verlauf, d.h. es zeigt sich ein Volatilitätsverlauf, der zu Handelsbeginn sowie in der letzten Handelsstunde eine deutlich höhere Volatilität aufweist. Deutlich positive Renditen in den ersten 30 Handelsminuten und zu Handelsschluß. Sofern die ersten und die letzten 30 Handelsminuten ausgeschlossen werden, weisen Renditen eine Normalverteilung auf und die Autokorrelation der Renditen nimmt erheblich ab.
French / Roll (1986): Zeitverzugslose Informationsverarbeitung.	Tagesdaten, Tagesschlußkurse von Aktien an der NYSE und AMEX[1], 1963 - 1982	Aus einem Vergleich von Renditen an Tagen, die Börsentagen folgen, und Renditen an normalen Tagen, können die Autoren zeigen, daß die Handelstätigkeit von Investoren mit privater (nicht-öffentlicher) Information die größere Volatilität verursacht, die man während den Börsenöffnungszeiten feststellt. Dies wird so interpretiert, daß der Informationsverarbeitungsprozeß nicht unendlich schnell, d.h. ohne Zeitverzug abläuft, sondern daß er Zeit benötigt. Die Informationen beeinflussen die Aktienkurse erst allmählich während der Handelszeiten.
Harris (1986): Intraweek- und Intraday-Saisonalitäten von Aktienkursen.	Real-Time-Daten, Bezahltkurse von Aktien an der NYSE, 1.12.81-31.1.83.	Analyse der Renditen über den Handelstag. Zu Handelsbeginn (45 Minuten) und am Ende eines Handelstages werden deutlich positive Renditen festgestellt. Am Rest des Tages ist der Kursverlauf eher fallend. Eine Ausnahme bilden die Montagsrenditen: An diesem Handelstag findet man im Durchschnitt negative Renditen. Dies bildet einen Teil der in der Literatur bekannten Wochentagseffektes (im Durchschnitt negative Montagsrenditen).
McInish / Wood (1990): Intraday-Saisonalitäten von Aktien.	Real-Time-Daten, Bezahltkurse von Aktien an der NYSE, 1980 - 1984.	Analyse der Volatilitäten von Aktienkursen über den Handelstag. Es zeigt sich ein Volatilitätsverlauf, der zu Handelsbeginn sowie in der letzten Handelsstunde eine deutlich höhere Volatilität aufweist (U-förmiger Verlauf).
Lockwood / Linn (1990): Intraday-Saisonalitäten von Aktien.	Real-Time-Daten, Stündl. Werte des DJIA[2] an der NYSE, Januar 1964 - Februar 1989.	Wie bei McInish/Wood zeigt sich ein U-förmiger Volatilitätsverlauf. Zu Handelsbeginn sowie in der letzten Handelsstunde wird eine deutlich höhere Volatilität festgestellt.
Peterson (1990): Intraweek- und Intraday-Saisonalitäten von Aktienoptionen.	Real-Time-Daten, Bezahltkurse von Aktienoptionen an der CBOE sowie der zugrundeliegenden Aktien an der NYSE, 1983 - 1985.	Kaufoptionen weisen ähnliche Muster wie Aktien auf: Relativ geringe Wochenendrenditen sowie deutlich positive Renditen zum Handelsende des Handelstages. Die Renditen der Kaufoptionen steigen dabei schneller an. Verkaufsoptionen zeigen dagegen hohe Wochenendrenditen. Zu Handelsschluß weisen sie nur sehr geringe Renditen auf.

1 American Stock Exchange.

2 Dow Jones Industrial Average.

Tab. 3-3: Fortsetzung

Autor(en), Ziel	Daten	Wichtige Ergebnisse
Gunter (1990): Intraday-Saisonalitäten von Aktienkaufoptionen. Indirekter Test auf Lead-Lag-Beziehung zwischen Aktien- und Optionsmarkt.	Real-Time-Daten, Bezahltkurse von Aktienoptionen an der CBOE, Bezahltkurse der zugehörigen Aktien an der NYSE, Januar 1983 - September 1985	30-Minuten-Renditen von beobachteten und impliziten Aktienkursen weisen unterschiedliche Muster auf. Dies wird Übernacht und zu Handelsbeginn besonders deutlich. Implizite Übernachtrenditen weisen keinen negativen Weekend-Effekt auf und sind leicht größer als beobachtete Aktienrenditen in den anderen Übernachtperioden von Dienstag bis Freitag. Betrachtet man die erste Handelsstunde, so ergeben sich erheblich größere beobachtete als implizite Renditen für alle Handelstage.
McInish / Wood (1991): Autokorrelation von Intraday- und Tagesrenditen.	Real-Time-Daten, Bezahltkurse von Aktien an der NYSE, 1984.	Bildung von 15-Minuten-Renditen. Kurve für Autokorrelation erster Ordnung weist einen U-förmigen Verlauf auf.
Denzler / Janssen (1991): Zeitverzugslose Informationsverarbeitung.	Real-Time-Daten, Berechnete Werte des SMI[1], 7.11.88-28.12.90, Berechnete Werte des SBAI[2], 31.8.90-28.12.90.	a) Deutlich höhere Volatilität während etwa einer Stunde nach Handelsbeginn, während für den Rest des Tages der Eindruck einer weitgehend konstanten Volatilität entsteht. b) Insgesamt kann man einen U-förmigen Verlauf der durchschnittlichen kumulierten Renditen beobachten.
Ekmann (1992): Intraday-Saisonalitäten von Index-Futures.	Real-Time-Daten, Bezahltkurse von S&P 500 Indexfutures, 4.1.83-30.11.88.	a) U-förmiger Verlauf von Intraday-Renditen. b) U-förmiger Verlauf der Anzahl Transaktionen. c) S-förmiger Verlauf der Autokorrelation von 1-Minuten-Renditen.

Die wichtigsten Ergebnisse von Intraday-Untersuchungen sind, daß zu Handelsbeginn und am Ende eines Handelstages deutlich positive mittlere Renditen existieren, während am Rest des Tages der Kursverlauf eher fallend ist. Weiterhin wird ein Volatilitätsverlauf festgestellt, der zu Handelsbeginn sowie in der letzten Handelsstunde eine deutlich höhere Volatilität aufweist.

Neben zahlreichen amerikanischen Studien zum Informationsverarbeitungsprozeß mit Real-Time-Daten amerikanischer Aktien existiert für die Schweiz nur eine Studie hierzu.

Denzler/Janssen[3] untersuchen den Informationsverarbeitungsprozeß für den schweizerischen Aktienmarkt anhand Real-Time-Daten der Börsen von Zürich, Genf und Basel zwischen November 1988 und Dezember 1990. Die Daten enthalten alle Geld-, Brief- und Transaktionskurse der Aktientitel, die im SMI enthalten sind.

In ihrer Untersuchung gehen die beiden Autoren von einer engen Interpretation der Informations-Effizienzhypothese - nämlich zeitverzugsloser Informationsverarbeitung - aus und versuchen, sie der Vorstellung gegenüberzustellen, der Informationsverarbeitungsprozeß

1 Swiss Market Index.

2 Swiss Bid/Ask-Index.

3 Denzler/Janssen (1991).

benötige Zeit. Diese Interpretation der Effizienzhypothese impliziert - zusammen mit der Hilfshypothese, neue Informationen entstünden im Mittel gleichmäßig über den Tag hinweg - eine konstante Volatilität[1] der Aktienkurse, denn die Volatilität ist in diesem Fall ein direktes Spiegelbild der neu entstandenen Information. Benötigt die Informationsverarbeitung hingegen Zeit, und zwar um so mehr, je größer die zu verarbeitende Informationsmenge ist, so ist eine erhöhte Volatilität zu Beginn des Tages zu erwarten, da dann die über Nacht entstandenen Informationen verarbeitet werden müssen.

Auswertungsgrundlage der Untersuchung sind SMI-Renditen über 15-Minuten-Intervalle. Denzler/Janssen finden für alle drei Teilperioden[2] ihrer Untersuchung eine deutlich höhere Volatilität während etwa einer Stunde nach Handelsbeginn, während für den Rest des Tages der Eindruck einer weitgehend konstanten Volatilität entsteht. Dies interpretieren die Autoren als Evidenz gegen die enge Interpretation der Informations-Effizienzhypothese, nämlich zeitverzugsloser Informationsverarbeitung und damit auch für die empirische Relevanz des untersuchten Problems.

Neben der Volatilitätsbetrachtung untersuchen Denzler/Janssen auch mittlere Renditen im Tagesablauf. Hier weisen systematisch tiefere Aktienkurse zu bestimmten Tageszeiten (in allen drei Perioden war die durchschnittliche Rendite am Vormittag negativ und am Nachmittag positiv) zwar nicht unbedingt auf unausgeschöpfte Gewinnmöglichkeiten hin (wegen Transaktionskosten), es zeigt sich aber, daß es sich lohnt, Verkäufe am frühen Morgen und Käufe kurz vor Mittag zu tätigen, was im Widerspruch zur schwachen Form der Effizienzhypothese steht.[3] Bei Kumulierung der Vormittagsverluste und Nachmittagsgewinne ergeben sich teilweise beträchtliche Werte. Insgesamt kann man einen U-förmigen Verlauf der kumulierten Renditen beobachten.

Lockwood/Linn[4], McInish/Wood[5] sowie Wood/McInish/Ord[6] analysieren ebenfalls die Volatilitäten der Aktienkurse während des Tages. Sie erhalten einen Volatilitätsverlauf, der zu Handelsbeginn sowie in der letzten Handelsstunde eine deutlich höhere Volatilität aufweist.

In einer Untersuchung von Harris[7] werden die Renditen innerhalb eines Tages analysiert. Es zeigt sich, daß zu Handelsbeginn und am Ende eines Handelstages deutlich positive Renditen festzustellen sind, während am Rest des Tages der Kursverlauf eher fallend ist. Eine Ausnahme bilden die Montagsrenditen: An diesem Handelstag findet man im Durch-

---

1 Die Volatilität eines Aktienkurses wird ausgedrückt in der Standardabweichung der Aktienrendite.

2 Die gesamte Untersuchungsperiode wurde in drei Teilperioden eingeteilt, da diese sich in den Handelszeiten unterscheiden.

3 Die Autoren weisen darauf hin, daß vor allem wegen der Transaktionskosten unausgeschöpfte Gewinnmöglichkeiten nur so interpretiert werden dürfen, daß man bei den beobachteten Mustern im Kursverlauf bei der zeitlichen Plazierung von Kauf- und Verkaufsaufträgen zu durchschnittlich tieferen Kursen kaufen und zu höheren Kursen verkaufen könnte als sonst.

4 Lockwood/Linn (1990).

5 McInish/Wood (1990).

6 Wood/McInish/Ord (1985).

7 Harris (1986).

schnitt negative Renditen. Dies bildet einen Teil der in der Literatur bekannten Wochentagseffektes (im Durchschnitt negative Montagsrenditen).

French/Roll[1] verwenden für ihre Untersuchung des Aktienmarktes Tagesdaten anstelle von Real-Time-Daten. Aus einem Vergleich von Renditen an Tagen, die Börsentagen folgen, und Renditen an normalen Tagen, können sie zeigen, daß die Handelstätigkeit von Investoren mit privater (nicht-öffentlicher) Information die größere Volatilität verursacht, die man während den Börsenöffnungszeiten feststellt. Dies wird so interpretiert, daß der Informationsverarbeitungsprozeß nicht unendlich schnell, d.h. ohne Zeitverzug abläuft, sondern daß er Zeit benötigt. Die Informationen beeinflussen die Aktienkurse erst allmählich während der Handelszeiten.

Von den Studien zu saisonalen Effekten anderer Wertpapiere werden hier diejenigen herausgegriffen, welche Aktienoptionen untersuchen. Durch die Analyse auf eventuell vorhandene Saisonalitäten von Optionsrenditen wird auch indirekt versucht, Interdependenzen zwischen dem Aktien- und Optionsmarkt zu bestimmen. Gunter[2] weist darauf hin, daß *"whether or not these patterns are similar to those found in stock returns gives some indication of the extent to which returns on the two markets are determined by the same factors."*

Dickinson/Peterson[3], welche sowohl Kauf- als Verkaufsoptionsrenditen auf den Januareffekt, Monatseffekt und Day-of-the-Week-Effekt untersuchen, finden gegenüber den Aktien zwar geringfügig veränderte Muster heraus; sie kommen aber zum Schluß, daß Rendite-Saisonalitäten von Optionen darauf zurückzuführen seien, daß Optionen derivative Wertpapiere darstellen und daß Arbitragemöglichkeiten existieren, sofern die saisonalen Effekte nicht denen der zugrundeliegenden Aktien gleichen würden. Hierbei muß allerdings berücksichtigt werden, daß Optionen und Aktien i.d.R. nicht an einem Markt gehandelt werden. Sofern die Handelssysteme nicht identisch sind (z.B. Computerbörsen vs. Parkettbörsen, Market-Maker-System vs. keine Market-Maker) und unterschiedliche institutionelle Faktoren existieren, sind grundsätzlich auch Unterschiede möglich. Solche Unterschiede können über eine mögliche Lead-Lag-Beziehung zwischen Aktien- und Optionsmarkt Aufschluß geben.[4]

Peterson[5] analysiert deshalb über die Jahre 1983 bis 1985 Optionsrenditen auf den Day-of-the-Week-Effekt sowie Intraday-Saisonalitäten. Für die Studie werden Real-Time-Daten der Berkeley Options Data Base benutzt. Seine Studie zielt auf einen direkten Vergleich von intertemporalen Mustern in Aktien- und Optionsrenditen ab. Es werden Renditen von Aktien und Optionsrenditen über 30-Minuten-Intervalle gebildet und mittels einer Dummy-Variablen-Regression auf Saisonalitäten analysiert. Speziell die Ergebnisse für Kaufoptionen sind den saisonalen Effekten von Aktien ähnlich. Es existieren allerdings einige Ausnahmen. Für Verkaufsoptionen ergeben sich höhere Renditen an den Wochenenden und zu

1 French/Roll (1986).

2 Gunter (1990), S. 62.

3 Dickinson/Peterson (1989).

4 Siehe hierzu z.B. Gunter (1990), S. 58f.

5 Peterson (1990).

Handelsbeginn am Montag. Dies steht im Widerspruch zu niedrigen Renditen von Kaufoptionen und Aktien. Desweiteren zeigen sich bei den Kaufoptionen gegenüber den Aktien noch stärker ansteigende Renditen zum Handelsende hin. Peterson kommt deshalb zum Schluß, daß die Saisonalitäten nicht denen des Aktienmarktes entsprechen.

Gunter greift dies auf, in dem er darauf hinweist, daß *"the existence of differential seasonalities in actual stock prices and implied stock prices that lead to seasonalities in the proportional deviations between the two has implications for market efficiency. Insight into the relative speed of information arrival on the two markets, and information about the existence of lead/lag relationships is provided by this analysis"*. Er fügt dem Ergebnis von Peterson hinzu: *"This result may suggest that option market returns lead stock market returns. ... this result implies that a trading strategy based on the conjecture that the degree to which implied stock prices lead actual stock prices varies intertemporally may be more profitable than a strategy that ignores this information"*.[1]

In der Untersuchung von Gunter[2] werden ebenfalls kurzfristige zeitliche Interdependenzen zwischen dem Aktien- und Optionsmarkt untersucht. Die Untersuchung enthält zwei Teile, von denen vor allem der zweite Teil bereits im Abschnitt 3.3.1 dargestellt wurde, da er eine Handelsstrategie enthält, welche direkt eine Lead-Lag-Beziehung zwischen Aktien- und Optionsmarkt auszunutzen versucht.

Der erste Teil besteht aus einer Rendite-Analyse, welche aufgrund von Renditemustern über den Handelstag einen Indikator für eine evtl. vorhandene Lead-Lag-Beziehung zwischen dem Aktien- und Optionsmarkt liefern soll. Aus den Preisen von Aktienoptionen an der CBOE werden mittels des dividendenadjustierten Black/Scholes-Modells implizite Aktienkurse berechnet. Anschließend werden die Intraday-Renditemuster von beobachteten und impliziten Aktienkursen mittels einer Dummy-Variablen-Regression auf Saisonalitäten analysiert. Die Resultate zeigen erhebliche Differenzen der Renditemuster zwischen beobachteten und impliziten Werten. Implizite Übernacht-Renditen weisen keine negativen Weekend-Effekte auf und sind leicht größer als beobachtete Aktienrenditen in den übrigen Übernachtperioden von Dienstag bis Freitag. Betrachtet man die erste Handelsstunde, so ergeben sich erheblich größere beobachtete als implizite Renditen für alle Handelstage.

3.3.4. Einfluß des Optionshandels auf den Aktienmarkt

Eine Reihe empirischer Studien untersucht den Einfluß des Optionshandels auf die Renditen der zugrundeliegenden Aktien. Diese Untersuchungen lassen sich nicht problemlos als Testansätze auf Informationseffizienz klassifizieren. Für die Fragen nach dem Einfluß des Optionshandels auf den Aktienmarkt werden i.d.R. keine Daten von Optionspreisen einbezogen. Die Arbeiten beschränken sich auf die Auswertung von Aktienkurszeitreihen.

---

1 Gunter (1990), S. 64.

2 Gunter (1990).

Von der Vielzahl möglicher Einflußgrößen und Interdependenzen wurden bisher untersucht:[1]

a) Der Einfluß des Optionshandels auf die Volatilität der zugrundeliegenden Aktien.

b) Der Einfluß der standardisierten Verfalldaten auf Aktienkurse bzw. Aktienrenditen.

c) Die durch den Optionsmarkt bedingten Veränderungen des Kassamarktvolumens.

d) Die Auswirkungen des Optionsmarktes auf Neuemissionen kleiner Unternehmen.

e) Der Zusammenhang zwischen dem Handelsvolumen am Optionsmarkt und der Preisentwicklung am Aktienmarkt.

f) Die Auswirkungen der Neuaufnahme einer Aktie in den Optionshandel.

Obwohl die verschiedenen Einflußfaktoren nicht einheitlich einer bestimmten Form der Markteffizienzhypothese zuzuordnen sind, sollen sie unter dem übergeordneten Gesichtspunkt der Beziehung zwischen Aktien- und Optionsmarkt abgehandelt werden.

Es soll hier eine Beschränkung auf diejenigen Studien stattfinden, welche der Frage nachgehen, ob Termingeschäfte die Kursentwicklung von Aktien stabilisieren oder destabilisieren, d.h. der Optionshandel die *Aktienkursvolatilitäten* beeinflußt und/oder *abnormale Muster in den Aktienrenditen* und *im Handelsvolumen* induziert. Die Arbeiten können dabei in folgender Hinsicht eingeteilt werden:

1. Eine Untergruppe analysiert den Einfluß des Optionshandels auf die Kurse der zugrundeliegenden Aktien in allgemeiner Hinsicht.
2. Die zweite Untergruppe untersucht die Hypothese, daß Optionsverfalltermine die Kursentwicklung der den Optionen zugrundeliegenden Aktien in einer engen zeitlichen Umgebung um den Fälligkeitstermin in vorhersehbarer Weise beeinflussen.
3. Die dritte Untergruppe betrachtet die Auswirkungen der Neuaufnahme einer Aktie in den Optionshandel (Optionseinführung) bzw. generell die Aufnahme einer Optionsbörse.
4. Die vierte Untergruppe versucht zu erklären, ob sich die Anpassung von Aktienkursen an veröffentlichte, neue fundamentale Informationen bei den Aktien, für die auch ein Optionshandel stattfindet, schneller vollzieht als bei Aktien, für die keine Optionen gehandelt werden.

Die Ansätze dieser Untergruppen sind dadurch gekennzeichnet, daß sie relativ einfach durch die Implementierung einer Handelsregel ergänzt werden könnten. Insbesondere geben ihre jeweiligen Hypothesen Hinweise darauf, wie eine solche Handelsregel auszusehen hätte. Z.B. wird in der zweiten Untergruppe erwartet, daß es vor Fälligkeitsterminen von Kaufoptionen zu einem abnormalen Sinken des Aktienkurses und nach dem Termin wieder zu

[1] Vgl. dazu auch die Übersicht in Grünwald (1979), S. 242ff.

einer Korrektur in Form eines abnormalen Kursanstiegs kommt.[1] Dies legt nahe zu testen, ob zum einen durch Verkauf der Aktie zeitlich vor dem Optionsverfalltermin und anschließendem Rückkauf kurz vor bzw. am Fälligkeitstag nach Abzug von Transaktionskosten im Durchschnitt abnormale Gewinne zu erzielen wären. Zum anderen könnte das gleiche auch für eine Strategie überprüft werden, die den Kauf zusätzlicher Aktien kurz vor bzw. am Verfalltag und den späteren Verkauf dieser Aktien versucht.

Bei der vierten Untergruppe wäre hingegen für jedes der beiden betrachteten Aktienmarktsegmente ein Test auf halb-strenge Informationseffizienz durchzuführen. Würde die implementierte Strategie an dem Aktienmarktsegment, für dessen Aktien ein Optionshandel stattfindet, zu signifikant geringeren Überrenditen führen als an dem Segment, für dessen Aktien keine Optionen gehandelt werden, so könnte dies als ein Indiz dafür gedeutet werden, daß am Aktienmarktsegment "mit Optionen" die Preisanpassung schneller erfolgt und demzufolge ein höherer Grad an Informationseffizienz im Hinblick auf die untersuchte Informationsart besteht.

Es besteht ein ganz anderer Ansatz, wenn der Einfluß des Optionshandels auf die Aktienkursvolatilität oder das nicht-diversifizierbare Risiko der Aktien untersucht wird. Einerseits werden dazu Aktien, für die ein Optionshandel stattfindet, mit einer Kontrollgruppe von Aktien verglichen, für die keine Optionen gehandelt werden. In diesem Fall wird von einem Mit-Ohne-Vergleich gesprochen. Zum anderen kann auch ein sogenannter Vorher-Nachher-Vergleich vorgenommen werden. Dabei handelt es sich um einen Vergleich der Zeiträume vor und nach einer grundlegenden Reform des Optionshandels oder um einen Vergleich der Zeitabschnitte vor und nach Einführung des Optionshandels für die Aktien der jeweils betrachteten Stichprobe.[2]

Bei diesen Ansätzen ist nicht ersichtlich, für welche Handelsstrategie in Aktien der Befund einer Volatilitätsänderung die Möglichkeit schaffen sollte, mit dieser Handelsstrategie Überrenditen zu erzielen. Damit besteht kein unmittelbarer Zusammenhang zwischen diesen Ansätzen und Tests auf Informationseffizienz.

Zum Einfluß des Optionshandels auf die Volatilität am Aktienmarkt können u.a. folgende Punkte aufgeführt werden:[3] Die Theorie zur Bewertung derivativer Finanzprodukte wie Optionen und Futures geht meist vom Prinzip der Duplikation aus, d.h. die Zahlungsströme dieser Instrumente werden durch geeignete Kombination der Auszahlungsmuster bereits existierender Wertpapiere wie z.B. Aktien und Anleihen exakt nachgebildet, um auf diese Weise einen arbitragefreien Preis für das derivative Instrument zu bestimmen. In diesem Kontext sind Optionen oder Futures redundante Finanztitel, deren Neueinführung keinerlei Auswirkungen auf den Markt des Basiswertpapiers hat. Daneben existieren jedoch auch

---

1 Vgl. Hecker (1993), S. 41 und die weiter unten beschriebene Studie von Klemkosky (1978). Abweichend hiervon existieren auch Studien, die lediglich von der Hypothese einer ansteigenden Volatilität der Aktie in einer engen zeitlichen Umgebung von Optionsverfallterminen ausgehen.

2 Vgl. Hecker (1993), S. 42.

3 Vgl. z.B. Schlag (1991), S. 92; Tanner/Zimmermann (1993), S. 46ff.; Hayes/Tennenbaum (1979), S. 72f.

Modelle, in denen die Einführung solcher Instrumente positive Effekte auf die Investoren auf einem Finanzmarkt hat; diese treten z.B. dann auf, wenn die Märkte zuvor unvollständig waren und jetzt mit Hilfe von Optionen neue Auszahlungsströme ermöglicht werden.[1] Hayes/Tennenbaum[2] führen auf, daß *"option trading decreases the price volatility of the common shares, apparently because option positions are hedged with opposite positions in the related equity (and vice versa)"*. Schließlich wird häufig argumentiert, daß solche neuartigen Wertpapiere eine übermäßige Spekulation auf den Märkten der Basiswertpapiere förderten, was dort die Volatilität ansteigen ließe. Somit seien die möglichen Folgen derartiger Produkte eher negativ einzuschätzen.[3]

Bei den meisten der empirischen Untersuchungen zum Einfluß des Optionshandels auf den Aktienmarkt handelt es sich um Studien mit Tagesdaten. Wie oben beschrieben, geht es dabei weniger um Intraday-Interdependenzen. Aus Gründen der vollständigen Darstellung sind sie dennoch in diesem Literaturüberblick mit aufgeführt.

Eine Auswahl der wesentlichen empirischen Arbeiten ist im Überblick der Tab. 3-4 aufgeführt.[4] Die Ergebnisse werden im Anschluß zusammenfassend beschrieben.

Tab. 3-4: Empirische Untersuchungen zum Einfluß des Optionshandels auf den Aktienmarkt

Einfluß des Optionshandels auf den Aktienmarkt		
Autor(en), Ziel	**Daten**	**Wichtige Ergebnisse**
Nathan, R. (1974): Basispreiseffekte bei der Einführung von Optionen.	Tagesdaten, Tagesschlußkurse von 16 Aktien, auf die Optionen an der CBOE eingeführt werden, 1973.	Analyse der Aktienkurse vor und nach der Eröffnung des Optionshandels der CBOE. Es werden keine signifikanten Unterschiede in den Aktienkursveränderungen vor und nach der Einführung festgestellt werden.
CBOE (1976): Basispreiseffekte aufgrund von Optionsverfallterminen.	Tagesdaten, Tagesschlußkurse von 46 Aktien mit Optionen an der CBOE, 31.12.75-16.2.76	Analyse der Preisveränderungen von Aktienkursen über die letzten zwei Wochen vor Fälligkeit der gehandelten Optionen erbringt keine Evidenz für ein abnormales Preisverhalten.
Hayes / Tennenbaum (1979): Basispreiseffekte bei der Einführung von Optionen.	Monatsdaten, monatl. Handelsvolumen von 43 Aktientitel mit Optionen an der CBOE und 21 ohne Optionen, Mai 1972 - September 1977.	Analyse des Handelsvolumens eines jeden Aktientitels von einem Jahr vor bis einem Jahr nach Optionseinführung auf diesen Titel. Es wird ein steigendes Handelsvolumen nach der Einführung von Optionen festgestellt.

1 Siehe Ross (1976).

2 Hayes/Tennenbaum (1979), S. 72.

3 Siehe Schlag (1991), S. 92.

4 Für eine weitere Übersicht empirischer Arbeiten zum Einfluß des Optionshandels auf den Aktienmarkt vgl. Damodaran (1992) oder Gunter (1990), S. 18ff. Für eine Diskussion der möglichen Wirkungen des Optionshandels auf den Aktienmarkt vgl. z.B. Stoll/Whaley (1987) und Tanner/Zimmermann (1993), S. 46-52.

Tab. 3-4: Fortsetzung

Autor(en), Ziel	Daten	Wichtige Ergebnisse
Officer / Trennepohl (1981): Basispreiseffekte aufgrund von Optionsverfallterminen.	Tagesdaten, Tagesschlußkurse von Aktien mit Optionen an der CBOE, Januar 1977 - Dezember 1978.	Es wird ein signifikanter Einfluß des Optionsfälligkeitstermins auf die Aktienkurse festgestellt. Die Autoren zeigen, daß sinkende Aktienkurse zwei Tage vor Fälligkeit der Optionen Kaufsignale anzeigen. Die Arbitragemöglichkeiten sind allerdings sehr gering, so daß bei Einbezug von Transaktionskosten keine abnormalen Gewinne erzielbar sind.
Whiteside / Dukes / Dunne (1983): Basispreiseffekte bei der Einführung von Optionen.	Tagesdaten, Tagesschlußkurse von Aktien, auf die Optionen an der CBOE eingeführt werden, 1977 - 1980	Die Analyse von Aktienrenditen 45 Tage vor bis 45 Tage nach der Einführung von Optionen auf diese Titel zeigt eine Abnahme der Volatilitäten nach Einführung der Optionen.
Jennings / Starks (1986): Preisanpassungsgeschwindigkeit von optionsfähigen und nicht optionsfähigen Aktien aufgrund Gewinn- oder Dividendenankündigungen.	Real-Time-Daten, Bezahltkurse und Volumen von Aktien an der NYSE, 15.6.81-21.8.81 und 4.10.82-31.12.82.	Optionsfähige Aktien reagieren schneller auf neue Informationen (Ankündigungen von Gewinn- oder Dividendenänderungen) als Aktien, auf die keine Optionen an der CBOE gehandelt werden.
Stoll / Whaley (1987, 1987b): Interdependenzen zwischen Aktien- und Options- sowie Futuresmarkt. Basispreiseffekte aufgrund von Options- und Futuresverfallterminen.	Tages- und Real-Time-Daten, Berechnete S&P 500-, S&P 100- und MMI-Indexwerten, Mai 1982 - Dezember 1985	Analyse von Basispreis- und Volumeneffekten aufgrund von Verfalltagen von Index-Futures und Optionskontrakten mit Real-Time-Daten. Handelsvolumen und die Aktienkursvolatilität weisen höhere Werte an Verfalltagen von Optionen und Futures auf. Diese Effekte sind allerdings nur sehr schwach existent, wenn Optionen zu anderen Zeitpunkten verfallen als Futures. Deshalb kommen die Autoren zum Schluß, daß kein Anzeichen dafür besteht, daß der Options- oder Futureshandel wesentlichen Einfluß auf die Aktienrenditen ausübt.
Conrad (1989): Basispreiseffekte bei der Einführung von Optionen.	Tagesdaten, Tagesschlußkurse von Aktien, auf die Optionen an der CBOE und AMEX eingeführt werden, 1973 - 1980.	Bei der Einführung von Optionen werden positive Preiseffekte in den zugrundeliegenden Aktien festgestellt, die etwa drei Tage vor Einführung ihren Anfang nehmen. Es besteht eine positive Beziehung zwischen Preissteigerung und Optionsmarktaktivität.
Detemple / Jorion (1990): Basispreiseffekte bei der Einführung von Optionen.	Tagesdaten, Tagesschlußkurse von Aktien, auf die Optionen an der CBOE und AMEX eingeführt werden, 1973 - 1986.	1. Die Einführung einer Option ist mit einer signifikanten, risikoadjustierten Überschußrendite im Basisinstrument verbunden, weil auch risikoaverse Anleger, deren Risiko durch Optionen besser abgesichert werden kann, vermehrt nachfragen. 2. Bei der Einführung neuer Optionen zeigt sich nicht nur beim Basisinstrument, sondern auch für den Gesamtmarkt ein risikoadjustierter Mehrertrag.
Damodoram / Lim (1991) Basispreiseffekte bei der Einführung von Optionen.	Tagesdaten, Tagesschlußkurse von Aktien, auf die Optionen an der CBOE und AMEX eingeführt werden, 1973 - 1983.	Es zeigt sich eine statistisch signifikante Abnahme der Aktienkursvolatilitäten. Weiter wird ausgesagt, daß sich nach Optionseinführungen die Aktienkurse schneller aufgrund neuer Informationen anpassen.

Tab. 3-4: Fortsetzung

Autor(en), Ziel	Daten	Wichtige Ergebnisse
Ferris / Chance / Wolfe (1991): Basispreiseffekte aufgrund Optionsverfallterminen.	Real-Time-Daten, Bezahltkurse von Aktien, auf die Optionen gehandelt werden, 18.7.80-19.10.84.	Analyse der Aktienrenditen und der Handelsaktivität an Fälligkeitstagen von Optionen. Es zeigen sich eher negative Renditen an Fälligkeitstagen und eher positive Renditen am darauffolgenden Tag. Betrachtet man die Renditen über den Fälligkeitstag, so ergibt sich eine steigende Rendite zu Handelsschluß. Die Transaktionshäufigkeit ist an Fälligkeitstagen erheblich höher.
Day / Lewis (1988, 1992): Basispreiseffekte aufgrund Optionsverfallterminen.	Tagesdaten, Tagesschlußkurse von MMI- und S&P 100-Indexoptionen sowie der MMI- und S&P 100-Indexwerte, 1983 - 1986.	Ansteigende implizite Volatilitäten bei den Indexoptionen um den Fälligkeitstermin.
Schlag (1991): Basispreiseffekte bei der Einführung von Optionen.	Tagesdaten, Tagesschlußkurse von Aktien, auf die Optionen an der DTB eingeführt werden, 25.1.89-31.10.90, die durch den Starttermin der DTB (26.1.90) in zwei Teilperioden aufgeteilt wurden.	Der neue Finanzmarkt DTB hat für den Untersuchungszeitraum keine destabilisierende Wirkung auf den Aktienmarkt. Es wird zwar für zahlreiche DTB- als auch Nicht-DTB-Gesellschaften für den Zeitraum der Aufnahme des Optionshandels an der DTB eine signifikant höhere Volatilität der Aktien nachgewiesen als für den Zeitraum davor; es kann jedoch kein statistisch signifikanter Unterschied in der Volatilitätsentwicklung der Aktien der DTB- und Nicht-DTB-Gesellschaften festgestellt werden. Die zusätzliche Untersuchung der Entwicklung des systematischen Risikos der Aktien der DTB-Gesellschaften liefert keine Anhaltspunkte dafür, daß die Höhe des systematischen Risikos durch die Aufnahme des Handels an der DTB beeinflußt wird.
Tanner / Zimmermann (1993)[1]: Basispreiseffekte bei der Einführung von Stillhalteroptionen.	Tagesdaten, 164 Stillhalteroptionen auf schweizerische Aktien, Oktober 1986 - Juni 1991.	Auswirkungen der Emission von Stillhalteroptionen auf die Kurse, die Liquidität und das Handelsvolumen der zugrundeliegenden Aktien um das Emissionsdatum. Die Resultate zeigen keine besonderen Basismarkteffekte der Emission von Stillhalteroptionen. Es können keine gegensätzlichen Volatilitätseffekte nachgewiesen werden. Allerdings steigen die Kurse um das Emissionsdatum herum (40 Handelstage) signifikant an. Die Auswirkungen auf das (marktbereinigte) Börsenvolumen sind einigermaßen neutral, in dem das Aktienvolumen teilweise durch die Optionen substituiert wird.

Die erste Untersuchung zu Basispreiseffekten bei der Einführung von Optionen stellt der Nathan-Report[2] dar. Es werden die Aktienkurse vor und nach der Eröffnung des Optionshandels der CBOE im Jahre 1973 analysiert, jedoch keine signifikanten Unterschiede in den Aktienkursveränderungen vor und nach der Einführung festgestellt.

1 Diese Untersuchung analysiert Stillhalteroptionen auf schweizerische Aktien. Obwohl dies nicht Gegenstand der vorliegenden Arbeit ist, wird diese Studie hier im Literaturüberblick mit aufgenommen, da der Schweizer Markt analysiert wird.

2 Nathan (1974).

Spätere Untersuchungen, welche die Einführung neuer Optionen vor allem für den amerikanischen Markt analysieren, gelangen jedoch zu unterschiedlichen Resultaten. Dabei deuten die Resultate der überwiegenden Studien darauf hin, daß der Einfluß des Optionshandels auf die zugrundeliegenden Basispreise allgemein als schwach bzw. positiv zu interpretieren ist. Positiv bedeutet hierbei, daß Informationen sich schneller in den Preisen widerspiegeln.

Bei den Untersuchungen über stabilisierende bzw. destabilisierende Effekte der Optionseinführung liefert auch hier der Nathan-Report erste empirische Resultate. Es wird eine Abnahme der Volatilitäten nachgewiesen. Obwohl die späteren Untersuchungen kein einheitliches Bild aufweisen, gibt es jedoch Hinweise für eine Veränderung der Volatilitätsbeeinflussung über die Zeit. So läßt sich in jüngerer Zeit ein Trend feststellen, daß es zu einer Volatilitätsreduktion bei den zugrundeliegenden Aktien nach der Einführung von Optionen auf solche Aktientitel an organisierten Terminmärkten kommt.[1]

Speziell sei noch auf zwei Studien hingewiesen, die den Schweizer bzw. deutschen Aktienmarkt untersucht haben.

In der Untersuchung von Tanner/Zimmermann[2] werden die Auswirkungen der Emission von Stillhalteroptionen auf die Kurse, die Liquidität und das Handelsvolumen der zugrundeliegenden Aktien um das Emissionsdatum betrachtet. Die Resultate zeigen keine besonderen Basismarkteffekte der Emission von Stillhalteroptionen. Es können keine gegensätzlichen Volatilitätseffekte nachgewiesen werden. Allerdings steigen die Kurse um das Emissionsdatum herum (40 Handelstage) signifikant an. Beim Börsenvolumen wird ein teilweises Substituieren des Aktienvolumens durch die Optionen festgestellt.

In der Studie von Schlag[3] wird der Einfluß des Optionshandels auf die Volatilität bzw. das nicht-diversifizierbare Risiko der zugrundeliegenden Aktien für den deutschen Aktienmarkt untersucht. In einem Vorher-Nachher-Vergleich der Aufnahme des Handels an der DTB kommt die Studie zum Schluß, daß keine signifikante Evidenz dafür vorliegt, der Handel an der DTB beeinflusse den Preisbildungsprozeß am Aktienmarkt nachteilig. Es kann kein statistisch signifikanter Unterschied in der Volatilitätsentwicklung der Aktien von DTB- und Nicht-DTB-Gesellschaften festgestellt werden.

Die Ergebnisse der Analysen um das Verfalldatum von Optionen geben insgesamt keinen Hinweis auf einen Einfluß auf die zugrundeliegenden Aktienrenditen. Während frühere Studien in den USA überhaupt keinen Einfluß des Optionsfälligkeitstermins auf die Aktienkurse feststellen können, weisen spätere wiederholt gewisse Einflüsse nach. Allerdings sind die aufgedeckten Einflüsse regelmäßig so gering, daß bezweifelt werden muß, daß bei Implementierung einer Handelsstrategie mit Berücksichtigung von Transaktionskosten Über-

1 Parallel zu einem zunehmenden Trend zur Volatilitätsreduktion bei den Aktienkursen stellen manche Studien auch einen zunehmenden Trend zur Erhöhung der Volatilität der täglichen Aktienumsätze nach Aufnahme des Optionshandels fest.

2 Tanner/Zimmermann (1993).

3 Schlag (1991).

renditen erzielt werden können.[1] Geringfügig negative Renditen vor Fälligkeit werden spätestens nach dem Fälligkeitstermin mindestens wieder ausgeglichen.

Zum Schluß soll noch auf die weiter oben beschriebene vierte Gruppe eingegangen werden, wobei die Untersuchung von Jennings/Starks[2] herausgegriffen wird. Die beiden Autoren versuchen zu klären, ob sich die Anpassung von Aktienkursen an veröffentlichte, neue fundamentale Informationen bei den Aktien, die auch als Basistitel von gehandelten Optionen fungieren, schneller vollzieht als bei Aktien, für die keine Optionen gehandelt werden.[3] Es wird dazu keine Handelsstrategie implementiert. Die Autoren gehen von der Hypothese aus, daß aufgrund von Präferenzen der Investoren Optionen zukünftige Aktienkurse antizipieren und die Preisanpassungsgeschwindigkeit für optionsfähige und nicht optionsfähige Aktientitel unterschiedlich hoch ausfallen kann. Ausgehend von negativen Korrelationen zeitlich aufeinanderfolgender Aktienkursveränderungen wird weiter die Annahme getroffen, daß in einer engen zeitlichen Umgebung von Informationsveröffentlichungszeitpunkten signifikante Abweichungen davon auftreten.[4] Es wird getestet, ob für die optionsfähigen Aktien im Vergleich zu einer Kontrollgruppe aus Aktien, welche keine Optionspapiere sind, die Phase positiver serieller Korrelationen mit besonders hohen Kursänderungen innerhalb signifikant kürzerer Zeit nach dem Ankündigungstermin von Gewinn- oder Dividendenankündigungen der Information beendet ist. Die betrachteten Zeitintervalle um den Ankündigungstermin schließen maximal den Vortag und den folgenden Tag ein. Als Zeitintervall werden Stunden, für einen Test auch Minuten gewählt. Die Resultate zeigen eine signifikant schnellere Anpassung der optionsfähigen Aktienkurse an die Informationen aus der Veröffentlichung von Quartalsberichten, als bei betrachteten Aktien, die keine Optionspapiere sind.[5]

---

1 Dies wird insbesondere bezweifelt bei Officer/Trennepohl (1981), S. 78f.

2 Jennings/Starks (1986).

3 Es ist zu beachten, daß hier ausschließlich Ergebnisse für den Aktienmarkt abgeleitet werden und daß kein direkter Test auf Informationseffizienz durchgeführt wird.

4 Es wird angenommen, daß in diesen Zeitintervallen besonders häufig große Kursänderungen auftreten, wobei die Wahrscheinlichkeit für das Auftreten aufeinanderfolgender Änderungen desselben Vorzeichens ebenfalls höher ist als außerhalb der Intervalle. Vgl. Jennings/Starks (1986), S. 109.

5 Vgl. Jennings/Starks (1986), S. 122-123. Gunter (1990), S. 35ff. weist auf folgende Studie hin, die zu gleichen Ergebnissen kommt: Snelling (1988), Disequilibrium Between Option Prices and the Underlying Stock Price, unveröffentlichtes Manuskript.

4 GRUNDLAGEN DER OPTIONSPREISBILDUNG

Im folgenden werden einige Grundlagen für die Bewertung von Optionen dargestellt. Dabei geht es vor allem darum, das Optionsgeschäft zu charakterisieren sowie auf Einflußgrößen auf den Optionspreis einzugehen, die für die Optionsbewertung wichtig sind. Zur Abgrenzung sei erwähnt, daß hier nicht auf reine Optionsmarktaspekte wie den Optionsmarkt selbst, Eigenheiten von Optionsmärkten, Funktionsweise des Ablaufs und der Abwicklung von Optionsgeschäften, usw. eingegangen werden soll, da dies in diesem Rahmen zu weit führen würde. Die Sichtweise ist wesentlich auf die Bewertung ausgerichtet.[1]

4.1. Abgrenzung von Optionsgeschäften

In modernen arbeitsteiligen Wirtschaften haben sich hochorganisierte *monetäre Märkte (Finanzmittelmärkte)* entwickelt, auf denen sich Wirtschaftseinheiten treffen, die ein Angebot *(Überschußeinheiten)* bzw. eine Nachfrage *(Defiziteinheiten)* nach Geld haben. Traditionell werden diese Finanzmittelmärkte bzgl. der Fristigkeit der gehandelten Gläubiger-Schuldner-Titel in einen Markt für kurz- und mittelfristige Kredite und Finanzanlagen *(Geldmarkt)* und einen Markt für langfristige Kredite und Finanzanlagen *(Kapitalmarkt)* unterteilt.[2]

Die Verhältnisse auf dem Kapital- und Geldmarkt setzen i.d.R. eine besondere Organisationsform im Sinne einer *Institutionalisierung* dieser Märkte voraus, für die jeweils bestimmte Regeln und Bestimmungen der Zulassung der Marktteilnehmer, der Handelsobjekte und der Abwicklung gegeben sein müssen. Ein hoher Grad an *Institutionalisierung* zeigt sich insbesondere am Kapitalmarkt, wo die Marktbeziehungen vorwiegend über die Institution *"Börse"* abzuwickeln sind. Neben diesem institutionalisierten Teil des Kapitalmarktes besteht noch ein *freier Markt* (außerbörslicher Handel, ungeregelter Handel, Telefonverkehr).[3]

Der institutionalisierte Kapitalmarkt kann darüber hinaus entsprechend der Handelsobjekte in einen *Renten-/Obligationsmarkt* (Markt für festverzinsliche Wertpapiere) und einen *Aktienmarkt* (Markt für Beteiligungspapiere) unterschieden werden. Daneben ist unter dem Kri-

---

1 Auf spezielle Kontraktspezifikationen und spezifische Handelsmerkmale der beiden Optionsbörsen SOFFEX und DTB wird im Rahmen der empirischen Untersuchung näher eingegangen. Für ein ausführliches Studium der Funktionsweise und Eigenheiten von Optionsmärkten wird z.B. auf Cox/Rubinstein (1985); Ebneter (1987); Figlewski/Silber/Subrahmanyam (Hrsg.) (1990); Fitzgerald (1987); Gastineau (1988); Grünwald (1979); Hauck (1991); Kolb (1991); Lingner (1987), Straush (1990) sowie speziell für die SOFFEX auf das Handbuch SOFFEX Manual (1990) und für die DTB auf das Regelwerk der DTB (1992) sowie DTB (1989) verwiesen.

2 Vgl. Eilenberger (1986), S. 21f.; Kirelli (1988), S. 933f.

3 Vgl. Eilenberger (1986), S. 22.

terium der Begebung von Wertpapieren zwischen dem *Primärmarkt* (Markt für Neuemissionen) und dem *Sekundärmarkt* (Markt für im Umlauf befindliche Wertpapiere) zu differenzieren. Die zeitliche Abfolge von Abschluß und Erfüllung eines Wertpapiergeschäfts führt zur Unterteilung in einen *Kassamarkt* (Abschluß heute - Erfüllung "heute"[1]) und einen *Terminmarkt* (Abschluß heute - Erfüllung "später").[2]

Auf dem Terminmarkt kann grundsätzlich zwischen nicht standardisierten *Fest- und Prämiengeschäften*[3] und standardisierten Termingeschäften *(Optionsgeschäften)* unterschieden werden. Termingeschäfte oder Zeitgeschäfte sind Geschäfte, bei denen die Lieferung und Zahlung der gehandelten Wertpapiere nicht zur Zeit des Abschlusses, sondern an einem späteren, beim Abschluß vereinbarten Zeitpunkt, dem sog. Liquidationstag erfolgt. Zusätzlich kann beim Optionsgeschäft die Erfüllung innerhalb einer festgelegten Periode an einem von einer Partei frei wählbaren Zeitpunkt erfolgen.[4] Die Prämiengeschäfte, bei denen nach den Usanzen auch noch Stella- und Nochgeschäfte möglich sind, sind in der Schweiz praktisch bedeutungslos geworden.[5]

Bei diesen Geschäftsarten werden (vor allem zur Absicherung von Erlösrisiken) lange vor der Lieferung Abnahmemengen und -preise festgelegt, um dem Kassamarkt mit seinen Preisschwankungen zu entkommen. Während es allerdings bei den festen Termingeschäften nicht möglich ist, das einmal eingegangene Engagement rückgängig zu machen, sind die Instrumente von standardisierten Termingeschäften dadurch ausgezeichnet, daß Fälligkeitstermine, Kontraktgrößen und Qualitätsstandards vereinheitlicht sind, so daß die Kontrakte austauschbar und damit fungibel sind. Somit ist es möglich, sich aus einer eingegangenen Lieferverpflichtung wieder zu lösen.[6]

Neben dem festen Termingeschäft und dem Optionsgeschäft hat sich in jüngster Zeit der *Futures-Kontrakt* entwickelt. Optionsgeschäft und Futures-Kontrakt sind in vielerlei Hinsicht ähnlich. Sie grenzen sich gegenüber dem Festgeschäft vor allem durch ihre Standardisierung und Institutionalisierung ab. Der wesentliche Unterschied besteht darin, daß bei einem Optionsgeschäft der Käufer ein Wahlrecht erwirbt, während bei einem Futures-Kontrakt beide Parteien eine feste Verpflichtung eingehen, das zugrundeliegende Objekt unter bestimmten Bedingungen zu erwerben bzw. zu liefern.[7] Wegen der Sonderform spricht man beim Futures-Kontrakt von einem Terminkontraktmarkt. In der folgenden Tab. 4-1 werden die Formen des Terminmarktes anhand der wesentlichen Merkmale gegenübergestellt.[8]

1 Kassageschäfte sind spätestens am zweiten Börsentag nach Abschluß zu erfüllen.

2 Vgl. Breuer (1988), S. 486; Senghas (1981), S. 1. Neben den aufgeführten wesentlichen Einteilungen gibt es weitere Kriterien zur Systematisierung von Kapitalmarktsegmenten, welche u.a. in Loistl (1991), S. 15ff. nachgeschlagen werden können.

3 Diese werden auch als die klassischen Termingeschäfte bezeichnet; vgl. z.B. Breuer, R.-E. (1988), S. 490.

4 Genau genommen gilt dies nur für Optionen vom Amerikanischen Typ. Es wird darauf noch eingegangen.

5 Vgl. Albisetti et al. (1988), S. 633 und 544f.

6 Vgl. Lingner (1987), S. 4ff.

7 Zur ausführlichen Darstellung von Futures-Kontrakten vgl. z.B. Gilg (1989).

8 In Gilg (1989), S. 2 findet sich eine detaillierte Gegenüberstellung zwischen dem herkömmlichen Termingeschäft und dem Futures-Markt.

Tab. 4-1: Formen des Terminmarkts

Markt	Markt für Festgeschäfte (forward market)	Terminkontraktmarkt (futures market)	Optionsmarkt[1] (option market)
Art des Marktes	Aushandlungsmarkt	Börsen = Auktionsmärkte	
Geschäftsart	Unbedingte Termingeschäfte (Fix-/Festgeschäfte)	Unbedingte Termingeschäfte (Fix-/Festgeschäfte)	Bedingte Termingeschäfte
Erfüllungstermin	Nicht standardisiert	Standardisiert	
Kontraktgröße	Nicht standardisiert	Standardisiert	
Veräußerung	- Nicht handelbar - Geschäft kann nicht annulliert werden - Nur Primärmarkt	- Handelbar - Option/Future kann wieder veräußert werden - Sekundärmarkt	
Rechtl. Grundlage	Verpflichtung	Verpflichtung	Recht

Der Abschluß eines Wertpapiergeschäfts kann bei einem beteiligten Marktteilnehmer zur *Eröffnung* oder *Schließung* einer *Wertpapierposition* führen. Eine Wertpapierposition wird eröffnet, wenn das Vermögen eines Marktteilnehmers durch nachfolgende Marktpreisänderungen des zugrundeliegenden Wertpapiers direkt beeinflußt wird. Eine offene Wertpapierposition wird geschlossen, wenn solche Marktpreiserhöhungen das Vermögen des Marktteilnehmers nicht mehr direkt beeinflussen. Bewirkt eine Marktpreiserhöhung bzw. Marktpreisminderung einen gleichhohen Vermögenszuwachs (Vermögensverlust) bzw. Vermögensverlust (Vermögenszuwachs), dann wird eine solche Wertpapierposition als *long (short) Position* bezeichnet.[2]

Optionen können auf vielfältige Basisinstrumente, wie z.B. verschiedene Arten von Wertpapieren begründet werden. Neben diesen Optionsgrundtypen existieren noch eine Vielzahl von Sonderformen.[3] Die komplexe Vielseitigkeit der verschiedenen Ausgestaltungsformen macht eine einheitliche Optionsbewertung jedoch schwierig. So sind viele Ansätze zur Optionspreisbestimmung ausschließlich nur für spezielle Basisinstrumente (meist Aktien) an-

1 Diese Bezeichnung bezieht sich ausschließlich auf sog. *Traded Options*, bei denen es sich im Gegensatz zu *Over the counter Options (OTC Options)* um börsenmäßig gehandelte und standardisierte Optionen handelt. OTC Options sind individuell ausgestaltete Optionen, deren Eigenschaften i.d.R. speziell auf die Anforderungen individueller Handels- und Warengeschäfte ausgerichtet sind und vorrangig im Absichern von offenen Devisenposditionen eingesetzt werden. So können Basispreis, Fristigkeit oder das Optionsvolumen unabhängig von der Standardisierung der börsenmäßig gehandelten Optionen gewählt werden. Die vielfältigen Ausgestaltungsmöglichkeiten verhindern oder schränken zumindest einen möglichen Börsenhandel dieses Optionstyps stark ein. Werden diese Optionen vor Fälligkeit für die ursächlichen Handelsgeschäfte nicht mehr benötigt und sollen entgeltlich weitergegeben werden, so können sie nur außerbörslich verkauft werden.

2 Kruizenga (1964), S. 382; Senghas (1981), S. 2.

3 Dies können selbständige Termingeschäfte mit Optionscharakter wie z.B. Swaps oder Cotos oder Wertpapiere mit angegliederten Optionsrechten sein. Vgl. Hauck (1991), S. 16ff.

wendbar. Als gängige und verbreitete Basisinstrumente können die folgenden genannt werden (in Klammern die entsprechende Optionsart):[1]

- Aktien (stock options),
- Indizes (index options),
- festverzinsliche Wertpapiere (fixed income options, interest rate options),
- Währungen (currency options),
- börsenmäßig gehandelte Terminkontrakte (option on futures),
- Optionen (options on options).

Diese Arbeit beschränkt sich in ihrer Untersuchung auf Aktienoptionen sowie Optionen auf Aktienindizes (z.B. Swiss Market Index). Falls nichts Gegenteiliges gesagt wird, ist im folgenden "Option" immer im Sinne von Aktienoption zu verstehen.

4.2. Terminologie des Optionsgeschäftes

Ein *Aktienoptionsgeschäft* ist ein *Vertrag* zwischen *Käufer* und *Verkäufer (Stillhalter)*, der dem Käufer das *Recht* einräumt,

- eine bestimmte *Stückzahl* (*Mindestschluß, Kontraktgröße*),
- einer zum Optionshandel zugelassenen Aktie bzw. eines Aktienindexes (*Optionspapier, Basisobjekt, underlying*),
- (jederzeit bis) zu einem vereinbarten Zeitpunkt (*Verfalltag, Fälligkeit, expiration*),
- zu einem vereinbarten Kurs (*Basispreis, Ausübungspreis, strike price*)
- zu fordern (*Kaufoption, Call*) oder zu liefern (*Verkaufsoption, Put*).

Für das Recht bezahlt der Käufer der Option dem Verkäufer (Stillhalter) einen Preis, den *Optionspreis* (oder auch *Optionsprämie*). Der Käufer der Option ist nicht verpflichtet, sondern kann von seinem *Recht* der Ausübung nach freier Wahl Gebrauch machen. Wird eine Option nicht spätestens am Verfalltag ausgeübt, so wird sie wertlos. Der Verkäufer geht im Gegenzug die unbedingte *Verpflichtung* ein, die vereinbarten Wertpapiere auf Anforderung des Käufers zu liefern bzw. entgegenzunehmen. Dementsprechend können zwei *Geschäftsarten* unterschieden werden, nämlich die *Kaufoption* und die *Verkaufsoption*, mit jeweils einer *Käuferseite* (als dem *aktiven* Kontrahenten) und einer *Verkäuferseite* (als dem *passiven* Kontrahenten; Stillhalter).

---

1 Für eine ausführliche Darstellung dieser Optionsvarianten vgl. z.B. Fitzgerald (1987), S. 119ff.; Hauck (1991), S. 17ff.

Kann eine Option nur am Verfalltag ausgeübt werden, so wird sie als *Europäische* Option bezeichnet. Bei einer *Amerikanischen* Option ist die Ausübung jederzeit möglich.[1] Fällt während der Restlaufzeit der Option auf die zugrundeliegende Aktie ein Nebenrecht[2] (Dividende, sonstige Barausschüttung oder Bezugsrecht) an, so wird im Falle einer vollständig *auszahlungsgeschützten* Option der Basispreis entsprechend der Höhe des Nebenrechts korrigiert. Dadurch hat z.B. eine Dividendenzahlung keine Auswirkung auf den Optionspreis. Kauf- und Verkaufsoptionen sind *elementare Optionsarten*, die jeweils gekauft oder verkauft werden können. Dies führt zur Unterscheidung folgender 4 *elementarer Optionsgeschäftsarten*:

Abb. 4-1: Elementare Optionsgeschäftsarten

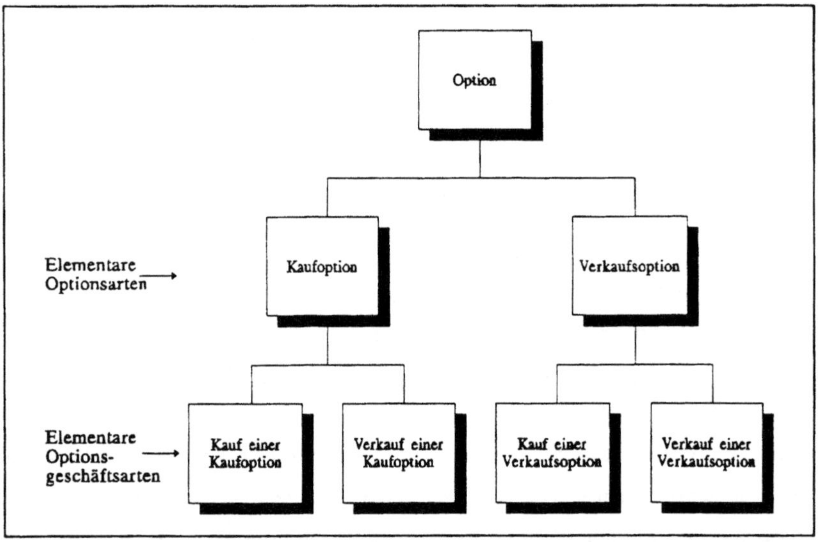

Mit den elementaren Optionsgeschäftsarten lassen sich gegenüber den Aktiengeschäftsarten (Kauf und Leerverkauf) *neue*, als *elementare Optionspositionen* bezeichnete Positionen und damit neue Kombinationen von Gewinnchancen und Verlustrisiken realisieren. Das charakteristische Merkmal einer jeden solchen Grundposition besteht darin, daß sie mit einem einzigen Optionskontrakt aufgebaut werden kann. Abb. 4-2 gibt einen Überblick über die Einsatzbereiche der 4 Optionspositionen, entsprechend der erwarteten Kassakursentwicklung.

1 Dies ist eine rein sprachliche Unterscheidung, ohne Bezug zur gegenwärtigen Regelung in den beiden Wirtschaftsräumen. Beispielsweise zählen die an der SOFFEX und an der DTB gehandelten Aktienoptionen zum Amerikanischen Optionstyp. In Hauck (1991), S. 311ff. und Straush (1990), S. 171ff. finden sich Übersichten der Merkmale von Optionen an den verschiedenen Terminbörsen der Welt.

2 Im folgenden wird der Einfachheit halber ausschließlich von Dividenden gesprochen.

Abb. 4-2: Elementare Optionspositionen

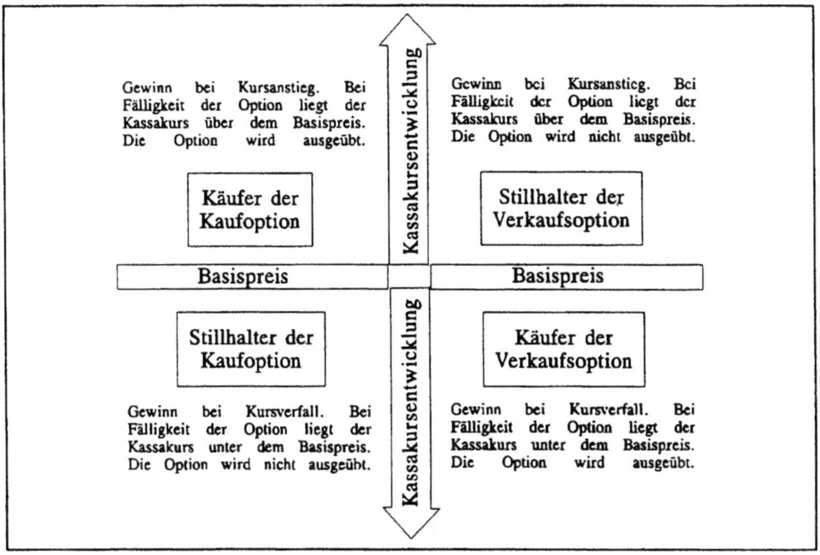

Der Optionspreis läßt sich in zwei Teile aufspalten:

1. *Innerer Wert (instrinsischer Wert, instrinsic value)*

   Der innere Wert einer Kaufoption (Verkaufsoption) entspricht dem Betrag, um den der gegenwärtige Aktienkurs (Basispreis) den Basispreis (gegenwärtigen Aktienkurs) übersteigt. Eine Option besitzt nur dann einen inneren Wert, wenn die oben genannte Differenz positiv ist.[1]

2. *Zeitwert (nichtinstrinsicher Wert, extrinsic value, time value premium)*[2]

   Der Zeitwert ist die Differenz zwischen dem gesamten Optionspreis und dem inneren Wert. Er ist somit jener Betrag, den der Optionskäufer für die Chance bezahlt, um bei Ausübung der Option von einem möglichen Kursanstieg bzw. Kursverfall zu profitieren.

Der Optionspreis setzt sich somit aus dem *inneren Wert* und dem *Zeitwert* zusammen.

Nach der relativen Differenz zwischen aktuellem Aktienkurs und Basispreis unterscheidet man die Konstellationen *in-the-money-*, *at-the-money-* und *out-of-the-money-Optionen*. Liegen Basispreis (BP) und Aktienkurs (AK) sehr weit auseinander, verwendet man die Begriffe *deep-in-the-money* bzw. *deep-out-of-the-money*. Tab. 4-2 zeigt diesen Sachverhalt für Kauf- und Verkaufsoptionen anhand der jeweiligen Money-ratios (AK/BP) auf.

---

1 Dies entspricht der Definition von Fitzgerald (1987), S. 31. Des öfteren wird aber auch der innere Wert als Differenz zwischen gegenwärtigem Aktienkurs und abgezinstem Basispreis bezeichnet (siehe z.B. Uhlir/-Steiner (1991), S. 217).

2 Im englischen Sprachraum wird der Optionspreis häufig als premium bezeichnet. Daran anlehnend wird der Optionpreis auch manchmal in der deutschsprachigen Literatur als Optionsprämie bezeichnet, was immer wieder zu Verwechslungen führt.

Tab. 4-2: In-the-money-, at-the-money und out-of-the-money-Optionen[1]

	Kaufoption	Verkaufsoption
Deep-out-of-the-money	$\frac{AK}{BP} \leq 0{,}85$	$1{,}15 < \frac{AK}{BP}$
Out-of-the-money	$0{,}85 < \frac{AK}{BP} \leq 0{,}95$	$1{,}05 < \frac{AK}{BP} \leq 1{,}15$
At-the-money	$0{,}95 < \frac{AK}{BP} \leq 1{,}05$	$0{,}95 < \frac{AK}{BP} \leq 1{,}05$
In-the-money	$1{,}05 < \frac{AK}{BP} \leq 1{,}15$	$0{,}85 < \frac{AK}{BP} \leq 0{,}95$
Deep-in-the-money	$1{,}15 < \frac{AK}{BP}$	$\frac{AK}{BP} \leq 0{,}85$

Durch ihre verschiedenen Formen und den Möglichkeiten auf dem Sekundärmarkt bieten Optionen Verwendungsmöglichkeiten für zahlreiche kommerzielle und spekulative Bedürfnisse. Wie im folgenden Abschnitt noch zu zeigen ist, ergeben sich für einen Erwerber einer Option gegenüber dem reinen Engagement in Aktien folgende Vorteile:[2]

- Aufbau verschiedener Zahlungspositionen

  Mit den in Abb. 4-2 dargestellten elementaren Optionspositionen lassen sich in Verbindung mit Aktienkassapositionen Kombinationen erzielen, deren Zahlungscharakteristiken mit Aktien nicht erreicht werden können.[3]

- *Begrenzung des Risikos*

  Da die Option ein Recht, aber keine Verpflichtung darstellt, bietet sie ein begrenztes und vorhersehbares Risiko beim Engagement mit riskobehafteten Anlagen.

- *Hebelwirkung*

  Eine Hebelwirkung ergibt sich dadurch, daß mit relativ geringem Einsatz des Optionspreises bei Änderungen des zugrundeliegenden Aktienkurses die prozentuale Änderung des Optionspreises größer ist als die prozentualen Änderungen des Aktienkurses.

- *Geringer Kapitaleinsatz*

  Der wesentlich geringere Kapitaleinsatz zum Kauf von Optionen im Gegensatz zum Kauf von Aktien schafft zusätzliche freie finanzielle Mittel.

---

1 Es ist zu beachten, daß die in der Tabelle aufgestellten Quoten nicht einheitlich festgelegt sind. Diese Einteilung hält sich an diejenige von Trautmann (1990), S. 95.

2 Diese Punkte sollen nur grob einige Vorteile aufzeigen. Für eine detailliertere Aufstellung und Analyse vgl. z.B. Cox/Rubinstein (1985), S. 44ff.; Köpf (1987), S. 29ff.; Spremann (1990), S. 536ff.

3 Im nachfolgenden Abschnitt wird noch näher darauf eingegangen.

- *Versicherung*

  Der Kauf eine Kaufoption kann als Kombination des Kaufs einer Aktie mit einer Versicherung gegen fallende Aktienkurse interpretiert werden, wobei die Versicherungsprämie gerade dem Optionspreis entspricht.

Die Einsatzmöglichkeiten von Optionen können grundsätzlich unterteilt werden in

- *Spekulationszwecke (Trading),*
- *Versicherungszwecke (Hedging) und*
- *Arbitragezwecke.*[1]

Spekulationsgeschäfte sind solche Wertpapiergeschäfte, durch die auf dem Kassa- oder Terminmarkt Wertpapierpositionen zum Zwecke der Gewinnerzielung aus erwarteten zeitlichen Preisunterschieden eröffnet werden, d.h. sie beinhalten die Durchführung von Transaktionen zur Erzielung von Kapitalgewinnen.[2] Im Gegensatz dazu beinhalten *Hedgegeschäfte* gleichzeitig gegensätzliche Positionen auf dem Kassa- und Terminmarkt.[3] Dabei steht allerdings nicht die Gewinnerzielung, sondern die *Absicherung* gegen die aus zeitlichen Preisunterschieden drohenden Verluste im Vordergrund. *Arbitragegeschäfte* sind dadurch gekennzeichnet, daß aus Gründen der Gewinnmaximierung (i.d.R. risikolosen Gewinnerzielung) oder Kostenminimierung aus Preisunterschieden auf mindestens zwei (örtlich oder zeitlich getrennten) Teilmärkten eines Wertpapiers gegensätzliche Positionen eingenommen werden. Sie beinhalten deshalb die Durchführung von Transaktionen zur Erzielung von (i.d.R.) risikolosen Gewinnen durch Ausnutzung von vergleichbaren Kursunterschieden zum gleichen Zeitpunkt.[4]

Die Eignung von Aktienoptionen zu *Spekulationszwecken* ist vor allem darin begründet, daß aufgrund eines im Vergleich zu einer Kassamarktposition niedrigen Kapitaleinsatzes überdurchschnittliche Renditen erzielt werden können, falls die erwartete Aktienkursentwicklung eintritt (Hebelwirkung). Nimmt hingegen die Kursentwicklung nicht den erwarteten Verlauf, dann kann dies zum Totalverlust des eingesetzten Kapitals führen. Die spekulative Verwendung gilt deshalb als äußerst riskant. Die Eignung zu *Versicherungszwecken* ist darauf zurückzuführen, daß sich mit ihnen Gegenpositionen zu Kassamarktpositionen aufbauen lassen, so daß auch das gegen Diversifikationsmaßnahmen resistente systematische (marktabhängige) Risiko neutralisiert werden kann. Existiert deshalb in einem Wertpapiermarkt zusätzlich zum Aktienkassa- ein Aktienoptionsmarkt, dann kann ein Marktteilnehmer Art und Höhe des von ihm zu tragenden Risikos auch ohne risikoloses Wertpapier individuell bestimmen.[6]

---

1 Vgl. Kruizenga (1964), S. 380ff.

2 Vgl. z.B. Hochgesand (1977), S. 170ff., Koester (1980), S. 2.

3 Vgl. Koester (1980), S. 1f.

4 Vgl. Bender (1977), S. 325ff.

6 Vgl. hierzu Gastineau (1988), S. 7ff. und Senghas (1981), S. 3f.

4.3. Charakterisierung von Gewinn- und Verlustpositionen

Zur Verdeutlichung der Gewinnchancen und Verlustrisiken sollen im folgenden die Optionspositionen aus Abb. 4-2 anhand von *Positionsdiagrammen* den *Aktienkassapositionen* gegenübergestellt werden. Dabei gelten folgende Annahmen:[1]

- Aktienkassa- und Optionsgeschäfte beziehen sich auf dieselbe Aktie.
- Die ursprünglich festgelegten Laufzeiten (*Optionsfrist*) sowie die Restlaufzeiten sind bei Kauf- und Verkaufsoptionen identisch.
- Der Zeitpunkt der Eröffnung und Schließung der Aktienkassa- und Optionspositionen ist identisch.[2]
- Der Basispreis und der bei Positionseröffnung gültige Aktienkurs sind identisch.
- Zwischen Positionseröffnung und Positionsschließung werden keine Dividenden ausgeschüttet.
- Transaktionskosten und Steuern werden nicht berücksichtigt.
- Die Mindestkontraktgröße beträgt 1 Aktie.

Es werden folgende Notationen verwendet:

T	≡	Zeitpunkt der Positionsschließung, Verfallszeitpunkt der Option
S	≡	Marktpreis der zugrundeliegenden Aktie bei Positionseröffung
K	≡	Basispreis
C	≡	Marktpreis einer Kaufoption bei Positionseröffung
P	≡	Marktpreis einer Verkaufsoption bei Positionseröffung
S_T	≡	Marktpreis der zugrundeliegenden Aktie im Zeitpunkt der Positionsschließung
C_T	≡	Wert der Kaufoption im Zeitpunkt der Positionsschließung
P_T	≡	Wert der Verkaufsoption im Zeitpunkt der Positionsschließung
G	≡	Gewinn
$G_{XY}(S_T)$	≡	Gewinn-Verlust-Funktion einer XY-Position in Abhängigkeit vom künftigen Aktienkurs S_T.

Eine *Kaufposition einer Aktie* (*long-Position*, AK) wird durch den Kauf der Aktie zum Kurs S eröffnet und durch den Verkauf zum Kurs S_T wieder geschlossen. Ist $S_T \geq S$, so ergibt sich ein Gewinn in Höhe von $S_T - S$ und für $S_T < S$ ein Verlust in Höhe von $S - S_T$. Dabei

[1] Vgl. hierzu auch Gastineau (1988), S. 33ff. und Senghas (1981), S. 8ff.

[2] Eine Optionsposition kann außer durch Ausübung oder Ablauf der Optionsfrist auch durch Gegengeschäfte auf dem Sekundärmarkt geschlossen werden, sofern ein solcher existiert. Die Schließung durch Sekundärmarktgegengeschäfte soll hier jedoch nicht betrachtet werden.

kann der Verlust im Gegensatz zum Gewinn den Kapitaleinsatz nicht übersteigen. Bei gegebenem Kurs S ist die Gewinn-Verlustfunktion allein abhängig von dem bei Positionsschließung gültigen Kurs S_T. Es gilt:

$$G_{AK}(S_T) = S_T - S\,, \qquad S_T \geq 0$$[1]

Die graphische Darstellung dieser Gewinn-Verlust-Funktion liefert das *Positionsdiagramm einer Aktie-Kaufposition* (Abb. 4-3).

Abb. 4-3: Positionsdiagramm einer Aktie (long)

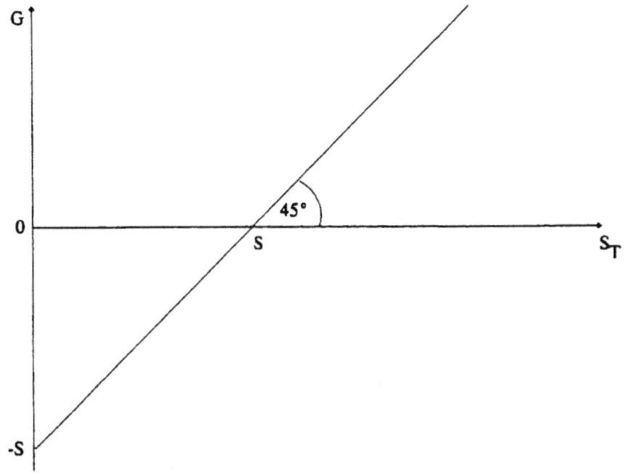

Die *Verkaufsposition einer Aktie* (*Short-Position*, AV) wird durch den Verkauf einer geborgten Aktie zum Kurs S eröffnet und durch deren Rückkauf zum Kurs S_T und Rückgabe wieder geschlossen. Damit ergibt sich für $S_T \leq S$ ($S_T > S$) ein Gewinn (Verlust) in Höhe von $S - S_T$ ($S_T - S$). Im Gegensatz zu einer Kaufposition ist hier der Gewinn nach oben durch S beschränkt, während der Verlust beliebig groß werden kann. Für die Gewinn-Verlust-Funktion und deren graphischer Darstellung gelten somit:

$$G_{AV}(S_T) = S - S_T\,, \qquad S_T \geq 0$$

1 Aktienkurse können aufgrund der beschränkten Haftung der Aktionäre nie negativ werden.

Abb. 4-4: Positionsdiagramm einer Aktie (short)

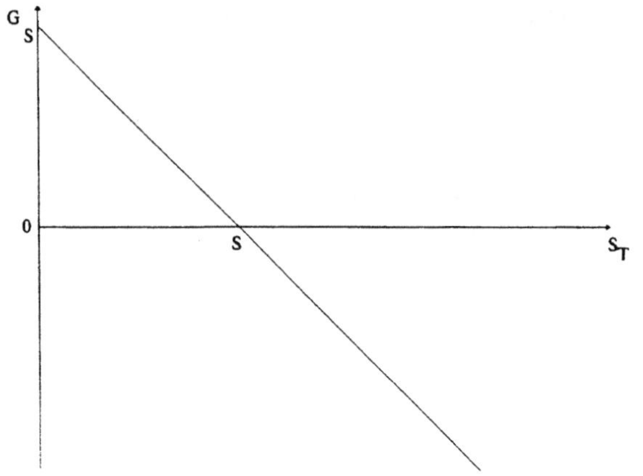

Der Vergleich der Gewinn-Verlust-Funktion einer Aktie-Kauf- mit einer Aktie-Leerverkaufsposition ergibt folgenden Zusammenhang:

$$G_{AK}(S_T) = -\,G_{AV}(S_T)\,, \qquad S_T \geq 0$$

Die *Kaufposition einer Kaufoption* (KK) wird durch den Kauf der Option zum Marktpreis C eröffnet. Gilt bei Positionsschließung $S_T \leq K$, so erfolgt diese durch Ablauf der Optionsfrist, d.h. die Option wird nicht ausgeübt. Der Wert der Option ist Null und es entsteht ein Verlust in Höhe des Optionspreises C. Gilt bei Positionsschließung $S_T > K$, so wird die Option ausgeübt und ihr Wert ist durch die Differenz zwischen Aktienkurs und Basispreis ($= S_T - K$) bestimmt. Der Optionskäufer erwirbt vom Stillhalter die zugrundeliegende Aktie zum Basispreis K und verkauft sie am Markt zum Kurs S_T. Dadurch wird im Fall $S_T = K + C$ die Eröffnungsbelastung gerade ausgeglichen, während im Fall $S_T > K + C$ ein Gewinn entsteht. Für die Gewinn-Verlust-Funktion gilt deshalb:

$$G_{KK}(S_T) = \begin{cases} -C & \text{für } 0 \leq S_T \leq K \\ S_T - K - C & \text{für } S_T > K \end{cases}$$

Das charakteristische Positionsdiagramm sieht wie folgt aus:

Abb. 4-5: Positionsdiagramm einer Kaufoption (long)

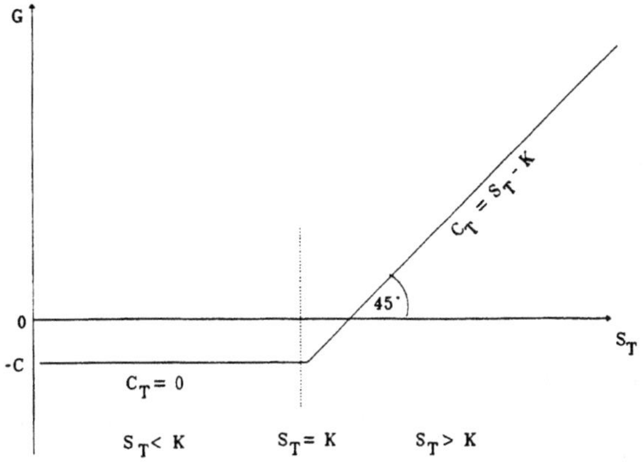

Der Vergleich von Abb. 4-3 und Abb. 4-5 legt nahe, eine Kaufoption-Kaufposition als Kombination einer Aktie-Kaufposition mit einer Versicherung gegen fallende Aktienkurse zu interpretieren, wobei die Versicherungsprämie gerade dem Optionspreis entspricht.

Mit jeder Eröffnung einer Kaufoption-Kaufposition auf der Käuferseite wird gleichzeitig (als Gegenposition) auf der Verkäuferseite eine *Kaufoption-Verkaufsposition* (KV) eröffnet. Da der Gewinn (Verlust) des Verkäufers identisch zum Verlust (Gewinn) des Käufers ist, gelten für die Gewinn-Verlust-Funktion einer solchen Verkaufsposition und deren graphischer Darstellung:

$$G_{KV}(S_T) = \begin{cases} C & \text{für } 0 \leq S_T \leq K \\ C + K - S_T & \text{für } S_T > K \end{cases}$$

Abb. 4-6: Positionsdiagramm einer Kaufoption (short)

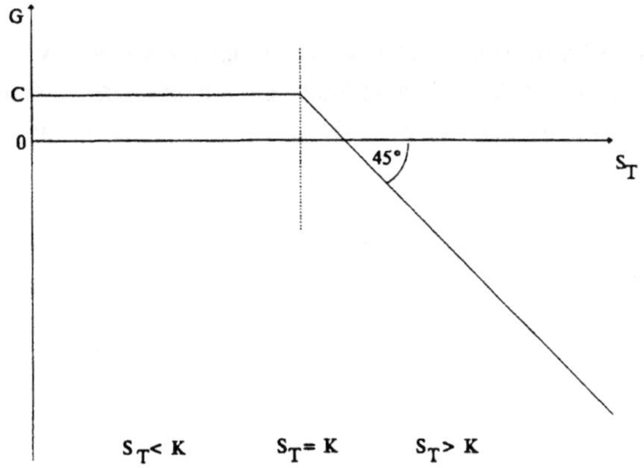

Der *Käufer einer Verkaufsoption* (VK) bezahlt bei Positioneröffnung den Marktpreis P. Gilt bei Positionsschließung $S_T > K$, so erfolgt diese durch Ablauf der Optionsfrist, d.h. die

Option wird nicht ausgeübt. Der Wert der Option ist Null. Es entsteht ein Verlust in Höhe des Optionspreises P. Gilt bei Positionsschließung $S_T \leq K$, so wird die Option ausgeübt und ihr Wert ist durch die Differenz $K - S_T$ bestimmt. Der Optionskäufer erwirbt die Aktie am Markt zum Kurs S_T und verkauft sie zum Basispreis K an den Stillhalter. Dadurch wird im Fall $S_T = K - P$ die Eröffnungsbelastung gerade ausgeglichen, während im Fall $S_T < K - P$ ein Gewinn entsteht. Für die Gewinn-Verlust-Funktion gilt deshalb:

$$G_{VK}(S_T) = \begin{cases} -P & \text{für } S_T > K \\ K - P - S_T & \text{für } 0 \leq S_T \leq K \end{cases}$$

Zu beachten ist allerdings, daß die Verkaufsoption nicht das Spiegelbild der Kaufoption ist. Aktienkurse können aufgrund der beschränkten Haftung der Aktionäre nie negativ werden. Demzufolge erreicht die Verkaufsoption ihren Maximalwert im Fall $S_T = 0$. Abb. 4-7 stellt das Positionsdiagramm dar.

Abb. 4-7: Positionsdiagramm einer Verkaufsoption (long)

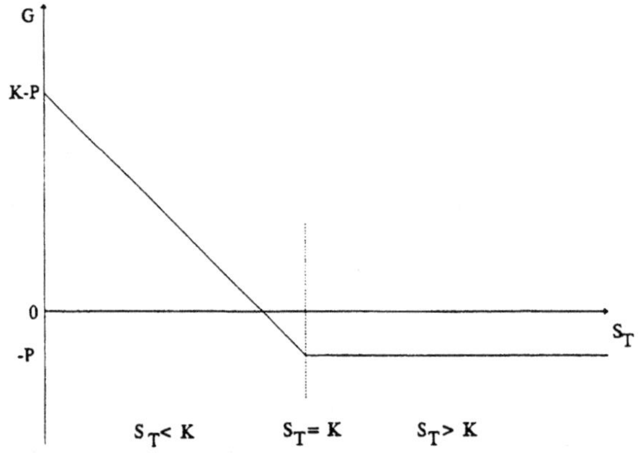

Eine Verkaufsoption-Kaufposition kann aufgrund eines Vergleichs von Abb. 4-4 und Abb. 4-7 als Kombination einer Aktie-Leerverkaufsposition mit einer Versicherung gegen steigende Aktienkurse interpretiert werden. Dabei entspricht die Versicherungsprämie gerade dem Optionspreis.

Eine *Verkaufsposition einer Verkaufsoption* stellt die Gegenposition zur Kaufposition dar, so daß für die Gewinn-Verlust-Funktion und deren graphischer Darstellung gelten:

$$G_{VV}(S_T) = \begin{cases} P & \text{für } S_T > K \\ P + S_T - K & \text{für } 0 \leq S_T \leq K \end{cases}$$

Abb. 4-8: Positionsdiagramm einer Verkaufsoption (short)

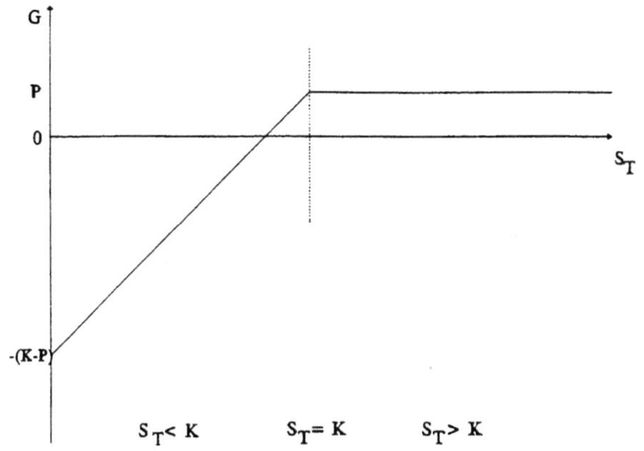

Bei *geeigneter* Kombination der zuvor betrachteten Aktienkassa- und elementaren Optionspositionen können weitere neue Positionen gebildet werden, die es sogar erlauben, eine risikolose Position in der Art zu erreichen, daß die Gewinn-Verlustfunktion unabhängig vom künftigen Aktienkurs S_T, also risikolos ist.[1] Es sollen hier zwei Beispiele gezeigt werden.[2]

Wird der *Kauf einer Aktie mit zwei Kaufoption-Verkaufspositionen* kombiniert, so ergibt sich gemäß den entsprechenden Funktionen der Aktie-Kaufposition und Kaufoption-Verkaufsposition die folgende Gewinn-Verlust-Funktion:

	$S_T \leq K$	$S_T > K$
Aktie	$S_T - K$	$S_T - K$
Kaufoption (–)	C	$C + K - S_T$
Kaufoption (–)	C	$C + K - S_T$
Gewinn	$2C + S_T - K$	$2C + K - S_T$

$$G_{AK,2KV}(S_T) = \begin{cases} 2C + S_T - K & \text{für } 0 \leq S_T \leq K \\ 2C + K - S_T & \text{für } S_T > K \end{cases}$$

Damit besitzt die vorliegende Kombinationsposition folgendes Positionsdiagramm (Abb. 4-9), welches auch aus den Positionsdiagrammen der Aktie-Kaufposition und den beiden Kaufoption-Verkaufspositionen erhalten werden kann:

1 So kann auch beispielsweise durch die Kombination des Kaufs einer Aktie mit dem Verkauf einer Kaufoption wiederum die elementare Optionsposition Verkaufsoption-Verkaufsposition erreicht werden, falls der Marktpreis der Verkaufsoption mit dem Marktpreis der Kaufoption identisch ist.

2 Für ein ausführliches Studium weiterer Kombinationsstrategien wie etwa sog. *Hedgepositionen*, *Spreads*, *Straddles*, *Straps oder Strips* vgl. z.B. Bookstaber (1981), S. 112ff.; Cox/Rubinstein (1985), S. 8ff.; Ebneter (1987), S. 41ff.; Figlewski/Silber/Subrahmanyam (Hrsg.) (1990), S. 20ff.; Fitzgerald (1987), S. 57ff.; Gastineau (1988), S. 46ff.; Hauck (1991), S. 36ff.; Jarrow/Rudd (1983), S. 24ff.

Abb. 4-9: Positionsdiagramm einer Kombination aus einer Aktie-Kaufposition und zwei Kaufoption-Verkaufsoptionen.

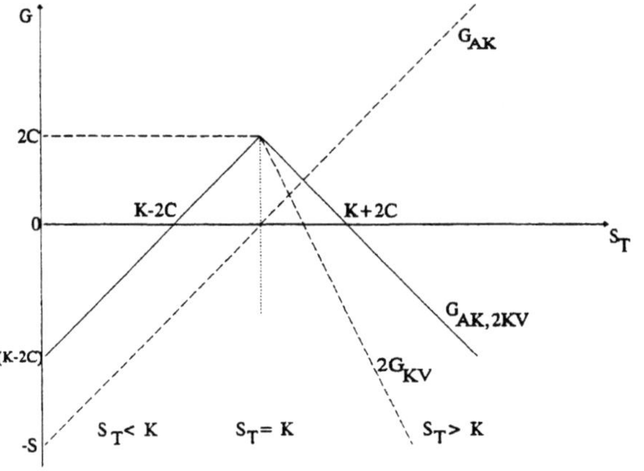

Aus Abb. 4-9 ist zu ersehen, daß die betrachtete Kombinationsposition immer dann vorteilhaft ist, wenn der künftige Aktienkurs S_T höchstens in Höhe des Erlöses 2C aus dem Verkauf der beiden Kaufoptionen vom Basispreis K (bzw. Eröffnungskurs S) abweicht. In allen anderen Fällen entsteht ein Verlust.

Wird eine *Aktie-Kaufposition* mit einer *Verkaufsoption-Kaufposition* und einer *Kaufoption-Verkaufsposition* kombiniert, dann ergibt sich folgende Gewinn-Verlust-Funktion:

	$S_T \leq K$	$S_T > K$
Aktie	$S_T - K$	$S_T - K$
Kaufoption (–)	C	$C + K - S_T$
Verkaufsoption	$K - P - S_T$	$-P$
Gewinn	$C - P$	$C - P$

$$G_{AK,VK,KV}(S_T) = C - P\,, \qquad S_T \geq 0$$

Diese ist unabhängig vom künftigen Aktienkurs S_T, so daß im eigentlichen Sinne nicht mehr von einer Aktienposition gesprochen werden kann. Das obige Portefeuille erbringt in beiden Zuständen die gleiche Nettozahlung K, es ist also risikolos. Das Positionsdiagramm einer solchen Kombinationsposition kann auf graphischem Wege wiederum aus den entsprechenden Diagrammen der zugrundeliegenden Aktienkassa- und Optionspositionen erhalten werden (Abb. 4-10).

Tab. 4-10: Positionsdiagramm einer Kombination aus einer Aktie-Kaufposition, einer Verkaufsoption-Kaufposition und einer Kaufoption-Verkaufsoptionen (im Fall C > P)

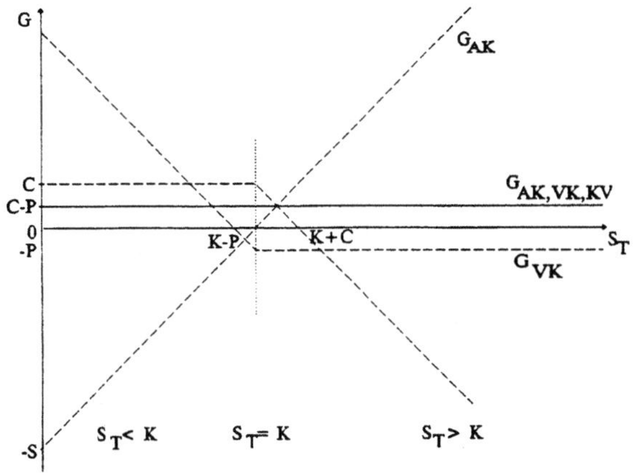

4.4. Einflußgrößen auf den Optionswert

Da es in dieser Arbeit um den Zusammenhang zwischen dem Aktien- und Optionsmarkt geht bzw. der Preisbildungsprozeß auf/zwischen diesen Märkten untersucht wird, sollen zunächst als Voraussetzung die wichtigsten Einflußgrößen auf den Wert einer Option dargestellt werden, da hier der Zusammenhang zum Aktienmarkt formal deutlich wird. Im Rahmen der empirischen Untersuchung werden später diese Einflußgrößen und deren Wirkung nochmals aufgenommen. Länderspezifische Usancen sowie Steuern und Transaktionskosten werden für diese grundlegenden Betrachtungen vernachlässigt.

Der Optionswert wird durch eine Vielzahl von Faktoren beeinflußt, die im folgenden erwähnt werden sollen. Diese Faktoren gelten sowohl für Kauf- als auch für Verkaufsoptionen, allerdings nicht immer in gleicher Richtung. Aus Plausibilitätsüberlegungen ergeben sich 6 fundamentale *Einflußgrößen* des Optionswertes:[1,2]

---

1 Es werden hier nur die fundamentalen Einflußgrößen dargestellt, die immer auf den Optionswert wirken. Es existieren allerdings weitere Faktoren, wie etwa Erwartungen über den Aktienkursverlauf, steuerliche Regelungen oder Transaktionskosten, die je nach Lage auch den Optionswert beeinflussen können. Vgl. hierzu die Ausführungen von Cox/Rubinstein (1985), S. 33ff.; Weßels (1992), S. 4ff. Ebenso werden hier nur anhand von Plausibilitätsüberlegungen die grundsätzlichen Richtungen des Einflusses dieser Optionswertkomponenten aufgezeigt. Diese können mit Hilfe einfacher Arbitrageüberlegungen (vgl. Cox/Rubinstein (1985), S. 127ff.) bzw. auf einem sich im Gleichgewicht befindlichen Markt mittels einfacher Dominanzüberlegungen abgeleitet werden (vgl. Merton (1973), S. 143ff.). Vgl. dazu auch Smith (1976), S. 7ff. oder Ingersoll (1987), S. 298ff. Für eine detaillierte Erörterung der Art und Weise des Einflusses einzelner Komponenten auf den Optionspreis bzw. die Reagibilität der Optionspreisformel von Black/Scholes (1973) auf Veränderungen ihrer Basisvariablen vgl. z.B. Bös (1991), Kap. 4.

2 Weiterhin muß hier angeführt werden, daß es grunsätzlich zu unterscheiden gilt zwischen Optionen vom *Amerikanischen* oder *Europäischen* Typ. Es kann allerdings bei einer Kaufoption gezeigt werden, daß im Falle, daß während der Laufzeit der Option keine Nebenrechtszahlungen (Dividenden, sonstige Barausschüttungen oder Bezugsrechte) auf die zugrundeliegende Aktie anfallen oder die Option vollkommen dividendengeschützt ist, die vorzeitige Ausübung nicht vorteilhaft ist und damit der Wert einer Europäischen (Fortsetzung auf nächster Seite)

1. Der *Preis der Aktie,* auf den sich die Option bezieht: S

   Optionen sind derivative Güter. Ihr Wert ist deshalb vom Wert des zugrundeliegenden Basisobjekts abhängig. Im allgemeinen kann festgehalten werden, daß Kaufoptionen sich gleichläufig und Verkaufsoptionen gegenläufig zur Entwicklung des Aktienkurses verhalten, d.h. je höher der Aktienkurs, desto höher (niedriger) ist auch der Wert der Kaufoption (Verkaufsoption).[1] Der Wert der Kaufoption (Verkaufsoption) ist eine steigende (fallende) Funktion des Aktienpreises.

2. Der *Basispreis* der Option: **K**

   In Verbindung mit dem Aktienkurs determiniert der Basispreis die Profitabilität der Option bei Ausübung und generiert somit auch für beliebige Termine während der Laufzeit einer Amerikanischen Option einen Mindestoptionspreis.[2] Je niedriger der Basispreis ist, desto höher ist die Differenz zwischen Aktienkurs und Basispreis und damit auch der Wert einer Kaufoption. Für Verkaufsoptionen gilt die umgekehrte Beziehung.

3. Die *Restlaufzeit* der Option: $\tau = T - t$

   Bei der Restlaufzeit muß näher darauf eingegangen werden, ob es sich um eine Kauf- oder um eine Verkaufsoption handelt. Im Falle einer Kaufoption gilt, daß mit steigender Restlaufzeit auch die Chance wächst, daß der Aktienpreis über den Basispreis K ansteigt. Daher ist der Optionswert einer Kaufoption positiv mit der Laufzeit verknüpft.[3] Die Änderung des Preises einer Verkaufsoption hinsichtlich einer Änderung der Restlaufzeit ist von verschiedenen Faktoren abhängig. Eine Verlängerung der Restlaufzeit hat einen doppelten Einfluß auf den Wert der Verkaufsoption. Einerseits verringert sich der Barwert des Basispreises, also des Betrages, der bei Ausübung der Option durch den Verkauf der Aktie erlöst wird. Unter dieser Sichtweise verringert sich der Wert der Verkaufsoption bei Verlängerung der Restlaufzeit. Andererseits erhöht sich bei steigender Restlaufzeit die Wahrscheinlichkeit, daß die Verkaufsoption in-the-money liegt, so daß der Wert der Option steigt. Cox/Rubinstein[4] zeigen, daß bei Amerikanischen Optionen die Möglichkeit der vorzeitigen Ausübung sicherstellt, daß der Wert einer Verkaufsoption bei steigender Restlaufzeit niemals sinkt. Für Europäische Optionen zeigt Weßels[5], daß für Verkaufsoptionen mit kurzer Restlaufzeit der wertsteigernde Effekt ausschlaggebend ist, allerdings im Falle mittlerer oder langer Restlaufzeit auch das Verhältnis Aktienkurs zu Basispreis eine Rolle spielt.

(Fortsetzung von voriger Seite)
Option mit dem einer Amerikanischen Kaufoption übereinstimmt. Darauf wird im Kap. 5 noch näher eingegangen.

1 Auf einen formalen Beweis wird an dieser Stelle verzichtet. Anhand der später noch zu erörternden Optionspreismodellen kann diese und die folgenden Aussagen ebenfalls aufgezeigt werden.

2 Auf Wertgrenzen von Optionen wird im nächsten Kapitel näher eingegangen.

3 Wie noch bei der Einflußgröße Zinssatz erörtert wird, beeinflußt der Zinssatz den Barwert des Basispreises. Indirekt wird auch hier durch eine Verlängerung der Restlaufzeit bei gegebenem Zinssatz der Barwert des Basispreises verringert, so daß die Restlaufzeit ein zweites Mal den Optionswert beeinflußt.

4 Cox/Rubinstein (1985), S. 127ff.

5 Weßels (1992), S. 40ff.

4. Die Volatilität der Aktie (ausgedrückt in der *Standardabweichung (Varianz) der Aktienrendite)*: σ (σ^2)

   In der Optionspreisberechnung wird die Kassakurs-Schwankungsbreite des zugrundeliegenden Basisinstruments als Volatilität bezeichnet. Unter den wesentlichen Einflußgrößen (Dividenden ausgenommen) ist sie die einzige Größe, die nicht direkt beobachtet (wie z.B. die Restlaufzeit) und als bereits bestehender Wert einzeln abgegriffen werden kann.[1] Allgemein kann gesagt werden, daß mit steigender Volatilität des Aktienpreises auch ein für die Wertentwicklung der Option günstiger Kursverlauf angenommen werden kann. Ausgehend vom aktuellen Niveau ist die Chance eines Kursanstiegs der Aktie bei Kaufoptionen sowie eines Kursfalls bei Verkaufsoptionen um so größer, desto höher die Volatilität der Aktie ist.

5. Der *risikolose Zinssatz*: **r**

   Als weiterer wertbestimmender Faktor ist der Vergleichzinssatz zu nennen. Je höher dieser Zinssatz ist, desto geringer ist der Barwert des Basispreises, welchen der Käufer einer Kaufoption bei Ausübung bezahlen muß. Aus diesem Grunde hat ein höherer Zinssatz den gleichen Einfluß wie ein niedrigerer Basispreis, d.h. der Wert der Kaufoption wächst mit dem Zinssatz. Bei Verkaufsoptionen verhält es sich umgekehrt. Im Rahmen der später zu diskutierenden Bewertungsmodelle ist zumeist der Zinssatz für risikolose Kapitalanlagen mit einer Restlaufzeit des Optionsgeschäfts entsprechenden Fristigkeit als Vergleichszinssatz zu verwenden.[2]

6. *Dividenden*: **D**

   Werden während der Restlaufzeit der Option Dividenden auf die zugrundeliegende Aktie gezahlt, so beeinflußt der erwartete Dividendenertrag die Werte von Kauf- und Verkaufsoptionen. Durch den zu erwartenden Dividendenabschlag auf den Aktienkurs wird eine Kaufoption i.d.R. entsprechend geringer, eine Verkaufsoption entsprechend höher bewertet werden. Dies ist nur dann nicht der Fall, wenn es sich um vollständig auszahlungsgeschützte Optionen handelt, bei denen der Basispreis entsprechend der Höhe der Dividende korrigiert wird.[3]

Die bisher erörterten Einflußgrößen und ihre Wirkung auf die Optionswerte sind in Tab. 4-3 zusammengefaßt, wobei "↑" einen gleichläufigen und "↓"einen gegenläufigen Zusammenhang bezeichnet.

---

1 Auf diese Größe und deren Ermittlung wird später noch eingegangen.

2 Die Frage, welcher Zinssatz als risikoloser Zinssatz angesehen werden kann, ist Gegenstand der Beschreibung der Datenbasis im empirischen Teil.

3 Optionen, die an den großen internationalen Optionsbörsen einschließlich der Schweiz und Deutschland gehandelt werden, besitzen keinen Auszahlungsschutz, so daß bei der Diskussion von Bewertungsmodellen auch zwischenzeitlich anfallende Dividenden berücksichtigt werden müssen.

Tab. 4-3: Fundamentale Einflußgrößen auf den Optionswert

Determinierende Faktoren	Wirkung auf die Werte von	
	Kaufoptionen	Verkaufsoptionen
Aktienkurs (S)	↑	↓
Basispreis (K)	↓	↑
Restlaufzeit (τ)	↑	↑↓
Volatilität (σ)	↑	↑
Zinssatz (r)	↑	↓
Dividenden (D)	↓	↑

Zieht man beispielsweise das klassische Optionsbewertungsmodell von Black/Scholes[1] (für Optionen ohne Dividenden) heran, so stellt sich der Wert einer Kaufoption als eine Funktion von diesen Einflußgrößen dar. Es gilt insgesamt:

$$C = f(S, K, \sigma^2, \tau, r)$$

mit:

$$\frac{\delta C}{\delta S} > 0; \quad \frac{\delta C}{\delta K} > 0; \quad \frac{\delta C}{\delta \sigma^2} > 0; \quad \frac{\delta C}{\delta \tau} > 0; \quad \frac{\delta C}{\delta r} > 0$$

Von den fünf Einflußgrößen auf den Wert der Kaufoption S, K, τ, σ^2 und r sind *vier direkt beobachtbar.*[2] Die Varianz der zukünftigen Aktienrendite, σ^2, ist die einzige Einflußgröße, die nicht direkt beobachtbar ist, also noch geschätzt werden muß. Obwohl auch diese Varianzschätzung kein vernachlässigbares Problem darstellt, so ist diese Aufgabe doch einfacher zu lösen als z.B. die Bestimmung des Trends der zukünftigen Aktienkursentwicklung.[3]

Die obigen fundamentalen Einflußfaktoren können durch folgende *individuelle Faktoren* ergänzt werden:[4]

- *Erwartungen über den Aktienkursverlauf* können die Preisbildung an Optionsmärkten beeinflussen. Derartige Erwartungen beziehen sich i.d.R. auf ein statistisches Modell des zukünftigen Aktienkursverlaufs, indem Annahmen über den die Aktienkurse generierenden stochastischen Prozeß bzw. dessen Parameter getroffen werden.

1 Black/Scholes (1973). Dieses Modell wird im nächsten Kapitel dargestellt.

2 Wie schon erwähnt, wird die Frage, welcher Zinssatz als risikoloser Zinssatz angesehen werden kann, im empirischen Teil besprochen.

3 Vgl. Trautmann (1986), S. 5-24. Die erwartete Richtung der Aktienkursbewegung, oder genauer, die erwartete Rendite während der Restlaufzeit der Option übt jedoch nur einen indirekten Einfluß auf den Wert der Option aus: nämlich über den gegenwärtigen, beobachtbaren Aktienkurs S. Dies ist der primäre Grund dafür, daß in den letzten Jahren die auf dem Duplikationsprinzip basierenden Hedging-Modelle, im Vergleich zu herkömmlichen Bewertungskonzepten für Finanztitel, das Interesse sowohl von akademischen Kreisen als auch von Praktikern geweckt haben.

4 Diese Faktoren werden der Vollständigkeit halber aufgeführt, ohne näher darauf einzugehen. Vgl. hierzu im einzelnen die Ausführungen von Cox/Rubinstein (1985), S. 33ff. und Weßels (1992), S. 5ff.

- *Präferenzstrukturen* und *Risikoneigung*, die das Verhalten von Investoren bei Anlage in risikobehafteten Wertpapieren kennzeichnen, werden in Abhängigkeit des Risikos einer speziellen Option wirksam. So ist das Risiko eines vollständigen Kapitalverlustes bei Optionen ohne inneren Wert wesentlich größer als bei Optionen mit einem hohen inneren Wert; verschiedene Investoren werden je nach Risikoeinstellung diese Optionen auch unterschiedlich beurteilen.

Die *fundamentalen Einflußgrößen* sind dadurch charakterisiert, daß sie unabhängig von der Person des Investors Berücksichtigung finden. *Individuelle Einflußgrößen* stellen die von der Person des Investors abhängige Größen dar. Als *Institutionelle Faktoren* und *Marktfaktoren* werden diejenigen Einflußgrößen auf den Optionswert bezeichnet, die von allgemein institutionellen Gegebenheiten sowie der Struktur und Organisation des Options- und damit korrespondierenden Kassamarktes abhängen. Wichtige Einflußgrößen sind hierbei:

- *Sicherheitsleistungen*, die von Stillhaltern erbracht werden müssen, binden Kapital, das sonst für Investitionen zur Verfügung gestanden hätte und verändern somit die Rentabilität eines Engagements in Optionen.
- *Steuerliche Regelungen*

  Möglicherweise zu berücksichtigende Steuerlasten mindern ebenfalls die Rentabilität von Optionsengagements.
- *Transaktionskosten* können für ein und dieselbe Transaktion von Marktteilnehmer zu Marktteilnehmer unterschiedlich hoch sein. Sie beeinflussen wesentlich die Profitabilität von Optionsengagements.
- Die *Marktstruktur* kann ebenfalls einen Einfluß auf die Preisbildung haben. Zu unterscheiden ist dabei in Auktions- (order driven, à la criée, open outcry) und Market-Maker- (quote driven) Systeme und in Computer- und Präsenzbörsen. Die Marktstruktur steuert im wesentlichen die Kosten und Effizienz einer aktiven Teilnahme am Optionshandel. Ebenso ist anzunehmen, daß die Reaktionsgeschwindigkeit davon beeinflußt wird.[1]
- Die *Markttiefe* ist besonders für kleinere Optionsbörsen von Bedeutung. Ohne ausreichende Markttiefe wird ein Handel mit größeren Optionspositionen erschwert bzw. nur noch zu ungünstigeren Preisen möglich.

[1] Die Frage, ob ein Computerhandel im Vergleich zur Präsensbörse die Reaktionsgeschwindigkeit und damit die Preissetzung beschleunigt, ist unmittelbar mit der Problemstellung dieser Arbeit verbunden.

5 Rationale Bewertung von Aktienoptionen

Nach der Beschreibung einiger notwendiger Grundlagen wird in diesem Kapitel auf die Bewertung von Aktienoptionen eingegangen.

Dabei geht es im wesentlichen darum, das Modell zur Bewertung der Aktienoptionen vorzustellen, welches im empirischen Teil benötigt wird. Es wird darauf eingegangen, warum gerade dieses Modell benutzt wird. Desweiteren sollen einige Wertgrenzen für Optionen aufgezeigt werden, da sie ebenfalls für den empirischen Teil von Wichtigkeit sind. Da die Optionspreistheorie der heutigen Zeit von Arbitrageüberlegungen ausgeht, d.h. die Bewertungskonzepte für Optionen lassen sich durch Spezialisierung der übergeordneten Arbitragetheorie herleiten, werden vorab einige Arbitragebegriffe abgegrenzt und die wesentlichen Annahmen der Arbitragetheorie erörtert, da sie für die Herleitung der Optionsbewertungskonzepte ebenfalls herangezogen werden. Weiterhin wird zur Einordnung der Wertgrenzen und des konkret vorzustellenden Optionspreismodells eine kurze Übersicht über die Optionspreistheorie gegeben.

Es sei angemerkt, daß dieses Kapitel im Gesamtkontext der Arbeit und deren Problemstellung zu sehen ist. Aus diesem Grund würde es zu weit führen, ausgiebig alle Modelle zur Optionsbewertung im einzelnen zu betrachten. Dies würde den Rahmen der Arbeit nicht nur sprengen, sondern auch von der Problemstellung und dem Ziel wegführen. Es geht vorwiegend darum, den theoretischen Hintergrund für den empirischen Teil aufzubauen.

Auch sei darauf hingewiesen, daß hier keine generelle Übersicht über die zahlreichen empirischen Untersuchungen zu den einzelnen Optionsbewertungsmodellen gegeben wird, da auch dies bei konsequenter Durchführung von der eigentlichen Problemstellung wegführt. An einzelnen Stellen werden aber selbstverständlich entsprechende Studien aufgeführt, falls dies für die Beurteilung von Wichtigkeit ist. Desweiteren ist zu erwähnen, daß diejenigen empirischen Studien, die im Zusammenhang mit dem Hauptthema der Arbeit stehen und damit i.d.R. auch einen Bezug zur Optionsbewertung haben, in der Übersicht der empirischen Studien in Kap. 6 behandelt werden sollen.

Auch hier sei nochmals erwähnt, daß aufgrund der gemachten Abgrenzungen an den jeweiligen Stellen für den interessierten Leser auf die entsprechende Literatur hingewiesen wird bzw. auch ergänzende und vertiefende Literaturangaben gemacht werden.

Dieses Kapitel gliedert sich wie folgt: Nach der Abgrenzung einiger wichtiger Arbitragebegriffe und der Erörterung der wesentlichen Annahmen der Arbitragetheorie in Abschnitt 5.1 erfolgt in Abschnitt 5.2. eine kurze Übersicht über die Optionspreistheorie. In Abschnitt 5.3 werden einige verteilungsfreie Wertgrenzen und in Abschnitt 5.4. verteilungsabhängige Optionspreismodelle zusammengestellt und diskutiert. Dabei liegt die Betonung auf der Vorstellung des Black/Scholes-Modells (in Abschnitt 5.4.1.), welches für den empirischen Teil benötigt wird.

Es wird folgende Notation verwendet:

C_t	≡	Wert einer Kaufoption (Call) zum Zeitpunkt t[1],
P_t	≡	Wert einer Verkaufsoption (Put) zum Zeitpunkt t,
S_t	≡	Marktpreis der zugrundeliegenden Aktie zum Zeitpunkt t,
K	≡	Basispreis,
T	≡	Verfallszeitpunkt bzw. Fälligkeitstermin der Option,
$\tau = T - t$	≡	Restlaufzeit der Option,
σ^2	≡	Momentanvarianz der Aktienrendite,
r	≡	Momentanverzinsungsrate eines insolvenzrisikofreien Finanztitels (default-free bond) (risikolose Momentanverzinsungsrate),
D_i	≡	Wert eines Nebenrechtes (Dividenden, sonstige Barausschüttungen oder Bezugsrecht), das zum Zeitpunkt t_i ($i = 1,\ldots,m$) pro (dem Optionskontrakt) zugrundeliegender Aktie anfällt,
N(.)	≡	Verteilungsfunktion der Standardnormalverteilung,
E[.]	≡	Erwartungsoperator.

Aus Gründen der übersichtlicheren Darstellung wird für den gegenwärtigen Betrachtungs- bzw. Bewertungszeitpunkt $t = 0$ der entsprechende Zeitindex weggelassen (d.h. $C \equiv C_0$, $S \equiv S_0$).

5.1. Grundlegende Begriffe und Annahmen der Arbitragetheorie (Arbitragefreie Finanzmärkte)

Bewertungskonzepte für Aktienoptionen lassen sich durch Spezialisierung der übergeordneten *Arbitragetheorie* herleiten. So basieren sämtliche in dieser Arbeit vorgestellten Optionsbewertungskonzepte grundlegend auf *Arbitrageüberlegungen.* Aus diesem Grund soll hier kurz auf die Arbitragefreiheit als Gleichgewichtsbedingung eingegangen werden.[2]

---

1 Es wird hier für Europäische und Amerikanische Optionen die gleiche Notation verwendet und an den Stellen, an denen eine Unterscheidung notwendig ist, explizit darauf hingewiesen.

2 Dabei sei betont, daß hier die Arbitragetheorie als solche nicht näher behandelt werden soll. Zur Herleitung von Bewertungskonzepten für Aktienoptionen durch Spezialisierung der übergeordneten Arbitragetheorie vgl. z.B. Trautmann (1986), Kap. 4.

5.1.1. Abgrenzung von Arbitragebegriffen

Die Aussagen der Arbitragetheorie legen die *Prämisse* zugrunde, daß (im Arbitragegleichgewicht) *kein Investor mittels einer Anlagestrategie risikolose Gewinne erzielen kann, welche die (sicheren) Opportunitätskosten des eingesetzten Kapitals übersteigen.*[1] Damit wird also in den Konzepten zur Optionsbewertung die Möglichkeit ausgeschlossen, durch reine *Arbitragetätigkeit* auf den Finanzmärkten risikolose *Arbitragegewinne* zu erzielen.

Wie schon im Kap. 4 ausgeführt sind *Arbitragegeschäfte* darauf ausgerichtet, die zum gleichen Zeitpunkt auf mindestens zwei Teilmärkten eines homogenen Gutes existierenden Preisunterschiede zum Zwecke der Gewinnmaximierung oder Kostenminimierung auszunutzen.[2]

Arbitrage im engsten Sinne ist die *Differenzarbitrage*. Sie besteht aus dem während eines Börsentermins möglichst gleichzeitigen billigen Kauf *und* teueren Verkauf der gleichen Menge des homogenen Gutes auf dem einen bzw. auf dem anderen Teilmarkt. *Ausgleichsarbitrage* ist eine Kauf- *oder* Verkaufstransaktion *ohne simultanes Gegengeschäft*, die auf dem Teilmarkt mit den niedrigsten bzw. höchsten aller bekannten Preise vollzogen wird. Erfolgt dabei der Kauf bzw. Verkauf des betreffenden homogenen Gutes nicht *direkt*, sondern *indirekt* über den Kauf/Verkauf von anderen homogenen Gütern, so spricht man von *indirekter Arbitrage*, ansonsten von *direkter Arbitrage*. Ein Beispiel für eine indirekte Arbitragetransaktion ist der Bezug einer Aktie über den Kauf einer Kaufoption.

Existieren neben den *Kassamärkten* keine *Terminmärkte, so setzen gewinnträchtige Arbitragemöglichkeiten die räumliche Trennung der Teilmärkte voraus*. Die sogenannte *Raumarbitrage* wird dann einsetzen, wenn die Marktpreisdifferenz die *interlokalen Transferkosten* (z.B. Transportkosten, Versicherungsgebühren, Zinskosten) überschreitet. Für die auf den Finanzmärkten gehandelten Güter, also für Finanzmarkttitel, werden diese Transferkosten allerdings vernachlässigbar klein sein. Wird nun ein homogenes Gut auf *Kassa- und* auf *Terminmärkten* gehandelt, d.h. das Gut wird zu unterschiedlichen Fälligkeitszeitpunkten des Kaufvertrages gehandelt, so kann sich auch die sogenannte *Zeitarbitrage* entfalten, falls die Differenz der im Arbitragezeitpunkt notierten Preise (Kassapreis und/oder Terminpreis) größer ist als die intertemporalen Transferkosten (z.B. Lagerhaltungskosten, Zinskosten). Eine Raumarbitrage kann sich also auf Kassa- und Terminmärkten gleichermaßen entwickeln. Falls also Kassa- und Terminmärkte für ein homogenes Gut existieren, kann eine Terminmarktarbitrage als *Raum- oder Zeitarbitrage* abgewickelt werden. Eine reine Kassamarktarbitrage wird dagegen immer Raumarbitrage sein.[3]

---

1 Die Arbitragetheorie ist somit eigentlich eine "Nicht-Arbitrage"-Theorie. Der Begriff "Arbitragetheorie" ist jedoch gebräuchlich. Entsprechendes gilt für die Begriffe "Arbitragemodell" bzw. "Arbitrageansatz". Zur Einordung der Arbitragetheorie in die neuere Finanzierungstheorie vgl. Trautmann (1986), S. 4-1ff.

2 Vgl. Bender (1977), S. 325ff.

3 Vgl. Trautmann (1986), S. 4-9f.

"Gemeinsames Wesensmerkmal sämtlicher Arbitragetransaktionen ist die ex ante vorhandene Information über die den Arbitragegewinn bestimmenden Preise, die jenen vom Risiko zwischenzeitlicher Preisveränderungen befreit."[1] Während die Spekulation darum bemüht ist, vom Markt *unerwartete* intertemporale Preisdifferenzen auszunutzen, versucht die *Arbitrage* gerade diese *intertemporalen Preisrisiken* zu vermeiden.[2]

5.1.2. Grundlegende Annahmen der Arbitragetheorie

Die Arbitragetheorie ist eine nach dem Deduktionsprinzip aufgebaute Theorie.[3] Ihre strukturellen Aussagen können aus dem folgenden Annahmensystem (Arbitagefreiheitbedingungen) abgeleitet werden:[4]

A1 Übereinstimmende Einschätzung unwahrscheinlicher Ereignisse und ereignisbedingter Zahlungen

In jedem Zeitpunkt und Umweltzustand stimmen alle Marktteilnehmer darin überein, welche zukünftigen Ereignisse (Umweltzustände) eine *strikt positive* Eintrittswahrscheinlichkeit besitzen. Die *Höhe* der Eintrittswahrscheinlichkeit kann dagegen unterschiedlich eingeschätzt werden. Die ereignisabhängigen zukünftigen Dividenden- oder Couponpreise und Zahlungen eines Finanzmarkttitels werden von allen Marktteilnehmern gleich hoch eingeschätzt (Schwache Homogenitätsannahme bezüglich der Erwartungen der Anleger).[5]

A2 Raum- und/oder Zeitarbitrage erbringen keine risikolosen Gewinne

In jedem Zeitpunkt und Umweltzustand gibt es für einen Finanzmarkttitel nur *einen* Marktpreis. Im Marktgleichgewicht haben äquivalente Positionen den gleichen Preis. Ist eine finanzielle Position einer anderen eindeutig überlegen, so hat sie im Marktgleichgewicht einen höheren Preis. Es lassen sich *keine* risikolosen Arbitragegewinne erzielen.

A3 Friktionslose Finanzmärkte

Alle Finanzmarkttitel sind beliebig teilbar und Investoren werden nicht besteuert. Es gibt keine Transaktionskosten (in Form von Bankprovisionen, Maklergebühren, Spesen, Geld- und Briefkursspannen (bid-ask spreads), usw.) und Margins.

---

1 Bender (1977), S. 325.

2 In der Praxis tritt das für Spekulationsgeschäfte typische Preisänderungsrisiko allerdings auch bei Differenzarbitrage auf, weil die angestrebte Synchronisation von Ankaufs- und Verkaufsgeschäft nicht immer gelingen wird.

3 Ökonomische Theorien werden in zunehmendem Maße nach der *Methode der Deduktion* aufgebaut: aus einem vorgegebenem System von Grundaussagen (Annahmen, Axiomen, Prämissen, Voraussetzunegn, usw.) über die Gegenstände eines bestimmten Forschungsgebietes wird als *logische Folge* (Konsequenz) ein System von Folgerungen (Sätzen, Theoremen, usw.) *deduziert* (abgeleitet, gefolgert); vgl. hierzu Trautmann (1986), S. 4-10.

4 Zur Diskussion dieser Annahmen vgl. Trautmann (1986), S. 4-11ff. und Jarrow/Rudd (1983), Kap. 4 u. 7.

5 Diese Annahme schließt beispielsweise den Fall aus, daß ein Finanztitel aus Sicht der Investorengruppe A als *risikofrei*, und aus Sicht der Investorengruppe B als *riskant* eingestuft wird.

A4 Keine institutionellen Beschränkungen
Insbesondere der *Leerverkauf* (short-sale) eines Finanzmarkttitels ist in unbeschränktem Umfang möglich. Über die anfallenden Verkaufserlöse kann frei verfügt werden.

Im Rahmen der präferenzfreien Optionsbewertung werden diese Annahmen wieder aufgenommen.

5.1.3. Anwendungsbereiche der Arbitragetheorie

Die Arbitragetheorie und ihre Ergebnisse können zur Bewertung von *primären* und *derivativen* Finanztiteln, sowie für sonstige finanzwirtschaftliche Anwendungen herangezogen werden. Von einem *primären* Finanztitel spricht man, wenn der Wert eines marktfähigen Titels nur von *nicht marktfähigen Einflußgrößen* (Zufallsvariablen) abhängt. Der Wert eines *derivativen* Finanztitels wird dagegen durch den Marktwert eines anderen, ihm zugrundeliegenden, marktfähigen Finanztitels mitbestimmt.[1]

Der Hauptanwendungsbereich der auf der Arbitragefreiheit basierenden Modellansätzen stellt die *Bewertung von derivativen Finanztiteln* dar. Für diesen Finanztiteltyp kann nämlich das *Duplikationsprinzip* angewendet werden, indem der Zahlungsstrom des derivativen Finanztitels durch den Zahlungsstrom eines aus marktfähigen Finanztiteln bestehenden Portefeuilles *nachgebildet (repliziert* bzw. *dupliziert)* wird. Es kann damit eine eindeutige Wertermittlung des derivativen Finanztitels ohne Kenntnis von nicht beobachtbaren Präferenzparametern erfolgen.

Zu den derivativen Finanztiteln, für die bereits entsprechende Bewertungskonzepte entwickelt worden sind, führen Bös und Trautmann insbesondere die folgenden auf:[2]

- Optionen auf Aktien[3],
- Optionen auf festverzinsliche Wertpapiere[4],
- Optionen auf Währungen[5],
- Optionen auf börsenmäßig gehandelte Terminkontrakte (Futures)[6],
- Optionsscheine[7],

---

1 Vgl. Ross (1976) und Trautmann (1986), S. 4-70.

2 Vgl. Trautmann (1986), S. 4-70ff.; Bös (1991), S. 18ff.

3 Vgl. z.B. Black/Scholes (1973); Merton (1973) (1976); Cox (1975); Cox/Ross (1975b, 1976); Roll (1977); Cox/Ross/Rubinstein (1979); Rendleman/Bartter (1979); Geske (1979, 1979b, 1981); Whaley (1981); Rubinstein (1983); Hull/White (1987); Johnson/Shanno (1987); Scott (1987); Wiggens (1987).

4 Vgl. Rendleman/Bartter (1980); Geske (1981b); Courtadon (1982); Ball/Torous (1983); Schöbel (1985); Bühler (1988).

5 Vgl. Garman/Kohlhagen (1983); Grabbe (1983); Shastri/Tandon (1986); Stephan (1989).

6 Vgl. Black (1976b); Ramaswamy/Sundaresan (1985); Whaley (1986) (1986b); Boyle (1989).

7 Vgl. Galai/Schneller (1978c); Emanuel (1983); Schulz/Trautmann (1989); Jarrow/Trautmann (1992); Schulz/Trautmann (1992).

- Eigen- und Fremdkapital[1],
- Währungsoptionsanleihen[2],
- Einlagen- und Wertpapierportefeuilles-Versicherungen der Banken[3],
- Lebensversicherungen mit Überschußbeteiligung[4].

Wie man erkennen kann, sind aus der Arbitragetheorie etliche Arbeiten zur Bewertung von Optionen entstanden. Ziel der vorliegenden Arbeit ist aber nicht die explizite Darstellung all dieser Anwendungsbereiche und Bewertungskonzepte. Vielmehr soll sich die Darstellung im Hinblick auf die empirische Untersuchung auf ein wesentliches Konzept und dessen Erweiterungen bzw. Anpassungen bezüglich der speziellen Rahmenbedingungen an der SOFFEX und der DTB beschränken, welches dann auch in der empirischen Untersuchung angewendet wird. Zur Einordnung dieses Konzepts erfolgt im nächsten Abschnitt eine kurze Übersicht über die Optionspreistheorie.

5.2. Übersicht über die Theorie der Optionsbewertung

Die Basis der neuen Optionspreistheorie bildet das Optionsbewertungsmodell von Black und Scholes, welches im Jahre 1973 veröffentlicht wurde.[5] Damit gelang es den beiden Autoren erstmals, aus einem Annahmenkatalog, in dem die zugrundeliegenden Marktbedingungen festgelegt wurden, in einem *vollständigen und geschlossenen Modell* den Wert einer Option abzuleiten.

Der erste Ansatz zur Bestimmung des Preises einer Option geht allerdings bereits auf das Jahr 1900 zurück.[6] Weiterhin existieren verschiedene ältere Untersuchungen auf dem Gebiet der Optionspreistheorie zwischen 1900 und 1973. Diese Modelle zur Bewertung von Optionen[7] konnten insofern nicht befriedigen, weil sie entweder das unterschiedliche Risiko, das

---

1 Vgl. Black/Scholes (1973); Black/Cox (1976c); Cox/Ross (1976); Geske (1979).

2 Vgl. Margrabe (1978); Feiger/Jacquillat (1979).

3 Vgl. Rendleman/Bartter (1979); Leland (1980).

4 Vgl. Brennan/Schwartz (1979b); Senghas (1981).

5 Black/Scholes (1973). Dieses Optionspreismodell wird heute übereinstimmend als Meilenstein in der Entwicklungsgeschichte der Finanzierungstheorie bezeichnet. Jarrow und Rudd beispielsweise merken dazu an: "*A paper published by Professor Fisher Black and Myron Scholes in 1973 marked beginning of the modern theory of option pricing. This paper introduced a previously unknown area of mathematics to finance academicians, traders, and investors. Yet, so powerful were the insights that the Black-Scholes model has sincs become the industry standard. It is used as a benchmark in academic papers, programmed on hard-held calculators, and relied on as a valuation tool by professional investors*", Jarrow/Rudd (1983), S. ix.

6 Bachelier (1900).

7 Es sei erwähnt, daß viele der früheren Arbeiten - als Vorläufer der Optionsbewertung - die Bewertung von Optionsscheinen behandeln; dies auch deshalb, da Aktienoptionen erst 1973 mit ihrer Standardisierung und Einführung an der Chigagoer Börse an Bedeutung gewannen. Eine Übertragung der Ergebnissse auf die Optionsbewertung ist daher nur bedingt möglich. Einige Punkte seien hier angeführt: Bei Ausübung des Optionsscheins wird das Grundkapital der Unternehmung entsprechend der Anzahl der optierten jungen Aktien erhöht. Diese Grundkapitalveränderung beeinflußt den Kurs der Aktie. Dieser Effekt tritt bei Aktienoptionen nicht ein. Auch besitzen Optionsscheine eine wesentlich längere Laufzeit von i.d.R. mehreren Jahren. Außerdem weisen Galai / Schneller nach, daß die Aktienkurse einer rein eigenfinanzierten Unter-
(Fortsetzung auf nächster Seite)

Aktionäre und Optionsinhaber eingehen, nicht berücksichtigten oder aber dieses Problem über die Annahme unterschiedlicher Diskontierungsfaktoren zu lösen versuchten, ohne aber deren Quantifizierung durch das Bewertungsmodell selbst zu erreichen. Die herausragende Bedeutung des Lösungsansatzes von Black und Scholes besteht nun darin, daß ein *perfekt gehedgtes Portefeuille aus Aktien und Optionen* gebildet und aufrechterhalten werden kann, mit dessen Hilfe dann der Optionswert abgeleitet wird. Wichtig ist, daß dies ohne Rückgriff auf explizite *Renditeerwartungen* und *spezielle Risikopräferenzen* der Investoren geschieht. Damit lag erstmals eine *präferenzfreie Optionsbewertung* vor.

In der Folge sind eine Vielzahl erweiterter oder neuer Optionspreismodelle entstanden, die an einzelnen oder mehreren kritischen Annahmen ansetzen oder auch die Bewertung von Optionen mit anderen Ausstattungsmerkmalen ermöglichen.

Bevor der spezielle Bewertungsansatz von Black/Scholes vorgestellt wird, ist zuvor eine kurze Bestandesaufnahme der Literatur zur Optionspreistheorie sinnvoll. Es wird dazu eine Übersicht über die verschiedenen Konzepte aufgestellt. Dabei geht es nicht darum, alle Ansätze im einzelnen darzustellen. Dies würde den Rahmen dieser Arbeit sprengen und auch nicht der eigentlichen Problemstellung gerecht werden. Vielmehr soll eine Gruppierung der verschiedenen Typen von Modellen bzw. Bedingungen stattfinden, um die noch vorzustellenden Arbitragebeziehungen und das Modell von Black/Scholes besser einordnen zu können. Für ein ausführlicheres Studium der Modelle sowie einer kritischen Betrachtung werden entsprechende Literaturhinweise gegeben. Die Vorgehensweise ist dabei so, daß einzelne Modelle und die zugehörige Literatur zu denjenigen Modellgruppierungen, die hier nicht weiter betrachtet werden, direkt angegeben werden. Einige Arbitragebeziehungen sowie das Black/Scholes-Modell im Rahmen der verteilungsabhängigen Optionsbewertung werden im Anschluß daran in den Abschnitten 5.3. und 5.4. vorgestellt. Deshalb findet eine zusätzliche Übersicht der in diese Gruppierungen gehörenden Modelle bzw. Beziehungen mit den entsprechenden Literaturhinweisen dort statt.

Eine mögliche Einteilung der Theorie der Optionsbewertung (Optionspreistheorie) zeigt Abb. 5-1.[1]

(Fortsetzung von voriger Seite)
nehmung eine höhere Varianz aufweisen als die Aktienkurse einer Unternehmung, die Optionsscheine emittiert hat. Diese Risikoreduzierung liegt in der Anleihekomponente begründet. Vgl. Galai/Schneller (1978c) und Bös (1991), S. 33.

1 Für die Einteilung in *Deskriptive* und *Analytisch-Deduktive Modelle* sowie *Partielle Gleichgewichtsmodelle* und *Vollständige Gleichgewichtsmodelle* werden des öfteren auch andere Begriffe verwendet, die allerdings grundsätzlich auf das gleiche hinausführen. So verwendet beispielsweise Smith (1976), S. 5 für deskriptiv und analytisch-deduktiv die Begriffe *Ad-hoc-Modelle* und *Gleichgewichtsmodelle*, Ernst (1974), S. 77-79 die Begriffe *a-posteriori-Modelle* und *a-priori-Modelle*. Die deskriptiven Modelle werden manchmal auch *Regressionsmodelle* bezeichnet, da die Modelle i.d.R. auf der Grundlage von ex-post Regressionsanalysen mit vergangenheitsorientierten Parametern erstellt werden. Die Einteilung in *partielle* und *vollständige Gleichgewichtsmodelle* wird bei Bös (1991), S. 39ff. durch *Gleichgewichtsmiodelle ohne Hedge-Ansatz* und *Gleichgewichtsmodelle mit Hedge-Ansatz* ersetzt.

Abb. 5-1: Theorie der Optionsbewertung

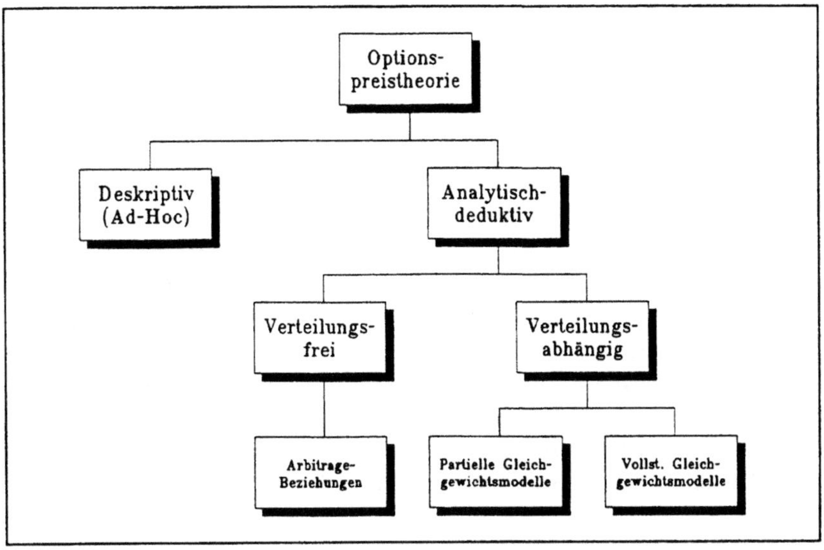

Deskriptive Modelle (Ad-Hoc):

Zur Gruppe der *deskriptiven* bzw. *Ad-Hoc-Modelle* gehören vornehmlich sehr frühe, meist von Praktikern geschriebene und an speziellen empirischen Beobachtungen von Optionsscheinen ausgerichtete Arbeiten. Diese Modelle zeichnen sich durch ihre *Vergangenheitsbezogenheit* aus (deshalb auch manchmal a-posteriori-Modelle[1] genannt).

Als Beispiele für deskriptive oder Ad-Hoc-Modelle seien die Arbeiten von Hallingby[2], Morrison[3], Giguère[4], Pease[5], Kassouf[6] und Shelton[7] aufgeführt.[8]

Bei vielen dieser Ad-Hoc-Modelle handelt es sich nicht um Modelle im strengen theoretischen Sinn. Vielmehr wird versucht, mit Hilfe der empirischen Beobachtungen durch Formulierung eines funktionalen Zusammenhangs - z.B. durch multiple Regression - das Beobachtete zu beschreiben. Da für solche Modelle die bereits bestehenden Daten verwendet werden, bedarf es, im Gegensatz zu den verteilungsabhängigen Gleichgewichtsmodellen,

1 Ernst (1974), S. 77.
2 Hallingby (1947).
3 Morrison (1957).
4 Giguère (1958).
5 Pease (1963).
6 Kassouf (1962), (1969).
7 Shelton (1967), S. 88-97.
8 Eine Übersicht und Darstellung dieser früheren Arbeiten findet sich in Bös (1991), S. 34ff.; Gastineau (1988), S. 178ff.; Grünwald (1979), S. 160ff.; Porak (1988), S. 11ff.; Shelton (1967), S. 143ff.

keiner Aktienpreishypothesen. Eine Verwendung der Ansätze zur Erklärung und Prognose künftiger Optionspreise war zunächst dabei explizit nicht beabsichtigt. Doch obwohl diese ex-post-Modelle nur beobachtbares Material statistisch aufbereiteten, wurden doch einige auch auf Marktgleichgewichtssituationen ausgerichtete "a-priori"-Überlegungen und Prognosen über zukünftige Optionspreise angestellt.

Diese Modelle genügen zwar einer relativ einfachen mathematischen Berechnung, ihr gravierendster Mangel liegt jedoch in der ausschließlichen Verwendung von vergangenheitsbezogenem Datenmaterial. Sie stellen letztlich eine vergangene Optionspreisrelation fest und schließen daraus, daß diese in der Zukunft wieder so sein könnte. Ihrer Fragestellung fehlt die Frage, wie hoch der Optionspreis sein sollte und, ob ein Optionsrecht in diesem Sinne über - oder unterbewertet ist.[1] Weiterhin ist diese Vorgehensweise insofern problematisch, als zu bestimmten ökonomischen Größen evtl. nur Scheinkorrelationen bestehen oder von Regressionen auf nicht real existierende Kausalbeziehungen geschlossen wird. Auf der anderen Seite können auch Autokorrelationen zwischen den einzelnen Einflußparametern bestehen, die bei der Modellkonzeption nicht ausreichend berücksichtigt werden.[2]

Analytisch-deduktive Modelle (A-priori-Modelle):

Die *Analytisch-deduktiven* Modelle sind nach dem *Deduktionsprinzip* aufgebaut. Innerhalb dieser Klasse kann man unterscheiden, ob es sich um *verteilungsfreie* oder um *verteilungsabhängige* Optionsbewertung handelt.

Verteilungsfreie Optionsbewertung :

Die *verteilungsfreie* Optionsbewertung macht keine Annahmen über die zukünftige Aktienkursentwicklung, d.h. es können *unabhängig* von der Einschätzung der *zukünftigen Preisentwicklung* der zugrundeliegenden Aktie *obere und untere Wertgrenzen* angegeben werden, deren Verletzungen gewinnbringende, risikolose Arbitragemöglichkeiten signalisieren. Wegen der Paritätsbeziehung zwischen einer Europäischen Kauf- und Verkaufsoption ist eine *Relativbewertung* möglich. Gegenüber der verteilungsabhängigen Optionsbewertung gestatten diese Ansätze jedoch nicht die Bestimmung eines eindeutigen Optionswertes einer Kauf- oder einer Verkaufsoption.

Abschnitt 5.3. betrachtet explizit einige Arbitragebeziehungen und vor allem die sog. *Put-Call-Parität*, da sie im Zusammenhang mit der empirischen Untersuchung von Wichtigkeit sind.

---

1 Die Kritik der fehlenden Berücksichtigung des zukünftigen Kursverhaltens der zugrundeliegenden Aktie trifft allerdings weniger bei Optionsscheinen zu. Siehe hierzu Grünwald (1979), S. 168ff.

2 Vgl. zur Kritik auch Köpf (1987), S. 112ff.

Verteilungsabhängige Optionsbewertung :

Bei der *verteilungsabhängigen* Optionsbewertung wird explizit die zukünftige Entwicklung des Basiswertpapiers berücksichtigt. Diese Modelle gestatten unter zusätzlichen speziellen Hypothesen über den stochastischen Preisprozeß der zugrundeliegenden Aktie die Bestimmung eines *eindeutigen Optionswertes*.[1]

Ein wesentliches Unterscheidungsmerkmal dieser *Gleichgewichtsmodelle* liegt in der Verwendung des *Hedge-Ansatzes*. Unter bestimmten Voraussetzungen ist es möglich, eine Position aus Aktie und Option aufzubauen, die vollkommen gegen Schwankungen des Aktienkurses geschützt ist. Wird diese Hedge-Position laufend sich dem ändernden Aktienkurs angepaßt, so handelt es sich um eine vollkommen risikolose Position.

Partielle Gleichgewichtsmodelle:

Partielle Gleichgewichtsmodelle waren die ersten Modelle, welche erstmals versuchten, Wahrscheinlichkeitsaussagen über zukünftige Aktienkursverläufe zu machen und unter Berücksichtigung der Kapitalmärkte Rückschlüsse auf den Preis von Optionen bzw. Optionsscheinen zu ziehen. Sie basieren damit auf Hypothesen über die Verteilung der zukünftigen Aktienkurse. Da sie nicht ohne Annahmen über die Risikoeinstellung der Anleger auskommen, d.h. sie verwenden zur Bestimmung des Optionswertes statt allgemeiner exogener Parameter Risikoprämissen der Anleger, werden sie partielle Gleichgewichtsmodelle genannt. Ihnen liegt kein vollkommenes Kapitalmarktgleichgewicht zugrunde.[2]

Als Vertreter dieser partiellen Gleichgewichtsmodelle können besonders die Arbeiten von Bachelier[3], Sprenkle[4], Boness[5], Samuelson[6] bzw. Samuelson und Merton[7], Baumol/Malkiel/Quandt[8] und Chen[9] genannt werden.

Diese Modelle[10] gehen von der Annahme aus, daß ein Käufer das mit den Wahrscheinlichkeiten gewichtete arithmetische Mittel aller möglichen inneren Werte der Option am Ausübungstag erwirbt. Der Preis der Option zum Bewertungszeitpunkt entspricht dem er-

1 Die Arbeiten hierzu sind i.d.R. auf die Bestimmung eines Kaufoptionswertes ausgelegt.

2 Vgl. hierzu Kohler (1992), S. 68ff.; Porak (1988), S. 19ff. und Smith (1976), S. 15ff.

3 Bachelier (1900).

4 Sprenkle (1961).

5 Boness (1964). Siehe hierzu auch die folgenden Arbeiten von Bierman (1967) und Galai (1978b).

6 Samuelson (1965).

7 Samuelson/Merton (1969).

8 Baumol/Malkiel/Quandt (1966).

9 Chen (1970).

10 Eine Übersicht und Darstellung dieser Arbeiten findet sich in Bös (1991), S. 39ff.; Gastineau (1988), S. 189ff.; Grünwald (1979), S. 170ff.; Köpf (1987), S. 126ff.; Kohler (1992), S. 69ff.; Porak (1988), S. 19ff.; Smith (1976), S. 15ff.

warteten Wert der Option am Verfalltag. Ist C_T der Optionswert am Verfalltag und S_T der dazugehörige Aktienkurs mit

$$C_T = \begin{cases} S_T - K & \text{, für } S_T \geq K \\ 0 & \text{, sonst} \end{cases} ,$$

dann erwirbt der Käufer einer Kaufoption den Erwartungswert $E[C_T]$.[1]

Es wird nun versucht, durch Abdiskontierung dieses Erwartungswertes den Optionspreis abzuleiten.

Kritisch an den partiellen Gleichgewichtsmodellen ist, daß sie alle das Charakteristikum aufweisen, einen oder mehrere Schätzparameter zu enthalten, welche den erwarteten Aktienkurs bzw. die Aktienrendite im Fälligkeitszeitpunkt, die Diskontierungsfaktoren und/oder individuelle Risikopräferenzen eines Investors beschreiben. Keiner dieser Parameter jedoch ließ sich empirisch zuverlässig mit ausreichender Sicherheit schätzen.[2]

Vollständige Gleichgewichtsmodelle:

Den Durchbruch in der Optionsbewertung erreichten Black/Scholes.[3] Sie bauten mit Hilfe des Hedge-Ansatzes eine analytisch geschlossene Arbitragegleichgewichtsbedingung auf. Wichtig ist, daß dies ohne Rückgriff auf explizite *Renditeerwartungen* und *spezielle Risikopräferenzen* der Investoren geschieht. Damit lag erstmals eine *präferenzfreie Optionsbewertung* vor. Gemäß dem Duplikationsprinzip existiert eine sich selbst finanzierende, dynamische Position aus Aktie und risikolosem Zinspapier, welche die Zahlungsströme der Option nachvollzieht.[4] Da Arbitragemöglichkeiten ausgeschlossen sind, läßt sich ein Gleichgewichtsoptionspreis ermitteln. Unter den getätigten Prämissen muß der erwartete Ertrag der Hedgeposition im Marktgleichgewicht dem Ertrag einer risikolosen Anlage entsprechen.Durch das Erkennen der Möglichkeit, ein risikoloses Hedge-Portefeuille aus Aktie und Option zu bilden, wurde es zum ersten Mal möglich, eine Bewertungsformel abzuleiten, die nicht von exogen vorgegebenen risikoadjustierten Diskontierungssätzen abhängt. Dies ist auch der Grund dafür, warum man diese Gruppe als *vollständige Gleichgewichtsmodelle* bezeichnet.[5]

---

1 Wie schon oben erwähnt, wird hier nur eine Grobklassifizierung vorgenommen. Deshalb wird auch nicht auf spezifische Annahmen z.B. zum Verteilungsprozeß der Aktienkurse eingegangen, sondern auf die oben angegebene Literatur verwiesen.

2 Vgl. Black/Scholes (1973), S. 639f.; Kohler (1992), S. 74f.; Linkwitz (1992), S. 81; Smith (1976), S. 16.

3 Black/Scholes (1973).

4 Die Abbildung der Zahlungscharakteristika der Option durch einfache Kapitalmarktinstrumente bietet Kritikern von Optionen die Basis für den Vorwurf der Redundanz solcher Instrumente. Vgl. dazu Hakansson (1979), S. 723.

5 Siehe z.B. Smith (1976), S. 21ff.

Die theoretische Möglichkeit, den Zahlungsstrom eines derivativen Finanztitels durch den Zahlungsstrom eines aus marktfähigen Finanztiteln bestehenden Portefeuilles *nachzubilden* (zu *replizieren* bzw. zu *duplizieren*) führt auf eine sogenannte *risikoneutrale Bewertungsbeziehung* zwischen dem Wert des derivativen Finanztitels und dem Wert des ihm zugrundeliegenden Finanztitels sowie anderen exogenen Parametern.[1]

Abschnitt 5.4.1. behandelt dieses Modell ausführlich, so daß hier nicht weiter darauf eingegangen wird.

Nach dem Black/Scholes-Modell sind in der Folge eine Vielzahl erweiterter oder neuer Optionspreismodelle entstanden, die an einzelnen oder mehreren kritischen Annahmen ansetzen oder auch die Bewertung von Optionen mit anderen Ausstattungsmerkmalen ermöglichen. Diese Weiterentwicklungen können hinsichtlich folgender Punkte unterschieden werden:

- Bewertung von Kauf- oder Verkaufsoptionen,
- Bewertung bei unterschiedlichen Optionsausgestaltungen,
  - Amerikanische / Europäische Optionen,
  - Berücksichtigung von Dividenden,
  - Berücksichtigung von Transaktionskosten,
  - Berücksichtigung von Steuern,
  - Berücksichtigung einer im Zeitablauf variablen Verzinsung des insolvenzrisikofreien Finanztitels,
- Bewertung bei alternativer Modellierung der Aktienkursentwicklung,
  - Stetigkeit bzw. Unstetigkeit von Aktienkursänderungen im Zeitablauf,
  - Varianz von Aktienkursveränderungen im Zeitablauf.

Auf diese alternativen Bewertungsformeln, die in die Gruppe der vollständigen Gleichgewichtsmodelle gehören, wird im Anschluß an die Vorstellung des Black/Scholes-Modells in Abschnitt 5.4.2. eingegangen.[2]

---

1 Eine risikoneutrale Bewertungsbeziehung ist vereinbar mit der Annahme *risikoneutraler* Marktteilnehmer und enthält als exogene Parameter nur beobachtbare Größen wie z.B. die Verzinsungsrate des risikolosen Finanztitels. Alle hier aufgeführten vollständigen Gleichgewichtsmodelle einschließlich dem Black/Scholes-Modell sind daher Beispiele für risikoneutrale Bewertungsbeziehungen. Für den Fall einer *verteilungs- und präferenzabhängigen Optionsbewertung*, d.h. auch die Frage, ob es dennoch Bewertungsbeziehungen gibt, falls die Zahlungsstromcharakteristik nicht duplizierbar ist, wird auf Brennan (1979); Egle/Trautmann (1981); Rubinstein (1976) und Trautmann (1986), S. 5-44ff. verwiesen,

2 Die wissenschaftliche Literatur ist in den letzten 20 Jahren, ausgehend von der Arbeit von Black/Scholes geradezu explosionsartig auf inzwischen mehr als 800 Artikel und Bücher angewachsen. Z.B. werden im Standardbuch von Cox/Rubinstein (1985) bereits über 350 Publiklationen aufgeführt. Vorab wird für eine Übersicht und Darstellung dieser Modelle auf Cox/Ross (1976b); Cox/Rubinstein (1985); Cox/Rubinstein (1983); Galai (1983); Gastineau (1988); Geske/Trautmann (1986); Hauck (1991); Hull (1989); Jarrow/Rudd (1983); Köpf (1987); Kolb (1991); Smith (1976); Trautmann (1986) verwiesen.

5.3. Verteilungs- und präferenzfreie Optionsbewertung

Im Kap. 4 wurden die verschiedenen Einflußgrößen und ihre Wirkung auf den Optionspreis dargestellt. Nach dieser eher grundsätzlichen und qualitativ orientierten Betrachtungsweise soll hier nun anhand von *Arbitragebeziehungen* der Rahmen für die quantitative Bewertung von Optionen abgesteckt werden. Diese Arbitragebeziehungen sind sowohl von den *Präferenzen der Investoren* als auch von der Einschätzung der *zukünftigen Preisentwicklung* der zugrundeliegenden Aktie *unabhängig*. Damit können bei der *verteilungs- und präferenzfreien* Optionsbewertung *obere und untere Wertgrenzen* angegeben werden, deren Verletzungen gewinnbringende, risikolose Arbitragemöglichkeiten signalisieren. Die meisten dieser sog. modellunabhängigen Beziehungen zwischen

a) dem *Optionspreis*, dem *Preis* und den *Nebenrechten* der zugrundeliegenden *Aktie*, sowie dem *Preis eines insolvenzrisikofreien Finanztitels*,

b) den Preisen von zwei bzw. drei Optionen, die sich nur bzgl. ihrer *Basispreise* unterscheiden,

c) den Preisen von zwei Optionen, die sich nur bzgl. ihrer *Restlaufzeit* unterscheiden, und

d) den Preisen einer *Kauf- und Verkaufsoption* mit ansonsten identischen Konditionen,

wurden zuerst von Merton[1] und Stoll[2] entwickelt. Diese Wertgrenzen beziehen sich auf Europäische und Amerikanische Optionen, wobei i.d.R. der Fall angenommen wird, daß keine Dividendenzahlungen während der Laufzeit der Option anfallen oder die Option gegen Wertberichtigungen des Aktienpreises aufgrund von Dividenden geschützt ist. Galai[3] hat einige Wertgrenzen auf ungeschützte Amerikanische Kaufoptionen erweitert.

Arbitragebeziehungen für eine rationale Bewertung von Optionen und ihre empirischen Befunde sind deshalb wichtig, da sie i.d.R. modellunabhängig sind und wesentlich geringeren Annahmen unterliegen als die mit ihnen kompatiblen Optionsbewertungsmodellen. Die Optionspreismodelle setzen ihre Gültigkeit voraus. Verletzungen von Arbitragebeziehungen implizieren, daß Arbitragegewinne möglich sind. Wenn die Bedingungen empirisch nicht für gültig erklärt werden können, dann ist es sehr unwahrscheinlich, daß irgend ein spezifisches und wesentlich restriktiveres Preismodell für gültig erklärt werden kann. Ein einfaches Beispiel ist hierfür der Gedanke, daß eine Kaufoption immer mindestens soviel wert sein sollte, wie die Differenz zwischen aktuellem Aktienkurs und dem Basispreis. Wenn diese Bedingung nicht erfüllt ist, sind risikolose Gewinne möglich, die auf gewisse Ineffizienzen an den Märkten schliessen lassen.

Wie schon weiter oben erwähnt, kann es hier nicht das Ziel sein, eine generelle Darstellung jeglicher Arbitragebeziehungen zu geben. Dies würde von der eigentlichen Problemstellung wegführen. Das Augenmerk liegt hier vor allem darin, diejenigen Beziehungen ausführli-

---

1 Merton (1973, 1973b).

2 Stoll (1969).

3 Galai (1978). Vgl. auch Galai (1989).

cher zu behandeln, die bei der späteren verteilungsabhängigen Optionsbewertung bzw. in der empirischen Untersuchung (z.B. zur Bildung von Ausschlußkriterien) zu berücksichtigen sind bzw. wichtige Voraussetzungen darstellen. Da die in der empirischen Untersuchung betrachteten Optionen an der SOFFEX und der DTB vom Amerikanischen Typ sind und dabei Dividenden anfallen, werden neben einigen allgemeinen Beziehungen vor allem diejenigen, die diese Punkte berücksichtigen, erläutert.

Nachfolgend werden Wertgrenzen für Kaufoptionen untersucht.[1] Verkaufsoptionen werden hier nur in der Art betrachtet, daß anschließend noch die sog. Put-Call-Parität betrachtet wird, da sie im Zusammenhang mit der empirischen Untersuchung von Wichtigkeit ist.

Grundlage der folgenden Beziehungen sind die Grundannahmen (A2) bis (A4). Transaktionskosten werden nicht berücksichtigt. Es existiert ein insolvenzrisikofreier Finanztitel mit positiver Verzinsung. Die Kontraktgröße bei jeder Option beträgt eine Aktie.

Ausschließlich für diesen Abschnitt wird aus Gründen der übersichtlicheren Darstellung und besseren Vergleichbarkeit zusätzlich folgende Notation eingeführt:

C_t (c_t) $\equiv$ Wert einer auszahlungsgeschützten Amerikanischen (Europäischen) Kaufoption zum Zeitpunkt t

P_t (p_t) $\equiv$ Wert einer auszahlungsgeschützten Amerikanischen (Europäischen) Verkaufsoption zum Zeitpunkt t

C_t^n (c_t^n) $\equiv$ Wert einer nicht auszahlungsgeschützten Amerikanischen (Europäischen) Kaufoption zum Zeitpunkt t

P_t^n (p_t^n) $\equiv$ Wert einer nicht auszahlungsgeschützten Amerikanischen (Europäischen) Verkaufsoption zum Zeitpunkt t

Auch hier wird für den *gegenwärtigen* Betrachtungs- bzw. Bewertungszeitpunkt t = 0 der entsprechende Zeitindex weggelassen (d.h. $C \equiv C_0$, $S \equiv S_0$).

5.3.1. Wertgrenzen für vollständig auszahlungsgeschützte Kaufoptionen

Entfallen während der Restlaufzeit der Option auf die zugrundeliegende Aktie *keine* Nebenrechte, oder ist die Option *vollständig auszahlungsgeschützt*, dann ergeben sich für eine *Eu-*

---

[1] Verkaufsoptionen werden hier nicht explizit betrachtet, da sie in die empirische Untersuchung nicht einfließen. Die Gründe hierfür werden im Rahmen der empirischen Untersuchung erörtert. Dieser Abschnitt stützt sich auf die grundlegenden Artikel von Stoll (1969); Merton (1973, 1973b); Galai (1978, 1989). Vgl. aber auch die Übersichtsarbeiten von Smith (1976), S. 7ff.; Jarrow/Rudd (1983), S. 47ff.; Cox/Rubinstein (1985), S. 127ff.; Jentzsch (1985), S. 24ff.; Geske/Trautmann (1986), S. 81ff.; Trautmann (1986), S. 5-1ff.; Jurgeit (1989), S. 52ff.; Uhlir/Steiner (1991), S. 213ff.; Weßels (1992), S. 6ff.

ropäische als auch eine *Amerikanische Kaufoption* im Fälligkeitstermin die folgende Wertgrenzen:[1]

$$S_T \geq C(S, T, K) = c(S, T, K) = \max[0; S_T - K] \tag{5-1}$$

Da der Basispreis als positiv angenommen wird, besagt diese Beziehung (5-1), daß der Optionswert C_T den zugrundeliegenden Aktienkurs S_T nicht überschreiten darf und aufgrund der Möglichkeit, das Optionsrecht verfallen zu lassen, auch den Wert Null nicht unterschreiten kann. Werden Transaktionskosten ausgeschlossen und ist die Kaufoption in-the-money, so muß der Wert der Option genau dem inneren Wert, $S_T - K$, entsprechen, damit risikolose Gewinne aus *indirekter Raumarbitrage* nicht möglich sind.

Wird der Wert der Kaufoption während der Laufzeit betrachtet, so wird dieser durch die Restlaufzeit $\tau = T - t$ beeinflußt. Für *beide* Arten von Kaufoptionen muß der Wert während der Laufzeit mindestens der Differenz zwischen laufendem Aktienkurs und Kapitalwert des Basispreises entsprechen, was auch als *Europäische Wertuntergrenze* bezeichnet wird:[2]

$$S \geq C(S, \tau, K) = c(S, \tau, K) \geq \max[0; S - K\, e^{-r\tau}] \tag{5-2}$$

Andernfalls kann durch die Anlagestrategie

- Kauf einer Kaufoption,
- (Leer-)Verkauf einer Aktie,
- Kauf eines diskontierten insolvenzrisikofreien Finanztitels mit Restlaufzeit T zum Nennbetrag K, d.h. Investition von $K\, e^{-r\tau}$ Geldeinheiten

ein risikoloser Gewinn aus *indirekter Zeitarbitrage* erzielt werden:

Tab. 5-1: Indirekte Zeitarbitrage bei Verletzung der Europäischen Wertuntergrenze

Transaktionen	Zahlungen im Zeitpunkt		
	$t = 0$	$t = T$	
		$S_T \leq K$	$S_T > K$
Kauf einer Kaufoption	$-C$	–	$S_T - K$
Verkauf einer Aktie	S	$-S_T$	$-S_T$
Insolvenzrisikofreie Finanzanlage	$-K\, e^{-r\tau}$	K	K
Arbitragegewinn	ε	$K - S_T$	–

1 Dieses Ergebnis kann wie die nachfolgenden Ergebnisse mit Hilfe einfacher Arbitrageüberlegungen (vgl. Cox/Rubinstein (1985), S. 127ff.) bzw. auf einem sich im Gleichgewicht befindlichen Markt mittels einfacher Dominanzüberlegungen abgeleitet werden (vgl. Merton (1973), S. 143ff.).

2 Zur kontinuierlichen Rendite siehe Anhang I. Vgl. Trautmann (1986), S. 5-3.

Wie Tab. 5-1 zeigt, verbleiben nach Durchführung dieser Transaktion im gegenwärtigen Zeitpunkt $\varepsilon = S - C - K\,e^{-r\tau} > 0$ Geldeinheiten. Als Liquidationswert am Verfalltag ergibt sich für dieses Portefeuille eine Endzahlung größer oder gleich Null. Im Falle von $S_T > K$ kann neben dem Arbitragegewinn von ε im Zeitpunkt $t=0$ kein zusätzlicher Arbitragegewinn realisiert werden. Für $S_T \leq K$ kann dagegen bei Verfolgung dieser Portefeuillestrategie ein Aktienbesitzer zudem den Aktienkursverlust $K - S_T$ vermeiden bzw. ein Leerverkäufer den zusätzlichen Arbitragegewinn $K - S_T$ realisieren.

Da keine Nebenrechte entfallen bzw. die Kaufoption auszahlungsgeschützt ist, *lohnt es sich für eine Amerikanische Kaufoption nicht, die Option vor dem Fälligkeitstermin auszuüben.* Dies kann wie folgt begründet werden: Bei einer Europäischen Kaufoption gelangt man erst am Verfalltag in den Besitz der Aktie und die Höhe des Vermögens in $t = T$ wird determiniert durch $\max[0;\, S_T - K]$. Wird eine Amerikanische Kaufoption zum Zeitpunkt t_a ($0 \leq t_a < T$) vorzeitig ausgeübt, dann ist man zwar schon früher im Besitz der Aktie, verfügt aber zu $t = T$ nur über $S_T - K\,e^{r(T-t_a)}$, da der Basispreis bereits zu $t = t_a$ eingezahlt wurde. Gilt am Verfalltag $S_T > K$, so ist also der Wert der Europäischen Option höher als der Wert der vorzeitig ausgeübten Amerikanischen Kaufoption. Gilt am Verfalltag $S_T \leq K$, so ist der Wert der Europäischen Option Null, während die Strategie der vorzeitigen Ausübung sogar zu einem negativen Wert führt. Deshalb gilt:

$$C = c \tag{5-3}$$

5.3.2. Wertgrenzen für nicht auszahlungsgeschützte Kaufoptionen

Entfallen während der Restlaufzeit der Kaufoption auf die zugrundeliegende Aktie Nebenrechte und ist die Option nicht vollkommen auszahlungsgeschützt, dann stimmt die Wertuntergrenze für eine Europäische Kaufoption mit derjenigen einer Amerikanischen Kaufoption nicht mehr generell überein.

Geht man zunächst von einer bekannten Dividendenzahlung während der Restlaufzeit einer Europäischen Kaufoption aus, so vermindert sich dann die *Europäische Wertuntergrenze* (5-2) (maximal) um den Kapitalwert der erwarteten Dividendenzahlung

$$c^n(S, \tau, K, D) \geq \max[0;\, S - K\,e^{-r\tau} - D\,e^{-r\tau'}]\,, \tag{5-4}$$

wobei $\tau' = t_D - t$, $t_D \equiv$ Ex-Dividenden-Tag. Auch hier kann für den Fall, daß (5-4) nicht erfüllt ist, durch eine Anlagestrategie ein risikoloser Gewinn aus *indirekter Zeitarbitrage* erzielt werden:[1]

- Kauf einer Kaufoption,
- (Leer-)verkauf einer Aktie,

[1] Es wird dazu angenommen, daß alle auf eine Aktie entfallenden Nebenrechte dem Stillhalter der Kaufoption zufliessen.

- Kauf eines diskontierten insolvenzrisikofreien Finanztitels mit Restlaufzeit T zum Nennbetrag K, d.h. Investition von $K\,e^{-r\tau}$ Geldeinheiten,
- Kauf eines diskontierten insolvenzrisikofreien Finanztitels mit Restlaufzeit t_D zum Nennbetrag D, d.h. Investition von $D\,e^{-r\tau'}$ Geldeinheiten.

Die mögliche Wertentwicklung ist in Tab. 5-2 dargestellt.

Tab. 5-2: Indirekte Zeitarbitrage bei Verletzung der Europäischen Wertuntergrenze mit einer Dividendenzahlung

Transaktionen	Zahlungen im Zeitpunkt		
	$t = 0$	$t = T$	
		$S_T \leq K$	$S_T > K$
Kauf einer Kaufoption	$-c^n$	–	$S_T - K$
Verkauf einer Aktie	S	$-S_T$	$-S_T$
Insolvenzrisikofreie Finanzanlage 1	$-K\,e^{-r\tau}$	K	K
Insolvenzrisikofreie Finanzanlage 2	$-D\,e^{-r\tau'}$	-	-
Arbitragegewinn	ε	$K - S_T$	–

Die Finanzanlage 2 mit Fälligkeit im Zeitpunkt der Dividendenzahlung wird benötigt, um die zwischenzeitlichen Dividendenansprüche des Besitzers der (leer-)verkauften Aktie zu befriedigen; in der Betrachtung zum Fälligkeitszeitpunkt ist sie deshalb nicht mehr zu finden. Ansonsten gelten die analogen Ausführungen wie bei Tab. 5-1.

Beziehung (5-4) kann dann für den Fall mehrerer sicherer Dividendenzahlungen erweitert werden zu

$$c^n(S, \tau, K, \underline{D}) \geq \max\left[0;\; S - K\,e^{-r\tau} - \sum_{i=1}^{m} D_i\,e^{-r\tau_i}\right], \tag{5-5}$$

wobei $D_i \equiv$ Wert eines Nebenrechtes, das zum Zeitpunkt t_i ($i = 1,\ldots,m$) pro (dem Optionskontrakt) zugrundeliegender Aktie anfällt, $\tau_i = t_i - t$ und $\underline{D}$ der Vektor der bekannten Dividendenzahlungen in den Zeitpunkten t_i ist. Diese Beziehung (5-5) sagt also aus, daß im Falle *nicht auszahlungsgeschützter Europäischer Kaufoptionen* sich die Wertuntergrenze (5-2) (maximal) um den Kapitalwert der erwarteten Auszahlungen vermindert. Diese Wertuntergrenze stellt für nicht auszahlungsgeschützte Europäische Kaufoptionen die strengste Wertuntergrenze dar.

Für eine *Amerikanische Kaufoption* gilt dagegen die Wertuntergrenze

$$C^n(S, \tau, K, \underline{D}) \geq \max\left[0;\ \max_{i \in I}\left\{S - K\,e^{-r\tau_i} - \sum_{j<i} D_j\, e^{-r\tau_j}\right\}\right] \qquad (5\text{-}6)$$

Die Elemente der Indexmenge $I = \{1,\ldots, m+1\}$ mit $\tau_{m+1} = \tau$ kennzeichnen dabei die Zeitpunkte der erwarteten Nebenrechtsgewährung mit gleichzeitigem Kursabschlag bzw. den Verfallszeitpunkt der Kaufoption. Diese Beziehung wird als *pseudo-Amerikanische Wertuntergrenze* bezeichnet. Sie trägt dem Umstand Rechnung, daß es sinnvoll sein kann, eine nicht auszahlungsgeschützte Amerikanische Kaufoption nicht erst am Verfalltag, sondern bereits unmittelbar vor der Gewährung eines Nebenrechts auszuüben, um dann als Aktienbesitzer in den Genuß dieses Nebenrechts zu gelangen. Nimmt der innere Klammerausdruck in Beziehung (5-6) für $i = m+1$ sein Maximum an, dann entspricht die pseudo-Amerikanische Wertuntergrenze (5-6) der Europäischen Wertuntergrenze (5-5).

Eine *hinreichende Bedingung* für die Übereinstimmung von (5-5) mit (5-6), und damit auch für die *nicht vorzeitige Ausübung* einer Amerikanischen Kaufoption, lautet dann:[1]

$$S - K\,e^{-r\tau} - \sum_{i=1}^{m} D_i\, e^{-r\tau_i} \geq S - K \qquad (5\text{-}7)$$

$$K\,(1 - e^{-r\tau}) \geq \sum_{i=1}^{m} D_i\, e^{-r\tau_i}$$

Solange also der Kapitalwert der Zinsen einer insolvenzrisikofreien Finanzanlage in Höhe des Basispreises K den Kapitalwert der erwarteten Nebenrechte übersteigt

$$e^{-r\tau}\,(K\,e^{r\tau} - K) \geq \sum_{i=1}^{m} D_i\, e^{-r\tau_i}\ , \qquad (5\text{-}8)$$

lohnt es sich nicht, eine Amerikanische Kaufoption vor dem Verfalltermin auszuüben. Stattdessen sollte ein Optionsinhaber diese Option entweder *weiter behalten* oder *verkaufen.*[2] Auch wenn die Bedingung (5-7) nicht erfüllt ist, ist die frühzeitige *Ausübung einer Kaufoption nur unmittelbar vor einem ex-Dividenden-Termin* vorteilhaft. Dies gilt entsprechend obiger Argumentation wegen[3]

$$S_{t_{i-1}} - K\,e^{-r\tau_i} > S_{t_{i-1}} - K\ , \qquad (5\text{-}9)$$

für alle Laufzeiten $\tau_i = t_i - t_{i-1}$, ($i=1, \ldots, m+1$ mit $t_0 = 0$ und $t_{m+1} = T$).

---

1 Vgl. hierzu auch Roll (1977) und Manaster/Rendleman (1982).

2 Siehe hierzu Trautmann (1986), S. 5-5f.

3 Dies bedeutet, daß die diskontierten Opportunitätskosten bei einem zu frühen Bezug der Aktie zum Basispreis K einen strikt positiven Wert haben. Siehe dazu auch den detaillierteren Beweis in Jarrow/Rudd (1983), S. 61.

5.3.3. Put-Call-Parität

Die für Kaufoptionen angestellten Überlegungen lassen sich auf Verkaufsoptionen übertragen. Im Gegensatz zu einer Amerikanischen Kaufoption kann sich jedoch bei einer Amerikanischen Verkaufsoption eine vorzeitige Ausübung auch im Nicht-Dividendenfall als vorteilhaft erweisen, so daß ihr Wert i.d.R. den einer sonst gleichen Europäischen Verkaufsoption übersteigt. Bei Verkaufsoptionen ist deshalb stets zwischen dem Europäischen und dem Amerikanischen Optionstyp zu unterscheiden.[1]

Im Fall einer *Europäischen Verkaufsoption* kann jedoch der Wert der Verkaufsoption p auch direkt über den Wert einer sonst gleichen Kaufoption bestimmt werden. Grundlage dafür bildet der in Abb. 4-10 dargestellte Sachverhalt. Diesem zufolge ist der Gewinn eines aus dem Kauf einer Aktie, dem Kauf einer Verkaufsoption und dem Verkauf einer Kaufoption bestehenden Wertpapiergeschäftes unabhängig vom künftigen Aktienkurs (Dividenden fallen nicht an). Um mit einem solchen Wertpapiergeschäft keine risikolosen Arbitragegewinne erzielen zu können, müssen Kauf- und Verkaufsoptionswert folgende von Stoll[2] entwickelte und als *Put-Call-Parität (put-call parity relationship)* bezeichnete Paritätsbeziehung erfüllen:

$$p = c - S + K\,e^{-r\tau} \tag{5-10}$$

Damit kann das Bewertungsproblem einer Europäischen Verkaufsoption auf das einer sonst gleichen Kaufoption zurückgeführt werden. Die in Tab. 5-3 angegebene Portefeuillestrategie garantiert bei einer Überbewertung der Kaufoption risikolose Gewinne durch indirekte Zeitarbitrage. Bei Überbewertung der Verkaufsoption lassen sich durch Umkehrung der in Tab. 5-3 angegebenen Portefeuillestrategie ebenfalls risikolose Gewinne erzielen.

Tab. 5-3: Indirekte Zeitarbitrage bei Verletzung der Put-Call-Parität

Transaktionen	Zahlungen im Zeitpunkt		
	$t = 0$	$t = T$	
		$S_T \le K$	$S_T > K$
Verkauf einer Kaufoption	c	–	$K - S_T$
Kauf einer Verkaufsoption	$-p$	$K - S_T$	–
Kauf einer Aktie	$-S$	S_T	S_T
Kreditaufnahme	$K\,e^{-r\tau}$	$-K$	$-K$
Arbitragegewinn	ε	–	–

1 Zur verteilungsfreien Bewertung von Verkaufsoptionen gelten die entsprechenden Literaturangaben zu Beginn dieses Abschnitts, insbesondere Merton (1973), S. 156ff. und Cox/Rubinstein (1985), S. 139ff.

2 Stoll (1969).

Ohne Dividenden ergibt sich für den Wert einer *Amerikanischen Verkaufsoption* durch Weiterentwicklung der Put-Call Parität für Europäische Optionen folgende Relation:[1]

$$C - S + K \geq P \geq C - S + K\, e^{-r\tau} \tag{5-11}$$

Der Unterschied von (5-11) zu (5-10) ist vor allem darauf zurückzuführen, daß bei einer Amerikanischen Verkaufsoption eine vorzeitige Ausübung auch im Nicht-Dividendenfall vorteilhaft sein kann.

Fallen während der Restlaufzeit Dividenden an und sind die Optionen nicht auszahlungsgeschützt, gilt folgender Wertebereich:

$$C^n - S + K + \sum_{i=1}^{m} D_i\, e^{-r\tau_i} \geq P^n \geq C^n - S + K\, e^{-r\tau} \tag{5-12}$$

Die Obergrenze ist hier um den diskontierten Dividendenbetrag höher als bei (5-11). Ist zudem gesichert, daß die Kaufoption nicht frühzeitig ausgeübt wird (weil z.B. die dafür hinreichende Bedingung (5-7) erfüllt ist), dann erhöht sich die in (5-12) angegebene Wertuntergrenze noch um den Kapitalwert der während der Restlaufzeit der Option zu erwartenden Dividenden:[2]

$$P^n \geq C^n - S + K\, e^{-r\tau} + \sum_{i=1}^{m} D_i\, e^{-r\tau_i} \tag{5-13}$$

5.4. Verteilungsabhängige Optionsbewertung auf der Basis des Duplikationsprinzips

Bei der *verteilungs- und präferenzfreien* Optionsbewertung können *unabhängig* von der Einschätzung der *zukünftigen Preisentwicklung* der zugrundeliegenden Aktie *obere* und *untere Wertgrenzen* abgeleitet werden, deren Verletzungen gewinnbringende, risikolose Arbitragemöglichkeiten signalisieren. Wegen der Paritätsbeziehung zwischen einer Europäischen Kauf- und Verkaufsoption ist deshalb allenfalls eine *Relativbewertung* möglich.

Demgegenüber werden im folgenden Optionsbewertungsmodelle beschrieben, die unter den Grundannahmen (A1) - (A4) und speziellen Hypothesen über den stochastischen Preisprozess der zugrundeliegenden Aktie die Bestimmung eines *eindeutigen Optionswertes* gestatten.

---

1 Diese Relation wurde von Merton (1973b) entwickelt.

2 Vgl. Klemkosky/Resnick (1979, 1980) sowie Trautmann (1986), S. 5-16f.

Wie schon bei den Wertgrenzen erwähnt, werden hier nur Kaufoptionen betrachtet.[1]

5.4.1. Das klassische Modell von Black/Scholes

Zunächst wird der Ansatz von Black/Scholes[2] behandelt, welcher auch als das "klassische" Optionsbewertungsmodell bezeichnet wird. Dieses erste vollständige Gleichgewichtsmodell ist auch ca. 20 Jahre nach seiner Veröffentlichung noch heute von entscheidender Bedeutung bei der Optionspreisbestimmung.

5.4.1.1. Grundgedanke

Bei dieser wegweisenden Theorie wird davon ausgegangen, daß in einem vollkommenen Kapitalmarkt die Rendite einer jeden risikolosen Investition (beliebiger Zusammensetzung) genau dem marktüblichen Zinssatz für risikolose Anlagen entsprechen muß. Bei Black und Scholes besteht diese risikolose Investition aus einem sog. **Hedgeportefeuille**, das sich aus einem festgelegtem Verhältnis gegensätzlicher Positionen (d.h. Short- und Longposition) von Aktien und Kaufoptionen zusammensetzt.

Das Verhältnis zwischen den beiden Positionen ist derart gewählt, daß ein kleiner Kassakursanstieg sowohl eine Werterhöhung der Aktienposition, als auch simultan[3] eine Wertminderung der Optionsposition verursacht, wobei beide Wertänderungen betragsmässig gleich groß sind.[4] Nach Marktveränderungen wird das Hedgeportefeuille an die neuen Rahmenbedingungen angepaßt, so daß das ursprüngliche Verhältnis beider Hedgeportefeuille-Komponenten wieder hergestellt ist. Der Gesamtwert des Portefeuilles ist somit *unabhängig* von Kassakursveränderungen, weshalb diese Portefeuillekonstruktion als abgesichert bezeichnet wird. Gemäß der Kapitalmarkttheorie vollkommener Märkte gilt somit für den Black/Scholes-Ansatz die folgende Gleichgewichtsbedingung effizienter Märkte:[5]

Rendite des Hedgeportefeuilles = Marktrendite risikoloser Anlagen

1 Es sei nochmals erwähnt, daß eine Übertragung der Bewertung für Kaufoptionen auf Verkaufsoptionen i.d.R. davon abhängig ist, ob es sich um Europäische bzw. vollkommen auszahlungsgeschützte Amerikanische oder um nicht auszahlungsgeschützte Amerikanische Optionen handelt.

2 Black/Scholes (1973).

3 Hier darf von simultan gesprochen werden, da es sich um einen theoretischen Wert handelt.

4 Kassakursrückgänge wirken entsprechend.

5 Vgl. Hauck (1991), S. 167.

5.4.1.2. Aktienkursverlaufshypothesen und Modellannahmen

Aktienkursverlaufshypothesen spielen eine entscheidende Rolle bei der verteilungsabhängigen Optionsbewertung. Deshalb soll hier zunächst auf einige wesentliche Punkte auch im Hinblick auf das Black/Scholes-Modell eingegangen werden.[1]

In bezug auf die Aktienkursverläufe herrschte bis in die fünfziger Jahre die Meinung, daß die Aktienkurse im Sinne der technischen Analyse im Zeitablauf voneinander abhängig seien.[2] Unterstellt man gemäß der Effizienzhypothese, daß preisrelevante Informationen nur zufällig und unabhängig eintreffen können, werden Aktienkursänderungen zufällig und unabhängig auftreten. Da jede für die Kursbildung relevante Information sich sofort im Preis niederschlägt, ist es nicht möglich, aufgrund von Vergangenheitsdaten Kursvorhersagen zu treffen.[3]

Entscheidenden Anstoß zu den Überlegungen zur Unabhängigkeit der Aktienkurse und auch deren Umsetzung in der Optionspreistheorie gab Bachelier[4], nach dem die Aktienkurse als Realisation von *Random-Walks* betrachtet werden können.

Sei S_t der heutige Aktienkurs und S_{t+dt} der zukünftige, unbekannte, zu schätzende Kurs. Dann behauptet die Random-Walk-Hypothese, daß gilt[5]

$$S_{t+dt} = S_t + Z_{t+dt} \,, \tag{5-14}$$

wobei Z_{t+dt} eine Restgröße zum Zeitpunkt t+dt ist. Die Gleichung (5-14) bedeutet, daß sich der zukünftige Preis aus dem heute bekannten Preis plus einer - noch näher zu definierenden - Restgröße zusammensetzt. Diese Restgröße ist eine zufällige Größe, d.h. eine Variable, die verschieden verteilt sein kann, wobei ihre Verteilung die Verteilung der variablen "Preisdifferenzen" bestimmt. Würde man z.B. annehmen, daß Z normalverteilt sei, so würde dies bedeuten, daß die Aktienkurse im Zeitablauf einem Irrfahrtprozeß folgen und daß in den meisten Fällen kein Preisunterschied zwischen zeitlich aufeinanderfolgenden Aktienkursen besteht. Dabei gilt im Fall der Nichtexistenz eines Trends der aktuelle Kurs als bester Schätzer des künftigen Kurses. Die Kenntnis der vergangenen Kursentwicklung ist demzufolge für die Kursentwicklung ohne Bedeutung.[6]

---

1 Es soll hier keine Übersicht über mögliche Wahrscheinlichkeitsverteilungen stattfinden, sondern lediglich vorbereitend auf die Vorstellung des Black/Scholes-Modell gewirkt werden. Für eine eingehende Übersicht von Ansätzen zur Erklärung von Aktienkursverläufen vgl. z.B. Ernst (1974) oder Hauck (1991), S. 128ff.

2 Vgl. Hielscher (1975), S. 11.

3 Vgl. Heri (1981), S. 565ff.

4 Bachelier (1900).

5 S und Z sind Zufallsvariablen. Es wird der Einfachheit halber auch im folgenden auf eine Tilde verzichtet.

6 Zur Darstellung unterschiedlicher Formen der Random-Walk-Hypothese vgl. etwa Granger/Morgenstern (1970), S. 73ff.; Ernst (1974), S. 7ff.; Reiß (1974), S. 28ff.

Da die Verteilung der Z den Prozeß der Preisbildung charakterisiert, kann man folgende, etwas differenziertere Annahmen machen:[1]

1. Sind Z_t , Z_{t+dt} unkorreliert, dann ist der Prozeß S_t ein Martingale[2] zweiter Ordnung, d.h. ein Random-Walk ohne systematische Abweichung (Trend).
2. Sind Z_t , Z_{t+dt} unabhängig, dann ist S_t ein Random-Walk im engeren Sinn.
3. Sind Z_t , Z_{t+dt} unabhängig und die Z_{t+dt} sind alle identisch normalverteilt, dann ist S_t ein sogenannter *Brownscher Prozeß (Wiener-Prozeß)*.[3]

Auch bereits Bachelier[4] unterstellte, daß die Aktienkurse einem solchen *arithmetischen*[5] *Brownschen Prozeß* folgen. Dies impliziert, daß die *absoluten* Aktienkursveränderungen um den Mittelpunkt Null normalverteilt sind. Die Wahrscheinlichkeit einer Kursänderung um einen bestimmten Betrag ist unabhängig von der Höhe des Aktienkurses. Der schwerwiegendste Einwand gegen diese Annahme ist die positive Eintrittswahrscheinlichkeit negativer Aktienkurse. Dies ist mit der begrenzten Haftung der Aktie nicht vereinbar. Ein Aktionär kann nicht mehr verlieren als den Preis, den er für die Aktie bezahlt hat.[6]

Die Schwächen des arithmetischen Brownschen Prozesses brachten es mit sich, daß man in den meisten Modellen zu einer alternativen Hypothese, nämlich zur *geometrischen Brownschen Bewegung*[7] überging.[8] Angewandt auf Aktienkurse wird damit unterstellt, daß die *relativen* Kursveränderungen infinitesimal kleiner Zeitintervalle unabhängige, stationär normalverteilte Zufallsvariablen sind, deren Erwartungswert (deterministischer Trend vorausgesetzt) und Varianz proportional zur Länge des betrachteten Zeitintervalls sind. Unter diesen Voraussetzungen sind dann die künftigen Aktienkurse *logarithmisch normalverteilte*[9] Zufallsvariablen.

---

1 Vgl. Granger/Morgenstern (1970), S. 73.

2 Die Bezeichnungen "Martingale" (ohne Trend) bzw. "Submartingale" (bei Vorliegen eines Trends) gehen zurück auf Fama (1970). In seinen neueren Arbeiten verwendet er allerdings diese Ausdrücke nicht mehr explizit. Für eine ausführliche Darstellung zu Martingale- und Submartingale-Modellen vgl. z.B. Heri (1982), S. 117ff.

3 Der Vollständigkeit halber sei erwähnt, daß zur Beschreibung der Kursentwicklung durch einen Brownschen Prozeß neben der Annahme eines Random-Walks die Annahme einer zeitkontinuierlichen Handelstätigkeit der Aktien notwendig ist sowie der Wertevorrat künftiger Aktienkurse durch eine kontinuierliche Menge reeller Zahlen gegeben sein muß. Dann kann die Kursentwicklung durch einen zeit- und zustandskontinuierlichen stochastischen Prozeß beschrieben werden. Die Grundlagen stochastischer Prozesse werden in Anhang II behandelt. Zur Darstellung der Brownschen Prozesse siehe Anhang III.

4 Bachelier (1900).

5 Arithmetisch ist hier explizit angegeben, um eine Abgrenzung zur geometrischen Brownschen Bewegung zu machen.

6 Vgl. Bös (1991), S. 40.

7 Zur Darstellung der geometrischen Brownschen Bewegung als Spezialfall eines Brownschen Prozesses siehe Anhang III.

8 Hier sind vor allem die Untersuchungen von Osborne (1959) zu nennen.

9 Eine Zufallsgröße X besitzt eine logarithmische Normalverteilung, wenn der Logarithmus der Zufallsgröße ln(X) eine Normalverteilung aufweist. Vgl. hierzu z.B. Hull (1989), S. 83ff. Zur Logarithmierung der Aktienkurse siehe Anhang I.

Neben den Annahmen (A1) - (A4) seien für das Black/Scholes-Modell noch die folgenden Annahmen erfüllt:[1]

A5 Konstanter risikoloser Zinssatz

Es existiert ein insolvenzrisikofreier Finanztitel mit konstanter, momentaner Verzinsungsrate r während der Restlaufzeit der Option. Es besteht also die Möglichkeit zu einem konstanten Zinssatz risikolos liquide Mittel in unbeschränkter Höhe anzulegen bzw. aufzunehmen.

A6 Keine Nebenrechte für Aktien

Während der Restlaufzeit der Option entfallen keine Nebenrechte (z.B. Dividenden) auf die zugrundeliegende Aktie.

A7 Europäische Optionen

Die Ausübung der Option ist nur bei Fälligkeit möglich.

A8 Die Aktienkurse folgen der geometrischen Brownschen Bewegung

Charakteristikum dieses speziellen Diffusionsprozesses ist, daß alle Marktteilnehmer darüber übereinstimmen, daß die Preisänderung einer Aktie innerhalb einer infinitesimal kleinen Zeiteinheit mittels der stochastischen Differentialgleichung

$$dS = \mu\, S\, dt + \sigma\, S\, dZ \qquad (5\text{-}15)$$

beschrieben werden kann, wobei

μ den Erwartungswert der Momentanrendite der betrachteten Aktie (Trend),

σ (σ^2) die Momentanstandardabweichung (-varianz) der Aktienrendite,

Z einen (standardisierten) *Brownschen Prozeß (Wiener-Prozeß)*[2] bezeichnet (dZ bezeichnet seine Zustandsänderung innerhalb eines infinitesimal kleinen Zeitintervalls der Länge dt mit E(dZ) = 0 und Var(dZ) = dt).

Der erste Summand in (5-15) beschreibt den nichtzufälligen Teil der Aktienkursänderung, während der zweite Summand, wegen der Zufallsgröße dZ, die zufällige Komponente repräsentiert. Anschaulich gesprochen bedeutet (5-15), daß die Aktienkurse S_t sowie die relativen Änderungen (S_{t+dt}/S_t) einem kontinuierlichen Zufallspfad (stetiger Kursverlauf ohne Kurssprünge) folgen und am Ende eines beliebigen Zeitintervalls [t, t+dt] *logarithmisch normalverteilt* sind. Die Aktienrenditen sind von der Höhe des Aktienkurses unabhängig und im Zeitablauf konstant. Die Varianz der Aktienrenditen ändert sich während der Optionslaufzeit nicht.[3]

---

1 Vgl. Black/Scholes (1973), S. 640 sowie Trautmann (1986), Kap. 4 und 5. Auf diese Annahmen wird später noch kritisch eingegangen.

2 Zur Darstellung eines standardisierten Brownschen Prozesses siehe Anhang III. Zur Theorie stochastischer Prozesse und der Brownschen Bewegung vgl. z.B. Osborne (1959); Arnold (1973); Ernst (1974), S. 7ff.

3 Vgl. Trautmann (1986), S. 5-21.

A9 Zeitkontinuierliche Handelstätigkeit
An den Finanzmärkten besteht die Möglichkeit zu jedem beliebigen Zeitpunkt, das heißt "rund um die Uhr", Finanztitel zu kaufen oder zu verkaufen. In jedem (endlichen) Zeitintervall können dann unendlich viele Transaktionen durchgeführt werden.

5.4.1.3. Ableitung der Black/Scholes-Formel

Black/Scholes versuchen die Bestimmung eines eindeutigen Wertes für den Finanztitel Aktienkaufoption auf der *Basis von reinen Arbitrageargumenten.* Dies setzt voraus, daß sich dessen *Zahlungscharakteristik mittels eines Portefeuilles aus marktfähigen Finanztiteln duplizieren läßt.* Der Marktwert dieses *äquivalenten Portefeuilles* bestimmt dann den Wert des zu bewertenden Finanztitels.[1]

Die *Zahlungscharakteristik einer Aktienkaufoption ist nun duplizierbar,* falls es gelingt, ein aus *Kaufoption und zugrundeliegenden Aktien* bestehendes *Hedgeportefeuille* zu konstruieren, dessen *Wertveränderung* im Zeitablauf *nicht stochastisch, also risikolos* ist. Bezeichnet[2]

$$H \equiv \alpha_S\, S + \alpha_C\, C \tag{5-16}$$

den gegenwärtigen Wert eines Hedgeportefeuilles $\alpha_H \equiv (\alpha_S, \alpha_C)' \in R^2$ mit den Komponenten $\alpha_S \equiv$ gegenwärtiger Bestand (d.h. hier zunächst im Zeitpunkt t = 0) an Aktien und $\alpha_C \equiv$ gegenwärtiger Bestand an Kaufoptionen auf die zugrundeliegende Aktie.[3]

Dann darf also die durch Preisänderungen der Aktie ($\equiv$ dS) bzw. der Kaufoption ($\equiv$ dc) induzierte *Wertänderung*

$$dH \equiv \alpha_S\, dS + \alpha_C\, dC \tag{5-17}$$

des Hedgeportefeuilles α_H nicht risikobehaftet sein. Aufgrund der Forderung der Unempfindlichkeit gegen Kassakursschwankungen müssen sich also die durch Aktienkursschwankungen ergebenden Wertveränderungen in den beiden Portefeuillepositionen voll kompensieren, so daß daraus eine Gleichgewichtsgleichung abgeleitet werden kann:

$$\alpha_S\, dS + \alpha_C\, dC = 0 \tag{5-18}$$

---

1 Vgl. hierzu Trautmann (1986), Kap. 4 und S. 5-18f.

2 Die hier verwendete Notation hält sich an Trautmann (1986).

3 Der Einfachheit halber wird hier der entsprechende Zeitindex t weggelassen. Der Wert des Hedgeportefeuilles bezieht sich zunächst auf den Anfangszustand t = 0. Aufgrund der Annahme der zeitkontinuierlichen Handelstätigkeit (A9) kann dieses Hedgeportefeuille kontinuierlich angepaßt werden, so daß der Zeitindex zur Unterscheidung des Anfangszustandes und der späteren Zustände hier nicht unbedingt notwendig ist.

Die Adjustierung zu einem ausgeglichenen Mengenverhältnis, gemäß dem *perfekten* Hedgeportefeuille, wird über kleine Zeitintervalle durch Kauf oder Verkauf der einzelnen Positionsteile erreicht. Werden die Preisveränderungen über infinitesimal *kleine Zeiteinheiten* erfaßt, dann sind die Veränderungen so gering, daß die Wertrelation von Optionspreis und Aktienkurs als *linear* eingestuft werden kann. Doch nur mit dieser Einschränkung ist der permanente Erhalt eines risikolosen Hedgeportefeuilles möglich.[1] Der Zeiteinfluß auf den Optionspreis entsteht durch den Zeitwertverfall pro rata tempore, während der Aktienpreis durch Kursveränderungen innerhalb einer bestimmten Zeitspanne auf den Optionspreis einwirkt. Werden diese Zeitintervalle infinitesimal klein gewählt, so entspricht dies einer kontinuierlichen Preisfortschreibung des Kassakurses und somit auch des Optionspreises.

Die Unterstellung einer *zeitkontinuierlichen Handelstätigkeit* gemäß Annahme A9 erlaubt die *zeitkontinuierliche Anpassung* des *Hedgeportefeuilles* α_H. Dann darf sich in der Grenzwertbetrachtung für marginale Aktienkursänderungen der Wert dieses Hedgeportefeuilles ebenfalls nicht ändern. Aus Vereinfachungsgründen sei $\alpha_C = 1$, dann ergibt sich

$$\frac{dH}{dS} = \alpha_S + \frac{\delta C}{\delta S} = 0\,. \tag{5-19}$$

Der Quotient $\frac{\delta C}{\delta S}$ ist ein Maß für die Reagibilität des Kaufoptionspreises auf marginale Aktienkursänderungen und wird als *Hedge Ratio* oder *Delta* bezeichnet. Für die Anzahl α_S an Aktien muß im perfekten Hedgeportefeuille gelten:

$$\alpha_S = -\frac{\delta C}{\delta S} \tag{5-20}$$

Das negative Vorzeichen deutet darauf hin, daß es sich hier um eine leerverkaufte Position handelt.[2]

Der zeitliche Aspekt bei der Verwendung einer risikoneutralen Bewertungsposition bedingt, daß bei Ausschluß risikoloser Gewinne die Wertänderung des Hedgeportefeuilles der Rendite einer risikolosen Momentananlage entsprechen muß (Gleichgewichtsbedingung in effizienten Kapitalmärkten):

$$dH = r\,H\,dt \quad \Rightarrow \quad \frac{dH}{dt} = r\,H \tag{5-21}$$

1 Bei längeren Zeitintervallen mit größeren Kassakursänderungen entsteht ein konvexer Funktionsverlauf zwischen Kaufoptions- und Aktienwert. Siehe hierzu Merton (1973), S. 146-147.

2 Je nachdem, ob man $\alpha_C = 1$ oder $\alpha_S = 1$ gesetzt hat, ergeben sich natürlich die entsprechenden Kauf- und Verkaufspositionen. Grundsätzlich macht es keinen Unterschied, ob die Aktie oder die Kaufoption leerverkauft wird. Wenn die Kaufoptionen leerverkauft werden, d.h. $\alpha_S = 1$ gesetzt wird, dann ergibt sich für $\alpha_C = -(1 / \frac{\delta S}{\delta C}) = -\frac{\delta S}{\delta C}$.

Verfolgt nun ein Marktteilnehmer die *Hedging-Strategie*

$$\alpha_H = \alpha_t^H = \begin{pmatrix} \alpha_t^S \\ \alpha_t^C \end{pmatrix} = \begin{pmatrix} -\frac{\delta C_t}{\delta S_t} \\ 1 \end{pmatrix}, \qquad (0 \leq t \leq T)\,, \tag{5-22}$$

dann muß in jedem Zeitpunkt t bis zum Verfalltermin der Option die Wertänderung dieses Portefeuilles risikolos sein und der Verzinsung einer risikofreien Momentananlage entsprechen.

Für den Beweis der Risikolosigkeit der Wertänderung dH ist zunächst festzuhalten, daß das mathematische Problem der Gleichung (5-15) darin besteht, daß Z nicht im üblichen Sinne differenzierbar ist, da die Ableitung einer Brownschen Bewegung nicht existiert.[1] Aufgrund der Annahme A8 (Geometrische Brownsche Bewegung der Aktienkurse) und dem funktionalen Zusammenhang $C_t = f(S_t, t)$ kann allerdings mittels *Ito's Lemma*[2] die zufällige Änderung des Optionspreises dC in einem infinitesimal kleinen Zeitintervall dt als Funktion der zufälligen Aktienkursänderung dS ausgedrückt werden:

$$dC = \frac{\delta C}{\delta S}\, dS + \frac{\delta C}{\delta t}\, dt + \frac{1}{2} \frac{\delta^2 C}{\delta S^2}\, \sigma^2\, S^2\, dt \tag{5-23}$$

Durch Einsetzen der rechten Seite dieser Gleichung in (5-17) erhält man für das Hedgeportefeuille (5-22) die *deterministische*[3] Wertänderung

$$dH = \frac{\delta C}{\delta t}\, dt + \frac{1}{2} \frac{\delta^2 C}{\delta S^2}\, \sigma^2\, S^2\, dt\,. \tag{5-24}$$

Unter der Verwendung der Beziehungen (5-16), (5-22) und (5-24) folgt dann aus (5-21) die deterministische, partielle Differentialgleichung

$$\frac{\delta C}{\delta t} + \frac{1}{2} \frac{\delta^2 C}{\delta S^2}\, \sigma^2\, S^2 - r\, C + \frac{\delta C}{\delta S}\, r\, S = 0\ . \tag{5-25}$$

Sie liefert den gesuchten Optionspreis C. Man bezeichnet sie auch als die grundlegende Differentialgleichung (fundamental partial differential equation) der Optionspreisbildung.[4] Sie besagt, daß die Wertänderung d(SH) des *selbstfinanzierenden Hedgeportefeuilles*

---

1 Siehe hierzu im einzelnen Ernst (1974), S. 52ff.

2 Siehe hierzu Anhang IV.

3 Es ist zu beachten, daß in (5-23) der einzeige stochastische Term dS ist.

4 Ihre Anwendung beschränkt sich jedoch nicht auf die Preisbildung von Optionen, sondern eignet sich zur Charakterisierung jeder dynamischen, selbstfinanzierenden Strategie, deren Dynamik durch einen kontinuierlichen stochastischen Prozeß erzeugt wird.

$$\alpha_{SH} = \alpha_t^{SH} = \begin{pmatrix} \alpha_t^B \\ \alpha_t^S \\ \alpha_t^C \end{pmatrix} = \begin{pmatrix} -C_t + S_t \dfrac{\delta C_t}{\delta S_t} \\ -\dfrac{\delta C_t}{\delta S_t} \\ 1 \end{pmatrix} \tag{5-26}$$

$$\text{(wobei } SH_t = \alpha_t^B B_t + \alpha_t^S S_t + \alpha_t^C C_t \text{, mit } SH_0 = 0 \text{, } B \equiv 1\text{)}$$

im Arbitragegleichgewicht zu allen Zeitpunkten t, $0 \le t \le T$, gleich Null sein muß.[1]

Die partielle Differentialgleichung (5-25) muß nun der Randbedingung genügen, daß am Verfalltag T der Wert der Kaufoption dem Ausübungswert

$$C_T = \max\{0, S_T - K\} \tag{5-27}$$

entsprechen muß. Erst durch diese Randbedingung wird (5-25) eindeutig lösbar. Aus dieser eindeutigen Lösung erhält man den Gleichgewichtspreis einer Europäischen Kaufoption in Abhängigkeit des Bewertungszeitpunktes t ($0 \le t \le T$) und dem Aktienkurs S_t ($0 \le S_t < \infty$).[2]

Black/Scholes lösen das Randwertproblem (5-25) mit (5-27), indem sie es in das gelöste Wärmeleitungsproblem aus der Physik überführen.[3] Sie schlagen zunächst zur Lösung von (5-25) folgende Substitution vor:[4]

$$\begin{aligned} C &= C(S, t) \\ &= e^{-r\tau}\, Y\left[\frac{2}{\sigma^2}\left(r - \frac{1}{2}\sigma^2\right)\left\{\ln\frac{S}{K} + \left(r - \frac{1}{2}\sigma^2\right)\tau\right\}, \frac{2}{\sigma^2}\left(r - \frac{1}{2}\sigma^2\right)^2 \tau\right] \end{aligned} \tag{5-28}$$

Durch diese Substitution lautet die Differentialgleichung dann

$$\frac{\delta Y}{\delta t} = \frac{\delta^2 Y}{\delta S^2} \tag{5-29}$$

und die entsprechende Randbedingung

1 Wie weiter oben schon erwähnt, wurde bei der allgemeinen Darstellung auf den Index t verzichtet.

2 Im Gegensatz zu diesen Zustandsvariablen sind K, T, σ und r keine Zustandsvariablen, sondern feste Parameter des Bewertungsmodells.

3 Vgl. Churchill (1963): Fourier Series and Boundary Value Problems, New York, 2. Aufl., 1963, S. 155.

4 Hier wird das Vorgehen von Black/Scholes skizziert, welch die Gleichung (5-25) direkt nach C aufgelöst haben. Dies ist an sich sehr aufwendig. Cox/Ross (1976) haben eine einfachere Lösung vorgeschlagen, welche darauf begründet, daß bei der Herleitung von (5-25) keine Annahmen bzgl. der Risikopräferenz der Investoren erforderlich sind und deshalb der Optionspreis mit einer *beliebigen* Annahme über die Risikopräferenz konsistent ist. Aus analytischen Gründen - ohne jeglichen Verlust an Allgemeinheit - wählen sie der Einfachheit halber *Risikoneutralität*. In einer risikoneutralen Welt gibt es nur einen einzigen Zinssatz einer risikolosen Anlage in einer risikoaversen Welt. Cox/Ross leiten den Optionwert aus dem mit diesem Zinssatz abdiskontierten Gegenwartswert der erwarteten zukünftigen Ausschüttungen der Option ab. Es wird dazu auf Cox/Ross (1976); Hull (1989), S. 116ff.; Kohler (1992), S. 85ff.; Smith (1976) verwiesen.

$$Y(u,0) = \begin{cases} K\left[\exp\left(\dfrac{u\frac{1}{2}\sigma^2}{r-\frac{1}{2}\sigma^2}\right) - 1\right] & \text{, falls } u \geq 0 \\ 0 & \text{, sonst} \end{cases} \tag{5-30}$$

$\exp(.) \equiv$ Exponentialfunktion

Die Lösung dieser Differentialgleichung ist gegeben durch:[1]

$$Y(u,Z) = \frac{1}{\sqrt{2\pi}} \int_{-\frac{u}{\sqrt{2Z}}}^{\infty} K\left[\exp\left(\frac{(u + q\sqrt{2Z})\frac{1}{2}\sigma^2}{r-\frac{1}{2}\sigma^2}\right) - 1\right]\exp\left(-\frac{q^2}{2}\right) dq \tag{5-31}$$

Setzt man (5-31) in (5-28) ein und vereinfacht entsprechend, so erhält man als Lösung der Differentialgleichung (5-25) die bekannte *Bewertungsformel für Europäische Kaufoptionen* von Black und Scholes:

$$C\,(S, K, \tau, \sigma, r) = S\,N(d_1) - K\,e^{-r\tau}\,N(d_2) \tag{5-32}$$

wobei

$S \equiv$ gegenwärtiger Preis der zugrundeliegenden Aktie,

$K \equiv$ Basispreis,

$\tau \equiv$ Restlaufzeit,

$\sigma^2 \equiv$ Momentanvarianz der Aktienrendite,

$r \equiv$ risikolose Momentanverzinsungsrate,

$N(.) \equiv$ Verteilungsfunktion der Standardnormalverteilung,

$$d_1 = \frac{\ln\left(\frac{S}{K}\right) + \left(r + \frac{\sigma^2}{2}\right)\tau}{\sigma\sqrt{\tau}},$$

$$d_2 = \frac{\ln\left(\frac{S}{K}\right) + \left(r - \frac{\sigma^2}{2}\right)\tau}{\sigma\sqrt{\tau}} = d_1 - \sigma\sqrt{\tau}\,.$$

[1] Vgl. Churchill, R.V. (1963), S. 155.

Das Besondere an diesem bahnbrechenden Bewertungskonzept besteht darin, daß von den fünf Einflußgrößen auf den Wert der Kaufoption S, K, τ, σ^2 und r *vier direkt beobachtbar* sind.[1] Die Varianz der zukünftigen Aktienrendite, σ^2, ist die einzige Einflußgröße, die nicht direkt beobachtbar ist, also noch geschätzt werden muß.[2] Obwohl auch diese Varianzschätzung kein vernachlässigbares Problem darstellt, so ist diese Aufgabe doch einfacher zu lösen als z.B. die Bestimmung des Trends der zukünftigen Aktienkursentwicklung.[3] Hierzu ist anzumerken, daß in dieser Ableitung keine Annahme über das erwartete Wachstum des Aktienkurses getroffen wurde. Die erwartete Richtung der Aktienkursbewegung, oder genauer, die erwartete Rendite während der Restlaufzeit der Option übt nur einen indirekten Einfluß auf den Wert der Option aus: nämlich über den gegenwärtigen, beobachtbaren Aktienkurs S. Dies ist der primäre Grund dafür, daß in den letzten Jahren die auf dem Duplikationsprinzip basierenden Hedging-Modelle, im Vergleich zu herkömmlichen Bewertungskonzepten für Finanztitel, das Interesse sowohl von akademischen Kreisen als auch von Praktikern geweckt haben.

Gleichung (5-32) wurde für Europäische Kaufoptionen hergeleitet. In Abschnitt 5.3.1. wurde jedoch dargestellt, daß eine vorzeitige Ausübung einer Amerikanischen Kaufoption nicht vorteilhaft ist, wenn während der Restlaufzeit der Option auf den Basiswert keine Nebenrechte entfallen. Aufgrund der Annahme A6 (Keine Nebenrechte während der Laufzeit der Option) gilt daher die obige Formel (5-32) auch für Amerikanische Kaufoptionen.

Gleichung (5-32) kann wie folgt interpretiert werden:[4]

1. $S\,N(d_1)$ repräsentiert den Kapitalwert einer Aktie unter der Bedingung, daß am Verfalltag der Ausübungswert der Option, $S_T - K$, strikt positiv ist.
2. $K\,e^{-r\tau}\,N(d_2)$ ist der Kapitalwert des Basispreises multipliziert mit der Wahrscheinlichkeit, daß $S_T > K$, d.h. die Kaufoption ausgeübt wird und der Basispreis zu zahlen ist.

Somit kann der Wert der Kaufoption interpretiert werden, als die gewichtete Differenz zwischen Aktienkurs und Kapitalwert des Basispreises, wobei die Gewichte $N(d_1)$ und $N(d_2)$ Werte zwischen null und eins annehmen können.

Im Falle einer weit aus dem Geld notierenden Option, d.h. S ist viel kleiner als K, ist die Kaufoption beinahe wertlos, weil beide Gewichte bei null liegen. Ist die Option hingegen tief im Geld, d.h. S ist viel größer als K, so nehmen beide Gewichte Werte nahe eins an, und der Wert der Option entspricht in etwa der Europäischen Wertuntergrenze, der Differenz aus Aktienkurs und abgezinstem Basispreis.

$$C \approx S - K\,e^{-r\tau}$$

[1] Wie schon erwähnt, wird die Frage, welcher Zinssatz als risikoloser Zinssatz angesehen werden kann, im empirischen Teil besprochen.

[2] Auf Methoden zur Schätzung des Volatilitätsparameters wird im folgenden Abschnitt und im Rahmen der empirischen Untersuchung in Kap. 7 eingegangen.

[3] Vgl. Trautmann (1986), S. 5-24.

[4] Siehe hierzu Jarrow/Rudd (1983), S. 118ff.; Trautmann (1990), S. 86.

5.4.1.4. Parameterschätzung und kritische Stellungnahme

Grundsätzlich wird hier auf einige wesentliche Punkte der Parameterschätzung hingewiesen. Einzelheiten der damit verbundenen Problematik sollen aber Gegenstand des empirischen Teils sein, da die Schätzungsmethode natürlich von der generellen Untersuchungsmethodik abhängt.

Wie schon oben erwähnt, sind von den fünf Einflußgrößen auf den Wert der Kaufoption S, K, τ, σ^2 und r *vier direkt beobachtbar.*

Der *risikolose Zinssatz* ist zwar mit Sicherheit auch nicht direkt beobachtbar, kann aber approximativ durch alternative Möglichkeiten ersetzt werden. In US-amerikanischen Studien wird er üblicherweise aus dem *Marktwert* und *Rückzahlung* von börsenmäßig gehandelten US-Schatzanweisungen (U.S. *Treasury Bills*) abgeleitet. Dabei wird diejenige Schatzanweisung ausgesucht, deren Restlaufzeit am besten mit der Restlaufzeit der zu bewertenden Option übereinstimmt. Für den Schweizer Markt ist es dagegen durchaus schwieriger, einen geeigneten *Stellvertreter* für den als existent angenommenen *insolvenzfreien Finanztitel (mit konstanter Verzinsung)* zu finden.[1]

Grundsätzlich wird der Black/Scholes-Preis aus dem mit dem heute aktuellen Zinssatz für insolvenzrisikofreie Anlagen diskontierten Wert des perfekten Hedgeportefeuilles am Fälligkeitstermin abgeleitet. Die Forderung nach einem über die Restlaufzeit konstanten Zinssatz ist dann problematisch, wenn das Erfordernis der ständigen Anpassung der Portefeuilleanteile in die Überlegungen einbezogen wird, denn der Wert des Hedgeportefeuilles ist in jedem Zeitpunkt der Portefeuillerevision an dem aktuellen Zinssatz zu messen. Zinssätze, die sich während der Laufzeit auf unvorhersehbare Weise ändern, bewirken also unvorhersehbare Endwerte des Hedgeportefeuilles und damit nicht exakt berechenbare Kaufoptionswerte.[2]

Zu dieser Problematik gibt es zwei Ansätze: a) Es wird argumentiert, daß die Zinssätze tatsächlich nicht unbekannt sind und sich als implizite Zukunftssätze aus den Preisen heute gehandelter festverzinslicher Papiere bestimmen lassen, oder daß die Entwicklung der Zinssätze durch einen Itô-Prozeß beschrieben werden kann. b) Die zweite Möglichkeit besteht in der Nichtbeachtung der Unsicherheit in der Zinsentwicklung, wenn Optionen mit relativ kurzen Laufzeiten bewertet werden sollen, da der Einfluß der Unsicherheit auf den Wert der Kaufoption als sehr gering angenommen wird.[3]

---

1 Trautmann (1986), S. 7-24f. Wie schon erwähnt, wird die Frage, welcher Zinssatz als risikoloser Zinssatz angesehen werden kann, im empirischen Teil besprochen.

2 Vgl. Weßels (1992), S. 33.

3 Vgl. Cox/Rubinstein (1985), S. 275 Weßels (1992), S. 33, die diese Argumentation für Optionen mit Laufzeiten unter einem Jahr für vertretbar halten. Bös (1991), S. 133ff. und 211 kommt in seiner Untersuchung zum Schluß, daß die im Modell von Black/Scholes gemachte Annahme eines konstanten risikolosen Zinssatzes insoweit durchaus als wenig problematisch betrachtet werden kann, als verschiedene Untersuchungen zeigten, daß sich Zinssatzänderungen nur in geringem Maße auf den Optionspreis auswirken. Auch ziehen etwaige Fehler in der Festsetzung des risikolosen Zinssatzes keine gravierenden Fehlbewertungen des Optionspreises nach sich.

Die Anwendung des Black/Scholes-Modells erfordert wie jedes andere Optionsbewertungsmodell die Kenntnis der *zukünftigen Volatilität* des Optionspapiers. Die Forderung nach der Stationarität der Varianz ist offensichtlich, denn ein perfektes Hedgeportefeuille mit sicherem Endwert läßt sich nur durchführen, wenn der die Aktienkursentwicklung determinierende stochastische Prozeß bekannt und konstant ist. Eine sich während der Laufzeit ändernde Volatilität erfordert entsprechende Modellanpassungen, wie sie beispielsweise im CEV-Modell[1] realisiert werden. Bei der Betrachtung alternativer Bewertungsmethoden in Abschnitt. 5.4.2. wird sich allerdings herausstellen, daß überraschenderweise die theoretischen Werte nach weitaus komplizierteren Modellen, welche die empirische Verteilung der Kursrenditen von Aktien deutlich besser als das der Black/Scholes-Formel zugrunde gelegte Modell erklären, nicht signifikant von den Black/Scholes-Modellwerten abweichen.

Der *Volatilität der Aktie* muß aus zwei Gründen besonderes Augenmerk beigemessen werden. Zum einen kann sie nicht direkt beobachtet werden, sondern bedarf einer vorzunehmenden Schätzung. Eine solche Schätzung ist mit vielen theoretischen Problemen behaftet. Für die praktische Anwendung bedeutet dies immer, eine theoretisch unbefriedigende Lösung zu benutzen. Zum anderen konnte gezeigt werden, daß der Optionspreis besonders sensibel auf Volatilitätsänderungen (Options-Eta) reagiert. Dies um so mehr, je länger die Restlaufzeit der Option und je höher die Volatilität der zugrundeliegenden Aktie ist. Auch für at-the-money-Optionen ist der Volatilitätseinfluß maximal. Bei der Bewertung dieser Optionen ist der hohe Eta-Einfluß besonders zu berücksichtigen.[2]

In der Literatur existieren verschiedene Varianten der Volatilitätsschätzung, von denen die zwei grundlegenden Varianten die folgenden sind:[3,4]

1. *Historische Volatilität*

Dieser Schätzwert beruht auf der historischen Volatilität von Aktienrenditen, d.h. die Standardabweichung wird aus historischen Aktienkursen gewonnen. Bei dieser Art der Volatilitätsschätzung handelt es sich um eine einfache Methode der Volatilitätsgewinnung. Dabei muß man allerdings davon ausgehen, daß eine 'objektive', stationäre Wahrscheinlichkeitsverteilung für jedes Wertpapier existiert. Unter der Annahme logarithmisch normalverteilter

---

1 Siehe Abschnitt 5.4.2.2.

2 Vgl. Bös (1991), S. 156ff. und 211.

3 Daneben existieren z.B. auch eigens für die Optionsbewertung entwickelte Verfahren zur Volatilitätsschätzung wie etwa das Verfahren von Fischer Black (vgl. Cox/Rubinstein (1985), S. 280ff.). Für eine Übersicht vgl. z.B. Galai (1983), S. 65ff.; Cox/Rubinstein (1985), S. 278ff.; Loistl (1990), S. 329ff.; Hauck (1991), S. 263ff.; Bös (1991), S. 117ff.; Weßels (1992), S. 33ff. Zu emprischen Studien und Vergleichen zwischen der impliziten und der historischen Volatilität vgl. z.B. die Arbeiten von Trautmann (1990) sowie Hauck (1991), S. 289ff; dort werden auch weitere Probleme der Volatilitätsschätzung erörtert.

4 Es soll hier eine grobe Übersicht stattfinden. Es wird nicht detailliert auf einzelne Verfahren eingegangen, da spezifische Einzelheiten auf den konkreten Fall bezogen werden müssen und deshalb Gegenstand des empirischen Teils sind.

Aktienrenditen bilden die logarithmierten Kursveränderungen der Aktie unabhängige Stichproben der Grundgesamtheit.[1]

Dabei ist zu berücksichtigen, daß einerseits eine lange Kurshistorie die Verzerrung des Volatilitätsschätzers verringert, andererseits aber auch die Stationarität der Verteilung unterstellt. Ist die Varianz der Aktienkurse im Zeitablauf Änderungen ausgesetzt, so sind weit in die Vergangenheit zurückliegende Kursdaten für die Ermittlung der momentanen Volatilität weniger geeignet.

Die Einbeziehung von Höchst- und Tiefstkursen, von Anfangs-, Kassa- und Schlußnotierungen oder von variablen Notierungen anstelle von einzelnen repräsentativen Notizen (z.B. Kassakursen) kann zu verbesserten Ergebnissen führen.[2]

Ein weiterer Vorschlag, die Qualität der Schätzung aus historischen Werten zu verbessern, läuft auf eine Gewichtung der für die Schätzung verwendeten Aktienkurse hinaus. Näher am aktuellen Zeitpunkt liegende Aktienkurse werden bei der Berechnung stärker gewichtet als weiter entfernte. Eine unverzerrte Schätzung wird dadurch gewährleistet, daß die Summe der Gewichte gleich 1 ist.[3]

2. *Implizite Volatilität*

Unter der Annahme, daß alle verfügbaren Informationen sofort in den aktuellen Kursen verarbeitet werden, können die aktuellen Optionspreise zur Ermittlung der Volatilität der Aktienrendite herangezogen werden. Wird unterstellt, daß a) die Marktteilnehmer Optionen gemäß der Black/Scholes-Formel bewerten, b) die sonstigen Modellparameter korrekt spezifiziert wurden, und c) der Optionsmarkt in dem Sinne effizient ist, daß die Preisbildung für Optionen auf der Basis der korrekt antizipierten zukünftigen Volatilität erfolgt, kann durch die Gleichsetzung von Black/Scholes-Formel und Marktpreis mit anschließender (numerischer) Auflösung der Gleichung nach dem Volatilitätsparameter die sog. *implizite Standardabweichung (Volatilität)* (ISD: Implied Standard Deviation) oder *implizite Varianz* bestimmt werden.[4,5]

---

[1] Vgl. Bös (1991), S. 118. Empirische Untersuchungen haben allerdings im wesentlichen ergeben, daß die tatsächlichen Aktienrenditeverteilungen nicht der Normalverteilung entsprechen. Vor allem an den Rändern und um den Mittelwert liegen die tatsächlichen Renditeverteilungen über der Normalverteilung. Zu empirischen Untersuchungen und zu Untersuchungen über die Varianz der Aktienkursverteilungen vgl. z.B. Osborne (1959) bzw. generell Cootner (Ed.) (1964); Black (1976); Galai (1977); Finnerty (1978); Beckers (1983); French/Schwert/Stambaugh (1987); Choi/Shastri (1989); Schwert (1989).

[2] Vgl. Parkinson (1980).

[3] Dieses Verfahren findet sich in Trautmann (1983).

[4] Werden die Werte für Aktienkurs und Optionspreis zusätzlich zu den anderen Parametern in die Black/Scholes-Formel eingesetzt, bleibt als einzige unbekannte Größe die Varianz der Aktienrendite.

[5] Da die Black/Scholes-Formel nicht analytisch nach der Standardabweichung aufgelöst werden kann, benötigt man numerische Suchprozeduren, z.B. das Newton-Raphson- oder das Gauss-Newton-Verfahren. Manaster/Koehler (1982b) haben einen Startwert für den ersten Schritt der Newton-Raphson-Suche entwickelt. Dieser Startwert garantiert die Konvergenz zu der implizierten Standardabweichung, sofern es überhaupt eine Lösung gibt. In der empirschen Untersuchung werden diese Verfahren nochmals näher aufgegriffen.

In einem vollkommen effizienten Kapitalmarkt und bei vollkommener Anpassung des Black/Scholes-Modells an die Realität müßte allen Preisen von Optionen, die auf eine spezielle Aktie gehandelt werden, ein und dieselbe implizite Volatilität zugrundeliegen. Empirische Tests in den USA konnten diese Vermutung jedoch nicht bestätigen, da eine Übereinstimmung der impliziten Volatilität nicht festgestellt werden konnte.[1] Latané und Rendleman[2] vereinbarten diese Differenzen allerdings mit der Hypothese eines effizienten Marktes, indem sie nachwiesen, daß Optionen unterschiedlich abhängig von einer präzisen Ermittlung der Volatilität sind. So bewirken die Möglichkeit einer vorzeitigen Ausübung Amerikanischer Optionen, mögliche Schwankungen der Volatilität im Zeitablauf und die unterschiedliche Sensitivität verschiedener Optionen auf Volatilitätsänderungen, daß die impliziten Volatilitäten derselben Aktie voneinander abweichen.[3] Optionen mit unterschiedlicher Restlaufzeit werden möglicherweise auch unterschiedliche implizite Volatilitäten aufweisen. Für Optionen mit gleicher Restlaufzeit sind auch unterschiedliche Werte möglich, wenn sie in-the-money oder out-of-the-money sind. So ist z.B. für in-the-money-Kaufoptionen mit geringer Restlaufzeit der Einfluß der prognostizierten Volatilität auf den Optionspreis relativ gering, weil sich der Optionspreis zu einem mehr oder weniger großen Anteil aus dem inneren Wert bildet. Im Gegensatz dazu ist bei out-of-the-money-Optionen von einer vergleichsweise hohen Sensitivität gegenüber Änderungen in der Volatilität auszugehen, da sich der Optionspreis nur aus der Risikoprämie bildet. Unterschiedlich induzierte Volatilitäten sind somit nicht als Zeichen von Marktineffizienz zu verstehen, weil in-the-money-Optionspreise erst auf vergleichsweise größere Änderungen der geschätzten Kursvolatilität der Aktie reagieren.[4]

Um ein einziges aussagefähiges Volatilitätsmaß zu erhalten, können unterschiedliche implizite Volatilitäten für Optionen gleicher Restlaufzeit zu einer *gewichteten impliziten Volatilität (WISD: Weighted Implied Standard Deviation)* zusammengefaßt werden. Dazu werden in der Literatur verschiedene Gewichtungsmethoden angeboten. Latané und Rendleman[5] orientieren sich an der absoluten Sensitivität des Kaufoptionspreises auf Änderungen der Volatilität. Chiras und Manaster[6] schlagen dagegen eine Gewichtung gemäß der relativen Sensitivität (Elastizität) vor. Je höher dabei die Sensitivität bzw. Elastizität ist, desto höher ist auch der Gewichtungsfaktor.[7] At-the-money-Optionen, die eine lange Restlaufzeit

1 Vgl. Chiras/Manaster (1978), S. 217.

2 Latané/Rendleman (1976), S. 370ff.

3 Für eine detaillierte Erörterung der Art und Weise des Einflusses einzelner Komponenten auf den Optionspreis bzw. die Reagibilität der Optionspreisformel von Black/Scholes (1973) auf Veränderungen ihrer Basisvariablen vgl. z.B. Bös (1991), Kap. 4 und im besonderen der Abhängigkeit des Optionspreises von der Höhe des Volatilitätsparameters Kap. 4.5 sowie Cox/Rubinstein (1985), S. 215ff.

4 Vgl. Loistl (1990), S. 331.

5 Latané/Rendleman (1976).

6 Chiras/Manaster (1978).

7 Die Methode von Latané/Rendleman gibt das meiste Gewicht den Optionen, die at-the-money sind. In-the-money- und out-of-the-money-Optionen erfahren so gut wie keine Berücksichtigung. Dies berücksichtigt die Tatsache, daß gerade at-the-money-Optionen sehr sensibel auf Volatilitätsänderungen reagieren. Die Gewichtungsfaktoren von Chiras/Manaster fallen überproportional mit steigendem Aktienkurs. Out-of-the-money-Optionen erhalten das größte Gewicht, at-the-money-Optionen ein geringes Gewicht, und in-the-money-Optionen werden so gut wie gar nicht berücksichtigt. Vgl. Bös (1991), S. 123 und Kap. 4.5.

aufweisen, reagieren äußerst sensitiv auf Veränderungen der Volatilität. Beckers[1] schlägt deshalb ein ähnliches Gewichtungsschema wie Latané/Rendleman vor, welches sich aber mehr auf at-the-money-Optionen konzentriert. Noch einfacher ist das Vorgehen, nur die Option zu benutzen, die am meisten at-the-money ist, am weitesten in-the-money ist oder der einfachen arithmetischen Mittelung aller impliziten Standardabweichungen.[2]

Grundsätzlich gilt, daß Optionen mit einer langen Restlaufzeit und einem Basispreis in der Umgebung des Aktienpreises (at-the-money-Optionen) eine hohe Sensitivität in Hinblick auf Variablenänderungen besitzen. Neu aufgelegte Optionen zeichnen sich durch diese Charakterisierung aus und besitzen somit immer eine hohe Variablenreagibilität.[3]

5.4.2. Alternative Bewertungsformeln

Das Optionspreismodell von Black/Scholes beruht auf zum Teil restriktiven, unrealistischen Annahmen[4], die des öfteren als Begründung der in empirischen Untersuchungen ermittelten Unterschiede zwischen den Marktpreisen der Option und ihren Black/Scholes-Werten herangezogen werden.[5]

In der Folge sind eine Vielzahl erweiterter oder neuer Optionspreismodelle entstanden, die an einzelnen oder mehreren kritischen Annahmen ansetzen oder auch die Bewertung von Optionen mit anderen Ausstattungsmerkmalen ermöglichen.

---

1 Beckers (1981).

2 Vgl. Bös (1991), S. 123. Unter den zahlreichen empirischen Studien zu den verschiedenen Varianten impliziter Volatilitäten vgl. z.B. Latané/Rendleman (1976); Chiras/Manaster (1978); Schmalensee/Trippi (1978); Patell/Wolfson (1979); Beckers (1981); Brenner/Galai (1984, (1987); Day/Lewis (1988, 1992); Diz/Finucane (1991); Harvey/Whaley (1991, 1992).

3 Bös (1991), S. 212.

4 Hierzu ist anzumerken, daß man nach Milton Friedman die Gültigkeit und Qualität eines Modells *nicht* am *Realitätsgehalt* seiner Annahmen messen sollte, sondern vielmehr an seiner *Fähigkeit, zukünftige Ereignisse prognostizieren zu können.* Diesen Leitsatz sollte man auch bei der Beurteilung des Black/Scholes-Modells bedenken.

5 Hierzu muß gesagt werden, daß das Testen von Optionsbewertungsmodellen der Problematik unterliegt, daß für die Abweichungen zwischen Markt- und Modellpreisen mehrere Ursachen verantwortlich sein können. Statisches Schließen im Zusammenhang mit der Überprüfung der Angemessenheit von Optionspreisen wird nämlich dadurch erschwert, daß üblicherweise Hypothesen über die a) *Validität eines Optionspreismodells*, b) die *Korrektheit der spezifischen Modellparameter*, c) die *Markteffizienz*, d) die *Marktsynchronisation* und e) die *Datengenauigkeit gemeinsam* getestet werden. Daher kann die Unfähigkeit eines Optionspreismodells, beobachtete Marktpreise für Aktienoptionen zu erklären, auch auf einen dieser Punkte zurückzuführen sein. Im Rahmen der empirischen Untersuchung wird auf diejenigen Ergebnisse, die in dieser Arbeit von Wichtigkeit sind, noch eingegangen. Für eine Übersicht über einzelne empirische Untersuchungen vgl. u.a. Black/Scholes (1972); Cox/Ross (1976b); Galai (1983); Geske/Trautmann (1986). Zu allgemein theoretischen Untersuchungen über das Black/Scholes-Modell vgl. u.a. Galai/Masulis (1976); Hsia (1981); Bick (1987).

Auch hier soll eine kurze Übersicht einiger wichtiger Weiterentwicklungen zur besseren Einordnung gegeben werden.[1,2] Der Vollständigkeit halber und zur Abgrenzung sei erwähnt, daß hier keine Betrachtung der Optionsbewertung bei *unterschiedlichen Basistiteln* (z.B. Optionen auf Währungen oder Futureskontrakten) erfolgt, da sich diese Arbeit ausschließlich auf Aktien- bzw. Aktienindexoptionen bezieht.[3]

5.4.2.1. Bewertung bei unterschiedlichen Optionsausgestaltungen

Das Black/Scholes-Modell gilt für *Europäische Optionen*. Wie bereits aufgeführt, sind die Ergebnisse auch auf *Amerikanische Optionen* übertragbar, *falls während der Laufzeit der Option keine Nebenrechte anfallen*.[4]

Im Falle von Dividendenzahlungen und *nicht auszahlungsgeschützten Optionen* ist grundsätzlich die Möglichkeit einer vorzeitigen Ausübung der Option kurz vor dem Tag der Dividendenzahlung zu berücksichtigen. Dabei unterscheidet man 3 Fälle von Modellansätzen:[5,6]

1. Annahme *sicherer Dividendenzahlungen*.
2. Annahme *kontinuierlich gezahlter stochastischer Dividendenzahlungen*.
3. Annahme *stochastischer Dividendenzahlungen an unbestimmten Tagen* während der Laufzeit.

Unter Berücksichtigung der in Abschnitt 5.3.3. dargestellten *Put-Call-Parität* von Stoll[7] läßt sich das Black/Scholes-Modell auf die Bewertung von *Europäischen Verkaufsoptionen* anwenden.[8] Da bei *Amerikanischen Verkaufsoptionen* eine frühzeitige Ausübung auch im Nicht-Dividendenfall vorteilhaft sein kann (siehe Abschnitt 5.3.3.), ist diese Analogie hiermit nicht möglich. Verschiedene Autoren haben sich deshalb dieser Problematik angenommen und entsprechende Bewertungsmodelle entwickelt.[9]

---

1 Neben den im folgenden noch aufgeführten Literaturangaben zu einzelnen Modellen wird für eine Übersicht auf Cox/Ross (1976b); Cox/Rubinstein (1985); Cox/Rubinstein (1983); Galai (1983); Gastineau (1988); Geske/Trautmann (1986); Hauck (1991); Hull (1989); Jarrow/Rudd (1983); Jurgeit (1989); Köpf (1987); Kolb (1991); Smith (1976); Trautmann (1986) verwiesen.

2 Wie schon erwähnt, soll es an dieser Stelle nicht darum gehen, einzelne Optionsbewertungsmodelle darzustellen und im Detail zu erörtern. Dies würde den Rahmen der Arbeit sprengen und auch vom Ziel wegführen. So soll es hier vor allem um eine Übersicht gehen. Der interessierte Leser sei bezüglich der Optionsbewertungsmodelle auf die zitierte Literatur verwiesen.

3 Zur Literatur der Optionsbewertung auf andere Basistitel siehe Abschnitt 5.1.3.

4 Vgl. Abschnitt 5.3.1. dieser Arbeit und Merton (1973).

5 Vgl. Merton (1973); Roll (1977); Geske (1979, 1979b, 1981); Whaley (1981, 1982); Geske/Roll/Shastri (1983); Sterk (1982, 1983, 1983b); Geske/Roll (1984); Barone-Adesi/Whaley (1986, 1987).

6 Im Abschnitt 5.5. wird gesondert auf die Berücksichtigung von Dividenden eingegangen, da dies für die empirische Untersuchung von Wichtigkeit ist.

7 Stoll (1969).

8 Vgl. Black/Scholes (1973), S. 646ff.

9 Vgl. Parkinson (1977); Brennan/Schwartz (1977); Cox/Ross/Rubinstein (1979), S. 258ff.; Johnson (1983); Geske/Johnson (1984b); Geske/Shastri (1985b); Blohmeyer (1986); MacMillan (1986).

Im Modell von Black/Scholes wird eine Europäische Option auf Aktien mit *konstantem Basispreis* bewertet. Weiteren Ausgestaltungsmöglichkeiten der Optionen sind kaum Grenzen gesetzt. So untersucht z.B. Fischer[1] Optionen mit *unsicherem, variablen Basispreis.* Ingersoll[2] verändert das Preisbildungsmodell von Black/Scholes um den Effekt der *Besteuerung von Dividenden- und Zinseinkünften.* Merton[3] berücksichtigt in seiner Anpassung eine *im Zeitablauf variable Verzinsung des insolvenzrisikofreien Finanztitels.* Betrachtungen, die *Transaktionskosten mit einbeziehen*, kommen z.B. von Leland[4] oder Boyle/Vorst[5].

5.4.2.2. Bewertung bei alternativer Modellierung der Aktienkursentwicklung

Die dem Modell von Black/Scholes zugrundeliegende Annahme einer *geometrischen Brownschen Bewegung* der Aktienkurse impliziert a) kontinuierliche Aktienkursänderungen, b) nur infinitesimal kleine zufällige Aktienkursänderungen in jedem infinitesimal kleinen Zeitintervall und c) von der Höhe des Aktienkurses unabhängige, im Zeitablauf konstante prozentuale Aktienkursänderungen; d.h. eine im Zeitablauf konstante Varianz der Aktienrendite. Neben der *zeitkontinuierlichen Anpassung des Hedgeportefeuilles* richtet sich die meiste Kritik gegen diese spezielle Annahme des Wertpapierpreisprozesses.

Die Beschreibung der Aktienkursveränderung spielt bei allen Optionsbewertungsmodellen eine tragende Rolle. Sieht man einmal von den Modellvarianten ab, die z.B. Dividenden, Steuern oder eine im Zeitablauf variable Verzinsung des insolvenzrisikofreien Finanztitels berücksichtigen, dann unterscheiden sich *(alternative) Optionsbewertungs- bzw. Hedging-Modelle* primär hinsichtlich dieser *Modellierung der Aktienkursentwicklung.* Diese unterscheidet sich hinsichtlich der folgenden beiden Merkmale:[6]

1. *Stetigkeit bzw. Unstetigkeit von Aktienkursveränderungen im Zeitablauf.*

   Die Modellierung mittels Diffusionsprozessen unterstellt stetige Aktienkursveränderungen, während mittels Binomial- bzw. Sprungprozessen unstetige, d.h. sprunghafte Änderungen von Aktienkursen berücksichtigt werden.

2. *Varianz von Aktienkursveränderungen im Zeitablauf.*

   Im klassischen Modell von Black und Scholes[7] wird unterstellt, daß neben der Stetigkeit von Aktienkursänderungen auch deren Varianz im Zeitablauf konstant bleibt. Andere Modelle berücksichtigen dagegen die häufig zu beobachtende Abhängigkeit der Varianz der Aktienrendite vom jeweiligen Aktienkursniveau.

---

1 Vgl. Fischer (1978) oder Büchel (1988). Fischer unterstellt einen unsicheren Ausübungspreis, z.B. in der Form der Indizierung an einen Aktienindex.

2 Vgl. Ingersoll (1976).

3 Merton (1973), S. 162ff.

4 Leland (1985).

5 Boyle/Vorst (1992).

6 Trautmann (1986), S. 5-20.

7 Black/Scholes (1973).

Auf Cox/Ross/Rubinstein[1,2] und fast zeitgleich auch auf Rendleman/Bartter[3] geht die Entwicklung eines Optionspreismodells zurück, bei dem Aktienkursentwicklung mittels eines *zeitdiskreten, multiplikativen Binomialprozesses* beschrieben wird. Dies impliziert, daß nur zu endlich vielen äquidistanten Zeitpunkten eine Handelstätigkeit erfolgen kann und die Aktienrendite pro Handelsintervall nur zwei Zustände annehmen kann (*two-state option pricing model, Binomialmodell*). Für die Entwicklung des Aktienkurses S wird angenommen, daß er entweder mit der Wahrscheinlichkeit q auf den Wert u S steigt oder mit der Wahrscheinlichkeit 1-q auf den Wert d S sinkt.

Ausgangspunkt ist eine Option mit einer Restlaufzeit von zunächst einem Handelsintervall. Um die Option zu bewerten, wird versucht, den Zahlungsmittelzufluß der Option am Verfalltag nachzubilden. Dazu wird ein Hedge-Portefeuille aus Aktien und insolvenzrisikofreien Anlagen gebildet, das in jedem Zustand am Verfalltag der Option die gleichen Erträge wie die Option erbringt. Damit keine risikolosen Gewinne aufgrund Arbitrage möglich sind, müssen Option und Hedge-Portefeuille am Verfalltag der Option in jedem Zustand dieselben Einzahlungen erbringen, so daß hieraus der Optionswert abgeleitet werden kann. Damit die Optionspreisformel den Wert einer Option zu jedem Zeitpunkt innerhalb der Restlaufzeit wiedergeben kann, werden die vor dem Verfalltermin verbleibenden Handelsintervalle sukzessive erhöht.

Da die Log-Normalverteilung eine Grenzverteilung der Binomialverteilung darstellt, konvergiert dieses Binomialmodell gegen die Black/Scholes-Formel, wenn man im Binomialmodell den Zeitabstand zwischen zwei benachbarten Handelszeitpunkten gegen Null gehen läßt.[4] Das Binomialmodell ist aufgrund seiner leichteren Verständlichkeit und besseren Anschaulichkeit vor allem für didaktische Zwecke nützlich. Die für empirische Zwecke notwendigen Modellparameter u und d können nur aus den geschätzten Modellparametern der Diffusions- und Sprungprozesse abgeleitet werden. Daher wird man zur Überprüfung der Angemessenheit von beobachteten Marktpreisen gleich *direkt* auf Diffusions- oder Sprungmodelle zurückgreifen.[5]

Gegenüber den in Diffusionsmodellen unterstellten stetigen Aktienkursänderungen mit infinitesimal kleinen zufälligen Aktienkursänderungen in infinitesimal kleinen Zeitintervallen beobachtet man in der Realität häufig große und sprunghafte Kursänderungen innerhalb eines kurzen Zeitraumes, beispielsweise einer Börsensitzung. Diese Beobachtung motiviert die Beschreibung von zufälligen Aktienkursänderungen mittels *Sprungprozessen*[6], was bedeutet, daß unerwartete, für die Aktienkursbewertung relevante Informationen, zu unregelmäßigen Zeitpunkten eintreffen, und dann plötzlich zu unstetigen und sprunghaften Aktien-

---

1 Cox/Ross/Rubinstein (1979).

2 Erste Ansätze dieser Modellidee stammen von Sharpe (1978).

3 Rendleman/Bartter (1979).

4 Zum Vergleich des Binomialmodells von Cox/Ross/Rubinstein und dem Black/Scholes-Modell vgl. z.B. Weßels (1992), S. 52ff.

5 Vgl. Trautmann (1986), S. 5-32.

6 Zur Gestalt von Sprung bzw. Diffusions-Sprung-Prozessen vgl. z.B. Loistl (1991), S. 147ff.

kursänderungen führen. Im *Sprungmodell (jump model)* von Cox und Ross[1] unterliegen die *stetigen Aktienkursveränderungen* zwischen zwei Kurssprüngen *jedoch keinem zufälligem Einfluß*. Zudem besitzen die *zufällig auftretenden Kurssprünge immer dieselbe (positive) Sprunghöhe*. Obwohl dieses Modell die empirisch zu beobachtenden Preissprünge berücksichtigen kann, ist es aus diesen beiden Gründen unrealistisch.[2]

Merton[3] versucht in seinem *Diffusions-Sprungmodell (diffusion-jump model)* durch die Kombination von Diffusions- und Sprungmodellen die Aktienkursentwicklung möglichst realistisch zu beschreiben. Im Unterschied zum Sprungmodell von Cox und Ross können sowohl *stetige Preisänderungen* als auch zufällig auftretende *unstetige Preisänderungen von zufälliger Natur* sein. Die Verwendung dieses allgemeineren Prozeßtyps hat jedoch den Preis, daß die Bewertung einer Aktienoption nicht mehr allein auf der Basis des Duplikationsprinzips erfolgen kann, weil es keine Strategie zur Absicherung gegenüber Kurssprüngen mit *zufälliger Höhe* gibt.[4]

Aufgrund der *im Zeitablauf als konstant angenommenen Varianz der Aktienrendite* sind Alternativen vorgestellt worden, die dem Umstand einer *nicht-stationären Varianz* Rechnung tragen. Man kann dabei unterscheiden zwischen folgenden beiden Modelltypen:

1. *Systematische Veränderung der Varianz*
2. *Unsystematische, stochastische Varianz*

Unter den *systematischen Varianzänderungsmodellen* sind einmal die Optionspreisformeln mit *konstanter Elastizität ihrer Volatilität bezüglich des Aktienkursniveaus*[5], die sog. *CEV-Modelle*[6], zu nennen.

In diesen Ansätzen hängt die Varianz der Aktienrendite vom Aktienkursniveau ab. Es gilt der funktionale Zusammenhang

$$\sigma(S) = \hat{\sigma}\, S^{\rho-1} ,$$

wobei die Parameter $\hat{\sigma}$ und ρ empirisch zu gewinnen sind. Für $\rho < 1$ *sinkt die Varianz der Aktienrendite mit steigendem Kursniveau der Aktie*. Spezialfälle erhält man für $\rho = 1/2$ (*sqare root process*) und für $\rho = 0$ (absolute diffusion process), die von Cox/Ross[7] angege-

1 Cox/Ross (1976).

2 Vgl. Trautmann (1986), S. 5-37f.

3 Merton (1976).

4 Vgl. Trautmann (1986), S. 5-39f., der darauf hinweist, daß aus diesem Grund dieses Modell nur deshalb unter die Rubrik "Hedging-Modelle" eingeordnet werden kann, weil weder Trend- noch Präferenzparameter in die resultierende Bewertung eingehen und deren Ableitung auch nicht auf explizit formulierten Präferenzannahmen basiert.

5 Dies bedeutet: $\frac{\delta\sigma}{\delta S}\frac{S}{\sigma} = \rho - 1$

6 Constant Elasticity of Variance. Diese Modellidee stammt von Cox (1975).

7 Cox/Ross (1976). Vgl.

ben wurden. Im Falle einer *vollkommen unelastischen* Varianz der Aktienkursrendite, d.h. $\rho = 1$, reduziert sich dieses verallgemeinerte Modell auf das Diffusionsmodell von Black/Scholes mit konstanter Varianz.[1]

Das *Compound-Model* von Geske[2] liefert ein ökonomisches Szenario für den manchmal beobachteten inversen Zusammenhang zwischen Volatilität von Aktienkursänderungen und dem Aktienkursniveau und dadurch eine ökonomische Rechtfertigung für die Prozeßspezifikation $\rho < 1$. In dem Modell wird unterstellt, daß das Fremdkapital der betrachteten Unternehmung nur aus emittierten Null-Couponanleihen besteht. Das Eigenkapital kann dann als Kaufoption auf das gesamte Unternehmensvermögen, mit dem vereinbarten Rückzahlungsbetrag des Fremdkapitals als Basispreis, aufgefaßt werden. Eine Aktienoption kann daher als eine *Option auf eine Option*, als sogenannte *zusammengesetzte Option (compound option)* aufgefaßt werden.[3]

In diesem Modell wird die Varianz der *Kapitalrentabilität* als *konstant* unterstellt. Da nun in einem vollkommenen Finanzmarkt der Verschuldungsgrad keinen Einfluß auf den Unternehmenswert hat[4], beeinflußt der Verschuldungsgrad die stochastischen Eigenschaften der Eigenkapitalrendite und damit der Aktienrendite. Insbesondere wird ein höherer Verschuldungsgrad zu einem Anwachsen der Varianz der Aktienrendite führen. Obwohl also die Varianz der Kapitalrentabilität als konstant unterstellt wird, *ändert* sich die *Varianz der Aktienrendite* mit dem Wert des Eigenkapitals und damit dem *Aktienkurs*.

Als drittes Modell berücksichtigt das *displaced diffusion model* von Rubinstein[5] systematische Varianzänderungen in der Weise, daß steigende Aktienkurse auch steigende Volatilitäten bewirken und bietet damit eine alternative ökonomische Erklärung des funktionalen Zusammenhangs zwischen der Volatilität von Aktienkursänderungen und dem Aktienkursniveau. Während in Geskes Modell *Kapitalstrukturänderungen* die Nichtstationarität der Varianz von Aktienkursrenditen verursachen, wird in Rubinstein's Modell diese Nichtstationarität durch *Vermögensstrukturänderungen* induziert.

Es wird vereinfachend unterstellt, daß die Unternehmung nur *risikobehaftetes* und *risikoloses* Vermögen besitzt. Wächst nun das Unternehmungsvermögen schneller als es der Verzinsung einer risikolosen Finanzanlage entspricht, so kann dies nur auf die höhere Verzinsung der risikobehafteten Vermögenskomponente zurückzuführen sein. Bei einem Ansteigen des Unternehmenswertes infolge einer Vermögensumschichtung zugunsten der risikobehafteten Komponente erhöht sich daher auch die Varianz der Gesamtvermögensrendite und damit der Aktienrendite. Rubinstein's Modell liefert somit eine ökonomische Erklärung für

1 Für $\rho > 1$ *steigt dagegen die Varianz der Aktienkursrendite mit steigendem Kursniveau* der Aktie. Für diese Preisprozeßspezifikation ist von Emanuel/Macbeth (1982) eine geschlossene Bewertungsformel für Europäische Kaufoptionen angegeben worden.

2 Geske (1979).

3 Vgl. Trautmann (1986), S. 5-34.

4 Modigliani/Miller (1958).

5 Rubinstein (1983).

den *direkten* Zusammenhang zwischen dem Niveau von Aktienkursen und deren Volatilität und motiviert damit auch die Prozeßspezifikation $\rho > 1$ beim Cox'schen CEV-Modell.

Eine neuere Richtung arbeitet mit *stochastischen Volatilitäten.*[1] Sie unterstellen zwei stochastische Prozesse. Einen für den Preisprozeß des der Option zugrundeliegenden Basispapiers und einen für die Varianz des Prozesses. So benutzen Johnson/Shanno[2] die beiden Prozesse[3]

$$dS = \mu S dt + \sigma S^{\alpha} dZ$$

$$d\sigma = \phi \sigma dt + \xi \sigma^{\beta} dW$$

mit $\alpha \geq 0$, $\beta \geq 0$. Für $\phi = 0$, $\xi = 0$ und $\alpha = 1$ ergibt sich das Black/Scholes-Modell. Ferner wird unterstellt, daß die Varianz als Wertpapier gehandelt wird. D.h., es existiert ein Wertpapier (oder ein Portefeuille) mit derselben Zufallskomponente wie die Varianz.[4] Somit kann ein Hedge aus Aktie, Option und Varianz-Wertpapier gebildet werden.

Die Problematik dieser Arbeiten liegt in der Schwierigkeit, diese zwei stochastischen Prozesse mittels eines Hedge-Ansatzes zu eliminieren. Im Ergebnis sind die resultierenden Optionspreisformeln nicht mehr numerisch lösbar und bedürfen zur Lösung einer Simulationsrechnung. Aber auch die Schätzung der zusätzlichen Parameter für den stochastischen Varianzprozeß ist neben größerem Zeit- und Arbeitsaufwand auch mit vielen theoretischen Problemen verbunden.[5]

In Tab. 5-4 werden neben dem klassischen Black/Scholes-Modell die bedeutendsten Alternativmodelle hinsichtlich der beiden Merkmale *Stetigkeit bzw. Unstetigkeit von Aktienkursveränderungen im Zeitablauf* und *Varianz von Aktienkursveränderungen im Zeitablauf* gekennzeichnet. Aus Art und Beschreibung von Kursänderungen der zugrundeliegenden Aktie wird sofort erkennbar, daß mit Ausnahme des Binomialmodells von Cox, Ross und Rubinstein[6], in allen Modellen die Aktienkursentwicklung mittels eines *zeitkontinuierlichen* stochastischen Prozesses modelliert wird. Dies bedeutet, daß allen diesen sog. Hedging-Modellen in Analogie zum Black/Scholes-Modell die Möglichkeit einer *zeitkontinuierlichen Anpassung von Finanztitelportefeuilles* vorausgesetzt wird.

---

1 Vgl. Hull/White (1987); Wiggens (1987); Johnson/Shanno (1987); Scott (1987).

2 Johnson/Shanno (1987), S. 144f.

3 Hull/White (1987) betrachten den Fall $\alpha = 1$ und $\beta = 1$.

4 Vgl. Johnson/Shanno (1987), S. 146 und Bös (1991), S. 52.

5 Vgl. Bös (1991), S. 52 und Scott (1987), S. 427ff.

6 Cox/Ross/Rubinstein (1979)

Tab. 5-4: Annahmen über die Aktienkursentwicklung verschiedener Aktienoptionsbewertungsmodelle[1]

Autor(en) des Bewertungsmodells	Art der Kursänderung im Zeitablauf	Varianz der Kursänderung im Zeitablauf	Beschreibung der Kursänderung
Black/Scholes[2] (Diffusionsmodell)	stetig	konstant	$dS = \mu S dt + \sigma S dZ$
Cox/Ross/Rubinstein[3] (Binomial OPM)	diskret	konstant	$\Delta S = F(uS, dS)$
Cox[4] (CEV OPM)	stetig	variabel	$dS = \mu S dt + \hat{\sigma} S^{\rho} dZ$
Geske[5] (Compound OPM)	stetig	variabel	$dS = \mu S dt + \delta S/\delta V\ (V/S)\sigma_V dZ$
Rubinstein[6] (Displaced Diff. OPM)	stetig	variabel	$dS = \mu S dt + \sigma_R S dZ$
Cox/Ross[7] (Jump OPM)	unstetig	konstant	$dS = (\mu - \lambda k) S dt + S dq$
Merton[8] (Diffusion-Jump OPM)	unstetig	konstant	$dS = (\mu - \lambda k) S dt + \sigma S dZ + S dq$
Hull/White[9], Scott[10], Johnson/Shanno[11], Wiggens[12] (Stochastic Volatility)	stetig	variabel	$dS = \mu S dt + \sigma S^{\alpha} dZ$ $d\sigma = \phi \sigma dt + \xi \sigma^{\beta} dW$

Anmerkungen zu den zusätzlich verwendeten Symbolen: dZ, dW ≡ Zuwachs eines Wiener-Prozesses, dq ≡ Zuwachs eines Poisson-Prozesses[13], V ≡ gegenwärtiger Marktwert der Unternehmung, σ_V ≡ Momentanstandardabweichung der Kapitalrendite (= Vermögensrendite) der Unternehmung, σ_R ≡ Momentanstandardabweichung der Rendite des risikobehafteten Vermögensanteils, λ ≡ erwartete Sprunghäufigkeit pro Zeiteinheit, k ≡ Sprunghöhe (konstant.).

1 In Anlehnung an Geske/Trautmann (1986), S. 89 und Bös (1991), S. 54.
2 Black/Scholes (1973).
3 Cox/Ross/Rubinstein (1979.
4 Cox (1975); Cox/Ross (1976).
5 Geske (1979).
6 Rubinstein (1983).
7 Cox/Ross (1975b); Cox/Ross (1976).
8 Merton (1976).
9 Hull/White (1987).
10 Scott (1987).
11 Johnson/Shanno (1987).
12 Wiggens (1987).
13 Zur Darstellung des Poissonprozesses siehe Anhang V.

Im Rahmen der Kritik und Angemessenheit des Black/Scholes-Modells für die Anwendung in der empirischen Untersuchung in Abschnitt 5.6. wird auf die zum Teil komplexeren alternativen Modelle, die sich an sich durch realistischere Annahmen über den stochastischen Aktienkursprozeß, den Zinssatz usw. auszeichnen, nochmals Bezug genommen.

5.5. Berücksichtigung von Dividenden

In der Darstellung des Black/Scholes-Modells wurde angenommen, daß während der Laufzeit der Option keine Auszahlungen auf den Basiswert erfolgen. Weiterhin wurde auch gezeigt, daß dann das Modell von Black/Scholes auch auf Amerikanische Optionen übertragen werden kann. Können hingegen während der Laufzeit der Option Ausschüttungen stattfinden, dann begründet sich daraus ein geringerer Optionswert.

Aktien notieren grundsätzlich "*cum-Dividende*" (S^{cum}). Am Tag der Ausschüttung erfolgt ein entsprechender Kursabschlag[1] und die Aktie notiert "*ex-Dividende*" (S^{ex}). Am Verfalltag der Option ergibt sich der Wert der Option zu $C = \max[S_T - K; 0]$, d.h. im Falle einer Ausschüttung zwischen t=0 und t=T zu $C = \max[S_T^{ex} - K; 0]$ und im Falle, daß keine Ausschüttung stattfindet zu, $C = \max[S_T^{cum} - K; 0]$. Sofern während der Laufzeit der Option Ausschüttungen stattfinden, müssen Kaufoptionen dann einen geringeren Wert haben, sofern $S_T^{cum} - K > 0$ ist.

Im Falle von Ausschüttungen müssen grundsätzlich zwei Möglichkeiten unterschieden werden:

a) Die Optionsinhaber erfahren keine Kompensation (= *ungeschützte* Option); dann ist dieser Tatbestand bei der Optionsbewertung in Abhängigkeit der Dividendenstruktur (d.h. sichere oder stochastische; zu bestimmten Zeiten anfallende oder kontinuierliche Dividenden) zu berücksichtigen.

b) Die Optionsinhaber erfahren eine adäquate Kompensation (= *geschützte* Option); dann brauchen Dividendenzahlungen bei der Optionsbewertung nicht berücksichtigt zu werden. Es ist möglich, nach Black/Scholes zu bewerten; man erhält den gleichen Wert wie im Falle der Nichtausschüttung.[2]

---

1 Da von Steuern abstrahiert wird, ist die (volle) Dividende vom Aktienkurs abzuschlagen.

2 Hier ist es wichtig zu betonen, daß eine (perfekt) geschützte Amerikanische Kaufoption dadurch gekennzeichnet ist, daß trotz etwaiger Dividendenzahlungen während der Restlaufzeit der Option diese so bewertet werden kann, als ob mit *Sicherheit* keine Ausschüttung stattfinden würde. Somit kann sie wie eine Europäische Kaufoption bewertet werden. Eine weit verbreitete Schutzmaßnahme besteht darin, daß am Tag der Dividendenzahlung auch vom Ausübungspreis ein entsprechender "Dividendenabschlag" vorgenommen wird (z.B. in den USA im over-the-counter-Handel). Uhlir/Steiner (1991), S. 256ff. zeigen, daß eine solche Schutzmaßnahme nur bewirkt, daß das Recht auf vorzeitige Ausübung wertlos ist, nicht aber, daß man dem Nicht-Dividendenfall gleichgestellt ist. Dies bedeutet, daß so geschützte Amerikanische Kaufoptionen nicht mit der ursprünglichen Black/Scholes-Formel bewertet werden können.

Es werden hier nur ungeschützte Kaufoptionen betrachtet. Wie im Abschnitt 5.4.2. schon ausgeführt worden ist, lassen sich bei den bei der Optionsbewertung zu berücksichtigenden Dividenden 3 Fälle von Modellansätzen unterscheiden:

1. Annahme sicherer Dividendenzahlungen.
2. Annahme kontinuierlich gezahlter stochastischer Dividendenzahlungen.
3. Annahme stochastischer Dividendenzahlungen an unbestimmten Tagen während der Laufzeit.

Es wird hier von der Annahme ausgegangen, *daß die Dividenden, die während der Restlaufzeit einer Option anfallen, mit Sicherheit vorhergesagt werden können.* Diese Annahme *deterministischer Dividenden* ist hier deshalb nicht unrealistisch, da

a) davon ausgegangen werden kann, daß für die hier betrachteten SMI-Aktientitel[1] in der Schweiz die Dividenden pro Jahr keine größeren Schwankungen aufweisen und an sich bekannt sind. Dies gilt insbesondere, als daß
b) hier nur Optionen mit sehr kurzen Restlaufzeiten betrachtet werden.[2]

Die Erfassung von Dividenden während der Restlaufzeit einer *Europäischen Kaufoption* ist durch eine relativ einfache Änderung des Black/Scholes-Modells möglich. Da eine vorzeitige Ausübung nicht erlaubt ist und sowohl der Dividendentermin als auch die Höhe der Ausschüttung bekannt und sicher vorausgesagt werden, ist eine Reduktion des aktuellen Aktienkurses S um den Kapitalwert der Ausschüttungen durchzuführen. Dieser neue Aktienkurs S' geht nun als Parameter in die Black/Scholes-Formel und es resultiert der exakte Europäische Optionswert.[3]

Zur Verdeutlichung der Berechnungsweise diene folgendes Beispiel: Während der Restlaufzeit einer Kaufoption wird zu den Zeitpunkten t_1 und t_2, wobei $t < t_1 < t_2 < T$, eine Ausschüttung in Höhe von D_1 bzw. D_2 erwartet. C' sei der Wert dieser Option. Da es sich um eine Europäische Option handelt, ist eine vorzeitige Ausübung nicht möglich. Dann ergibt sich C' zu

$$C' = C(S_t - D_1\, e^{-r(t_1-t)} - D_2\, e^{-r(t_2-t)}, K, \tau, \sigma, r) \ , \qquad (5\text{-}33)$$

wobei $C(\cdot, K, \tau, \sigma, r)$ gegeben ist durch die Black/Scholes-Formel (5-32). Dieses Vorgehen impliziert, daß sich der Aktienpreis aus zwei Komponenten, nämlich dem risikolosen Teil der sicheren Dividenden und einem riskanten Bestandteil, zusammensetzt. Damit müssen auch die für die Herleitung des Black/Scholes-Modells getroffenen Annahmen hinsichtlich der Kursentwicklung nicht für den realen Aktienkurs S, sondern für S' gelten. Insbesondere

1 Damit ist gemeint, daß den SOFFEX-Optionen zugrundeliegenden Aktientitel alle Standardtitel der größten Schweizer Unternehmen sind und im SMI berücksichtigt werden.

2 Es wird sich später zeigen, daß ausschließlich Optionen mit einer Restlaufzeit von weniger als 3 Monaten, im wesentlichen sogar weniger als 2 Monaten betrachet werden. Zu dieser Annahme vgl. auch Jarrow/Rudd (1983), S. 122f.; Hull (1989),S. 123; Uhlir/Steiner (1991), S. 248.

3 Jarrow/Rudd (1983), S. 124.

beziehen sich die Parameter der Log-Normalverteilung der relativen Aktienkursänderungen und die Volatilität dieser Änderungen auf S'.[1]

Die in der empirischen Untersuchung betrachteten Optionen an der SOFFEX und der DTB sind nicht geschützte Amerikanische Optionen. Fallen während der Restlaufzeit der Optionen Dividenden an, so muß grundsätzlich die Möglichkeit einer vorzeitigen Ausübung kurz vor dem Tag der Dividendenzahlung berücksichtigt werden.

Aufgrund der Ausführungen in Abschnitt 5.3. ist bereits bekannt, daß Amerikanische Kaufoptionen nicht vor dem Verfallszeitpunkt ausgeführt werden sollten, falls

1. keine Dividenden oder sonstige Nebenrechte innerhalb der Optionsfrist auf die zugrundeliegende Aktie entfallen, oder
2. die Kaufoption vollständig auszahlungsgeschützt ist, oder
3. die bei einer vorzeitigen Optionsausübung entstehenden Opportunitätskosten (Zinskosten) gemäß Beziehung (5-7) den Kapitalwert der anfallende Nebenrechte übersteigen.[2]

Für Amerikanische Verkaufsoptionen gibt es hingegen, aufgrund der in Abschnitt 5.3.3. genannten Argumente, immer eine strikt positive Wahrscheinlichkeit für die Vorteilhaftigkeit einer vorzeitigen Ausübung. Zur Bewertung von Amerikanischen Kaufoptionen, für die keine der Bedingungen 1. bis 3. erfüllt ist, und Amerikanischen Verkaufsoptionen gibt es nun grundsätzlich zwei Lösungsverfahren:[3]

1. *Direkte Anwendung numerischer Lösungsverfahren*, und
2. *Analytische Hedging-Modelle.*

Beide Lösungsansätze berücksichtigen die Forderung, *daß zu keinem Zeitpunkt innerhalb der Optionsfrist der theoretische Optionswert den Ausübungswert unterschreiten darf.* Bei den *numerischen Lösungsverfahren* wird diese ökonomische Forderung einfach als weitere Randbedingung dem aus Wertentwicklungsgleichung und Endwertbedingung bestehenden Bewertungsproblem beigefügt. Weil nun aufgrund dieser Modifikation der Problemstellung keine analytisch geschlossene Lösung des Bewertungsproblems mehr existiert, wird eine Lösung auf numerischem Wege gesucht.[4]

Analytische Hedging-Modelle zur Bewertung Amerikanischer Kauf- und Verkaufsoptionen besitzen gegenüber der direkten numerischen Lösung zunächst den Vorteil eines geringeren Rechenaufwandes und sind zudem im ökonomischen und mathematischen Sinne elegantere Lösungsansätze. Sie basieren auf der Vorstellung, daß ein Optionsinhaber zu jedem relevan-

---

[1] Vgl. Weßels (1992), S. 36ff. Dieser Ansatz findet auch bei der Ex-Dividende-Approximation des Binomialmodells von Rendleman/Bartter (1979) sowie Cox/Ross/Rubinstein (1979) Anwendung. Zur Diskussion wird auf Cox/Rubinstein (1985), S. 151ff./236ff. u. Weßels (1992), S. 64ff. verwiesen.

[2] Siehe hierzu Trautmann (1986), Kap. 5.

[3] Vgl. für die folgende Darstellung hierzu Trautmann (1986), S. 5-43f.

[4] Vgl. z.B. Jarrow/Rudd (1983), S. 202ff. oder Weßels (1992).

ten Ausübungszeitpunkt *eine Option auf eine Option besitzt*, mit der Wahlmöglichkeit entweder auszuüben oder die nächste Option (mit dem nächsten relevanten Ausübungszeitpunkt als Verfallszeitpunkt) zu wählen. Grundbaustein aller analytischen Hedging-Modelle ist daher das von Geske[1] entwickelte *Compound Model* zur Bewertung von Europäischen Optionen auf Europäische Optionen.

Roll[2] hat erstmals mit diesem Lösungsansatz eine analytisch geschlossene Bewertungsformel für eine nicht-auszahlungsgeschützte Amerikanische Kaufoption bei *einer* (bezüglich Höhe und Zeitpunkt bekannten) Dividendenausschüttung innerhalb der Optionsfrist abgeleitet. Geske[3] hat diese Ableitung vereinfacht und für den Fall *endlich vieler* Dividendenausschüttungen innerhalb der Optionsfrist verallgemeinert. Eine kleine Ungenauigkeit, die in den beiden Arbeiten zu einer fehlerhaften Bewertungsformel führt, wird von Whaley[4] aufgedeckt und korrigiert. Man spricht deshalb auch vom Roll/Geske/Whaley-Modell.[5] Es werden dabei mathematisch aufwendige bivariate Normalverteilungen unterstellt, die entweder Tabellen entnommen oder mit Hilfe numerischer Integration gewonnen werden. Geske und Johnson[6] übertragen diesen Lösungsansatz auf die Bewertung von Amerikanischen Verkaufsoptionen.[7]

Neben diesen exakten Verfahren existiert eine Ad-hoc-Anpassung (Approximationsverfahren), welches ursprünglich von Black[8] vorgeschlagen wurde. Im folgenden soll ausschließlich auf dieses Verfahren eingegangen werden.

Weiter oben ist für eine Europäische Kaufoption mit Dividenden das Modell von Black/Scholes angepaßt worden. Dies konnte auch deshalb geschehen, weil die vorzeitige Ausübung bei einer Europäischen Option nicht möglich ist. Die mögliche Vorteilhaftigkeit der vorzeitigen Ausübung von Amerikanischen Kaufoptionen aufgrund von Dividendenzahlungen wirft allerdings bei der Bewertung mittels des Black/Scholes-Modells größere Probleme auf. Eine Prämisse bei der Entwicklung dieses Modells ist, daß es sich entweder um Europäische Optionen, die nicht vor dem Fälligkeitstermin ausgeübt werden können, oder um Amerikanische Optionen handelt, die nicht während der Laufzeit ausgeübt werden, weil keine Ausschüttungen stattfinden. Der Dividendeneffekt bei Amerikanischen Optionen kann also im Black/Scholes-Modell nicht berücksichtigt werden.

Betrachtet man eine Amerikanische Kaufoption, so hat eine vorzeitige Ausübung aufgrund von Dividendenzahlungen auf die Bewertung dieselbe Wirkung wie eine Verkürzung der

1 Geske (1979).

2 Roll (1977).

3 Geske (1979b).

4 Whaley (1981).

5 Auf dieses und andere analytische Modelle wird hier nicht weiter eingegangen. Für eine ausführliche Darstellung dieses Ansatzes vgl. Jarrow/Rudd (1983), S. 57ff. u. 143ff. oder Uhlir/Steiner (1991), S. 256ff.

6 Geske/Johnson (1984b).

7 Vgl. Trautmann (1986), S. 5-44f.

8 Black (1975).

Restlaufzeit. Die Kaufoption verliert somit an Wert. Andererseits entfällt bei Ausübung kurz vor einem Dividendentermin der Dividendenabschlag auf den Aktienkurs, d.h. die Kaufoption gewinnt durch vorzeitige Ausübung an Wert. Behelfsmäßig wird versucht, diese konträren Effekte durch die *pseudo-Amerikanische* Kaufoptionsbewertung zu erfassen, welche im folgenden erörtert werden soll.[1]

Wie schon erwähnt, ist eine solche Erweiterung auch erforderlich, um das Bewertungsmodell in der empirischen Untersuchung zur Berechnung der impliziten Aktienrenditen heranziehen zu können, da die betrachteten Optionen an der SOFFEX und der DTB in der Untersuchungsperiode vom Amerikanischen Typ sind und Dividenden anfallen.

Wie in Abschnitt 5.3.2. gesehen, kann es bei Existenz von Dividenden grundsätzlich nur unmittelbar vor einem ex-Dividenden-Termin vorteilhaft sein, die Option auszuüben. Wir gehen von n ex-Dividenden-Terminen aus und bezeichnen $t_1, t_2, \ldots, t_n$ Zeitpunkte unmittelbar vor dem ex-Dividenden-Termin, wobei $t_1 < t_2 < \ldots < t_n$. Es werden Ausschüttungen zu den entsprechenden Zeitpunkten in Höhe von $D_1, D_2, \ldots, D_n$ erwartet.

Zunächst wird die Möglichkeit der vorzeitigen Ausübung nur vor dem letzten ex-Dividenden-Termin t_n untersucht. Übt der Optionshalter sein Optionsrecht aus, so erhält er $S_{t_n} - K$. Bei Nichtausübung fällt der Aktienkurs auf $S_{t_n} - D_n$ und der Wert der Option muß folgende Bedingung erfüllen:[2]

$$C_{t_n} > S_{t_n} - D_n - K\, e^{-r(T-t_n)} \tag{5-34}$$

Daraus folgt, daß die Nichtausübung vorteilhafter ist, wenn

$$S_{t_n} - D_n - K\, e^{-r(T-t_n)} \geq S_{t_n} - K \tag{5-35}$$

bzw.

$$D_n \leq K\,(1 - e^{-r(T-t_n)})\ . \tag{5-36}$$

Ist hingegen

$$D_n > K\,(1 - e^{-r(T-t_n)})\ , \tag{5-37}$$

dann kann gezeigt werden, daß vorzeitige Ausübung zu t_n immer vorteilhaft ist, wenn S_{t_n} hoch genug ist.[3] Vorzeitige Ausübung wird immer dann vorteilhaft sein, wenn der letzte ex-

1 Dieser Ansatz wurde erstmals von Black (1975), S. 41f. vorgeschlagen. Der Name *pseudo-Amerikanische Kaufoption* erschien zuerst im Manuskript zu Cox/Rubinstein (1985) im Jahre 1978 (Jarrow/Rudd (1983), S. 127). Dieses Konzeot läßt sich nur auf Kaufoptionen anwenden. Bei der Bewertung von Verkaufsoptionen muß die vorzeitige Ausübung in jedem Zeitpunkt während der Laufzeit betrachtet werden, d.h. es müßte eine unendliche Anzahl von Werten für die Verkaufsoption berechnet werden. Vgl. auch Cox/Rubinstein (1985), S. 238ff.

2 Siehe Abschnitt 5.3. und den Beweis in Hull (1989), S. 110f.

3 Vgl. Merton (1973), S. 151-156.

Dividenden-Termin nahe dem Verfalltag der Option liegt (d.h. wenn $T - t_n$ sehr klein ist) und eine hohe Dividende zu erwarten ist.

Lassen wir nun vorzeitige Ausübung zu einem früheren Zeitpunkt zu, so ergibt sich für einen ex-Dividenden-Termin t_i $(1 \leq i < n)$ entsprechend den obigen Ausführungen, daß die Ausübung nicht vorteilhaft ist, falls

$$D_i \leq K\,(1 - e^{-r(t_{i+1}-t_i)}). \tag{5-38}$$

(5-38) kann approximativ wie folgt dargestellt werden:

$$D_i \leq K\, r(t_{i+1} - t_i) \tag{5-39}$$

Angenommen, der Aktienkurs sei nahe beim Basispreis der Option, d.h. es handle sich um eine at-the-money-Option, so lohnt sich die vorzeitige Ausübung also nur, wenn die Dividendenrendite (D_i/S) dem risikolosen Zinssatz entspricht oder über diesem liegt. Dies ist in der Praxis allerdings sehr unwahrscheinlich.[1] Somit kommt eine vorzeitige Ausübung Amerikanischer Kaufoptionen mit Dividenden meist nur vor dem letzten ex-Dividenden-Tag in Betracht. Ist Bedingung (5-38) für $i = 1, 2, \ldots, n-1$ und (5-36) bzw. Bedingung (5-7) erfüllt, so ist eine vorzeitige Ausübung niemals vorteilhaft.

Das Vorgehen bei der *pseudo-Amerikanischen* Kaufoptionsbewertung sieht nun so aus, daß für eine Laufzeit bis zum Zeitpunkt T sowie bis zum ex-Dividenden-Termin t_n ein Black/Scholes-Preis für eine Europäische Option gemäß (5-33) berechnet wird. Für den Ex-Dividenden-Termin t_n ist dies also der Fälligkeitstermin.[2]

Zur Verdeutlichung der Berechnungsweise diene folgendes Beispiel: Während der Restlaufzeit einer Kaufoption wird zu den Zeitpunkten t_1 und t_2, wobei $t < t_1 < t_2 < T$, eine Ausschüttung in Höhe von D_1 bzw. D_2 erwartet. Dann ergeben sich für die beiden Optionen mit Laufzeit bis t_2 bzw. T folgende Black/Scholes-Werte ($C(\cdot, K, \tau, \sigma, r)$ gegeben durch (5-32)):

- Ausübung direkt vor der letzten Ausschüttung

$$C_1 = C(S_t - D_1\, e^{-r(t_1-t)}, K, t_2-t, \sigma, r) \tag{5-40a}$$

- Ausübung bei Fälligkeit

$$C_2 = C(S_t - D_1\, e^{-r(t_1-t)} - D_2\, e^{-r(t_2-t)}, K, \tau, \sigma, r) \tag{5-40b}$$

1 Vgl. z.B. Black (1975), S. 41; Hull (1989), S. 126.
2 Vgl. Black (1975).

Der pseudo-Amerikanische Kaufoptionswert C ist dann C = max[C_1, C_2].[1]

Jarrow/Rudd[2] bemerken hierzu, daß diese Approximation als eine exakte Bewertungsformel für eine Amerikanische Option angesehen werden kann, sofern vorzeitige Ausübung nicht vorteilhaft ist. Desweiteren ist es eine untere Wertgrenze für Amerikanische Kaufoptionen mit Dividenden bei sinnvoller vorzeitiger Ausübung. Der pseudo-Amerikanische Wert ist kleiner oder gleich dem aktuellen Wert der Amerikanischen Option, weil diese Methode nicht alle Möglichkeiten des Optionshalters reflektiert. Der Preis einer Amerikanischen Kaufoption muß die bedingte Wahrscheinlichkeit zur frühzeitigen Ausübung zu jedem ex-Dividenden-Termin reflektieren. Das obige pseudo-Amerikanische Konzept enthält aber nur die beiden Möglichkeiten sichere vorzeitige Ausübung zum letzten Termin oder keine Ausübung, wobei bereits zum aktuellen Zeitpunkt in Unkenntnis der zukünftigen Kursentwicklung entschieden werden muß, ob an einem Dividendentermin die Kaufoption ausgeübt werden soll oder nicht. Die Ausübung vor einem Ausschüttungstermin ist aber nur bei Erreichen eines bestimmten kritischen Kurses optimal.[3]

Es wird deutlich, wie bedeutend im pseudo-Amerikanischen Konzept eine Zweiteilung des Aktienkurses in einen risikobehafteten logarithmisch normalverteilten Bestandteil und einen aus den Dividendenzahlungen resultierenden risikofreien Bestandteil ist. Diese Zweiteilung setzt voraus, daß Dividenden hinsichtlich der Höhe und des Zahlungszeitpunktes bekannt sind. Mit dieser Erkenntnis wird jedoch eine Schwachstelle des dargestellten pseudo-Amerikanischen Bewertungsansatzes sichtbar:[4] Der Wert der Option orientiert sich an dem riskanten Bestandteil des Aktienkurses, der sich durch Subtraktion des Dividendenkapitalwertes vom aktuellen Kurs ergibt. Nur dieser kann sich stochastisch entwickeln. Bei der Bestimmung dieses (riskanten) Kursanteils sind somit nicht nur die bis zum Zeitpunkt jeweiliger Ausschüttungstermine angefallenen Dividenden sondern alle während der Laufzeit der Option erwarteten Dividendenzahlungen zu berücksichtigen.[5] Die Berechnung der Optionswerte für die Zeitpunkte direkt vor den einzelnen ex-Dividenden-Terminen beruht somit immer auf demselben Aktienkurs, der sich aus dem aktuellen Kurs vermindert um den Kapitalwert der insgesamt erwarteten Ausschüttungen ergibt.

Konsequenterweise muß unter diesen Annahmen der Basispreis, der in die Berechnung der Optionswerte eingeht, entsprechend reduziert werden, d.h. zu jedem potentiellen Ausübungstermin wird der Basispreis um den Kapitalwert der bis zur Fälligkeit der Option noch erwarteten Dividenden ermäßigt. Für den Wert der Option, der sich bei einer unterstellten Ausübung am Fälligkeitstermin ergibt, ist schließlich der eigentliche Basispreis und nicht ein verminderter zu verwenden.

---

1 Black (1975), Fn. 11 bemerkt hierzu, daß dies lediglich eine Approximation darstellt.

2 Jarrow/Rudd (1983), S. 124.

3 Siehe Weßels (1992), S. 38 bzw. 12ff. Vgl. auch Geske/Roll (1984), S. 444.

4 Vgl. Weßels (1992), S. 37ff.; Whaley (1981), S. 207ff.; Rubinstein (1983), S. 214ff.; Jarrow/Rudd (1983), S. 124ff.

5 Uhlir/Steiner (1991), S. 248 und 264 berücksichtigen sogar Dividenden nach dem Verfalltermin.

Zur Veranschaulichung sei auf obiges Beispiel zurückgegriffen. Der allen Berechnungen zugrundeliegende (riskante) Kursanteil $S_t^{'}$ bestimmt sich zu:

$$S_t^{'} = S_t - D_1\, e^{-r(t_1-t)} - D_2\, e^{-r(t_2-t)} \qquad (5\text{-}41a)$$

Die Optionswerte berechnen sich wie folgt ($C(\cdot, K, \tau, \sigma, r)$ gegeben durch (5-32)):

- Ausübung direkt vor der ersten Ausschüttung

$$C_1 = C(S_t^{'}, K - D_1 - D_2\, e^{-r(t_2-t_1)}, t_1-t, \sigma, r) \qquad (5\text{-}41b)$$

- Ausübung direkt vor der zweiten Ausschüttung

$$C_2 = C(S_t^{'}, K - D_2, t_2-t, \sigma, r) \qquad (5\text{-}41c)$$

- Ausübung bei Fälligkeit

$$C_3 = C(S_t^{'}, K, \tau, \sigma, r) \qquad (5\text{-}41d)$$

Der pseudo-Amerikanische Kaufoptionswert C ist dann $C = \max[C_1, C_2, C_3]$.

Die zweite Methode der Berechnung des pseudo-Amerikanischen Kaufoptionswertes ist hinsichtlich des theoretischen Anspruchs der ersten Methode vorzuziehen. Zahlreiche Vergleichsrechnungen haben jedoch gezeigt, daß der Wert der Kaufoption nach der ersten Methode wesentlich weniger vom analytischen oder numerisch approximierten Kaufoptionswert abweicht als der Preis nach der zweiten Methode.[1]

Festzuhalten bleibt, daß diese Methode der Bewertung von Amerikanischen Kaufoptionen mit Dividenden in zahlreichen empirischen Untersuchungen angewendet wird.[2] Dies ist auch deshalb der Fall, weil dieser Ansatz gegenüber dem analytischen Verfahren für die praktische Anwendung ein tragbarer Kompromiß zwischen Rechengenauigkeit und -aufwand darstellt. Während wesentlich komplexere Modelle mit mehr realistischen Annahmen über den die Aktienrenditen generierenden stochastischen Prozeß, den Zinssatz und die vorzeitige Ausübung existieren, ist das pseudo-Amerikanische Black/Scholes-Modell immer noch die am meisten benutzte Formel, was wahrscheinlich auf seine Einfachheit und Robustheit zurückzuführen ist.[3]

---

1 Siehe Weßels (1992), S. 38.

2 Vgl. z.B. Macbeth/Merville (1979, 1980); Manaster/Rendleman (1982); Geske/Roll (1984); Bhattacharya (1987); Gunter (1990).

3 Vgl. Bhattacharya (1987), Fn. 16. Er weist auch darauf hin, daß die Signifikanz von Verbesserungen minimal und nicht kostenlos ist. Hierzu muß auch erwähnt werden, daß diese Bewertungsmethoden nicht das Ziel dieser Arbeit sind. Die Methodik wird in der empirischen Untersuchung so gewählt, daß absolute Bewertungsabweichungen keine dominante Rolle spielen. Das Augenmerk wird vielmehr auf relative Ände-
(Fortsetzung auf nächster Seite)

Beispielsweise Whaley[1] hat drei Ansätze zur Bewertung Amerikanischer Kaufoptionen mit Dividenden getestet: 1) Das analytische Verfahren von Roll/Geske/Whaley, 2) die pseudo-Amerikanische Approximation (5-40) und 3) die Bewertung für Europäische Kaufoptionen (5-33). Die drei Modelle produzierten dabei Fehlbewertungen von durchschnittlich 1,08%, 1,48% und 2,15%. Hull[2] merkt an, daß im Durchschnitt alle drei Modelle innerhalb der durch Handelsunvollkommenheiten auferlegten Toleranzgrenzen als gut anzusehen sind.

5.6. Zur Angemessenheit des Black/Scholes-Modells

Grundsätzlich ist es sachdienlich, zu diskutieren, welches Modell für die empirische Untersuchung gewählt werden sollte. Dabei ist festzuhalten, daß es an sich kein anderes Modell gibt, welches konsistent bessere Erwartungswerte erzeugt als das Modell von Black/Scholes. Trautmann[3] verweist auf Milton Friedman und weist darauf hin, daß man die Gültigkeit und Qualität eines Modells *nicht am Realitätsgehalt* seiner Annahmen messen sollte, sondern an seiner *Fähigkeit, zukünftige Ereignisse prognostizieren zu können*. Diesen Leitsatz sollte man auch bei der Beurteilung des Black/Scholes-Modells bedenken. Zwei grundlegende Annahmen dieses Modells sind nämlich besonders kritisch zu betrachten:

1. Die Annahme von der *zeitkontinuierlichen* Anpassung des Hedgeportefeuilles.

   Natürlich ist die zeitkontinuierliche Anpassung des Hedgeportefeuilles praktisch nicht möglich. Dies um so mehr, als Transaktionskosten einen keineswegs vernachlässigbaren Umfang annehmen, was ja im Ursprungsmodell ebenfalls außer acht gelassen wurde. Allerdings konnte gezeigt werden, daß die Gültigkeit der Black/Scholes-Formel nicht untrennbar an eine zeitkontinuierliche Handelstätigkeit geknüpft ist.[4]

2. Die Annahme einer *geometrischen Brownschen Bewegung* für die Akienkurse.

   Ebenfalls wird die aufgrund der Annahme einer geometrischen Brownschen Bewegung für die Aktienkurse implizierte Log-Normalverteilung der Aktienkurse sowie der relativen Änderungen am Ende eines jeden beliebigen Zeitintervalls selten erfüllt. Wie bei der Erörterung der Parameterschätzung in Abschnitt 5.4.1.4. bereits ausgeführt wurde, haben empirische Untersuchungen im wesentlichen ergeben, daß die tatsächlichen Ak-

(Fortsetzung von voriger Seite)
rungen gelegt. Weiterhin wird sich herausstellen, daß die kritischen Punkte an anderen Stellen (z.B. die Methode der Schätzung der impliziten Volatilität oder die Höhe der Abschlußzahlen auf dem Optionsmarkt) liegen und deshalb das Augenmerk vorwiegend dorthin verlagert wird. Aus diesem Grund ist eine Diskussion über die Wahl der Bewertungsmethode zwar grundsätzlich sachdienlich. Es sollte aber herauskommen, daß die pseudo-Amerikanische Bewertung aufgrund ihrer Einfachheit den Vorzug erhält.

1 Whaley (1982).

2 Hull (1989), S. 127.

3 Trautmann (1986), S. 7-52.

4 So haben Rubinstein (1976) und Brennan (1979) gezeigt, daß die Black/Scholes-Formel für Europäische Kaufoptionen weiterhin Gültigkeit besitzt, falls anstelle der Annahmen A9 (zeitkontinuerliche Handelstätigkeit) und A8 (geometrische Brownsche Bewegung) die Annahmen einer konstanten proportionalen Risikoaversion und einer bivariaten Log-Normalverteilung erfüllt sind. Vgl. auch Egle/Trautmann (1981) sowie Trautmann (1986), S. 5-44ff.

tienrenditenverteilungen nicht der Normalverteilung entsprechen. Deshalb ist die Prozeßannahme des Black/Scholes-Modells als eine relativ grobe Approximation der Realität anzusehen.

Grundsätzlich muß man sich jedoch die Frage stellen, ob die Vorhersagefähigkeit eines Modells *signifikant* anwächst, wenn ein alternatives Modell mit einer realistischeren Prozeßannahme benutzt wird. Während es auf der einen Seite komplexere Modelle mit evtl. realistischeren Annahmen über den stochastischen Aktienkursprozeß, den Zinssatz, usw. gibt, zeichnet sich das Optionsbewertungsmodell von Black/Scholes gegenüber anderen Optionsbewertungsmodellen durch Einfachheit und Robustheit aus. So haben beispielsweise Untersuchungen von Ball und Torous[1] für den US-amerikanischen Markt gezeigt, daß die theoretischen Werte nach dem weitaus komplizierteren Modell von Merton[2] nicht signifikant von den Black/Scholes-Modellwerten abweichen. Dies ist deshalb überraschend, weil Merton's Aktienkursmodell die empirische Verteilung der Kursrenditen von Aktien deutlich besser als das der Black/Scholes-Formel zugrunde gelegte Modell erklärt.[3] Dieses Ergebnis begründet auch die Entscheidung, sich in der vorliegenden Studie auf das Black/Scholes-Modell zu beschränken.

Weiterhin muß angeführt werden, daß die eher komplexeren Optionsbewertungsformeln schwerlicher anwendbar sind. So kann mittlerweile das Black/Scholes-Modell als theoretisch befriedigendes und anwendungsfreundliches Bewertungsverfahren angesehen werden und gilt als 'state-of-the-art' bei der Preisfindung von Optionen.[4] *"Dies wird noch durch den Mangel an geeigneten Alternativen unterstrichen, weshalb das Modell auch in aktuellen Arbeiten einen zentralen Stellenwert einnimmt"*[5].

Was die Anpassung von Dividenden bzgl. Amerikanischen Kaufoptionen betrifft, so gilt ähnliches für die *pseudo-Amerikanische Black/Scholes-Formel*: *"While more complicated formulas are available based on more realistic assummtions ... the pseudo-American Black/Scholes model is still the most widely used formula due to its simplicity and robustness. That ist, the magnitude of improvement in option price valuation the pseudo-American Black/Scholes model is generally within the bid/ask spread around the option price. In other words, the operational significance of the improvement is minimal and not costless, as it usually involves estimation of one or more additional parameters"*.[6]

Im übrigen ist als ein äußerst wichtiger Punkt noch das Untersuchungsziel zu beachten. So kann in einer empirischen Untersuchung je nach Untersuchungsziel eine geeignete Untersuchungsmethodik dazu beitragen, daß der Problematik der absoluten Abweichungen von Mo-

---

1 Ball/Torous (1985).

2 Merton (1976).

3 Vgl. Trautmann (1990), S. 93.

4 Vgl. Bös (1991), S. 53.

5 Weßels (1992), S. 45. Vgl. dazu z.B. Gunter (1990); Kumar/Shastri (1990); Bös (1991); Day/Lewis (1992); Spudy (1992).

6 Bhattacharya (1987), S. 6 Fn. 16.

dell- und Marktpreisen gar keine so große Bedeutung geschenkt werden muß. Hierzu sollten für diese Arbeit folgende Punkte berücksichtigt werden:

1. Einbeziehung der Kenntnis von tendenziellen Fehlbewertungsunterschieden des Balck/Scholes-Modells bei unterschiedlichen Optionen.

   Grundsätzlich haben empirische Untersuchungen ergeben, daß im Modell von Black/Scholes sich Unterschiede in den Abweichungen von Modell- zu Marktpreisen ergeben, je nachdem, ob es sich um at-the-money-, in-the-money- oder out-of-the-money-Optionen handelt. Dies bedeutet u.a., daß gerade bei der Berechnung von impliziten Volatilitäten (wie auch schon in Abschnitt 5.4.1.4. erörtert) und implizierten Aktienkursen darauf zu achten ist. Wie im empirischen Teil noch zu zeigen ist, spielen at-the-money-Optionen eine tragende Rolle bezogen auf den gesamten Optionsmarkt der SOFFEX und der DTB.[1] So können je nach Untersuchungsziel und Untersuchungsmethodik evtl. nur at-the-money-Optionen für die Berechnung der impliziten Werte herangezogen werden, ohne daß dabei ein Repräsentativitätsverlust mit einhergeht.

2. Mit einem geeigneten Untersuchungskonzept kann vermieden werden, daß die absoluten Abweichungen eine tragende Rolle bei der Ermittlung der Ergebnisse spielen.

   Den absoluten Abweichungen von Modell- und Marktpreisen kann je nach Untersuchungsziel z.B. dadurch begegnet werden, indem relative Änderungen der Options- bzw. Aktienpreise herangezogen werden.

Im empirischen Teil werden diese Punkte u.a. sehr wichtig sein. Sie werden dort nochmals aufgegriffen.

1 Beurteilt nach der Anzahl Geschäfte und dem Volumen pro Tag.

6 Charakterisierung des Untersuchungsgegenstandes und Beschreibung der Datenbasis

Grundlage der empirischen Intraday-Untersuchung ist der schweizerische und deutsche Aktien- und Optionsmarkt, wobei unter Optionsmarkt ausschließlich die vollelektronischen Terminbörsen SOFFEX für die Schweiz und DTB für Deutschland zu verstehen sind. Neben der Tatsache, daß es sich beim Aktienmarkt um einen *Kassamarkt*, beim Optionsmarkt um einen *Terminmarkt* handelt, besteht ein wesentlicher Unterschied in der Handelsform bzw. dem Handelssystem. Beim herkömmlichen Aktienmarkt findet man eine *Präsenzbörse* vor, die nach dem Handelsprinzip "*à-la-criée*" durchgeführt wird. Die SOFFEX und die DTB sind dagegen *vollelektronische Computerbörsen*, an denen keine physische Präsenz der Händler am Handelsort mehr erforderlich ist. Das traditionelle Börsenparkett wird durch ein vollelektronisches Handelssystem ersetzt. Die Börsenteilnehmer sind via User-Devices online mit dem Host der jeweiligen Börse verbunden. Diese Unterschiede sind für die empirische Analyse von besonderer Bedeutung, da es hier zu untersuchen gilt, auf welchem der beiden Märkte Informationen sich schneller in den Preisen widerspiegeln.

Deshalb soll im folgenden der Untersuchungsgegenstand zunächst einmal charakterisiert werden. Dazu gehört eine allgemeine Darstellung charakteristischer Merkmale des Börsenhandels, um die beiden Handelssysteme besser einordnen und vergleichen zu können. Anschließend werden die Marktstrukturen der schweizerischen und deutschen Aktien- und Optionsmärkte konkret erläutert. Da es sich beim Computerhandel um eine "neuere" Form handelt (die SOFFEX ist eine der ersten Computerbörsen der Welt), liegt der Schwerpunkt auf der Beschreibung der wichtigsten Strukturmerkmale der vollelektronischen Terminmärkte SOFFEX und DTB. Die Ermittlung der Untersuchungsperiode war bei dieser Intraday-Analyse aufgrund des umfangreichen Datenmaterials nicht unproblematisch. Deshalb soll hierauf separat eingegangen werden. Der Abschluß dieses Kapitels bildet dann die Beschreibung der Datenbasis der Real-Time-Aktien- und Optionsdaten.

6.1. Charakteristische Merkmale des Börsenhandels

In diesem Abschnitt soll eine Charakterisierung von Aktien- und Optionsbörsen erfolgen. Dies bezieht sich insbesondere auf die Ablauforganisation von Börsen, d.h. die verwendeten Handelssysteme. Aufbauend auf dieser Charakterisierung sollen dann in den folgenden Abschnitten die Mikrostrukturen der in der Schweiz und Deutschland existierenden Effektenbörsen sowie der SOFFEX und DTB erläutert werden.[1]

[1] Es sei betont, daß diese Charakterisierung sowie die folgende Beschreibung von Handelsabläufen vor dem Hintergrund der Problemstellung dieser Arbeit zu sehen ist. Es kann dabei nicht das Ziel sein, eine umfassende Beschreibung jeglicher wirtschaftlicher und rechtlicher Gegebenheiten der einzelnen Börsen, wie et-
(Fortsetzung auf nächster Seite)

Im folgenden werden einige Grundstrukturen des Börsenhandels dargestellt. Weltweit existieren verschiedene Formen, die hinsichtlich mehrerer Kriterien systematisiert werden können. Für eine Klassifizierung lassen sich beispielsweise folgende Gesichtspunkte heranziehen:[1]

a) Handelssystem bzw. Vorhandensein von Market-Makern
   1. *Order-driven* Märkte (*open-outcry, à-la-criée)*, in denen keine Market-Maker vorhanden sind, die Angebots- und Nachfragepreise stellen. Die Aufträge aus dem Publikum werden direkt miteinander "gematched".[2]
   2. *Quote-driven* Märkte, in den Market-Maker verbindliche Geld- und Briefkurse stellen. Man unterscheidet hierbei noch zwischen dem
      - *Specialist Market-Maker-Prinzip*, bei dem pro Wertpapierserie nur ein Market-Maker dafür verantwortlich ist, verbindliche Preise zu stellen und dem
      - *Competing Market-Maker-Prinzip*, bei dem der Specialist durch mehrere Market-Maker ersetzt wird.

b) *Physische Präsenz* der Marktteilnehmer an einem Handelsort bzw. *Automatisierungsgrad* des Handels (Einsatz der EDV, automatische Auftragsausführung durch den Computer)
   1. *Präsenzbörsensysteme* mit physischer Präsenz der Marktteilnehmer. Der Handel bzw. Abschluß erfolgt nicht automatisch, es kann aber eine gewisse *EDV-Unterstützung* vorliegen.
   2. *Computer-gestützter Börsenhandel (Telefonhandel)*[3], bei dem die physische Präsenz entfällt, der Abschluß telefonisch durch die Händler erfolgt.
   3. *Computerbörsen*, bei dem ebenfalls keine physische Präsenz vorliegt und der Handel vollständig durch Computersysteme abgewickelt wird (automatische Auftragsausführung, "Automated Trade Matching").

c) Zum Börsenhandel *zugelassene Mitglieder*
   1. *Maklerbörsen:* An diesen Effektenbörsen sind keine Banken, sondern lediglich Makler (Broker), d.h. ausgesprochene Wertschriftenhändler zugelassen. Beispiele hierfür sind die Börsen von New York und Tokyo sowie London (bis 1986) und

---

(Fortsetzung von voriger Seite)
wa Börsenordnungen, detaillierte Handelsbedingungen sowie rechtliche Bedingungen der Abwicklung von Kassa- und Termingeschäften zu geben. Dazu sei auf die Handbücher und Regelwerke der hier zu betrachtenden Börsen sowie die einschlägige Literatur hingewiesen.

1 Siehe hierzu auch Hauck (1991), S. 75ff. und Schnyder (1992), S. 56f. Eine tabellarische Zusammenfassung einiger Ausprägungsformen von derzeit bestehenden Finanzoptionsbörsen der Welt gibt Hauck (1991), S. 84ff. und 311ff.

2 Obwohl es unterschiedliche Ausprägungen dieses wohl ältesten Systems gibt und obwohl auch schriftliche Aufträge möglich sind, ist gerade durch das Prinzip des offenen Ausrufs das signifikante Element dieser Handelsstruktur gegeben. Zu diese Gruppe gehören neben *Batch Systemen* das *Auftragsbuchsystem*, das *Crowd Trading System* sowie das *Board Trading System*. Da auf diese Formen hier nicht näher eingegangen wird, wird auf Schnyder (1992), S. 57ff. verwiesen. Order-driven Märkte werden auch als *Agency Markets*, *Auction Markets* oder *Matching Systeme*, quote-driven Märkte als *Dealer Markets* bezeichnet.

3 Der Telefonhandel wird oft auch als *Bildschirmhandel* bezeichnet, da er nur auf der Basis bildschirmgestützter Preisinformationssysteme erfolgt, welche die Market-Maker-Quotes anzeigen.

Paris (bis 1988), an denen sich die Banken für der Wertpapierkauf und -verkauf der Brokerfirmen bedienen müssen.[1]

2. *Offene Börsen:* Die Mitgliedschaft steht Banken und Brokerhäusern offen. Beispiele sind die Börsen in Deutschland, der Schweiz oder in Holland.

c) *Handelszeitraum*
   1. *Nichtpermanente (periodische) Handelssysteme*
   2. *Permanente (kontinuierliche) Handelssysteme*

Die folgende Darstellung orientiert sich vorwiegend am Gesichtspunkt der Handelssysteme und am Kriterium des Automationsgrades. Es wird dabei immer vom permanenten Handel ausgegangen, bei dem eintreffende Aufträge zugleich zum Ausgleich gebracht werden, sofern ein entgegengesetzter Auftrag vorhanden ist.[2]

6.1.1. Handelssysteme

Es existieren drei unterschiedliche Basisformen von Handelssystemen. Bei der wohl ältesten Variante handelt es sich um das *open-outcry (à-la-criée).*[3] Weiter sind die Form des *Specialist Market-Maker* sowie die Handelsstruktur des *Competing Market-Maker* zu nennen.[4]

Beim *Open-Outcry-Prinzip* (Offener Ausruf) muß ein Händler, der Kauf- oder Verkaufsangebote abgeben bzw. annehmen will, dies nicht nur durch Handzeichen, sondern i.d.R. zusätzlich auch durch lautes Ausrufen signalisieren, wodurch unweigerlich ein hoher Geräuschpegel auf dem *Parkett* entsteht. Es ist dabei oft ein hoher körperlicher Einsatz der einzelnen Händler erforderlich.[5] Obwohl dieses nach außen als Chaos erscheint, handelt es sich hier um eine in sich geregelte Handelsform mit strengen internen Regeln. So ist besonders in dieser Ausprägung der Präsenzbörse neben einer fachlichen Qualifikation auch die soziale Komponente in Form der persönlichen Akzeptanz der einzelnen Händler untereinander unerläßlich.

Eine Neuheit gegenüber diesem traditionellen System sind die aus dem angelsächsischen Bereich bekannten *Market-Maker*, deren Funktion eine integrierende Komponente des Handelssystems ist. Market-Maker sind von der jeweiligen Börse zugelassene Handelshäuser, die sich verpflichtet haben, für bestimmte Wertpapiere den Markt zu machen, d.h. auf Anfrage unverzüglich verbindliche An- und Verkaufskurse zu stellen. Die Market-Maker-

---

1 Vgl. Albisetti et al. (Hrsg.) (1988), S. 472 und Schnyder (1992), S. 57. Die schweizerischen Effektenbörsen sind keine Maklerbörsen, weil die Banken direkt am Ring vertreten sind.

2 Es wird auf eine Bewertung der einzelnen Systeme verzichtet. Vgl. hierzu Hauck (1991), S. 75ff.; Schnyder (1992), S. 57ff.

3 Obwohl es unterschiedliche Ausprägungen dieses Systems gibt, ist gerade durch das Prinzip des offenen Ausrufs das signifikante Element dieser Handelsstruktur gegeben.

4 Wie schon oben ausgeführt, existieren neben diesen Grundformen eine Fülle zusätzlicher Variationen, wobei sich jedoch alle personengebundenen Systeme auf die drei genannten Formen zurückführen lassen.

5 Die Angebots- oder Annahmeofferten werden ebenfalls durch Fingersprache abgegeben und bedingen dadurch einen starken körperlichen Einsatz.

Funktion garantiert einen kontinuierlichen Handel und soll für die erforderliche Liquidität des Marktes sorgen.[1]

Bei dem an der AMEX und NYSE praktizierten *Specialist Market-Maker-Prinzip* wird eine Order, die auf dem Parkett ankommt, zuerst in der "Menge", der sog. *crowd* gehandelt, die sich aus Brokern und Market-Makern zusammensetzt. Kann der Auftrag dort nicht *gematched*, also eine offene Position nicht geschlossen werden, so wird dieser Vorgang an den zuständigen Spezialisten weitergegeben.[2] Der Market-Maker kann dabei entweder auf eigene Rechnung oder als Vermittler (*Board Broker*) agieren.

Bei dem *Competing Market-Maker-Prinzip* wird eine Funktionstrennung zwischen Board Broker und Market-Maker praktiziert, bei der der Specialist durch mehrere Market-Maker ersetzt wird.[3] Am Börsenhandel sind folgende Gruppen beteiligt:

- *Floor-Broker*, die Geschäfte selbst ausführen, aber nicht in eigenem Namen handeln dürfen. Diese Börsenmitglieder tätigen Aufträge von Public Order-Mitgliedern oder von anderen Floor-Brokern.
- *Market-Maker*, die auf eigene Rechnung handeln.[4]
- *Board-Broker*, deren Hauptaufgabe die Entgegennahme und Ausführung von limitierten Aufträgen ist.[5]
- *Public Order-Mitglieder* leiten Aufträge der Nicht-Börsenmitglieder an Floor-Broker weiter.

6.1.2. Automationsgrad

Ein weiteres Unterscheidungsmerkmal der einzelnen Börsenorganisationen stellt die technische Abwicklung dar. Eine rein manuelle Abwicklung ist i.d.R. aufgrund der Kontraktzahl nicht mehr praktikabel. Es erfolgt deshalb eine *EDV-gestützte* Handelsabwicklung, welche darauf aufbauend durch *Computer-gestützte* Systeme gesteigert werden kann. Die vollelektronische *Computerbörse* besitzt den höchsten Automationsgrad.

Die reine *EDV-Unterstützung* findet man i.d.R. bei der *Präsenzbörse,* welche als die traditionelle Handelsform im Wertschriftenhandel gilt. Die EDV-Unterstützung zeigt sich darin, daß die EDV-Anlagen der reinen Informationsweiterleitung zwischen den Marktteilnehmern bzw. deren Mitarbeitern dienen. Der Handel erfolgt nicht automatisch, das Gegenüberstel-

---

1 Kontinuierlicher Handel bedeutet nicht, daß während der Börsenzeit ständig Transaktionen stattfinden, sondern nur, daß Transaktionen immer sofort dann durchgeführt werden können, wenn sich Aufträge und/oder Quotes (Angebots- und/oder Nachfragepreise) ausführbar gegenüberstehen.

2 Vgl. Hauck (1991), S. 77.

3 Dieses System wurde erstmals bei der Chicago Board Options Exchange (CBOE) eingeführt.

4 Market-Maker dürfen nicht gleichzeitig Inhaber eines Market-Maker-Sitzes und eines Public-Order- oder Floor-Broker-Sitzes sein.

5 Weiter müssen sie die höchsten Geld- und die niedrigsten Briefkurse mit den zugehörigen Kontraktvolumina bekanntgeben. Vgl. Hauck (1991), S. 77.

len und Zusammenführen von Positionen wird personifiziert und unabhängig von der elektronischen Datenverarbeitung durchgeführt.

Die Präsenzbörse wird zunehmend von telefonischen Handelssystemen oder computerisierten Systemen (z.B. Pariser Börse) abgelöst. Der Telefonhandel spielt vor allem im außerbörslichen Handel (z.B. Eurobondhandel) eine zentrale Rolle. Dabei entfällt die für den ursprünglichen Börsenhandel typische lokale, örtliche Konzentration der Händler. Sämtliche Informationen werden über den Bildschirm weitergeleitet. Die Angebots- und Nachfragekurse werden telefonisch übermittelt, was sich analog dem Open-Outcry-Prinzip vollzieht. Ebenso erfolgt der Handelsabschluß, das sog. *Matchen* - völlig losgelöst vom Bildschirmsystem - telefonisch durch die Händler bzw. Market-Maker.

Bei den vollelektronischen *Computerbörsen* wird der Handel vollständig durch Computersysteme abgewickelt. Dies umfaßt die Aufgaben der Informationsweiterleitung, der Kommunikation und der Handelsabschlüsse. Die manuelle Tätigkeit bezieht sich nur noch auf die Eingabe der offenen Positionen. Es werden somit die Funktionen des traditionellen Parketts nachgebildet, indem die Angebots- und Nachfragepositionen sowie das Zusammenführen der offenen Positionen durch eine automatische Auftragsausführung des Computersystems durchgeführt und die Resultate über die Bildschirme ausgegeben werden.[1] Aus diesem Grunde ist auch ein persönlicher Kontakt zwischen den Händlern für den Abschluß nicht mehr notwendig. Der klassische "Händlerring" wird durch einen teilweise supranationalen Computerring ersetzt, wobei die EDV als Informations- und Kommunikationssystem benutzt wird. Jegliche Kursstellungen der Broker werden mit anderen Aufträgen verglichen und nach den Prioritäten Preisgleichheit und Eingangszeit vom EDV-System selbst zusammengeführt, und ersetzt damit den offenen Ausruf. Nach dem Matchen wird das Ergebnis real-time allen Marktteilnehmern auf dem Bildschirm angezeigt. Wie bei den Präsenzbörsen gibt es auch hier sowohl *Market-Maker* als auch *Broker*. Die erste Gruppe soll durch das Stellen von Geld- und Briefkursen die Marktliquidität gewährleisten. Sie handeln auf eigene Rechnung. Broker wickeln sowohl Geschäfte auf eigene Rechnung *(Principal)* als auch auf Rechnung des Kunden *(Agent)* ab und geben somit die von außen eintreffenden Kundenaufträge in das System ein.

Üblicherweise erfolgt bei solchen Systemen eine zentrale Überwachung des Handels durch eine Clearing-Vereinigung. Die *Clearing-Stelle* tritt als Vertragspartner jeder Transaktion auf, die die Erfüllung aller eingegangenen Verpflichtungen sicherstellt. Damit soll für jeden Marktteilnehmer ein hoher Sicherheitsgrad gewährleistet werden.[2] Hinsichtlich des Clearings unterscheidet man *Direct-Clearing-Mitglieder*, welche berechtigt sind, eigene Geschäfte und die von Kunden abzuwickeln und *General-Clearing-Mitglieder*, welche eigene Geschäfte, die ihrer Kunden und die von Nicht-Clearing-Mitgliedern durchführen können. *Nicht-Clearing-Mitglieder* sind Börsenmitglieder, die keine Clearing-Lizenz besitzen.

1 Wird das Matching nach dem Auktionsprinzip (order-driven) durchgeführt, so tritt der Computer an die Stelle des Kursmaklers und errechnet selbständig die entsprechenden Einheitskurse.

2 Zur Erläuterung des Ablaufs des *Clearings bzw. der Clearing-Struktur* der beiden Terminbörsen SOFFEX und DTB siehe SOFFEX (1990), Teil III; Keller/Redelberger/Schwaiger (1991); DTB (1992; 1992c).

Im folgenden wird das Handelssystem der ursprünglichen Effektenbörsen der Schweiz und von Deutschland dargestellt. Danach erfolgt die Erläuterung einige konkreter Strukturmerkmale der SOFFEX und der DTB. Da sich sowohl Aktienbörsen als auch die elektronischen Terminbörsen der beiden Länder nur geringfügig in ihrer Struktur unterscheiden, erfolgt eine gemeinsame Erläuterung. Die Unterschiede werden an den entsprechenden Stellen aufgeführt. Aufgrund der Neuartigkeit der Computerbörsen wird diesen eine erhöhte Aufmerksamkeit bei der Beschreibung gewidmet.

6.2. Organisation des Aktienmarktes (Handelssystem "à-la-criée")

Die Schweiz und Deutschland weisen eine dezentralisierte Börsenstruktur auf. In der Schweiz bestehen in Zürich, Genf und Basel Effektenbörsen.[1] In Deutschland existieren acht regionale Aktienbörsen in Frankfurt, Düsseldorf, München, Hamburg, Stuttgart, Berlin, Hannover und Bremen. Einige Börsen nehmen in Bezug auf den Gesamtumsatz einen vergleichbar geringfügigen Stellenwert ein.[2] Unter dem Begriff *Aktienmarkt* eines Landes werden im folgenden alle obigen bestehenden Effektenbörsen, an denen Aktien, Genuß oder Partizipationsscheine gehandelt werden, subsummiert.

Der offizielle schweizerische und deutsche Aktien- und Obligationenhandel erfolgt nach dem *"à-la-criée"-System*, während die standardisierten Optionen elektronisch über das SOFFEX- bzw. DTB-System gehandelt werden.[3] Das *Ausrufsystem* kennt im Gegensatz zur SOFFEX oder DTB keine offiziellen Market-Maker. Demzufolge ist kein Börsenhändler am Ring oder auf dem Parkett verpflichtet, bei Ausruf eines Titels einen Geld- oder Briefkurs zu stellen. Für gewisse Titel gibt es hingegen inoffizielle Market-Maker.[4]

Spezifisch für das schweizerische System ist, daß hier der Handel ohne Einschalten von Brokern oder Maklern und Spezialisten direkt zwischen den Vertretern der *Ringbanken* abgewickelt wird. Die Vertreter des Börsenkommissariats im *Ring* haben nur überwachende und registrierende, aber keine Maklerfunktion.[5]

Alle Geschäfte werden von den Beteiligten direkt vor den Augen der Ringhändler abgeschlossen. Die umsatzstärksten Aktien werden "fortlaufend" während der ganzen Börsenzeit

1 Neben diesen drei dominierenden Börsen mit gemischt staatlich-privater Organisation existieren privatrechtliche Institutionen, wie etwa in Bern oder St.Gallen.

2 Siehe Arbeitsgemeinschaft der Deutschen Wertpapierbörsen (1992).

3 Am 5.4.1991 wurde das Integrierte Börsenhandels- und Informations-System (IBIS) eingeführt, an dem erstmals Aktien und Renten vollelektronisch und standortunabhängig an der Frankfurter Wertpapierbörse gehandelt wurden. Dieses System ist nicht Betrachtungsgegenstand dieser Untersuchung. Für eine detaillierte Erläuterung vgl. Frankfurter Wertpapierbörse AG (Hrsg.) (1992), S. 26ff. und Frankfurter Wertpapierbörse AG (Hrsg.) (1992b).

4 Die Kurstransparenz konnte dank dem Ringinformationssystem (RIS), an dem über Bildschirme der Verlauf des Handels an jedem einzelnen Ring verfolgt werden kann, verbessert werden.

5 Zur Ausführung dieses Systems sowie dem Ablauf der Börsensitzung siehe Effektenbörsenverein Zürich (Hrsg.) (1990; 1991).

von 10.00 Uhr bis 16.00 Uhr gehandelt. Bei diesem *variablen Handel* (fortlaufende/variable Notierung) entstehen für unterschiedliche Titel während einer Sitzung mehrere unterschiedliche Kurse, die vom *Börsenschreiber* sofort im Originalkursblatt notiert werden. Hierbei gibt es weder Mittelkurse noch Notierungen nach dem Meistausführungsprinzip.[1]

Aktien werden in *Stück* gehandelt. Der Kurs gibt also den Preis einer Aktie in Franken an. Bei der Kursfestlegung sind bestimmte *Kursabstufungen* einzuhalten, welche sich nach dem Kurswert richten (Tab. 6-1).

Tab. 6-1: Minimale Preisabstufungen am Schweizer Aktienmarkt[2]

Aktienpreis in SFr.	Minimalpreisfluktuation in SFr.
0,05 - 10,00	0,05
10,05 - 100,00	0,25
100,25 - 300,00	0,50
300,50 - 1000,00	1,00
1001,00 - 2000,00	5,00
2005,00 - 5000,00	10,00
5010,00 und darüber	25,00

Durch diese minimalen Preisfluktuationen werden auch die minimalen *Geld-Brief-Spannen* bestimmt. Voraussetzung für die Notiz eines Kurses ist, daß mindestens eine *Schlußeinheit* oder ein Vielfaches davon umgesetzt wird. Damit ist eine bestimmte Anzahl Aktien, die nach dem Kurswert abgestuft ist, zu verstehen (Tab. 6-2).

Tab. 6-2: Minimale Schlußeinheiten am Schweizer Aktienmarkt[3]

Aktienpreis in SFr.	Minimale Schlußeinheit (Stückzahl)
0,00 - 10,00	1000
10,05 - 25,00	500
25,05 - 200,00	100
200,50 - 500,00	50
501,00 - 1000,00	25
1001,00 - 2000,00	10
2005,00 - 5000,00	5
5010,00 - 10000,00	2
10025,00 und darüber	1

1 Nach dem Meistausführungsprinzip wird derjenige Kurs ermittelt, bei dem die meisten der vorliegenden Kauf- und Verkaufsaufträge ausgeführt werden können.

2 Effektenbörsenverein Zürich (Hrsg.) (1991), S. 50.

3 Effektenbörsenverein Zürich (Hrsg.) (1991), S. 51. Kleinere Einheiten (Fraktionen) werden unter Umständen zu einem schlechteren Kurs gehandelt, der nicht im offiziellen Kursblatt erscheint.

Im Handel am Ring bzw. auf dem Parkett gilt das *gesprochene Wort*. Jeder Händler ist an das von ihm gerufene Angebot solange gebunden, bis es durch ein besseres Angebot gegenstandslos geworden ist oder er es ausdrücklich zurückzieht, längstens aber bis zum Ende der Börsensitzung.

Im Unterschied zu dem beschriebenen Ringhandel existieren an den deutschen Wertpapierbörsen ebenso Kursmakler.[1] Es gibt drei Gruppen von Börsenmitgliedern:[2]

- *Kreditinstitute* betreiben den Handel mit Wertpapieren auf eigene Rechnung oder fremde Rechnung; nur sie bringen Aufträge zum Kauf- oder Verkauf von Wertpapieren zur Börse.
- *Kursmakler* vermitteln Geschäfte in den zum amtlichen Handel[3] zugelassenen Wertpapiere und stellen dabei gleichzeitig den Kurs fest.
- *Freie Makler* vermitteln Geschäfte in allen Wertpapieren, dürfen jedoch in amtlich gehandelten Wertpapieren keine Kurse stellen. Sie veröffentlichen aber regelmäßig Preise im geregelten Markt[4] und im Freiverkehr[5]. Ein typisches Tätigkeitsfeld der freien Makler ist die Ausführung von Geschäften für solche Banken, die nicht genug eigenes Personal an der Börse haben.

Beim variablen Handel von 10.30 Uhr bis 13.30 Uhr müssen die Aufträge auf 50 Stück (Schlußeinheit) oder ein Vielfaches davon lauten. Die minimalen Preisfluktuationen am deutschen Aktienmarkt sind in Tab. 6-3 dargestellt.

Tab. 6-3: Minimale Preisabstufungen am deutschen Aktienmarkt[6]

Aktienpreis in DM	Minimalpreisfluktuation in DM
0,01 - 5,00	0,01
5,01 - 20,00	0,05
20,05 und darüber	0,10

1 Zur Ausführung dieses Systems sowie dem Ablauf der Börsensitzung siehe Frankfurter Wertpapierbörse AG (Hrsg.) (1992).

2 Siehe Frankfurter Wertpapierbörse AG (Hrsg.) (1992), S. 8ff.

3 Börsensegment, in dem nur Wertpapiere gehandelt werden, die bestimmte strenge Zulassungsvoraussetzungen erfüllen; diese Wertpapiere werden an der Börse amtlich notiert. Vgl. Frankfurter Wertpapierbörse AG (Hrsg.) (1992), S. 14f.; Janßen/Rudolph (1992), S. 139.

4 Markt für Wertpapiere, die den Anforderungen des amtlichen Handels nicht entsprechen und daher zu diesem nicht zugelassen sind; es besteht dennoch ein förmliches Zulassungsverfahren. Mit Einführung des geregelten Marktes sollte bisher nicht emissionsfähigen Unternehmen der Gang an die Börse ermöglicht werden. Vgl. Frankfurter Wertpapierbörse AG (Hrsg.) (1992), S. 15; Janßen/Rudolph (1992), S. 144.

5 Markt für Wertpapiere, die nicht zum amtlichen Handel zugelassen sind; das Wertpapier unterliegt nur sehr wenigen Zulassungsvoraussetzungen. Vgl. Frankfurter Wertpapierbörse AG (Hrsg.) (1992), S. 16; Janßen/Rudolph (1992), S. 144.

6 Frankfurter Wertpapierbörse AG (Hrsg.) (1992), S. 23.

6.3. Marktstruktur der SOFFEX und der DTB

Im folgenden werden zunächst einige Strukturmerkmale des Handelssystems der SOFFEX bzw. der DTB dargestellt. Da die SOFFEX-Software in Lizenz an die DTB vergeben wurde, sollen beide Systeme zusammen erläutert werden.[1]

Am 19. Mai 1988 eröffnete die SOFFEX den Handel mit Aktienoptionen auf 11[2] Schweizer Aktien bzw. Partizipations- oder Genußscheine; der Handel von Kontrakten auf den SMI[3] wurde am 7. Dezember desselben Jahres aufgenommen.

Am 26. Januar 1990 nahm die DTB ihren Geschäftsbetrieb auf. Als erste Produkte wurden Aktienoptionen auf 14 deutsche Standardwerte[4] gehandelt, die Einführung von Futures-Kontrakten auf den DAX[5] und auf eine idealtypische Bundesanleihe folgte am 23. November des gleichen Jahres.

Die SOFFEX und die DTB sind elektronische Börsen, an denen das traditionelle Börsenparkett durch ein vollelektronisches Handelssystem ersetzt ist. Dieses Handelssystem integriert verschiedene Funktionen des Handelsprozesses und ist neben Torontos CATS[6] und Tokyos CORE[7] eines der wenigen weltweit existierenden Systeme, die einen sehr hohen Automatisierungsgrad im Handelsprozeß aufweisen. Eine weitere Neuheit gegenüber den traditionellen Präsenzbörsen sind die aus dem angelsächsischen Bereich bekannten Market-Maker, deren Funktion eine integrierende Komponente des Handelssystems ist. Wie schon weiter oben beschrieben, sind Market-Maker von der SOFFEX bzw. DTB zugelassene Handelshäuser, die sich verpflichtet haben, für bestimmte Wertpapiere den Markt zu machen, d.h. auf Anfrage verbindliche An- und Verkaufskurse zu stellen.

Den Mittelpunkt der SOFFEX bzw. DTB bildet der Zentralrechner. Das elektronische Handelssystem integriert verschiedene Funktionen, die vollautomatisiert sind und vom Computer wahrgenommen werden. Hierzu zählen der Orderabgleich, die Preisermittlung, die Auftragsausführung, die Bereitstellung von Marktinformationen und das Clearing.

---

1 Eine wesentliche Veränderung an der DTB erfolgte mit der Entwicklung einer *Pre-Opening-Phase*, was noch erläutert wird.

2 Am 17.10.1988 kam BBC sowie am 19.5.1989 Alusuisse hinzu. Eine Übersicht über die Gesellschaften, auf deren Aktien Optionen gehandelt werden, findet sich in Tab. 6-6 in Abschnitt 6.4.

3 Im Zusammenhang mit der Beschreibung der Datenquellen für anfallende Nebenrechte (Abschnitt 6.7) wird noch auf diesen Index und seine Zusammensetzung eingegangen.

4 Eine Übersicht über die Gesellschaften, auf deren Aktien Optionen gehandelt werden, findet sich in Tab. 6-7 in Abschnitt 6.4.

5 Der DAX ist ein gewichteter Index unter Berücksichtigung von Abschlägen auf Dividenden- und Kapitalmaßnahmen, der sich aus 30 deutschen Standardwerten zusammensetzt, zu denen alle DTB-Titel zählen.

6 Computer Assisted Trading System (vgl. Cohen/Maier/Schwartz, R.A. / Whitcomb (1986), Kap. 3). CATS-Lizenzen sind an Börsen in Frankreich, Spanien, Belgien und Brasilien vergeben worden.

7 Computer Assisted Orderrouting and Execution System (vgl. Hansell (1989)).

6.3.1. Börsenteilnehmer

Die Börsenteilnehmer sind via User-Devices online mit dem Host der jeweiligen Börse verbunden und können über angeschlossene Terminals Aufträge und Quotes (Angebots- und/oder Nachfragepreise) in das EDV-System eingeben. Die einzelnen Börsenteilnehmer[1] unterscheiden sich zum einen hinsichtlich ihrer Clearing-Funktion[2] und zum anderen dahingehend, ob sie eine Zulassung als Market-Maker haben oder nicht. Ein Market-Maker ist berechtigt und auf Anfrage von Börsenteilnehmern verpflichtet, unverzüglich verbindliche Geld- und Briefpreise zu stellen. Dieser Verpflichtung muß der Market-Maker nur für die Optionsserien in denjenigen Basiswerten nachkommen, für die er an der SOFFEX bzw. DTB zugelassen ist. Für jeden Basiswert sind mehrere Market-Maker tätig, so daß eine zugunsten des Anlegers wirkende Wettbewerbssituation gegeben ist.[3] Die Market-Maker-Funktion ist ein integrierender Bestandteil des Handelssystems. Wie schon ausgeführt, garantiert sie einen kontinuierlichen Handel und soll für die erforderliche Liquidität des Marktes sorgen.

Für die mit der Sicherstellung von Liquidität verbundenen Risiken werden dem Market-Maker gewisse Privilegien eingeräumt. Diese sind reduzierte Börsengebühren, geringere Transaktionskosten[4], erhöhte Positionslimite[5] und spezielle Systemfunktionen.

Laut Börsenordnung ist die unverzügliche Quotierung die einzige rechtliche Verpflichtung der Market-Maker an der SOFFEX bzw. DTB. Sie sind zu keiner Art von Preisstabilisierung oder Volatilitätsbegrenzung verpflichtet, müssen also nicht glättend auf die Preisentwicklung einwirken. Folglich sind auch unerwünschte Preissprünge bei gewissen Veränderungen der Marktbedingungen möglich. Bis Mitte Juni 1990 gab es für die Market-Maker an der DTB auch keinerlei Auflagen in bezug auf die Gestaltung der Quotes bzw. der Geld-Brief-Spanne. Am 17.6.1990 führte der Börsenvorstand der DTB Maximum-Geld-Brief-Spannen[6] ein und reagierte damit auf die vielfach als zu hoch kritisierten Spannen. Seit Ende August müssen die Quotes der Market-Maker zudem für eine Mindestanzahl von fünf Kontrakten gut sein, was eine größere Markttiefe gewährleisten soll.[7]

---

1 Die Anzahl der Börsenteilnehmer verändert sich sehr rasch. Im Juli 1993 waren es 49 Teilnehmer an der SOFFEX und 83 an der DTB.

2 Vgl. SOFFEX (1990), Teil III und VI; (DTB (1992c).

3 Die Anzahl der Börsenteilnehmer, welche eine Market-Maker-Zulassung haben, verändert sich ebenfalls. Dabei ist vor allem zu beachten, daß die Anzahl der Basistitel, für die jeder Market-Maker eine Lizenz hat, unterschiedlich hoch ist. An der SOFFEX machen die drei Großbanken Schweizerische Bankgesellschaft, Schweizerischer Bankverein und Schweizerische Kreditanstalt, an der DTB die Deutsche Bank und die Dresdner Bank für alle Basiswerte den Markt.

4 Für Market-Maker-Geschäfte werden an der SOFFEX für Aktienoptionen gestaffelt nach der Schwere des Titels SFr. 0,05 bis SFr. 0,80 (statt SFr. 0,25 bis SFr. 4,- für Kunden- und Eigengeschäfte) an Handelsgebühren belastet. An der DTB betragen diese Kosten für Market-Maker DM 0,60 anstatt DM 3,-. (Stand: Juli 1993)

5 Ein Positionslimit ist die maximale Anzahl von Kontrakten, die von einem Börsenteilnehmer oder von einem Kunden auf eigene Rechnung gehalten werden darf. Positionslimite sind als Prozentsatz des für den Handel frei verfügbaren Kapitals eines Basiswerts festgelegt.

6 Siehe Tab. 6-9 in Abschnitt 6.5.

7 An der SOFFEX besteht kein festgelegtes Maximum für die Differenz zwischen Geld- und Briefkursen.

6.3.2. Auftragsarten

Die Börsenaufträge an der SOFFEX bzw. DTB können folgender Art sein:

- Unlimitierte (Bestens-) Aufträge (*Market-Orders*),
- limitierte Aufträge (*Limit-Orders*) und
- kombinierte Aufträge (*Combination-Orders*).[1]

Unlimitierte Aufträge sind Bestens- (Verkaufs-) oder Billigst- (Kauf-) Aufträge, die optional mit einer Gültigkeitsbestimmung versehen werden können. Dies gilt gleichermaßen für limitierte Aufträge, die sich alternativ auch mit einer Ausführungsbeschränkung kennzeichnen lassen.[2]

Ein kombinierter Auftrag[3] besteht aus zwei gekoppelten Einzelaufträgen, wobei die Angabe einer Ausführungsbeschränkung obligatorisch ist. Das System vermeidet die asymmetrische Ausführung einer Kombination. Neben den von der SOFFEX bzw. DTB standardmäßig angebotenen Kombinationen kann auch jede andere Auftragskombination eingegeben werden, wobei jedoch das Risiko einer asymmetrischen Ausführung besteht.

6.3.3. Organisation des Handels

Die tägliche Börsenzeit dauert an der SOFFEX von 7.00 Uhr bis 18.00 Uhr[4] (an der DTB von 7.30 bis 17.00 Uhr[5]) und gliedert sich in vier Phasen:[6]

- die vorbörsliche Phase (*Pre-Trading-Periode*),
- die Eröffnungsphase (*Opening-Periode*),

---

1 Im SOFFEX-Manual werden noch *Block- und Cross-Orders* separat aufgeführt, die aber auch als eine Form des kombinierten Auftrages angesehen werden können. Für Aufträge, die eine von der SOFFEX festgelegte Minimalquantität übersteigen, ermöglicht die Funktion des Blockhandels Marktteilnehmern, größere Mengen zu handeln, ohne sie in das reguläre Auftragsbuch einzugeben und dem automatischen Matching-System zu überlassen. Es werden damit Auftragsausführungen von Teilmengen vermieden. Das System unterstützt einen elektronischen Auktionsmarkt, an dem für alle Interessenten die Offerten eingegeben werden können. Ein Cross-Auftrag liegt vor, wenn ein Kaufauftrag und ein gleich großer Verkaufsauftrag mit demselben Preis aufgenommen wird. Jeder Händler hat dann während einer von der SOFFEX festgelegten Zeitspanne die Gelegenheit, die eine oder die andere Seite des Cross-Auftrages vollständig zu übernehmen. Vgl. SOFFEX (1990), Teil III und VI.

2 Vgl. SOFFEX (1990), Teil VI; DTB (1992d).

3 Das Angebot an Kombinationen umfaßt Spreads, Straddles, Strangles und Conversions. Zur Beschreibung dieser Kombinationen vgl. z.B. Bookstaber (1981), S. 112ff.; Cox/Rubinstein (1985), S. 8ff.; Gastineau (1988), S. 46ff.; Hauck (1991), S. 36ff.; Jarrow/Rudd (1983), S. 24ff.

4 Es existiert eine Mittagspause von 13.00 bis 13.55 Uhr, in der zwar Geld- und Briefkurse eingegeben werden können, aber keine Abschlüsse stattfinden.

5 Dies bezieht sich auf Aktienoptionen. Bis Ende 1991 von 9.30 bis 16.00 Uhr.

6 Der Ablauf des Börsenhandels ist in der Börsenordnung der SOFFEX bzw. DTB festgelegt (vgl. SOFFEX (1990), Teil VI; DTB (1992b)). Gemäß dieser wird die Börsenzeit sowie der Beginn der einzelnen Handelsphasen vom Börsenvorstand festgelegt. Laut SOFFEX-Manual ist hier noch die Nachtverarbeitung (*Nightly Processing*) aufzuführen, an der das On-Line-System allerdings außer Betrieb bleibt. Es werden alle mit dem Clearing zusammenhängenden Abwicklungen durchgeführt.

- die Handelsphase (*Trading-Periode*) und
- die nachbörsliche Phase (*Post-Trading-Periode*).

Die Börsenteilnehmer können während der Pre- und Post-Trading-Periode Aufträge und Quotes in das System eingeben[1], die danach in die jeweils folgende Opening-Periode eingehen. In der zuerst genannten Periode können Aufträge und Quotes auch geändert oder gelöscht werden. In beiden Phasen erfolgen keine Handelsabschlüsse.

Eine wesentliche Veränderung des DTB-Systems gegenüber dem der SOFFEX besteht in einer in die Eröffnungsphase eingegliederten Pre-Opening-Periode.

Das Pre-Trading endet an der DTB um 9.30 Uhr.[2] Die dann einsetzende Opening-Periode beginnt mit der Ermittlung der vorläufigen Eröffnungspreise für jede Optionsserie. Die Opening-Periode unterteilt sich wiederum in zwei Abschnitte: In der *Pre-Opening-Periode* werden laufend indikative Eröffnungspreise angezeigt, d.h. Preise, zu denen die Eröffnungsaufträge ausgeführt würden, wenn der Markt im gleichen Moment eröffnen würde. Die Börsenteilnehmer haben während dieser Periode bis zu einem von der Börsengeschäftsführung bestimmten Zeitpunkt die Möglichkeit, durch Eingabe von Aufträgen und Quotes auf die voraussichtlichen Eröffnungspreise zu reagieren. Quotes können geändert, jedoch nicht insgesamt für einen Basiswert gelöscht werden. Damit will die DTB die Ermittlung marktgerechter Eröffnungspreise gewährleisten.[3]

Nach Beendigung des Pre-Openings führt das System einen Ausgleichsprozeß (*Netting*) durch und ermittelt nach dem *Meistausführungsprinzip* den endgültigen Eröffnungspreis. Während des Nettings können keine Aufträge oder Quotes eingegeben oder geändert werden, lediglich die Abfrage von Marktinformationen ist möglich.[4] Ist das Netting eines Basiswertes abgeschlossen, so ist die Opening-Periode in diesem Basiswert beendet. Die derart ermittelten Eröffnungskurse sind Einheitskurse, die nach dem Auktionsprinzip (*single call auction*)[5] zustandekommen.

An der SOFFEX findet zur Eröffnung der Kurse eine *Opening-Rotation* statt, während der alle vorhandenen limitierten und unlimitierten Aufträge und Quotes für jeden an der SOFFEX gehandelten Kontrakt saldiert werden. Wie auch an der DTB führt das System das Netting (Zusammenführen der besten Brief- und Geldkurse) durch und ermittelt den Eröff-

---

1 Dies ist an der DTB in den letzten 15 Minuten der Post-Trading-Phase nur noch für Clearing-Mitglieder möglich (sog. eingeschränkte Nachhandelsphase).

2 Bis 1991 um 10.30 Uhr.

3 Das Pre-Opening unterliegt u.a. der besonderen Aufmerksamkeit der Preis- und Marktüberwachung der DTB-Kontrolleure, die insbesondere wegen der Ausführung von Kundenaufträgen in dieser Phase auf faire Preise achten. Bei zu großen Abweichungen vom mathematisch errechneten "richtigen Preis" wird die Handelseröffnung verschoben. Diese Überprüfung soll in Zukunft dem Computer übertragen werden.

4 Die Opening-Periode kann auch ohne Eröffnungskurs für eine Optionsserie enden, jedoch erst, nachdem in allen anderen Serien dieses Basiswerts der Eröffnungspreis angezeigt ist. Dieser Fall tritt ein, wenn in einer Optionsserie keine unlimitierten Aufträge vorliegen, kein Ausgleich zwischen limitierten Aufträgen oder letzteren und Quotes zustande kommt (vgl. DTB (1992b)).

5 Vgl. Lüdecke/Schlag (1992), S. 327.

nungskurs.[1] Während der Opening-Rotation dürfen keine Aufträge und Quotes eingegeben werden. Nach Beendigung der Rotation aller Kontrakte, die sich auf einen Basiswert beziehen, dürfen die Kontrakte während der Trading-Periode gehandelt werden.[2]

Auf die Opening-Periode folgt die Trading-Periode mit dem fortlaufenden Handel der Kontrakte in den betreffenden Optionsserien, die um ca. 16.15 Uhr[3] an der SOFFEX und um 16.00 Uhr[4] an der DTB beendet ist.[5] Die über die Händlerbildschirme eingegebenen Aufträge und Quotes gelangen via Standleitung in das elektronische Orderbuch der DTB, wo sie automatisch nach den Prioritäten Preis und Zeit geordnet und gegenübergestellt werden.[6] Market-Orders haben grundsätzlich höchste Priorität. Limit Orders und Quotes werden vom System derart sortiert, daß der höchste Nachfragepreis (*bester Geldkurs*, *Best-Bid-Price*) und der niedrigste Angebotspreis (*bester Briefkurs*, *Best-Ask-Price*) Vorrang haben. Bei gleichen Preisen entscheidet der Eingabezeitpunkt über deren Rangfolge. Stehen sich zwei Aufträge ausführbar gegenüber, so werden diese gemäß den systemeigenen Prioritäten zu Geschäftsabschlüssen zusammengeführt (*Matching*). Bei der Preisfindung dienen die Quotes der Market-Maker dem System als Referenzpreis.[7]

Die Market-Maker stehen mit ihren Quotes im Wettbewerb mit den Preisen der limitierten Aufträge, die von den übrigen Börsenteilnehmern in das System eingegeben werden. Es gibt keine Kontrahierungspriorität für Market-Maker, so daß Aufträge auch ohne deren Zwischenschaltung ausführbar sind.[8] Demnach basiert die Implementierung der Handelsfunktion auch nicht auf dem reinen Market-Maker-Prinzip, sondern vielmehr auf dessen Verquickung mit dem Auktionsprinzip. Die Börsenteilnehmer partizipieren an einer kontinuierlichen Doppelauktion, bei der das EDV-System die Preisermittlung übernimmt. Market-Maker können und müssen nach Anforderungen (*Quote-Request*) an der Auktion teilnehmen, so daß die Ausführung von Aufträgen jederzeit möglich ist. Anders als für die Eröffnungsauktion ermittelt das System für die nachfolgenden Auktionen jeweils Einzelkurse.[9]

Ein Teil der empirischen Analyse wird sich damit beschäftigen, ob für die Geschäftstätigkeit sowie die Geld-Brief-Spannen ein systematisches Muster innerhalb der Handelsperiode

---

1 Das Netting wird abermals nach der Mittagspause durchgeführt.

2 Vgl. SOFFEX (1990), Teil VI.

3 Bis 5. Min. nach Ende des Handels an der Zürcher Börse.

4 Bis 1991 um 15.00 Uhr.

5 Das SOFFEX-System legt den Tagesendbewertungskurs eines Kontraktes, basierend auf dem zuletzt bezahlten Kurs des Kontraktes fest, sofern ein Handel innerhalb der letzten Handelsstunde erfolgte. Andernfalls wird der Tagesendbewertungskurs als Durchschnittskurs innerhalb des Marktes (bester Geldkurs und bester Briefkurs der letzten Aufträge und Quotes) festgesetzt (vgl. SOFFEX (1990), Teil VI). Das System der DTB ermittelt keine besonderen Schlußkurse (vgl. DTB (1992b)).

6 Die Existenz von wohldefinierten Prioritätsregeln bildet eine notwendige Voraussetzung für einen "fairen und ordentlichen" Markt (vgl. Miller (1990)).

7 Vgl. SOFFEX (1990) Teil III und VI; DTB (1992b; 1992d).

8 Die Market-Maker hatten anfänglich einen Marktanteil von ca. 80%, der sich im Laufe der Zeit auf ein Niveau zwischen 50 und 60% einpendelte. Vgl. für die DTB Lüdecke/Schlag (1992), S. 327.

9 Eine ausführliche Darstellung der Handelsprinzipien und deren Ausgestaltung findet man bei Schmidt (1988); Keller/Redelberger/Schwaiger (1991).

identifizierbar ist. Zu Beginn des Handelstages wird unter den Marktteilnehmern noch relativ große Unsicherheit bezüglich der Marktentwicklung herrschen. So sollen die Pre-Trading- und an der DTB zusätzlich die Pre-Opening-Phase des Handelstages vor allem zur Preisfindung der Marktteilnehmer dienen. Die Pre-Trading-Phase wird jedoch nur in geringem Maße genutzt, zudem stellen Market-Maker in diesen Phasen ihre Quotes sehr selektiv. Somit kann erwartet werden, daß auch nach der Eröffnungsphase noch eine gewisse Zeit vergeht, bis sich die Marktteilnehmer an das vermeintlich richtige Preisniveau herangetastet haben. Dies wird in einem monoton fallenden Verlauf der Geld-Brief-Spannen nach der Markteröffnung resultieren. Auch charakteristische Merkmale des Kassamarktes, wie etwa die kürzere Börsenzeit in Deutschland, könnten Einfluß auf den Verlauf der Geld-Brief-Spannen haben. Strategien zur Auftragsplazierung, die auf einen Zeitraum vor Handelsschluß ausgerichtet sind, könnten wiederum ansteigende Geld-Brief-Spannen induzieren.

6.4. Options-Kontraktspezifikationen und Basistitel

In der empirischen Untersuchung werden bei der Analyse des Datenmaterials etliche Kontraktspezifikationsmerkmale eine besondere Rolle spielen. Aus diesem Grunde werden hier die wesentlichen Kontraktspezifikationsmerkmale von SOFFEX- und DTB-Optionen aufgeführt. Es wird dabei jeweils auf diejenigen Optionen bzw. Basistitel eingegangen, die auch Grundlage der Untersuchung sind. Da die Terminologie hierzu bereits in Kap. 4 erläutert wurde, sind die einzelnen Markmale der Einfachheit halber in den Tabellen 6-4 für die SOFFEX und 6-5 für die DTB aufgelistet.

Besonders zu beachten ist die Tatsache, daß es sich jeweils um Optionen vom *Amerikanischen Typ* handelt.

Weiter muß noch auf SMI-Optionen eingegangen werden, welche Optionen auf einen synthetischen Basiswert darstellen.[1] Aus diesem Grund kann unter praktischen Gesichtspunkten die Lieferung der Papiere bei der Ausübung der Option nicht physisch erfolgen. Die SOFFEX wählte deshalb nach amerikanischem Vorbild die Form des *Barausgleiches (Cash-Settlement)*, dessen Höhe sich aus der Differenz zwischen dem aktuellen Indexstand (Tagesendbewertungskurs) und dem Ausübungspreis ergibt.[2] Ansonsten werden SMI-Optionen genauso behandelt wie Aktienoptionen.

1 Auf den SMI selbst wird im Zusammenhang mit der Erläuterung der Datenquellen für angefallene Nebenrechte (Abschnitt 6.7) eingegangen.

2 Der Tagesendbewertungskurs oder Settlement-Preis entspricht während der Laufzeit des Optionskontraktes dem letzten berechneten Indexstand während des Tages. Um Manipulationen vorzubeugen, wird allerdings am letzten Handelstag vor Verfall der Endbewertungskurs bereits eineinhalb Stunden nach Eröffnung des Handels festgelegt und der Handel in dieser Serie danach eingestellt. Sollte wegen fehlenden Aktienkursen kein Indexstand ermittelt werden, so legt die SOFFEX den Endbewertungskurs fest. Vgl. Dubacher (1991), S. 151.

Tab. 6-4: Kontraktspezifikationsmerkmale für SOFFEX-Optionen[1]

Merkmale	Aktienoptionen	SMI-Optionen
Basiswert	Auswahl von Schweizer Titeln, welche permanent an der ATB[2]-Börsen Basel, Genf und Zürich gehandelt werden (siehe Tab. 6-6).	Swiss Market Index (SMI)
Kontraktgröße	5 Basistitel	SFr. 5,- pro Indexkontrakt
Laufzeiten	1, 2, 3 Monate sowie der nächste Monat des A-Zyklus Januar, April, Juli, Oktober.	1, 2, 3 Monate sowie der nächste Monat des A-Zyklus Januar, April, Juli, Oktober.
Ausübungspreise	Pro Kontraktmonat mindestens 3 Ausübungspreise mit je einem Basispreis in-the-money, at-the-money und out-of-the-money. Weitere Ausübungspreise werden eingeführt, wenn sich der Tagesendbewertungskurs des Basistitels so verändert, daß kein höherer oder tieferer Ausübungspreis mehr besteht.	Pro Kontraktmonat mindestens 3 Ausübungspreise mit je einem Basispreis in-the-money, at-the-money und out-of-the-money. Weitere Ausübungspreise werden eingeführt, wenn sich der Tagesendbewertungskurs des Basistitels so verändert, daß kein höherer oder tieferer Ausübungspreis mehr besteht.
Handelszeiten[3]	10.00 Uhr bis 5. Min. nach Ende des Handels an der Zürcher Börse (ca. 16.15 Uhr); Pause: 13.00 bis 13.55 Uhr	10.00 Uhr bis 5. Min. nach Ende des Handels an der Zürcher Börse (ca. 16.15 Uhr); Pause: 13.00 bis 13.55 Uhr
Letzter Handelstag	3. Freitag des Verfallmonates, falls es ein Börsentag in Zürich ist, sonst der Handelstag davor.	3. Freitag des Verfallmonates, falls es ein Börsentag in Zürich ist, sonst der Handelstag davor.
Verfalltag	Der auf den letzten Handelstag folgende Börsentag.	Der auf den letzten Handelstag folgende Börsentag.
Ausübungsmodus	Amerikanisch; Ausübung an jedem Geschäftstag während der Börsenzeit, mit Ausnahme des Tages eines Dividendenabschlusses.	Europäisch[4]
Vertragserfüllung	Physische Lieferung	Barausgleich

1 Gemäß SOFFEX-Kontrakt-Spezifikationen, Stand: Oktober 1992. Ohne Low Exercise Price Options (LEPO's). Diese werden nicht aufgeführt, da sie nicht Grundlage der Untersuchung sind. Es werden nur die wichtigsten Merkmale aufgeführt.

2 Association Tripartite Bourses.

3 Damit ist die Trading-Periode gemeint.

4 Im Untersuchungszeitraum Amerikanisch.

Tab. 6-5: Kontraktspezifikationsmerkmale für DTB-Aktienoptionen[1]

Merkmale	Aktienoptionen
Basiswert	Auswahl von deutschen Titeln. (siehe Tab. 6-7)
Kontraktgröße	50 Basistitel; bei Allianz 5 Basistitel
Laufzeiten	1, 2, 3 Monate sowie die nächsten beiden Monate aus dem Zyklus März, Juni, September, Dezember; d.h. es sind Laufzeiten von 1, 2, 3 sowie max. 6 und max. 9 Monate verfügbar.[2]
Ausübungs-preise	Pro Kontraktmonat mindestens 3 Ausübungspreise mit je einem Basispreis in-the-money, at-the-money und out-of-the-money. Weitere Ausübungspreise werden eingeführt, wenn der Schlußkurs des Basiswertes das Mittel zwischen den beiden höchsten bzw. niedrigsten Basispreisen überschritten bzw. unterschritten hat. Eine Optionsserie wird nicht eingeführt, wenn sie in weniger als zehn Börsentagen ausläuft.
Handelszeiten[3]	9.30 bis 16.00 Uhr.[4]
Letzter Handelstag	3. Freitag des Verfallmonates, sofern dies ein Börsentag ist, andernfalls der davorliegende Börsentag.
Verfalltag	Der auf den letzten Handelstag folgende Börsentag.
Ausübungs-modus	Amerikanisch; Ausübung an jedem Geschäftstag während der Börsenzeit, mit Ausnahme des Tages eines Dividendenabschlusses.
Vertrags-erfüllung	Physische Lieferung.

Da diese Arbeit zum Ziel hat, kurzfristige zeitliche Interdependenzen (Lead-Lag-Beziehung) zwischen dem Aktien- und Optionsmarkt zu untersuchen, werden ausschließlich jene Aktien herangezogen, die als Basistitel für SOFFEX- bzw. DTB-Aktienoptionen fungieren. Die folgenden Tabellen 6-6 und 6-7 enthalten deshalb eine Übersicht über die Gesellschaften in der Schweiz bzw. Deutschland, auf deren Aktien Optionen gehandelt werden.[5]

1 Gemäß DTB-Kontraktspezifikationen, Stand: 21.1.1992. Es werden nur die wichtigsten Merkmale aufgeführt. Neben Aktienoptionen existieren an der DTB Optionen auf den DAX, den DAX-Future, den Bund Future, Bobl-Future (siehe dazu die einzelnen Kontraktspezifikationen sowie DTB (1992)). Sie werden hier nicht aufgeführt, da sie nicht Grundlage der Untersuchung sind.

2 Bis Dezember 1991 nur Laufzeiten von 1, 2, 3 sowie max. 6 Monate verfügbar.

3 Damit ist die Trading-Periode gemeint.

4 In der Untersuchungsperiode 10.30 bis 15.00 Uhr.

5 Es werden in der Untersuchung ebenfalls SMI-Optionen untersucht. Der SMI setzt sich aus erheblich mehr Aktientiteln zusammen, die später noch aufgeführt werden.

Tab. 6-6: Gesellschaften mit Aktienoptionen an der SOFFEX[1]

Kürzel	Valoren-Nr.	Gesellschaft (Basistitel)	Typ	Handelsaufnahme
ALU	141833	Alusuisse-Lonza Holding	Inhaber	19.05.89
BBC	238661	BBC Brown Boveri	Inhaber	17.10.88
CIG	159107	Ciba-Geigy	Inhaber	19.05.88
CSH	162750	Crédit Suisse Holding	Inhaber	19.05.88
JAC	193793	Jacobs Suchard	Inhaber	19.05.88
NES	213697	Nestlé	Inhaber	19.05.88
ROG	224181	Roche Holding	Genußschein	19.05.88
SANP	226336	Sandoz	Partizipations-schein	19.05.88
SBG	136001	Schweizerische Bankgesellschaft	Inhaber	19.05.88
SBV	135799	Schweizerischer Bankverein	Inhaber	19.05.88
RUKP	164718	Schweizerische Rückversicherung	Partizipations-schein	19.05.88
SVB	132054	Schweizerische Volksbank	Stammanteile	19.05.88
ZUR	266151	Zürich Versicherung	Inhaber	19.05.88

Tab. 6-7: Gesellschaften mit Aktienoptionen an der DTB

Kürzel	Valoren-Nr.	Gesellschaft (Basistitel)	Typ	Handelsaufnahme
ALV	840400	Allianz	Namen	26.01.90
BAS	515100	BASF	Inhaber	26.01.90
BAY	575200	Bayer	Inhaber	26.01.90
BMW	519000	BMW	Inhaber	26.01.90
CBK	803200	Commerzbank	Inhaber	26.01.90
DAI	550000	Daimler-Benz	Inhaber	26.01.90
DBK	804010	Deutsche Bank	Inhaber	26.01.90
DRB	804610	Dresdner Bank	Inhaber	26.01.90
HFA	575800	Hoechst	Inhaber	26.01.90
MMW	656000	Mannesmann	Inhaber	26.01.90
RWE	703700	Rheinisch-Westfälisches Elektrizitätswerk	Inhaber	24.09.90
SIE	723600	Siemens	Inhaber	26.01.90
THY	748500	Thyssen	Inhaber	26.01.90
VEB	761400	VEBA	Inhaber	26.01.90
VOW	766400	Volkswagen	Inhaber	26.01..90

Im folgenden werden für die einzelnen Gesellschaften ausschließlich die hier aufgeführten Kürzel verwendet.

[1] Da im Laufe der Jahre ohnehin neue Basistitel aufgenommen sowie auch andere wieder gelöscht werden, werden hier nur diejenigen aufgeführt, welche auch in der Untersuchungsperiode aktuell waren. Die wesentlichen und aktivsten Aktientitel sind auch heue noch aktuell. Auf die Untersuchungsperiode wird später noch eingegangen.

Da es sich bei dieser Arbeit um eine Intraday-Untersuchung handelt, welche Real-Time-Kurse untersucht, sind grundsätzlich nur diejenigen Wertpapiere Betrachtungsgegenstand, die permanent gehandelt werden. An den Börsen von Zürich, Genf und Basel werden Aktien bzw. Partizipations- oder Genußscheine permanent gehandelt. Im folgenden werden diese unter dem Begriff Aktientitel bzw. Aktien subsummiert. Ebenso ist der Begriff Aktienoptionen zu verstehen.

Für die empirische Untersuchung wird der weiter oben bereits eingeführte Begriff *Aktienmarkt* eines Landes durch die folgenden Punkte weiter eingeschränkt:

a) Alle obigen bestehenden Effektenbörsen eines Landes, an denen Aktien, Genuß- oder Partizipationsscheine gehandelt werden. Dabei werden die regionalen Börsen der Schweiz sowie von Deutschland zu jeweils einem Aktienmarkt subsummiert.

b) Es werden nur solche Titel betrachtet, welche als Basistitel der SOFFEX bzw. der DTB fungieren.

Wie schon ausgeführt, sind unter dem Begriff *Optionsmarkt* ausschließlich die SOFFEX bzw. die DTB gemeint. *Aktienoptionen* sind dabei alle Optionen auf Basistitel der in den Tabellen 6-6 und 6-7 aufgeführten Gesellschaften. Unter *Indexmarkt* der Schweiz wird der Markt für den SMI, d.h. alle SMI-Kurse verstanden. *Indexoptionen* sind deshalb alle Optionen auf den SMI.[1]

6.5. Transaktionskosten (-gebühren)

Zum besseren Verständnis der verwendeten Transaktionskostensätze, die vor allem beim noch folgenden Untersuchungsaufbau der Handelsstrategien eine Rolle spielen, werden zunächst einige Begriffe eingeführt und erklärt:[2]

Wert versus Preis:

Der Begriffsunterschied besteht darin, daß der *Wert* eines Finanztitels auf der Basis eines *Modells* zustande kommt, während sein *Preis* das Ergebnis des tatsächlichen *Marktgeschehens* darstellt, also von der tatsächlichen Angebots- und Nachfragesituation abhängt. Ein Finanztitel wird als *unterbewertet* (*überbewertet*) bezeichnet, falls sein *Marktpreis unter* (*über*) dem entsprechenden *Modellwert* liegt.

Abnormale Gewinne:

Bei Verfolgung einer vollständig risikolosen Portefeuillestrategie werden die entsprechenden Gewinne als *abnormal* bezeichnet, wenn sie die Verzinsung der eingesetzten Finanzmittel

---

1 Eine Optionen auf den DAX bestand in der Untersuchungsperiode noch nicht.

2 Vgl. Geske/Trautmann (1986), S. 97f. oder Trautmann (1986).

mit der risikolosen Verzinsungsrate übersteigen. Derartige Arbitragegewinne entstehen beispielsweise dann, falls bei Durchführung der Black/Scholes-Hedging-Strategie[1] die Momentanrendite des Hedge-Portefeuilles die Verzinsungsrate eines risikolosen Finanztitels (z.B. Null-Coupon-Anleihe) übersteigt. Bei Verfolgung einer risikobehafteten Portefeuillestrategie werden die entsprechenden Gewinne dann als *abnormal* bezeichnet, wenn deren *Erwartungswert abzüglich einer Risikoprämie* die Verzinsung eines risikolosen Finanztitels übersteigt. Die Risikoprämie bestimmt sich dabei auf der Grundlage eines Kapitalmarktgleichgewichtsmodells, z.B. dem *Capital Asset Pricing Model* (CAPM) oder dem *Arbitrage Pricing Model* (APM).

Effiziente Märkte:

Finanzmärkte werden als *effizient*, oder genauer, als *informationseffizient* bezeichnet, falls kein Marktteilnehmer mittels einer Portefeuillestrategie nach Abzug von Transaktionskosten und Steuern dauerhaft abnormale Gewinne erzielen kann.

Synchronisierte Märkte:

Synchronisierte Finanzmärkte liegen dann vor, wenn

a) miteinander verwandte Finanztitel (z.B. Kaufoptionen, Verkaufsoptionen und die zugrundeliegende Aktie) *zeitgleich* gehandelt werden (*Handelssynchronisation*), und

b) mit jedem neu zustandekommenden Preis auch der Transaktionszeitpunkt und der Zeitpunkt, zu dem die Preisinformation den Marktteilnehmern bekannt gegeben wird, erfaßt wird (*Datensynchronisation*).

Die Feststellung von gewinnbringenden, risikolosen Arbitragemöglichkeiten setzt voraus, daß diese beiden Forderungen erfüllt sind. Demgegenüber ist die beschriebene *Marktsynchronisation* aber keine notwendige Voraussetzung für die Effizienz von Finanzmärkten.

Gemäß obiger Effizienzdefinition liegt ein effizienter Aktien- bzw. Optionsmarkt dann vor, falls *kein* Marktteilnehmer unter Berücksichtigung von Transaktionskosten abnormale Gewinne erzielen kann. Auch wenn die Kosten einer Transaktion von Marktteilnehmer zu Marktteilnehmer verschieden ausfallen können, genügt es demnach, die Profitabilität von Portefeuillestrategien aus der Sicht von Marktteilnehmern mit dem *geringsten Transaktionskostensatz* zu überprüfen. Wenn diese Marktteilnehmer keine abnormalen Gewinne erzielen können, so haben andere Marktteilnehmer mit höheren Transaktionskosten erst recht keine Möglichkeit, auf dem gleichen Markt abnormale Gewinne zu erreichen.

Die Transaktionskosten können jeweils unterteilt werden in

- Transaktionsgebühren und -Kommissionen und

[1] Kontinuierliches Halten des sog. hedge-ratio-Portefeuilles.

- die Differenz zwischen dem Brief- und Geldkurs (*Geld-Brief-Spanne, Bid-Ask-Spread*).[1]

Dabei stellt die Geld-Brief-Spanne i.d.R. die wesentliche Komponente der Transaktionskosten dar.

Für den Aktienmarkt der Schweiz[2] bestehen die geringsten Transaktionsgebühren für jene Banken, welche selbst an der Börse handeln, aus

- der kantonalen Börsengebühr (0,01 %),
- den Abgaben an den Effektenbörsenverein (0,005 %) und
- der Eidgenössischen Stempelgebühr (0,075 %),

was insgesamt Kosten von 0,09 % des Aktienkurses verursacht. Sofern eine Position während des Handelstages wieder glattgestellt wird, so entfällt mindestens die Eidgenössischen Stempelgebühr, so daß pro Transaktion nur noch Kosten von 0,015 % entstehen.[3]

Die minimalen *Geld-Brief-Spannen* werden durch die minimalen Preisfluktuationen bestimmt, welche bereits in der Tab. 6-1 dargestellt wurden.

An der SOFFEX sind Market-Maker diejenigen Marktteilnehmer, welche über die niedrigsten Transaktionskosten verfügen. Für Transaktionen eines Market-Makers wurde während der Untersuchungsperiode eine Gebühr von Fr. -,50 pro Kontrakt unabhängig vom Wert des Kontraktes belastet.

Auch an der SOFFEX wird der Preis einer Option in Preisabstufungen notiert bzw. gehandelt. Die minimalen Preisabstufungen sind fest vorgegeben und von der Höhe des Optionspreises gemäß Tab. 6-8 abhängig.

Tab. 6-8: Minimale Preisfluktuationen für SOFFEX-Aktienoptionen[4]

Optionspreis in SFr.	Minimalpreisfluktuation in SFr.
0,20 - 4,80	0,20
5,00 - 99,50	0,50
100,00 - 999,99	1,00
1000,00 und darüber	5,00

In Kap. 8 wird auf diese Spannen nochmals eingegangen. Es werden dabei auch die reellen Spannen aufgezeigt. Wie im Rahmen dieser Untersuchung noch genauer gezeigt werden

1 Weitere Kosten wie etwa Börsensitzkosten werden nicht berücksichtigt.

2 Die Kosten für den deutschen Aktienmarkt werden nicht aufgeführt, da für diesen Markt keine Geld- und Briefkurse vorliegen und somit auch keine Handelsstrategie durchgeführt werden kann.

3 Je nach Sitz des Kreditinstituts können weitere Gebühren entfallen.

4 SOFFEX-Kontraktspezifikationen, Stand: Oktober 1992.

wird, stellt die Geld-Brief-Spanne nicht nur den höchsten Anteil der Transaktionskosten dar, sondern diese Kosten sind an der SOFFEX sogar besonders ausgeprägt. Es wird sich zeigen, daß die Geld-Brief-Spannen effektiv wesentlich höher sind, als dies die Zahlen der Tab. 6-8 zulassen würden. So kann man sagen, daß sich die Geld-Brief-Spannen für liquide Kontrakte zwar im Bereich von 5-10% des Optionspreises bewegen, während sie allerdings für weniger liquide sowie out-of-the-money-Optionen weit über 100% betragen können. In einer realistischen Handelsstrategie muß neben den Transaktionskosten in Form von Gebühren und Abgaben die Geld-Brief-Spanne mit einbezogen werden. Eine Mißachtung muß zwingend zu verzerrten Resultaten führen. Es wird gezeigt werden, daß die Berücksichtigung von Geld-Brief-Spannen an der SOFFEX etliche "Arbitragegewinne" zum Verschwinden bringt.

Weiter oben wurde bereits erläutert, daß der Börsenvorstand der DTB am 17.6.1990 Maximum-Geld-Brief-Spannen (Maximum-Spreads) einführte, um auf die vielfach als zu hoch kritisierten Spannen zu reagieren. Sie sind in Tab. 6-9 aufgeführt.

Tab. 6-9: Geld-Brief-Spannen-Limite für DTB-Aktienoptionen[1]

Optionspreis in DM	Maximum-Spread in DM
0,10 - 10,00	2,00
10,10 - 30,00	4,00
30,10 - 60,00	6,00
60,10 - 100,00	10,00
100,10 und darüber	10%

Optionspreis in DM (Allianz)	Maximum-Spread in DM (Allianz)
0,10 - 100,00	10,00
100,10 - 200,00	20,00
200,10 - 300,00	30,00
300,10 - 500,00	45,00
500,10 und darüber	10%

1 Vgl. Lüdecke/Schlag (1992). Ansonsten gilt an der DTB, daß Optionspreise Preisabstufungen von DM 0,10 haben. Vgl. DTB-Kontraktspezifikationen, Stand: 21.1.1992.

6.6. Untersuchungsperiode

Da es sich bei dieser Arbeit um eine Intraday-Untersuchung handelt, welche alle Geld-, Brief- und Bezahltkurse sowie die zugehörigen Volumina der oben beschriebenen Options- und Aktienbörsen der Schweiz und von Deutschland mit berücksichtigt, ergibt sich ein äußerst umfangreiches Datenmaterial.[1]

Die Auswahl der Untersuchungsperiode hängt bei einer solchen Untersuchung einerseits von den zur Verfügung stehenden Daten ab. Wie im folgenden Abschnitt noch gezeigt wird, müssen hierzu nicht nur einige quantitative Aufwendungen, sondern auch erhebliche qualitative Maßnahmen zur fehlerfreien Aufbereitung der zu untersuchenden Daten ergriffen werden.

Die Güte einer solchen Untersuchung wird wesentlich von der Geschäftsaktivität der zu untersuchenden Börsen geprägt. Es muß insoweit mit Problemen bei der Güte und Interpretierbarkeit von Ergebnissen gerechnet werden, als das vorhandene Datenmaterial bzw. die zu untersuchenden Börsen nicht genügend Geschäftsaktivität bzw. Liquidität aufweisen. So wäre es z.B. a priori unrealistisch, eine zeitliche Verzögerung eines Marktes von wenigen Minuten aufzeigen zu wollen, wenn die einzelnen Wertpapiere durchschnittlich nur jede Stunde gehandelt würden.[2] Da es sich hier um die erste umfangreiche Intraday-Analyse des Schweizer Aktien- und Optionsmarktes handelt, sollte auf die Güte der Ergebnisse großen Wert gelegt werden. Dazu trägt natürlich auch die gewählte Untersuchungsmethodik bei. Das Untersuchungsziel bringt es aber mit sich, daß ein möglichst aktiver Handel vorausgesetzt wird, damit aus den Kurs- und Volumenreihen aussagekräftige Ergebnisse ermittelt werden können.

Da über die Geschäftsaktivität über den Handelstag (intraday) im einzelnen bisher noch keine veröffentlichten Studien bzw. Erkenntnisse vorliegen, wurde eine umfangreiche Voruntersuchung zur Geschäftstätigkeit und Liquidität an den verschiedenen Börsen durchgeführt.[3] Die Analyse wird im einzelnen hier nicht dargestellt. Es sollen lediglich die wichtigsten Aussagen aufgeführt werden.

Die Durchführung der Kernuntersuchung dieser Arbeit begann mit dieser Voruntersuchung im November 1992, so daß sämtliche Kurse im Zeitraum von 3.1.1989 bis 16.11.1992 betrachtet wurden.[4] Dabei stellte sich vor allem heraus, daß im Jahre 1992 sowie während des zweiten Halbjahres 1991 die Geschäftsaktivität an der SOFFEX - im Gegensatz zur Volumenentwicklung - sich durchschnittlich auf relativ tiefem Niveau bewegte. Aus diesem

---

1 Auf diesen Umfang wird im folgenden Abschnitt näher eingegangen.

2 Empirische Untersuchungen in den USA haben gezeigt, daß Unterschiede in den Preisanpassungsgeschwindigkeiten zwischen Kassa- und Terminmärkten vom maximal 20-30 Minuten zu erwarten sind.

3 Zahlen über die Geschäftsaktivität sind an der SOFFEX bzw. der DTB erhältlich.

4 Der Beginn dieses Zeitraums wurde deshalb auf Anfang 1989 gelegt, da am 7.12.1988 der Handel von SMI-Optionen eingeführt wurde. Eurotop-100-Optionen wurden nicht berücksichtigt, da diese a) nur in der Zeit von Juni 1991 bis Juli 1992 gehandelt wurden und b) der Markt für diese Serien sich als illiquide herausstellte.

Grunde wurde der Entwicklung an der SOFFEX ein besonderes Augenmerk geschenkt und diese Zeit aus der möglichen Untersuchungsperiode ausgeschlossen.

Für die Untersuchung wurde als Stichprobenlänge eine Periode von ca. 75 Handelstagen (d.h. insgesamt 3½ - 4 Monate) ausgewählt. In Anbetracht der Tatsache, daß es sich hier um eine Intraday-Untersuchung handelt, welche die Beobachtung des Marktgeschehens über den Handelstag *(Intraday-Effekte)* zum Ziel hat, kann dieser Zeitraum als weitaus ausreichend angesehen werden.

Als eine mögliche Periode, die obige Kriterien erfüllte, stellte sich der Zeitraum vom 9.5.1990 bis zum 27.8.1990 heraus, der die Untersuchungsperiode für die Schweiz darstellt. Aufgrund fehlender bzw. mangelhafter Daten konnte bei den deutschen Daten nicht der gleiche Zeitraum wie für die Schweiz gewählt werden. Um eine zusammenhängende Untersuchungsperiode (ohne Lücken) zu erhalten, mußte der Zeitraum vom 25.6.1990 bis 12.10.1990 ausgewählt werden. Auch wenn die beiden Zeiträume nicht identisch sind, so überschneiden sie sich zumindest.

Im folgenden werden einige wichtige Entwicklungen an der SOFFEX aufgezeigt, um auch die Untersuchungsperiode näher zu charakterisieren. Dazu sind einige Begriffserläuterungen notwendig.

Bei einem bezahlten Aktien- oder Optionskurs wird im folgenden auch von einem *Geschäft* (Aktiengeschäft, Optionsgeschäft) gesprochen. Dabei ist es unerheblich, wieviel Parteien an dem Geschäft beteiligt waren.[1] Dementsprechend wird die *Geschäftstätigkeit* oder *Geschäftsaktivität* eines Marktes durch die Anzahl der Geschäfte innerhalb eines Zeitintervalls definiert. Unter *Volumen* sind die Anzahl der gehandelten Kontrakte zu verstehen.

Bei der Darstellung der folgenden Graphiken sind auf der X-Achse jeweils die *Handelstage* (ohne Sonn- und Feiertage) aufgetragen. Die einzelnen Unterteilungen betragen dann genau 30 Tage, d.h. es erfolgt eine äquidistante Aufteilung bezogen auf die Handelstage. Diese Einteilung liefert wertvolle Dienste im Zusammenhang mit der Analyse der auszuwählenden Periode und dem Vergleich zu anderen Perioden mit jeweils 75 Handelstagen. Sie erscheint auch deshalb sinnvoll, weil es vor allem um einen direkten Vergleich der einzelnen Handelstage geht. Die Anpassung mittels einer reinen Zeitachse mit Sonn- und Feiertagen bringt dazu keinen zusätzlichen Nutzen.[2]

---

1 Es werden zum Teil sehr unterschiedliche Begriffe verwendet. Neben dem Begriff Geschäft bzw. bezahlter Kurs wird oft auch von *Trades* gesprochen. Bei der Ermittlung der Anzahl Trades oder Anzahl Geschäfte pro Tag ist die Zählweise unterschiedlich. An der SOFFEX existiert beispielsweise eine *Large-Size* und eine *Small-Size*. Bei der *Large-Size* handelt es sich dabei die Anzahl der Parteien (Käufer- und Verkäuferseite), welche an einem Geschäft mit bestimmtem bezahltem Kurs beteiligt waren, während die *Large-Size* die Anzahl der zustandegekommenen Kurse zählt. Dies entspricht der hier gewählten Definition von Geschäften.

2 Es sei ausdrücklich darauf hingewiesen, daß dies hier nur deshalb möglich ist, weil keine Größen aufgetragen werden bzw. keine Interpretationen erfolgen, bei denen eine Betrachtung mit Sonn- und Feiertagen erforderlich ist.

Es werden jeweils gleitende 75-Tage-Durchschnitte gebildet. Entsprechend obigen Ausführungen handelt es dabei um 75 Handelstage. Hierbei ist zu erwähnen, daß für die folgenden Berechnungen und Darstellungen Vergleichsrechnungen mit 40, 60 und 90 Handelstagen angestellt wurden, die zu keinen signifikant anderen Ergebnissen führten. Der Übersichtlichkeit halber werden sie hier nicht dargestellt.

6.6.1. Entwicklung des SMI

Der SMI umfaßt 20 bis 24[1] der bedeutendsten und liquidesten Titel hochkapitalisierter Schweizer Unternehmen, die an den Schweizer Börsen permanent gehandelt werden. Durch die hohe Liquidität dieser Aktien spiegelt der SMI ein aktuelles Bild des schweizerischen Aktienmarktes wider.[2]

In Abb. 6-1 ist die Entwicklung des SMI von 1989 bis November 1992 aufgezeigt. Zusätzlich wurden in Abb. 6-2 dessen Volatilität sowie die Volumenentwicklung als mögliche Indikatoren für die Geschäftsaktivität herangezogen.

Abb. 6-1: Entwicklung des SMI (3.1.89 - 16.11.92)[3]

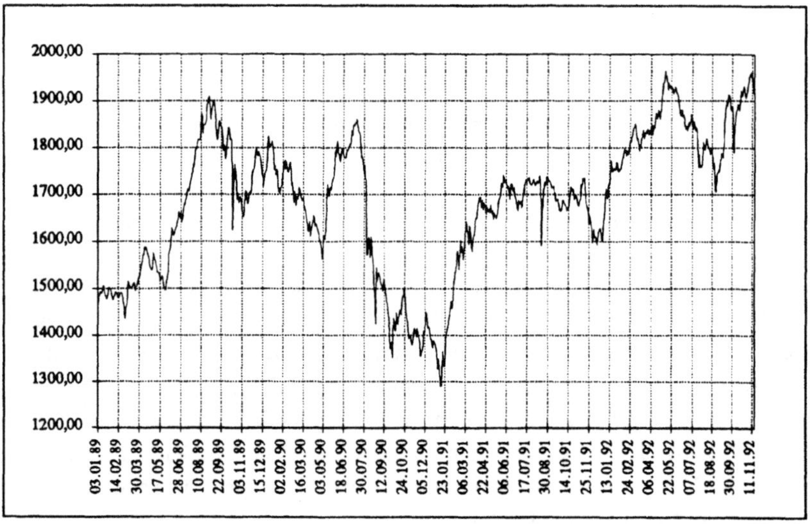

Bezüglich der Untersuchungsperiode läßt sich nach einem kontinuierlichen Anstieg von etwa Anfang Mai 1990 ein starker Abfall des SMI feststellen. Bei dieser Veränderung ist der

---

1 Auch beim SMI müssen gelegentlich Änderungen in der Zusammensetzung des Indexes vorgenommen werden. Das dominierende Kriterium für die Entscheidung über Mutationen ist der Umsatz im betreffenden Titel. Während der Untersuchungsperiode waren es 24 Titel. Für eine Kurzübersicht der Berechnung der Indizes siehe Association Tripartite Bourses (Hrsg.) (1993). Ebenso wird zu Marktindizes z.B. auf Kleeberg (1990); Dubacher (1991) sowie speziell für den DAX auf Janßen/Rudolph (1992) verwiesen.

2 Zur aktuellen Zusammensetzung des Indexes siehe Association Tripartite Bourses (Hrsg.) (1993).

3 Quelle: NZZ.

Einfluß des Öl-Konfliktes zwischen dem Irak und Kuweit vor und während der am 26. Juli 1990 beginnenden Ministerkonferenz der Organisation Erdölexportierender Länder (OPEC) in Genf mit dem dann am 2. August 1990 folgenden Einfall des Irak in Kuweit zu beachten. Die Golfkrise hatte auch in den kommenden Monaten einschließlich dem Frühjahr 1991 entscheidende Konsequenzen für das Börsengeschehen.

Abb. 6-2: Volatilität des SMI und SOFFEX-Volumenentwicklung (gleitende 75-Tage-Durchschnitte) (3.1.89-16.11.92)[1]

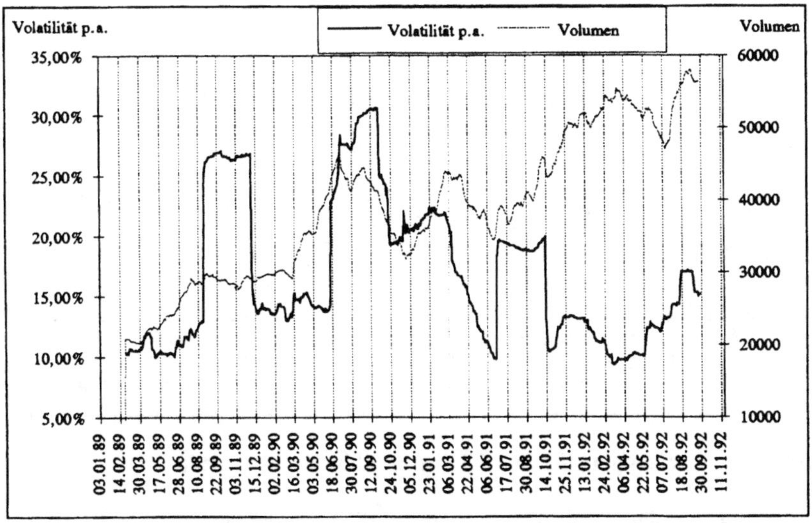

Aus Abb. 6-2 geht hervor, daß in dieser Zeit die Volatilität besonders stark ausgeprägt war sowie ein Zwischenhoch des Volumens an der SOFFEX festzustellen ist.

6.6.2. Geschäfts- und Volumenentwicklung an der SOFFEX

Im folgenden wird die Entwicklung der Geschäftstätigkeit an der SOFFEX über den Zeitraum von Januar 1989 bis November 1992 aufgezeigt und diese mit der Volumenentwicklung verglichen. Im Gegensatz zu der im nächsten Kapitel stattfindenden Analyse der Geschäftstätigkeit über den Handelstag (intraday), werden hier die täglichen Zahlen betrachtet.

Abb. 6-3 zeigt die Geschäftsentwicklung für alle SOFFEX-Optionen. Auch hier liegt das Augenmerk vor allem auf dem gleitenden 75-Tage-Durchschnitt. Wie schon erwähnt, zeigt sich, daß die durchschnittliche Anzahl Geschäfte im Jahre 1992 sowie im zweiten Halbjahr 1991 bis auf den November 1990 unterhalb derjenigen der restlichen Zeit lag. Das vorübergehende Tief Ende 1991 erreicht ein lokales Maximum Endes Februar 1991. Dieser Anstieg kann auch darauf zurückzuführen sein, daß aufgrund des Ende der Golfkrise einige Investoren aktiv in den Markt drängten. Weiterhin ist erkennbar, daß das Niveau von Juni

[1] Quelle: NZZ, Kursblatt der Zürcher Effektenbörse.

1989 bis 1990 gesamthaft über dem vom Jahre 1992 liegt. Das Maximum des gleitenden 75-Tage-Durchschnitts wird im Juli 1990 erreicht.

Abb. 6-3: Geschäftsentwicklung an der SOFFEX (Alle Optionen) (3.1.89 - 16.11.92)[1]

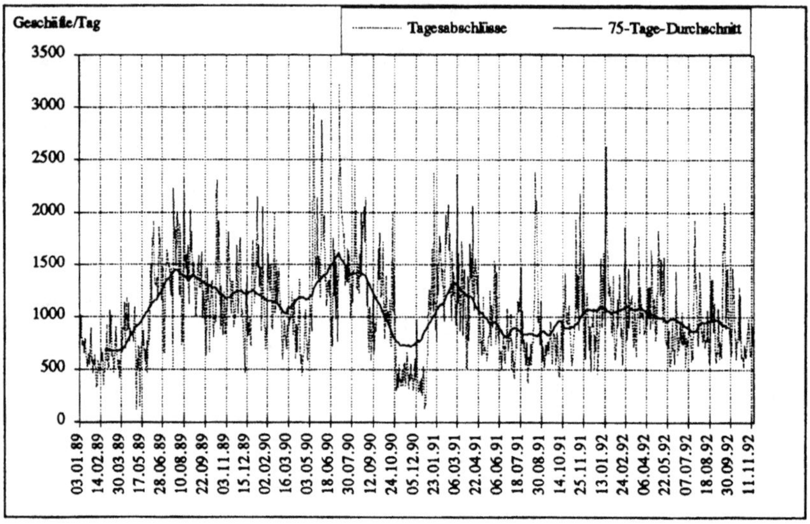

Die Volumenentwicklung an der SOFFEX ist in Abb. 6-4 dargestellt.

Abb. 6-4: Volumenentwicklung an der SOFFEX (Alle Optionen) (3.1.89 - 16.11.92)[2]

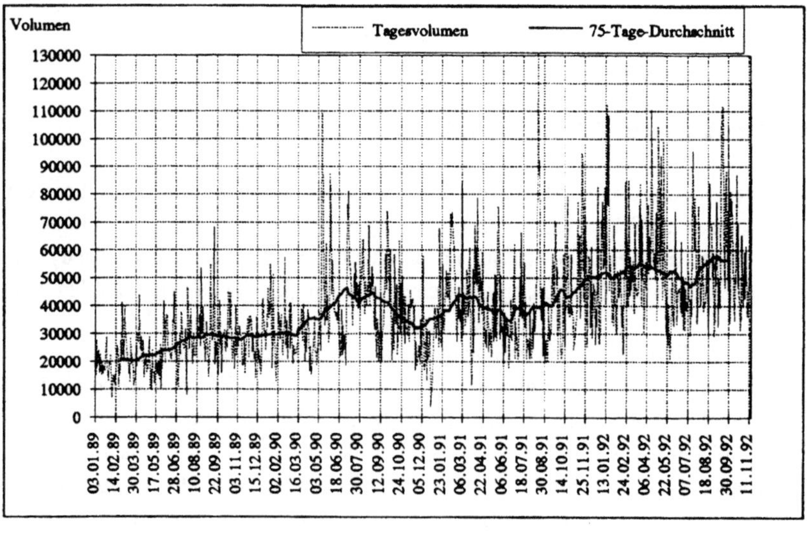

1 Quelle: SOFFEX.

2 Quelle: Kursblatt der Zürcher Effektenbörse.

Betrachtet man wieder die gleitenden 75-Tage-Durchschnitte, so zeigt sich im Gegensatz zur Geschäftsaktivität bei der Volumenentwicklung ein im wesentlichen kontinuierlicher Anstieg der Tagesvolumina.

Oft wird behauptet, daß die Handelsaktivität - ausgedrückt durch die Anzahl der Geschäfte - in direktem Zusammenhang mit den gehandelten Kontrakten stehe. Dies drücke sich durch ein konstantes Verhältnis der Anzahl gehandelter Kontrakte pro Geschäft über die Zeit aus. Vergleicht man die beiden Kurven der durchschnittlichen Anzahl Geschäfte und der Volumina pro Tag, so lassen sich zunächst strukturell ähnliche Kurven feststellen (Abb. 6-5).

Abb. 6-5: Geschäfts- und Volumenentwicklung an der SOFFEX (gleitende 75-Tage-Durchschnitte) (3.1.89-16.11.92)[1]

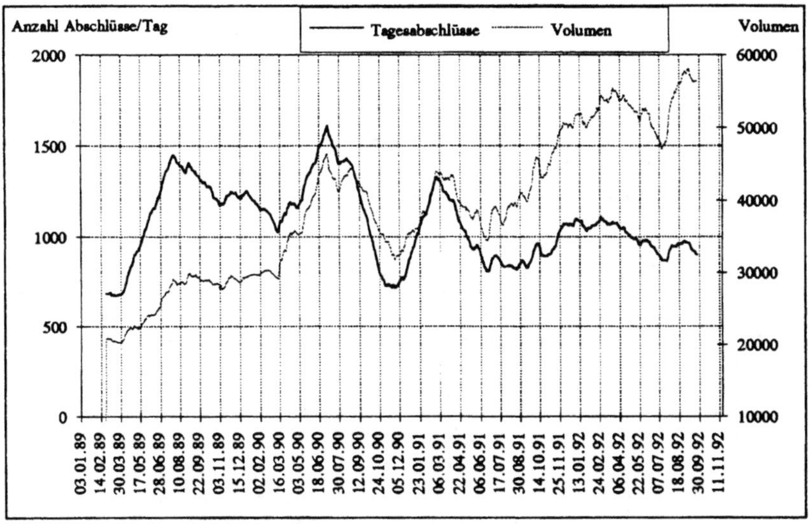

Zumindest aber für die Zeitraum des zweiten Halbjahres 1991 bis Ende 1992 fallen diese Kurven auseinander. Wie schon vorher erwähnt, ist an der SOFFEX ein insgesamt steigendes Volumen zu verzeichnen, während die Anzahl der Geschäfte in dieser Zeit stagniert. Es werden also mehr Kontrakte pro Geschäft gehandelt.

Die obigen Abbildungen beziehen sich jeweils auf alle SOFFEX-Optionen. Diese lassen sich unterteilen nach a) Aktien- und Indexoptionen und b) Kauf- und Verkaufsoptionen.

Für die späteren Zwecke ist die Geschäftsentwicklung von SOFFEX-Optionen unterteilt nach Kauf- und Verkaufsoptionen von Interesse. Aus diesem Grund sind in den Abbildungen 6-6 und 6-7 die Geschäftsentwicklungen von Aktien- und SMI-Optionen an der SOFFEX unterteilt nach Kauf- und Verkaufsoptionen dargestellt.

[1] Quelle: SOFFEX und Kursblatt der Zürcher Effektenbörse.

Abb. 6-6: Geschäftsentwicklung von SOFFEX-Aktienoptionen (gleitende 75-Tage-Durchschnitte) (3.1.89-16.11.92)[1]

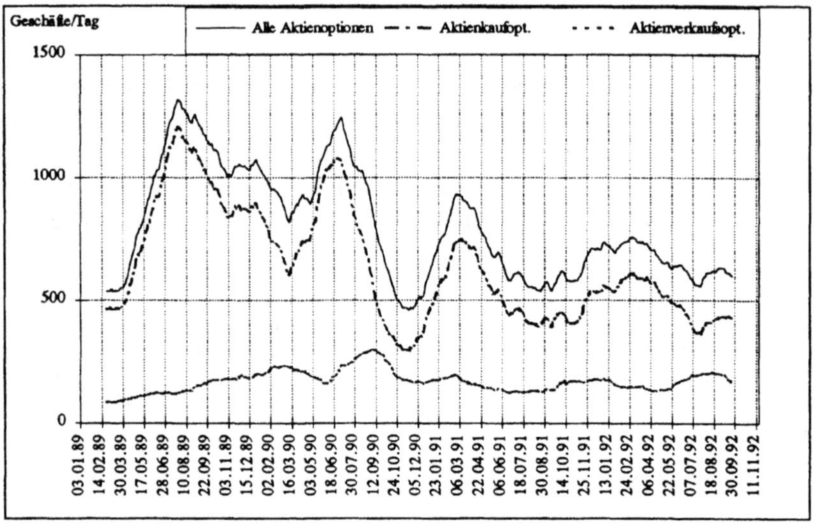

Abb. 6-7: Geschäftsentwicklung von SOFFEX-SMI-Optionen (gleitende 75-Tage-Durchschnitte) (3.1.89-16.11.92)[2]

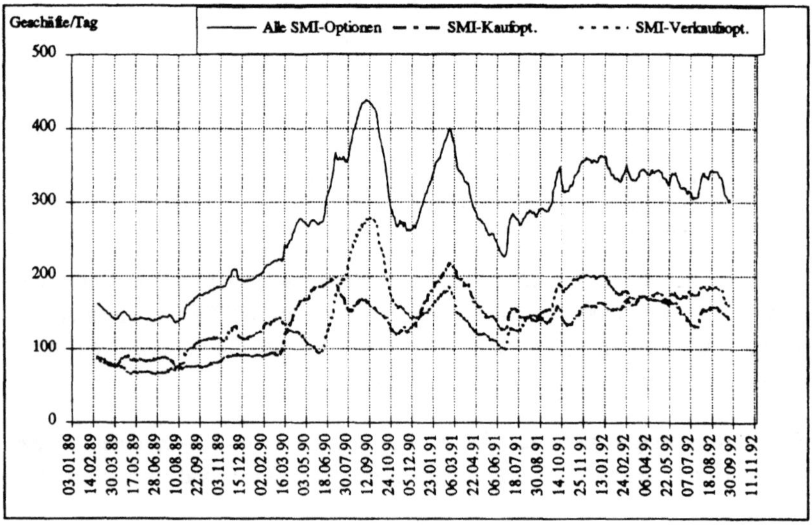

Aus diesen beiden Abbildungen ist ersichtlich, daß

a) die durchschnittliche Anzahl der Geschäfte im Laufe der Jahre bei den Aktienoptionen abgenommen, bei den SMI-Optionen zugenommen hat,

---

1 Quelle: SOFFEX.

2 Quelle: SOFFEX.

b) Verkaufsoptionen bei den Aktienoptionen einen konstant niedrigen Anteil haben, während sich bei den SMI-Optionen Kauf- und Verkaufsoptionen die Waage halten.

Da die Darstellung der Geschäfts- und Volumenentwicklung unterteilt nach allen Kriterien hier zu weit führen würde, wird für den interessierenden Leser auf Anhang VII verwiesen, in dem die einzelnen Entwicklungen ohne weiteren Kommentar bildlich dargestellt sind.

6.6.3. Geschäftsentwicklung an der DTB

Zum Vergleich wird hier noch auf die Geschäftsentwicklung an der DTB eingegangen. Die Zahlenangaben beginnen hier erst im Jahre 1990, da die DTB im Januar 1990 eröffnet wurde. Weiter standen hier nur Monatszahlen anstatt Tagesangaben zur Verfügung. Bei der Durchschnittsberechnung wurden deshalb gleitende 3-Monats-Durchschnitte berechnet, was etwa 63 bis 65 Handelstagen entspricht. Abb. 6-8 zeigt die Geschäftsentwicklung von Aktienoptionen an der DTB unterteilt nach Kauf- und Verkaufsoptionen auf.

Abb. 6-8: Geschäftsentwicklung von DTB-Aktienoptionen (gleitende 3-Monats-Durchschnitte) (1/90 - 12/92)[1]

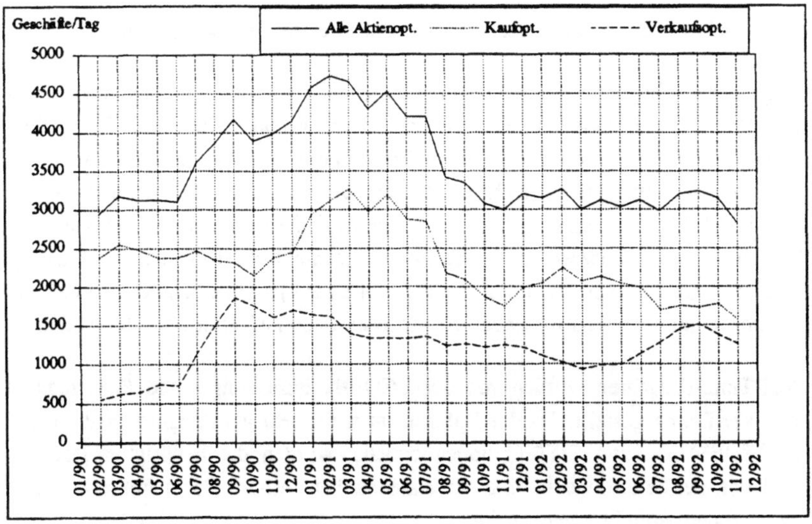

Es bestätigt sich einerseits der Geschäftsrückgang im Jahre 1992. Daneben zeigt sich, daß - im Gegensatz zu den SOFFEX-Aktienoptionen - an der DTB Verkaufsoptionen im Vergleich zu Kaufoptionen einen höheren Anteil haben, wenngleich Kaufoptionen immer noch öfter gehandelt werden. Weiter ist interessant, daß die durchschnittliche Anzahl Geschäfte pro Tag mit ca. 3000 bis 4500 Geschäften pro Tag etwa drei- bis viermal so hoch ist wie an der SOFFEX, auch wenn man dort alle Optionen mit einbezieht. Auch hier wird für weitere Darstellungen auf Anhang VII verwiesen.

1 Quelle: Deutsche Terminbörse (DTB) (Hrsg.): DTB-Statistiken 1990/1991/1992.

6.7. Datenbasis

Im folgenden sollen die für diese Arbeit benötigten Basisdaten beschrieben werden. Die folgenden Kapitel 7 und 8 enthalten empirische Untersuchungen, wobei es sich bei der ersten um eine statistische Analyse handelt, für die im wesentlichen Bezahltkurse notwendig sind. Die zweite Untersuchungsmethodik enthält Handelsstrategien, für die Geld- und Briefkurse benötigt werden. Da es sich bei allen um Intraday-Untersuchungen handelt, erscheint es sehr wichtig, auf die grundlegenden notwendigen Informationen einzugehen, die für beide Untersuchungsmethodiken notwendig sind. Dabei wird auch der Umfang der untersuchten Daten ersichtlich.

Die Struktur der Real-Time-Daten für Bezahlt- als auch für Geld- und Briefkurse ist identisch. Aus diesem Grund soll hier vorab die gesamte Datenbasis erläutert werden. Dabei liegt die Betonung auf der Beschreibung der Basisdaten, d.h. der eigentlichen Kurs- und Volumenmeldungen der einzelnen Börsen. Berechnungen, die für weitere Auswertungen benötigt werden (z.B. die Ermittlung von Intraday-Renditen), werden bei den konkreten Untersuchungen in den nächsten beiden Kapiteln erläutert und mit Zahlenangaben belegt.

6.7.1. Basisdaten und verwendete Programme zur Datenverarbeitung

Grundlage der vorliegenden Untersuchung bilden Aktien- und Optionskurse der Schweiz und von Deutschland. Dabei dienen als Basisdaten grundsätzlich Real-Time-Kurse (alle Geld-, Brief- und Bezahltkurse) mit zugehörigen Volumina. Bei den untersuchten Börsen bzw. Wertpapieren handelt es sich um Aktien- und Indexoptionen an den Terminbörsen SOFFEX und DTB sowie den zugrundeliegenden Basistiteln, die an den Börsen Genf, Basel und Zürich für die Schweiz sowie Frankfurt, Düsseldorf, München und Stuttgart für Deutschland gehandelt werden. Im einzelnen gibt es einige Unterschiede, so daß die Basisdaten weiter unten nochmals im einzelnen für jedes Land aufgeführt werden sollen.

Die Real-Time-Kursdaten wurden von der ECOFIN Forschungs- und Beratungs-AG, Zürich, zur Verfügung gestellt. Da der Datenstrom weit mehr als Preisinformationen von Aktien und SOFFEX- bzw. DTB-Optionen enthält, wurden die benötigten Daten von der ECOFIN vorselektiert sowie in eine für Datenbanken lesbare Form umgewandelt. Weiter wurden sie fehlerbereinigt[1] und sortiert.

Zur Durchführung der Untersuchung wurden die Daten anschließend mittels eigens erstellten Programmen in relationale Datenbanken eingelesen, nochmals fehlerbereinigt[2] sowie die

1 Die Daten enthalten noch Fehler, in der Art, daß u.a. Restarts, Redundanzen, Datenkorrekturen, usw. im Datenstrom vorhanden sind.

2 Hierbei handelt es sich einmal um die formale Richtigkeit, d.h. es muß gewährleistet sein, daß die Daten formal korrekt sind. Weiter wurde die Vollständigkeit der erfaßten Gesellschaften, sowie die Vollständigkeit der erfaßten Preise für jede einzelne Gesellschaft oder Option überprüft. Aufgrund von Unregelmäßigkeiten im EDV-System kann es auch vorkommen, daß einige Daten nicht empfangen wurden, obwohl die Börsen geöffnet waren und Aktien bzw. Optionen gehandelt wurden. Doppelmeldungen sind ebenfalls zu eliminieren. Desweiteren ist zu beachten, daß bei der Datenübertragung der Telekurs Kurs- und Volumen-
(Fortsetzung auf nächster Seite)

Selektion der SOFFEX- bzw. DTB-Optionen und der diesen Optionen zugrundeliegenden Aktien- und Indextitel vorgenommen.[1] Für sämtliche in der Untersuchung notwendigen Berechnungen, statistischen Analysen sowie Handelsstrategien wurden ebenfalls eigene Programme mittels der Datenbanksprache dBASE erstellt. Dazu wurde das Datenbank-Paket dBASE sowie der dBASE-Compiler benutzt. Ein kleiner Teil, nämlich die Regressionsschätzung der aufbereiteten und berechneten Aktien- und Optionsrenditen, erfolgte mit der Statistiksoftware SPSS für Windows. Ebenso wurden kleinere Berechnungen sowie alle Graphiken mit der Software Excel für Windows erstellt.

Im einzelnen lassen sich die Untersuchungdaten unterscheiden nach

a) ***Stammdaten***

Hier handelt es sich um Informationen, die über eine längere Zeit, d.h. mindestens einige Tage konstant bleiben. Solche Informationen sind beispielsweise Daten über Gesellschaften, auf die an der Börse Aktientitel gehandelt werden sowie über Kontraktspezifikationsmerkmale einzelner Optionen, wie z.B. Optionstyp, Basistitel, Basispreis oder Verfallsdatum.

b) ***Tagesdaten***

Dies sind Informationen über Börsendaten, die sich an einem Börsentag einmalig ergeben oder berechnet werden. Hierzu gehören z.B. Tagesschlußkurse, Tageshöchst- oder Tagestiefstkurse von Wertpapieren, die an einer Börse gehandelt werden.

c) ***Real-Time-(Intraday-)Daten***

Informationen, die während der Börsenzeit innerhalb des Handelstages anfallen, d.h. den aktuellen Handel wiedergeben. Hierzu gehören alle Preisnotierungen sowie Volumenmeldungen mit der entsprechenden Zeitkennzeichnung während der Handelszeit der Börse.

Die Stamm- bzw. Tagesdaten der hier untersuchten Aktien bzw. Aktienindizes und Optionen werden nicht weiter erläutert.[2] Es handelt sich dabei allerdings um fundamentale Informationen, ohne die eine Auswertung der Real-Time-Daten nicht möglich wäre. Nur über die Stammdaten läßt sich herausfinden, um welche Art von Option bzw. Aktie es sich bei der jeweils übermittelten Real-Time-Kursmeldung handelt. Dazu ist zu erwähnen, daß in der Zeit von 9.5.1990 bis 12.10.1990 insgesamt 3441 Optionen an der SOFFEX und der DTB handelbar waren (SOFFEX: 1477; DTB: 1964).

(Fortsetzung von voriger Seite)
meldungen separat übermittelt werden. Somit sind Kurse und Volumen entsprechend den Valorennummern (im Falle von Aktien) bzw. Telekurs-Schlüsseln (im Falle von Optionen) und den jeweiligen Zeitpunkten zuzuordnen. Es wurde hierzu ein Algorithmus erstellt, der dies auszugleichen versucht. In manchen Fällen war eine korrekte bzw. sinnvolle Zuordnung nicht möglich. Diese Kurse bzw. Volumen wurden ebenfalls aus der Untersuchung eliminiert.

1 Die ursprünglichen Basisdaten enthielten alle permanent gehandelten Aktien der Effektenbörsen sowie beispielsweise SOFFEX-Futures, die eliminiert werden mußten.

2 Die Stammdaten wurden ebenfalls von der ECOFIN Forschungs- und Beratungs-AG, Zürich, zur Verfügung gestellt.

Die Basisdaten für die Schweiz und für Deutschland beinhalten im einzelnen folgende Real-Time-Kursdaten:

Schweiz

- *Aktien und Aktienoptionen*

  Grundlage der Untersuchung für die Schweiz bilden alle Geld-, Brief- und bezahlte Aktienkurse[1] sowie die dazugehörigen Volumina an den Börsen von Zürich, Genf und Basel sowie Optionskurse an der SOFFEX im Untersuchungszeitraum vom 9. Mai 1990 bis zum 27. August 1990.[2] Es werden ausschließlich diejenigen Aktien betrachtet, welche als Basistitel der SOFFEX-Optionen fungieren. Alle Daten sind mit einer Zeitkennzeichnung versehen, die bis auf die Sekunde genau ist.

  Dabei ist es im Zusammenhang mit Real-Time-Daten ("time stamped data") wichtig zu wissen, woher der aufgezeichnete Zeitstempel der Daten kommt. Dieser entstammt in diesem Fall der Systemzeit des Telekurs-Hosts und hält den Zeitpunkt fest, an dem der Kurs dem Telekurs-Computersystem gemeldet wurde (auf 6 Sekunden genau). Gegenüber der exakten Abschlußzeit bzw. der Systemzeit des Hosts der jeweiligen Börse sind Verzögerungen bei der Aufzeichnung der Zeit möglich, die im Normalfall allerdings nur einige Sekunden betragen. Es ist anzumerken, daß es bei hoher Auslastung auch bei dem jeweiligen Börsensystem zu Verzögerungen kommen kann. Somit wäre eine Garantie einer sekundengenauen Zeitangabe auch dann nicht gewährleistet, wenn der Zeitstempel direkt der Systemzeit des Börsen-Hosts entnommen würde.

- *SMI und SMI-Optionen*

  Ein weiteres Element der Datenbasis bilden berechnete Indexwerte für den Swiss Market Index (SMI) in der gleichen Untersuchungsperiode, die ebenfalls mit einem Zeitstempel versehen sind.[3] Hier sind alle bezahlten Optionskurse auf den SMI Grundlage der Untersuchung.[4]

Der Untersuchungszeitraum erstreckt sich über die Periode vom 9. Mai 1990 bis zum 27. August 1990 und umfaßt 76 Handelstage.[5]

---

1 Genauer Aktien und Partizipations- bzw. Genußscheine.

2 Wie schon erläutert, wird im folgenden nicht explizit zwischen den einzelnen regionalen Märkten unterschieden, sondern alle zu einem Aktienmarkt zusammengefaßt. Somit wird mit Aktienmarkt der Markt an den gesamten Aktienbörsen bezeichnet.

3 Der SMI wird aus den an den Börsen von Zürich, Genf und Basel bezahlten Kursen von 24 (im Untersuchungszeitraum) wichtigen, permanent gehandelten schweizerischen Aktien bzw. Partizipations- oder Genußscheinen berechnet. Als Zeitstempel erhält ein neuer SMI-Wert den Zeitstempel jenes Kurses, der zur Neuberechnung führte.

4 Da keine Werte für den Swiss Bid/Ask-Index (SBAI), der aus den Geld- bzw. Briefkursen der SMI-Indextitel berechnet wird, zur Verfügung standen, war es auch nicht notwendig, Geld- und Briefkurse der zugehörigen SOFFEX-Indexoptionen in die Datenbasis aufzunehmen. Weitere Erläuterungen zum SBAI finden sich in Association Tripartite Bourses (Hrsg.) (1993).

5 Wie schon erwähnt, kann dieser Zeitraum als weitaus ausreichend angesehen werden, da es sich hier um eine Intraday-Untersuchung handelt, welche die Beobachtung des Marktgeschehens über den Handelstag zum Ziel hat.

Deutschland

Aktien und Aktienoptionen

Die Basisdaten der deutschen Börsen bilden bezahlte Aktienkurse an den Börsen von Frankfurt, Düsseldorf, München und Stuttgart.[1] Es wird hier ausschließlich der Parketthandel untersucht.[2] Eine weitere Grundlage der Untersuchung für Deutschland bilden bezahlte Optionskurse an der DTB.[3] Es werden ausschließlich diejenigen Aktien betrachtet, welche als Basistitel der DTB-Optionen fungieren. Die Art und Struktur der Daten, wie z.B. die Zeitkennzeichnung, ist mit derjenigen der Schweizer Daten identisch. Der Untersuchungszeitraum erstreckt sich über die Periode vom 25. Juni 1990 bis zum 12. Oktober 1990 und umfaßt 77 Handelstage.[4] Eine Option auf den Deutschen Aktienindex (DAX) existierte zur Zeit der Untersuchung noch nicht.

6.7.2. Struktur und Umfang der Basisdaten

Da der Umfang der untersuchten Real-Time-Daten von beträchtlichem Ausmaß ist, wird hier kurz auf die Struktur dieser Preis- und Volumenmeldungen eingegangen.

Jede Real-Time-Preis- oder Volumenmeldung für ein Wertpapier enthält eine Summe von Informationen, welche die einzelne Meldung in Verbindung mit der Kenntnis von Stamminformationen genau charakterisiert. Jeder Block wird zusammenhängend übermittelt. Im einzelnen sind für die Auswertung dieser Real-Time-Aktien- und Optionsmeldungen folgende Informationen notwendig:

- *Meldungsart*

  Hier wird angegeben, um welche Art von Meldung es sich handelt. Dies kann z.B. eine Preis- oder Volumenmeldung sein.

---

1 Wie weiter oben bereits erläutert, existieren acht regionale Aktienbörsen in Deutschland: Frankfurt, Düsseldorf, München, Hamburg, Stuttgart, Berlin, Hannover, Bremen. Einige Börsen nehmen in Bezug auf den Gesamtumsatz einen vergleichbar geringfügigen Stellenwert ein. Aus diesem Grund beschränken sich die untersuchten Kurse auf die angegebenen vier Börsen. Wie auch bei den schweizerischen Aktienmärkten werden alle regionalen Märkte zu einem Aktienmarkt zusammengefaßt.

2 Das am 5.4.1991 eingeführte Integrierte Börsenhandels- und Informations-System (IBIS) ist nicht Bestandteil der Untersuchung.

3 Da keine Geld- und Briefkurse der deutschen Aktien zur Verfügung standen, wurden auch keine Geld- und Briefkurse der DTB-Optionen aufgenommen.

4 Aufgrund fehlender bzw. mangelhafter Daten konnte nicht der gleiche Zeitraum wie für die Schweiz gewählt werden. Um eine zusammenhängende Untersuchungsperiode (ohne Lücken) zu erhalten, mußte bei den deutschen Daten der Zeitraum vom 25.6.1990 bis 12.10.1990 ausgewählt werden. Weiter wurde aufgrund von Datenlücken von mindestens 30 Minuten die Handelstage 5.7.90 und 23.7.90 aus der Untersuchung entfernt. Mit Datenlücken ist gemeint, daß z.B. aufgrund von Unregelmäßigkeiten im EDV-System einige Daten nicht empfangen wurden, obwohl die Börsen geöffnet waren und Aktien bzw. Optionen gehandelt wurden.

- *Sequenz-Nr.*

  Anhand der Sequenz-Nr. kann die Reihenfolge der eingegangen Meldungen festgestellt werden.

- *Identifikationsschlüssel (Valorennummer bzw. Telekurs-Key)*

  Bei Aktien wird hier die Valorennummer einer Aktie, bei Optionen der Telekurs-Key angegeben. Dieser Schlüssel wird für Optionen von der Telekurs AG vergeben, da diese keine Valorennummern haben. Die Valorennummer ist wichtig für die Ermittlung der Stamminformationen, d.h. um welche Gesellschaft es sich bei den Aktien handelt und welche Dividenden gezahlt wurden. Der Telekurs-Key ist notwendig, um die Stamminformationen von Optionen wie z.B. Basistitel, Optionstyp, Verfallszeit und Basispreis zu ermitteln.

- *Identifikationszusatz (Version)*

  Beispielsweise bei Kapitalveränderungen kann es vorkommen, daß neue Versionen bestehender Optionen kreiert werden, die dann mit einer neuen Versionsnummer versehen werden.

- *Börse*

  Damit ist die Börse gemeint, an der das aufgeführte Wertpapier gehandelt wird und die Preis- oder Volumenmeldung zustandekommt.

- *Einzelwertidentifikation (Kursart)*

  Diese beinhaltet die Information über Geld-, Brief- oder bezahlten Kurs des Wertpapiers. Es wird angegeben, ob es sich bei der Preis- oder Volumenmeldungen um einen Geld-, Brief- oder bezahlten Kurs handelt. Andere Kursarten wie z.B. Endbewertungskurse werden hier nicht näher aufgeführt.

- *Datum bzw. Zeit*

  Datum bzw. Zeit (in Sekunden) der Kursfeststellung für ein Wertpapier.

- *Wert (Kurs bzw. Volumen)*

  Kurs eines Wertpapiers zur oben angegeben Zeit im Falle einer Preismeldung. Gemäß der Kursart kann es sich um einen Geld-, Brief oder bezahlten Kurs handeln. Bei einer Volumenmeldung wird das Volumen für den zugehörigen Geld-, Brief oder Bezahltkurs angegeben.

- *Kursnotiz*

  Zusatznotizen wie z.B. Applikations- oder Loskurse.[1]

---

[1] Bei einer Applikation ist eine Bank gleichzeitig Käuferin und Verkäuferin desselben Postens. Sie ruft dieses Geschäft am Ring offiziell aus. Man kann die Applikation als offene Kompensation zweier Aufträge bezeichnen. Applikationen werden vor allem dann vorgenommen, wenn in einem Titel kein Kurs bezahlt wurde und die betreffende Bank für die Abrechnung der zu kompensierenden Aufträge auf einem offiziellen Kurs basieren will. Ein Loskurs liegt dann vor, wenn die Anzahl der angebotenen und die Anzahl der nachgefragten Titel bei einem bestimmten Kurs nicht übereinstimmen und nicht alle Kauf- oder Verkaufsinteressenten mit mindestens einer Schlußeinheit am Abschluß teilnehmen können. Für Kunden bedeuten Loskurse, daß "ihre" Bank bei diesem Kurs evtl. nicht abschließen konnte und deshalb auch nicht unbedingt abrechnen kann.

Die Übermittlung aller Einzelinformationen erfolgt mittels eines Codes. So lautet beispielsweise der Code für die Zürcher Börse 1, für die SOFFEX 241, für die Frankfurter Börse 13 und für die DTB 21.

In Verbindung mit der Kenntnis von Stamminformationen kann mit diesen Informationen jede Meldung genau identifiziert sowie durch die Kombination aller Einzelinformationen alle oben beschriebenen Basisdaten der Schweiz und von Deutschland charakterisiert werden. Sieht man einmal von den Kursnotizen ab und berücksichtigt ausschließlich jene Preise und Volumen der Wertpapiere und Börsen, die der untersuchenden Datenbasis zugrunde liegen, so sind insgesamt 432 Kombinationen möglich.

Im einzelnen kann das Format des Outputs der Real-Time-Basisdaten wie folgt dargestellt werden (Tab. 6-10).

Tab. 6-10: Format des Outputs der Real-Time-Basisdaten

<table>
<tr><th>Name des Feldes</th><th>Format</th><th>Beispiele (Varianten)</th></tr>
<tr><td>Meldungsart</td><td>X</td><td>Kurs | Volumen</td></tr>
<tr><td>Sequenz-Nr.</td><td>99999999</td><td>2042284</td></tr>
<tr><td>Börse
(Stock/Options Exchange)</td><td>999</td><td>Zürich | Genf | Basel | SOFFEX | Frankfurt | Düsseldorf | München | Stuttgart | DTB</td></tr>
<tr><td>Identifikationsschlüssel</td><td>99999999</td><td>136101</td></tr>
<tr><td>Identifikationszusatz</td><td>99</td><td>Version 0 | 1 | 2 | 3 | ...</td></tr>
<tr><td>Einzelwertidentifikation</td><td>99</td><td>Geldkurs | Briefkurs | Bezahlter Kurs | Volumen Geld | Volumen Brief | Volumen Bezahlt</td></tr>
<tr><td rowspan="2">Datum / Zeit</td><td>Date: DD.MM.YY</td><td>02.04.90</td></tr>
<tr><td>Time: hhmmss</td><td>100205</td></tr>
<tr><td rowspan="2">Wert (Kurs / Volumen)</td><td>Price: 999999.99</td><td>1938.50</td></tr>
<tr><td>Volume: 99999999</td><td>20</td></tr>
<tr><td>Kursnotiz</td><td>X</td><td>_ | A | L | ...</td></tr>
</table>

Wird eine Meldung (Preis-/Volumenmeldung) als ein Datensatz angesehen, so werden für jeden Datensatz 53 Byte benötigt. Tab. 6-11 enthält eine Übersicht über den Umfang der Datenmenge der Basisdaten.

Tab. 6-11: Umfang der Real-Time-Basisdaten[1]

Land	Kursart	Speicher (Byte)	Datensätze	Informationen
	Geld-/Brief	306471864	5782488	46259904
CH	Bezahlt	64433902	1215734	9725872
	Alle	370905766	6998222	55985776
	Geld-/Brief	142573286	2690062	21520496
D	Bezahlt	57390785	1082845	8662760
	Alle	199964071	3772907	30183256
Gesamt		570869837	10771129	86169032

Der Gesamtspeicherumfang der Basisdaten für die Schweiz beträgt 370905766 Byte, was 6998222 Datensätzen mit 55985776 Einzelinformationen entspricht. Aus dem Datenumfang geht hervor, daß das Verhältnis von Geld- und Briefkursen mit 306471864 Byte (5782488 Datensätze) zu bezahlten Kursen mit 64433902 Byte (1215734 Datensätze) ca. 5 zu 1 beträgt. Berücksichtigt man, daß bei den bezahlten Daten noch der SMI enthalten ist, für den hier keine Geld- und Briefwerte vorlagen, so kann man das Verhältnis auf mindestens 6 zu 1 erhöhen.

Bei den deutschen Basisdaten sind es 3772907 Datensätze mit 30183256 Einzelinformationen, welche einen Speicherumfang von 199964074 Byte einnehmen. Der wesentlich geringere Umfang der deutschen Daten resultiert daraus, daß für diese keine Geld- und Briefkurse von Aktien zur Verfügung standen. Ebenso existierte noch keine Option auf den DAX, so daß auch keine berechneten Werte dieses Indexes aufgenommen wurden.

Insgesamt ergibt sich daraus ein Gesamtumfang von 570869840 Byte mit 10771129 Datensätzen und 86169032 Einzelinformationen.

6.7.3. Datenquellen für angefallene Nebenrechte

Im Falle von Nebenrechtsgewährungen wie z.B. Dividenden ist zur korrekten Bestimmung von Optionswerten während der Restlaufzeit einer Option der *Wert und Zeitpunkt* der anfallenden Nebenrechte wichtig.[2]

Die ausgeschütteten Dividenden wurden dem Kursblatt der Zürcher Effektenbörse, dem Handelsblatt und für einige Gesellschaften den Geschäftsberichten entnommen.

---

1 Diese Angaben beziehen sich auf die Basisdaten nach der Vorselektion, d.h. also dem Punkt, ab dem die Daten mit eigenen Programmen in relationale Datenbanken eingelesen und weiterverarbeitet wurden. Es ist damit zu berücksichtigen, daß bei dieser Datenmenge alle permanent gehandelten Aktien der Schweiz und von Deutschland sowie alle SOFFEX-Titel, insbesondere Futures, enthalten sind. Bei dieser Tabelle geht es nicht darum, einzelne Informationen über den Umfang der Daten zu analysieren, da später ohnehin noch Selektionen vorgenommen werden müssen. Diese Zahlenangaben sollen vielmehr den bei der gewählten Untersuchungsperiode bereits beträchtlichen Datenumfang verdeutlichen.

2 Es sei darauf hingewiesen, daß bei der später erfolgenden Renditebildung die Aktienrenditen nicht bereinigt werden müssen, da es sich hier um Intraday-Renditen von 10 bzw. 15 Minuten handelt.

Zur Bewertung von SMI-Optionen mit anfallenden Dividenden, d.h. zur Anpassung des SMI, soll hier kurz auf den SMI eingegangen werden.

Der SMI ist ein nicht-dividendenkorrigierter Index, der die bedeutendsten und liquidesten Titel hochkapitalisierter Schweizer Unternehmen umfaßt, die an den Schweizer Börsen permanent gehandelt werden.[1] Nicht-dividendenkorrigiert bedeutet, daß Dividendenabgänge nicht reinvestiert werden, sondern daß unter sonst gleichbleibenden Umständen ein Dividendenabgang stets eine Indexreduktion bewirkt.

Beim SMI werden wie bei alle Indizes der Swiss-Index-Familie[2] die Titel gemäß ihrer *Börsenkapitalisierung* gewichtet. Dies bedeutet, daß die Gewichtung jeder Aktie am prozentualen Anteil der Börsenkapitalisierung (Anzahl ausstehende Aktien multipliziert mit dem Börsenkurs) der einzelnen Aktie an der Gesamtbörsenkapitalisierung des Indexes gemessen wird. Der Index wird nach dem Verfahren von Laspeyres berechnetet. Den aktuellen Indexstand erhält man, indem man die Börsenkapitalisierung der Indextitel mit dem *Kapitalfaktor* multipliziert. Die Höhe des Kapitalfaktors wird anläßlich der Normierung des Indexes so festgelegt, daß sich als Indexstand die gewünschte Basis ergibt, d.h. beispielsweise für den SMI per 30. Juni 1988 1500 Punkte. Im Falle von Kapitalereignissen eines Indextitels (z.B. Kapitalerhöhung) wird der Kapitalfaktor so angepaßt, daß das Kapitalereignis unter sonst gleichbleibenden Umständen keinen Einfluß auf den Indexstand hat.

Bei der hier vorgenommenen Berechnung des Optionswertes von Indexoptionen mit dem dividenden-adjustierten Black/Scholes-Modell werden alle Dividenden der einzelnen in den Index einfließenden Aktien mit einbezogen. Zu den Aktien gehören dabei nicht nur diejenigen, auf die SOFFEX-Optionen gehandelt werden.[3] Weiter ist zu beachten, daß im Falle einer Dividendenausschüttung einer Gesellschaft der Dividendenertrag des Indexes nicht die gesamte Dividende der jeweiligen Aktie enthält. Es wird nur der Teil als Dividende eingesetzt, der dem Anteil der Aktie am Index entspricht.

Seit 4.1.1991 wird auch ein SMI mit Dividendenkorrektur unter dem Kürzel SMIC publiziert. Die Berechnungen gehen allerdings auch einige Jahre zurück. Für die Berechnung der Optionswerte von SMI-Optionen wurden deshalb die einzelnen Dividendenerträge des SMI aus dem Vergleich des SMI mit dem SMIC für die jeweiligen Dividendentermine herausgerechnet. Die Werte für den SMIC während der Untersuchungsperiode wurden von der ECOFIN Forschungs- und Beratungs-AG, Zürich, zur Verfügung gestellt.

---

1 Im Untersuchungszeitraum waren es 24 Titel.

2 Für eine Kurzübersicht der Berechnung der Indizes siehe Association Tripartite Bourses (Hrsg.) (1993). Ebenso wird zu Marktindizes z.B. auf Kleeberg (1990); Dubacher (1991) sowie speziell für den DAX auf Janßen/Rudolph (1992) verwiesen.

3 Zur aktuellen Zusammensetzung des Indexes siehe Association Tripartite Bourses (Hrsg.) (1993).

6.7.4. Euromarktsatz als Stellvertreter für den risikolosen Zinssatz

Der für die Bewertung von Optionen benötigte *risikolose Zinssatz* ist zwar mit Sicherheit nicht direkt beobachtbar, kann aber approximativ durch alternative Möglichkeiten ersetzt werden. In US-amerikanischen Studien wird er üblicherweise aus dem *Marktwert* und *Rückzahlung* von börsenmäßig gehandelten US-Schatzanweisungen (U.S. *Treasury Bills*) abgeleitet. Dabei wird diejenige Schatzanweisung ausgesucht, deren Restlaufzeit am besten mit der Restlaufzeit der zu bewertenden Option übereinstimmt. Für den Schweizer Markt ist es zunächst schwieriger, einen geeigneten *Stellvertreter* für den als existent angenommenen *insolvenzrisikofreien Finanztitel (mit konstanter Verzinsung)* zu finden.[1] Kurzfristige Staatsanleihen sind zwar (nahezu) *insolvenzrisikofrei*, aber im Unterschied zu den U.S. Treasury Bills *keine börsengängigen Wertpapiere*.

Aufgrund des geringen Ausfallrisikos von kurzfristigen Krediten unter Banken kann für den risikolosen Zinssatz beispielsweise durch *Geldmarktsätze* unter Banken eine gute Annäherung erreicht werden.[2] In dieser Untersuchung wird deshalb der risikolose Zinssatz approximativ durch 1-, 2-, 3- und 6-Monats-Euromarkt-Zinssätze (Mittelkurse) ersetzt, wobei jeweils der Zinssatz verwendet wird, dessen Laufzeit am nächsten zur Restlaufzeit der Option liegt. Gemäß gängiger Regel gelten für Restlaufzeiten bis zu 45 Tagen die 1-Monats-, von 45-75 Tagen die 2-Monatszinssätze usw. Es wird dabei also vereinfachend angenommen, daß die einzelnen Monate standardisiert 30 Tage lang sind.[3]

Bei den Zinssätzen handelt es sich um die täglichen Mittelkurse aus LIBID[4] und LIBOR[5] für die Währungen SFr. und DM, welche vom Informationszentrum des Schweizerischen Bankvereins, Basel, geliefert wurden.

1 Wie schon im Kapitel 5 ausgeführt, kann die im Black/Scholes-Modell gemachte Annahme der konstanten Verzinsung im Zeitablauf insoweit als wenig problematisch betrachtet werden, als verschiedene Untersuchungen zeigten, daß sich Zinssatzänderungen nur in geringem Maße auf den Optionspreis auswirken. Siehe Bös (1991), S. 133ff. u. 211.

2 Vgl. hierzu z.B. die Ausführungen von Chiras/Manaster (1978), S. 214. Spudy (1992), S.150 gibt an, daß aus Gesprächen mit Market-Makern und Händlern deutlich wurde, daß von ihnen der kurzfristige Refinanzierungszinssatz der jeweiligen Bank als risikoloser Marktzins verwendet wird.

3 Vgl. auch Dubacher (1991), S. 154. Eurogeldmarktzinssätze basieren auf 360 Tagen pro Jahr. Sie wurden für die Untersuchung umgerechnet auf 365 Tage.

4 London Interbank Bid Rate. Zinssatz, zu dem eine Londoner Bank mit erstklassigem Standing (prime bank) bereit ist, Geldmarktkredite am internationalen Interbankenmarkt aufzunehmen.

5 London Interbank Offered Rate. Zinssatz, zu welchem eine Londoner Bank mit erstklassigem Standing (prime bank) bereit ist, anderen Banken Geld am internationalen Interbankenmarkt zu verleihen. Der Zinssatz bildet sich grundsätzlich frei am Markt.

7 Empirische Rendite-Analyse zur Lead-Lag-Beziehung zwischen Aktien- und Optionsmarkt

7.1. Ziel der Untersuchung

Im Rahmen dieser Untersuchung soll die *Preisbildung am Aktien- und Optionsmarkt sowie der Informationsfluß zwischen diesen beiden Finanzmärkten* näher untersucht werden. Das Ziel dieser Studie ist eine Intraday-Analyse der *Geschwindigkeit, in der sich neue Informationen in den in einer ökonomischen Beziehung stehenden Kassa- und Terminmärkten niederschlagen.* Es sollen *kurzfristige zeitliche Interdependenzen zwischen dem Aktien- und dem Optionsmarkt* untersucht werden. Die beiden zentralen Fragestellungen lauten:

1. Gibt es zeitliche Unterschiede in der Verarbeitung von Informationen bzw. existiert eine sog. *Lead-Lag-Beziehung* in der Preisanpassungsgeschwindigkeit zwischen dem Aktien- und Optionsmarkt?
2. Existiert Ineffizienz zwischen den beiden Märkten in der Art, daß evtl. vorhandene zeitliche Preisanpassungsverzögerungen an einem Markt ausgenutzt werden können und dadurch abnormale Gewinne erzielbar sind?

In diesem Kapitel liegt das Augenmerk auf der obigen ersten Fragestellung. Hierzu soll in einer statistischen Analyse untersucht werden, wie schnell sich Informationen in den Preisen von Optionen bzw. Aktien widerspiegeln, d.h. ob ein zeitlicher Vorsprung (sog. *Lead-Lag-Beziehung*) des Options- oder des Aktienmarktes existiert oder Informationen sich gleich schnell auf beiden Märkten in den Preisen widerspiegeln. Dazu werden ausschließlich *Bezahltkurse* der beiden Märkte bzw. deren *Renditen* verwendet.

Kap. 8 geht dann der zweiten Fragestellung nach und untersucht, ob sich eine Lead-Lag-Beziehung nicht nur aufgrund von Renditen, d.h. Bezahltkursen, sondern auch mit Hilfe einer reellen Handelsstrategie, welche Geld- und Briefkurse benutzt, feststellen läßt. Weiterhin ist dabei auch zu untersuchen, ob eine evtl. vorliegende Lead-Lag-Beziehung so stark ausgeprägt ist bzw. die Ineffizienzen so groß sind, daß daraus abnormale Gewinne erzielbar sind. Es werden Handelsstrategien vorgestellt, die diese Ineffizienzen zu risikolosen Gewinnen auszunutzen versuchen.

Im folgenden erfolgt zunächst die Vorstellung des Untersuchungskonzeptes. Daraus folgt, daß für die zur Verfügung stehenden Daten einige Ausschlußkriterien zu bilden sind, welche ebenfalls im Konzept erläutert werden. Die Anwendung dieser Kriterien in Form einer Voranalyse sowie die Resultate der eigentlichen statistischen Analyse werden anschließend separat erörtert.

Bei der Erläuterung der Methodik wird der Einfachheit halber ausschließlich von Aktien und Aktienoptionen gesprochen, wenn auch in der Rendite-Analyse der SMI und SMI-Optionen ebenso untersucht werden. Das Gesagte läßt sich grundsätzlich auf den Index bzw. Indexoptionen übertragen. Auf Einzelheiten, die vor allem die Bewertung von Indexoptionen betreffen, wird an entsprechender Stelle eingegangen.

7.2. Beschreibung der Untersuchungsmethode

Im folgenden soll das Untersuchungskonzept beschrieben sowie das Vorgehen skizziert werden. Ebenso wird auf einige Probleme, die zum Teil schon früher angesprochen wurden, eingegangen. Sofern nichts anderes vermerkt wird, ist dabei die Notation aus Kap. 5 maßgebend.

7.2.1. Theoretische Beziehung von Preisänderungen und Testmethode

Um der Frage nachzugehen, wie schnell sich Informationen in den Preisen von Optionen bzw. Aktien widerspiegeln, d.h. ob ein zeitlicher Vorsprung des Options- bzw. Aktienmarktes existiert, ist zunächst zu beachten, daß Options- und Aktienpreise bzw. deren Renditen nicht direkt verglichen werden können.[1] Für die empirische Untersuchung der relativen Preisanpassungsgeschwindigkeit zwischen Aktien- und Optionsmarkt wird deshalb eine Art *Vergleichsmaßstab* benötigt. Damit ist gemeint, daß der Preis einer Option, welcher die Informationen des Optionsmarktes beinhalten sollte, zunächst auf ein vergleichbares Niveau zum gegenüberzustellenden Aktienkurs zu bringen ist.

Aktien- und Optionsmarkt sind zwar grundsätzlich unabhängig, es können jedoch zwischen den einzelnen gehandelten Instrumenten *ökonomische Gleichgewichtsbeziehungen* hergeleitet werden, da Aktien ja die zugrundeliegenden Basiswerte der Optionen sind. Mittels einer solchen Beziehung ist es dann auch möglich, ein Vergleichskriterium abzuleiten. In Kap. 5 wurde das Black/Scholes-Modell als Beispiel eines verteilungsabhängigen Optionsbewertungsmodells vorgestellt, welches unter Zuhilfenahme der Annahmen der Arbitragetheorie und speziellen Hypothesen über den stochastischen Prozeß der zugrundeliegenden Aktie die eindeutige Bestimmung eines Kaufoptionswertes gestattet.[2] Da ein solches Modell plausiblerweise den Aktienkurs selbst - neben weiteren Einflußgrößen - als Parameter enthält, kann es dann durch Umkehrung der Beziehung (falls möglich) für die Ermittlung des Ver-

---

[1] Beispielsweise steigt das Options-Delta - als Maß für die Reagibilität des Kaufoptionspreises auf marginale Aktienkursänderungen - mit zunehmendem Aktienkurs. Dabei gilt: $0 < \text{Delta} < 1$. Eine Schätzung des Deltas ist nicht unproblematisch. Vgl. dazu z.B. Bös (1990), S. 143ff. Untersuchungen, welche beispielsweise Aktien oder Aktienindizes und Futures einbeziehen, können diese beide Instrumente direkt über eine Nicht-Arbitrage-Beziehung verbinden, so daß die Intraday-Lead-Lag-Beziehung zwischen Aktien und Futures Evidenz für die Geschwindigkeit, in der Informationen sich in den Preisen widerspiegeln, liefern kann. Siehe z.B. Chan (1990,1992); Grünbichler/Longstaff/Schwartz (1992).

[2] Es erfolgt hier eine Beschränkung auf die Bewertung von Kaufoptionen.

gleichsmaßstabes herangezogen werden. Abgesehen von den anderen Parametern stehen hier der *Wert einer Kaufoption und der Aktienkurs* in Beziehung.[1]

Es soll deshalb im folgenden aufgezeigt werden, wie sich die Preisbeziehungen zwischen Aktien- und Optionsmarkt in vollkommenen Kapitalmärkten theoretisch verhalten sollten. Es wird eine Methode zur empirischen Überprüfung vorgestellt. Dabei ist zu beachten, daß alle mögliche Varianten, nämlich neben der Gleichzeitigkeit der zeitliche Vorsprung des Optionsmarktes als auch des Aktienmarktes berücksichtigt werden müssen.

Wie in Kap. 5 ausgeführt, erfolgt die Bestimmung eines eindeutigen Wertes für den Finanztitel Aktienkaufoption im Modell von Black/Scholes auf der *Basis von reinen Arbitrageargumenten.* Dies setzt voraus, daß sich dessen *Zahlungscharakteristik mittels eines Portefeuilles aus marktfähigen Finanztiteln duplizieren läßt.* Der Marktwert dieses *äquivalenten Portefeuilles* bestimmt dann den Wert des zu bewertenden Finanztitels. Die *Zahlungscharakteristik einer Aktienkaufoption ist dann duplizierbar*, falls es gelingt, ein aus *Kaufoption und zugrundeliegenden Aktien* bestehendes *Hedgeportefeuille* zu konstruieren, dessen *Wertveränderung* im Zeitablauf *nicht stochastisch, also risikolos* ist.

Unter der Annahme friktionsloser Finanzmärkte sowie einer zeitkontinuierlichen Handelstätigkeit[2] muß in jedem Zeitpunkt bis zum Verfalltermin der Option die Wertänderung dieses Portefeuilles risikolos sein und der Verzinsung einer risikofreien Momentananlage entsprechen. Das Verhältnis zwischen den beiden Positionen wird derart gewählt, daß ein kleiner Kassakursanstieg sowohl eine Werterhöhung der Aktienposition, als auch simultan eine Wertminderung der Optionsposition verursacht, wobei beide Wertänderungen betragsmäßig gleich groß sind.[3]

Nach Marktveränderungen wird das Hedgeportefeuille an die neuen Rahmenbedingungen angepaßt, so daß das ursprüngliche Verhältnis beider Hedgeportefeuille-Komponenten wieder hergestellt ist. Der Gesamtwert des Portefeuilles ist somit unabhängig von Kassakursveränderungen, weshalb diese Portefeuillekonstruktion als abgesichert bezeichnet wird. Gemäß der Kapitalmarkttheorie vollkommener Märkte gilt somit für den Black/Scholes-Ansatz, daß die *Rendite des Hedgeportefeuilles gleich der Marktrendite risikoloser Anlagen* sein muß (*Gleichgewichtsbedingung effizienter Märkte*).[4]

---

1 Wie schon im Kap. 5 ausgeführt, könnte grundsätzlich eine andere Beziehung, nämlich die *Put-Call-Parität* herangezogen werden, welche die drei Titel Kaufoption, Verkaufsoption und Aktienkurs (und insolvenzrisikofreien Finanztitel) in Beziehung setzt. Sie hat bei empirischen Untersuchungen insbesondere den Vorteil, daß die zukünftige Volatilität der Aktienrendite nicht geschätzt werden muß. Vgl. z.B. hierzu die Untersuchung von Finucane (1991). In dieser Intraday-Untersuchung wird die Put-Call-Parität für Indexoptionen unter Berücksichtigung von Dividendenzahlungen und Einbeziehung von Geld- und Briefkursen aufgestellt und als Hilfsmittel zur Regression impliziter Indexrenditen auf vergangene, gleichzeitige und zukünftige beobachtete Indexrenditen benutzt. Wie die folgende Datenanalyse noch zeigen wird, existieren an der SOFFEX sehr wenige aktive Verkaufsoptionen. Aus diesem Grunde wird hier das *dividendenadjustierte Black/Scholes-Modell* angewendet. Es erfolgt eine *Beschränkung auf Kaufoptionen.*

2 Siehe Annahmen A3 und A9 in Kap. 5.

3 Kassakursrückgänge wirken entsprechend. Siehe hierzu z.B. Hauck (1991), S. 167.

4 Vgl. Hauck (1991), S. 167.

Gemäß dem Duplikationsprinzip existiert dann eine sich selbst finanzierende, dynamische Position aus Aktie und risikolosem Zinspapier, welche die Zahlungsströme der Option nachvollzieht.

Die Adjustierung zu einem ausgeglichenen Mengenverhältnis, gemäß dem perfekten Hedgeportefeuille, wird über kleine Zeitintervalle durch Kauf oder Verkauf der einzelnen Positionsteile erreicht. Werden die Preisveränderungen über infinitesimal *kleine Zeiteinheiten* erfaßt, dann sind die Veränderungen so gering, daß die Wertrelation von Optionspreis und Aktienkurs als *linear* eingestuft werden kann. Doch nur mit dieser Einschränkung ist der permanente Erhalt eines risikolosen Hedgeportefeuilles möglich.[1] Der Zeiteinfluß auf den Optionspreis entsteht durch den Zeitwertverfall pro rata tempore, während der Aktienpreis durch Kursveränderungen innerhalb einer bestimmten Zeitspanne auf den Optionspreis einwirkt. Werden diese Zeitintervalle infinitesimal klein gewählt, so entspricht dies einer kontinuierlichen Preisfortschreibung des Kassakurses und somit auch des Optionspreises. Der Optionspreis kann dann als Funktion von Aktienkurs S und Optionsrestlaufzeit τ bestimmt werden [$C = f(S, \tau)$].

Die Änderung des Optionspreises hängt, unter Vernachlässigung des Zeitwertverfalls, von der zukünftigen Aktienkursentwicklung ab, deren Erwartungswert nach der Random Walk-Hypothese jedoch unsicher ist. Auf die Entwicklung der Kassakurse bezogen, ergibt sich, daß die relativen Kursänderungen bei diesen sehr kleinen Zeitintervallen als unabhängige, stationär normalverteilte Zufallsvariablen betrachtet werden können. Um diesen Zusammenhang formelmäßig zu erfassen, bauen Black/Scholes die Funktion des Kassakurses auf der Basis der charakteristischen Differenzengleichung eines Random Walk auf.

Als Ergebnis stellt sich der Wert einer Kaufoption als Funktion von fünf Komponenten dar, nämlich dem aktuellen Aktienkurs, dem Basispreis, der Restlaufzeit, dem risikolosen Zinssatz und der zukünftigen Volatilität der zugrundeliegenden Aktie (Standardabweichung der zukünftigen Aktienrendite). Ist der derzeitige Optionspreis auf dem Markt beobachtbar und sind alle weiteren Parameter außer dem Aktienkurs gegeben, so kann man den Wert der zugrundeliegenden Aktie im Gleichgewicht errechnen.[2] Aus der Logik des Black/Scholes-Modells folgt, daß dieser implizite Wert denjenigen Wert der zugrundeliegenden Aktie darstellt, für die ein *kontinuierlich angepaßtes Hedgeportefeuille aus Optionen und Anleihen äquivalent zur Aktie* ist. Bei Gültigkeit des Optionsbewertungsmodells stellen somit die *impliziten Werte die Schätzwerte des Optionsmarktes für die Gleichgewichtsaktienpreise dar.*[3]

Formal kann dies auch derart dargestellt werden, daß der Wert einer Kaufoption allgemein als Funktion des zugrundeliegenden Aktienkurses ausgedrückt werden kann:[4]

---

1 Siehe hierzu Merton (1973), S. 146-147. Bei längeren Zeitintervallen mit größeren Kassakursänderungen entsteht ein konvexer Funktionsverlauf zwischen Kaufoptions- und Aktienwert.

2 Auf die einzelnen Parameter, insbesondere die nicht direkt beobachtbare Volatilität der Aktienrendite, wird später eingegangen.

3 Vgl. Manaster/Rendleman (1982), S. 1043f.

4 Siehe hierzu auch die Darstellung von Stephan/Whaley (1990), S. 192ff. oder Patterson (1986), S. 234ff.

$$C = f(S) \tag{7-1}$$

Aufgrund der Gleichgewichtsbeziehung (7-1) läßt sich der Wert einer Aktie auch als Funktion des Preises der Kaufoption darstellen:[1]

$$S = f^{-1}(C) \tag{7-2}$$

Die obigen Ausführungen implizieren ebenso eine Beziehung der Preisänderungen zwischen Aktie und Kaufoption. Ändert sich - auf ein kurzes Zeitintervall betrachtet - der Preis einer Kaufoption von C_{t-1} nach C_t und kann unterstellt werden, daß die Gleichgewichtsbeziehung zwischen dem Preis der Aktie und dem der Option sich nicht verändert[2], dann sollte sich der Aktienkurs im gleichen Zeitintervall wie folgt verändern:

$$f^{-1}(C_t) - f^{-1}(C_{t-1}) = \hat{S}_t - \hat{S}_{t-1} \equiv \hat{s}_t \tag{7-3}$$

Unter der grundlegenden Annahme, daß das gewählte Optionsbewertungsmodells von Black/Scholes Gültigkeit besitzt, d.h. daß die Kaufoptionen durch dieses Bewertungsmodell korrekt bewertet sind, stellt Gleichung (7-3) die *implizite* Aktienkursänderung dar. Nimmt man die Größen Optionspreis, Basispreis, Restlaufzeit, Volatilität der Aktienrendite und risikoloser Zinssatz als gegeben an bzw. sind sie direkt beobachtbar, so lassen sich die impliziten Aktienkurse bzw. deren Veränderungen über das gewählte Optionsbewertungsmodell berechnen.[3] Die *beobachtbare* Aktienkursänderung ergibt sich aus der Differenz beobachtbarer Aktienkurse:

$$S_t - S_{t-1} \equiv s_t \tag{7-4}$$

Das Augenmerk dieser Untersuchung liegt vor allem in der Beziehung der impliziten (7-3) zur beobachtbaren Aktienkursänderung (7-4). In streng informationseffizienten Aktien- und Optionsmärkten, d.h. bei *zeitverzugsloser Informationsverarbeitung*, sollten sich Preisänderungen auf beiden Märkten vollkommen zeitgleich bewegen. Das heißt auch, daß in friktionslosen Finanzmärkten sowie bei zeitkontinuierlicher Handelstätigkeit die implizite und die beobachtbare Aktienkursänderung identisch sind, so daß gilt:

$$\hat{s}_t = s_t \tag{7-5}$$

---

[1] Die hier verwendeten Begriffe *Wert* und *Preis (Kurs)* unterscheiden sich grundsätzlich darin, daß der *Wert* eines Finanztitels auf der Basis eines *Modells* zustande kommt, während sein *Preis* das Ergebnis des tatsächlichen *Marktgeschehens* darstellt, also von der tatsächlichen Angebots- und Nachfragesituation abhängt.

[2] Obwohl sich die Gleichgewichtsbeziehung zwischen dem Wert der Aktie und dem der Option mit der Zeit ändert, kann sie über ein sehr kurzes Intervall (z.B. 5-10 Minuten) approximativ als konstant angesehen werden. Vgl. hierzu Stephan/Whaley (1990), S. 193 oder Patterson (1986), S. 235.

[3] Diese Berechnung der impliziten Werte, d.h. die "Umkehrung" des Optionsbewertungsmodells ist i.d.R. nicht analytisch lösbar. Darauf sowie auf die Frage der Beobachtbarkeit bzw. Berechenbarkeit der einzelnen Parameter wird später eingegangen. Dies betrifft vor allem die Volatilität der Aktienrendite, da diese nicht direkt beobachtbar ist.

Da aber die Märkte im allgemeinen einerseits nicht friktionslos sind und andererseits Preisbeobachtungen auch nicht simultan erfolgen, ist anzunehmen, daß die beobachtete Beziehung zwischen den Preisänderungen auf dem Aktien- und Optionsmarkt nicht immer gleich sind. Wenn zusätzlich einige Händler aus ökonomischen Gründen Präferenzen für einen der beiden Märkte haben, ist es vielmehr anzunehmen, daß sich die Preise an einem Markt schneller anpassen als am anderen. Es ist wahrscheinlich, einen zeitlichen Vorsprung in den Preisänderungen bzw. die angesprochene Lead-Lag-Beziehung der Preisänderungen festzustellen zu können.

Bei der zu wählenden Untersuchungsmethode ist zu beachten, daß allen möglichen Gegebenheiten Rechnung getragen wird, d.h. daß neben der Gleichzeitigkeit der zeitliche Vorsprung des Optionsmarktes sowie auch des Aktienmarktes berücksichtigt wird.

Zur empirischen Analyse der Relation (7-5) kann gemäß den Arbeiten von Sims[1] und Granger[2] zur Erfassung kausaler Beziehungen bei Zeitreihen folgendes multiples Zwei-Seiten-Regressionsmodell herangezogen werden:[3,4]

$$\hat{s}_t = \alpha + \sum_{k=-K}^{K} \beta_k s_{t+k} + \varepsilon_t \,, \quad \text{wobei} \tag{7-6}$$

s_t , $\hat{s}_t$	≡	beobachtbare und implizite Aktienkursänderungen,
K	≡	Anzahl der Regressoren,
β_k	≡	zu schätzende Regressionskoeffizienten,
ε_t	≡	Residualterm.

1 Sims (1972)

2 Granger (1969).

3 Die Idee dieser Zwei-Seiten-Regression stammt von Sims (1972), der das Verfahren in seiner Arbeit über den Zusammenhang zwischen Geldmenge und Sozialprodukt in den USA verwendet hat. Eine weitere Ausarbeitung findet sich in seiner Arbeit von 1977 (Sims (1977)). Dieses Verfahren ist inzwischen das wahrscheinlich am häufigsten angewendete Verfahren zur Ermittlung kausaler Strukturen. Der Vorteil dieses Verfahrens liegt (wie beim direkten Granger-Verfahren) darin, daß es einfach handhabbar ist und daß, sieht man von der Länge der verwendeten Lags ab, keine willkürlichen Urteile in das Verfahren Eingang finden. Ein Problem ergibt sich bei diesem Testverfahren allerdings daraus, daß die Residuen im allgemeinen nicht white noise sind. Dieses Modell untersucht lediglich die Beziehung zwischen Aktien- und Optionsrenditen über den Handelstag. Es findet keine Untersuchung der Variabilität der Störungen statt. Es besteht allerdings Evidenz dafür, daß sich die Varianz von Aktienrenditen über die Zeit ändert. Vgl. z.B. French/Roll (1986); French/Schwert/Stambaugh (1987). Auf eine nähere Darstellung der Arbeiten von Granger und Sims sowie deren Einschränkungen bei der Anwendung wird an dieser Stelle verzichtet. Zur Problematik solcher Verfahren vgl. auch Feige/Pearce (1979); Kirchgässner (1981); Leoni (1990), S. 214ff.

4 Es wird hier nicht speziell auf Kausalitätstests im Zeitbereich eingegangen, da dies im Rahmen dieser Arbeit zu weit führen würde. Eine Übersicht statistischer Methoden zur Erfassung kausaler Strukturen mit Anwendung in der Kapitalmarkttheorie sowie empirischen Untersuchungen findet sich z.B. in Kirchgässner (1981); Garcia/Leuthold/Zapata (1986); Bhattacharya (1990); Leoni (1990), S. 214ff.; Bhattacharya/Gallinger (1991); Quan (1992). Als einige Beispiele zur neueren Anwendung der Verfahren von Granger und Sims auf Aktien-, Options- und Futuresmärkten können die Arbeiten von Ng (1987); Anthony (1988); Stephan/Whaley (1990); Kutner/Sweeney (1991); Chan (1990,1992); Grünbichler/Longstaff/Schwartz (1992) genannt werden.

In Gleichung (7-6) werden implizite Preisänderungen auf vergangene, gleichzeitige und zukünftige beobachtbare Aktienpreisänderungen regressiert.[1] Der Index k gibt hierbei einen jeweiligen Zeitpunkt an. So steht k=0 für den aktuellen Zeitpunkt t. k=1 könnte beispielsweise für t+10 Minuten, k=2 für t+20 Minuten usw. stehen so wie umgekehrt k=–1 t–10 Minuten, k=–2 t–20 Minuten usw. ausdrücken kann. Nimmt man z.B. 10-Minuten-Renditen und sei der gegenwärtige Zeitpunkt t 11.00 Uhr, so wird für das Lag 3 die Rendite aus den beiden Aktienkursen einer bestimmten Aktie um 10.20 und 10.30 ermittelt und diese Rendite als s_{t-3} in die Regressionsgleichung eingesetzt.[2] Das gleiche gilt für die 6 weiteren Werte s_{t-2}, s_{t-1}, s_t, s_{t+1}, s_{t+2} und s_{t+3}. Die implizite Aktienrendite um 11.00, $\hat{s}_t$, wird aufgrund der Preise der der Aktie zugehörigen und jeweils betrachteten Option mit Hilfe des *pseudo-Amerikanischen Black/Scholes-Modells* ermittelt. Der Index t in (7-6) läuft über den gesamten Handelstag. Für die SOFFEX heißt dies beispielsweise, daß von 10.00 Uhr bis 16.00 Uhr regressiert werden kann.[3]

Sind die Regressionskoeffizienten (außer β_0) ungleich Null, so zeigt dies, daß die Preisänderungen nicht zeitgleich erfolgen, sondern daß es Vorsprungs- bzw. Verzögerungseffekte gibt. Besteht ein signifikanter Einfluß auf die abhängige Variable $\hat{s}_t$, so zeigen signifikant positive Koeffizienten mit negativem Index $\beta_{-1} \ldots \beta_{-k}$ einen Lead des Aktienmarktes an, während positive Koeffizienten mit positiven Index $\beta_1 \ldots \beta_k$ auf einen Lead des Optionsmarktes hindeuten.[4]

Die Anzahl der Regressoren ist willkürlich festzulegen und richtet sich vor allem nach der Länge des Zeitintervalls, welches zur Definition von Preisänderungen bzw. von Renditen herangezogen wird. Die Wahl einer geeigneten Intervallänge ist hierbei kein vernachlässigbares Problem. Bei einem zu kurz gewählten Intervall ist die Handelsfrequenz niedrig. Es ist dann möglich, daß sehr viele Renditen der Größe Null registriert werden, die nicht aufgrund eines gleichgebliebenen Preises, sondern aufgrund der Handelsinaktivität entstanden sind. Hierdurch kann es bei der Regression zu Variablenfehlern kommen, so daß die Aussagekraft des Ergebnisses beeinträchtigt wird. Ist das Intervall zu lang, so wird die Genauigkeit der zu identifizierenden Lead-Lag-Struktur verringert. In der empirischen Untersuchung wird jeweils 30 Minuten nach vorne und 30 Minuten zurück regressiert. Dieser Zeit-

1 Der Einfachheit halber wurde hier von Kursänderungen gesprochen. In der empirischen Analyse werden wir stetige Renditen verwenden, da in der Regression im Fall von Kursänderungen Aktien mit höherem Preis gegenüber solchen mit niedrigerem Preis bei gleichen prozentualen Änderungen einen höheren Stellenwert bekommen. Es wird davon ausgegangen, daß gleiche prozentuale Änderungen auch gleich gewichtet werden müssen. Das Ergebnis der Regression kann damit korrekter interpretiert werden. In der Literatur ist dies nicht einheitlich. So sprechen Stephan/Whaley (1990) von absoluten Preisänderungen, während z.B. bei Chan (1990, 1992) oder Stoll/Whaley (1990) Renditen verwendet werden.

2 Als Kurs um 10.20 Uhr bzw. 10.30 Uhr wird der derzeit gültige Kurs zu diesen beiden Zeitpunkten eingesetzt.

3 Auf konkrete Intervalle bzw. Einzelheiten hierzu wird später eingegangen.

4 Diese relativ einfache Interpretation ist hier nur deshalb möglich, da die Begriffe "Lead" und "Lag" bzw. zeitlicher Vorsprung und zeitliche Verzögerung hier nicht notwendigerweise so zu verstehen sind, daß Preisänderungen eines Marktes die Preisänderungen des anderen Marktes in Form einer Ursache-Wirkung-Beziehung bedingen. Es ist zu betonen, daß kausal im Sinne von Granger bzw. Sims nicht mit dem landläufigen Begriff der Kausalität übereinstimmen. Es ist hier so zu verstehen, daß ein Markt im Vergleich zum anderen schneller auf Informationen reagiert, d.h. also die Geschwindigkeit, in der sich Informationen in den Preisen widerspiegeln (Preisanpassungsgeschwindigkeit), höher ist.

raum erscheint in Anbetracht der zu erwartenden Ergebnisse als angebracht.[1] Zur empirischen Studie werden 5- bzw. 10-Minuten-Renditen verwendet.[2] Im Falle von 5-Minuten-Renditen bedeutet dies, daß K gleich 6 ist. Bei 10-Minuten-Renditen ist K gleich 3.

Auf die Bestimmung des impliziten Aktienkurses und der impliziten Volatilität ist gesondert einzugehen. Dies wird deshalb im folgenden Abschnitt behandelt. Dabei wird sich auch herausstellen, daß zur korrekten Ermittlung einige Ausschlußkriterien für die Optionsdaten gebildet werden müssen. Weiterhin wird auf die Ausschlußkriterien eingegangen, die u.a. liquide Preisserien sicherstellen sollen, um eine möglichst gute Aussagekraft der Regression aufrechtzuerhalten.

7.2.2. Parameterschätzung und implizite Aktienrenditen

Wie schon weiter oben formuliert, stellen bei Gültigkeit des Optionsbewertungsmodells die *impliziten Aktienkurse die Schätzwerte des Optionsmarktes für die Gleichgewichtsaktienpreise dar.* Somit können diese impliziten Werte mit den beobachteten Aktienkursen auf dem Aktienmarkt verglichen werden.

Um die für das Regressionsmodell (7-6) benötigten impliziten Aktienrenditen zu schätzen, wird hier das *dividendenadjustierte Black/Scholes-Modell (pseudo-Amerikanische Black/-Scholes-Formel)* angewendet.[3] Für jedes zu bildende Intervall werden die impliziten Aktienkurse durch *Invertierung* dieses Modells errechnet, um daraus die entsprechende Intervall-Rendite zu bilden. Da die Invertierung des Black/Scholes-Modells nicht analytisch lösbar ist, geschieht dies mittels numerischer Methoden. Es ist zu beachten, daß neben der zu ermittelnden *impliziten Aktienkurse* ebenso die *implizite Volatilität* geschätzt werden muß.[4]

Zur Schätzung der impliziten Volatilität und des impliziten Aktienkurses können grundsätzlich zwei Varianten angeführt werden:

---

1 Ergebnisse für den amerikanischen Markt ergaben, daß hier sowohl für Aktien und Optionen als auch für Aktien oder Indizes und Futures mit keinem Lead bzw. Lag größer als 15 bis 20 Minuten zu rechnen ist. Siehe z.B. die Untersuchungen von Stephan/Whaley (1990); Stoll/Whaley (1990); Finucane (1991); Chan (1990, 1992).

2 Bei der konkreten Analyse der Datenlage wird dies noch näher erläutert werden.

3 Siehe Kap. 5 für eine kritische Stellungnahme zur Wahl dieses Modells sowie die Ausführungen weiter oben zur Nichtverwendung der Put-Call-Parität. Ebenfalls sei hier nochmals darauf hingewiesen, daß hier der Fall sicherer Dividendenzahlungen angenommen wird. Dies gilt auch für die Bewertung von SMI-Optionen, bei denen alle Dividendentermine der dem SMI zugrundeliegenden Aktien mit einbezogen werden müssen.

4 Wie in Kap. 6 ausgeführt, sind die anderen Parameter entweder direkt beobachtbar oder werden approximiert.

a) **Simultane Berechnung**

Bei dieser Variante wird die implizite Volatilität und der implizite Aktienkurs simultan bestimmt.[1] Dabei erhält man die beiden zu schätzenden Größen durch Invertierung des Optionsbewertungsmodells numerisch mit Hilfe eines Suchalgorithmus wie etwa dem Newton-Raphson-Algorithmus. Die Invertierungsprozedur wird für mindestens 2 Kaufoptionen auf die gleiche Aktie mit gleicher Restlaufzeit, aber unterschiedlichen Basispreisen, angewandt. Die Optionen müssen deshalb gleiche Restlaufzeiten aufweisen, da gezeigt werden konnte, daß implizite Volatilitäten von ansonst identischen Optionen systematisch mit der Restlaufzeit voneinander abweichen.[2] Bhattacharya[3] verwendet zusätzlich nur Optionen, die am Geld sind ("*at*"- bzw. "*near-the-money*"), da diese aufgrund einer Untersuchung von Beckers[4] am genauesten zur Schätzung der Volatilität der zukünftigen Aktienrendite beitragen. Wie bereits beim Untersuchungskonzept aufgezeigt und wie später noch zu sehen sein wird, spielen für diese Untersuchung die *Geschäftsaktivität* der Optionen eine große Rolle. Eine simultane Berechnung konnte in dieser Untersuchung nicht angewendet werden, da hierfür jeweils mindestens zwei aktive Kaufoptionen auf die gleiche Aktie mit gleicher Restlaufzeit erforderlich sind, die Datenbasis bzw. der Optionsmarkt i.d.R. aber nur eine aktive Kaufoption aufweist. Es hätten in diesem Fall zu viele Optionen aus der Stichprobe eliminiert werden müssen.

b) **Sequentielles Verfahren**

Um die impliziten Aktienrenditen für das Regressionsmodell (7-6) zu bestimmen, werden hier implizite Volatilität und impliziter Aktienkurs sequentiell, also sukzessive berechnet. Das Verfahren läuft grundsätzlich in folgenden zwei Schritten ab: a) Zunächst wird mit Hilfe des Optionsbewertungsmodells die implizite Volatilität des Vortages (bedingt durch die Marktpreise von Option und Aktie sowie der weiteren Parameter) bestimmt, indem beobachtbare Optionspreise auf Modellwerte regressiert werden. b) Am darauffolgenden Tag wird dann der implizite Aktienkurs (bedingt durch die am Vortag ermittelte implizite Volatilität, dem Marktpreis der Option und der weiteren Parameter) ermittelt.

Diese Zwei-Schritte-Prozedur wird im folgenden näher erläutert und kritisch beleuchtet.

---

1 Anwendungen dieser simultanen impliziten Volatilitäts- und Aktienkursbestimmung finden sich z.B. in Manaster/Rendleman (1982); Bhattacharya (1987); Kumar/Shastri (1990); Gunter (1990).

2 Vgl. z.B. Macbeth/Merville (1979).

3 Bhattacharya (1987). Im Unterschied dazu werden bei Manaster/Rendleman (1982) alle Optionen einbezogen.

4 Beckers (1981).

7.2.2.1. Bestimmung der impliziten Volatilität

Diese Methode zur Schätzung der impliziten Volatilität wurde von Whaley[1] vorgeschlagen. Hierbei wird die Volatilität der Aktienrendite durch Regression beobachtbarer Optionspreise auf Black/Scholes-Modellwerte geschätzt, wobei alle Transaktionen von Optionen mit gleicher Restlaufzeit auf eine spezifische Aktie innerhalb eines Handelstages mit einbezogen werden. Dadurch erhält man für jeden Tag Fälligkeits-spezifische Volatilitätsschätzer der Aktienrendite.

Diese Methode unterscheidet sich in drei wesentlichen Punkten von anderen Studien:

1. Anstatt eine "ad-hoc"-Gewichtung verschiedener impliziter Volatilitäten einer bestimmten Aktie vornehmen zu müssen, schaffen die beobachteten Preise der einzelnen Kaufoptionen ein implizites Gewichtungsschema.
2. In etlichen Studien wird die implizite Volatilität zu der Zeit berechnet, zu der der Optionspreis festgestellt wird. Whaley führt hierzu aus: "*With only one option, the model will exactly price the option since the volatility estimate in t is that standard deviation which equates the observed call prive to the model's price. Moreover, even if two or more options are available, Phillips and Smith[2] point out that contemporaneous estimation of volatility and valuation of options leads to a selection bias which systematically identifies bid prices as undervalued options and ask prices as overvalued options. To circumvent these problems, the implied volatility is computed at t–1. The conceptual problem is alleviated, at least in part, a larger sample size is retained, and a potential source of selection bias is eliminated.*[3]
3. Anstatt der Volatilitätsberechnung auf Basis aller Optionen auf eine zugrundeliegende Aktie werden hier nur solche Optionen mit gleicher Restlaufzeit zusammengefaßt, d.h. es werden Fälligkeits-spezifische Volatilitätsschätzer bestimmt.

Das hier eingesetzte Verfahren kann wie folgt skizziert werden:

Der Einfachheit halber werden eine spezifische Aktie sowie nur Kaufoptionen auf diese Aktie betrachtet. Zur Definition des Schätzproblems kann zunächst folgender nichtlinearer Regressionsansatz aufgestellt werden:[4]

$$\hat{C}_i = C_i(\sigma) + \varepsilon_i , \qquad i = 1, \ldots, n , \tag{7-7}$$

wobei

[1] Whaley (1982) sowie Stephan/Whaley (1990).

[2] Phillips/Smith (1980), S. 189-192.

[3] Whaley (1982), S. 40.

[4] Nach der Black/Scholes Formel ist $C = f(S, K, \sigma^2, \tau, r)$. Manaster/Koehler (1982), S. 228 zeigen, daß $C = f(S, K, (\sigma^*)^2, \tau, r)$ ($\sigma^* \equiv$ implizite Volatilität, welche für gegebene Werte von S, K, τ und r die obige Gleichung erfüllt) eine positive Lösung hat, wenn und nur wenn die Option die rationale Wertgrenze (5-2) (bzw. für den Fall einer sicheren Dividendenzahlung und einer nicht sinnvollen vorzeitigen Ausübung die Wertgrenze (5-4) erfüllt.

$\hat{C}_i$ ≡ Beobachteter Marktpreis einer Kaufoption mit spezifischer Restlaufzeit zum Zeitpunkt i,

$C_i(\sigma)$ ≡ Optionsmodellwert zum Zeitpunkt i (alle Parameter außer σ sind bekannt),

ε_i ≡ Residualterm,

n ≡ Anzahl der Transaktionen (Geschäfte) aller Kaufoptionen mit gleicher Restlaufzeit innerhalb eines Handelstages.

Der Schätzer von σ wird bestimmt durch Minimierung der Summe der quadrierten Residuen (nichtlineare Kleinst-Quadrate-Schätzung):

$$\min_{(\sigma)} \quad \sum_{i=1}^{n} e_i^2 \equiv \sum_{i=1}^{n} (\hat{C}_i - C_i(\sigma))^2 \qquad (e_i \equiv \text{beobachtete Residuen}) \tag{7-8}$$

Die hier verwendete Methode zur numerischen Bestimmung der nichtlinearen Kleinst-Quadrate-Schätzer basiert auf einer *Taylorentwicklung* und *Linearisierung* von $C_i(\sigma)$ und wird als *Gauss-Newton-Verfahren* bezeichnet.[1]

Linearisierung:

Bei dieser Methode werden ausgehend von einer Startlösung σ_0 iterativ Näherungen σ_1, σ_2, ... konstruiert. Eine solche Folge erhält man durch Linearisieren der nichtlinearen Funktion $C_i(\sigma)$, was durch eine Taylorentwicklung 1. Ordnung um einen Initialisierungswert σ_0 erreicht wird. Die Taylorentwicklung um σ_0 wird also nach dem linearen Term abgebrochen:

$$C_i(\sigma_1) \approx C_i(\sigma_0) + \frac{\delta C_i}{\delta \sigma}\bigg|_{\sigma_0} (\sigma_1 - \sigma_0) \tag{7-9}$$

mit[2]

$$\frac{\delta C}{\delta \sigma} = N'(d_1)\, S\sqrt{\tau} = \frac{1}{\sqrt{2}\sqrt{\pi}} e^{-(d_1)^2/2}\, S\sqrt{\tau} \tag{7-10}$$

Durch Einsetzen von (7-9) in (7-8) erhält man

$$\hat{C}_i = C_i(\sigma_0) + \frac{\delta C_i}{\delta \sigma}\bigg|_{\sigma_0} (\sigma_1 - \sigma_0) + \varepsilon_i \tag{7-11}$$

---

1 An manchen Stellen wird diese Methode auch nur als Gauss-Verfahren erwähnt. Siehe z.B. Marquardt (1963) oder Kalaba et al. (1987). Der Linearisierungsprozeß erster Ordnung ist in Eisner/Pindyck (1973), S. 30-34 beschrieben. Zur Anwendung des Gauss-Newton-Verfahrens zur nichtlinearen Kleinst-Quadrate-Schätzung sowie für eine Übersicht über nichtlineare Schätzmethoden siehe Spang (1962); Goldfeld/Quandt (1972); Malinvaud (1980); Neter/Wassermann/Kutner (1983); Kalaba et al. (1987); MacKinnon (1992).

2 Siehe Anhang VI.

Sammeln aller bekannten Werte auf der linken Seite erbringt

$$\hat{C}_i - C_i(\sigma_0) + \sigma_0 \frac{\delta C_i}{\delta \sigma}\bigg|_{\sigma_0} = \sigma_1 \frac{\delta C_i}{\delta \sigma}\bigg|_{\sigma_0} + \varepsilon_i \qquad (7\text{-}12)$$

Hierdurch wird die ursprüngliche nichtlineare Regressionsgleichung (7-7) durch eine lineare Gleichungsform approximiert. Als Schätzer σ_1 wählen wir das σ, welches dieses Ersatzproblem minimiert. σ_1 kann durch eine gewöhnliche Kleinst-Quadrate-Schätzung ermittelt werden.

$$\min_{(\sigma_1)} \sum_{i=1}^{n} \left(\hat{C}_i - C_i(\sigma_0) + \sigma_0 \frac{\delta C_i}{\delta \sigma}\bigg|_{\sigma_0} - \sigma_1 \frac{\delta C_i}{\delta \sigma}\bigg|_{\sigma_0} \right)^2 \qquad (7\text{-}13)$$

Aufgrund dieser Approximation mit dem Initialisierungswert σ_0 kann eine erste Schätzung zu ungenau ausfallen, d.h. der Schätzwert σ_1 ist nicht die Lösung des nichtlinearen Schätzproblems (7-8). Aus diesem Grund führen wir folgende Toleranzgrenze ein, welcher der Schätzer erfüllen muß:

$$\left| \frac{\sigma_1 - \sigma_0}{\sigma_0} \right| < \kappa \qquad (\kappa \equiv \text{kleine positive Konstante}^1) \qquad (7\text{-}14)$$

Bei Nichterfüllung des Toleranztests ist die Regression für Gleichung (7-13) mit dem neuen Initialisierungswert σ_1 wiederum durchzuführen und σ_2 zu suchen. Dieser Prozeß ist solange für σ_i, i=1,2,... zu wiederholen, bis die Folge der Schätzer σ_i konvergiert, d.h. bis das Toleranzkriterium erfüllt wird.[2]

Kritisch zu diesem Verfahren sind folgende Punkte anzumerken:[3]

1. Die Konvergenz ist bei diesem Verfahren nicht sichergestellt. Ein wichtiges Kriterium hierzu ist die Güte des Startwertes.
2. Es ist darauf hinzuweisen, daß eine Konvergenz i.d.R. nicht quadratisch, sondern mit linearer Rate verläuft.
3. Auch ist es möglich, daß das Gauss-Newton-Verfahren nur einen lokalen stationären Punkt findet.

---

[1] In der empirischen Untersuchung wird das Toleranzkriterium auf κ=0,0001 gesetzt.

[2] In einer Untersuchung von Whaley (1982) zeigt sich, daß bei einem maximalen relativen Fehler κ=0,0001 im Durchschnitt nicht mehr als ca. 4 Iterationen zur Konvergenz notwendig sind.

[3] Vgl. z.B. Kalaba/Langetieg/Weinstein/Zubi (1987), S. 72ff.

7.2.2.2. Bestimmung des impliziten Aktienkurses

Mittels des im vorigen Abschnitt beschriebenen Verfahrens werden für jeden Tag und jede Aktie Fälligkeits-spezifische Volatilitätsschätzer bestimmt. Die einzelnen Volatilitätsschätzer werden dann am darauffolgenden Tag zur Berechnung der impliziten Aktienkurse eingesetzt. Dabei wird für jeden festgestellten Bezahltkurs einer Kaufoption der implizite Aktienkurs durch Invertierung der pseudo-Amerikanischen Black/Scholes-Formel berechnet. Aus den impliziten Aktienkursen werden dann die impliziten Aktienrenditen ermittelt.

Die Invertierung des Optionsbewertungsmodells erfolgt wiederum mit Hilfe eines numerischen Verfahrens. Im Unterschied zur Bestimmung der impliziten Volatilität muß hier für jeden einzelnen Optionskurs die Differenz zwischen beobachtbarem Kurs und Modellwert minimiert werden. Das hier eingesetzte Verfahren kann wie folgt skizziert werden:

Für $n=1$ aus obigem nichtlinearen Schätzproblem (7-8) ergibt sich, daß die Funktion[1]

$$W(S) = (\hat{C} - C(S))^2 \tag{7-15}$$

bezüglich S minimiert werden soll. Dazu kann das *Newton-Raphson-Verfahren*[2] verwendet werden. Auch bei dieser Methode werden ausgehend von einer Startlösung S_0 iterativ Näherungen S_1, S_2, ..., konstruiert. Zunächst wird dazu die Bedingung erster Ordnung des Minimierungsproblems aufgestellt:

$$\frac{\delta W(S)}{\delta S} = -(\hat{C} - C(S))\frac{\delta C}{\delta S} \stackrel{!}{=} 0 \tag{7-16}$$

mit[3]

$$\frac{\delta C}{\delta S} = N(d_1). \tag{7-17}$$

Es erfolgt nun eine Linearisierung durch eine Taylorentwicklung 1. Ordnung um einen Initialisierungswert S_0:

$$\frac{\delta W(S_1)}{\delta S_1} \approx \frac{\delta W(S)}{\delta S}\bigg|_{S_0} + (S_1 - S_0)\frac{\delta^2 W}{\delta S^2}\bigg|_{S_0} \tag{7-18}$$

mit[4]

---

1 Da nur der gegenwärtige Zeitpunkt betrachtet wird, wird der Zeitindex der Einfachheit halber weggelassen.

2 Korrekterweise muß es Newton-Raphson-Verfahren 2. Ordnung heißen. Zur Diskussion des Newton-Raphson-Verfahrens sowie zu seiner Anwendung siehe z.B. Hämmerlin (1978); Malinvaud (1980); Stoer (1989); Ronning (1991) sowie die beim Gauss-Newton-Verfahren zitierte Literatur zur Übersicht über nichtlineare Schätzmethoden.

3 Siehe Anhang VI.

4 Siehe Anhang VI.

$$\frac{\delta W(S)}{\delta S} = -N(d_1)\,(\hat{C} - C(S)) = C(S)\,N(d_1) - \hat{C}\,N(d_1) \tag{7-19}$$

$$\frac{\delta^2 W}{\delta S^2} = N(d_1)\,\frac{\delta C}{\delta S} + C(S)\,\frac{\delta N(d_1)}{\delta S} - \hat{C}\,\frac{\delta N(d_1)}{\delta S} \tag{7-20}$$

$$= (N(d_1))^2 + (C(S) - \hat{C})\,\frac{\delta N(d_1)}{\delta S} \tag{7-21}$$

$$\frac{\delta N(d_1)}{\delta S} = N'(d_1)\,\frac{\delta d_1}{\delta S} = \frac{1}{\sqrt{2}\,\sqrt{\pi}}\,e^{-(d_1)^2/2}\,\frac{1}{S\,\sigma\,\sqrt{\tau}} \tag{7-22}$$

$$N'(d_1) = \frac{1}{\sqrt{2}\,\sqrt{\pi}}\,e^{-(d_1)^2/2} \tag{7-23}$$

$$\frac{\delta d_1}{\delta S} = \frac{1}{S\,\sigma\,\sqrt{\tau}} \tag{7-24}$$

Setzt man die rechte Seite von (7-18) gleich Null, so kann der neue Schätzer S_1 wie folgt gefunden werden:

$$S_1 = S_0 - \frac{\left.\frac{\delta W(S)}{\delta S}\right|_{S_0}}{\left.\frac{\delta^2 W}{\delta S^2}\right|_{S_0}} \tag{7-25}$$

Auch hier kann eine erste Schätzung zu ungenau ausfallen, d.h. der Schätzwert S_1 ist nur ein Näherungswert für S, zu dem man nach demselben Schema weitere Näherungslösungen bestimmen kann. Das Iterationsverfahren wird für S_i, $i=1,2,\ldots$ solange durchgeführt, bis die Folge der Schätzer S_i konvergiert, d.h. bis eine Toleranzgrenze

$$\left|\ \hat{C} - C(S_i)\ \right| < \varphi \tag{7-26}$$

erfüllt wird.[1] Da auch hier die zu minimierende Funktion bzw. deren Ableitung nur approximativ durch die Taylorentwicklung dargestellt ist, wird dieses Verfahren im allgemeinen nur dann zu einem - möglicherweise lokalem - Minimum tendieren, wenn der Startwert nahe genug bei diesem Minimum liegt.

---

[1] In der empirischen Untersuchung wird das Toleranzkriterium φ auf eine maximale Differenz zwischen Markt- und Modellpreis von SFr. 0,0001 bzw. DM 0,0001 gesetzt.

In der empirischen Untersuchung wird diesem Umstand dadurch Rechnung getragen, daß für die Bestimmung des ersten impliziten Aktienkurses an einem Handelstag der zu dieser Zeit gültige beobachtbare Aktienkurs als Startwert eingesetzt wird. Für alle folgenden zu schätzenden impliziten Aktienkurse wird jeweils der letzte berechnete implizite Kurs als Startwert eingesetzt. Da sich die Options- und Aktienkurse innerhalb von Minuten zwar verändern, aber i.d.R. nicht überaus große Sprünge machen, sind deshalb die eingesetzten Startwerte von ausreichender Güte.

Zum Newton-Raphson-Verfahren sind weiterhin folgende Punkte zu bemerken:[1]

1. Ein Vorteil dieser Methode ist die quadratische Konvergenzrate.
2. Wie angesprochen gilt, daß für eine Konvergenz die Güte des Startwertes von wesentlicher Bedeutung ist.
3. Auch hier ist es möglich, daß das Newton-Raphson-Verfahren nur einen lokalen stationären Punkt findet.
4. Es wird neben W(S) die erste und zweite Ableitung dieser Funktion benötigt.

7.2.2.3. Kritische Stellungnahme

In den vorangegangenen Abschnitten wurde ein Zwei-Schritte-Verfahren zur Bestimmung der impliziten Volatilität und des impliziten Aktienkurses beschrieben, welches an zwei aufeinanderfolgenden Tagen diese beiden Schritte sukzessive durchführt:

1. Schätzung der impliziten Volatilität eines Tages und
2. Schätzung des impliziten Aktienkurses am darauf folgenden Tag.

Bei diesem Verfahren werden im wesentlichen folgende Annahmen unterstellt:

a) Das Optionsbewertungsmodell ist korrekt spezifiziert, d.h. die Marktteilnehmer bewerten Optionen gemäß der Black/Scholes-Formel. Die sonstigen Modellparameter wurden korrekt spezifiziert.

b) Die Volatilität einer jeden zugrundeliegenden Aktie ist stationär.

Diese Annahmen sind zunächst kritisch zu betrachten. Im folgenden wird begründet, warum für die Zwecke dieser Untersuchung keine der beiden Annahmen zwingend notwendig ist:[2]

Zu a) Korrekte Modellspezifikation:

Bzgl. der korrekten Modellspezifikation führen Stephan/Whaley[3] aus: "... the only assumption necessary is that the ratio of the option price to the stock price has a one-to-one map-

[1] Vgl. z.B. Kalaba/Langetieg/Weinstein/Zubi (1987), S. 74ff.

[2] Vgl. hierzu die Ausführungen von Stephan/Whaley (1990), S. 197ff.

[3] Stephan/Whaley (1990), S. 198.

ping with the variance rate of the underlying stock." Die Formel zur Berechnung des Optionswertes wird an beiden Tagen eingesetzt; am ersten Tag zur Berechnung der impliziten Volatilität (bedingt durch die Marktpreise von Option und Aktie sowie der weiteren Parameter), am darauf folgenden Tag zur Bestimmung des impliziten Aktienkurses (bedingt durch die am Vortag ermittelte implizite Volatilität, dem Marktpreis der Option und der weiteren Parameter). Solange die gleiche Funktion an beiden Tagen zur Anwendung kommt, sind die impliziten Aktienkursveränderungen als akkurate Schätzer der aktuellen Aktienkursveränderungen anzusehen.[1]

Zu b) Stationäre Volatilität:

Die Annahme der stationären Volatilität[2] ist ebenfalls nicht zwingend. Stephan/Whaley[3] begründen dies wie folgt:

Es sei die "wahre" Volatilität am Tag der Schätzung der impliziten Volatilität nicht stationär. Die Kleinst-Quadrate-Schätzmethode führt zu einer "Durchschnitts"-Volatilität an diesem Tag. Fällt die Schätzung höher (tiefer) als die "wahre" Volatilität am folgenden Tag der Bestimmung des impliziten Akienkurses aus, so sind die impliziten Aktienkursveränderungen kleiner (größer) als die "wahren" Veränderungen. Stephan/Whaley führen aus: "*Since the error in the volatility rate is unpredictable, the implied stock price changes* $\hat{s}_t$ *are unbiased but noisy estimates of the true stock price changes.*"[4] Dieser Schätzfehler wird in die abhängige Variablen des Regressionsmodells (7-6) eingehen und eine höhere Fehlervarianz verursachen; die zu schätzenden Parameter bleiben allerdings unverzerrt und konsistent.

Weiterhin ist es auch möglich, daß die "wahre" Volatilität am Tag der Berechnung der impliziten Aktienkurse nicht stationär ist, d.h. daß es zu kurzfristigen unerwarteten Schwankungen kommt. Sei die geschätzte Volatilität des Vortages 0,25 und stimme mit der "wahren" Volatilität zu Beginn des folgenden Handelstages überein, so daß die impliziten Aktienkurse akkurate Schätzer der aktuellen Aktienkurse sind. Weiter sei angenommen, daß die "wahre" Volatilität um 11.00 Uhr unerwartet auf 0.30 steigt. Da der Optionskurs einerseits eine steigende Funktion der Volatilitätsrate ist, sollte der Wert der Option aufgrund der gestiegenen Volatilität zunehmen. Andererseits ist der Optionskurs auch eine steigende

---

1 Eine geringe Fehlbewertung geht mit der empirische Evidenz einher, daß die Optionspreisformel von Black/Scholes systematische Fehlbewertungen aufweist, wobei diese Fehlbewertungen im wesentlichen von der Höhe der Money-ratio und der Restlaufzeit abhängen und je nachdem unterschiedlich ausfallen. Siehe z.B. Whaley (1982). So zeigt z.B. Trautmann (1990), S. 94ff., daß out-of-the-money-Optionen tendenziell unterbewertet werden und daß diese Unterbewertungen mit der Länge der Restlaufzeit zunehmen. In dem Maß, in dem der Aktienkurs, die Restlaufzeit der Option oder der risikolose Zinssatz sich zwischen den beiden Tagen der Schätzung der impliziten Volatilität und der Bestimmung des impliziten Aktienkurses (bedingt durch die am Vortag ermittelte implizite Volatilität) verändern, wird auch ein Schätzfehler der impliziten Aktienkursveränderungen eintreten. Stephan/Whaley (1990), S. 198 weisen jedoch darauf hin, daß die Netto-Auswirkung dieses Fehlers a) sehr gering und b) äußerst schwierig zu bestimmen ist.

2 Es gibt aufgrund zahlreicher Untersuchungen empirische Evidenz, welche inkonsistent mit der Annahme einer stationären Volatilität ist. Als Beispiel einer etwas neueren Untersuchung, welche Real-Time-Geld- und Briefkurse einbezieht, siehe Swidler/Diltz (1992).

3 Stephan/Whaley (1990), S. 198f.

4 Stephan/Whaley (1990), S. 198.

Funktion des Aktienkurses. Dieser jedoch wird aufgrund der kurzfristig ansteigenden Volatilität fallen. Hieraus ergibt sich insgesamt eine nicht zu bestimmende Richtung der Optionspreisänderung. Die Änderung kann positiv, negativ oder Null sein. Ein kurzfristiger Anstieg (Fallen) der Volatilität während eines Handelstages verursacht ein Fallen (Steigen) des aktuellen Aktienkurses, hat aber keinen vorhersagbaren Effekt auf die implizite Aktienkursänderung. Auch dieser Fehler wird in die abhängige Variable der Regression (7-6) eingehen, aber sich nicht auf die Eigenschaften der Regressionsparameter auswirken.

7.2.3. Zur Bewertung von SMI-Optionen

Der Einfachheit halber wurden in den vorigen Abschnitten ausschließlich von einzelnen Aktien und Aktienoptionen gesprochen, wenn auch in der Rendite-Analyse der SMI und SMI-Optionen ebenso untersucht werden. Es wurde bereits ausgeführt, daß eine Übertragung auf einen Index bzw. Indexoptionen möglich ist.

Unter der Annahme deterministischer Dividendenzahlungen und der Beachtung der noch auszuführenden Datenausschlußkriterien[1] kann eine Indexoption entsprechend dem in Kap. 5 erörterten *pseudo-Amerikanischen Black/Scholes-Modell* bewertet werden. Dies bedeutet, daß für jeden Dividendentermin die Barwerte der Dividenden der einzelnen Aktien vom in die Formel einzusetzenden Indexkurs abgezogen werden. Dabei ist zu beachten, daß nicht die gesamte Dividende der jeweiligen Aktie, sondern nur der Teil als Dividende eingesetzt wird, der dem Anteil der Aktie am Index entspricht. Wie im Kap. 6 ausgeführt, wurden diese Anteile aus dem SMIC (SMI mit Dividendenkorrektur) für die jeweiligen Dividendentermine herausgerechnet.

7.2.4. Daten-Ausschlußkriterien

In diesem Abschnitt sollen einzelne Ausschlußkriterien erläutert und begründet werden.[2] Die konkreten Zahlenangaben dazu werden dann bei den empirischen Analysen gemacht.

In den vorigen Abschnitten wurde beschrieben, wie die *impliziten Aktienrenditen* über die Schätzung der *impliziten Volatilität* und des *impliziten Aktienkurses* ermittelt werden. Das hierzu notwendige pseudo-Amerikanische Black/Scholes-Modell wurde ausführlich in Kap. 5 behandelt. Wie schon ausgeführt, kann man die übrigen Modellparameter auf recht einfache Weise erhalten. Der *Basispreis* und die *Restlaufzeit* der Option sind bekannt, der *Aktienkurs* und der *risikolose Zinssatz* sind beobachtbare Größen; der risikolose Zinssatz wird durch Euro-Geldmarktzinssätze approximiert. Aufgrund der Annahme sicherer Dividenden

---

1 Dabei ist vor allem die Überprüfung auf eine vorteilhafte vorzeitige Ausübung angesprochen, da in solchen Fällen eine korrekte Anpassung einer Amerikanischen Kaufoption mittels der pseudo-Amerikanischen Black/Scholes-Formel nicht mehr gewährleistet ist.

2 Dabei ist zu beachten, daß nicht alle Ausschlußkriterien für den gleichen Zweck benötigt werden müssen. Z.B. existieren Ausschlußkriterien, welche ausschließlich für die Volatilitätsbestimmung, nicht aber für die Bestimmung der impliziten Aktienkurse eingesetzt werden.

werden für die Höhe und den Zeitpunkt der anfallenden *Dividenden* aktuelle Zahlen angenommen.[1]

Zur Bestimmung der impliziten Volatilität und des impliziten Aktienkurses müssen einige Punkte beachtet werden, die z.B. die *Verletzung von rationalen Wertgrenzen* oder die *vorzeitige Ausübung* betreffen, welche im Abschn. 5.3 ausgeführt wurden. Eine genaue Prüfung aller Optionstransaktionen (Geschäfte) ist unbedingt erforderlich. Ist beispielsweise eine der Wertgrenzen verletzt, so kann keine korrekte Volatilitätsschätzung erfolgen. Solche Transaktionen müssen aus der Stichprobe entfernt werden. Es ist zu beachten, daß es sich hier um eine Intraday-Untersuchung handelt. Mit der Prüfung von Transaktionen ist deshalb gemeint, daß für jedes einzelne Optionsgeschäft, d.h. für jeden zustande gekommenen Bezahltkurs während eines Handelstages die folgenden Bedingungen überprüft werden müssen. Ebenso werden nur die einzelnen Transaktionen eines Handelstages, bei denen eine Bedingung nicht erfüllt ist - und nicht etwa die ganze Option - aus der Stichprobe entfernt. Im folgenden wird auf die zu prüfenden Bedingungen im einzelnen eingegangen.[2]

Verletzung von rationalen Wertgrenzen:

Zunächst werden hier Amerikanische Aktienoptionen mit einer sicheren Dividendenzahlung pro Jahr betrachtet. Wie in Abschnitt 5.3 erörtert, gelten für jede dieser Kaufoptionen während ihrer Laufzeit folgende unteren Wertgrenzen:[3]

$$C^{\mathrm{a}}(S, \tau, K) \geq \max\,[0;\, S - K\,e^{-r\tau'}] \tag{5-2'}$$

$$C^{\mathrm{a}}(S, \tau, K, D) \geq \max\,[0;\, S - K\,e^{-r\tau} - D\,e^{-r\tau'}] \tag{5-4}$$

wobei $\tau' = t_D - t$, $t_D \equiv$ Ex-Dividendentag. Sofern während der Laufzeit der Option keine Dividenden anfallen, kürzen sich diese Wertgrenzen zu

$$C(S, \tau, K) \geq \max[0;\, S - K\,e^{-r\tau}]. \tag{5-2}$$

Betrachtet man eine Indexoption - hier z.B. eine Kaufoption auf den SMI - mit mehreren sicheren Dividendenzahlungen, so gilt:

$$C^{\mathrm{a}}(S, \tau, K, \underline{D}) \geq \max\left[0;\, \max_{i \in I}\left\{S - K\,e^{-r\tau_i} - \sum_{j<i} D_j\,e^{-r\tau_j}\right\}\right] \tag{5-6}$$

---

[1] Zur Begründung dieser Annahme siehe die Ausführungen in Abschnitt 5.5.

[2] Diese Bedingungen sind konsistent mit denen anderer empirischer Intraday-Untersuchungen. Es bestehen kleinere Unterschiede bei den konkret angegebenen Zahlen, da die Untersuchungen für andere Märkte bzw. zu anderen Zeiträumen durchgeführt wurden. Siehe hierzu z.B. Rubinstein (1985), S. 462f.; Shastri/Tandon (1986b), S. 380f.; Bhattacharya (1987), S. 4f.; Stephan/Whaley (1990), S. 195f.; Sheikh (1991).

[3] Die im folgenden angegebenen Wertgrenzen wurden in Kap. 5 ausführlich erörtert. Sie werden hier lediglich nochmals aufgeführt.

Sofern eine dieser Wertgrenzen verletzt ist, so kann keine korrekte Volatilitätsschätzung erfolgen. Aus diesem Grund werden alle Geschäfte, bei denen diese Wertgrenzen nicht erfüllt sind, aus der Stichprobe entfernt.

Vorzeitige Ausübung (Early Exercise):

Ein weiteres wichtiges Kriterium ist die Bedingung für eine *vorteilhafte vorzeitige Ausübung* einer Amerikanischen Kaufoption. In Abschnitt 5.5 wurde ausgeführt, daß die Anpassung des Black/Scholes-Modells für den Fall deterministischer Dividendenausschüttungen als eine exakte Bewertungsformel für den Wert einer Amerikanischen Kaufoption angesehen werden kann, sofern eine vorzeitige Ausübung nicht vorteilhaft ist. Bei sinnvoller vorzeitiger Ausübung stellt diese Approximation eine untere Wertgrenze dar. Für das Black/Scholes-Modell ist also eine korrekte Anpassung einer Amerikanischen Kaufoption auf Aktien nur dann möglich, *wenn eine vorzeitige Ausübung niemals vorteilhaft ist*, d.h. die Bedingung

$$K\,(1 - e^{-r\tau}) \geq D\, e^{-r\tau'} \qquad (5\text{-}7')$$

erfüllt ist.[1] Diese Bedingung stellt den Spezialfall für eine sichere Dividendenzahlung der allgemein formulierten Bedingung

$$K\,(1 - e^{-r\tau}) \geq \sum_{i=1}^{m} D_i\, e^{-r\tau_i} \qquad (5\text{-}7)$$

dar. Im Falle der gemachten Annahmen trifft Bedingung (5-7') auf Aktienoptionen zu, während Bedingung (5-7) auf SMI-Optionen anzuwenden ist. In der Untersuchung werden also alle Optionstransaktionen aus der Stichprobe entfernt, bei denen der Kapitalwert der erwarteten Nebenrechte den Kapitalwert der Zinsen einer insolvenzrisikofreien Finanzanlage in Höhe des Basispreises K übersteigt.

Money-ratio:

Bei der Schätzung der Volatilität ist zu beachten, daß deep-in-the-money- und deep-out-of-the-money-Optionen näherungsweise mit ihrem inneren (instrinsischen) Wert bewertet werden. Der Informationsgehalt für die Volatilität der zukünftigen Aktienrendite ist äußerst gering. Um solche Transaktionen aus der Stichprobe zu entfernen, haben Stephan/Whaley[2] folgende unteren und oberen Grenzen für die *Money-ratio* definiert:

$$e^{-r\tau-2\hat{\sigma}\sqrt{\tau}} \leq \frac{S}{K} \leq e^{-r\tau+2\hat{\sigma}\sqrt{\tau}} \quad , \qquad (7\text{-}27)$$

1 Siehe hierzu auch Roll (1977); Manaster/Rendleman (1982), S. 1046; Gunter (1990), S. 75.

2 Siehe z.B. Stephan/Whaley (1990), S. 195.

wobei $\hat{\sigma}$ die angenommene Standardabweichung der Aktienrendite einer bzgl. des betrachteten Aktienmarktes als "typisch" betrachteten Aktie darstellt.[1] Der in (7-27) angegebene Bereich für die Money-ratio einer Kaufoption kann aus den Annahmen des Black/Scholes-Modells und der Risikoneutralität abgeleitet werden. Wenn der derzeitige Aktienkurs dem Basispreis der betrachteten Option entspricht, so besteht eine 95%-Wahrscheinlichkeit, daß die Money-ratio dieser Option auch am Verfalltag innerhalb dieses Bereiches liegt. Durch Bedingung (7-27) wird also die Money-ratio in einen zeitlichen Bezug gestellt. Für die Schätzung der Volatilität werden alle Transaktionen von Kaufoptionen aus der Stichprobe entfernt, bei denen die Money-ratio aus diesem Bereich herausfällt.

Anzahl Geschäfte pro Tag:

Die Ermittlung der impliziten Fälligkeits-spezifischen Volatilitätsschätzer der Aktienrendite erfolgt durch Regression beobachtbarer Optionspreise auf Black/Scholes-Modellwerte, wobei alle Transaktionen von Optionen mit gleicher Restlaufzeit auf eine spezifische Aktie innerhalb eines Handelstages mit einbezogen werden. Dazu ist es einleuchtend, daß eine gewisse Anzahl beobachtbarer Optionskurse bestehen sollte, um einen adäquaten Schätzer zu bekommen. Dies auch deshalb, weil angenommen werden kann, daß Optionen, welche über den Handelstag äußerst wenig (z.B. im Durchschnitt jede Stunde einmal) gehandelt werden, keinen Beitrag zur Volatilitätsschätzung liefern. Aus diesem Grunde wurden für die Volatilitätsschätzung alle Optionen aus der Stichprobe eliminiert, welche *weniger als 5 Geschäfte pro Tag* aufweisen.

Es wurde bereits ausgeführt, daß für die Regressionsanalyse implizite und beobachtbare Aktienrenditen benötigt werden, welche über Intervalle fester Länge zu bilden sind. Dabei ist es wichtig zu beachten, daß bei geringer Geschäftstätigkeit von Optionen etliche *"Null-Renditen"* entstehen, weil in den betrachteten Intervallen kein neuer Bezahltkurs festgestellt werden konnte. Ist die Anzahl dieser so zustande gekommenen Null-Renditen für eine betrachtete Option sehr groß, so kann dies zu Variablenfehlern in der Regression führen. Aus diesem Grunde werden für die Regressionsanalyse Transaktionskriterien gebildet, welche solche Optionen aus der Stichprobe entfernen, die eine bestimmte Anzahl Geschäfte pro Tag nicht übersteigen. Auf die konkrete Anzahl der Geschäfte wird bei der Darstellung der Ergebnisse eingegangen.

[1] Eine solche Standardabweichung stellt einen Durchschnittswert dar. Da Volatilitäten - über einen längeren Zeitraum betrachtet - schwanken können (auch wenn es sich nur um einen Wert wie etwa einen Index handelt), sind Durchschnittswerte grundsätzlich weniger geeignet. Es sollte betont werden, daß es bei dieser Bedingung weniger auf die Exaktheit ankommt bzw. Exaktheit gar nicht möglich ist. Es geht vielmehr darum, Optionen, welche ganz stark aus oder im Geld sind, zu entfernen, da sie zur Volatilitätsschätzung keinen Beitrag liefern bzw. der Informationsgehalt sehr gering ist. Dabei ist es ohnehin nicht möglich, ein exakte Grenze für einen positiven Beitrag zur Volatilitätsschätzung zu ziehen. Deshalb ist die grobe Approximation durch den Durchschnittswert für die Volatilität durchaus eine mögliche Variante.

1. Handelstag:

Aufgrund der Tatsache, daß die Ermittlung der impliziten Volatilitäten und der impliziten Aktienkurse sukzessive erfolgt, d.h. für die Schätzung der impliziten Aktienkurse die impliziten Volatilitäten des Vortages eingesetzt werden, können für den 1. Handelstag der Datenbasis keine impliziten Aktienkurse ermittelt werden. Dementsprechend werden für die Bestimmung der impliziten Aktienkurse alle Optionen des 1. Handelstages entfernt.[1]

Kein Volatilitätsschätzer am Vortag:

Aus dem gleichen Grund wie beim Ausschlußkriterium "1. Handelstag" können keine impliziten Aktienkurse für solche Optionen berechnet werden, für die am Vortag kein Fälligkeits-spezifischer Volatilitätsschätzer existiert. Diese Optionen werden ebenso aus der Stichprobe eliminiert.

Optionspreis < SFr. 1.00 (DM 1.00)

Optionen mit einem Optionspreis unter SFr. 1.00 (DM 1.00) werden ebenfalls aus der Stichprobe eliminiert. Bei derart geringen Optionsprämien erlaubt das Verhältnis zwischen Prämie und Transaktionskosten keine mit den anderen Optionspreisen konsistente Preisfestlegung und damit keinen konsistenten Vergleich von Renditen.

Eine weitere Bedingung von Manaster/Rendleman[2], Optionen mit einer Restlaufzeit von weniger als 2 Wochen zu eliminieren, wird hier nicht angewendet. Wie später noch aufgezeigt wird, weisen Optionen mit kurzen Restlaufzeiten eine besonders große Geschäftstätigkeit auf, was für diese Untersuchung von besonderer Wichtigkeit ist. Aus diesem Grunde wird hier ein Kompromiß eingegangen und die Entscheidung, solche Optionen nicht zu entfernen, mit dem dann entstehenden Verlust von zahlreichen aktiven Optionen begründet.

Bevor zur eigentlichen Regressionsanalyse übergegangen wird, ist es zunächst notwendig, in einer Art Voruntersuchung den Aktien- und Optionsmarkt hinsichtlich der Geschäftstätigkeit zu analysieren. Da es sich hier um eine Intraday-Untersuchung handelt, ist die Geschäftstätigkeit von Aktien und Optionen von entscheidender Bedeutung. So werden die Erkenntnisse aus der folgenden Analyse auch für die spätere Regressionsanalyse benötigt werden.

---

1 Es ist zu beachten, daß diese Optionen für die Volatilitätsbestimmung benötigt werden.

2 Manaster/Rendleman (1982), S. 1046. Sie begründen dies durch die Beobachtung, daß bei Optionen mit sehr kurzer Restlaufzeit das Black/Scholes-Modell sehr sensitiv auf die Verletzung von Annahmen reagiert.

7.3. Analyse der Geschäftstätigkeit des Aktien-, Index- und Optionsmarktes über den Handelstag

Für die noch folgende Regressionsanalyse spielt die Geschäftstätigkeit am Aktien- und Optionsmarkt eine bedeutende Rolle. Vor dem Hintergrund des Zieles dieser Arbeit und der in Abschnitt 7.2 erläuterten Untersuchungsmethode sind neben dem *gesamten* Handelstag einzelne Zeitperioden *innerhalb* des Handelstages zu betrachten. Ebenso muß die Aktivität bzw. die Liquidität einzelner Basistitel berücksichtigt werden.

Deshalb wird im folgenden der Aktien- und Optionsmarkt hinsichtlich der Geschäftstätigkeit über den Handelstag untersucht.[1] Die Vorgehensweise ist dabei eine sukzessive Analyse von Aktien- und Optionsmarkt, so daß ein Vergleich erst am Schluß erfolgen kann. Zuvor wird dazu die Datenbasis erläutert. In Kap. 6 wurde bereits eine Beschreibung der gesamten Datenbasis, d.h. aller Geld-, Brief- und Bezahltkurse vorgenommen. Da in der statistischen Analyse ausschließlich Bezahltkurse verwendet werden, sollen hier dementsprechend einige ausstehende detaillierte Zahlengaben zu den Bezahltkursen gemacht werden.

Die Datenbasis dieser Untersuchung enthält Börsendaten sowohl der Schweiz als auch von Deutschland. In allen folgenden Abschnitten wird zunächst die Schweiz betrachtet. Abschließend wird separat auf die Datenlage von Deutschland eingegangen.

7.3.1. Schweiz

Grundlage der Untersuchung für die Schweiz bilden bezahlte Aktienkurse an den Börsen von Zürich, Genf und Basel sowie bezahlte Optionskurse an der SOFFEX.[2] Es werden ausschließlich diejenigen Aktien betrachtet, welche als Basistitel der SOFFEX-Optionen fungieren. Alle Daten sind mit einer Zeitkennzeichnung versehen, die bis auf die Sekunde genau ist.[3] Ein weiteres Element der Datenbasis bilden berechnete Indexwerte für den SMI, die ebenfalls mit einem Zeitstempel versehen sind. Wie auch bei den Aktienoptionen sind alle bezahlten Optionskurse auf den SMI Grundlage dieser Untersuchung. Der Untersuchungszeitraum erstreckt sich über die Periode vom 9. Mai 1990 bis zum 27. August 1990 und umfaßt 76 Handelstage.

---

1 Das Augenmerk liegt hier weitestgehend auf den Geschäften und weniger auf den gehandelten Kontrakten (Volumen). Wie schon ausgeführt, werden in dieser Untersuchung einzelne Kurse bzw. Renditen betrachtet, um die Preisanpassungsgeschwindigkeit zu untersuchen. Da es sich dabei nur um Minuteneffekte handeln kann, ist es besonders wichtig, daß die einzelnen betrachten Wertpapiere auch aktiv genug sind, d.h. oft genug gehandelt werden. Mittels einer Option, welche über den gesamten Handelstag beispielsweise 3 mal gehandelt wird, wird man wenig über eine Lead-Lag-Beziehung zwischen Aktien- und Optionsmarkt herausfinden können.

2 Wie auch schon im Kap. 6 erläutert, wird der Aktienmarkt in der Schweiz wesentlich von der Zürcher Börse geprägt. Siehe hierzu auch Dubacher (1991), S. 56ff. Es wird hier nicht explizit zwischen den einzelnen regionalen Märkten unterschieden.

3 Dazu sowie zur Datenbasis generell siehe Abschnitt 6.7.

Im Untersuchungszeitraum wurden an den Börsen Zürich, Genf und Basel insgesamt 195534 bezahlte Kurse (Geschäfte) registriert. Während dieser Periode fungieren 13 Aktientitel als Basisinstrumente von SOFFEX-Optionen. Da in dieser Studie kurzfristige zeitliche Interdependenzen zwischen dem Aktien- und Optionsmarkt untersucht werden, wurden die Geschäfte anderer Titel dementsprechend aus der Untersuchung eliminiert. Weiterhin wurden Doppel- oder Fehlmeldungen entfernt. Es bleiben 52783 Geschäfte, die zu untersuchen sind.

Die Anzahl der berechneten Indexwerte für den SMI beträgt insgesamt 64267. Obwohl es sich beim SMI um berechnete Werte handelt, wird im folgenden auch von Bezahltkursen oder Geschäften gesprochen. Bei der Interpretation der Anzahl von Geschäften pro Tag ist die *ständige rechnerische Anpassung* aufgrund eines neuen Bezahltkurses zu beachten.

An der SOFFEX wurden im Untersuchungszeitraum insgesamt 508169 Geschäfte registriert. Hiervon sind alle Aktien- und SMI-Optionen zu selektieren, da bei diesen Geschäften beispielsweise auch Futures enthalten sind. Zudem müssen Doppel- oder Fehlmeldungen eliminiert werden. Desweiteren ist zu beachten, daß bei der Datenübertragung der Telekurs Kurs- und Volumenmeldungen separat übermittelt werden. Somit sind Kurse und Volumen entsprechend den Valorennummern (im Falle von Aktien) bzw. Telekurs-Schlüsseln (im Falle von Optionen) den jeweiligen Zeitpunkten zuzuordnen. In manchen Fällen ist eine korrekte bzw. sinnvolle Zuordnung nicht möglich.[1] Diese Kurse bzw. Volumina wurden ebenfalls aus der Untersuchung eliminiert. Die nach dieser Selektion existierenden Geschäfte bzw. Volumen von SOFFEX-Optionen sind in Tab. 7-1 aufgeführt.

Tab. 7-1: Geschäfte und Volumen von SOFFEX-Optionen (9.5.90 - 27.8.90)

	Alle Optionen		**Aktienoptionen**		**SMI-Optionen**	
	Geschäfte	**Volumen**	**Geschäfte**	**Volumen**	**Geschäfte**	**Volumen**
Kaufoptionen	95246	2427054	80726	1555941	14520	871113
Verkaufsoptionen	29341	1005418	16927	328546	12414	676872
Alle Optionen	124587	3432472	97653	1884487	26934	1547985

Es existieren demnach 97653 Geschäfte der zu untersuchenden Aktienoptionen mit einem Volumen von 1884487 gehandelten Kontrakten. Davon entfallen 80726 Geschäfte (Volumen 1555941) auf Kauf- und 16927 Geschäfte (Volumen: 328546) auf Verkaufsoptionen. Bei den SMI-Optionen wurden insgesamt 26934 Geschäfte mit einem Volumen von 1547985 gehandelten Kontrakten registriert (Kaufoptionen: Geschäfte: 14520, Volumen: 871113; Verkaufsoptionen: Geschäfte: 12414, Volumen: 676872). Auf weitere Einzelheiten wird später eingegangen.

[1] Die Zeitpunkte von ansonst identischen Meldungen, d.h. zueinander gehörenden Kurs- und Volumenmeldungen sind nicht immer identisch. Es wurde hierzu ein Algorithmus erstellt, der dies auszugleichen versucht. Trotzdem existierten noch einige Meldungen, bei denen eine korrekte bzw. sinnvolle Zuordnung nicht möglich war.

Abb. 7-1 zeigt die Anzahl der Geschäfte pro Handelstag der den SOFFEX-Optionen zugrundeliegenden Aktientitel im Untersuchungszeitraum.

Abb. 7-1: Anzahl der Geschäfte am Schweizer Aktienmarkt (9.5.90 - 27.8.90)

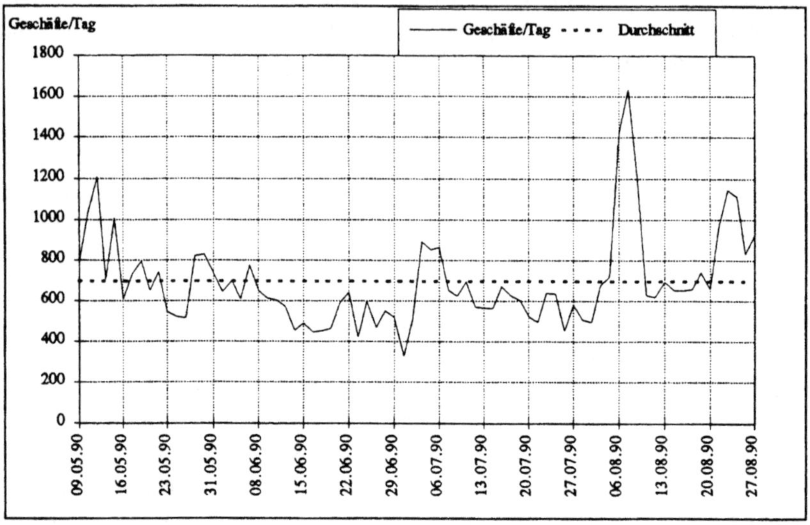

Zu Beginn und gegen Ende der Untersuchungsperiode bewegen sich die täglichen Geschäfte über dem Durchschnitt von 694,5 Geschäften pro Tag bzw. 138,9 Geschäften pro Handelsstunde.[1] In der Untersuchungsperiode existieren 13 Aktien, die als Basistitel von SOFFEX-Optionen fungieren. Bezieht man den Durchschnittswert auf einen Aktientitel so ergibt sich, daß in der Untersuchungsperiode durchschnittlich 53,4 Geschäfte pro Aktie und Tag bzw. 10,7 Geschäfte pro Aktie und Handelsstunde getätigt wurden.

Die Anzahl Geschäfte der einzelnen Aktientitel gibt Abb. 7-2 wieder. Hieraus ist ersichtlich, daß die Aktientitel SBG, NES, ROG und BBC die größte Geschäftstätigkeit aufweisen. Setzt man diese Titel in Bezug zum Gesamtmarkt, so machen diese 4 Titel (4/13 = 30,8%) 45,4% der Geschäftstätigkeit aus. Nimmt man ALU noch hinzu, so machen die genannten 5 Titel (5/13 = 38,5%) 53,5% der Geschäftstätigkeit aus. Die Konzentration der Geschäftstätigkeit wird beim Optionsmarkt nochmals aufgegriffen. Sie wird für die Betrachtung einzelner Basistitel in der Regressionsanalyse von Bedeutung sein.

Bisher wurde die Geschäftstätigkeit jeweils auf den gesamten Handelstag bezogen. Es ist allerdings bekannt, daß die Handelsaktivität über den Tag betrachtet unterschiedlich hoch ist. Dies kann sich auf einen Lead-Lag-Effekt auswirken. An den Schweizer Börsen sowie an der SOFFEX besteht eine Handelszeit von 10.00 bis 16.00 Uhr mit einer Mittagspause von 13.00 bis 14.00 Uhr.[2]

1 Es wird von einer Handelszeit von 5 Stunden (10.00 bis 16.00 Uhr mit einer Mittagspause von 13.00 bis 14.00 Uhr) ausgegangen.

2 An der SOFFEX gibt es keine "echte" Mittagspause. Es können Geld- und Briefkurse eingegeben werden. Bezahltkurse entstehen während dieser Zeit bis auf die Randzeiten allerdings nicht.

Abb. 7-2: Durchschnittliche Anzahl Geschäfte einzelner Aktientitel am Schweizer Aktienmarkt (9.5.90 - 27.8.90)

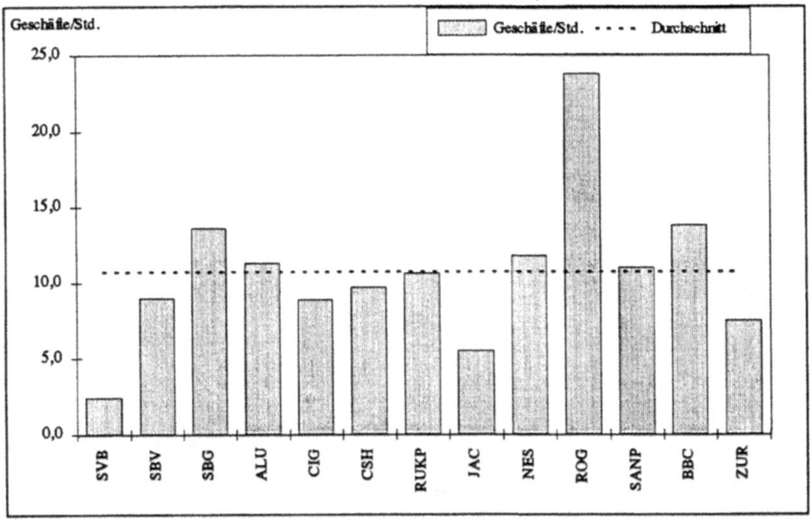

Aus diesem Grunde wurde die eigentliche Handelszeit von 10.00 bis 16.00 Uhr in 10-Minuten-Intervalle eingeteilt, um innerhalb dieser Perioden ein Verlaufsmuster der Geschäftsaktivität zu identifizieren. Abb. 7-3 zeigt das Ergebnis für den Schweizer Aktienmarkt pro Aktie, während sich Abb. 7-4 auf alle Aktientitel bezieht. Später wird dieses Ergebnis mit dem des Optionsmarktes verglichen.

Abb. 7-3: Verlauf der Geschäftstätigkeit je Aktie über den Handelstag am Schweizer Aktienmarkt (9.5.90 - 27.8.90)

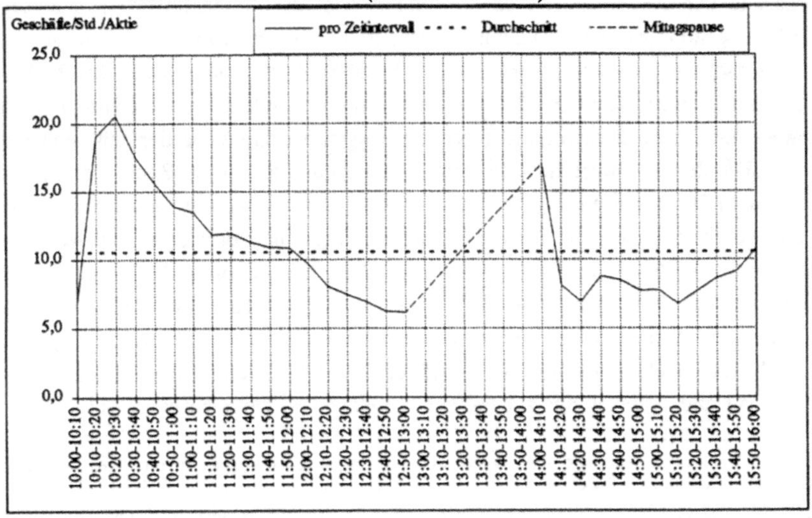

Abb. 7-4: Verlauf der Geschäftstätigkeit über den Handelstag am Schweizer Aktienmarkt (9.5.90 - 27.8.90)

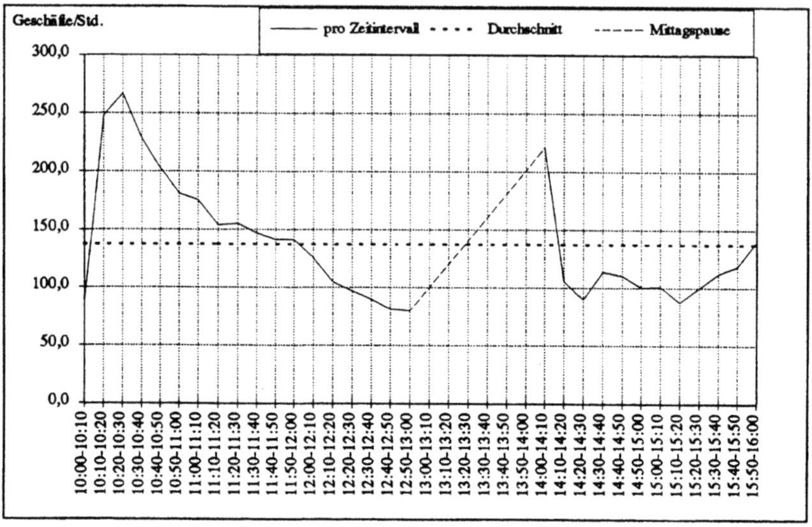

Es zeigt sich, daß die Geschäftsaktivität zu Beginn des Handelstages am höchsten ist, wobei ein bis zwei "Anlauf"-Intervalle notwendig sind. Anschließend fällt die Aktivität monoton bis zur Mittagspause. In der Zeit von 12.10 bis 13.00 Uhr ist die inaktivste Zeit des gesamten Handelstages. Nachmittags wird die Aktivität durch das erste Intervall nach 14.00 Uhr geprägt. Wie auch zu Tagesbeginn ist hier eine hohe Aktivität festzustellen, welche dann zunächst stark abfällt, um schließlich zum Handelsschluß wiederum anzusteigen.

Entsprechend den Aktien zeigt Abb. 7-5 die Anzahl der Geschäfte pro Handelstag aller SOFFEX-Aktienoptionen[1] im Untersuchungszeitraum. Bis etwa Ende Juli bewegen sich die täglichen Geschäfte aller Aktienoptionen sowohl über als auch unter dem Durchschnitt von 1284,9 Geschäften pro Tag bzw. 257,0 Geschäften pro Handelsstunde[2], während sie danach fast immer unter dem Durchschnitt liegen. Im Gegensatz zu den Aktien läßt sich hier kein sinnvoller Durchschnittswert für eine Option angeben. Eine große Zahl aller bestehenden Optionen wird überhaupt nicht gehandelt (ca. 60-80%) bzw. von den gehandelten Optionen kann die Mehrheit nicht mehr als 3 bis 5 mal am Tag einen Bezahltkurs aufweisen. Somit hat ein Durchschnittswert wenig Aussagekraft.[3] Weiterhin ist aus Abb. 7-5 ersichtlich, daß Kaufoptionen mit durchschnittlich 1062,2 Geschäften pro Tag bzw. 212,4 pro Handelsstunde den wesentlichen Anteil der gehandelten Aktienoptionen ausmachen (82,7%), während die Verkaufsoptionen mit durchschnittlich 222,7 Geschäften pro Tag bzw. 44,5 Geschäften pro Handelsstunde eine äußerst geringe Handelsaktivität aufweisen (17,3%).

1 Bei dieser Voranalyse wird von allen Optionen ausgegangen, auch wenn sich die eigentliche statistische Analyse auf Kaufoptionen beschränkt.

2 Bei der Durchschnittsbildung wird hier von einer Handelszeit von 5 Stunden (10.00 bis 16.00 Uhr mit einer Mittagspause von 13.00 bis 14.00 Uhr) ausgegangen.

3 Ebenso ist zu berücksichtigen, daß im Gegensatz zu den Aktientiteln nicht immer die gleichen Optionen gehandelt werden. Eine Durchschnittsbildung ist somit ohnehin problematisch.

Abb. 7-5: Anzahl der Geschäfte an der SOFFEX (Aktienoptionen) (9.5.90 - 27.8.90)

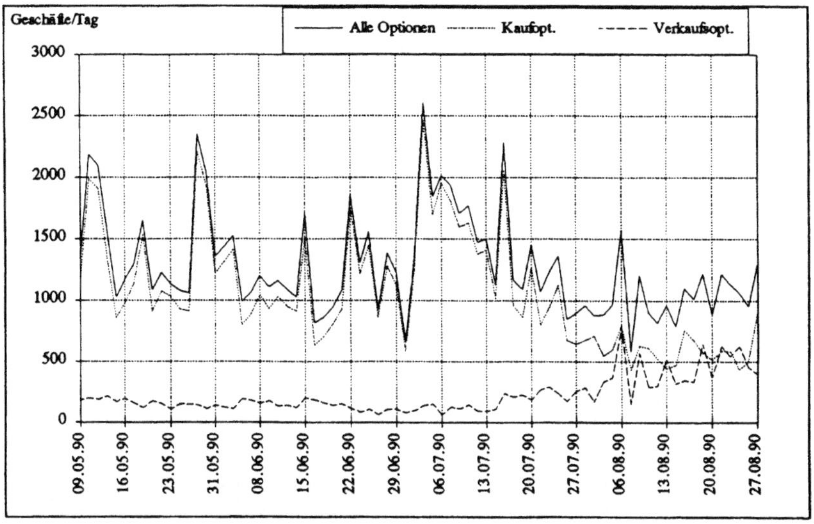

Diese Relation bleibt auch erhalten, wenn anstelle der Geschäftstätigkeit die gehandelten Kontrakte herangezogen werden, was hier nicht bildlich dargestellt wurde. Von einem durchschnittlichen Gesamtvolumen pro Tag von 24795,9 bzw. 4559,2 pro Handelsstunde haben die Kaufoptionen einen Anteil von 82,6% (= 20472,9 gehandelte Kontrakte pro Tag, 4094,6 pro Handelsstunde), Verkaufsoptionen einen Anteil von 17,4% (= 4323,0 gehandelte Kontrakte pro Tag, 864,6 pro Handelsstunde). Anfang August ist ein Anstieg der Verkaufsoptionen sowie eine Abnahme der Kaufoptionen zu verzeichnen, so daß die Anzahl der Geschäfte für beide Optionstypen etwa gleich groß ist. Bei dieser Veränderung ist der Einfluß der Golfkrise zu berücksichtigen. Die Golfkrise, welche durch den Öl-Konflikt zwischen dem Irak und Kuwait vor und während der am 26. Juli 1990 beginnenden Ministerkonferenz der Organisation Erdölexportierender Länder (OPEC) ihren Anfang nahm, hatte auch in den kommenden Monaten einschließlich dem Frühjahr 1991 entscheidende Konsequenzen für das Börsengeschehen.

Um einen Vergleich zur Geschäftstätigkeit einzelner Aktientitel herzustellen, wurde die Anzahl Geschäfte nach den Basistiteln unterteilt (Abb. 7-6). Optionen auf die Basistitel SBG, ALU, NES, ROG weisen die größte Geschäftstätigkeit auf. Setzt man Optionen auf diese Titel in Bezug zum Gesamtmarkt, so machen diese 4 Titel (4/13 = 30,8%) 57,0% der Geschäftstätigkeit aus. Nimmt man den Basistitel BBC noch hinzu, so steht dies im Einklang mit dem Aktienmarkt, d.h. diese 5 Basistitel weisen die größte Geschäftstätigkeit auf dem Aktienmarkt aus, wie auch Optionen auf diese Basistitel auf dem Optionsmarkt die meisten Geschäfte ausmachen. Setzt man die Optionen auf diese 5 Titel in Bezug zum Gesamtmarkt, so machen diese 5 Basistitel (5/13 = 38,5%) 66,9% der Geschäftstätigkeit aus. Die Konzentration der Geschäftstätigkeit auf einige Basistitel nimmt also am Optionsmarkt zu. Im Unterschied zum Aktienmarkt, an dem die Schwankungsbreite der Geschäftstätigkeit der einzelnen Titel geringer ausfällt, wird der Optionsmarkt wesentlich mehr von diesen Basistiteln geprägt.

Abb. 7-6: Durchschnittliche Anzahl Geschäfte je Basistitel an der SOFFEX (Aktienoptionen) (9.5.90 - 27.8.90)

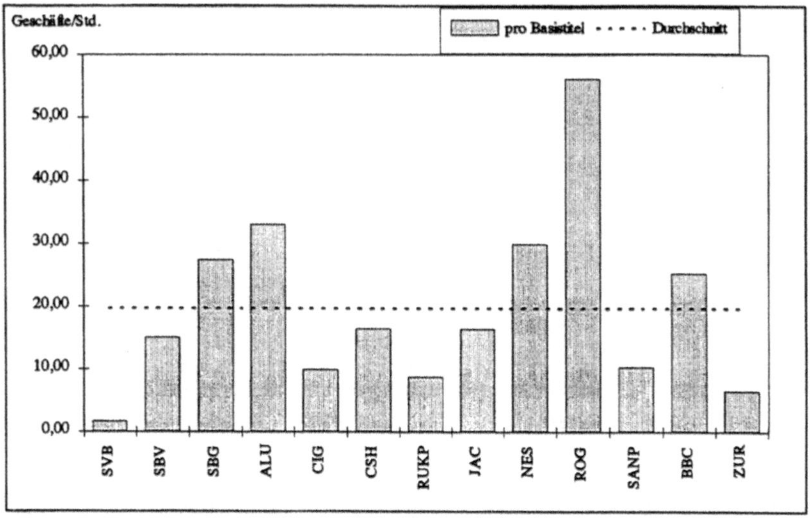

Wie für den Aktienmarkt wurde die Geschäftstätigkeit über den Handelstag analysiert. Abb. 7-7 zeigt das entsprechende Verlaufsmuster für die 10-Minuten-Intervalle an der SOFFEX.

Abb. 7-7: Verlauf der Geschäftstätigkeit über den Handelstag an der SOFFEX (Aktienoptionen) (9.5.90 - 27.8.90)

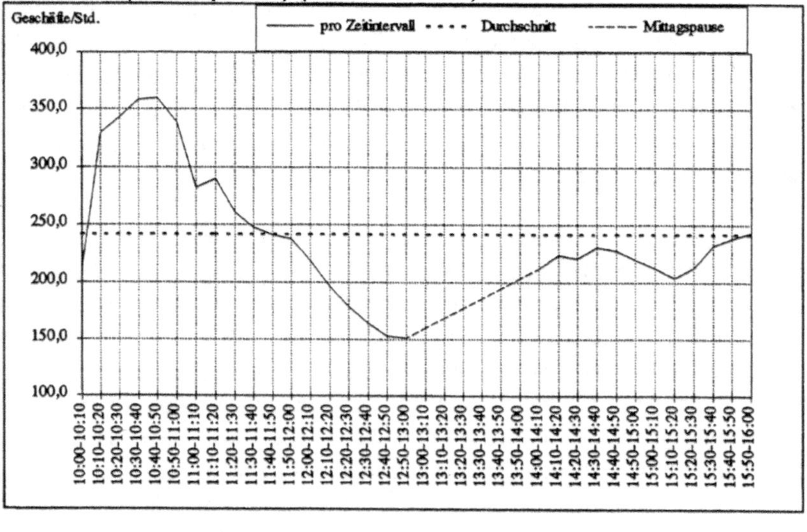

Wie auch am Aktienmarkt zeigt sich, daß die Geschäftsaktivität zu Beginn des Handelstages am höchsten ist, wobei hier das Maximum später als auf dem Aktienmarkt erreicht wird

(10.40-10.50 Uhr gegenüber 10.20-10.30 Uhr am Aktienmarkt). Anschließend fällt die Aktivität monoton bis zur Mittagspause, wobei der Abfall stärker als am Aktienmarkt ausfällt. Auch hier ist in der Zeit von 12.10 bis 13.00 Uhr die inaktivste Zeit des gesamten Handelstages. Die stark ausgeprägte Handelsaktivität des ersten Intervalls nach 14.00 Uhr am Aktienmarkt ist allerdings nicht festzustellen. Gleich ist jedoch die zum Handelsschluß ansteigende Geschäftstätigkeit.

Auf das oben erwähnte, später als am Aktienmarkt erreichte Maximum der Handelsaktivität ist näher einzugehen. Grundsätzlich kann dies ein Anzeichen eines Aktienmarktleads sein. Deshalb sollen die beiden Kurvenverläufe miteinander verglichen werden. Da dies aufgrund der absoluten Zahlen nur schwer möglich ist, wurden in Abb. 7-8 die Geschäfte der einzelnen Intervalle in Beziehung zur Geschäftstätigkeit des gesamten Handelstages gesetzt.

Abb. 7-8: Durchschnittlicher Anteil der täglichen Geschäftstätigkeit über den Handelstag an der SOFFEX (Aktienoptionen) und dem Aktienmarkt (9.5.90 - 27.8.90)

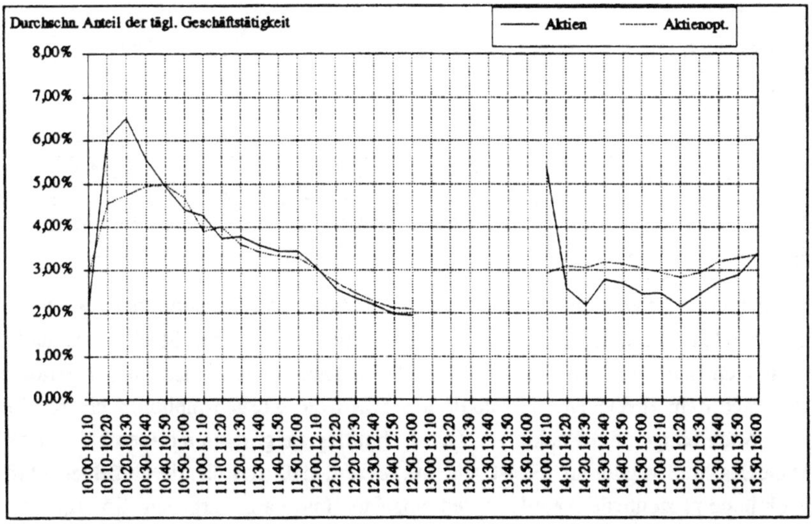

Einerseits ist ersichtlich, daß die beiden Muster für manche Handelszeiten sowohl bzgl. Struktur als auch in der Höhe fast identisch verlaufen (ca. 11.00 bis 13.00 Uhr) oder zumindest in der Struktur sehr ähnlich sind (14.30 bis 16.00 Uhr). Für die ersten 50 Minuten des Handelstages sowie die ersten 30 Minuten am Nachmittag gibt es allerdings Unterschiede. Wie schon oben erwähnt, wird das Maximum am Aktienmarkt bereits im dritten Intervall erreicht, während die Geschäftstätigkeit an der SOFFEX noch bis zum fünften Intervall (bis 10.50 Uhr) steigt. Desweiteren ist zu erkennen, daß der prozentuale Anteil der Geschäftstätigkeit in den ersten 50 Minuten sowie zu Beginn des Nachmittags insgesamt wesentlich höher ausfällt. Dafür ist die Handelsaktivität am restlichen Nachmittag geringer als an der SOFFEX. Zusammenfassend kann festgehalten werden, daß die Geschäftstätigkeit des Aktienmarktes zu Beginn des Handelstages einen 10-20 minütigen Lead gegenüber der SOFFEX aufweist.

Nach der Betrachtung von Aktien und Aktienoptionen ist auf den SMI sowie SMI-Optionen einzugehen. Das Augenmerk liegt dabei ausschließlich auf der Analyse des Verlaufs der Geschäftstätigkeit über den Handelstag. Analog stellt Abb. 7-9 den durchschnittlichen Anteil der täglichen Geschäftstätigkeit über den Handelstag der SMI-Optionen und des SMI dar.

Abb. 7-9: Durchschnittlicher Anteil der täglichen Geschäftstätigkeit über den Handelstag an der SOFFEX (Indexoptionen) und dem SMI (9.5.90 - 27.8.90)

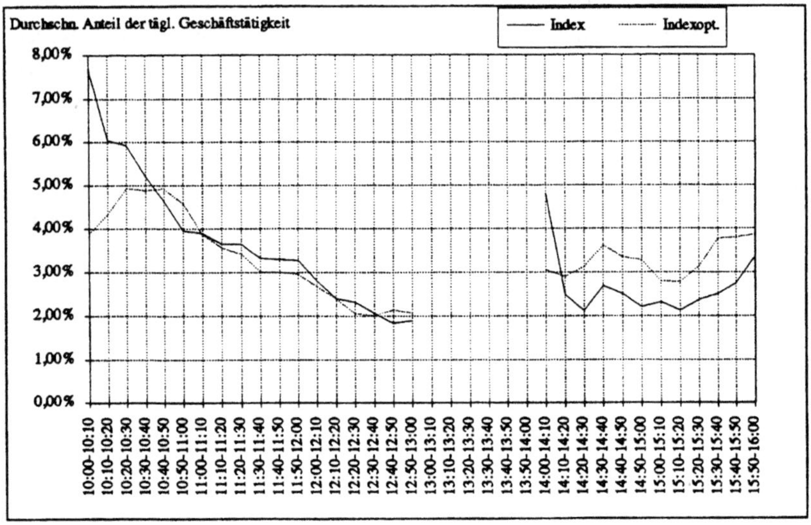

Es zeigt sich ein sehr ähnliches Bild wie für die Aktien und Aktienoptionen. Auch hier verlaufen die beiden Muster in der Zeit von ca. 11.00 bis 13.00 Uhr in Struktur als auch in der Höhe fast identisch, und von 14.30 bis 16.00 Uhr sind sie zumindest in der Struktur sehr ähnlich. Nach dem Erreichen des Maximums fallen die Kurven monoton bis zur Mittagspause ab. Nach einigen Schwankungen am Nachmittag steigt dann die Geschäftstätigkeit bis zum Handelsschluß wieder an. Es ist sehr interessant, daß sich für die einzelnen Märkte etwa gleich hohe prozentuale Anteile in den einzelnen Intervallen ergeben. So ergibt sich beispielsweise auch bei einem Quervergleich von Aktien- und Indexoptionen ein gleichartiger Verlauf der Geschäftstätigkeit über den Handelstag. Es ist sogar zu erkennen daß die prozentualen Anteile etwa gleich hoch sind.

Ebenso wie in Abb. 7-8 ergeben sich hier für die ersten 50 Minuten des Handelstages sowie die ersten 30 Minuten am Nachmittag Unterschiede, die sich darin ausdrücken, daß die Geschäftstätigkeit stärker ausgeprägt ist sowie zu Tagesbeginn das Maximum früher erreicht wird. Unterschiede zu Abb. 7-8 sind lediglich in den ersten 50 Minuten des Tages sichtbar. Beim SMI wird das Maximum bereits in den ersten 10 Minuten, bei den SMI-Optionen im dritten Intervall von 10.20 bis 10.30 Uhr erreicht. Anschließend fallen die Kurven monoton bis zur Mittagspause ab. Außerdem zeigt sich, daß beim SMI das Maximum der Geschäftstätigkeit ein höheres Ausmaß hat (7.6% gegenüber 6,4% bei den Aktien). Hierzu ist anzumerken, daß diese Beobachtung überhaupt nur deshalb möglich ist, weil im Unterschied zu den in Abb. 7-8 betrachteten 13 Aktientiteln hier 22 Titel in die Berechnung des SMI eingehen.[1] Das erheblich höhere Maximum bereits in den ersten 10 Minuten des Handelstages, das ansonsten aber sehr ähnliche Verlaufsmuster, muß so interpretiert werden, daß die restlichen Aktientitel zu Tagesbeginn besonders oft bzw. fast ausschließlich zu Tagesbeginn gehandelt werden. Man kann dies so erklären, daß für diese Titel die wesentlichen Kauf- und Verkaufsaufträge bereits zu diesem Zeitpunkt vorliegen und getätigt werden.

Zusammenfassend kann auch hier festgehalten werden, daß die Geschäftstätigkeit des SMI zu Beginn des Handelstages einen 10-20 minütigen Lead gegenüber den SMI-Optionen aufweist.

7.3.2. Deutschland

Von den acht regionalen Aktienbörsen in Deutschland beschränken sich aus den schon genannten Gründen die hier untersuchten bezahlten Aktienkurse auf die Börsen Frankfurt, Düsseldorf, München und Stuttgart.[2] Es wird hier ausschließlich der Parketthandel untersucht. Eine weitere Grundlage der Untersuchung für Deutschland bilden bezahlte Optionskurse an der DTB. Es werden ausschließlich diejenigen Aktien betrachtet, welche als Basistitel der DTB-Optionen fungieren. Die Art und Struktur der Daten, wie z.B. die Zeitkennzeichnung, ist mit der der Schweizer Daten identisch. Der Untersuchungszeitraum erstreckt sich über die Periode vom 25. Juni 1990 bis zum 12. Oktober 1990 und umfaßt 77 Handelstage.[3] Eine Option auf den Deutschen Aktienindex (DAX) existierte zur Zeit der Untersuchung noch nicht.

Im Untersuchungszeitraum wurden an den Börsen Frankfurt, Düsseldorf, München und Stuttgart insgesamt 350088 bezahlte Kurse (Geschäfte) registriert. Während dieser Periode fungieren 15 Aktientitel als Basisinstrumente von DTB-Optionen. Die restlichen Geschäfte wurden dementsprechend aus der Untersuchung eliminiert. Weiterhin wurden Doppel- oder Fehlmeldungen entfernt. Es bleiben 92300 Geschäfte, die zu untersuchen sind. An der DTB wurden im Untersuchungszeitraum insgesamt 305630 Geschäfte registriert. Wie bei der SOFFEX schon ausgeführt, wurden auch hier Doppel- oder Fehlmeldungen sowie nicht sinnvoll zuordenbare Kurs- und Volumenmeldungen aus der Untersuchung eliminiert. Die nach dieser Selektion existierenden Geschäfte bzw. Volumina von DTB-Aktienoptionen sind in Tab. 7-2 aufgeführt.

---

1 Es sei angemerkt, daß es hier um einen Vergleich von Aktien und Aktienoptionen bzw. Index und Indexoptionen geht. Die Geschäftstätigkeit von Aktien und Index wird nicht verglichen. Dann müßten nämlich auch alle 24 in den Index einfließenden Aktientitel und nicht nur die 13, die als Basistitel für SOFFEX-Optionen fungieren, berücksichtigt werden.

2 Wie auch bei den schweizerischen Aktienmärkten werden alle regionalen Märkte zu einem Aktienmarkt zusammengefaßt.

3 Aufgrund von Datenlücken von mindestens 30 Minuten wurden die Handelstage 5.7.90 und 23.7.90 aus der Untersuchung entfernt.

Tab. 7-2: Geschäfte und Volumen von DTB-Aktienoptionen (25.6.90 - 12.10.90)

	Geschäfte	Volumen
Kaufoptionen	151560	1507875
Verkaufsoptionen	98725	877522
Alle Optionen	250285	2385397

Es existieren demnach 250285 Geschäfte der zu untersuchenden Aktienoptionen mit einem Volumen von 2385397 gehandelten Kontrakten. Davon entfallen 151560 Geschäfte (Volumen: 1507875) auf Kauf- und 98725 Geschäfte (Volumen: 877522) auf Verkaufsoptionen.

Abb. 7-10 zeigt die Anzahl der Geschäfte pro Handelstag der den DTB-Optionen zugrundeliegenden Aktientitel im Untersuchungszeitraum, wobei alle Aktien zusammengefaßt sind.

Abb. 7-10: Anzahl der Geschäfte am deutschen Aktienmarkt (25.6.90 - 12.10.90)

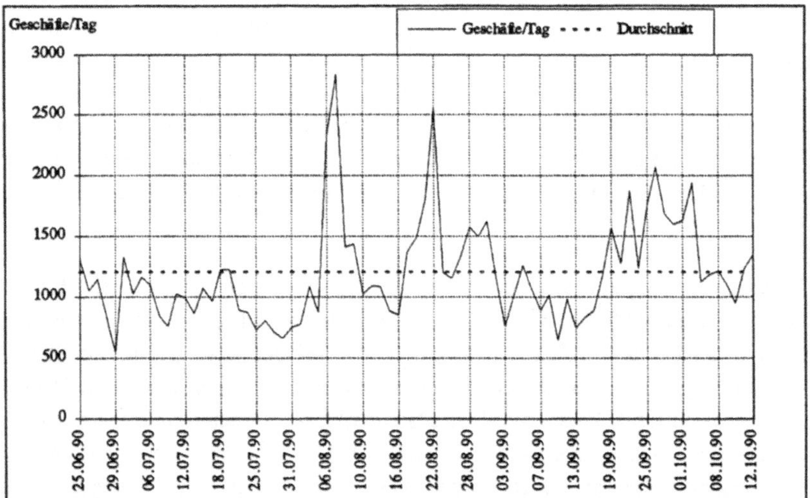

Im ersten Drittel (bis ca. Anfang August) der Untersuchungsperiode sowie Anfang September bewegen sich die täglichen Geschäfte im wesentlichen unter dem Durchschnitt von 1198,7 Geschäften pro Tag bzw. 399,6 Geschäften pro Handelsstunde.[1] Bezieht man den Durchschnittswert auf einen Aktientitel so ergibt sich, daß in der Untersuchungsperiode durchschnittlich 79,9 Geschäfte pro Aktie und Tag bzw. 26,6 Geschäfte pro Aktie und Handelsstunde getätigt wurden.

Die Anzahl Geschäfte der einzelnen Aktientitel gibt Abb. 7-11 wieder.

[1] Die Handelszeit beträgt 3 Stunden von 10.30 - 13.30 Uhr.

Abb. 7-11: Durchschnittliche Anzahl Geschäfte einzelner Aktientitel am deutschen Aktienmarkt (25.6.90 - 12.10.90)

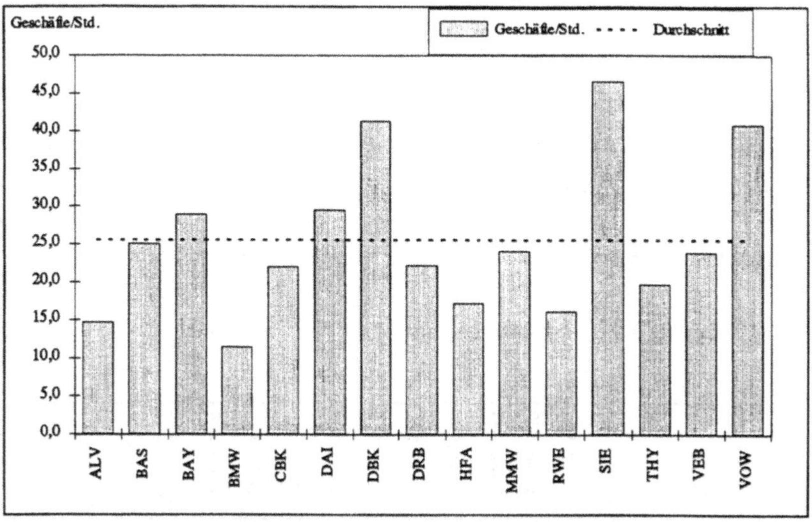

Es zeigt sich, daß die Aktientitel SIE, VOW, DBK und DAI die größte Geschäftstätigkeit aufweisen. Setzt man diese Titel in Bezug zum Gesamtmarkt so machen diese 4 Titel (4/15 = 26,7%) 41% der Geschäftstätigkeit aus.

Wie auch für die Schweiz wurde die eigentliche Handelszeit von 10.30 bis 13.30 Uhr in 10-Minuten-Intervalle eingeteilt, um innerhalb dieser Perioden ein Verlaufsmuster der Geschäftsaktivität zu identifizieren. Abb. 7-12 zeigt das Ergebnis für den deutschen Aktienmarkt pro Aktie, während sich Abb. 7-13 auf alle Aktientitel bezieht. Wir werden später dieses Ergebnis mit dem des Optionsmarktes vergleichen.

Es zeigt sich, daß das Maximum der Geschäftsaktivität zu Beginn erreicht wird, wobei - wie auch am Schweizer Aktienmarkt - ein "Anlauf"-Intervall notwendig ist. Anschließend fällt - bis auf kleinere Ausnahmen - die Aktivität bis etwa 13.00 Uhr auf den Tagestiefststand ab, um dann zum Handelsschluß wieder leicht anzusteigen. Da der Handel an der DTB erst um 15.00 Uhr schließt, wird ein Vergleich des Verlaufsmusters sowie die Betrachtung nach 13.30 Uhr von besonderem Interesse sein.

Abb. 7-12: Verlauf der Geschäftstätigkeit je Aktie über den Handelstag am deutschen Aktienmarkt (25.6.90-12.10.90)

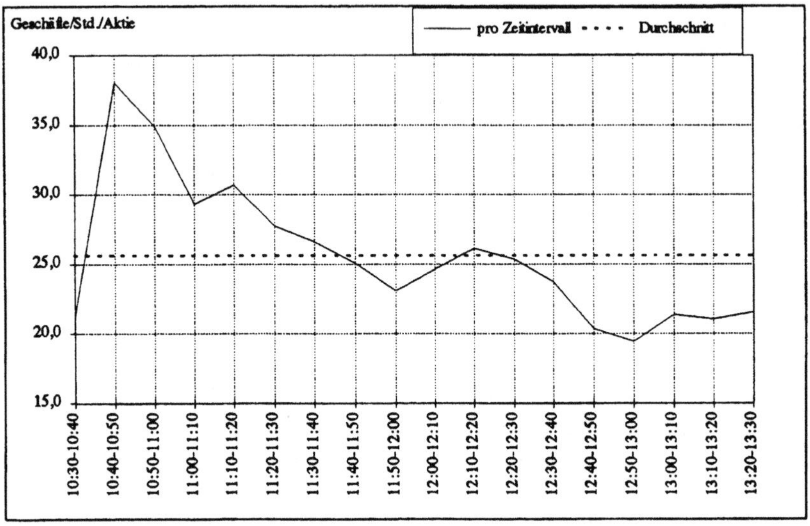

Abb. 7-13: Verlauf der Geschäftstätigkeit über den Handelstag am deutschen Aktienmarkt (25.6.90 - 12.10.90)

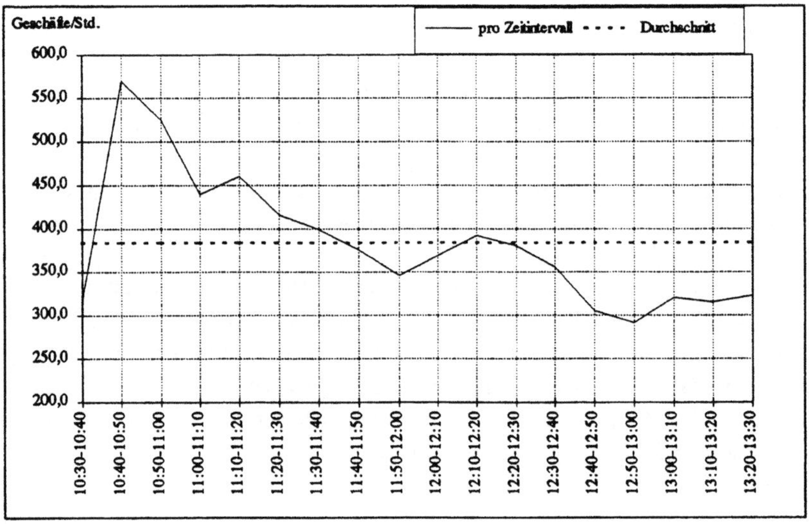

Entsprechend den Aktien zeigt Abb. 7-14 die Anzahl der Geschäfte pro Handelstag aller DTB-Aktienoptionen[1] im Untersuchungszeitraum.

[1] Wie auch für die Schweiz wird bei dieser Voranalyse von allen Optionen ausgegangen, auch wenn sich die eigentliche statistische Analyse auf Kaufoptionen beschränkt.

Abb. 7-14: Anzahl der Geschäfte an der DTB (Aktienoptionen) (25.6.90 - 12.10.90)

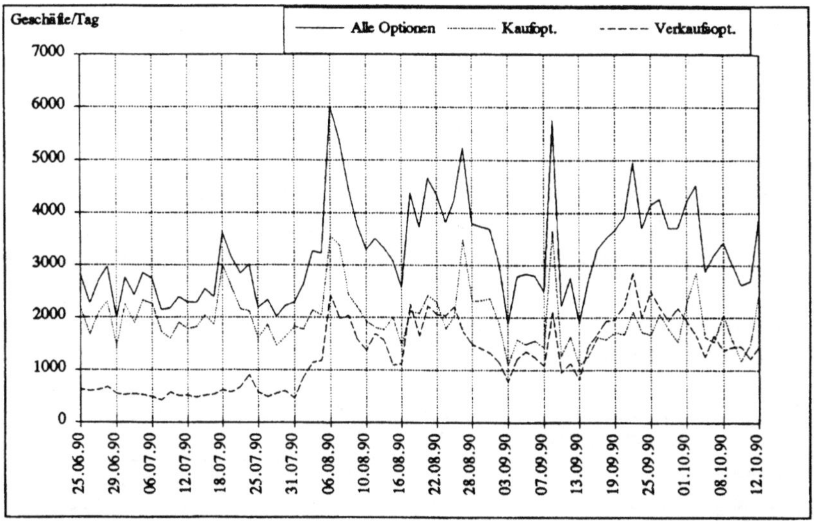

Ähnlich wie am Aktienmarkt bewegen sich die täglichen Geschäfte aller Aktienoptionen im ersten Drittel (bis ca. Anfang August) der Untersuchungsperiode im wesentlichen unter dem Durchschnitt von 3250,5 Geschäften pro Tag bzw. 722,3 Geschäften pro Handelsstunde[1], während sie danach - bis auf einige Tage Anfang September - fast immer über dem Durchschnitt liegen. Wie auch für die SOFFEX läßt sich hier kein sinnvoller Durchschnittswert für eine Option angeben. Sieht man einmal davon ab, daß an der DTB aufgrund 15 Basistitel gegenüber 13 an der SOFFEX mehr Aktienoptionen existieren, so ist die durchschnittliche Geschäftstätigkeit an der DTB mit 3250,5 Geschäften pro Tag etwa doppelt so hoch wie an der SOFFEX mit 1284,9 Geschäften pro Tag.[2] Im Gegensatz zur SOFFEX, an welcher Kaufoptionen den überwiegenden Anteil der Geschäftstätigkeit ausmachen (82,6%), ist der Anteil der Verkaufsoptionen an der DTB wesentlich höher (39,4%).

Für all diese Relationen sind allerdings die zeitlich verschobenen Untersuchungsperioden für die Schweiz und Deutschland zu beachten. Wie aus Abb. 7-14 ersichtlich ist, haben nämlich Kaufoptionen im ersten Untersuchungsdrittel auch einen sehr hohen Anteil, während ab Anfang August die Anzahl Geschäfte von Kauf- und Verkaufsoptionen etwa gleich groß ist. Wie schon bei der SOFFEX ausgeführt, ist hier der Einfluß der Golfkrise zu berücksichtigen. Auch an der SOFFEX war ein starker Anstieg der Geschäftstätigkeit von Verkaufsoptionen sowie eine Abnahme der Kaufoptionen anfangs August zu beobachten. An der DTB wird diese Relationsveränderung durch die noch länger anhaltende Untersuchungsperiode im Gesamtdurchschnitt stärker berücksichtigt.

---

1 Bei der Durchschnittsbildung wird von einer Handelszeit von 4,5 Stunden (10.30 - 15.00 Uhr) ausgegangen.

2 Dieses Verhältnis gilt nicht in dem Maße für das durchschnittliche Handelsvolumen. Hier stehen 30979,2 gehandelte Kontrakte pro Tag an der DTB 24795,9 gehandelte Kontrakte an der SOFFEX gegenüber.

Im einzelnen lassen sich für Abb. 7-14 folgende Durchschnittsrelationen für die Geschäfte von Kauf- und Verkaufsoptionen angeben: Kaufoptionen weisen durchschnittlich 1968,3 Geschäfte pro Tag bzw. 437,4 pro Handelsstunde auf (60,6%), während bei Verkaufsoptionen durchschnittlich 1282,1 Geschäfte pro Tag bzw. 284,9 Geschäfte pro Handelsstunde getätigt werden (39,4%). Diese Relation bleibt in etwa auch erhalten, wenn anstelle der Geschäftstätigkeit die gehandelten Kontrakte herangezogen werden, was hier nicht bildlich dargestellt wurde. Von einem durchschnittlichen Gesamtvolumen von 30979,2 pro Tag bzw. 6884,3 pro Handelsstunde haben die Kaufoptionen einen Anteil von 63,2% (= 19582,8 gehandelte Kontrakte pro Tag, 4351,7 pro Handelsstunde), Verkaufsoptionen einen Anteil von 36,8% (= 11396,4 gehandelte Kontrakte pro Tag, 2532,5 pro Handelsstunde).

Um einen Vergleich zur Geschäftstätigkeit einzelner Aktientitel herzustellen, wurde die Anzahl Geschäfte nach den Basistiteln unterteilt (Abb. 7-15).

Abb. 7-15: Durchschnittliche Anzahl Geschäfte je Basistitel an der DTB (Aktienoptionen) (25.6.90 - 12.10.90)[1]

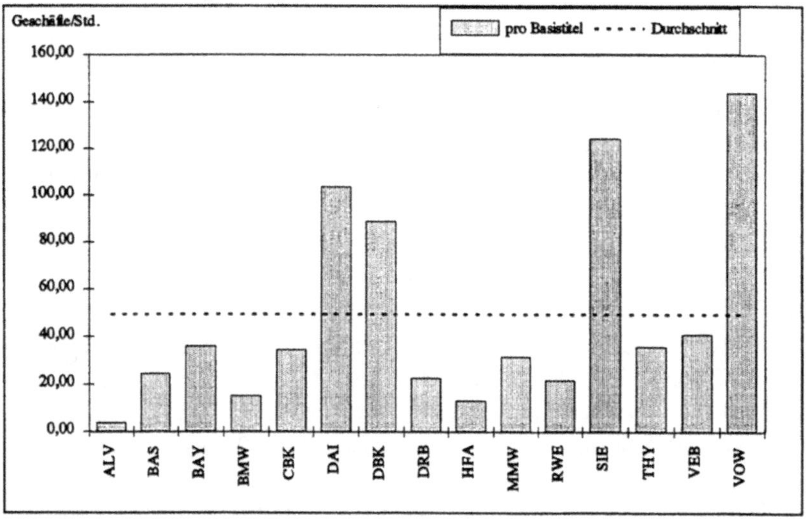

Optionen auf die Basistitel SIE, VOW, DBK und DAI weisen die größte Geschäftstätigkeit auf. Dies steht im Einklang mit dem Aktienmarkt. Setzt man Optionen auf diese Titel in Bezug zum Gesamtmarkt, so machen diese 4 Titel (4/15 = 26,7%) ca. 65% der Geschäftstätigkeit aus. Wie auch an der SOFFEX nimmt die Konzentration der Geschäftstätigkeit auf einige Basistitel am Optionsmarkt zu. Im Unterschied zum Aktienmarkt wird der Optionsmarkt also wesentlich mehr von diesen Basistiteln geprägt. Zu beachten ist die äußerst geringe Geschäftsaktivität beim Basistitel ALV. Darauf wird im Zuge der Stichprobenbildung noch näher eingegangen.

[1] Der Basistitel RWE ist erst seit dem 24.9.1990 zum Terminhandel zugelassen.

Wie auch für den Aktienmarkt wurde die Geschäftstätigkeit über den Handelstag analysiert. Abb. 7-16 zeigt das entsprechende Verlaufsmuster für die 10-Minuten-Intervalle an der DTB. Ähnlich dem Aktienmarkt zeigt sich grundsätzlich auch hier, daß die Geschäftsaktivität zu Beginn des Handelstages besonders hoch ist. Allerdings ist festzustellen, daß sich ein etwa gleich hohes Niveau über mehrere Intervalle von 10.40 Uhr an bis 11.30 erstreckt, wobei das Intervall von 11.20 bis 11.30 Uhr das eigentliche Maximum darstellt. Bei dieser Beobachtung ist die erwähnte Pre-Opening-Periode zu berücksichtigen. Erst nach 11.30 Uhr fällt die Geschäftstätigkeit bis 13.40 Uhr. Da die DTB erst um 15.00 schließt, ist der Verlauf der Geschäftstätigkeit nach dem vorzeitigen Schluß des Kassamarktes um 13.30 Uhr besonders interessant.

Abb. 7-16: Verlauf der Geschäftstätigkeit über den Handelstag an der DTB (Aktienoptionen) (25.6.90 - 12.10.90)

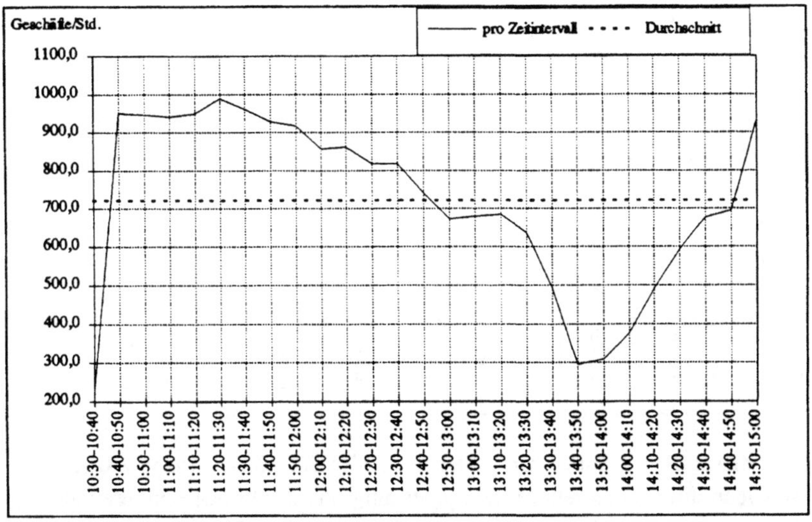

Wie aus Abb. 7-16 ersichtlich, wird der fallende Verlauf der Geschäftstätigkeit nach 13.40 Uhr durch eine stark ansteigende Kurve abgelöst, die bis zum Handelsschluß um 15.00 Uhr anhält. Es hat somit den Anschein, als würde sich die Geschäftstätigkeit vom schließenden Kassamarkt zum Terminmarkt verlagern.

Analog zu den Betrachtungen am Schweizer Aktien- und Optionsmarkt werden auch hier die Geschäftstätigkeitsverläufe dieser beiden Märkte verglichen. Abb. 7-17 stellt diesbezüglich den durchschnittlichen Anteil der täglichen Geschäftstätigkeit über den Handelstag von Aktien und Aktienoptionen dar. Da der Kassamarkt um 13.30 Uhr schließt, wurde die Zeit von 10.30 bis 13.30 Uhr betrachtet.

Wie schon für Aktien-, Index- und Optionsmarkt der Schweiz zeigt sich auch beim Vergleich der Geschäftstätigkeitsverläufe von Aktien- und Optionsmarkt von Deutschland, daß die beiden Kurven ein sehr ähnliches Bild aufweisen. Nach 11.30 Uhr ist bei beiden Märkten ein auch in der Höhe etwa gleiches Absinken der Geschäftstätigkeit bis zum Handelsschluß des Kassamarktes zu erkennen. Der wesentliche Unterschied besteht auch hier wiederum in den Anfangsphasen des Handelstages. Einerseits zeigt sich bei beiden Kurven ein starker Anstieg nach 10.40 Uhr. Am Aktienmarkt wird im zweiten Handelsintervall auch gleich das Maximum erreicht. Danach fällt die Geschäftstätigkeit. An der DTB bleibt es bis 11.30 Uhr, d.h. 1 Stunde lang, auf diesem hohen Niveau, das eigentliches Maximum wird in der Zeit von 11.20 bis 11.30 erreicht.

Abb. 7-17: Durchschnittlicher Anteil der täglichen Geschäftstätigkeit über den Handelstag an der DTB (Aktienoptionen) und dem Aktienmarkt (25.6.90 - 12.10.90)

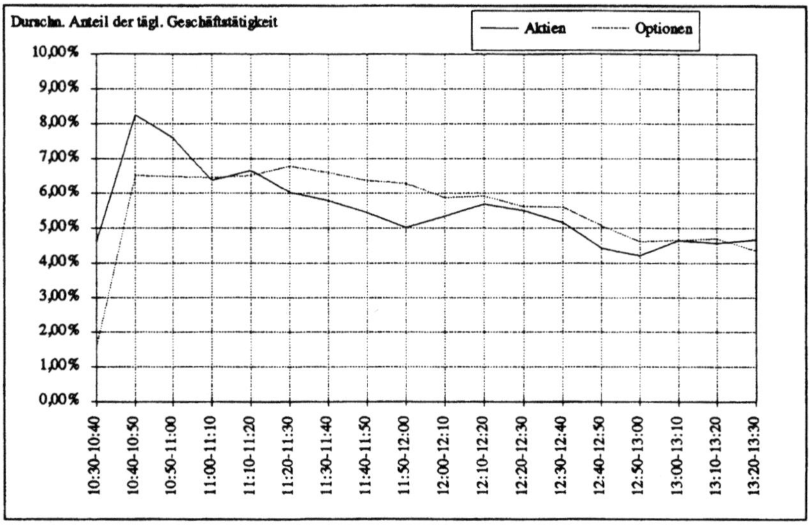

Aufgrund dieser Beobachtung kann man auch hier auf einen *Aktienmarktlead* schließen. Dies ist jedoch insoweit zu relativieren, da es aufgrund der Pre-Opening-Periode gegenüber dem Aktienmarkt zu Verzögerungen der Eröffnung einzelner Kurse und damit auch der Geschäftsaktivität kommen kann.

7.4. Analyse des Optionshandels bezüglich Kontraktspezifikationsmerkmalen

Zum Abschluß der Voranalyse soll in diesem Abschnitt eine Analyse des Optionshandels bezüglich der Kontraktspezifikationsmerkmale *Basispreis* bzw. *Money-ratio* und *Restlaufzeit* erfolgen. Es soll also untersucht werden, inwieweit sich die Money-ratio und die Restlaufzeit auf die Geschäftsaktivität der Optionen auswirken. Es wird wiederum eine Unterteilung in Aktien- und Indexoptionen sowie eine Vergleichsbetrachtung von SOFFEX- und DTB-Optionen vorgenommen. Es sei erwähnt, daß bei den einzelnen noch folgenden Zahlenangaben keine Ursachenanalyse betrieben werden soll. Wie bei der Beschreibung der Untersuchungsmethode erörtert, werden bei der Rendite-Analyse einige Ausschlußkriterien angewandt, so daß Teilstichproben gebildet werden. Aus diesem Grunde soll hier nicht nur allgemein die Struktur des Optionshandels hinsichtlich Kontraktspezifikationsmerkmalen aufgezeigt, sondern vor allem auch eine Vergleichsbasis für die späteren Teilstichproben nach Anwendung der Ausschlußkriterien geschaffen werden.

Wie bisher werden alle Optionen, d.h. auch Verkaufsoptionen betrachtet. Damit die Ergebnisse sowohl für Kauf- als auch für Verkaufsoptionen besser verglichen werden können, wird für die Money-ratio der Begriff *Moneyness* (m) eingesetzt und dafür folgende Definition gewählt, welche für Kauf- und Verkaufsoptionen unterschiedlich ist:[1]

Für Kaufoptionen:
$$m = \frac{S}{K} - 1 \qquad (7\text{-}28)$$

Für Verkaufsoptionen:
$$m = -\left(\frac{S}{K} - 1\right) \qquad (7\text{-}29)$$

7.4.1. Schweiz: Aktienoptionen

Die Tabellen 7-3 (alle Optionen), 7-4 (Kaufoptionen) und 7-5 (Verkaufsoptionen) enthalten eine Übersicht über die Geschäfte und Volumen von *SOFFEX-Aktienoptionen unterteilt nach dem Grad der Moneyness.*

[1] Diese zwei Definitionen erlauben eine Zusammenfassung der Ergebnisse für Kauf- und Verkaufsoptionen. So gilt also beispielsweise bei einem positives m > 0,05 *sowohl für Kauf- als auch für Verkaufsoptionen*, daß es sich um *in-the-money-Optionen* handelt.

Tab. 7-3: Geschäfte und Volumen von SOFFEX-Aktienoptionen bezüglich Moneyness (9.5.90 - 27.8.90)

Moneyness (m)	Geschäfte		Volumen	
	absolut	in %	absolut	in %
m ≤ -0,150	1261	1,29	29066	1,54
-0,150 < m ≤ -0,100	2654	2,72	69720	3,70
-0,100 < m ≤ -0,050	13712	14,04	323777	17,18
-0,050 < m ≤ -0,025	13346	13,67	269092	14,28
-0,025 < m ≤ 0,000	20303	20,79	406209	21,56
0,000 < m ≤ 0,025	15464	15,84	265146	14,07
0,025 < m ≤ 0,050	13002	13,31	207400	11,01
0,050 < m ≤ 0,100	11244	11,51	215033	11,41
0,100 < m ≤ 0,150	4777	4,89	74977	3,98
m > 0,150	1890	1,94	24067	1,28
Gesamt	97653	100,00	1884487	100,00

Nimmt man Kauf- und Verkaufsoptionen zusammen (Tab. 7-3), so zeigt sich, daß at-the-money-Optionen grundsätzlich am aktivsten sind. Der Anteil der Geschäfte (-0,05 < m ≤ 0,05) beträgt 63,6%, der Anteil am Volumen 60,9%. Die Geschäftsaktivität von Optionen mit einem geringfügig negativem m (-0,025 < m ≤ 0,000) ist tendenziell größer als von Optionen mit einem m leicht größer Null (0,000 < m ≤ 0,025) (Geschäfte: 20,8% gegenüber 15,8%; Volumen: 21,6% gegenüber 14,1%). Weiterhin sollen Optionen mit m > 0 gegen solche mit m ≤ 0 verglichen werden. Bezeichnet man dazu in diesem speziellen Fall alle Optionen mit einem m > 0 (m ≤ 0) als out-of-the-money-Optionen (in-the-money-Optionen), so sind Optionen, die aus dem Geld sind, aktiver als diejenigen im Geld. Der Anteil der Geschäfte beträgt hier 52,5% gegenüber 47,5%; der Anteil der gehandelten Kontrakte sogar 58,3% gegenüber 41,7%.

Tab. 7-4: Geschäfte und Volumen von SOFFEX-Aktienoptionen bezüglich Moneyness (Kaufopt.; 9.5.90 - 27.8.90)

Moneyness (m)	Geschäfte		Volumen	
	absolut	in %	absolut	in %
m ≤ -0,150	1095	1,36	23141	1,49
-0,150 < m ≤ -0,100	2207	2,73	59597	3,83
-0,100 < m ≤ -0,050	12001	14,87	270074	17,36
-0,050 < m ≤ -0,025	10920	13,53	224473	14,43
-0,025 < m ≤ 0,000	17479	21,65	352380	22,65
0,000 < m ≤ 0,025	12201	15,11	208611	13,41
0,025 < m ≤ 0,050	10981	13,60	172692	11,10
0,050 < m ≤ 0,100	8642	10,71	171014	10,99
0,100 < m ≤ 0,150	3887	4,82	58776	3,78
m > 0,150	1313	1,63	15183	0,98
Gesamt	80726	100,00	1555941	100,00

Tab. 7-5: Geschäfte und Volumen von SOFFEX-Aktienoptionen bezüglich Moneyness (Verkaufsopt.; 9.5.90 - 27.8.90)

Moneyness (m)	Geschäfte		Volumen	
	absolut	in %	absolut	in %
m ≤ -0,150	166	0,98	5925	1,80
-0,150 < m ≤ -0,100	447	2,64	10123	3,08
-0,100 < m ≤ -0,050	1711	10,11	53703	16,35
-0,050 < m ≤ -0,025	2426	14,33	44619	13,58
-0,025 < m ≤ 0,000	2824	16,68	53829	16,38
0,000 < m ≤ 0,025	3263	19,28	56535	17,21
0,025 < m ≤ 0,050	2021	11,94	34708	10,56
0,050 < m ≤ 0,100	2602	15,37	44019	13,40
0,100 < m ≤ 0,150	890	5,26	16201	4,93
m > 0,150	577	3,41	8884	2,70
Gesamt	16927	100,00	328546	100,00

Bei der Unterteilung in Kauf- und Verkaufsoptionen kann man bezüglich at-the-money-Optionen einen etwa gleichbleibenden Anteil feststellen. So beträgt der Anteil der Geschäfte bei Kaufoptionen 63,9%, bei Verkaufsoptionen 62,2%. In Bezug auf out-of-the-money- und in-the-money-Optionen verändern sich die obigen Ergebnisse gegensätzlich. Betrachtet man ausschließlich Kaufoptionen, so verstärken sich die Relationen obiger Ergebnisse noch ein wenig, während sie bei Verkaufsoptionen tendenziell in die umgekehrte Richtung laufen. Kaufoptionen, die aus dem Geld sind, haben einen Geschäftsanteil von 54,1% (im Geld: 45,9%), Verkaufsoptionen dagegen nur 44,7% (im Geld: 55,3%). Bei Betrachtung des Volumens zeigt sich allerdings, daß auch bei Verkaufsoptionen solche aus dem Geld einen größeren Anteil aufweisen. Hier haben out-of-the-money-Kaufoptionen einen Volumenanteil von 59,8%, out-of-the-money-Verkaufsoptionen einen Anteil von 51,2%.

Die Tabellen 7-6 (alle Optionen), 7-7 (Kaufoptionen) und 7-8 (Verkaufsoptionen) enthalten eine Übersicht über die Geschäfte und Volumen von ***SOFFEX-Aktienoptionen unterteilt nach der Restlaufzeit.***

Tab. 7-6: Geschäfte und Volumen von SOFFEX-Aktienoptionen bezüglich Restlaufzeit (9.5.90 - 27.8.90)

Restlaufzeit in Monaten (τ)	Geschäfte			Volumen		
	absolut	in %	kum.	absolut	in %	kum.
τ ≤ 1	35998	36,86	36,86	726637	38,56	38,56
1 < τ ≤ 2	33752	34,56	71,43	639499	33,93	72,49
2 < τ ≤ 3	16406	16,80	88,23	318064	16,88	89,37
3 < τ ≤ 4	3981	4,08	92,30	66056	3,51	92,88
4 < τ ≤ 5	3266	3,34	95,65	48408	2,57	95,45
5 < τ ≤ 6	4250	4,35	100,00	85823	4,55	100,00
Gesamt	97653	100,00		1884487	100,00	

Tab. 7-7: Geschäfte und Volumen von SOFFEX-Aktienoptionen bezüglich Restlaufzeit (Kaufopt.; 9.5.90 - 27.8.90)

Restlaufzeit in Monaten (τ)	Geschäfte			Volumen		
	absolut	in %	kum.	absolut	in %	kum.
τ ≤ 1	30310	37,55	37,55	624840	40,16	40,16
1 < τ ≤ 2	28153	34,87	72,42	538935	34,64	74,80
2 < τ ≤ 3	13219	16,38	88,80	252652	16,24	91,03
3 < τ ≤ 4	3352	4,15	92,95	52247	3,36	94,39
4 < τ ≤ 5	2589	3,21	96,16	36262	2,33	96,72
5 < τ ≤ 6	3103	3,84	100,00	51005	3,28	100,00
Gesamt	80726	100,00		1555941	100,00	

Tab. 7-8: Geschäfte und Volumen von SOFFEX-Aktienoptionen bezüglich Restlaufzeit (Verkaufsopt.; 9.5.90 - 27.8.90)

Restlaufzeit in Monaten (τ)	Geschäfte			Volumen		
	absolut	in %	kum.	absolut	in %	kum.
τ ≤ 1	5688	33,60	33,60	101797	30,98	30,98
1 < τ ≤ 2	5599	33,08	66,68	100564	30,61	61,59
2 < τ ≤ 3	3187	18,83	85,51	65412	19,91	81,50
3 < τ ≤ 4	629	3,72	89,22	13809	4,20	85,71
4 < τ ≤ 5	677	4,00	93,22	12146	3,70	89,40
5 < τ ≤ 6	1147	6,78	100,00	34818	10,60	100,00
Gesamt	16927	100,00		328546	100,00	

Aus allen drei Tabellen geht hervor, daß Optionen mit einer Restlaufzeit kleiner 2 Monaten den überwiegenden Anteil der Geschäftstätigkeit ausmachen. Bei allen Optionen beträgt der Anteil der Geschäfte 71,4%, der Anteil der gehandelten Kontrakte 72,5%. Bei Kaufoptionen steigen diese Anteile sogar noch (Geschäfte: 72,4%; Volumen: 74,8%), während sie bei Verkaufsoptionen etwas geringer ausfallen (Geschäfte: 66,7%; Volumen: 61,6%). Insgesamt kann man festhalten, daß mehr als zwei Drittel der Geschäfte bzw. gehandelten Kontrakte auf Optionen mit einer kurzen Restlaufzeit von weniger als 2 Monaten fallen.

7.4.2. Schweiz: SMI-Optionen

Analog zu den Aktienoptionen enthalten die Tabellen 7-9 (alle Optionen), 7-10 (Kaufoptionen) und 7-11 (Verkaufsoptionen) eine Übersicht über die Geschäfte und Volumen von *SOFFEX-SMI-Optionen unterteilt nach dem Grad der Moneyness*. Bei der Interpretation dieser Tabellen für Indexoptionen ist zu berücksichtigen, daß die Einteilung in Money-ratio-Kategorien bei Indexoptionen gegenüber Aktienoptionen aufgrund der geringeren Volatilität von Aktienindizes anders ausfallen muß, d.h. die Breite der Kategorien muß verringert werden. Das Interesse liegt hier vorwiegend auf at-the-money-Optionen. Weiterhin dienen diese Angaben vorwiegend der Vergleichbarkeit zu noch folgenden Analysen von Teilstichproben. Deshalb sollen hier die bisherigen Moneyness-Kategorien beibehalten werden. Für at-the-money-Optionen kann einmal die bisherige Einteilung für Aktienoptionen (-0,05 < m ≤ 0,05) sowie die nach dem obigen Schema nächste geringere Bandbreite (-0,025 < m ≤ 0,025) betrachtet werden. Der Anteil der at-the-money-Optionen für Indizes sollte zwischen diesen beiden Größen liegen.[1]

Tab. 7-9: Geschäfte und Volumen von SOFFEX-SMI-Optionen bezüglich Moneyness (9.5.90 - 27.8.90)

Moneyness (m)	Geschäfte		Volumen	
	absolut	in %	absolut	in %
m ≤ -0,150	85	0,32	6424	0,41
-0,150 < m ≤ -0,100	330	1,23	30529	1,97
-0,100 < m ≤ -0,050	1449	5,38	110801	7,16
-0,050 < m ≤ -0,025	3469	12,88	205047	13,25
-0,025 < m ≤ 0,000	6898	25,61	409286	26,44
0,000 < m ≤ 0,025	6339	23,54	368826	23,83
0,025 < m ≤ 0,050	4194	15,57	212131	13,70
0,050 < m ≤ 0,100	3164	11,75	151781	9,81
0,100 < m ≤ 0,150	812	3,01	42128	2,72
m > 0,150	194	0,72	11032	0,71
Gesamt	26934	100,00	1547985	100,00

Aus Tab. 7-9 geht hervor, daß die Geschäftstätigkeit von SMI-Optionen mit einem Geschäftsanteil von 77,6% (Volumen: 77,2%) wesentlich durch at-the-money-Optionen geprägt ist. Geht man von der engeren Bandbreite aus, so erreichen hier die Geschäfte bereits einen Anteil von 49,2% (Volumen: 50,3%). Im Unterschied zu Aktienoptionen sind Optionen, die im Geld sind, aktiver (Geschäfte: 45,4%; Volumen: 49,2%) als solche mit m ≤ 0 (Geschäfte: 54,6%; Volumen: 50,8%).

Tab. 7-10: Geschäfte und Volumen von SOFFEX-SMI-Optionen bezüglich Moneyness (Kaufopt.; 9.5.90 - 27.8.90)

Moneyness (m)	Geschäfte		Volumen	
	absolut	in %	absolut	in %
m ≤ -0,150	70	0,48	5708	0,66
-0,150 < m ≤ -0,100	257	1,77	22580	2,59
-0,100 < m ≤ -0,050	970	6,68	73536	8,44
-0,050 < m ≤ -0,025	2054	14,15	117598	13,50
-0,025 < m ≤ 0,000	4274	29,44	259028	29,74
0,000 < m ≤ 0,025	3360	23,14	196281	22,53
0,025 < m ≤ 0,050	2110	14,53	119674	13,74
0,050 < m ≤ 0,100	1164	8,02	60483	6,94
0,100 < m ≤ 0,150	225	1,55	13630	1,56
m > 0,150	36	0,25	2595	0,30
Gesamt	14520	100,00	871113	100,00

1 Wie schon erwähnt, sind die Bandbreiten ohnehin in der Literatur nicht gleich. Dubacher, R. (1990) gibt für at-the-money-Optionen bei Indizes eine Bandbreite von -0,03 < m ≤ 0,03 an.

Tab. 7-11: Geschäfte und Volumen von SOFFEX-SMI-Optionen bezüglich Moneyness (Verkaufsopt.; 9.5.90 - 27.8.90)

Moneyness (m)	Geschäfte		Volumen	
	absolut	in %	absolut	in %
m ≤ -0,150	15	0,12	716	0,11
-0,150 < m ≤ -0,100	73	0,59	7949	1,17
-0,100 < m ≤ -0,050	479	3,86	37265	5,51
-0,050 < m ≤ -0,025	1415	11,40	87449	12,92
-0,025 < m ≤ 0,000	2624	21,14	150258	22,20
0,000 < m ≤ 0,025	2979	24,00	172545	25,49
0,025 < m ≤ 0,050	2084	16,79	92457	13,66
0,050 < m ≤ 0,100	2000	16,11	91298	13,49
0,100 < m ≤ 0,150	587	4,73	28498	4,21
m > 0,150	158	1,27	8437	1,25
Gesamt	12414	100,00	676872	100,00

Bei Einzelbetrachtung von Kauf- und Verkaufsoptionen zeigt sich, daß der ohnehin bei SMI-Optionen hohe Anteil von at-the-money-Optionen bei Betrachtung von Kaufoptionen noch stärker ausgeprägt ist. Bei der weiteren Bandbreite ergibt sich ein Geschäftsanteil von 81,3% (Volumen: 79,5%), bei der engeren Bandbreite immer noch 52,6% (Volumen: 52,3%). Wie bei den Aktienoptionen steigt auch bei SMI-Optionen der Geschäftsanteil von out-of-the-money-Optionen, wenn nur Kaufoptionen betrachtet werden ($m \leq 0$: Geschäfte: 52,5%, Volumen: 54,9%; $m > 0$: Geschäfte: 47,5%; Volumen: 45,1%). Im Falle von Verkaufsoptionen sind in-the-money-Optionen aktiver ($m \leq 0$: Geschäfte: 37,1%, Volumen: 41,9%, $m > 0$: Geschäfte: 62,9%; Volumen: 58,1%).

Die Tabellen 7-12 (alle Optionen), 7-13 (Kaufoptionen) und 7-14 (Verkaufsoptionen) enthalten eine Übersicht über die Geschäfte und Volumen von *SOFFEX-SMI-Optionen unterteilt nach der Restlaufzeit*.

Tab. 7-12: Geschäfte und Volumen von SOFFEX-SMI-Optionen bezüglich Restlaufzeit (9.5.90 - 27.8.90)

Restlaufzeit in Monaten (τ)	Geschäfte			Volumen		
	absolut	in %	kum.	absolut	in %	kum.
τ ≤ 1	12828	47,63	47,63	743955	48,06	48,06
1 < τ ≤ 2	10394	38,59	86,22	601344	38,85	86,91
2 < τ ≤ 3	2595	9,63	95,85	135736	8,77	95,68
3 < τ ≤ 4	143	0,53	96,38	7564	0,49	96,16
4 < τ ≤ 5	319	1,18	97,57	17127	1,11	97,27
5 < τ ≤ 6	655	2,43	100,00	42259	2,73	100,00
Gesamt	26934	100,00		1547985	100,00	

Tab. 7-13: Geschäfte und Volumen von SOFFEX-SMI-Optionen bezüglich Restlaufzeit (Kaufopt.; 9.5.90 - 27.8.90)

Restlaufzeit in Monaten (τ)	Geschäfte			Volumen		
	absolut	in %	kum.	absolut	in %	kum.
τ ≤ 1	7305	50,31	50,31	446072	51,21	51,21
1 < τ ≤ 2	5718	39,38	89,69	344510	39,55	90,76
2 < τ ≤ 3	1177	8,11	97,80	64570	7,41	98,17
3 < τ ≤ 4	53	0,37	98,16	2054	0,24	98,40
4 < τ ≤ 5	132	0,91	99,07	6997	0,80	99,21
5 < τ ≤ 6	135	0,93	100,00	6910	0,79	100,00
Gesamt	14520	100,00		871113	100,00	

Tab. 7-14: Geschäfte und Volumen von SOFFEX-SMI-Optionen bezüglich Restlaufzeit (Verkaufsopt.; 9.5.90 - 27.8.90)

Restlaufzeit in Monaten (τ)	Geschäfte			Volumen		
	absolut	in %	kum.	absolut	in %	kum.
τ ≤ 1	5523	44,49	44,49	297883	44,01	44,01
1 < τ ≤ 2	4676	37,67	82,16	256834	37,94	81,95
2 < τ ≤ 3	1418	11,42	93,58	71166	10,51	92,47
3 < τ ≤ 4	90	0,72	94,30	5510	0,81	93,28
4 < τ ≤ 5	187	1,51	95,81	10130	1,50	94,78
5 < τ ≤ 6	520	4,19	100,00	35349	5,22	100,00
Gesamt	12414	100,00		676872	100,00	

Wie auch bei den Aktienoptionen geht aus allen drei Tabellen hervor, daß Optionen mit einer Restlaufzeit kleiner 2 Monaten den überwiegenden Anteil der Geschäftstätigkeit ausmachen. Dieser ist im Falle von SMI-Optionen sogar noch größer als bei den Aktienoptionen. Werden Kauf- und Verkaufsoptionen zusammengenommen, so beträgt der Anteil der Geschäfte 86,2%, der Anteil der gehandelten Kontrakte 86,9%. Werden nur Kaufoptionen betrachtet, so steigen diese Anteile (Geschäfte: 89,7%; Volumen: 90,8%), während sie bei Verkaufsoptionen geringer ausfallen (Geschäfte: 82,1%; Volumen: 82,0%). Auch hier kann man zusammenfassend festhalten, daß mehr als zwei Drittel der Geschäfte bzw. gehandelten Kontrakte auf Optionen mit einer kurzen Restlaufzeit von weniger als 2 Monaten fallen.

7.4.3. Deutschland: Aktienoptionen

Zum Schluß werden noch Aktienoptionen der DTB betrachtet. Grundsätzlich ist anzumerken, daß für einen Vergleich mit den SOFFEX-Optionen zu beachten ist, daß die Untersuchungsperioden nicht völlig identisch, sondern zeitlich verschoben sind. Die Tabellen 7-15 (alle Optionen), 7-16 (Kaufoptionen) und 7-17 (Verkaufsoptionen) enthalten eine Übersicht über die Geschäfte und Volumen von *DTB-Aktienoptionen unterteilt nach dem Grad der Moneyness*.

Tab. 7-15: Geschäfte und Volumen von DTB-Aktienoptionen bezüglich Moneyness (25.6.90 - 12.10.90)

Moneyness (m)	Geschäfte		Volumen	
	absolut	in %	absolut	in %
m ≤ -0,150	15199	6,07	199203	8,35
-0,150 < m ≤ -0,100	21334	8,52	231565	9,71
-0,100 < m ≤ -0,050	43767	17,49	433110	18,16
-0,050 < m ≤ -0,025	31076	12,42	300162	12,58
-0,025 < m ≤ 0,000	33475	13,37	308042	12,91
0,000 < m ≤ 0,025	31514	12,59	281385	11,80
0,025 < m ≤ 0,050	22844	9,13	197208	8,27
0,050 < m ≤ 0,100	28138	11,24	234571	9,83
0,100 < m ≤ 0,150	13117	5,24	115912	4,86
m > 0,150	9821	3,92	84239	3,53
Gesamt	250285	100,00	23853971	100,00

Nimmt man Kauf- und Verkaufsoptionen zusammen (Tab. 7-15), so beträgt der Anteil der Geschäfte für at-the-money-Optionen 47,5%, der Anteil am Volumen 45,6%. Der Anteil der at-the-money-Optionen an der DTB ist damit geringer als an der SOFFEX. Optionen, die aus dem Geld sind, sind wesentlich aktiver als diejenigen im Geld. Der Anteil der Geschäfte beträgt hier 57,9% gegenüber 42,1%; der Anteil der gehandelten Kontrakte sogar 61,7% gegenüber 38,3%. Diese Beobachtung steht grundsätzlich im Einklang mit SOFFEX-Aktienoptionen bzw. ist hier noch etwas stärker ausgeprägt.

Tab. 7-16: Geschäfte und Volumen von DTB-Aktienoptionen bezüglich Moneyness (Kaufopt.; 25.6.90 - 12.10.90)

Moneyness (m)	Geschäfte		Volumen	
	absolut	in %	absolut	in %
m ≤ -0,150	12840	8,47	173095	11,48
-0,150 < m ≤ -0,100	16062	10,60	179812	11,92
-0,100 < m ≤ -0,050	30166	19,90	302227	20,04
-0,050 < m ≤ -0,025	20455	13,50	202477	13,43
-0,025 < m ≤ 0,000	20031	13,22	185389	12,29
0,000 < m ≤ 0,025	18310	12,08	167756	11,13
0,025 < m ≤ 0,050	12020	7,93	106257	7,05
0,050 < m ≤ 0,100	13339	8,80	111420	7,39
0,100 < m ≤ 0,150	5125	3,38	46613	3,09
m > 0,150	3212	2,12	32829	2,18
Gesamt	151560	100,00	1507875	100,00

Tab. 7-17: Geschäfte und Volumen von DTB-Aktienoptionen bezüglich Moneyness (Verkaufsopt.; 25.6.90-12.10.90)

Moneyness (m)	Geschäfte		Volumen	
	absolut	in %	absolut	in %
m ≤ -0,150	2359	2,39	26108	2,98
-0,150 < m ≤ -0,100	5272	5,34	51753	5,90
-0,100 < m ≤ -0,050	13601	13,78	130883	14,92
-0,050 < m ≤ -0,025	10621	10,76	97685	11,13
-0,025 < m ≤ 0,000	13444	13,62	122653	13,98
0,000 < m ≤ 0,025	13204	13,37	113629	12,95
0,025 < m ≤ 0,050	10824	10,96	90951	10,36
0,050 < m ≤ 0,100	14799	14,99	123151	14,03
0,100 < m ≤ 0,150	7992	8,10	69299	7,90
m > 0,150	6609	6,69	51410	5,86
Gesamt	98725	100,00	877522	100,00

Betrachtet man ausschließlich Kaufoptionen, so verstärken sich die Relationen obiger Ergebnisse noch ein wenig, während sie bei Verkaufsoptionen tendenziell in die umgekehrte Richtung laufen. Kaufoptionen, die aus dem Geld sind, haben einen Geschäftsanteil von 54,1% (im Geld: 45,9%), Verkaufsoptionen dagegen nur 44,7% (im Geld: 55,3%). Bei Betrachtung des Volumens zeigt sich allerdings, daß auch bei Verkaufsoptionen solche aus dem Geld einen größeren Anteil aufweisen. Hier haben out-of-the-money-Kaufoptionen einen Volumenanteil von 59,8%, out-of-the-money-Verkaufsoptionen einen Anteil von 51,2%. Der Anteil von at-the-money-Optionen nimmt bei Betrachtung von Kaufoptionen leicht ab (Geschäfte 46,7%, Volumen: 43,9%), während er bei den Verkaufsoptionen wächst (Geschäfte 48,7%, Volumen: 48,4%). Wie an der SOFFEX zeigt sich auch hier, daß der Geschäftsanteil von out-of-the-money-Optionen wächst, wenn nur Kaufoptionen betrachtet werden ($m \leq 0$: Geschäfte: 65,7%, Volumen: 69,2%; $m > 0$: Geschäfte: 34,3%; Volumen: 30,8%). Im Falle von Verkaufsoptionen ergibt sich dementsprechend eine größere Geschäftsaktivität der in-the-money-Optionen ($m \leq 0$: Geschäfte: 45,9%, Volumen: 48,9%, $m>0$: Geschäfte: 54,1%; Volumen: 51,1%).

Die Tabellen 7-18 (alle Optionen), 7-19 (Kaufoptionen) und 7-20 (Verkaufsoptionen) enthalten eine Übersicht über die Geschäfte und Volumen von *DTB-Aktienoptionen unterteilt nach der Restlaufzeit.*

Auch für DTB-Optionen läßt sich aus allen drei Tabellen die Aussage fällen, daß Optionen mit einer Restlaufzeit kleiner 2 Monaten einen beträchtlichen Anteil (ca. zwei Drittel) der Geschäftstätigkeit ausmachen. Werden Kauf- und Verkaufsoptionen zusammengenommen, so beträgt der Anteil der Geschäfte 67,1%, der Anteil der gehandelten Kontrakte 70,0%.

Tab. 7-18: Geschäfte und Volumen von DTB-Aktienoptionen bezüglich Restlaufzeit (25.6.90 - 12.10.90)

Restlaufzeit in Monaten (τ)	Geschäfte			Volumen		
	absolut	in %	kum.	absolut	in %	kum.
$\tau \leq 1$	97522	38,96	38,96	1019385	42,73	42,73
$1 < \tau \leq 2$	70298	28,09	67,05	649537	27,23	69,96
$2 < \tau \leq 3$	38529	15,39	82,45	333910	14,00	83,96
$3 < \tau \leq 4$	16183	6,47	88,91	142452	5,97	89,93
$4 < \tau \leq 5$	16937	6,77	95,68	147402	6,18	96,11
$5 < \tau \leq 6$	10816	4,32	100,00	92711	3,89	100,00
Gesamt	250285	100,00		2385397	100,00	

Tab. 7-19: Geschäfte und Volumen von DTB-Aktienoptionen bezüglich Restlaufzeit (Kaufopt.; 25.6.90 - 12.10.90)

Restlaufzeit in Monaten (τ)	Geschäfte			Volumen		
	absolut	in %	kum.	absolut	in %	kum.
$\tau \leq 1$	53848	35,53	35,53	603095	40,00	40,00
$1 < \tau \leq 2$	41993	27,71	63,24	409755	27,17	67,17
$2 < \tau \leq 3$	26212	17,29	80,53	235843	15,64	82,81
$3 < \tau \leq 4$	10259	6,77	87,30	94402	6,26	89,07
$4 < \tau \leq 5$	11459	7,56	94,86	100805	6,69	95,76
$5 < \tau \leq 6$	7789	5,14	100,00	63975	4,24	100,00
Gesamt	151560	100,00		1507875	100,00	

Tab. 7-20: Geschäfte und Volumen von DTB-Aktienoptionen bezüglich Restlaufzeit (Verkaufsopt.; 25.6.90 - 12.10.90)

Restlaufzeit in Monaten (τ)	Geschäfte			Volumen		
	absolut	in %	kum.	absolut	in %	kum.
$\tau \leq 1$	43674	44,24	44,24	416290	47,44	47,44
$1 < \tau \leq 2$	28305	28,67	72,91	239782	27,32	74,76
$2 < \tau \leq 3$	12317	12,48	85,38	98067	11,18	85,94
$3 < \tau \leq 4$	5924	6,00	91,39	48050	5,48	91,42
$4 < \tau \leq 5$	5478	5,55	96,93	46597	5,31	96,73
$5 < \tau \leq 6$	3027	3,07	100,00	28736	3,27	100,00
Gesamt	98725	100,00		877522	100,00	

Werden nur Kaufoptionen betrachtet, so fallen diese Anteile (Geschäfte: 63,2%; Volumen: 67,2%), während sie bei Verkaufsoptionen höher ausfallen (Geschäfte: 72,9%; Volumen: 74,8%). Wie schon ausgeführt, ist der hier festzustellende höhere Anteil bei den Verkaufsoptionen in Verbindung mit der zeitlich nach hinten verschobenen Untersuchungsperiode zu sehen, in der - u.a. durch den Öl-Konflikt zwischen dem Irak und Kuwait ausgelöst - die Indexwerte von SMI und DAX einen Abschwung erfuhren. Allerdings kann man auch hier zusammenfassend festhalten, daß etwa zwei Drittel der Geschäfte bzw. gehandelten Kontrakte auf Optionen mit einer kurzen Restlaufzeit von weniger als 2 Monaten fallen.

7.5. Empirische Resultate der multiplen Regressionsanalyse

Im folgenden werden die Ergebnisse der Regressionsanalyse dargestellt. Dabei wird wie folgt vorgegangen: Zunächst werden die Auswirkungen der Prüfung der Datenausschlußkriterien für die Volatilitätsschätzung sowie der Ermittlung der impliziten Aktienrenditen mit Zahlenangaben belegt. Anschließend erfolgt die Erörterung der Regressionsergebnisse.

Bei der Darstellung der Ergebnisse ist zu berücksichtigen, daß diese Untersuchung sich nicht nur auf ein Land, eine Börse (z.B. Zürich) oder etwa spezielle Optionen (wie z.B. nur Optionen auf SBG) beschränkt. Vielmehr wurde hier eine umfassende Untersuchung über alle während der Untersuchungsperiode gehandelten und als Basistitel der SOFFEX und DTB fungierenden Aktien der Schweiz und von Deutschland sowie Aktien- und Indexoptionen der SOFFEX und der DTB durchgeführt. Der Umfang der Datenstichprobe erlaubt es damit auch, nicht nur eine Regression für alle zu Verfügung stehenden Kurse durchzuführen, sondern vielmehr die Datenstichprobe hinsichtlich einigen sinnvollen Merkmalen zu unterteilen, um so die Ergebnisse detaillierter analysieren und auch vergleichen zu können. Um eine möglichst strukturierte Darstellung der Ergebnisse zu gewährleisten, werden die einzelnen Teiluntersuchungen in folgende Kategorien bzw. Kriterien eingeteilt, wobei auf die einzelnen Punkte an den entsprechenden Stellen noch näher eingegangen wird:[1]

- **Land (Schweiz, Deutschland)**
  Es wird unterschieden nach Aktienoptionen der SOFFEX, SMI-Optionen der SOFFEX und Aktienoptionen der DTB.[2]
- **Aktien-/Indexoptionen**
  Für die SOFFEX wird zwischen Aktien- und Indexoptionen unterschieden.
- **Handelszeit**
  Die Untersuchung wird einerseits über den ganzen Handelstag durchgeführt. Gemäß dem Ziel der Untersuchung macht es Sinn, einzelne Teilperioden innerhalb des Handelstages näher zu untersuchen. Es kann angenommen werden, daß die Informationsverarbeitung um so mehr Zeit benötigt, je größer die zu verarbeitende Informationsmenge ist. Dies bedeutet, daß zu Beginn eines Handelstages mehr Informationen zu verarbeiten sind, nämlich auch die, die über Nacht entstanden sind. Somit wird der Handelstag in zwei Teile aufgesplittet, in die ersten 90 Minuten und in den Rest des Handelstages.[3]

---

1 Hierzu ist anzumerken, daß dies nicht die einzigen Möglichkeiten sind. Bei seiner Analyse des Aktien- und Futuresmarktes teilt Chan (1990, 1992) die Beobachtungen anhand des Vorzeichens und der Höhe der Aktienrenditen in Gruppen ein, um herauszufinden, ob die Lead-Lag-Beziehung bei fallenden oder steigenden Aktienrenditen ("good news and bad news") verschieden ausfällt. Desweiteren werden unternehmensspezifische sowie allgemeine Marktinformationen untersucht. Da Spekulanten dazu neigen, Optionen mit hohem Delta zu präferieren, da bei diesen die Transaktionskosten prozentual gesehen am geringsten sind, untersuchen Stephan/Whaley (1990) durch eine Aufteilung in Optionen mit hohem und niedrigem Delta, ob Lead-Lag-Effekte anders ausfallen, wenn Optionen als Absicherungsinstrument oder zu Spekulationszwecken verwendet werden. Zusätzlich analysieren sie die Lead-Lag-Beziehung anhand der Geschäftstätigkeit des Aktien- und Optionsmarktes über den Handelstag.

2 Wie schon ausgeführt, existierten in der Untersuchungsperiode keine Indexoptionen an der DTB.

3 Die gewählten 90 Minuten sind von der gesamten Börsenzeit sowie von der Länge der Renditeintervalle abhängig. Eine kürzere Zeitperiode ist bei dem gewählten Regressionsmodell nicht mehr sinnvoll.

- **Handelsaktivität**
  Es kann vermutet werden, daß die Geschäftsaktivität einen Einfluß auf eine mögliche Lead-Lag-Beziehung zwischen Aktien- und Optionsmarkt hat. Aus diesem Grund sind Optionen mit unterschiedlich hoher Geschäftsaktivität zu unterscheiden.
- **Basistitel**
  Wie bereits in der Voranalyse gezeigt, besteht bezüglich der Geschäftsaktivität an der SOFFEX und der DTB eine Konzentration auf einige wenige Basistitel. Im Zusammenhang mit der oben erwähnten Handelsaktivität werden diese Basistitel von den übrigen separiert.

7.5.1. Schweiz: Aktien/Aktienoptionen

7.5.1.1. Stichprobe 1: Volatilitätsschätzung

Wie in Abschnitt 7.2 erläutert, werden für jeden Aktientitel und jeden Tag Fälligkeits-spezifische Volatilitätsschätzer ermittelt, die dann für den darauffolgenden Tag zur Berechnung der impliziten Aktienkurse eingesetzt werden. Zur korrekten Schätzung der einzelnen Volatilitäten sind einige Daten-Ausschlußkriterien zu beachten. Deshalb wird hier die Entstehung der Stichprobe zur Volatilitätsschätzung für die Aktienoptionen der SOFFEX mit Zahlenangaben belegt (siehe Tab. 7-21). Wie auch im folgenden werden nur die wesentlichen Ergebnisse erläutert, da die detaillierten Zahlenangaben in den Tabellen aufgeführt sind.

Tab. 7-21: Entstehung der Stichprobe zur Volatilitätsschätzung (SOFFEX, Aktienoptionen)

Kriterium	Optionen	Geschäfte	% zu Vorg.	% zu Total
Alle Optionen	15677	97653		
1. Puts entfernen	5488	16927	17,3	
Nur Calls	10189	80726		100,0
2. Wertgrenzen nicht erfüllt	609[1]	8243	10,2	10,2
Rest	9580	72483		89,8
3. Early Exercise-Bedingung	563	5385	7,4	6,7
Rest	9017	67098		83,1
4. Moneyness-Bedingung[2]	968	2683	4,0	3,3
Rest	8049	64415		79,8
5. Geschäfte < 5 (C_{markt} < 1)[3]	4505	9222	14,3	11,4
Rest	3544	55193		68,4

1 Es wurden nicht nur einzelne Geschäfte, sondern ganze Optionen gelöscht, wenn aufgrund der Elimination einzelner Geschäfte die Anzahl der Geschäfte auf Null sank.

2 Es wurde von einer Volatilität von 0,23 ausgegangen, die zuvor geschätzt wurde.

3 Diese beiden Bedingungen wurden zusammengefaßt, da der Anteil Optionen mit einem Preis kleiner SFr. 1.00 äußerst gering ist.

Der Vollständigkeit halber wird zunächst immer von allen Aktienoptionen ausgegangen. In der Untersuchungsperiode wurden von insgesamt 97653 Geschäften aller Optionen 80726 Geschäfte von 10189 Kaufoptionen[1] registriert. Diese werden als Ausgangsbasis (100%) für die folgenden Ausschlußkriterien bezeichnet. Davon wurden 8243 Geschäfte (10,2%) aufgrund der Nichterfüllung rationaler Wertgrenzen eliminiert. Danach konnte bei 5385 Bezahltkursen (= 6,7% der Ausgangsstichprobe) eine vorteilhafte vorzeitige Ausübung festgestellt werden. Aufgrund der Moneyness-Bedingung wurden weitere 2683 Geschäfte (= 3,3% der Ausgangsstichprobe) aus der Stichprobe entfernt. Von den verbleibenden 8049 Optionen hatten 4505 Optionen weniger als 5 Bezahltkurse pro Handelstag aufzuweisen, so daß hier 9222 Geschäfte (= 11,4% der Ausgangsstichprobe) gelöscht wurden. Für die Volatilitätsschätzung konnten also letztlich 55193 Geschäfte, d.h. 68,4% der Ausgangsstichprobe herangezogen werden.

Zur Illustration des Verlaufs der impliziten Volatilität über die Untersuchungsperiode zeigt Abb. 7-18 die durchschnittlichen impliziten Volatilitäten aufgeteilt nach unterschiedlichen Restlaufzeitkategorien.

Abb. 7-18: Durchschnittliche implizite Volatilitäten (SOFFEX-Aktienoptionen)

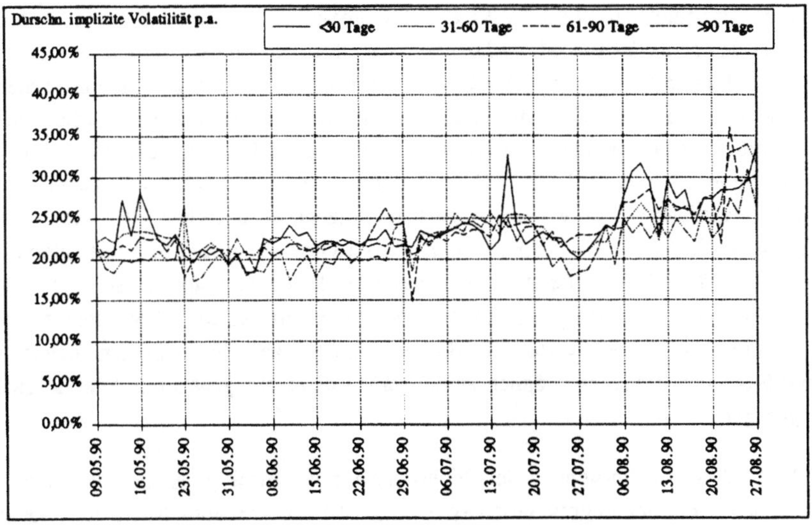

Hier wurden also die Fälligkeits-spezifischen Volatilitätsschätzer in Gruppen mit den Restlaufzeiten <30 Tage, 31-60 Tage, 61-90 Tage und >90 Tage eingeteilt und darüber der Durchschnitt gebildet. Es zeigt sich ein insgesamt homogenes Bild aller Gruppierungen, d.h. in diesem Fall sind keine eindeutigen von der Restlaufzeit abhängigen Volatilitätsunterschiede zu erkennen. Am Ende der Untersuchungsperiode sind insgesamt ansteigende Kurvenverläufe zu verzeichnen. Dies kann u.a. wiederum auf die Golfkrise zurückgeführt werden. Während dieser Zeit reagierten die Finanzmärkte insgesamt sehr hektisch. Diese Beob-

1 Da es sich hier um eine Intraday-Untersuchung handelt, wird jede an einem Handelstag gehandelte Option separat gezählt.

achtungen werden beim deutschen Markt deutlicher, da dort die Untersuchungsperiode bis Mitte Oktober läuft.

7.5.1.2. Stichprobe 2a: Multiple Regression (Anzahl Geschäfte ≥ 40)

Wie schon ausgeführt, werden zur Regressionsanalyse implizite Aktienrenditen benötigt. Die aufgezeichneten Preise sind Bezahltkurse. Um die multivariaten Zeitreihenanalysen durchzuführen, sind zur Definition von Renditen Intervalle einer fester Länge zu bilden. Damit verbunden ist auch die Festlegung der Anzahl der Regressoren. Die Wahl einer geeigneten Intervallänge ist hierbei kein vernachlässigbares Problem. Bei einem zu kurz gewählten Intervall ist die Handelsfrequenz niedrig. Es ist dann möglich, daß sehr viele Renditen der Größe Null registriert werden, die nicht aufgrund eines gleichgebliebenen Preises, sondern aufgrund der Handelsinaktivität entstanden sind. Hierdurch kann es bei der Regression zu Variablenfehlern kommen, so daß die Aussagekraft des Ergebnisses beeinträchtigt wird. Ist das Intervall zu lang, so wird die Genauigkeit der zu identifizierenden Lead-Lag-Struktur verringert. Wie schon ausgeführt, wird jeweils 30 Minuten nach vorne und 30 Minuten zurück regressiert. Wie schon gezeigt, ist die Geschäftsaktivität der Aktien, welche als Basistitel der SOFFEX bzw. DTB fungieren, im Durchschnitt noch erheblich größer als das obere Drittel aller Aktienoptionen. Das Augenmerk bezüglich Geschäftsaktivität muß deshalb auf den Optionen liegen. Aufgrund einer hier nicht beschriebenen Analyse zeigt sich, daß eine Geschäftsanzahl von 40 Transaktionen pro Tag (dies entspricht durchschnittlich 8 Geschäften pro Handelsstunde) ein gutes Maß darstellt, um die besonders aktiven Optionen herauszufiltrieren. Alle Optionen, welche mindestens 40 Geschäfte innerhalb eines Handelstages aufweisen, werden im folgenden als ***aktive*** Optionen bezeichnet. Weiterhin wurde festgestellt, daß bei sehr aktiven Optionen und 5-Minuten-Intervallen lediglich ca. 25% Null-Renditen auftreten, was eine akzeptable Quote darstellt. Bei weniger aktiven Optionen ist allerdings das Renditeintervall auf mindestens 10 Minuten zu erhöhen. Der Einheitlichkeit halber werden 10-Minuten-Renditen verwendet. Sofern für einige Einzelfälle 5-Minuten-Renditen möglich sind, werden diese zur genaueren Analyse zusätzlich herangezogen.[1]

In Tab. 7-22 ist die Entstehung der Stichprobe für die Ermittlung der impliziten Aktienrenditen und damit der Regressionsanalyse aufgelistet. Die wesentlichen Zahlen sollen auch hier kurz erläutert werden.

---

1 Siehe hierzu auch Stephan/Whaley (1990), S. 198ff. oder Chan (1992), S. 132ff. Stephan/Whaley (1990) entscheiden sich dafür, alle Optionen mit weniger als 144 Geschäften pro Tag zu eliminieren, um inaktive Optionen herauszunehmen. Sie wählen ein 5-Minuten-Zeitintervall, nachdem sie die Frequenz der aktiven Optionstransaktionen untersucht hatten. Bei dem sehr hohen Kriterium für die Geschäftsaktivität von Optionen ist zu beachten, daß die Chicago Board of Options Exchange untersucht wird, an der die Handelszeit von 8.30 bis 15.10 Uhr wesentlich länger ist und welche als eine der aktivsten Börsen der Welt bezeichnet werden kann.

Tab. 7-22: Entstehung der Stichprobe zur Regressionsanalyse (SOFFEX-Aktienoptionen, Anzahl Geschäfte ≥ 40)[1]

Kriterium	Optionen	Geschäfte	% zu Vorgänger	% zu Total	aktive Opt.[2]
Alle Optionen	15677	97653			303
1. Puts entfernen	5488	16927	17,3		3
Nur Calls	10189	80726		100,0	300
2. Early Exercise-Bedingung	614	6119	7,6	7,6	30
Rest	9575	74607		92,4	270
3. Geschäfte < 40	9303	56917	76,3	70,5	
Rest	270	17690		21,9	270
4. Löschen 1. Tag	4	217			4
5. Kein Vol.-Schätzer am Vortag	2	108	1,8	0,4	2
Rest	264	17365		21,5	264

Die Ausgangslage bilden hier wiederum 10189 Kaufoptionen mit 80726 Geschäften. Hiervon wurden 6119 Geschäfte (=7,6%) aufgrund einer vorteilhaften vorzeitigen Ausübung eliminiert. Nach dem Entfernen aller inaktiven Optionen enthält die Stichprobe 17690 Geschäfte. Aufgrund der Tatsache, daß die implizite Volatilität auf der Basis der Kurse des vergangenen Tages geschätzt wird, existiert kein Volatilitätsschätzer für den ersten Handelstag. Es können damit keine impliziten Aktienkurse ermittelt werden. Aus diesem Grund wurden 217 Geschäfte gelöscht. Weitere 108 Geschäfte mußten eliminiert werden, da für diese Optionen kein Volatilitätsschätzer am Vortag existierte. Insgesamt ergeben sich somit für die Stichprobe der aktiven Optionen 17365 Geschäfte. In der Untersuchungsperiode werden 13 Aktientitel gehandelt, die als Basistitel der SOFFEX-Optionen fungieren. Auf etliche dieser Titel existierten mehr als eine aktive Option an einem Handelstag, so daß die Stichprobe 128 *Aktientage* und 264 *Optionstage* enthält.[3] Unter Aktientag ist ein Handelstag zu verstehen, an dem mindestens eine aktive Option auf diesen Aktientitel gehandelt wurde. Ein Optionstag ist ein Handelstag, an dem ein Option aktiv war.[4]

Wie aus Tab. 7-22 ersichtlich ist, sind nach Ausführung aller Ausschlußkriterien "nur" 21,5% der Optionsgeschäfte aus der Ausgangsstichprobe übriggeblieben. Trotzdem wurden damit nur 12% der aktiven Optionen eliminiert. Es bleiben nämlich 264 (= 88%) von ursprünglich 300 aktiven Optionen in der Stichprobe. Bezieht man es auf die Anzahl Geschäfte, so beträgt der Prozentsatz der in der Stichprobe verbleibenden aktiven Optionen sogar 89,9%. Von den ursprünglichen 300 aktiven Optionen mit einer Geschäftsanzahl von 19486 wurden 2121 Geschäfte (= 10,9%) eliminiert. Weiter sei darauf hingewiesen, daß nur 3 aktive Verkaufsoptionen existieren, d.h. praktisch alle aktive Optionen Kaufoptionen sind.

1 Es sei angemerkt, daß für die Entstehung dieser Stichprobe die Prüfung auf Verletzung von rationalen Wertgrenzen sowie der Moneyness nicht durchgeführt wurde.

2 Hier werden aktive Optionen aufgeführt, bei denen also die Anzahl der Geschäfte größer gleich 40 ist.

3 Diese Begriffsbestimmung folgt in Anlehnung an Stephan/Whaley (1990).

4 Auf eine detaillierte Aufstellung eines jeden Handelstages mit der Angabe der aktiven Optionen sowie der Basistitel wird verzichtet.

In Abschnitt 7.4 wurde für alle Optionen eine Analyse des Optionshandels bezüglich den Kontraktspezifikationsmerkmalen Basispreis bzw. Money-ratio (Moneyness) und Restlaufzeit durchgeführt. Die Tabellen 7-23 und 7-24 enthalten nun eine Übersicht über die Geschäfte und Volumen von *aktiven* SOFFEX-*Aktienkaufoptionen unterteilt nach der Moneyness und der Restlaufzeit.* Beim Vergleich zu den Tabellen 7-2 und 7-5 für alle Aktienkaufoptionen zeigen sich einige Unterschiede.

Tab. 7-23: Geschäfte und Volumen von aktiven SOFFEX-Aktienkaufoptionen bezüglich Moneyness (9.5.90 - 27.8.90)[1]

Moneyness (m)	Geschäfte		Volumen	
	absolut	in %	absolut	in %
$m \leq -0{,}150$	44	0,25	699	0,24
$-0{,}150 < m \leq -0{,}100$	0	0,00	0	0,00
$-0{,}100 < m \leq -0{,}050$	766	4,33	14594	4,92
$-0{,}050 < m \leq -0{,}025$	2049	11,58	35912	12,11
$-0{,}025 < m \leq 0{,}000$	5541	31,32	102112	34,44
$0{,}000 < m \leq 0{,}025$	3996	22,59	61761	20,83
$0{,}025 < m \leq 0{,}050$	3796	21,46	57652	19,44
$0{,}050 < m \leq 0{,}100$	1177	6,65	20787	7,01
$0{,}100 < m \leq 0{,}150$	321	1,81	2999	1,01
$m > 0{,}150$	0	0,00	0	0,00
Gesamt	17690	100,00	296516	100,00

So scheint es sich bei aktiven Optionen im wesentlichen um at-the-money-Optionen zu handeln. Aus Tab. 7-23 geht hervor, daß der Anteil der at-the-money-Optionen erheblich angewachsen ist. Während bei allen Kaufoptionen der prozentuale Geschäftsanteil noch 63,7% betrug, ist er hier auf 87% gestiegen. Ebenso beträgt der Anteil an den gehandelten Kontrakten 86,8% gegenüber 61,6% bei allen Kaufoptionen. Weiterhin sind nur etwa 2% aller Geschäfte von aktiven Optionen mehr als 10% in- oder out-of-the-money.

Tab. 7-24: Geschäfte und Volumen von SOFFEX-Aktienoptionen bezüglich Restlaufzeit (Kaufoptionen; Anzahl Geschäfte ≥ 40; 9.5.90 - 27.8.90)

Restlaufzeit in Monaten (τ)	Geschäfte			Volumen		
	absolut	in %	kum.	absolut	in %	kum.
$\tau \leq 1$	9267	52,39	52,39	162220	54,71	54,71
$1 < \tau \leq 2$	7272	41,11	93,49	120408	40,61	95,32
$2 < \tau \leq 3$	737	4,17	97,66	10664	3,60	98,91
$3 < \tau \leq 4$	274	1,55	99,21	2255	0,76	99,67
$4 < \tau \leq 5$	51	0,29	99,50	336	0,11	99,79
$5 < \tau \leq 6$	89	0,50	100,00	633	0,21	100,00
Gesamt	17690	100,00		296516	100,00	

[1] Aus Gründen der besseren Vergleichbarkeit zu bisherigen Analysen wurde hier die volle Untersuchungsperiode, d.h. beginnend am 9.5.90, mit einbezogen.

Tab. 7-24 zeigt, daß aktive Optionen tendenziell kürzere Restlaufzeiten aufweisen. Während alle Kaufoptionsgeschäfte einen Anteil von 37,5% bei einer Restlaufzeit von weniger als einem Monat und 72,4% von weniger als 2 Monaten aufweisen, steigt dieser Anteil bei aktiven Kaufoptionen auf 52,4% ($\tau \leq 1$ Monat) und 93,5% ($\tau \leq 2$ Monate).

Zusammenfassend läßt sich festhalten, daß es sich bei aktiven Optionen vorwiegend um at-the-money- und um sog. "short-term"-Optionen handelt. In Verbindung mit dem Ergebnis aus Tab. 7-22 können somit, ausgehend von der Geschäftstätigkeit und dem Volumen, als die aktivsten bzw. liquidesten Optionen an der SOFFEX folgende bezeichnet werden:

- Kaufoptionen,
- at-the-money-Optionen und
- Optionen mit einer Restlaufzeit von weniger als 2 Monaten.

Nach der Ermittlung der Stichprobe zur Regressionsanalyse muß zunächst für jeden der 264 Optionstage (128 Aktientage) eine Zeitreihe aus impliziten (beobachteten) Aktienrenditen über 10-Minuten-Intervalle gebildet werden. An den Schweizer Börsen sowie an der SOFFEX besteht eine Handelszeit von 10.00 bis 16.00 Uhr mit einer Mittagspause von 13.00 bis 14.00 Uhr.[1] Diese Handelszeit wurde in 10-Minuten-Intervalle eingeteilt. Die Kurse wurden jeweils zum Ende eines Intervalles festgestellt und dann die Rendite aus dem Kurs zum Schluß und zu Anfang des Intervalls errechnet. Beispielsweise wird die Rendite aus den festgestellten Kursen um 10.20 und 10.30 Uhr errechnet. Für die impliziten Aktienrenditen müssen dazu aus den Optionskursen zunächst die impliziten Aktienkurse mittels des pseudo-Amerikanischen Black/Scholes-Modells ermittelt werden. Als Kurs zu einem bestimmten Intervallende (z.B. 10.30 Uhr) wird der letzte entstandene Bezahltkurs vor diesem Zeitpunkt aufgenommen (z.B. 10.28 Uhr).[2] Beginnend um 10.10 Uhr werden der Reihe nach die einzelnen Bezahltkurse bis 16.00 Uhr festgestellt, d.h. um 10.10, 10.20, 10.30, ..., 16.00 Uhr. Sofern in einem Intervall kein neuer Bezahltkurs zustandekommt, wird der letzte gültige Kurs und damit der gleiche Kurs der vergangenen Periode eingetragen. Eine Zeitreihe beginnt mit dem ersten festgestellten Bezahltkurs des Wertpapiers. Wird beispielsweise für eine Option der erste Bezahltkurs erst um 10.27 festgestellt, so erfolgt die erste Aufnahme um 10.30 Uhr. Hierdurch kann es vorkommen, daß einige Zeitreihen weniger als die maximale Anzahl von 30 Beobachtungen aufweisen. Die durchschnittliche Anzahl von Preisbeobachtungen für jede Option (Aktie) beträgt 29,31 (29,57). Tab. 7-25 enthält einige Angaben zur Intervallpreis- und Renditebildung der Aktien und Aktienoptionen.

---

[1] An der SOFFEX gibt es keine "echte" Mittagspause. Es können Geld- und Briefkurse eingegeben werden. Bezahltkurse entstehen während dieser Zeit bis auf die Randzeiten allerdings nicht.

[2] Dies kann bei geringer Handelsaktivität natürlich auch bedeuten, daß für zwei Zeitpunkte der gleiche Bezahltkurs gültig ist. Wird z.B. um 10.18 Uhr der letzte Bezahltkurs vor 10.30 Uhr festgestellt, so ist für 10.20 und 10.30 Uhr dieser Kurs gültig.

Tab. 7-25: Intervallpreis-/Renditebildung: CH, Aktien/Aktienoptionen, Anzahl Geschäfte ≥ 40, 10-min-Intervalle

	Aktienmarkt	Optionsmarkt
Handelszeit	10.00-13.00 14.00-16.00	10.00-13.00 14.00-16.00
Anzahl Zeitpunkte/-intervalle	30/29	30/29
Anzahl Aktien-/Optionstage	128	264
Anzahl Meldungen	3840	7920
Errechnete Renditen	3658	7476
Fehlende Kurse zu Beginn	54	180
Anzahl erste Kurse	128	264
Nullrenditen (Nichttransakt.)	784 (21,4%)	2127 (28,5%)
"Normale" Nullrenditen	790	1060

Es wurden 29 10-Minuten-Intervalle über die Handelszeit gebildet. Aus den 264 Optionstagen (128 Aktientagen) ergeben sich damit 7920 = 30 x 264 (3840 = 30 x 128) mögliche Preismeldungen zur Errechnung der Renditen. Insgesamt wurden daraus an der SOFFEX 7476 Renditen errechnet, da in 180 Fällen die Zeitreihe zu einem späteren Zeitpunkt als 10.10 Uhr begann und für den ersten festgestellten Kurs noch keine Rendite errechnet werden kann. Am Aktienmarkt wurden 3658 Renditen berechnet; 54 theoretisch mögliche Kurse fehlten zu Handelsbeginn. Wie schon ausgeführt, wurde das Kriterium der aktiven Optionen mit 40 Geschäften pro Handelstag eingeführt, um in einem gewissen Maße sicherzustellen, daß nicht allzuviele Renditen über Intervalle gebildet werden müssen, in denen keine Bezahltkurse festgestellt wurden. Allerdings kann damit auch nicht ausgeschlossen werden, daß in einem Intervall kein neuer Kurs zustandekommt. Von den 7476 Renditen an der SOFFEX wurde in 71,5% alle Intervalle mindestens ein Kurs registriert. Die restlichen 28,5% waren Intervalle mit keinem neuen Bezahltkurs. Am Aktienmarkt betrug der Anteil der Intervalle ohne Aktienkurs nur 21,4%. In Anbetracht dieses Ergebnisses kann geschlossen werden, daß die Stichprobe Optionen und Aktien enthält, welche im wesentlichen kontinuierlich über den Handelstag gehandelt werden. Damit kann auch die erwähnte Problematik von Variablenfehlern aufgrund der Nullrenditen, die durch Nichttransaktionen (Intervalle ohne ein Geschäft) in einzelnen Intervallen hervorgerufen werden, als klein erachtet werden.[1]

7.5.1.3. Geld-Brief-Spannen-Effekte

Vor der Regressionsanalyse muß noch darauf eingegangen werden, welchen Einfluß Geld-Brief-Spannen und eine geringe Handelsfrequenz bei der Analyse der Aktienrenditen haben können, d.h. welche Auswirkungen zu berücksichtigen sind. Die Berechnung der Renditen erfolgt aufgrund von Bezahltkursen. Die Rendite-Intervalle sind dafür äußerst kurz (hier z.B. 10-Minuten). Kommt beispielsweise innerhalb eines Renditeintervalls lediglich ein neuer Bezahltkurs zustande, welcher entweder ein Brief- oder ein Geldkurs gewesen sein

[1] Dieses Ergebnis entspricht im wesentlichem dem von Stephan/Whaley (1990), welche zum gleichen Schluß kommen.

muß, so wird die Rendite dieses Intervalls wesentlich von der Geld-Brief-Spanne beeinflußt. Bei dieser Intraday-Untersuchung ist allgemein der Effekt von Geld-Brief-Spannen auf die zu errechnenden Renditen nicht mehr vernachlässigbar. Roll[1] zeigt, daß in einem informationseffizienten Markt mit mindestens einer Transaktion pro Zeitintervall in den Preisänderungen negative serielle Abhängigkeiten (Autokovarianzen erster Ordnung) festzustellen sind, welche auf die Bewegungen zwischen Geld- und Briefkursen zurückgeführt werden können. Die Höhe der Autokovarianz erster Ordnung stelle ein implizites Maß für die Geld-Brief-Spanne dar.[2] Bei solch kleinen Zeitintervallen wie hier kann deshalb die Geld-Brief-Spanne einen dominanten Teil jeglicher Preisänderungen ausmachen.[3]

Aus diesem Grund wurden hier für die 128 (264) Zeitreihen der beobachteten (impliziten) Aktienrenditen *Autokorrelationen* berechnet.[4] Da die Anzahl der Intervalle mit 29 im Verhältnis zur Anzahl der Lags recht klein ist, wurde zur Berechnung nicht die oft übliche Approximation, sondern die exakte Formel für den empirischen Autokorrelationskoeffizienten mit lag k angewandt:[5]

$$r_k = \frac{\sum_{t=1}^{m-k} (x_t - \bar{x}_{(1)})(x_{t+k} - \bar{x}_{(2)})}{\sqrt{\sum_{t=1}^{m-k} (x_t - \bar{x}_{(1)})^2 \sum_{t=1}^{m-k} (x_{t+k} - \bar{x}_{(2)})^2}} \quad \text{für } k = 1,2,\ldots,s;\ s<m \qquad (7\text{-}30)$$

mit

$$\bar{x}_{(1)} = \frac{1}{m-k} \sum_{t=1}^{m-k} x_t \quad \text{als Mittelwert der ersten m–k Beobachtungen,}$$

$$\bar{x}_{(2)} = \frac{1}{m-k} \sum_{t=1+k}^{m} x_t \quad \text{als Mittelwert der letzten m–k Beobachtungen,}$$

$m \equiv$ Anzahl Beobachtungen.

1 Roll (1984).

2 Nach Roll, R. (1984) kann die Geld-Brief-Spanne durch $(2\sqrt{-cov})$ gemessen werden, wobei "cov" der Autokovarianz erster Ordnung der Aktienpreisänderungen entspricht. Auf dieses von Roll formal hergeleitete implizite Maß der Geld-Brief-Spanne wird hier nicht weiter eingegangen. Dazu sowie zu Untersuchungen zur Geld-Brief-Spanne siehe z.B. Choi/Salandro/Shastri (1988); Glosten/Harris (1988); Harris (1989c; 1990); Marchand (1990); Stoll/Whaley (1990; 1990b; 1990c); Aemi (1991); Followill/Rodriguez (1991): George/Kaul/Nimalendran (1991); Laux/Senchack (1992); Ma/Peterson/Sears (1992).

3 Zur näheren Erläuterung des Effektes einer niedrigen Handelsfrequenz siehe Stoll/Whaley (1990), S. 448ff. Zur Autokorrelation erster Ordnung von Aktienrenditen siehe auch die Untersuchung von McInish/Wood (1991).

4 Dieses Vorgehen findet sich auch in Stoll/Whaley (1990) und Stephan/Whaley (1990). Um die Vergleichbarkeit von Aktien- und Optionsrenditen herzustellen, wird die Autokorrelation anstatt der Autokovarianz benutzt.

5 Siehe z.B. Schönfeld (1969), S. 162; Chatfield (1982), S. 32; Hüttner (1986), S. 116. Die Mittelwerte für die ersten und die letzten m–k Beobachtungen sind hier nämlich nicht unbedingt identisch, was bei der Approximation angenommen wird. Desweiteren weist Chatfield (1982), S. 33 darauf hin, daß es wenig Sinn macht, r_k für $k > (m/4)$ zu berechnen.

Tab. 7-26 enthält die durchschnittlichen Autokorrelationskoeffizienten beobachteter und impliziter Aktienrenditen.

Tab. 7-26: Durchschnittliche Autokorrelationskoeffizienten beobachteter und impliziter Aktienrenditen (-innovationen)[1]

		Beobachtete Aktiendaten (n = 128)			Implizite Aktiendaten (n = 264)	
lag k	Anzahl Beob.	Autokorrelation Renditen	Autokorrelation Innovationen	Anzahl Beob.	Autokorrelation Renditen	Autokorrelation Innovationen
1	3658	-0,2013	0,0306	7476	-0,0703	0,0128
2	3530	-0,0287	-0,0088	7212	-0,0188	0,0016
3	3402	-0,0088	0,0138	76948	-0,0219	-0,0137
4	3274	-0,0368	-0,0228	6684	-0,0250	-0,0087
5	3146	-0,0278	-0,0320	6420	-0,0683	-0,0644
6	3018	-0,0234	-0,0263	6156	-0,0117	-0,0124
7	2890	0,0042	-0,0102	5892	-0,0132	-0,0143
8	2762	-0,0385	-0,0533	5628	-0,0520	-0,0524

Bei den beobachteten Aktienrenditen ergibt sich eine Autokorrelation erster Ordnung von -0,2013, während die Autokorrelationen höherer Ordnung nicht signifikant von Null verschieden sind. Bei den impliziten Aktienrenditen ist diese Beobachtung nicht so deutlich ausgeprägt. Es zeigt sich zwar auch eine von Null verschiedene Autokorrelation erster Ordnung von -0,0703 sowie nicht signifikant von Null verschiedene Autokorrelationen zweiter bis vierter Ordnung sowie sechster und siebter Ordnung; die Autokorrelationen fünfter und achter Ordnung sind aber von Null verschieden. Vor allem das Ergebnis der beobachteten Aktienrenditen repräsentiert die Autokorrelationsfunktion gemäß der Arbeiten von Roll[2], Glosten[3], Glosten/Harris[4], Stoll[5] und George/Kaul/Nimalendran[6]. Die festgestellte Autokorrelation erster Ordnung impliziert, daß zur Elimination des Geld-Brief-Spannen-Effekts die Aktienrenditen durch einen Moving Average-Prozeß erster Ordnung (MA(1)-Prozeß) beschrieben werden können:[7]

$$s_t - \mu = \varepsilon_t - \theta_1 \varepsilon_{t-1} \quad , \tag{7-31}$$

[1] Die berechneten Autokorrelationen basieren auf Intraday-10-min-Renditen während der Untersuchungsperiode vom 9.5.90 bis 27.8.90. Bei den Innovationen handelt es sich um die Residuen aus dem MA(1)-Modell, welche für jede der 128 (264) Zeitreihen der beobachteten (impliziten) Aktienrenditen berechnet wurden.

[2] Roll (1984).

[3] Glosten (1987); Glosten/Harris (1988).

[4] Glosten/Harris (1988).

[5] Stoll (1989b).

[6] George/Kaul/Nimalendran (1991).

[7] Wie schon früher ausgeführt, werden die Zufallsvariablen ohne Tilde dargestellt.

wobei s_t den beobachteten Aktienrenditeprozeß, μ den Mittelwert der Aktienrenditen und ε_t den reinen Zufallsprozeß darstellt. Der Parameter θ_1 des MA(1)-Prozesses läßt sich vergleichsweise einfach bestimmen. Für die Autokorrelation erster Ordnung dieses Prozesses gilt:[1]

$$\rho_1 = \begin{cases} \dfrac{-\theta_1}{1+\theta_1^2}, & k = 1 \\ 0, & k > 1 \end{cases} \tag{7-32}$$

Durch Multiplikation von (7-32) mit $(1 + \theta_1^2)$ und Addition von θ_1 erhält man das charakteristische Polynom

$$\rho_1 \theta_1^2 + \theta_1 + \rho_1 = 0 \tag{7-33}$$

Dividiert man nun (7-33) durch θ_1, so erhält man

$$\theta_1^2 + \frac{1}{\rho_1} \theta_1 + 1 = 0 \tag{7-34}$$

Die beiden Wurzeln dieses charakteristischen Polynoms zweiten Grades sind dann

$$\theta_1^{a/b} = -\frac{1 \pm \sqrt{1 - 4\rho_1^2}}{2\rho_1} \tag{7-35}$$

Zur Anwendung dieses Verfahrens substituiert man den theoretischen Autokorrelationskoeffizienten ρ_1 durch den empirischen r_1. Es ist dann die Lösung auszuwählen, die die Invertierbarkeitsbedingung $|\theta_1| < 1$ erfüllt.[2]

Die Innovationen (Residuen) des MA(1)-Prozesses (ε_t's) sollten dann keine Autokorrelation, d.h. keine Geld-Brief-Spannen-Effekte mehr aufweisen. So wurden aus dem MA(1)-Modell für jede der 128 (264) beobachteten (impliziten) Aktienrendite-Zeitreihen die Innovationen ermittelt. Als Durchschnittswert für θ_1 der beobachteten Aktienrenditen ergab sich 0,2090, bei den impliziten Aktienrenditen 0,0919.[3] In Tab. 7-26 sind die durchschnittlichen Autokorrelationskoeffizienten der Innovationen dargestellt. Es zeigt sich, daß bei den beobachteten Aktiendaten im Prinzip keine Autokorrelation mehr vorhanden ist. Dieses Resultat läßt darauf schließen, daß der aufgrund der weiter oben beschriebenen Geld-Brief-Spannen-Effekte implizierte MA(1)-Prozeß adäquat die Struktur der 10-Minuten-Aktienrenditen beschreibt. Bei den impliziten Aktiendaten läßt sich logischerweise die Autokorrelation erster

1 Vgl. z.B. Leiner (1986), S. 105ff.; Schlittgen/Streitberg (1987), S. 95ff. und 173ff.

2 Chatfield (1982), S. 69f. weist darauf hin, daß die Substitution von ρ_1 durch r_1 eine wenig wirksame Schätzfunktionen bewirke. Eine "genauere" Variante sei die rekursive Berechnung nach Box/Jenkins (1976), Kap. 7 nach der Wahl von geeigneten Startwerten. Für die Zwecke dieser Untersuchung reicht das beschriebene Verfahren aus.

3 Im Gegensatz zu Stephan/Whaley (1990) ergibt sich für die beobachteten Aktienrenditen ein höherer Koeffizient als für die impliziten Aktienrenditen, was eigentlich auf eine höhere Geld-Brief-Spanne schließen läßt.

Ordnung eliminieren, die Autokorrelationen fünfter und achter Ordnung sind allerdings noch vorhanden, was auf autoregressive Komponenten schließen läßt. Diese Komponente kann auf Preisanpassungsverzögerungen zurückzuführen sein.[1]

7.5.1.4. Resultate

Im folgenden werden die Ergebnisse der Regression impliziter Aktienrenditen auf vergangene, gleichzeitige und zukünftige beobachtete Aktienrenditen gemäß Modell (7-6) dargestellt. Wie schon ausgeführt, wird jeweils 30 Minuten "vor und zurück" regressiert, was bei 10-Minuten-Intervallen eine Anzahl von 7 Regressoren bedeutet (jeweils 3 Lead- bzw. Lag-Regressoren).[2] Somit verringert sich die mögliche Anzahl der Beobachtungen um 1584 (= 6 x 264). Insgesamt wurde aus den 3658 (7476) errechneten beobachteten (impliziten) Aktienrenditen eine Stichprobe von 5946 Beobachtungen für die Regression ermittelt.[3]

Tab. 7-27 enthält die Resultate der multiplen Regressionsanalyse über den gesamten Handelstag, d.h. von 10.00 bis 16.00 Uhr. Im linken Teil stehen die Ergebnisse für die Renditen, d.h. hier wurden implizite Aktienrenditen auf vergangene, gleichzeitige und zukünftige beobachtete Aktienrenditen regressiert. Der rechte Teil enthält die Ergebnisse für die Innovationen aus dem MA(1)-Modell, d.h. hier wurden implizite Aktieninnovationen auf vergangene, gleichzeitige und zukünftige beobachtete Aktieninnovationen regressiert.

1 Hasbrouck/Ho (1987) sind der Meinung, daß Intraday-Renditen sowohl eine moving average- als auch eine autoregressive Komponente aufweisen müßten, welche auf die Transaktionskosten und Preisanpassungsverzögerungen zurückzuführen sind. Aus Tab. 7-26 gibt es keine Evidenz für eine autoregressive Komponente für die beobachteten Aktiendaten. Die impliziten Aktiendaten zeigen allerdings eine gewisse autoregressive Struktur auf, welche jedoch schwer zu identifizieren ist. Dies könnte die Schlußfolgerung zulassen, daß am Optionsmarkt Preisanpassungsverzögerungen vorhanden sind.

2 Stephan/Whaley (1990), S. 205 weisen darauf hin, daß bei einer derart großen Stichprobe auch bei Einbezug einiger irrelevanter beschreibender Variablen nicht mit einem signifikanten Verlust des Gütegrades der Untersuchung zu rechnen ist.

3 Bei der Regression über den gesamten Handelstag bestehen grundsätzlich zwei Möglichkeiten, die Mittagspause zu berücksichtigen: a) Es wird von 10.00 - 13.00 Uhr und von 14.00 - 16.00 Uhr regressiert. Dadurch gehen an den Randzeiten 12.30-13.00 und 14.00-14.30 einige Informationen verloren. b) Es wird von 10.00 - 16.00 Uhr regressiert, wobei zwischen 13.00 und 14.00 keine Bezahltkurse eingehen. Damit wird die Mittagspause vernachlässigt. Bei der Auswertung der Ergebnisse stellte sich heraus, daß beide Varianten keine signifikanten Unterschiede in den Resultaten ausweisen. Deshalb wird in allen folgenden Regressionsergebnissen, die sich auf den gesamten Handelstag beziehen, der Übersichtlichkeit halber nur eine Variante dargestellt.

Tab. 7-27:

Regression impliziter Aktienrenditen (-innovationen) auf vergangene, gleichzeitige und zukünftige beobachtete Aktienrenditen (-innovationen), CH, Aktienoptionen, Anzahl Geschäfte ≥ 40, 10-min-Intervalle, 10.00-16.00, Regressionsintervall: [10.50, 15.30][1]

$$\hat{s}_t = \alpha + \sum_{k=-3}^{3} \beta_k s_{t+k} + \varepsilon_t$$

Parameter	Aktienrenditen			Aktieninnovationen		
	Schätzwert	t-Wert[2]	Signifik. t[3]	Schätzwert	t-Wert	Signifik. t
α	0,0000	-0,357	0,7213	-0,0001	-2,034	0,0419
β_{-3}	-0,0011	-0,084	0,9331	-0,0657	-4,828	0,0000
β_{-2}	0,1072	7,914	0,0000	0,0100	0,637	0,5243
β_{-1}	0,2738	19,410	0,0000	0,1514	10,226	0,0000
β_0	0,3403	23,656	0,0000	0,2444	16,617	0,0000
β_{+1}	0,1552	10,733	0,0000	0,0389	2,718	0,0088
β_{+2}	0,0610	4,232	0,0000	0,0033	0,229	0,8191
β_{+3}	0,0305	2,197	0,0280	-0,0017	-0,119	0,9055
	Anz. Beob.: 5946			Anz. Beob.: 5946		
	R^2: 0,1190[4] Adj. R^2: 0,1190			R^2: 0,0714 Adj. R^2: 0,0703		

Es zeigen sich einige sehr interessante Ergebnisse. Grundsätzlich ist erkennbar, daß die Regressionskoeffizienten systematisch nach "außen" (mit zunehmendem k) abnehmen. Je weiter die Zeit vom aktuellen Zeitpunkt t entfernt ist, desto kleiner werden die Koeffizienten. Die Konstante α ist gleich Null. Die erkennbare Systematik bestätigt die Güte der Untersuchung. Grundsätzlich darf nämlich angenommen werden, daß die Preise bzw. Renditen des einen Marktes zwar zeitlich verschoben zum anderen Markt sind, daß aber ein Zusammenhang der Renditen um so kleiner wird, desto weiter man sich zeitlich auseinanderbewegt.

Das für diese Arbeit wichtigste Ergebnis ist der sich aufzeigende Lead-Effekt des Aktienmarktes. Sowohl für Renditen als auch Innovationen sind die Koeffizienten der vergangenen Aktienrenditen (Lag-Koeffizienten, k = -1,...,-3) größer und signifikanter als die Lead-Koeffizienten (k = 1,...,3). Der Aktienmarkt scheint einen zeitlichen Vorsprung gegenüber

1 Es wird jeweils a) die gesamte berücksichtigte Zeit und b) die Regressionszeit angegeben. Beispielsweise ist bei der Anfangszeit 10.00 Uhr bzw. Startzeit der Regression 10.50 Uhr zu berücksichtigen, daß bei 10-min-Intervallen der erste "Intervall"-Kurs frühestens um 10.10 festgestellt wird und damit die erste Rendite um 10.20 berechnet werden kann. Somit kann von 10.50 an 30 Minuten "zurückgeblickt" werden. Analog gilt dies für die Endzeit 16.00 Uhr bzw. 15.30 Uhr.

2 t-Werte für die Null-Hypothese, daß $\alpha = 0$ und $\beta_k = 0$, $k = -3, \ldots, 3$.

3 Signifik. t: Signifikanzniveau des t-Wertes = 1 - Vertrauenswahrscheinlichkeit. Es wird bei den Interpretationen ein 5%-Signifikanzniveau zugrundegelegt.

4 Es sei betont, daß das Regressionsmodell nicht zum Ziel hat, mit den hier gewählten Regressionskoeffizienten den impliziten Aktienkurs vollständig erklären zu wollen. Es geht lediglich darum aufzuzeigen, ob Lead- oder Lag-Koeffizienten einen höheren Einfluß ausüben. Es ist durchaus möglich, daß ein erheblicher Anteil der gesamten Streuung auf in der Regressionsgleichung nicht erfaßte Einflüsse zurückzuführen ist und deshalb das Bestimmtheitsmaß einen relativ niedrigen Wert annimmt. Aus diesem Grund ist die Höhe des Bestimmtheitsmaßes auch nur indirekt von Bedeutung. Es sollte lediglich für einen Vergleich der hier durchgeführten Regressionen herangezogen werden.

dem Optionsmarkt aufzuweisen, welcher im Durchschnitt mindestens 10 Minuten beträgt. Eine genauere Angabe ist bei den 10-Minuten-Renditen noch nicht möglich. Dieses Resultat gilt sowohl für die Renditen als auch für die Innovationen. Bei den Innovationen ist eher eine Konzentration auf die beiden Koeffizienten β_0 und β_{-1} mit Werten von 0,244 und 0,151 feststellbar, während sich bei den Renditen eine größere Streuung zeigt. Zwei Lag-Koeffizienten β_{-1} und β_{-2} (d.h. Lead-Effekt des Aktienmarktes von 20 Minuten) weisen mit 0,274 und 0,107 einen Wert größer als 0,10 auf. Ein gewisser Feedback des Optionsmarktes wird durch $\beta_1 = 0{,}155$ ausgedrückt.

Die Ergebnisse der Regression zeigen sowohl bei Renditen als auch bei Innovationen einen Aktienmarktlead auf, wobei kaum signifikante Unterschiede festzustellen sind. Weiterhin ist anzumerken, daß die t-Werte der beiden signifikanten Koeffizienten β_0 und β_{-1} sowie das Bestimmtheitsmaß abnehmen, was darauf schließen läßt, daß durch das gewählte MA(1)-Modell nicht alle zu berücksichtigenden Effekte erkannt und damit filtriert worden sind. Wie schon weiter oben ausgeführt, ist die autoregressive Komponente beim Optionsmarkt schwer zu identifizieren. Da allerdings gezeigt werden konnte, daß sich die Schlußfolgerungen aus den Resultaten nicht wesentlich unterscheiden, werden im folgenden ausschließlich die Ergebnisse für die Renditen dargestellt. Durch die Verwendung dieser "Roh-"Daten wird damit auch gewährleistet, daß keine sonstigen, wie auch immer gearteten wichtigen Informationen verlorengehen.[1]

Wie schon in Abschnitt 7.3 ausgeführt, weist der Aktienmarkt im Vergleich zum Optionsmarkt zu Beginn des Handelstages eine größere an der Gesamtaktivität gemessene prozentuale Geschäftstätigkeit auf. Weiterhin kann gemäß der Hypothese der nicht zeitverzugslosen Informationsverarbeitung angenommen werden, daß Informationsverarbeitung um so mehr Zeit benötigt, je größer die zu verarbeitende Informationsmenge ist. Dies bedeutet, daß zu Beginn eines Handelstages mehr Informationen zu verarbeiten sind, nämlich auch die, die über Nacht entstanden sind. Deshalb wurde der Handelstag in zwei Teile aufgesplittet. Die Regression wurde für die ersten 90 Minuten sowie für den Rest des Handelstages separat durchgeführt.[2] Die Ergebnisse dieser beiden Untersuchungen sind in den Tabellen 7-28 und 7-29 dargestellt.

---

1 Grundsätzlich wurde die Untersuchung ebenso für Innovationen durchgeführt. Für alle noch folgenden Ergebnisse ergaben sich ungefähr die gleichen Folgerungen. An dieser Stelle sei weiter erwähnt, daß die Regression auch in der "umgekehrten" Form durchgeführt wurde. Das heißt, es wurden beobachtete Aktienrenditen auf vergangene, gleichzeitige und zukünftige implizite Aktienrenditen regressiert. Diese Variante muß nicht unbedingt zum gleichen Ergebnis gelangen, da je nach Wahl der Variante zu den Randzeiten entweder die Informationen des Aktien- oder des Optionsmarktes verlorengehen. Hier zeigten sich allerdings fast identische Ergebnisse, auf deren Darstellung aufgrund des Ausmaßes der Arbeit ebenso verzichtet wurde.

2 Da berücksichtigt werden muß, daß bei den ersten und letzten 30 Minuten jeweils Informationen verlorengehen, wurde ein kleine Überschneidungszeit der beiden Teilperioden gewählt. Auch hier ist anzumerken, daß noch weitere Tests mit anderen Unterteilungen des Handelstages durchgeführt wurden. So wurde z.B. nur der Vormittag oder der Nachmittag untersucht. Aufgrund der Tatsache, daß die Handelsaktivität an der SOFFEX gegen ca. 12.10 Uhr schwächer wird, wurde zusätzlich diese Zeit ausgeschlossen. Die Resultate lassen insgesamt keine anderen Schlußfolgerungen zu als die hier vorgestellten. Deshalb wurde aufgrund des Ausmaßes der Arbeit auf die Darstellung ebenso verzichtet.

Zunächst ist zu beachten, daß die Anzahl der Beobachtungen logischerweise sinkt. Bei der Untersuchung der ersten 90 Minuten ist deshalb die Beobachtungszahl mit 733 Beobachtungen relativ klein, was sich auch auf die t-Werte auswirkt. Die Ergebnisse weisen auf eine tendenzielle Ausdehnung des Aktienmarktleads hin, sofern nur die ersten 90 Minuten, d.h. die Teilperiode zu Beginn des Handelstages berücksichtigt wird. Alle Lag-Koeffizienten (k = -1,...,-3) nehmen stark zu, während bei den Lead-Koeffizienten (k = 1,..,3) nicht nur eine Verringerung sondern sogar eine nicht mehr vorhandene Signifikanz festzustellen ist.[1] Während bei der Regression über den gesamten Handelstag der Wert für die Gleichzeitigkeit, d.h. β_0 noch der gewichtigste und signifikanteste war, nimmt hier zusätzlich β_{-1} mit 0,451 ein beträchtliches Ausmaß an und ist von allen der größte. Der geringe Feedback des Optionsmarktes ist kaum noch signifikant. Führt man die Regression über den Rest des Handelstages (11.20 bis 16.00 Uhr) durch, so kann man gegenüber den Ergebnissen für den Handelsbeginn einerseits eine geringe Abnahme des Aktienmarktleads bescheinigen sowie andererseits eine Konzentration auf die "inneren" Werte (k = 0 und k = -1) feststellen. Gemäß der Hypothese, daß über Nacht mehr Informationen anfallen und längere Zeit zur Verarbeitung benötigen, kann dies entsprechend in der Art interpretiert werden, daß im Tagesablauf betrachtet zunehmend weniger Informationen zu verarbeiten sind. Der relativen Preisanpassungsgeschwindigkeit kommt damit eine geringere Bedeutung zu.

Tab. 7-28:

Regression impliziter Aktienrenditen auf vergangene, gleichzeitige und zukünftige beobachtete Aktienrenditen, CH, Aktienoptionen, Anzahl Geschäfte ≥ 40, 10-min-Intervalle, 10.00-11.40, Regressionsintervall: [10.50, 11.10]

$$\hat{s}_t = \alpha + \sum_{k=-3}^{3} \beta_k s_{t+k} + \varepsilon_t$$

Parameter	Schätzwert	t-Wert	Signifik. t
α	-0,0001	-0,555	0,5794
β_{-3}	-0,0666	-1,844	0,0656
β_{-2}	0,1940	4,740	0,0000
β_{-1}	0,4510	8,536	0,0000
β_0	0,3315	5,696	0,0000
β_{+1}	0,0917	2,073	0,0301
β_{+2}	0,0452	1,050	0,2849
β_{+3}	-0,0069	-0,193	0,8476
Anz. Beob.: 733	R^2: 0,1410		Adj. R^2: 0,1326

[1] Das Signifikanzniveau von β_1 ist mit 0,03 gerade noch signifikant.

Tab. 7-29:

Regression impliziter Aktienrenditen auf vergangene, gleichzeitige und zukünftige beobachtete Aktienrenditen, CH, Aktienoptionen, Anzahl Geschäfte ≥ 40, 10-min-Intervalle, 11.20-16.00, Regressionsintervall: [11.50, 15.30]

$$\hat{s}_t = \alpha + \sum_{k=-3}^{3} \beta_k s_{t+k} + \varepsilon_t$$

Parameter	Schätzwert	t-Wert	Signifik. t
α	0,0000	-0,344	0,7305
β_{-3}	0,0115	0,793	0,4276
β_{-2}	0,0767	4,848	0,0000
β_{-1}	0,2514	14,983	0,0000
β_0	0,3909	23,170	0,0000
β_{+1}	0,1453	8,632	0,0000
β_{+2}	0,0489	2,601	0,0037
β_{+3}	0,0273	1,871	0,0091
Anz. Beob.: 4436	R^2: 0,1401		Adj. R^2: 0,1380

Zusammenfassend kann festgestellt werden, daß der Aktienmarkt über den gesamten Handelstag betrachtet im Durchschnitt einen Lead von mindestens 10 Minuten aufweist, der sich in den ersten 90 Handelsminuten noch stärker ausdrückt und bis 20 Minuten betragen kann.

Wie schon ausgeführt, lassen sich hier 5-Minuten-Renditen bilden, da ausschließlich Optionen mit einer Geschäftshäufigkeit größer gleich 40 einbezogen werden. Die Anzahl der Null-Renditen, welche aufgrund von Intervallen ohne ein Geschäft entstehen, ist i.a. dann noch vertretbar. Aus diesem Grunde sollen hier zur genaueren Analyse die Ergebnisse der Regression für 5-Minuten-Renditen aufgeführt werden. Allerdings soll dabei nicht mehr einzeln auf die Entstehung der Renditen eingegangen werden. Analog zu Tab. 7-25 enthält Tab. 7-30 einige Angaben zur Intervallpreis- und Renditebildung der Aktien und Aktienoptionen für 5-Minuten-Intervalle, die nicht weiter erläutert werden.

Tab. 7-30: Intervallpreis-/Renditebildung: CH, Aktien/Aktienoptionen, Anzahl Geschäfte ≥ 40, 5-min-Intervalle

	Aktienmarkt	Optionsmarkt
Handelszeit	10.00-13.00 14.00-16.00	10.00-13.00 14.00-16.00
Anzahl Zeitpunkte/-intervalle	60/58	60/58
Anzahl Aktien-/Optionstage	128	264
Anzahl Meldungen	7680	15840
Errechnete Renditen	7404	15122
Fehlende Kurse zu Beginn	148	454
Anzahl erste Kurse	128	264
Nullrenditen (Nichttransakt.)	3095 (41,8%)	7304 (48,3%)
"Normale" Nullrenditen	1199	1870

Da auch weiterhin 30 Minuten "vor und zurück" regressiert wird, ergibt dies bei 5-Minuten-Renditen 13 Regressoren (jeweils 6 Lead- bzw. Lag-Regressoren). Somit verringert sich die mögliche Anzahl der Beobachtungen um 3168 (= 12 x 264). Insgesamt wurde aus den 7404 (15122) errechneten beobachteten (impliziten) Aktienrenditen ein Stichprobe von 12094 Beobachtungen für die Regression ermittelt. Analog der Vorgehensweise bei den 10-Minuten-Renditen wurde auch hier a) über den gesamten Handelstag, b) über die ersten 90 Handelsminuten und c) über den Rest des Handelstages regressiert.

Die Tabellen 7-31, 7-32 und 7-33 enthalten die Resultate dieser drei Untersuchungen, welche aufgrund des Umfangs gemeinsam bewertet werden sollen.

Tab. 7-31:

Regression impliziter Aktienrenditen auf vergangene, gleichzeitige und zukünftige beobachtete Aktienrenditen, CH, Aktienoptionen, Anzahl Geschäfte ≥ 40, 5-min-Intervalle, 10.00-16.00, Regressionsintervall: [10.40, 15.30][1]

$$\hat{s}_t = \alpha + \sum_{k=-6}^{6} \beta_k s_{t+k} + \varepsilon_t$$

Parameter	Schätzwert	t-Wert	Signifik. t
α	0,0000	-0,608	0,5434
β_{-6}	-0,0029	-0,308	0,7581
β_{-5}	0,0129	1,348	0,1776
β_{-4}	0,0357	2,651	0,0080
β_{-3}	0,0896	8,111	0,0000
β_{-2}	0,1509	15,070	0,0000
β_{-1}	0,2081	20,356	0,0000
β_0	0,2331	22,678	0,0000
β_{+1}	0,1221	10,831	0,0000
β_{+2}	0,0616	5,920	0,0000
β_{+3}	0,0243	3,022	0,0025
β_{+4}	0,0193	1,863	0,0624
β_{+5}	0,0085	0,826	0,4091
β_{+6}	0,0022	0,232	0,8165
Anz. Beob.: 12094	R^2: 0,0639		Adj. R^2: 0,0629

Grundsätzlich werden die Ergebnisse der Regression bei 10-Minuten-Renditen bestätigt. Durch die verdoppelte Anzahl der Regressoren ist die Systematik der nach "außen" (mit zunehmendem k) abnehmenden Regressionskoeffizienten hier noch deutlicher zu erkennen. Je weiter die Zeit vom aktuellen Zeitpunkt t entfernt ist, desto kleiner werden die Koeffizienten. Die Konstante α ist gleich Null. Die Konstante α ist gleich Null. Der Lead-Effekt des Aktienmarktes kann hier aufgrund der kleineren Intervalle genauer analysiert werden. Allgemein läßt sich feststellen, daß - wie auch bei den 10-Minuten-Renditen - der über den gesamten Handelstag erkennbare Aktienmarktlead zunimmt, sofern nur die ersten 90 Minuten, d.h. die Teilperiode zu Beginn des Handelstages berücksichtigt wird. Bei der Regression über den Rest des Handelstages (11.20 bis 16.00 Uhr) ist dagegen ein leichter Rückgang zu bescheinigen.

1 Da bei 5-min-Intervallen der erste "Intervall"-Kurs evtl. schon um 10.05 Uhr festgestellt werden kann, wird hier bereits um 10.40 Uhr regressiert.

Tab. 7-32:

Regression impliziter Aktienrenditen auf vergangene, gleichzeitige und zukünftige beobachtete Aktienrenditen, CH, Aktienoptionen, Anzahl Geschäfte ≥ 40, 5-min-Intervalle, 10.00-11.30, Regressionsintervall: [10.40, 11.00]

$$\hat{s}_t = \alpha + \sum_{k=-6}^{6} \beta_k s_{t+k} + \varepsilon_t$$

Parameter	Schätzwert	t-Wert	Signifik. t
α	-0,0001	-1,334	0,1825
β_{-6}	-0,0406	-1,127	0,2598
β_{-5}	0,0469	1,207	0,2987
β_{-4}	0,0537	1,501	0,1335
β_{-3}	0,1496	4,082	0,0000
β_{-2}	0,2757	6,919	0,0000
β_{-1}	0,3344	6,981	0,0000
β_0	0,2400	4,917	0,0000
β_{+1}	0,0436	1,058	0,2902
β_{+2}	0,0407	0,800	0,4242
β_{+3}	0,0162	0,307	0,7586
β_{+4}	0,0369	1,007	0,2686
β_{+5}	0,0064	0,173	0,8627
β_{+6}	-0,0116	-0,374	0,7082
Anz. Beob.: 1146	R^2: 0,0843	Adj. R^2: 0,0738	

Tab. 7-33:

Regression impliziter Aktienrenditen auf vergangene, gleichzeitige und zukünftige beobachtete Aktienrenditen, CH, Aktienoptionen, Anzahl Geschäfte ≥ 40, 5-min-Intervalle, 11.20-16.00, Regressionsintervall: [11.50, 15.30]

$$\hat{s}_t = \alpha + \sum_{k=-6}^{6} \beta_k s_{t+k} + \varepsilon_t$$

Parameter	Schätzwert	t-Wert	Signifik. t
α	0,0000	-0,015	0,9878
β_{-6}	-0,0011	-0,112	0,9107
β_{-5}	0,0071	0,654	0,5130
β_{-4}	0,0222	1,947	0,0416
β_{-3}	0,0723	5,989	0,0000
β_{-2}	0,1331	11,452	0,0000
β_{-1}	0,1990	17,533	0,0000
β_0	0,2644	23,283	0,0000
β_{+1}	0,1290	10,455	0,0000
β_{+2}	0,0657	5,793	0,0000
β_{+3}	0,0224	2,860	0,0242
β_{+4}	0,0001	0,000	0,9997
β_{+5}	0,0059	0,530	0,5963
β_{+6}	0,0013	0,230	0,6997
Anz. Beob.: 8617	R^2: 0,0830	Adj. R^2: 0,0816	

Bezüglich der durchschnittlichen Länge des zeitlichen Vorsprungs läßt sich aufgrund der 5-Minuten-Intervalle eine genauere Aussage treffen. Insgesamt scheint der Aktienmarkt einen zeitlichen Vorsprung gegenüber dem Optionsmarkt aufzuweisen, welcher im Durchschnitt sogar 10 bis 15 Minuten beträgt.

Die Ergebnisse aus der Regression über den ganzen Handelstag (Tab. 7-31) bestätigen dies. Während bei den 10-Minuten-Renditen β_{-2} (≡ 20 Minuten) nicht mehr signifikant war, sind hier die Regressionskoeffizienten bis zum Lag 4 (≡ 20 Minuten) noch signifikant von Null verschieden. Auch hier ist allerdings ein geringer Feedback des Optionsmarktes festzustellen, welcher sich vor allem durch der Wert für k = 1 ausdrückt. Berücksichtigt man nur die ersten 90 Handelsminuten (Tab. 7-32), so nehmen die Werte für die Lag-Koeffzienten (k = -1,...,-3) noch zu, während kein Schätzwert mit positiven Koeffizienten (Optionsmarktlead, k = 1,...,3) signifikant ist und damit kein Feedback des Optionsmarktes augenscheinlich wird. Während bei der Regression über den gesamten Handelstag der Schätzwert für die Gleichzeitigkeit, d.h. β_0 noch der gewichtigste und signifikanteste war, sind hier sowohl $\beta_{-1} = 0{,}334$ als auch $\beta_{-2} = 0{,}276$ größer und signifikanter als $\beta_0 = 0{,}240$. Hier drückt sich der Aktienmarktlead also besonders deutlich aus und beträgt im Durchschnitt 15 Minuten. Bei der Regression über den Rest des Handelstages (11.20 bis 16.00 Uhr; Tab. 7-33) kann man gegenüber den Ergebnissen für den Handelsbeginn - wie auch bei den 10-Minuten-Renditen - einen Abnahme des Aktienmarktleads erkennen. Dies drückt sich dadurch aus, daß die Werte für k = -1,...,-4 tendenziell abnehmen; β_{-4} ist mit 0,022 nicht mehr signifikant von Null verschieden. Dafür nehmen β_1 und β_2 etwas zu. Wie schon ausgeführt, kommt im Laufe des Handelstages der relativen Preisanpassungsgeschwindigkeit eine geringere Bedeutung zu.

Zusammenfassend kann festgehalten werden, daß der Aktienmarkt über den gesamten Handelstag betrachtet im Durchschnitt einen Lead von ca. 10 bis 15 Minuten aufweist, der sich bei Betrachtung der ersten 90 Handelsminuten noch ausdehnt und bis zu 20 Minuten betragen kann.

7.5.1.5. Stichprobe 2b: Multiple Regression (Anzahl Geschäfte ≥ 20)

Bisher wurden zur Untersuchung ausschließlich sehr aktive Optionen herangezogen. Wie schon in der Voranalyse gezeigt, besteht bezüglich der Geschäftsaktivität an der SOFFEX eine Konzentration auf einige wenige Basistitel. Im Zusammenhang mit der Vermutung, daß die Geschäftsaktivität einen Einfluß auf die Lead-Lag-Beziehung zwischen Aktien- und Optionsmarkt haben kann, sollen nun auch weniger aktive Optionen untersucht werden. Dabei wird das Kriterium der Geschäftsaktivität auf 20 Geschäfte pro Tag herabgesetzt.[1] Im folgenden werden zunächst alle Optionen in die Untersuchung mit einbezogen, die mindestens 20 Geschäfte pro Tag aufweisen. Dies bedeutet, daß die bisherigen Optionen mit mindestens 40 Geschäften pro Tag ebenfalls enthalten sind. Anschließend findet eine Konzentra-

[1] Eine weitere Verringerung ist aufgrund der erwähnten Problematik von Variablenfehlern kaum möglich.

tion auf die weniger aktiven Optionen statt, wobei noch die 4 aktivsten Basistitel eliminiert werden.

Da die Vorgehensweise bei der Bildung der Stichprobe und der Renditen in den vorigen Abschnitten bereits ausführlich behandelt wurde, wird im folgenden aufgrund der Fülle des Datenmaterials nur noch kurz auf die wesentlichen Ergebnisse eingegangen. Die detaillierten Zahlenangaben können den einzelnen angegebenen Tabellen entnommen werden.

Die Tabellen 7-34 und 7-35 enthalten die Angaben zur Entstehung der Stichprobe und der Renditebildung.

Tab. 7-34: Entstehung der Stichprobe zur Regressionsanalyse (SOFFEX-Aktienoptionen, Anzahl Geschäfte ≥ 20)

Kriterium	Optionen	Geschäfte	% zu Vorgänger	% zu Total
Alle Optionen	15677	97653		
1. Puts entfernen	5488	16927	17,3	
Nur Calls	10189	80726		100,0
2. Early Exercise-Bedingung	614	6119	7,8	7,6
Rest	9575	74607		92,4
3. Geschäfte < 20	8681	40131	53,8	49,7
Rest	894	34476		42,7
4. Löschen 1. Tag	9	344		
5. Kein Vol.-Schätzer am Vortag	14	429	2,2	0,9
Rest	871	33703		41,8

Wie Tab. 7-34 zu entnehmen ist, ergeben sich insgesamt 871 Optionen mit 33703 Geschäften nach Ausführung aller Ausschlußkriterien. Gegenüber der Stichprobe der aktiven Optionen (Tab. 7-22) ist hier die Anzahl der Optionen fast viermal so groß. Die Anzahl der Geschäfte verdoppelt sich allerdings nur, da es sich bei den neu hinzugekommenen Optionen um weniger aktive Optionen handelt.

Tab. 7-35: Intervallpreis-/Renditebildung: CH, Aktien/Aktienoptionen, Anzahl Geschäfte ≥ 20, 10-min-Intervalle

	Aktienmarkt	Optionsmarkt
Handelszeit	10.00-13.00 14.00-16.00	10.00-13.00 14.00-16.00
Anzahl Zeitpunkte/-intervalle	30/29	30/29
Anzahl Aktien-/Optionstage	343	871
Anzahl Meldungen	10290	26130
Errechnete Renditen	9795	24216
Fehlende Kurse zu Beginn	152	1043
Anzahl erste Kurse	343	871
Nullrenditen (Nichttransakt.)	2648 (27,0%)	10796 (44,6%)
"Normale" Nullrenditen	1919	2786

Bei der Renditebildung (Tab. 7-35) ist hervorzuheben, daß der Anteil der Nullrenditen, also derjenigen Renditen, die aufgrund von Intervallen ohne ein Geschäft entstehen, bei den Aktien von 21,4% auf 27% und bei den Aktienoptionen von 28,5% auf 44,6% angestiegen ist, was die wesentliche geringe Aktivität der Optionen unterstreicht. Es wurden an der SOFFEX 24216, am Aktienmarkt 9795 Renditen errechnet.

7.5.1.6. Resultate

Die Tabellen 7-36, 7-37 und 7-38 enthalten die Resultate der Regressionen gemäß der bisherigen Zeiteinteilung.

Tab. 7-36:

Regression impliziter Aktienrenditen auf vergangene, gleichzeitige und zukünftige beobachtete Aktienrenditen, CH, Aktienoptionen, Anzahl Geschäfte ≥ 20, 10-min-Intervalle, 10.00-16.00, Regressionsintervall: [10.50, 15.30]

$$\hat{s}_t = \alpha + \sum_{k=-3}^{3} \beta_k s_{t+k} + \varepsilon_t$$

Parameter	Schätzwert	t-Wert	Signifik. t
α	0,0000	-0,680	0,4964
β_{-3}	0,0512	7,140	0,0000
β_{-2}	0,1040	17,428	0,0000
β_{-1}	0,1680	27,028	0,0000
β_0	0,1832	29,122	0,0000
β_{+1}	0,1020	16,335	0,0000
β_{+2}	0,0515	7,640	0,0000
β_{+3}	0,0266	4,513	0,0000
Anz. Beob.: 19503	R^2: 0,0662	Adj. R^2: 0,0659	

Tab. 7-37:

Regression impliziter Aktienrenditen auf vergangene, gleichzeitige und zukünftige beobachtete Aktienrenditen, CH, Aktienoptionen, Anzahl Geschäfte ≥ 20, 10-min-Intervalle, 10.00-11.40, Regressionsintervall: [10.50, 11.10]

$$\hat{s}_t = \alpha + \sum_{k=-3}^{3} \beta_k s_{t+k} + \varepsilon_t$$

Parameter	Schätzwert	t-Wert	Signifik. t
α	-0,0001	-0,986	0,3241
β_{-3}	-0,0273	-1,364	0,1727
β_{-2}	0,1740	7,979	0,0000
β_{-1}	0,3840	13,963	0,0000
β_0	0,2656	8,818	0,0000
β_{+1}	0,0872	3,117	0,0065
β_{+2}	0,0416	2,173	0,0477
β_{+3}	0,0266	1,385	0,1663
Anz. Beob.: 2257	R^2: 0,1123	Adj. R^2: 0,1100	

Tab. 7-38:

Regression impliziter Aktienrenditen auf vergangene, gleichzeitige und zukünftige beobachtete Aktienrenditen, CH, Aktienoptionen, Anzahl Geschäfte ≥ 20, 10-min-Intervalle, 11.20-16.00, Regressionsintervall: [11.50, 15.30]

$$\hat{s}_t = \alpha + \sum_{k=-3}^{3} \beta_k s_{t+k} + \varepsilon_t$$

Parameter	Schätzwert	t-Wert	Signifik. t
α	0,0000	-0,143	0,8863
β_{-3}	0,0532	8,772	0,0000
β_{-2}	0,0952	15,353	0,0000
β_{-1}	0,1419	21,700	0,0000
β_0	0,1867	27,037	0,0000
β_{+1}	0,0863	12,858	0,0000
β_{+2}	0,0478	8,106	0,0000
β_{+3}	0,0248	3,879	0,0010
Anz. Beob.: 15547	R^2: 0,0627		Adj. R^2: 0,0623

Es zeigt sich ein konsistentes Ergebnis zu den bisherigen Resultaten. Vergleicht man die Resultate mit denen der aktiven Optionen (10-Minuten-Renditen), so ergibt sich ein insgesamt sehr ähnliches Bild. Bei Berücksichtigung des gesamten Handelstages bestätigt sich der Aktienmarktlead (Tab. 7-36). Die signifikanten Schätzwerte für die Regressionskoeffizienten sind allerdings breiter gestreut, was sich auf die weniger aktiven Optionen zurückführen läßt. Es kann nämlich angenommen werden, daß bei geringerer Handelsaktivität der Feedback auf beiden Seiten zunimmt. So sind die Werte für β_{-3} und β_2 noch signifikant. Weiterhin ist eine Abnahme des Bestimmtheitsmaßes festzustellen, was mit dem höheren Anteil von Nullrenditen begründet werden kann. Wie auch bei den aktiven Optionen, ergibt sich ein konzentrierteres Bild, sofern nur die ersten 90 Minuten berücksichtigt werden (Tab. 7-37). Der Aktienmarktlead dehnt sich aus, da die Werte für β_{-1} und β_{-2} zunehmen, während β_1 zurückgeht und β_2 nicht mehr signifikant ist. Werden die ersten 90 Minuten vom Handelstag ausgeschlossen, so sinken die Lag-Koeffizienten (Tab. 7-38).

Zusammenfassend bestätigt sich auch hier der Aktienmarktlead, wobei ein geringeres Gütemaß der Regression aufgrund des höheren Anteils an Nullrenditen in Kauf genommen werden muß.

Um herauszufinden, ob sich die Geschäftsaktivität auf die Lead-Lag-Beziehung zwischen Aktien- und Optionsmarkt auswirkt, sollen nun ausschließlich weniger aktive Optionen untersucht werden. Aus diesem Grund werden wie bisher alle Optionen mit mindestens 20 Geschäften berücksichtigt. Da sich die Geschäftsaktivität an der SOFFEX auf einige wenige Basistitel konzentriert, sollen zusätzlich diese aktiven Optionen eliminiert werden. Tab. 7-39 zeigt deshalb die Aufteilung der Geschäfte bezogen auf die vier aktivsten Basistitel. Betrachtet man ausschließlich aktive Optionen, d.h. solche mit mindestens 40 Geschäften pro Tag, so machen Kaufoptionen auf die Basistitel SBG, ALU, ROG, BBC insgesamt 78,6% aller Geschäfte aus. Bei Berücksichtigung auch solcher Optionen mit mindestens 20 Geschäften pro Tag ist der Anteil immer noch 71,3%.

Tab. 7-39: Aufteilung der Geschäfte von SOFFEX-Kaufoptionen bezogen auf die vier aktivsten Basistitel.[1]

Basistitel	Anz. Geschäfte ≥ 40		Anz. Geschäfte ≥ 30		Anz. Geschäfte ≥ 20	
	Optionen	Geschäfte	Optionen	Geschäfte	Optionen	Geschäfte
SBG	36	2014	66	3027	118	4275
ALU	54	3590	85	4663	150	6224
ROG	107	7117	163	9033	265	11465
BBC	19	1180	36	1749	82	2832
Summe	216	13901	350	18472	615	24796
in % zu alle	80,0	78,6	76,1	76,4	68,8	71,3
Alle Calls	270	17690	460	24168	894	34476

Somit wurden für die folgenden Regressionen alle Optionen auf diese vier Basistitel eliminiert. Die Tabellen 7-40, 7-41 und 7-42 enthalten die Regressionsresultate.

Tab. 7-40:

Regression impliziter Aktienrenditen auf vergangene, gleichzeitige und zukünftige beobachtete Aktienrenditen, CH, Aktienopt., Anz. Geschäfte ≥ 20 ohne Basistitel SBG, ALU, ROG, BBC, 10.00-16.00, Regr.-Interv.: [10.50, 15.30]

$$\hat{s}_t = \alpha + \sum_{k=-3}^{3} \beta_k s_{t+k} + \varepsilon_t$$

Parameter	Schätzwert	t-Wert	Signifik. t
α	0,0000	0,474	0,6353
β_{-3}	0,0419	5,085	0,0000
β_{-2}	0,0565	6,738	0,0000
β_{-1}	0,0987	11,059	0,0000
β_0	0,1093	11,530	0,0000
β_{+1}	0,0558	6,310	0,0000
β_{+2}	0,0365	4,399	0,0011
β_{+3}	0,0199	2,390	0,0169
Anz. Beob.: 5897	R^2: 0,0324	Adj. R^2: 0,0313	

Auffallend, aber nicht überraschend, ist das weiter abnehmende Bestimmtheitsmaß, da hier praktisch alle aktiven Optionen aus der Stichprobe entfernt wurden und damit der Anteil von Nullrenditen noch größer sein muß. Ansonsten bestätigt sich wiederum der Aktienmarktlead. Bei Berücksichtigung des gesamten Handelstages ergeben sich signifikante Schätzwerte für β_{-2}, β_{-1}, β_0 und β_1 mit einem Hang zur Aktienmarktseite. Besonders bemerkenswert ist das Resultat der Regression über die ersten 90 Handelsminuten. Hier sind ausschließlich die Werte der Lag-Koeffizienten k = -1 und k = -2 signifikant, d.h. hier zeigt sich der Aktienmarktlead wiederum besonders deutlich. Wird über den Rest des Handelstages regressiert, so schwächt sich dieser Lead ab. Eine breitere Streuung ist feststell-

1 Aus der Voranalyse ging zwar hervor, daß Nestlé-Optionen zu den 4 aktivsten Optionen gehören, wenn eine Durchschnittsbetrachtung vorgenommen wird. Bezieht man sich, wie hier, auf Spitzenwerte, so gehören Nestlé-Optionen jedoch nicht dazu.

bar. Hier weisen die Regressionskoeffizienten $\beta_0 = 0{,}100$ und $\beta_{-1} = 0{,}080$ Werte größer 0,05 auf und sind signifikant. Weiter sei auch darauf hingewiesen, daß das Bestimmtheitsmaß im Falle der Regression über die ersten 90 Handelsminuten bei allen bisherigen Resultaten jeweils den größten Wert aufweist. Dies nicht zuletzt deshalb, da die Handelsaktivität zu Beginn des Handelstages am höchsten ist.

Tab. 7-41:

Regression impliziter Aktienrenditen auf vergangene, gleichzeitige und zukünftige beobachtete Aktienrenditen, CH, Aktienopt., Anz. Geschäfte ≥ 20 ohne Basistitel SBG, ALU, ROG, BBC, 10.00-11.40, Regr.-Interv.: [10.50, 11.10]

$$\hat{s}_t = \alpha + \sum_{k=-3}^{3} \beta_k s_{t+k} + \varepsilon_t$$

Parameter	Schätzwert	t-Wert	Signifik. t
α	-0,0001	-0,978	0,3286
β_{-3}	-0,0054	-0,123	0,9023
β_{-2}	0,1046	2,366	0,0173
β_{-1}	0,3454	6,836	0,0000
β_0	0,0962	1,680	0,0835
β_{+1}	0,0773	1,727	0,0946
β_{+2}	0,0525	1,224	0,1043
β_{+3}	0,0080	0,277	0,7816
Anz. Beob.: 633	R^2: 0,0832	Adj. R^2: 0,0728	

Tab. 7-42:

Regression impliziter Aktienrenditen auf vergangene, gleichzeitige und zukünftige beobachtete Aktienrenditen, CH, Aktienopt., Anz. Geschäfte ≥ 20 ohne Basistitel SBG, ALU, ROG, BBC, 11.20-16.00, Regr.-Interv.: [11.50, 15.30]

$$\hat{s}_t = \alpha + \sum_{k=-3}^{3} \beta_k s_{t+k} + \varepsilon_t$$

Parameter	Schätzwert	t-Wert	Signifik. t
α	0,0000	0,190	0,0000
β_{-3}	0,0399	4,821	0,0000
β_{-2}	0,0489	5,809	0,0000
β_{-1}	0,0802	8,657	0,0000
β_0	0,0999	10,413	0,0000
β_{+1}	0,0402	4,874	0,0000
β_{+2}	0,0385	4,324	0,0000
β_{+3}	0,0174	1,961	0,0599
Anz. Beob.: 4745	R^2: 0,0319	Adj. R^2: 0,0305	

Im folgenden werden die Regressionsergebnisse für SMI- sowie Aktienoptionen der DTB vorgestellt. Da die Vorgehensweise bei der Stichproben- und Renditenbildung sowie der Regressionsdurchführung grundsätzlich die gleiche ist, wird aufgrund der bereits hier vorgenommenen ausführlichen Erörterung auf eine detaillierte Erläuterung verzichtet. Die Darstellung beschränkt sich auf die Erläuterung der wichtigsten Ergebnisse. Die detaillierten Zahlenangaben können den einzelnen Tabellen entnommen werden.

7.5.2. Schweiz: SMI/SMI-Optionen

Bei der Betrachtung von Index-Optionen ist folgendes anzumerken: Der SMI wird aus den an den Börsen von Zürich, Genf und Basel bezahlten Kursen von schweizerischen Aktien bzw. Partizipations- oder Genußscheinen berechnet. Die Neuberechnung eines SMI-Wertes findet jeweils dann statt, wenn einer der zugrundeliegenden Titel einen neuen Bezahltkurs aufweist. Der komplette erneuerte Index ergibt sich somit dann, wenn alle Aktienkurse erneuert wurden. Da dies aber an sich niemals gleichzeitig erfolgt, "hinkt" der Index sozusagen dem Aktienmarkt hinterher. Aus diesem Grunde könnte man erwarten, daß der zuvor aufgezeigte Lead des Aktienmarktes beim Index nicht festzustellen ist oder sich sogar ein Lead des Optionsmarktes aufzeigt. Weiter ist wichtig, daß SMI-Optionen insgesamt gesehen die aktivsten Optionen von allen Optionen sind, d.h. die größte Geschäftstätigkeit aufweisen. Somit können relativ gesehen besonders viele Indexoptionen mit einbezogen werden.

7.5.2.1. Stichprobe 1: Volatilitätsschätzung

Die Entstehung der Stichprobe zur Fälligkeits-spezifischen Volatilitätsschätzung für die SMI-Optionen der SOFFEX ist in Tab. 7-43 aufgezeigt.

Tab. 7-43: Entstehung der Stichprobe zur Volatilitätsschätzung (SOFFEX, SMI-Optionen)

Kriterium	Optionen	Geschäfte	% zu Vorg.	% zu Total
Alle Optionen	2202	26934		
1. Puts entfernen	1079	12414	46,1	
Nur Calls	1123	14520		100,0
2. Wertgrenzen nicht erfüllt	34	1031	7,1	7,1
Rest	1089	13489		89,8
3. Early Exercise-Bedingung	41	707	5,2	4,9
Rest	1048	12782		88,0
4. Moneyness-Bedingung[1]	108	400	3,1	2,7
Rest	940	12382		85,3
5. Geschäfte < 5	447	869	7,0	6,0
Rest	493	11513		79,3

In der Untersuchungsperiode wurden von insgesamt 26934 Geschäften aller SMI-Optionen 14520 Geschäfte von 1123 Kaufoptionen registriert. Diese werden als Ausgangsbasis (100%) für die folgenden Ausschlußkriterien bezeichnet. Davon wurden 1031 Geschäfte (7,1%) aufgrund der Nichterfüllung rationaler Wertgrenzen eliminiert. Danach konnte bei 707 Bezahltkursen (= 4,9% der Ausgangsstichprobe) eine vorteilhafte vorzeitige Ausübung festgestellt werden. Dies ist erheblich weniger als bei den Aktienoptionen. Aufgrund der

[1] Es wurde von einer Volatilität von 0,215 ausgegangen, die zuvor geschätzt wurde.

Moneyness-Bedingung wurden weitere 400 Geschäfte (= 2,7% der Ausgangsstichprobe) aus der Stichprobe entfernt. Von den verbleibenden 940 Optionen hatten 447 Optionen weniger als 5 Bezahltkurse pro Handelstag aufzuweisen, so daß hier 869 Geschäfte (= 7,0% der Ausgangsstichprobe) gelöscht wurden. Für die Volatilitätsschätzung konnten also letztlich 11513 Geschäfte, d.h. 79,3% der Ausgangsstichprobe herangezogen werden, was ebenfalls deutlich höher als bei den Aktienoptionen ist.

7.5.2.2. Stichprobe 2: Multiple Regression (Anzahl Geschäfte ≥ 40)

In Tab. 7-44 ist die Entstehung der Stichprobe für die Ermittlung der impliziten SMI-Renditen und damit der Regressionsanalyse aufgelistet.

Tab. 7-44: Entstehung der Stichprobe zur Regressionsanalyse (SOFFEX-SMI-Optionen, Anzahl Geschäfte ≥ 40)

Kriterium	Optionen	Geschäfte	% zu Vorgänger	% zu Total	aktive Opt.
Alle Optionen	2202	26934			159
1. Puts entfernen	1079	12414	46,1		69
Nur Calls	1123	14520		100,0	90
2. Early Exercise-Bedingung	44	816	5,6	5,6	6
Rest	1079	13704		94,4	84
3. Geschäfte < 40	995	8504	62,1	58,6	
Rest	84	5200		35,8	84
4. Löschen 1. Tag	1	51			1
5. Kein Vol.-Schätzer am Vortag	6	517	10,9	3,9	6
Rest	77	4632		31,9	77

Von den 1123 Kaufoptionen mit 14520 Geschäften wurden 816 Geschäfte (=5,6%) aufgrund einer vorteilhaften vorzeitigen Ausübung eliminiert. Nach dem Entfernen aller inaktiven Optionen enthält die Stichprobe 5200 Geschäfte. 51 Geschäfte wurden gelöscht, da kein Volatilitätsschätzer für den ersten Handelstag existierte. Weitere 517 Geschäfte mußten eliminiert werden, da für diese Optionen kein Volatilitätsschätzer am Vortag existierte. Insgesamt ergeben sich somit für die Stichprobe der aktiven Optionen 4632 Geschäfte. In der Untersuchungsperiode werden 13 Aktientitel gehandelt, die als Basistitel von SOFFEX-Optionen fungieren. Auf etliche dieser Titel existierten mehr als eine aktive Option an einem Handelstag, so daß die Stichprobe 242 Aktientage und 465 Optionstage enthält. Wie aus Tab. 7-44 ersichtlich ist, sind nach Ausführung aller Ausschlußkriterien "nur" 31,9% der Optionsgeschäfte aus der Ausgangsstichprobe übriggeblieben. Trotzdem wurden damit lediglich 14,4% der aktiven Optionen eliminiert. Es bleiben nämlich 77 (= 85,6%) von ursprünglich 90 aktiven Optionen in der Stichprobe. Bezieht man es auf die Anzahl Geschäfte, so beträgt der Prozentsatz der in der Stichprobe verbleibenden aktiven Optionen 82,8%. Die ursprünglichen 90 aktiven Optionen wiesen eine Geschäftsanzahl von 5597 auf. Davon wurden 965 Geschäfte (= 17,2%) eliminiert.

Im Vergleich zu allen SOFFEX-SMI-Kaufoptionen (Tab. 7-8 und 7-11) enthalten die Tabellen 7-45 und 7-46 eine Übersicht über die Geschäfte und Volumen von *aktiven SOFFEX-SMI-Kaufoptionen unterteilt nach der Moneyness und der Restlaufzeit.*

Tab. 7-45: Geschäfte und Volumen von aktiven SOFFEX-SMI-Kaufoptionen bezüglich Moneyness (9.5.90 - 27.8.90)

Moneyness (m)	Geschäfte		Volumen	
	absolut	in %	absolut	in %
$m \leq -0{,}150$	0	0,00	0	0,00
$-0{,}150 < m \leq -0{,}100$	0	0,00	0	0,00
$-0{,}100 < m \leq -0{,}050$	141	2,71	6826	2,38
$-0{,}050 < m \leq -0{,}025$	555	10,67	30545	10,67
$-0{,}025 < m \leq 0{,}000$	2167	41,67	116211	40,58
$0{,}000 < m \leq 0{,}025$	1629	31,33	93302	32,58
$0{,}025 < m \leq 0{,}050$	708	13,62	39495	13,79
$0{,}050 < m \leq 0{,}100$	0	0,00	0	0,00
$0{,}100 < m \leq 0{,}150$	0	0,00	0	0,00
$m > 0{,}150$	0	0,00	0	0,00
Gesamt	5200	100,00	286379	100,00

Wie auch bei den Aktienoptionen, scheint es sich bei aktiven SMI-Optionen im wesentlichen um at-the-money-Optionen zu handeln. Aus Tab. 7-45 geht hervor, daß der ohnehin hohe Anteil von at-the-money-Optionen bei Indexoptionen bei aktiven Kaufoptionen nahezu auf 100% angewachsen ist. Geht man von der weiteren Bandbreite ($-0{,}05 < m \leq 0{,}05$) aus, so ist der prozentuale Geschäftsanteil von 81,3% bei allen Kaufoptionen auf 97,3% gestiegen. Ebenso beträgt der Anteil an den gehandelten Kontrakten 97,6% gegenüber 79,5% bei allen Kaufoptionen. Bei der engeren Bandbreite ($-0{,}025 < m \leq 0{,}025$) beträgt der Geschäftsanteil 73,0% gegenüber 52,6% bei allen Kaufoptionen, der Anteil am Volumen 73,2% gegenüber 52,3% bei allen Kaufoptionen.

Tab. 7-46: Geschäfte und Volumen von aktiven SOFFEX-SMI-Kaufoptionen bezüglich Restlaufzeit (9.5.90 - 27.8.90)

Restlaufzeit in Monaten (τ)	Geschäfte			Volumen		
	absolut	in %	kum.	absolut	in %	kum.
$\tau \leq 1$	3093	59,48	59,48	174290	60,86	60,86
$1 < \tau \leq 2$	2107	40,52	100,00	112089	39,14	100,00
$2 < \tau \leq 3$	0	0,00	100,00	0	0,00	100,00
$3 < \tau \leq 4$	0	0,00	100,00	0	0,00	100,00
$4 < \tau \leq 5$	0	0,00	100,00	0	0,00	100,00
$5 < \tau \leq 6$	0	0,00	100,00	0	0,00	100,00
Gesamt	5200	100,00		286379	100,00	

Tab. 7-46 zeigt, daß - wie auch bei den Aktienoptionen - bei aktiven SMI-Kaufoptionen der Anteil der Optionen mit kurzer Restlaufzeit erheblich zunimmt. Während alle Kaufoptionsgeschäfte einen Anteil von 50,3% bei einer Restlaufzeit von weniger als einem Monat und

89,7% von weniger als 2 Monaten aufweisen, steigt dieser Anteil bei aktiven Kaufoptionen auf 59,5% ($\tau \leq 1$ Monat) und 100% ($\tau \leq 2$ Monate).

Tab. 7-47 enthält nun einige Angaben zur Intervallpreis- und Renditebildung bei SMI und SMI-Optionen. Insgesamt wurden 2194 Optionsrenditen und 1305 SMI-Renditen berechnet. Dabei ist hervorzuheben, daß der Anteil der Nullrenditen (Intervalle ohne Geschäft) beim SMI nur 0,8% beträgt, was aufgrund der Art seiner Berechnungsweise nicht verwunderlich ist. Bei den Optionen beträgt dieser Anteil 28,1%. Da es sich um Optionen auf nur einen Basistitel handelt, kann das als ein besonders niedriger Anteil angesehen werden, der die hohe Geschäftsaktivität von SMI-Optionen unterstreicht.

Tab. 7-47: Intervallpreis-/Renditebildung: CH, SMI/SMI-Optionen, Anzahl Geschäfte ≥ 40, 10-min-Intervalle

	Indexmarkt	**Optionsmarkt**
Handelszeit	10.00-13.00 14.00-16.00	10.00-13.00 14.00-16.00
Anzahl Zeitpunkte/-intervalle	30/29	30/29
Anzahl Aktien-/Optionstage	45	77
Anzahl Meldungen	1350	2310
Errechnete Renditen	1305	2194
Fehlende Kurse zu Beginn	0	39
Anzahl erste Kurse	45	77
Nullrenditen (Nichttransakt.)	10 (0,8%)	617 (28,1%)
"Normale" Nullrenditen	34	343

7.5.2.3. Resultate

Im folgenden werden die Ergebnisse der Regressionen impliziter SMI-Renditen auf vergangene, gleichzeitige und zukünftige beobachtete SMI-Renditen dargestellt.

Die Vorgehensweise ist die gleiche wie bei den Aktienoptionen. So werden auch hier die Ergebnisse für verschiedene Handelszeiten verglichen: a) ganzer Handelstag b) erste 90 Minuten c) Rest des Handelstages. Bei dieser Stichprobe wurden ebenso 10-Minuten- als auch 5-Minuten-Renditen gebildet. Die Resultate der Regressionen (10-Minuten-Renditen) sind in den Tabellen 7-48, 7-49, 7-50 dargestellt.

Tab. 7-48:

Regression impliziter SMI-Renditen auf vergangene, gleichzeitige und zukünftige beobachtete SMI-Renditen, CH, SMI-Optionen, Anzahl Geschäfte ≥ 40, 10-min-Intervalle, 10.00-16.00, Regressionsintervall: [10.50, 15.30]

$$\hat{s}_t = \alpha + \sum_{k=-3}^{3} \beta_k s_{t+k} + \varepsilon_t$$

Parameter	Schätzwert	t-Wert	Signifik. t
α	0,0000	0,498	0,6187
β_{-3}	-0,1019	-2,776	0,0056
β_{-2}	0,0629	1,306	0,1917
β_{-1}	0,4244	9,667	0,0000
β_0	0,5299	11,963	0,0000
β_{+1}	0,0242	0,538	0,5906
β_{+2}	0,0148	0,356	0,7313
β_{+3}	-0,0105	-0,250	0,8028
Anz. Beob.: 1769	R^2: 0,1835	Adj. R^2: 0,1803	

Zunächst ist bei allen drei untersuchten Handelszeiten ein höheres Bestimmtheitsmaß gegenüber den Resultaten bei den Aktienoptionen festzustellen. Hinzu kommt, daß jeweils zwei Koeffizienten β_0 und β_{-1} einen besonders hohen Wert von ca. 0,5 haben und bis auf die dritte Regression die einzigen signifikanten Koeffizienten sind. Einerseits zeigt sich damit eine höhere Konzentration auf die "inneren" Werte (k = 0 und k = -1), was auch darauf schließen läßt, daß es bei Index und Indexoptionen zu wenigen zeitlich verschobenen "Ausreißern" kommt. Weiterhin bestätigt sich der bei den Aktienoptionen festgestellte Aktienmarktlead. Obwohl - wie schon ausgeführt - beim SMI eher eine andere Richtung erwartet werden könnte, beträgt der Lead des SMI immer noch ca. 10 Minuten. Es besteht dabei kein oder nur sehr geringer Feedback vom Optionsmarkt.

Tab. 7-49:

Regression impliziter SMI-Renditen auf vergangene, gleichzeitige und zukünftige beobachtete SMI-Renditen, CH, SMI-Optionen, Anzahl Geschäfte ≥ 40, 10-min-Intervalle, 10.00-11.40, Regressionsintervall: [10.50, 11.10]

$$\hat{s}_t = \alpha + \sum_{k=-3}^{3} \beta_k s_{t+k} + \varepsilon_t$$

Parameter	Schätzwert	t-Wert	Signifik. t
α	-0,0001	-0,708	0,4795
β_{-3}	-0,0939	-1,174	0,2416
β_{-2}	0,0642	0,769	0,5697
β_{-1}	0,4641	3,691	0,0005
β_0	0,5445	3,947	0,0001
β_{+1}	-0,1261	-0,804	0,4225
β_{+2}	-0,0411	-0,291	0,7713
β_{+3}	-0,0254	-0,181	0,7942
Anz. Beob.: 229	R^2: 0,2377	Adj. R^2: 0,2135	

Tab. 7-50:

Regression impliziter SMI-Renditen auf vergangene, gleichzeitige und zukünftige beobachtete SMI-Renditen, CH, SMI-Optionen, Anzahl Geschäfte ≥ 40, 10-min-Intervalle, 11.20-16.00, Regressionsintervall: [11.50, 15.30]

$$\hat{s}_t = \alpha + \sum_{k=-3}^{3} \beta_k s_{t+k} + \varepsilon_t$$

Parameter	Schätzwert	t-Wert	Signifik. t
α	0,0000	0,063	0,9496
β_{-3}	-0,1320	-2,725	0,0065
β_{-2}	0,1115	2,432	0,0178
β_{-1}	0,4224	8,219	0,0000
β_0	0,4605	9,119	0,0000
β_{+1}	0,0832	1,991	0,0467
β_{+2}	0,0363	0,671	0,5025
β_{+3}	0,0107	0,280	0,7713
Anz. Beob.: 1309	R^2: 0,1775	Adj. R^2: 0,1731	

Werden 5-Minuten-Renditen herangezogen, so bestätigt sich dieses Ergebnis in Form der Konzentration auf wenige Koeffizienten und der Länge des SMI-Leads.

Tab. 7-51: Intervallpreis-/Renditebildung: CH, SMI/SMI-Optionen, Anzahl Geschäfte ≥ 40, 5-min-Intervalle

	Indexmarkt	Optionsmarkt
Handelszeit	10.00-13.00 14.00-16.00	10.00-13.00 14.00-16.00
Anzahl Zeitpunkte/-intervalle	60/58	60/58
Anzahl Aktien-/Optionstage	45	77
Anzahl Meldungen	2700	4620
Errechnete Renditen	2655	4444
Fehlende Kurse zu Beginn	0	99
Anzahl erste Kurse	45	77
Nullrenditen (Nichttransakt.)	26 (1,0%)	2119 (47,7%)
"Normale" Nullrenditen	133	552

Tab. 7-52:

Regression impliziter SMI-Renditen auf vergangene, gleichzeitige und zukünftige beobachtete SMI-Renditen, CH, SMI-Optionen, Anzahl Geschäfte ≥ 40, 5-min-Intervalle, 10.00-16.00, Regressionsintervall: [10.40, 15.30]

$$\hat{s}_t = \alpha + \sum_{k=-6}^{6} \beta_k s_{t+k} + \varepsilon_t$$

Parameter	Schätzwert	t-Wert	Signifik. t
α	0,0000	0,358	0,7207
β_{-6}	-0,0594	-1,961	0,0500
β_{-5}	-0,0383	-1,080	0,2800
β_{-4}	-0,0475	-1,302	0,1929
β_{-3}	0,0579	1,608	0,0980
β_{-2}	0,1542	4,087	0,0000
β_{-1}	0,4518	11,616	0,0000
β_{0}	0,3638	9,318	0,0000
β_{+1}	0,0644	1,584	0,0796
β_{+2}	0,0009	0,023	0,9817
β_{+3}	0,0257	0,689	0,4909
β_{+4}	0,0111	0,293	0,7693
β_{+5}	-0,0411	-1,106	0,2686
β_{+6}	0,0298	0,809	0,4188
Anz. Beob.: 3614	R^2: 0,1016		Adj. R^2: 0,0984

Tab. 7-53:

Regression impliziter SMI-Renditen auf vergangene, gleichzeitige und zukünftige beobachtete SMI-Renditen, CH, SMI-Optionen, Anzahl Geschäfte ≥ 40, 5-min-Intervalle, 10.00-11.30, Regressionsintervall: [10.40, 11.00]

$$\hat{s}_t = \alpha + \sum_{k=-6}^{6} \beta_k s_{t+k} + \varepsilon_t$$

Parameter	Schätzwert	t-Wert	Signifik. t
α	0,0000	0,468	0,6401
β_{-6}	-0,1041	-1,164	0,2453
β_{-5}	-0,1284	-0,964	0,3449
β_{-4}	-0,0387	-0,262	0,7936
β_{-3}	0,0245	0,189	0,8504
β_{-2}	0,1341	1,001	0,3176
β_{-1}	0,6005	3,783	0,0002
β_{0}	0,8957	5,595	0,0000
β_{+1}	0,0794	0,458	0,6473
β_{+2}	-0,3137	-1,708	0,0885
β_{+3}	-0,2130	-1,091	0,2762
β_{+4}	-0,0114	-0,057	0,9550
β_{+5}	-0,2591	-1,313	0,1899
β_{+6}	0,1769	0,954	0,3406
Anz. Beob.: 380	R^2: 0,1748		Adj. R^2: 0,1455

Tab. 7-54:

Regression impliziter SMI-Renditen auf vergangene, gleichzeitige und zukünftige beobachtete SMI-Renditen, CH, SMI-Optionen, Anzahl Geschäfte ≥ 40, 5-min-Intervalle, 11.10-16.00, Regressionsintervall: [11.40, 15.30]

$$\hat{s}_t = \alpha + \sum_{k=-6}^{6} \beta_k s_{t+k} + \varepsilon_t$$

Parameter	Schätzwert	t-Wert	Signifik. t
α	0,0000	-0,266	0,7902
β_{-6}	-0,0288	-0,739	0,4600
β_{-5}	-0,0400	-1,009	0,3131
β_{-4}	-0,0409	-1,014	0,3108
β_{-3}	0,0978	2,467	0,0137
β_{-2}	0,1611	3,990	0,0001
β_{-1}	0,4132	10,185	0,0000
β_0	0,2535	6,286	0,0000
β_{+1}	0,0605	1,500	0,1337
β_{+2}	0,0388	1,004	0,3154
β_{+3}	0,0639	1,734	0,0520
β_{+4}	-0,0149	-0,414	0,6792
β_{+5}	-0,0177	-0,499	0,6177
β_{+6}	0,0209	0,593	0,5534
Anz. Beob.: 2695	R^2: 0,0956	Adj. R^2: 0,0912	

Wie die Tabellen 7-52, 7-53 und 7-54 zeigen, ergeben sich signifikante Schätzwerte ausschließlich auf Seiten des Aktienmarktleads. So sind bei Betrachtung des gesamten Handelstages die Koeffizienten β_0, β_{-1} und β_{-2}, bei den ersten 90 Handelsminuten β_0 und β_{-1} sowie für die Regression über den Rest des Handelstages β_0 bis β_{-3} signifikant. Es existieren damit in allen Fällen keine signifikanten Werte, die auf einen zeitlichen Vorsprung des Optionsmarktes schließen lassen. Weiter ist zu bemerken, daß die Koeffizienten für k = 0 und k = -1 besonders hohe Werte annehmen. Dies wird bei der Regression über die ersten 90 Handelsminuten mit $\beta_0 = 0,896$ und $\beta_{-1} = 0,600$ am sichtbarsten.

Zusammenfassend zeigt sich also auch beim Vergleich von SMI und SMI-Optionen ein Lead-Effekt des SMI, welcher ca. 10 Minuten beträgt. Im Unterschied zu den Aktienoptionen ist hier kein oder nur ein sehr geringer Feedback augenscheinlich.

Im Rahmen der Fülle der Ergebnisse wird auf die Erläuterung der Resultate für Optionen mit mindestens 20 Geschäften pro Tag verzichtet. Bis auf die größer werdende Stichprobe ergeben sich die gleichen Schlußfolgerungen. Die Entstehung der Stichprobe, Angaben zur Intervallpreis- und Renditebildung sowie die einzelnen Resultate können dem Anhang VIII entnommen werden.

7.5.3. Deutschland: Aktien/Aktienoptionen

Im folgenden werden die Ergebnisse für den deutschen Aktienmarkt und die DTB dargestellt. Bei der Regression impliziter Aktienrenditen auf vergangene, gleichzeitige und zukünftige beobachtete Aktienrenditen ist zu berücksichtigen, daß der Kassamarkt um 13.30 Uhr schließt, während an der DTB der eigentliche Handel noch bis 15.00 Uhr stattfindet. Da zur Schätzung einer Lead-Lag-Beziehung die Preise von beiden Märkten notwendig sind, wurde für die Regressionsanalyse die Zeit von 10.30 bis 13.30 bzw. 14.00 Uhr berücksichtigt.[1]

7.5.3.1. Stichprobe 1: Volatilitätsschätzung

Die Entstehung der Stichprobe zur Fälligkeits-spezifischen Volatilitätsschätzung für die Aktienoptionen der DTB ist in Tab. 7-55 aufgezeigt.

Tab. 7-55: Entstehung der Stichprobe zur Volatilitätsschätzung (DTB)

Kriterium	Optionen	Geschäfte	% zu Vorg.	% zu Total
Alle Optionen	31341	250285		
1. Puts entfernen	14085	98725	39,5	39,5
Nur Calls	17256	151560		100,0
2. ALV entfernen	421	915	0,6	0,6
RWE entfernen	191	852	0,6	0,6
Rest	16644	149793		98,8
3. Wertgrenzen nicht erfüllt	353	9522	6,4	6,3
Rest	16291	140271		92,5
4. Early Exercise-Bedingung	589	6083	4,3	4,0
Rest	15702	134188		88,5
5. Moneyness-Bedingung[2]	2824	9725	7,3	6,4
Rest	12878	124463		82,1
6. Geschäfte < 5	5480	12244	9,8	8,1
Rest	7398	112219		74,0

Zusätzlich zu den bisherigen Kriterien ist hier zu berücksichtigen, daß die Optionsserien in den Basiswerten ALV und RWE von der Stichprobe ausgeschlossen wurden. Letzterer Basiswert ist erst seit dem 24.9.1990 zum Terminhandel zugelassen und hat deshalb keine Berücksichtigung gefunden. Der Markt für Allianz-Serien hat sich im wesentlichen als illi-

1 Je nachdem, ob implizite auf beobachtete Aktienrenditen oder umgekehrt, beobachtete auf implizite Renditen regressiert werden, läßt sich die einzubeziehende Zeit am Optionsmarkt von 13.30 Uhr auf 14.00 erweitern. Wie schon bei den Schweizer Ergebnissen aufgeführt, wurden in der Untersuchung generell beide Varianten durchgeführt, die allerdings zu keinen unterschiedlichen Schlußfolgerungen führen.

2 Es wurde von einer Volatilität von 0,275 ausgegangen, die zuvor geschätzt wurde.

quide herausgestellt, was auch schon aus Abb. 7-15 hervorgegangen ist. Dies begründet sich teilweise dadurch, daß für den Allianz-Kontrakt Cash-Settlement erfolgt, da der Basistitel eine vinkulierte Namensaktie ist und somit eine Neuregistrierung bei Besitzwechsel zu erfolgen hat. Als zusätzliches Manko gilt der hohe Preis der Allianzaktie.[1]

In der Untersuchungsperiode (25.6.90 - 12.10.90) wurden von insgesamt 250285 Geschäften aller Optionen 151560 Geschäfte von 17256 Kaufoptionen registriert. Diese werden als Ausgangsbasis (100%) für die folgenden Ausschlußkriterien bezeichnet. Nach dem Ausschluß der Basistitel ALV und RWE, auf die 915 bzw. 852 Geschäfte entfielen, verblieben 149793 Geschäfte. Davon wurden 9522 Geschäfte (6,3%) aufgrund der Nichterfüllung rationaler Wertgrenzen eliminiert. Danach konnte bei 6083 Bezahltkursen (= 4,0% der Ausgangsstichprobe) eine vorteilhafte vorzeitige Ausübung festgestellt werden. Aufgrund der Moneyness-Bedingung wurden weitere 9725 Geschäfte (= 6,4% der Ausgangsstichprobe) aus der Stichprobe entfernt. Von den verbleibenden 12878 Optionen hatten 5480 Optionen weniger als 5 Bezahltkurse pro Handelstag aufzuweisen, so daß hier 12244 Geschäfte (= 8,1% der Ausgangsstichprobe) gelöscht wurden. Für die Volatilitätsschätzung konnten also letztlich 112219 Geschäfte, d.h. 74,0% der Ausgangsstichprobe herangezogen werden.

Zur Illustration des Verlaufs der impliziten Volatilität über die Untersuchungsperiode zeigt Abb. 7-19 die durchschnittlichen impliziten Volatilitäten aufgeteilt nach unterschiedlichen Restlaufzeitkategorien.

Abb. 7-19: Durchschnittliche implizite Volatilitäten (DTB-Aktienoptionen)

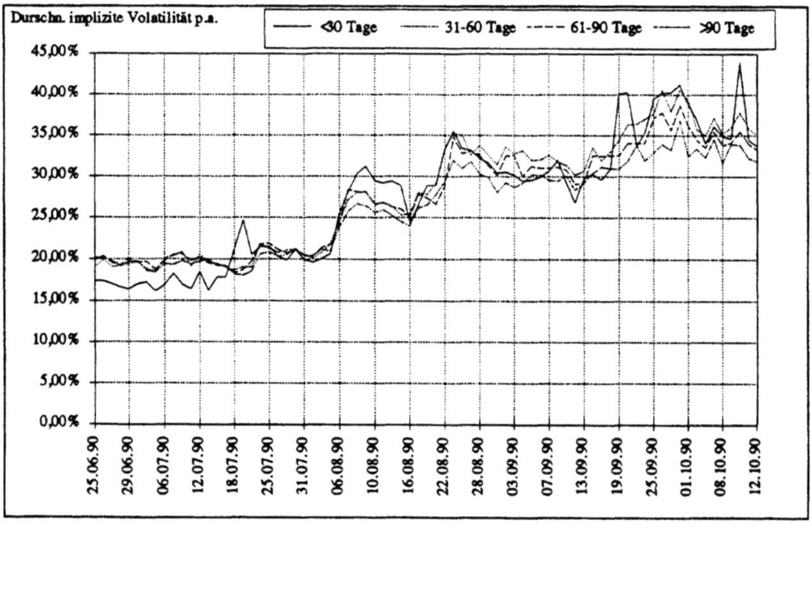

1 Das Kursniveau der Allianzaktie ist um ein vielfaches höher als das Niveau der übrigen optierten Aktien. Siehe auch Lüdecke/Schlag (1992), S. 332.

Es wurden also die Fälligkeits-spezifischen Volatilitätsschätzer in Gruppen mit den Restlaufzeiten <30 Tage, 31-60 Tage, 61-90 Tage und >90 Tage eingeteilt und darüber der Durchschnitt gebildet. Wie auch für die SOFFEX, zeigt sich ein insgesamt homogenes Bild aller Gruppierungen mit etwa gleich hohen Volatilitätsdurchschnitten bis ca. Ende Juli. Mit dem eigentlichen Beginn der Golfkrise ergeben sich - bis auf Schwankungen - steigende Kurvenverläufe, was u.a. auf die insgesamt sehr hektisch reagierenden die Finanzmärkte zurückgeführt werden kann. Dabei ist auch zu erkennen, daß - bis auf die Kurve für Optionen mit einer Restlaufzeit kleiner 30 Tagen - eine kürzere (längere) Restlaufzeit mit einer höheren (niedrigeren) Volatilität einhergeht.[1]

7.5.3.2. Stichprobe 2: Multiple Regression (Anzahl Geschäfte ≥ 40)

In Tab. 7-56 ist die Entstehung der Stichprobe für die Ermittlung der impliziten Aktienrenditen und damit der Regressionsanalyse aufgelistet. Die wesentlichen Zahlen sollen kurz erläutert werden.

Tab. 7-56: Entstehung der Stichprobe zur Regressionsanalyse (DTB-Aktienoptionen, Anzahl Geschäfte ≥ 40)

Kriterium	Optionen	Geschäfte	% zu Vorgänger	% zu Total	aktive Opt.
Alle Optionen	31341	250285			887
1. Puts entfernen	14085	98725	39,5		353
Nur Calls	17256	151560		100,0	534
2. ALV entfernen	421	915	0,6	0,6	
RWE entfernen	191	852	0,6	0,6	
Rest	16644	149793		98,8	534
3. Early Exercise-Bedingung	684	9339	6,2	6,1	60
Rest	15960	140454		92,7	474
4. Geschäfte < 40	15486	112318	80,0	74,1	
Rest	474	28136		18,6	474
5. Löschen 1. Tag	4	270			4
6. Kein Vol.-Schätzer am Vortag	5	270	1,9	0,4	5
Rest	465	27596		18,2	465

Von 17256 Kaufoptionen mit 151560 Geschäften wurden zunächst wiederum die Geschäfte der Basistitel ALV (915) und RWE (852) ausgeschlossen. Anschließend mußten 9339 Geschäfte (= 6,1%) aufgrund einer vorteilhaften vorzeitigen Ausübung eliminiert werden. Nach dem Entfernen aller inaktiven Optionen enthält die Stichprobe 28136 Geschäfte. 270 Geschäfte wurden gelöscht, da kein Volatilitätsschätzer für den ersten Handelstag existiert.

[1] Durch den Verlauf der Kurve für Optionen mit einer Restlaufzeit kleiner 30 Tagen werden die hektisch reagierenden Finanzmärkte besonders deutlich.

Weitere 270 Geschäfte mußten eliminiert werden, da für diese Optionen kein Volatilitätsschätzer am Vortag existierte. Insgesamt ergeben sich somit für die Stichprobe der aktiven Optionen 27596 Geschäfte. In der Untersuchungsperiode werden 13 Aktientitel[1] gehandelt, die als Basistitel der DTB-Optionen fungieren. Auf etliche dieser Titel existierten mehr als eine aktive Option an einem Handelstag, so daß die Stichprobe 242 Aktientage und 465 Optionstage enthält.

Wie aus Tab. 7-56 ersichtlich ist, sind nach Ausführung aller Ausschlußkriterien "nur" 18,2% der Optionsgeschäfte aus der Ausgangsstichprobe übriggeblieben. Trotzdem wurden damit lediglich 12,9% der aktiven Optionen eliminiert. Es bleiben nämlich 465 (= 87,1%) von ursprünglich 534 aktiven Optionen in der Stichprobe. Bezieht man es auf die Anzahl Geschäfte, so beträgt der Prozentsatz der in der Stichprobe verbleibenden aktiven Optionen 87,3%. Die ursprünglichen 534 aktiven Optionen wiesen eine Geschäftsanzahl von 31604 auf. Davon wurden 4008 Geschäfte (= 12,7%) eliminiert.

Im Vergleich zu allen DTB-Kaufoptionen (Tab. 7-14 und 7-17) enthalten die Tabellen 7-57 und 7-58 eine Übersicht über die Geschäfte und Volumen von *aktiven* DTB-*Kaufoptionen unterteilt nach der Moneyness und der Restlaufzeit.*

Tab. 7-57: Geschäfte und Volumen von aktiven DTB-Kaufoptionen bezüglich Moneyness (25.6.90 - 12.10.90)[2]

Moneyness (m)	Geschäfte		Volumen	
	absolut	in %	absolut	in %
m ≤ -0,150	227	0,81	2456	0,87
-0,150 < m ≤ -0,100	1824	6,48	20004	7,10
-0,100 < m ≤ -0,050	5002	17,78	49710	17,65
-0,050 < m ≤ -0,025	5145	18,29	52089	18,50
-0,025 < m ≤ 0,000	5872	20,87	58000	20,60
0,000 < m ≤ 0,025	5555	19,74	54903	19,50
0,025 < m ≤ 0,050	3208	11,40	33146	11,77
0,050 < m ≤ 0,100	932	3,31	8510	3,02
0,100 < m ≤ 0,150	371	1,32	2763	0,98
m > 0,150	0	0,00	0	0,00
Gesamt	28136	100,00	281581	100,00

Auch hier scheint es sich bei aktiven Optionen im wesentlichen um at-the-money-Optionen zu handeln. Aus Tab. 7-57 geht hervor, daß der Anteil der at-the-money-Optionen erheblich angewachsen ist. Während bei allen Kaufoptionen der prozentuale Geschäftsanteil noch 46,7% betrug, ist er hier auf 70,3% gestiegen. Ebenso beträgt der Anteil an den gehandelten Kontrakten 70,4% gegenüber 43,9% bei allen Kaufoptionen.

---

1 Ohne ALV und RWE.

2 Wie auch bei den SOFFEX-Optionen wurde aus Gründen der besseren Vergleichbarkeit zu bisherigen Analysen hier die volle Untersuchungsperiode, d.h. beginnend bei 25.6.90, mit einbezogen.

Tab. 7-58: Geschäfte und Volumen von aktiven DTB-Kaufoptionen bezüglich Restlaufzeit (25.6.90 - 12.10.90)

Restlaufzeit in Monaten (τ)	Geschäfte			Volumen		
	absolut	in %	kum.	absolut	in %	kum.
$\tau \leq 1$	18921	67,25	67,25	199060	70,69	70,69
$1 < \tau \leq 2$	7114	25,28	92,53	66004	23,44	94,13
$2 < \tau \leq 3$	1017	3,61	96,15	8930	3,17	97,31
$3 < \tau \leq 4$	438	1,56	97,70	3390	1,20	98,51
$4 < \tau \leq 5$	606	2,15	99,86	4026	1,43	99,94
$5 < \tau \leq 6$	40	0,14	100,00	171	0,06	100,00
Gesamt	28136	100,00		281581	100,00	

Tab. 7-58 zeigt, daß aktive Optionen tendenziell kürzere Restlaufzeiten aufweisen. Während alle Kaufoptionsgeschäfte einen Anteil von 35,5% bei einer Restlaufzeit von weniger als einem Monat und 63,2% von weniger als 2 Monaten aufweisen, steigt dieser Anteil bei aktiven Kaufoptionen auf 67,3% ($\tau \leq 1$ Monat) und 92,5% ($\tau \leq 2$ Monate).

Die Renditebildung erfolgt analog der bisherigen Vorgehensweise. Tab. 7-59 enthält einige Angaben zur Intervallpreis- und Renditebildung bei Aktien und Aktienoptionen.

Tab. 7-59: Intervallpreis-/Renditebildung: D, Aktien/Aktienoptionen, Anzahl Geschäfte ≥ 40, 10-min-Intervalle

	Aktienmarkt	Optionsmarkt
Handelszeit	10.30-13.30	10.30-14.00[1]
Anzahl Zeitpunkte/-intervalle	18/17	20/19
Anzahl Aktien-/Optionstage	242	465
Anzahl Meldungen	4356	9300
Errechnete Renditen	4106	8698
Fehlende Kurse zu Beginn	8	137
Anzahl erste Kurse	242	465
Nullrenditen (Nichttransakt.)	148 (3,6%)	1783 (20,5%)
"Normale" Nullrenditen	585	1243

Insgesamt wurden 8698 Optionsrenditen und 4106 Aktienrenditen berechnet. Es ist hervorzuheben, daß der Anteil der Null-Renditen (Intervalle ohne Geschäft) bei den Aktien nur 3,6% und bei den Optionen 20,5% beträgt, was erheblich weniger ist als an den Schweizer Märkten. Obwohl berücksichtigt werden muß, daß aufgrund der kürzeren Handelszeit eine erhöhte Konzentration der Geschäfte möglich ist und daß die Untersuchungsperioden nicht identisch sind, sondern sich nur zeitlich überschneiden, verdeutlichen diese Zahlen die hohe Geschäftsaktivität vor allem an der DTB im Vergleich zur SOFFEX. Wie schon in der Voranalyse ausgeführt, wurden an der DTB mit durchschnittlich 3250,5 Geschäften pro Tag

1 Wie schon aufgeführt, findet der eigentliche Handel an der DTB während der Untersuchungsperiode bis 15.00 Uhr statt.

etwa doppelt so viele Geschäfte als an der SOFFEX mit 1284,9 Geschäften pro Tag registriert. Dies wird auch durch die Anzahl der Aktien- und Optionstage verdeutlicht, die hier bei gleichem Kriterium (Anzahl Geschäfte ≥ 40) mit 465 und 242 fast doppelt so hoch ausfallen als an den Schweizer Märkten mit 265 und 128 Tagen.

7.5.3.3. Resultate

Im folgenden werden die Ergebnisse der Regressionen impliziter Aktienrenditen auf vergangene, gleichzeitige und zukünftige beobachtete Aktienrenditen dargestellt. Auch hier werden wieder die Ergebnisse für verschiedene Handelszeiten verglichen: a) ganzer Handelstag b) erste 90 Minuten c) Rest des Handelstages. Bei dieser Stichprobe wurden ebenso 10-Minuten- als auch 5-Minuten-Renditen gebildet. Die Resultate der Regressionen (10-Minuten-Renditen) sind in den Tabellen 7-60, 7-61 und 7-62 dargestellt.

Tab. 7-60:

Regression impliziter Aktienrenditen auf vergangene, gleichzeitige und zukünftige beobachtete Aktienrenditen, D, Aktienoptionen, Anzahl Geschäfte ≥ 40, 10-min-Intervalle, 10.30-13.30, Regressionsintervall: [11.20, 13.00].[1]

$$\hat{s}_t = \alpha + \sum_{k=-3}^{3} \beta_k s_{t+k} + \varepsilon_t$$

Parameter	Schätzwert	t-Wert	Signifik. t
α	-0,0001	-2,544	0,0110
β_{-3}	0,0531	5,709	0,0000
β_{-2}	0,0743	7,194	0,0000
β_{-1}	0,1695	16,018	0,0000
β_0	0,2114	19,970	0,0000
β_{+1}	0,0974	9,045	0,0000
β_{+2}	0,0458	3,946	0,0001
β_{+3}	-0,0036	-0,286	0,7747
Anz. Beob.: 5076	R^2: 0,0864		Adj. R^2: 0,0851

Betrachtet man das Resultat der Regression über den gesamten Handelstag (Tab. 7-60), so zeigt sich, daß die Koeffizienten der vergangenen Aktienrenditen (Lag-Koeffizienten (k = -1,...,-3) jeweils größer als die Lead-Koeffizienten (k = 1,...,3) sind. Besonders β_{-1} mit einem Wert von 0,170 ist im Vergleich zu β_1 mit 0,097 deutlich höher. Der Aktienmarkt scheint auch hier einen zeitlichen Vorsprung gegenüber dem Optionsmarkt aufzuweisen. Allerdings ist sichtbar, daß auch die Koeffizienten für k = 1 und k = 2 noch signifikant sind. Dies deutet auf mehr Feedback von Seiten des Optionsmarktes hin.

[1] Bei der Anfangszeit 10.30 bzw. Startzeit 11.20 ist zu berücksichtigen, daß bei 10-min-Intervallen der erste "Intervall"-Kurs frühestens um 10.40 festgestellt wird und damit die erste Rendite um 10.50 berechnet werden kann. Somit kann von 11.20 an 30 Minuten "zurückgeblickt" werden. Aufgrund der beschriebenen Pre-Opening-Periode kommt es auch bei den aktivsten Optionen i.d.R. nicht zu einem Bezahltkurs vor 10.40. Damit erweitert sich die Anfangszeit bzw. Startzeit um weitere 10 Minuten.

Tab. 7-61:

Regression impliziter Aktienrenditen auf vergangene, gleichzeitige und zukünftige beobachtete Aktienrenditen, D, Aktienoptionen, Anzahl Geschäfte ≥ 40, 10-min-Intervalle, 10.30-12.10, Regressionsintervall: [11.20, 11.40].

$$\hat{s}_t = \alpha + \sum_{k=-3}^{3} \beta_k s_{t+k} + \varepsilon_t$$

Parameter	Schätzwert	t-Wert	Signifik. t
α	-0,0001	-0,377	0,7065
β_{-3}	0,0851	2,224	0,0263
β_{-2}	0,1510	4,273	0,0000
β_{-1}	0,2194	8,652	0,0000
β_0	0,2037	8,584	0,0000
β_{+1}	0,1460	5,925	0,0000
β_{+2}	0,0874	3,158	0,0056
β_{+3}	-0,0641	-1,364	0,1726
Anz. Beob.: 1357	R^2: 0,0919		Adj. R^2: 0,0872

Tab. 7-62:

Regression impliziter Aktienrenditen auf vergangene, gleichzeitige und zukünftige beobachtete Aktienrenditen, D, Aktienoptionen, Anzahl Geschäfte ≥ 40, 10-min-Intervalle, 11.50-13.30, Regressionsintervall: [12.20, 13.00].

$$\hat{s}_t = \alpha + \sum_{k=-3}^{3} \beta_k s_{t+k} + \varepsilon_t$$

Parameter	Schätzwert	t-Wert	Signifik. t
α	-0,0001	-3,617	0,0003
β_{-3}	0,0056	0,242	0,8089
β_{-2}	0,0290	1,328	0,1844
β_{-1}	0,1894	8,873	0,0000
β_0	0,3308	15,969	0,0000
β_{+1}	0,0996	6,303	0,0000
β_{+2}	0,0331	2,169	0,0302
β_{+3}	-0,0059	-0,430	0,6670
Anz. Beob.: 2325	R^2: 0,1233		Adj. R^2: 0,1207

Wird die Handelszeit in zwei Teilperioden aufgeteilt (Tab. 7-61 und 7-62), so läßt sich eine Konzentration auf einige signifikante Werte feststellen. Insgesamt gesehen ist auch hier festzustellen, daß die Lag-Koeffizienten jeweils höhere Werte als die Lead-Koeffizienten aufweisen, daß aber auch vom Optionsmarkt ein Feedback besteht. Somit ist also ein Aktienmarktlead von bis zu 10 Minuten augenscheinlich, bei dem allerdings mit erheblich mehr Feedback von Seiten des Optionsmarktes zu rechnen ist. Dieses Ergebnis kann - zumindest für den Beginn des Handelstages - zum Teil damit begründet werden, daß aufgrund der Pre-Opening-Periode an der DTB Optionsserien erst dann eröffnet werden, wenn eine gewisse Kursnivellierung stattgefunden hat. Da hier nur Bezahltkurse in die Untersuchung einfließen, können eventuelle Preisanpassungsverzögerungen nicht erfaßt werden.

Der Vollständigkeit halber sollen zur genaueren Analyse die Ergebnisse der Regression für 5-Minuten-Renditen aufgeführt werden. Allerdings wird dabei nicht mehr einzeln auf die Entstehung der Renditen eingegangen. Analog zu Tab. 7-59 enthält Tab. 7-63 einige Angaben zur Intervallpreis- und Renditebildung für 5-Minuten-Intervalle.

Tab. 7-63: Intervallpreis-/Renditebildung: D, Aktien/Aktienoptionen, Anzahl Geschäfte ≥ 40, 5-min-Intervalle

	Aktienmarkt	Optionsmarkt
Handelszeit	10.30-13.30	10.30-14.00
Anzahl Zeitpunkte/-intervalle	36/35	40/39
Anzahl Aktien-/Optionstage	242	465
Anzahl Meldungen	8712	18600
Errechnete Renditen	8370	17699
Fehlende Kurse zu Beginn	100	436
Anzahl erste Kurse	242	465
Nullrenditen (Nichttransakt.)	1147 (13,7%)	7239 (40,9%)
"Normale" Nullrenditen	1325	2200

Da auch weiterhin 30 Minuten "vor und zurück" regressiert wird, ergibt dies bei 5-Minuten-Renditen 13 Regressoren (jeweils 6 Lead- bzw. Lag-Regressoren). Somit verringert sich die mögliche Anzahl der Beobachtungen um 5580 (= 12 x 465). Insgesamt wurde aus den 8370 (17699) errechneten beobachteten (impliziten) Aktienrenditen ein Stichprobe von 10466 Beobachtungen für die Regression ermittelt. Analog der Vorgehensweise bei den 10-Minuten-Renditen wurde auch hier a) über den gesamten Handelstag, b) über die ersten 90 Handelsminuten und c) über den Rest des Handelstages regressiert. In den Tabellen 7-64, 7-65 und 7-66 sind die Regressionsresultate aufgeführt.

Grundsätzlich werden die Ergebnisse der Regression bei 10-Minuten-Renditen bestätigt. Durch die verdoppelte Anzahl der Regressoren ist die Systematik der nach "außen" (mit zunehmendem k) abnehmenden Regressionskoeffizienten hier wiederum deutlicher zu erkennen. Je weiter die Zeit vom aktuellen Zeitpunkt t entfernt ist, desto kleiner werden die Koeffizienten. Die Konstante α ist gleich Null.

Tab. 7-64:

Regression impliziter Aktienrenditen auf vergangene, gleichzeitige und zukünftige beobachtete Aktienrenditen, D, Aktienoptionen, Anzahl Geschäfte ≥ 40, 5-min-Intervalle, 10.30-13.30, Regressionsintervall: [11.10, 13.00].[1]

$$\hat{s}_t = \alpha + \sum_{k=-6}^{6} \beta_k s_{t+k} + \varepsilon_t$$

Parameter	Schätzwert	t-Wert	Signifik. t
α	0,0000	-2,113	0,0346
β_{-6}	0,0154	2,665	0,0077
β_{-5}	0,0161	2,440	0,0147
β_{-4}	0,0438	5,765	0,0000
β_{-3}	0,0525	6,644	0,0000
β_{-2}	0,1012	12,987	0,0000
β_{-1}	0,1574	20,096	0,0000
β_0	0,1593	20,589	0,0000
β_{+1}	0,0971	14,311	0,0000
β_{+2}	0,0341	4,856	0,0000
β_{+3}	0,0200	2,602	0,0093
β_{+4}	-0,0021	-0,265	0,7913
β_{+5}	-0,0115	-1,788	0,0738
β_{+6}	-0,0076	-0,857	0,3913
Anz. Beob.: 10446	R^2: 0,0658	Adj. R^2: 0,0644	

Betrachtet man das Resultat der Regression über den gesamten Handelstag (Tab. 7-64), so zeigt sich, daß die Koeffizienten der vergangenen Aktienrenditen (Lag-Koeffizienten (k = -1,...,-6) jeweils größer als die Lead-Koeffizienten (k = 1,...,6) sind. Der Aktienmarktlead scheint sich also auch bei 5-Minuten-Intervallen zu bestätigen. Bis zum Lag k = -3 weisen die Lag-Koeffizienten Werte größer 0,05 auf. Dagegen steht auf der "Optionsmarktseite" nur der Lead-Koeffizient β_{+1} mit einem Wert von 0,097. Allerdings ist auch erkennbar, daß die Koeffizienten für k = 2 und k = 3 zwar sehr klein, aber dennoch signifikant sind. Somit wird auch hier der im Gegensatz zur SOFFEX stärker ausgeprägte Feedback des Optionsmarktes deutlich.

1 Da bei 5-min-Intervallen der erste "Intervall"-Kurs theoretisch bereits um 10.35 Uhr festgestellt werden kann, ist hier gegenüber den 10-min-Intervallen die Startzeit auf 11.10 Uhr gesetzt. Allerdings muß auch hier berücksichtigt werden, daß es aufgrund der Pre-Opening-Periode auch bei den aktivsten Optionen i.d.R. nicht zu einem Bezahltkurs vor 10.40 Uhr kommt und daß damit die tatsächliche Anfangszeit bzw. Startzeit verschoben wird, bis ein erster Bezahltkurs festgestellt wird.

Tab. 7-65:

Regression impliziter Aktienrenditen auf vergangene, gleichzeitige und zukünftige beobachtete Aktienrenditen, D, Aktienoptionen, Anzahl Geschäfte ≥ 40, 5-min-Intervalle, 10.30-12.00, Regressionsintervall: [11.10, 11.30].

$$\hat{s}_t = \alpha + \sum_{k=-6}^{6} \beta_k s_{t+k} + \varepsilon_t$$

Parameter	Schätzwert	t-Wert	Signifik. t
α	0,0000	0,511	0,6092
β_{-6}	0,0047	0,328	0,7430
β_{-5}	0,0143	0,756	0,4500
β_{-4}	0,0235	1,420	0,1556
β_{-3}	0,0330	2,007	0,0348
β_{-2}	0,0787	3,400	0,0065
β_{-1}	0,2376	8,649	0,0000
β_{0}	0,1363	7,654	0,0000
β_{+1}	0,1050	6,843	0,0000
β_{+2}	0,0601	3,885	0,0000
β_{+3}	0,0280	1,720	0,0865
β_{+4}	0,0068	0,372	0,7097
β_{+5}	0,0064	0,299	0,7648
β_{+6}	-0,0745	-2,053	0,0402
Anz. Beob.: 2080	R^2: 0,0689	Adj. R^2: 0,0631	

Tab. 7-66:

Regression impliziter Aktienrenditen auf vergangene, gleichzeitige und zukünftige beobachtete Aktienrenditen, D, Aktienoptionen, Anzahl Geschäfte ≥ 40, 5-min-Intervalle, 11.40-13.30, Regressionsintervall: [12.10, 13.00].

$$\hat{s}_t = \alpha + \sum_{k=-6}^{6} \beta_k s_{t+k} + \varepsilon_t$$

Parameter	Schätzwert	t-Wert	Signifik. t
α	0,0000	2,693	0,8780
β_{-6}	0,0023	0,154	0,9255
β_{-5}	-0,0138	-0,093	0,5657
β_{-4}	0,0084	0,574	0,0461
β_{-3}	0,0290	1,995	0,0348
β_{-2}	0,1068	7,524	0,0065
β_{-1}	0,1804	13,016	0,0000
β_{0}	0,1899	15,525	0,0000
β_{+1}	0,1085	9,732	0,0000
β_{+2}	0,0227	2,089	0,0368
β_{+3}	0,0007	0,062	0,9505
β_{+4}	0,0017	0,154	0,8775
β_{+5}	-0,0274	-2,528	0,0115
β_{+6}	-0,0194	-1,940	0,0524
Anz. Beob.: 5115	R^2: 0,0709	Adj. R^2: 0,0685	

Wird die Handelszeit in zwei Teilperioden (Tab. 7-65 und 7-66) aufgeteilt, so läßt sich wiederum eine Konzentration auf einige signifikante Werte feststellen. Insgesamt gesehen ist auch hier festzustellen, daß die Lag-Koeffizienten jeweils höhere Werte als die Lead-Koeffizienten aufweisen, daß aber auch vom Optionsmarkt ein Feedback besteht. Aufgrund der 5-Minuten-Intervalle ist ein Aktienmarktlead von ca. 5 bis 10 Minuten augenscheinlich, bei dem allerdings mit erheblich mehr Feedback von Seiten des Optionsmarktes zu rechnen ist. Wie schon ausgeführt, kann dieses Ergebnis - zumindest für den Beginn des Handelstages - zum Teil damit begründet werden, daß aufgrund der Pre-Opening-Periode an der DTB Optionsserien erst dann eröffnet werden, wenn eine gewisse Kursnivellierung stattgefunden hat. Da hier nur Bezahltkurse in die Untersuchung einfließen, können eventuelle Preisanpassungsverzögerungen nicht erfaßt werden.

Der Vollständigkeit halber sollen die Resultate der weiteren Untersuchungen, die analog zu denen der Schweiz durchgeführt wurden, aufgeführt werden. Es handelt sich dabei um die multiplen Regressionsanalysen für Aktienoptionen mit mindestens 20 Geschäften pro Tag. Dabei werden - analog der Vorgehensweise bei der SOFFEX - in einer zweiten Phase die besonders aktiven Basistitel DAI, DBK, SIE und VOW eliminiert. Da sich aus diesen Analysen die gleichen Schlußfolgerungen ergeben, wird auf eine detaillierte Erläuterung verzichtet. Die Entstehung der Stichproben, Angaben zur Intervallpreis- und Renditebildung sowie die einzelnen Resultate können dem Anhang IX entnommen werden.

8 Handelsstrategien zur Ausnutzung einer Lead-Lag-Beziehung zwischen Aktien- und Optionsmarkt

8.1. Ziel der Untersuchung

Die Ergebnisse der Rendite-Analyse für die Schweiz zeigen eine Lead-Lag-Beziehung der relativen Preisanpassungsgeschwindigkeit zwischen Aktien- und Optionsmarkt. Der Aktienmarkt weist einen 10- bis 15-minütigen Lead gegenüber dem Optionsmarkt auf. Die Rendite-Analyse beruhte dabei auf Bezahltkursen. Es wurde eine multiple Regressionsanalyse zur Aufdeckung der Lead-Lag-Beziehung herangezogen. In dieser Untersuchung soll keine derartige statistische Methode benutzt werden. Vielmehr geht es darum, ob durch reellen Handel eine Lead-Lag-Beziehung aufgezeigt bzw. eine vorhandene Lead-Lag-Beziehung ausgenutzt werden kann. Da dazu Geld- und Briefkurse anstelle von Bezahltkursen benötigt werden, ist es somit auch möglich, direkte Transaktionskosten in Form von Geld-Brief-Spannen und Gebühren zu berücksichtigen.

In diesem Kapitel soll also untersucht werden, ob sich die Lead-Lag-Beziehung nicht nur aufgrund von Renditen, d.h. Bezahltkursen, sondern auch mit Hilfe einer reellen Handelsstrategie, welche Geld- und Briefkurse benutzt, feststellen läßt. Es stellt sich weiter die Frage, ob eine vorliegende Lead-Lag-Beziehung so stark ausgeprägt ist bzw. die Ineffizienzen so groß sind, daß die vorhandenen zeitlichen Preisanpassungsverzögerungen ausgenutzt werden können und dadurch abnormale Gewinne bei Berücksichtigung von Transaktionskosten erzielbar sind.

Es werden Handelsstrategien vorgestellt, welche aus diesen Ineffizienzen Profit zu schlagen versuchen, d.h. aufgrund der Annahme einer zeitlichen Preisanpassungsverzögerung eines Marktes die Höhe und Richtung der zeitlich hinterherhinkenden Preisänderungen antizipieren und in entsprechende Wertpapiere so investieren, daß nach der Preisanpassung durch Positionsglattstellen ein Gewinn entsteht. Speziell werden Preisrevisionen auf dem Options- und Aktienmarkt untersucht, um die Hypothese zu testen, daß Preise auf dem einen Markt keine zusätzlichen Informationen gegenüber den zur gleichen Zeit beobachteten Preisen des anderen Marktes enthalten. Auch hier gilt wiederum die grundlegende Annahme, daß das Optionsbewertungsmodell von Black/Scholes[1] gültig ist, d.h. daß die Kaufoptionen durch dieses Bewertungsmodell korrekt bewertet sind.[2]

---

1 Black/Scholes (1973).

2 Obwohl der auslösende Faktor für das Handeln gemäß der Handelsstrategie vom angenommenen Optionspreismodell abhängt, ist die präzise Gültigkeit dieses Modells nicht unbedingt notwendig. Wenn aufgrund der Handelsstrategie abnormale Gewinne möglich sind, so kann daraus geschlossen werden, daß die Handelsstrategie Gültigkeit besitzt, unabhängig von den Ungenauigkeiten des Optionspreismodells. Wenn jedoch keine Gewinnmöglichkeiten gefunden werden, so können keine Aussagen von ökonomischem Ge-
(Fortsetzung auf nächster Seite)

Bei der Implementierung der Handelsstrategien wird einerseits angenommen, daß in den Preisen des Aktienmarktes bereits Informationen enthalten sind, welche sich am Optionsmarkt noch nicht widerspiegeln. Da aus der statistischen Analyse ein gewisser Feedback des Optionsmarktes hervorgeht, soll im Gegensatz zur Untersuchung von Bhattacharya[1] auch der Fall eines Informationsvorsprungs des Optionsmarktes berücksichtigt werden.[2] Deshalb wird in einer zweiten Handelsstrategie angenommen, daß in den Preisen des Optionsmarktes bereits Informationen enthalten sind, welche sich am Aktienmarkt noch nicht widerspiegeln. Aufgrund der verschiedenen Untersuchungsmethodiken ist nämlich a priori nicht ausgeschlossen, daß daraus ein positiver Gewinn hervorgeht.

Es sei betont, daß das Ziel dieser Untersuchung nicht darin besteht, die Erkenntnisse des im vorigen Kapitels mittels statistischer Analyse aufgezeigten Aktienmarktleads nun insoweit ausnutzen zu wollen, daß eine Handelsstrategie entworfen wird, die genau auf diesen Ergebnissen aufbaut und dann für die *gleiche* Untersuchungsperiode getestet wird. Dies ist aus wissenschaftlicher Sicht nicht korrekt. Diese zu entwerfende Handelsstrategie müßte in einem solchen Fall für eine *andere* Periode getestet werden, um daraus korrekte Schlußfolgerungen ziehen zu können. Hier geht es vielmehr darum, herauszufinden, ob sich eine Lead-Lag-Beziehung zwischen Aktien- und Optionsmarkt auch dann ergibt, wenn anstatt einer statistischen Rendite-Analyse eine Handelsstrategie durchgeführt wird. Die Handelsstrategie muß dabei beide Seiten, also Aktienmarktlead und Optionsmarktlead überprüfen. Die wesentlichen Unterschiede zur Rendite-Analyse sind dabei, daß es keine zu interpretierenden statistischen Größen gibt, daß anstelle von Bezahltkursen reelle Geld- und Briefkurse einbezogen werden und daß es möglich ist, direkte Transaktionskosten zu berücksichtigen. Sind die zu untersuchenden Märkte effizient, so dürfen mit einer Handelsstrategie keine risikolosen abnormalen Gewinne erzielt werden.

Weiter sollte beachtet werden, daß diese Untersuchung nicht die Hypothese testet, ob eine Lead-Lag-Beziehung zwischen Aktien- und Optionsmarkt bei Vorhandensein von Insiderinformationen besteht. Hierzu müßte Evidenz für die Existenz von Insiderinformationen bestehen. Diese Frage kann beispielsweise durch eine Ereignis(Event)-Studie getestet werden, indem Preisänderungen auf dem Options- und Aktienmarkt vor, während und nach einem Ereignis (Event) analysiert werden.[3]

(Fortsetzung von voriger Seite)
halt gemacht werden, da die Differenzen zwischen den impliziten und beobachtbaren Aktienkursen evtl. auf die Probleme des Optionspreismodells zurückzuführen sind. Vgl. hierzu auch Gunter (1990), Fn. 6.

1 Bhattacharya (1987).

2 Stephan/Whaley (1990) kommen in ihrer Untersuchung zum Schluß, der Aktienmarkt weise einen 15 bis 20-minütigen Lead gegenüber dem Optionsmarkt auf. Da dies im Widerspruch zur Untersuchung von Bhattacharya (1987) steht, kritisierten sie an dessen Handelsstrategie, daß er nur eine Seite berücksichtigt habe, nämlich den Fall eines Optionsmarktleads. Um auch einen Lead des Aktienmarktes zu testen, müßte er aus den beobachtbaren Geld- und Briefkursen implizite Aktienkurse ermitteln, um eine Überbewertung (Unterbewertung) von Optionen zu festzustellen. Sie führen aus, daß er bei Umkehrung seiner Strategie positive Handelsgewinne nach Abzug von Transaktionskosten festgestellt hätte.

3 Bhattacharya (1987), S. 14 weist daraufhin, daß eine derartige Methode evtl. in der Lage ist, die Fälle von "front-running" besonders vor Optionsverfallszeitpunkten zu erkennen. Front-running kann wie folgt definiert werden: *"Practice whereby a securities or commodities trader takes a position to capitalize on advance knowledge of a large upcomming transaction expected to influence the market price. In the stock market,*
(Fortsetzung auf nächster Seite)

8.2. Einschränkungen früherer Untersuchungen

Einige bisherige Arbeiten[1] benutzen für ihre Studien ähnliche Konzepte und Methoden. Die Methodik dieser Untersuchung baut im wesentlichen auf dem Konzept von Bhattacharya[2] auf. Während allerdings Bhattacharya die Geld-Brief-Spannen von Aktien schätzen muß, liegen für diese Arbeit sowohl für Aktien als auch für Optionen *Geld- und Briefkurse* vor.[3] Weiterhin werden hier zusätzlich für *beide* Seiten, d.h. sowohl für einen Aktienmarktlead als auch für einen Optionsmarktlead Handelsstrategien aufgebaut und getestet. Generell geht die vorliegende Untersuchung insoweit über frühere Studien hinaus, als hier folgende Schwächen überwunden werden sollen:

a) Anstelle von Tagesschlußkursen stehen Real-Time-Kurse, d.h. alle Kurs- und Volumenmeldungen über den Handelstag zur Verfügung.

b) Es werden Geld-Brief-Spannen sowohl für Optionen als auch für Aktien einbezogen. Die direkten Transaktionskosten sind ein wesentlicher Bestandteil einer realitätsnahen Handelsstrategie.

c) Bei manchen Studien wird lediglich ein zeitlicher Vorsprung des Optionsmarktes berücksichtigt. Sofern dabei gezeigt wird, daß keine abnormalen Gewinne erzielbar sind, so heißt dies nicht, daß eine Umkehrung der Strategie (Annahme eines Aktienmarktleads) auch zu Verlusten führen muß. Hier finden sowohl ein zeitlicher Vorsprung des Options- als auch des Aktienmarktes Berücksichtigung.

d) Es wird nicht nur der Durchschnitt über den gesamten Handelstag ermittelt, sondern es werden auch Teilperioden wie etwa der Handelsbeginn betrachtet.

Besonders diejenigen bisherigen Studien, welchen lediglich Bezahltkurse zur Verfügung standen, waren in ihren Möglichkeiten und Interpretationen für derartig kurzfristige Erscheinungen sehr eingeschränkt. Durch die Verfügbarkeit von Geld- und Briefkursen können auch implizite Geld- und Briefwerte der zugrundeliegenden Aktien errechnet und somit evtl. Arbitragemöglichkeiten und deren Höhe wesentlich genauer ermittelt werden. Damit werden wesentliche Einschränkungen und Schwierigkeiten anderer Studien beseitigt. Gemäß dem Ziel der Untersuchung macht es ebenso Sinn, die Handelsstrategie für unterschiedliche Teilperioden innerhalb des Handelstages durchzuführen. Es kann angenommen werden, daß die Informationsverarbeitung um so mehr Zeit benötigt, je größer die zu verarbeitende Informationsmenge ist. Dies bedeutet, daß zu Beginn eines Handelstages mehr Informationen zu verarbeiten sind, nämlich auch die, die über Nacht entstanden sind.

(Fortsetzung von voriger Seite)
this might be done by buying an option on stock epected to benefit from a large block transaction. ...", Dictionary of Finance and Investment Terms, Barron, New York 1991, S. 165.

1 Panton (1976); Manaster/Rendleman (1982), Bhattacharya (1987); Kumar/Shastri (1990); Gunter (1990); Hecker (1993); Wenger/Hecker/Gais (1993).

2 Bhattacharya (1987).

3 Zur Schätzmethode siehe Bhattacharya (1983, 1987); Jordan/Seale (1986); Vijh (1990).

8.3. Beschreibung der Untersuchungsmethode

Im folgenden soll das Untersuchungskonzept beschrieben werden. Da etliche Voraussetzungen sowie die Berechnung der Parameter und der impliziten Aktienkurse bereits im vorigen Kapitel ausführlich erörtert wurden, konzentriert sich die Erläuterung auf die eigentliche Handelsstrategie.

8.3.1. Verwendung von Geld- und Briefkursen

Die Datenbasis enthält nur Geld- und Briefkurse für den Schweizer Aktienmarkt. Aus diesem Grunde wird diese Untersuchung ausschließlich für Aktienoptionen der SOFFEX und diejenigen Aktien durchgeführt, welche als Basistitel dieser Optionen fungieren.

Bei den untersuchten Geld- und Briefkursen ist zu betonen, daß die jeweils niedrigsten Briefkurse und höchsten Geldkurse Berücksichtigung finden, und nicht etwa die einzelnen Kurse individueller Market-Maker.

8.3.2. Skizzierung der Handelsstrategien

Für die Erörterung der Handelsstrategie wird folgende Notation verwendet:

S^G_{jt} ≡ Beobachteter Geldkurs einer Aktie j zum Zeitpunkt t.

S^B_{jt} ≡ Beobachteter Briefkurs einer Aktie j zum Zeitpunkt t.

C^G_{kt} ≡ Beobachteter Geldkurs einer Option k zum Zeitpunkt t.

C^B_{kt} ≡ Beobachteter Briefkurs einer Optionen k zum Zeitpunkt t.

$\hat{S}^G_{jkt}$ ≡ Impliziter Geldkurs einer Aktie j errechnet aus dem beobachteten Geldkurs der Option k zum Zeitpunkt t.

$\hat{S}^B_{jkt}$ ≡ Impliziter Briefkurs einer Aktie j errechnet aus dem beobachteten Briefkurs der Option k zum Zeitpunkt t.

$S^G_{j(t+dt)}$ ≡ Beobachteter Geldkurs einer Aktie j nach Halteperiode dt zum Zeitpunkt t+dt.

$S^B_{j(t+dt)}$ ≡ Beobachteter Briefkurs einer Aktie j nach Halteperiode dt zum Zeitpunkt t+dt.

$C^G_{k(t+dt)}$ ≡ Beobachteter Geldkurs einer Option k nach Halteperiode dt zum Zeitpunkt t+dt.

$C^B_{k(t+dt)}$ ≡ Beobachteter Briefkurs einer Option k nach Halteperiode dt zum Zeitpunkt t+dt.

$\hat{S}^G_{jk(t+dt)}$ ≡ Impliziter Geldkurs einer Aktie j errechnet aus dem beobachteten Geldkurs der Option k nach Halteperiode dt zum Zeitpunkt t+dt.

$\hat{S}^{B}_{jk(t+dt)}$ ≡ Impliziter Briefkurs einer Aktie j errechnet aus dem beobachteten Geldkurs der Option k nach Halteperiode dt zum Zeitpunkt t+dt.

$S^{G}_{j(t+dt)}$ ≡ Beobachteter Geldkurs einer Aktie j nach Halteperiode dt zum Zeitpunkt t+dt.

$S^{B}_{j(t+dt)}$ ≡ Beobachteter Briefkurs einer Aktie j nach Halteperiode dt zum Zeitpunkt t+dt.

$BSCA_{jt} = C^{B}_{kt} - C^{G}_{kt}$

≡ Beobachtete absolute Geld-Brief-Spanne einer Option k zum Zeitpunkt t.

$BSSA_{jt} = S^{B}_{jt} - S^{G}_{jt}$

≡ Beobachtete absolute Geld-Brief-Spanne einer Aktie j zum Zeitpunkt t.

$ISA_{jkt} = \hat{S}^{B}_{jkt} - \hat{S}^{G}_{jkt}$

≡ Implizite absolute Geld-Brief-Spanne einer Aktie j errechnet aus den beobachteten Geld- und Briefkursen der Option k zum Zeitpunkt t.

Δ_{jkt} ≡ Absolutes Kauf-/Verkaufssignal (Arbitragesignal).[1]

δ_{jkt} ≡ Prozentuales Kauf-/Verkaufssignal (Arbitragesignal).[2]

Die grundlegende Idee der Handelsstrategie im Rahmen des Kontexts dieser Arbeit beruht auf dem Gedanken, daß bei Existenz einer Lead-Lag-Beziehung zwischen dem Aktien- und dem Optionsmarkt derjenige Markt, welcher Informationen früher widerspiegelt bzw. dessen Preisanpassungsgeschwindigkeit höher ist, als *Preissetzer*[3] fungiert. Ist der zeitliche Vorsprung der Preise dieses Marktes annähernd konstant oder kann man saisonale Effekte in der Lead-Lag-Beziehung feststellen, so ist es möglich, in Kenntnis der Preise des Preissetzer-Marktes und der zeitlichen Verzögerung des anderen Marktes die Tendenz der Preise auf dem anderen Markt zu antizipieren und dadurch Gewinne zu erwirtschaften. So könnte, bei Annahme eines Aktienmarktleads, eine Aufwärtsbewegung der Aktienpreise - bei vorerst gleichbleibenden Optionspreisen - anzeigen, daß sich die Optionspreise mit einer zeitlichen Verzögerung ebenfalls in diese Richtung bewegen. Falls die zeitliche Verzögerung groß genug ist, um ein Handeln dazwischen zu ermöglichen und die Aktienkurse sich soweit nach oben bewegen, daß eine entsprechende Bewegung der Optionspreise die Transaktionskosten für die Handelsstrategie übersteigt, so würde dies eine Kaufempfehlung der entspre-

1 Dieses Signal wird weiter unten je nach getroffener Annahme des zeitlichen Vorsprungs eines Marktes und der betrachteten Strategie (Kauf- oder Verkauf) einzeln definiert. Das Signal wird bereits hier als Arbitragesignal bezeichnet. Dabei ist darauf hinzuweisen, daß erst nach der konkreten Errechnung des Signals im Einzelfall ein Signal im Sinne einer Arbitragemöglichkeit vorliegt oder nicht.

2 Auch diese Bezeichnung wird weiter unten je nach getroffener Annahme des zeitlichen Vorsprungs eines Marktes und der betrachteten Strategie (Kauf- oder Verkauf) einzeln definiert.

3 Ein Markt wird als führend in der Rolle der Preisfestsetzung (Preisfindung) oder auch als Preissetzer bezeichnet, wenn sich neue Informationen im Vergleich zu anderen Märkten zuerst auf diesem Markt in den Preisen widerspiegeln. Vgl. Laatsch/Schwarz (1988), S. 274.

chenden Optionen anzeigen. Im umgekehrten Fall einer Abwärtsbewegung der Aktienkurse wäre eine Verkaufsposition von Optionen angebracht.

Um die oben beschriebenen Differenzen in den Preisanpassungen auszunutzen, braucht es zunächst einen Vergleichsmaßstab, um zu erkennen, wann ein bestimmtes Wertpapier gekauft oder verkauft werden soll. Überschreitet dieses Maß eine bestimmte Größe, so zeigt dies ein entsprechendes Kauf-/Verkaufssignal an. Wie auch bei der Rendite-Analyse stellt der implizite Aktienkurs[1] ein wichtiges Hilfsmittel dar. Wie schon im vorigen Kapitel erwähnt, folgt aus der Logik des Modells von *Black/Scholes*, daß der implizite Wert denjenigen Wert der zugrundeliegenden Aktie darstellt, für die ein kontinuierlich angepaßtes Hedgeportefeuille aus Optionen und Anleihen äquivalent zur Aktie ist. Bei Gültigkeit des Optionsbewertungsmodells stellen somit die impliziten Werte die Schätzwerte des Optionsmarktes für die Gleichgewichtsaktienpreise dar. Die Differenzen zwischen beobachtbaren und impliziten Aktienkursen sind dann Indikatoren für zeitliche Differenzen auf dem Aktien- und Optionsmarkt.

Falls die absolute Differenz zwischen beobachtbarem und implizitem Aktienkurs einen vorgegebenen Schwellenwert übersteigt, so deutet dies auf Arbitragemöglichkeiten hin. Darauf lassen sich entsprechend geeignete Handelsstrategien aufbauen. Ausgehend von der Nullhypothese, daß Options- und Aktienmarkt synchron sind, in der Art, daß sich Informationen zeitgleich in den Preisen niederschlagen und bedingt durch das gewählte Optionsbewertungsmodell zur Errechnung des impliziten Aktienkurses würde die Aufdeckung von Arbitragemöglichkeiten nahelegen, daß die beiden Märkte nicht synchron sind und daß einer der beiden Märkte einen zeitlichen Vorsprung in der Preisanpassungsgeschwindigkeit aufgrund neuer Informationen hat. Jedoch bedeuten solche Signale für Arbitragemöglichkeiten per se noch nicht die Ablehnung der Nullhypothese, da sie auch aufgrund einer Fehlspezifikation des gewählten Optionsbewertungsmodells entstanden sein könnten. Wenn allerdings Ex-ante Handelsstrategien Überschußgewinne (nach Abzug von Transaktionskosten) erzielen können, dann ist die Nullhypothese zugunsten der Alternativhypothese, der sog. "inter-market-inefficiency" abzulehnen.[2]

Es ist sehr wichtig zu betonen, daß eine exakte und dem Markt entsprechende Handelsstrategie die Existenz von Geld- und Briefkursen berücksichtigen muß, um sicherzustellen, daß die mit ihr erzielten Renditen auch reell auf dem Markt erreichbar sind. Aus diesem Grund müssen auch hier die impliziten Geld- und Briefkurse der Aktien berechnet werden. Durch das Einbeziehen von Geld- und Briefkursen bedarf es für den Vergleich von impliziten und beobachtbaren Aktienkursen und damit der Frage, wann ein Kauf-/Verkaufssignal vorliegt, einer näheren Erläuterung. Dazu wird zwischen der Annahme eines Aktienmarktleads und der eines Optionsmarktleads unterschieden.

---

1 Die Berechnung des impliziten Aktienkurses erfolgt analog der Methodik bei der Rendite-Analyse.

2 Da dieser Test vom gewählten Optionsbewertungsmodell und der Handelsstrategie abhängt, kann ein Fehlen von Überschußgewinnen nicht so interpretiert werden, daß die Hypothese, Aktien- und Optionsmarkt reflektieren Informationen zeitgleich, zu unterstützen ist. Vielmehr kann das Modell fehlspezifiziert sein oder auch die Möglichkeit bestehen, daß die gewählte Handelsstrategie nicht in der Lage ist, Differenzen in der Geschwindigkeit von Preisänderungen aufzudecken. Siehe auch Bhattacharya (1987), S. 2 u. Fn. 6.

8.3.2.1. Optionsmarktlead

Bei Annahme eines Optionsmarktleads deutet eine positive (negative) Differenz zwischen implizitem und beobachtetem Aktienkurs darauf hin, daß sich der beobachtbare Aktienkurs aufgrund der höheren Preisanpassungsgeschwindigkeit des Optionsmarktes mit einer zeitlichen Verzögerung ebenfalls in Richtung des Niveaus des impliziten Aktienkurses bewegen wird. Mittels der Handelsstrategie gilt es, diese zeitliche Differenz auszunutzen.

Abb. 8-1: Kauf-/Verkaufssignal Δ bei Annahme eines Optionsmarktleads[1]

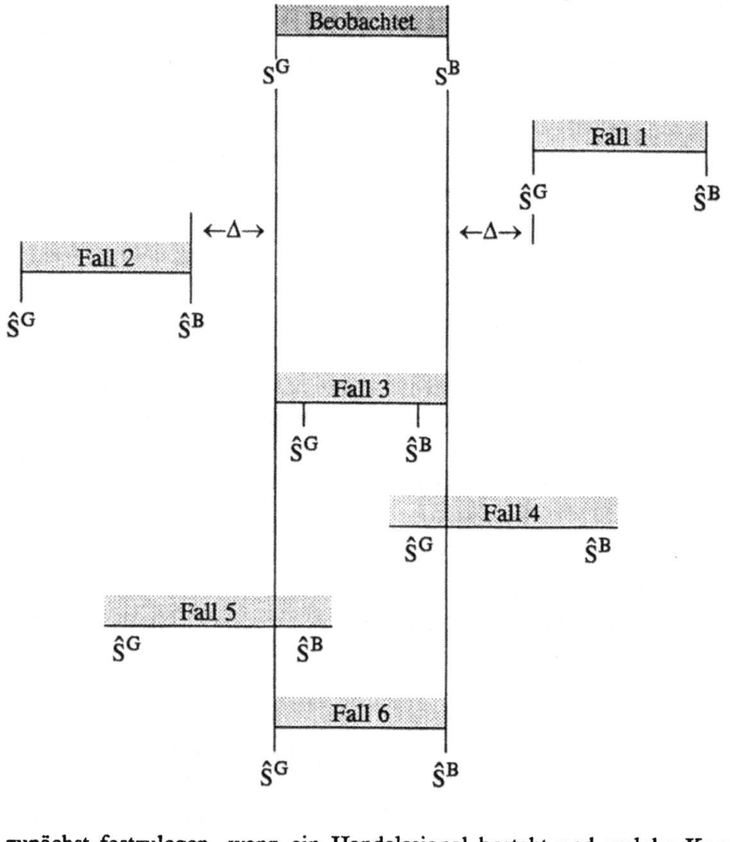

Dazu ist zunächst festzulegen, wann ein Handelssignal besteht und welche Konsequenzen daraus abzuleiten sind. Aufgrund der Differenz zwischen Brief- und Geldkursen kann die Handelsstrategie auch bei korrekt antizipierten Preisen nur dann erfolgreich sein, wenn die

1 Modifiziert nach Bhattacharya (1987), S. 7. Im Sinne der Übersichtlichkeit wurde hier auf Zeit- und Wertpapierindizes verzichtet. Unter der Annahme der Gültigkeit des gewählten Optionspreismodells und der Existenz einer Lead-Lag-Beziehung kann auch von einem *Arbitragesignal* gesprochen werden, in dem Sinne, daß im gleichen Zeitpunkt auf zwei Teilmärkten Preisunterschiede eines homogenen Gutes existieren. Vgl. hierzu die Definition des Arbitragebegriffes von Bender (1977), S. 325. Es ist zu beachten, daß diese Graphik zur Illustration dient. Deshalb ist zu berücksichtigen, daß z.B. die absoluten Geld-Brief-Spannen der impliziten und der beobachteten Kurse nicht identisch sein müssen.

Preissteigerungen bzw. Preissenkungen mindestens die direkten Transaktionskosten überschreiten. Zur besseren Veranschaulichung dient Abb. 8-1.

Die Möglichkeit zur Erzielung abnormaler Gewinne liegt vor bzw. ein Kauf-/Verkaufssignal tritt ein, wenn

- die Geld-Brief-Spannen von impliziten und beobachteten Aktienkursen sich nicht überschneiden und
- die Differenz[1] aus beiden Spannen die Transaktionskosten übersteigt.

In den Fällen 3 bis 6 überschneiden sich in irgend einer Art und Weise die impliziten und beobachteten Geld-Brief-Spannen, da mindestens einer der beiden impliziten Kurse (Geld- oder Briefkurs) jeweils im Innern der beobachteten Spanne liegt. In diesen Fällen ist es nicht möglich, zeitliche Differenzen auszunutzen, da zu Briefkursen gekauft und zu Geldkursen verkauft werden muß.

Die Fälle 1 und 2 dagegen zeigen Gewinn-(Arbitrage-)Möglichkeiten an. Fall 1 repräsentiert hier eine Situation, in der die impliziten Werte (sowohl Brief- als auch Geldkurs) höher sind als die beobachteten Preise. Falls der Optionsmarkt dem Aktienmarkt zeitlich voraus ist, ist eine Aufwertung der beobachtbaren Aktienkurse zu erwarten, was eine *Kaufposition (-strategie) der Aktie* nahelegt. Bezeichnet

$$\Delta_{jkt} = \hat{S}^{G}_{jkt} - S^{B}_{jt} \tag{8-1}$$

die Differenz zwischen dem impliziten Geldkurs (errechnet aus dem beobachteten Geldkurs der Option k zum Zeitpunkt t) und dem beobachteten Briefkurs der Aktie j zum Zeitpunkt t, so liegt ein *Kaufsignal* vor, sofern diese Differenz die direkten Transaktionskosten in Form der beobachteten absoluten Geld-Brief-Spanne der Aktie j und der Handelsgebühren übersteigt[2], d.h. sofern gilt:

$$\Delta_{jkt} \geq 2\ \mathrm{BSSA}_{jt} + 2\ \text{Transaktionsgebühren}^{3}. \tag{8-2}$$

[1] Damit ist die Differenz zwischen dem impliziten Geldkurs und dem beobachteten Briefkurs gemeint (siehe dazu Abb. 8-1).

[2] Weitere Kosten wie etwa Börsensitzkosten werden nicht berücksichtigt.

[3] Die Transaktionskosten am Aktienmarkt bestehen für jene Banken, welche selbst an der Börse handeln, aus der kantonalen Börsengebühr (0,01%), den Abgaben an den Effektenbörsenverein (0,005%) und der Eidgenössischen Stempelgebühr (0,075%), was insgesamt Kosten von 0,09% des Aktienkurses verursacht. Sofern eine Position während des Handelstages wieder glattgestellt wird, so entfällt mindestens die Eidgenössischen Stempelgebühr, so daß pro Transaktion nur noch Kosten von 0,015% entstehen. Die Gebühren werden hier verdoppelt, da sie sowohl beim Kauf als auch beim Verkauf entstehen. Die Verdopplung der Geld-Brief-Spanne erfolgt deshalb, um eine mögliche Aktienkursänderung vor Ausführung des ersten Schrittes der Handelsstrategie zu berücksichtigen. Bhattacharya (1987) legt in seiner Untersuchung den Schwellenwert für ein Arbitragesignal auf konstant 27 cents fest. Dieser fixe Schwellenwert kommt daher, daß Bhattacharya bei der Geld-Brief-Spanne von der minimalen Preisfluktuation ausgeht. Im einzelnen besteht der Schwellenwert aus 1/8 = 12,5 cents für die Geld-Brief-Spanne, weiteren 12,5 cents, um eine mögliche Aktienpreisänderung vor Ausführung des ersten Schrittes der Handelsstrategie zu berücksichtigen und 2 cents für die Transaktionsgebühren pro Aktie. Wie noch gezeigt werden wird, bewegen sich die prozentualen Geld-Brief-Spannen am Aktienmarkt zwar in einer annähernd konstanten Höhe, diejenigen an der SOFFEX dagegen sind sehr hoch und haben eine große Schwankungsbreite. Aus diesem Grund kann nicht (Fortsetzung auf nächster Seite)

Bei Eintreten der erwarteten Aktienkurssteigerung ist es dann nämlich möglich, einen abnormalen Gewinn nach Abzug von Transaktionskosten zu erzielen. Die hierzu notwendige Ex-post-Strategie[1] sieht wie folgt aus:

Zeitpunkt t:	Kaufposition in S^B_{jt}
Zeitpunkt t+dt:	Verkaufsposition in $S^G_{j(t+dt)}$

Die Aktie wird also zum beobachteten Kurs S^B_{jt} gekauft. Bei Eintreten der erwarteten Aufwertung nach einer *Halteperiode dt* (gemäß Annahme des Optionsmarktleads) wird die Position glattgestellt und die Aktie zum Geldkurs $S^G_{j(t+dt)}$ verkauft.

Fall 2 stellt die umgekehrte Situation dar. Die impliziten Werte sind tiefer als die beobachteten Preise, so daß eine Abwertung der Aktienkurse zu erwarten wäre. In diesem Fall ist eine *Verkaufsposition der Aktie* die Folge. Als mögliches Arbitragesignal dient hier

$$\Delta_{jkt} = -(\hat{S}^B_{jkt} - S^G_{jt}) \,. \qquad (8\text{-}3)$$

Mit dieser Definition liegt ein *Verkaufssignal* vor, sofern wiederum gilt:

$$\Delta_{jkt} \geq 2\ \mathrm{BSSA}_{jt} + 2\ \text{Transaktionsgebühren} \qquad (8\text{-}4)$$

Daraus folgt folgende Ex-post-Strategie:

Zeitpunkt t:	Verkaufsposition in S^G_{jt}
Zeitpunkt t+dt:	Kaufposition in $S^B_{j(t+dt)}$

Auf die Halteperiode dt sowie die verschiedenen hier durchgeführten Ex-ante-Tests wird nach der Erläuterung des Kauf- und Verkaufssignals für den Fall des Aktienmarktleads eingegangen.

(Fortsetzung von voriger Seite)
von der minimalen Spanne ausgegangen werden. Eine durchschnittliche konstante Zahl für die Geld-Brief-Spanne würde zu erheblichen Verzerrungen bei der Beurteilung der Kauf- bzw. Verkaufssignale führen. Für jeden zu untersuchenden Kurs wurde deshalb die reell existierende Spanne errechnet. Grundsätzlich sind alternative Schwellenwerte möglich, um die Profitabilität der Handelsstrategie bei höheren Werten zu testen.

1 Obwohl in der Untersuchung ausschließlich Ex-ante-Tests durchgeführt werden, erfolgt die Erläuterung der Einfachheit halber anhand einer Ex-post-Strategie. Dies geschieht auch deshalb, da es zunächst um die grundsätzliche Darlegung der Kauf- und Verkaufspositionen sowie der Halteperiode geht. Die Erörterung der einzelnen Positionen anhand einer Ex-ante-Strategie würde dazu nur verwirren. Ex-post bedeutet, daß die Ausführung zum gleichen Zeitpunkt erfolgt, in dem das Arbitragesignal erkannt wurde. Damit wird der Zeitabstand zwischen dem Erkennen einer Fehlbewertung und dem Aufbau einer entsprechenden (Portefeuille-)Position ignoriert. Auf die einzelnen Ex-ante-Tests wird später noch eingegangen.

8.3.2.2. Aktienmarktlead

Bei Annahme eines Aktienmarktleads deutet eine positive (negative) Differenz zwischen beobachtetem und implizitem Aktienkurs darauf hin, daß sich der implizite Aktienkurs aufgrund der höheren Preisanpassungsgeschwindigkeit des Aktienmarktes mit einer zeitlichen Verzögerung ebenfalls in Richtung des Niveaus des beobachteten Aktienkurses bewegen wird. Somit wird auch der Optionspreis ansteigen (fallen). Zur besseren Veranschaulichung des Arbitragesignals dient Abb. 8-2.

Abb. 8-2: Kauf-/Verkaufssignal Δ bei Annahme eines Aktienmarktleads[1]

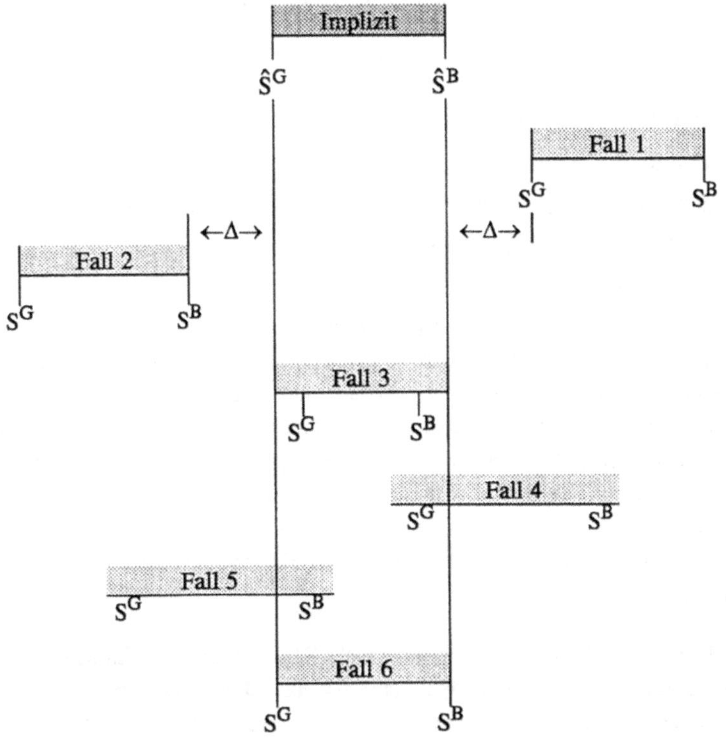

In Analogie zum Optionsmarktlead liegt die Möglichkeit zur Erzielung abnormaler Gewinne in den Fällen 1 und 2 vor. In den Fällen 3 bis 6 überschneiden sich die Preisspannen, so daß es nicht möglich ist, zeitliche Differenzen zwischen dem Aktien- und Optionsmarkt auszunutzen.

In Fall 1 sind die beobachteten Aktienkurse (sowohl Brief- als auch Geldkurs) höher als die impliziten Werte. Falls der Aktienmarkt dem Optionsmarkt zeitlich voraus ist, ist eine Aufwertung der impliziten Aktienkurse, d.h. auch der Optionspreise, zu erwarten. Dies legt

[1] Modifiziert nach Bhattacharya (1987), S. 7, der dieses Signal nur für den Fall eines zeitlichen Vorsprungs des Optionsmarktes definiert. Ansonsten gelten die gleichen Anmerkungen wie bei Abb. 8-1.

eine *Kaufstrategie* in den impliziten Aktienkurs bzw. den beobachteten Optionskurs nahe. Bezeichnet

$$\Delta_{jkt} = S^G_{jt} - \hat{S}^B_{jkt} \tag{8-5}$$

die Differenz zwischen dem beobachteten Geldkurs und dem impliziten Briefkurs (errechnet aus dem beobachteten Geldkurs der Option k zum Zeitpunkt t) der Aktie j zum Zeitpunkt t , so liegt ein *Kaufsignal* vor, sofern diese Differenz die Transaktionskosten in Form der impliziten absoluten Geld-Brief-Spanne der Aktie j (errechnet aus den beobachteten Geld- und Briefkursen der Option k) und der Handelsgebühren übersteigt, d.h. sofern gilt:

$$\Delta_{jkt} \geq 2\ ISA_{jkt} + 2\ \text{Transaktionsgebühren}^{1} \tag{8-6}$$

Für die Handelsstrategie gibt es in diesem Fall grundsätzlich zwei Möglichkeiten:

a) **Investition in die Option.**

Da gemäß Annahme ein Aktienmarktlead besteht, zeigt obiges Signal eine Kaufposition in die entsprechende Option an.

b) **Investition in den impliziten Aktienkurs.**

Aus Gründen der Vergleichbarkeit der Ergebnisse liegt es nahe, nicht in die Option, sondern in den impliziten Aktienkurs zu investieren. Ein Engagement in den impliziten Aktienkurs kann als Investition in ein Portefeuille bestehend aus Kaufoptionen und risikoloser Anlage interpretiert werden. Wie schon in Abschnitt 5.4.1.3 ausgeführt, ist ein risikoloses Hedgeportefeuille aus einer Kaufposition einer Aktie und einer Verkaufsposition einer Kaufoption Grundlage des Black/Scholes-Modells. Die Wertveränderung des Hedgeportefeuilles ist im Zeitablauf nicht stochastisch, muß also risikolos sein. Aufgrund der Risikolosigkeit muß die Rendite aus diesem Portefeuille dem risikolosen Zinssatz entsprechen.

In dieser Arbeit werden beide Varianten untersucht. Die Investition in implizite Aktienkurse wird deshalb durchgeführt, um die Ergebnisse der Handelsstrategien mit unterschiedlichen Annahmen besser vergleichen zu können. Durch das Engagement in Optionen finden die konkreten Kosten sowie Gewinne/Verluste an der SOFFEX Berücksichtigung.

Die aus dem oben geschilderten Fall 1 notwendige Ex-post-Strategie sieht wie folgt aus:

a) Investition in die Option

Zeitpunkt t:	Kaufposition in C^B_{jt}
Zeitpunkt t+dt:	Verkaufsposition in $C^G_{j(t+dt)}$

[1] Für Transaktionen eines Market-Makers wurde während der Untersuchungsperiode eine Gebühr von Fr. -,50 pro Optionskontrakt unabhängig vom Wert des Kontraktes belastet.

b) Investition in den impliziten Aktienkurs

Zeitpunkt t: Kaufposition in $\hat{S}^B_{jkt}$

Zeitpunkt t+dt: Verkaufsposition in $\hat{S}^G_{jk(t+dt)}$

In Fall 2 stellt sich die umgekehrte Situation dar. Die beobachteten Preise sind tiefer als die impliziten Kurse, so daß eine Abwertung der impliziten Aktienkurse bzw. beobachteten Optionspreise zu erwarten wäre. In diesem Fall ist eine *Verkaufsposition in den impliziten Aktienkurs bzw. den beobachteten Optionskurs* die Folge. Als mögliches Arbitragesignal dient hier

$$\Delta_{jkt} = -(S^B_{jt} - \hat{S}^G_{jkt}) \tag{8-7}$$

Mit dieser Definition liegt ein *Verkaufssignal* vor, sofern wiederum gilt:

$$\Delta_{jkt} \geq 2\ ISA_{jkt} + 2\ \text{Transaktionsgebühren} \tag{8-8}$$

Daraus folgt die Ex-post-Strategie:

a) Investition in die Option

Zeitpunkt t: Verkaufsposition in C^G_{jt}

Zeitpunkt t+dt: Kaufposition in $C^B_{j(t+dt)}$

b) Investition in den impliziten Aktienkurs

Zeitpunkt t: Verkaufsposition in $\hat{S}^G_{jkt}$

Zeitpunkt t+dt: Kaufposition in $\hat{S}^B_{jk(t+dt)}$

8.3.2.3. Testvarianten

Zur Komplettierung der Handelsstrategie muß nun noch auf verschiedene Testvarianten eingegangen werden, welche unterschiedliche *Halteperioden* sowie verschiedene *Ausführungszeiten* berücksichtigen. Insgesamt stellt sich die Ausführung der Handelsstrategie in folgenden Schritten dar:

1. **Preisfeststellung und Ermittlung impliziter Aktienkurse**

   Sowohl für die Annahme eines Optionsmarktleads als auch eines Aktienmarktleads und für die jeweiligen Fälle 1 und 2 müssen alle in der Untersuchungsperiode entstandenen Kurse gemäß obiger Beschreibung analysiert und im Falle eines Arbitragesignals die entsprechende Handelsstrategie durchgeführt werden. Bei Annahme eines Optionsmarktleads heißt das, daß zu jedem Optionsgeldkurs (-briefkurs) der zu dieser Zeit gültige zugehörige Aktienbriefkurs (-geldkurs) zugeordnet wird.[1] Bei Annahme eines Aktienmarktleads stellt sich dies umgekehrt dar. Anschließend wird für den jeweiligen zu betrachtenden Optionskurs (Geld- oder Briefkurs) der implizite Aktienkurs ermittelt, um ein mögliches Kauf- oder Verkaufssignal feststellen zu können. Die impliziten Aktienkurse werden dabei - analog der Methodik bei der Rendite-Analyse - durch numerisches Lösen der *pseudo-Amerikanischen Black/Scholes-Formel* errechnet. Die Ermittlung der impliziten Volatilität erfolgt also aufgrund der Preise des Vortages.

2. **Vergleich von beobachteten mit impliziten Kursen und Durchführung der Handelsstrategie**

   Sofern sichergestellt ist, daß $\hat{S}^G < \hat{S}^B$ gilt, werden diese impliziten Werte gemäß der einzeln beschriebenen Varianten mit den beobachteten Preisen S^G und S^B verglichen. Wird ein Arbitragesignal festgestellt, so wird nach einer festzulegenden Ausführungszeit gemäß der Annahme des zeitlichen Vorsprungs eines Marktes und der daraus folgenden Handelsstrategie eine Position aufgebaut. Diese aufgebaute Position wird nach einer ebenfalls festzulegenden Zeit (Halteperiode), welche den zeitlichen Vorsprung repräsentiert, gemäß den oben beschriebenen Regeln wieder liquidiert.

Es erfolgt also eine Unterscheidung zwischen

- *Zeit für den Positionsaufbau (Ausführungszeit) bei Erkennen eines Signals* und
- *Zeit zur Liquidation der aufgebauten Position (Halteperiode).*

Ausführungszeit (Execution lag):

Es werden drei mögliche Zeiten zur Ausführung des ersten Schrittes der Handelsstrategie berücksichtigt:[2]

1. **Ex-ante-Test: 30 Sekunden**

   Die Ausführung erfolgt 30 Sekunden nach dem Zeitpunkt, zu dem das Arbitragesignal erkannt wurde. Auf der Basis der zum Zeitpunkt t vorherrschenden Informationen und Preise wird also eine (Portefeuille-)Strategie erdacht, jedoch nicht gleichzeitig, sondern zeitverschoben zu den Preisen des Zeitpunktes t+1 aufgebaut. Im Unterschied zu einem reinen Ex-post-Test berücksichtigt diese Testprozedur realistischerweise die Zeitverzögerung zwischen dem Erkennen einer Fehlbewertung und dem Aufbau einer entsprechenden (Portefeuille-)Position. Diese 30-Sekunden-Regel soll einerseits der Tatsache einer kurzen Reaktionszeit Rechnung tragen.[3] Andererseits wird berücksichtigt, daß sich Preise kurz nach dem Erkennen der Fehlbewertung (d.h. innerhalb von Sekunden) ändern können bzw. daß hier Datenströme analysiert werden und 30 Se-

[1] Als gültiger zuzuordnender Kurs gilt der letzte vor diesem Zeitpunkt entstandene Kurs. Kann kein gültiger Kurs zugeordnet werden, so ist auch kein Vergleich möglich.

[2] Zur Definition und Unterscheidung von Ex-post- und Ex-ante-Tests vgl. Galai (1977), S. 173f.; Galai (1978), S. 194f.; Geske/Trautmann (1986), S. 97f.; Trautmann (1986), S. 7-3f.; Galai (1989), S. 17f.

[3] Aufgrund der elektronischen Datenverarbeitung ist eine Zeitspanne von 30 Sekunden für einen Market-Maker als realistisch anzusehen.

kunden am Markt immer noch als gleichzeitig angesehen werden können. Damit wird verhindert, nur aufgrund der Datenlage vorzutäuschen, daß man "früher" im Besitz einer Preisinformation sei.[1]

2. **Ex-ante-Test: 15-Minuten**

   Die Ausführung erfolgt zum ersten möglichen Preis nach Erkennen des Arbitragesignals. Die Ausführung muß innerhalb von 15 Minuten erfolgen. Andererseits gilt das Signal wegen nicht vorhandener Kurse bzw. nicht vorhandenem Volumen als nicht ausführbar. Hier wird also ebenfalls auf der Basis der zum Zeitpunkt t vorherrschenden Informationen eine (Portefeuille)Strategie erdacht und zeitverschoben zu den Preisen des Zeitpunktes t+1 aufgebaut. Auch diese Testprozedur berücksichtigt also realistischerweise die Zeitverzögerung zwischen dem Erkennen einer Fehlbewertung und dem Aufbau einer entsprechenden (Portefeuille-)Position. Allerdings wird der Tatsache einer möglicherweise länger dauernden Zeit zwischen Signalerkennung und Ausführung Rechnung getragen. Im Unterschied zu voriger 30-Sekunden-Regel wird hier zum nächstmöglichen Kurs nach Erkennen des Signals gehandelt. Das bedeutet, daß die Zeitspanne zwischen Erkennen der Fehlbewertung und Ausführung in verschiedenen Fällen unterschiedlich ausfallen kann. Zuvor wurde immer zu dem Preis ausgeführt, der exakt nach 30 Sekunden vorherrschte, also möglicherweise zum gleichen Preis, der auch bei Erkennen der Fehlbewertung vorlag.

3. **Ex-ante-Test: 30-Minuten**

   Die Ausführung erfolgt zum ersten möglichen Preis 15 Minuten nach Erkennen des Arbitragesignals. Die Ausführung muß dann innerhalb von 15 Minuten erfolgen, d.h. 30 Minuten nach Erkennen des Signals. Andererseits gilt das Signal wegen nicht vorhandener Kurse bzw. nicht vorhandenem Volumen als nicht ausführbar. Hier wird der Tatsache einer äußerst lang dauernden Zeit zwischen Signalerkennung und Ausführung Rechnung getragen. Ansonsten ist dieser Test identisch mit dem vorigen. Dieser Test wurde nur zur Vergleichbarkeit mit den Untersuchungen von Bhattacharya[2] und Gunter[3] einbezogen. Grundsätzlich ist eine solch lange Zeit zwischen Signalerkennung und Ausführung an sich nicht mehr von Bedeutung.

Halteperioden:

Für alle drei Testvarianten werden die Halteperioden, d.h. die Zeit bis zur Liquidation der aufgebauten Position auf

1. **10 Minuten,**
2. **15 Minuten,**
3. **30 Minuten,**

---

1 Bei dieser ersten Variante ist die schon früher aufgeführte technische Seite ohnehin nicht berücksichtigt, nämlich daß zwischen Börsenzeit und Zeit des Computersystems des Informationsanbieters der zugrundeliegenden Daten eine Differenz bestehen kann.

2 Bhattacharya (1987).

3 Gunter (1990)

4. **45 Minuten** und
5. **60 Minuten**

festgelegt. Zur Veranschaulichung der *Ausführungszeiten* und der *Halteperioden* bei den unterschiedlichen Testversionen diene folgendes Beispiel unter der Annahme eines Optionsmarktleads:

Es sei angenommen, daß ein Arbitragesignal zum Kauf einer Aktie um 11:00:00 Uhr[1] festgestellt wird. Wir betrachten nur die 10-Minuten-Halteperiode. Im Falle des Ex-ante-Tests mit Ausführungszeit von 30 Sekunden erfolgt die Ausführung, d.h. der Kauf zum Briefkurs der Aktie, 30 Sekunden nach diesem Zeitpunkt, also um 11:00:30 Uhr. Wurde zwischen 11:00:00 und 11:00:30 Uhr kein neuer Briefkurs festgestellt, so erfolgt die Ausführung zum gleichen Kurs wie bei Erkennen des Signals. Diese Position wird zum erstmöglichen Geldkurs zwischen 11:10:30 und 11:15:30 Uhr liquidiert.

Im Falle des Ex-ante-Tests mit Ausführungszeit von 15 Minuten muß die Ausführung, d.h. der Kauf zum erstmöglichen Briefkurs, zwischen 11:00:00 und 11:15:00 Uhr erfolgen. Nimmt man an, daß die Ausführung um 11:08:12 Uhr erfolgte, dann muß im Falle der 10-Minuten-Halteperiode diese Position durch Verkauf zum erstmöglichen Geldkurs zwischen 11:18:12 und 11:23:12 Uhr liquidiert werden.

Der Ex-ante-Test mit Ausführungszeit von 30 Minuten sowie alle anderen Halteperioden sind entsprechend zu interpretieren. Für alle gilt jeweils, daß eine Position als nicht ausführbar angesehen wird, sofern in der festgelegten Zeitspanne kein entsprechender Kurs (Geld- oder Briefkurs) vorliegt.

8.3.2.4. Spezielle Anmerkungen

Weiter oben wurde beschrieben, daß zur Ermittlung eines Arbitragesignals implizite und beobachtete Aktienkurse miteinander verglichen werden. Dazu ist zunächst ein Kurspaar aus Aktien- und Optionskurs zu ermitteln. Beispielsweise im Falle des Optionsmarktleads ist damit gemeint, daß zu jedem festgestellten Optionsgeldkurs der zu dieser Zeit gültige Aktienbriefkurs ermittelt werden muß. Nur wenn ein solches Kurspaar ermittelt werden kann, ist es grundsätzlich überhaupt möglich, über die Ermittlung des impliziten Aktienkurses ein mögliches Arbitragesignal festzustellen.

Weiterhin ist auch zu berücksichtigen, daß die Handelsstrategie möglichst den reellen Handel widerspiegeln sollte. Wie schon früher ausgeführt, sind im Durchschnitt die hier betrachteten Aktien wesentlich aktiver als Optionen. Aus diesem Grunde kann es vorkommen, daß in bestimmten Zeitintervallen erheblich mehr Aktienkurse einer bestimmten Aktienserie auftreten als Optionspreise einer der Aktie zugehörigen Optionsserie. So könnte beispiels-

[1] Diese Darstellung der Zeitangabe wird wegen der genauen Sekundenbetrachtung benötigt.

weise zwischen 11.00 Uhr und 12.00 Uhr ca. alle 10 Minuten ein neuer Aktienkurs der Aktienserie auftreten, während in dieser Zeit nur ein einziger Optionskurs der Optionsserie zustandekommt. Dies hat die Konsequenz, daß verschiedene Aktienkurse jeweils mit dem gleichen Optionskurs verglichen werden. Wird ein Arbitragesignal festgestellt und es kommt zur Ausführung, so liegt es nahe, daß der nächste Vergleich wieder zu einem positiven Signal führen würde. Da hier ein Handel simuliert wird, muß berücksichtigt werden, daß die Ausführung eines Kauf- oder Verkaufssignals in der Realität wahrscheinlich zu einer Veränderung des Optionskurses geführt hätte. Dieser möglichen Veränderung wird hier dadurch Rechnung getragen, daß zwischen Aktien- und Optionskurs kein Vergleich mehr stattfindet bzw. kein Kauf- oder Verkaufssignal mehr ausgeführt wird, solange kein neuer Optionskurs zustandegekommen ist. Um die beschriebenen Sachverhalte zu verdeutlichen, werden einige Beispiele aufgestellt (Tab. 8-1).

Tab. 8-1: Beispiele für Vergleiche von Aktien-/Optionskursen (-zeiten)

Fall	Aktienzeit	Optionszeit	Vergleich Aktie / Option	pos. Signal	Ausführung
a	10:03.12		kein Vergleich	-	-
b	10:04:06	10:04:00	10:04:06 / 10:04:00	nein	nein
c	10:06:54	10:05:30	10:06:54 / 10:05:30	ja	ja
d	10:07:12		kein Vergleich	-	-
e	10:07:54	10:07:30	10:07:54 / 10:07:30	nein	nein
f	10:08:30		10:08:30 / 10:07:30	ja	ja
g	10:09:12	00:00:00	kein Vergleich	-	-
h	10:10:54	10:10:48	10:10:54 / 10:10:48	ja	ja
	...	...			

Durch die Fälle a) bis h) werden die Zeitpunkte eines jeden neu zustandegekommenen Kurses einer Option sowie der zugehörigen Aktie dargestellt. Die Preisangaben sowie die Angaben, ob es sich um einen Brief- oder Geldkurs handelt, werden hier vernachlässigt, da sie für diese Zwecke nicht von Bedeutung sind. Ebenfalls wird die Berechnung des impliziten Aktienkurses vorausgesetzt, d.h. mit dem Vergleich von Aktie und Option ist eigentlich der Vergleich von beobachtetem und implizitem Aktienkurs gemeint, welcher aus dem Optionspreis errechnet wurde. Es wird angenommen, daß die Aktienpreise als Basis dienen, d.h. zu jedem festgestellten Aktienkurs der zu diesem Zeitpunkt jeweils gültige Optionskurs zeitmäßig zuzuordnen ist. Einerseits soll mit diesen Beispielen aufgezeigt werden, ob und wann überhaupt ein Vergleich stattfinden kann. Wurde ein Vergleich durchgeführt, so soll aufgrund von Annahmen über ein positives Signal deutlich gemacht werden, wann es zu einer Ausführung kommt.

Erläuterung:

a) Zur Kurszeit der Aktie existiert noch kein Preis für die Option. Es findet dementsprechend auch kein Vergleich statt.

b) Dem Kurs der Aktie um 10:04:06 Uhr kann ein Optionskurs um 10:04:00 Uhr zugeordnet werden. Es findet ein Vergleich statt. Das Arbitragesignal sei negativ. Es findet keine Ausführung statt.

c) Die Kurse der Aktie um 10:06:54 Uhr und der Option um 10:05:30 Uhr werden verglichen. Das Arbitragesignal sei positiv. Die Ausführung findet statt.

d) Zum neuen Kurs der Aktie um 10:07:12 Uhr existiert noch der alte Kurs der Option von 10:05:30 Uhr. Es findet kein Vergleich statt, da zuvor im Fall c) die Option gehandelt wurde und damit davon ausgegangen werden kann, daß dieser Kurs nicht mehr existiert.

e) Die Kurse zu den angegebenen Zeiten von Aktie und Option werden verglichen. Das Arbitragesignal sei negativ. Es findet keine Ausführung statt.

f) Wie zunächst im Fall d) existiert zum neuen Kurs der Aktie um 10:08:30 Uhr noch der alte Kurs der Option von 10:07:30 Uhr. Das Arbitragesignal sei positiv. Im Gegensatz zu Fall d) findet die Ausführung jedoch statt, da die Option zu diesem Kurs noch nicht gehandelt wurde und damit davon ausgegangen werden muß, daß dieser Kurs noch gültig ist.

g) Zum neuen Kurs der Aktie um 10:09:12 Uhr existiert kein aktueller Kurs der Option. Der bisherige Kurs wird nicht mehr "angeboten", was durch die "00:00:00"-Meldung ausgedrückt wird. Damit kann kein Vergleich stattfinden.

h) Wie Fall c).

8.3.3. Daten-Ausschlußkriterien

Die Bildung der Stichprobe für die Handelsstrategien erfolgt im übertragenen Sinne analog zur Bildung der Stichproben für die Regressionsanalysen. Da es sich hier um Handelsstrategien handelt, müssen lediglich einige Sachverhalte entsprechend angepaßt werden. Die einzelnen Ausschlußkriterien wurden bei der Rendite-Analyse bereits ausführlich erläutert. Deshalb wird hier nur sehr kurz darauf eingegangen.

Da eine korrekte Anpassung des Black/Scholes-Modells auf Amerikanische Kaufoptionen nur dann möglich ist, wenn eine *vorzeitige Ausübung* sich als nicht vorteilhaft herausstellt, werden alle Optionen aus der Stichprobe eliminiert, die diese Bedingung nicht erfüllen. Weiterhin können keine impliziten Aktienkurse für den *ersten Handelstag* und auch dann nicht ermittelt werden, wenn *am Vortag kein Volatilitätsschätzer* vorliegt.

Market-Maker sind für ihre in der Lizenz angegebenen Kontrakte verpflichtet, auf Anfrage (Quote-Request) Quotes für Geld- und Briefkurse anzugeben. Dies kann bei illiquiden Optionsserien zur Folge haben, daß über ein längeres Zeitintervall nur ein Brief- oder Geldkurs oder sogar gar kein Kurs für eine Optionsserie vorliegt, was erhebliche Konsequenzen auf die Durchführbarkeit der Handelsstrategie haben kann.[1] Da hierbei ja keine "Anfrage" möglich ist, kann das Nichtvorliegen eines Geld- oder Briefkurses dazu führen, daß a) das Errechnen eines Arbitragesignals nicht möglich ist, b) eine gewünschte Position nicht auf-

[1] In der Datenbasis wurden sogar Optionsserien festgestellt, die über einen gesamten Handelstag nur Brief- oder nur Geldkurse aufwiesen.

gebaut werden kann, c) die Glattstellung einer Position nicht zum gewünschten Zeitpunkt möglich ist oder d) keine Geld-Brief-Spanne zum gewünschten Zeitpunkt errechnet werden kann. Deshalb macht es wenig Sinn, Optionen mit einzubeziehen, die besonders inaktiv sind. Da es sich um eine Handelsstrategie handelt, kann das Kriterium der Anzahl Geschäfte pro Handelstag nicht herangezogen werden, da diese Zahl ja nur nachträglich, d.h. am Ende des Handelstages ermittelbar ist. Eine Handelsstrategie soll aber realitätsnah sein. Bei der Analyse der Struktur des Optionshandels wurde festgestellt, daß es sich bei den aktivsten Optionen um *at-the-money-Kaufoptionen* handelt, die eine *Restlaufzeit von weniger als 2 Monaten* aufweisen. Da diese Kriterien für jede Option zu Handelsbeginn festgestellt werden können, werden sie hier herangezogen, um möglichst aktive Optionen zu untersuchen.

8.4. Analyse der Geld-Brief-Spannen am Schweizer Aktienmarkt und an der SOFFEX

Der Erfolg einer Handelsstrategie hängt maßgeblich von der Höhe der Geld-Brief-Spanne ab. Auch dann, wenn die zur Handelsstrategie führende Annahme korrekt ist und damit die erwarteten Preisänderungen eintreten, kann nach Abzug von Transaktionskosten ein Verlust entstehen. Bei den hier durchzuführenden Tests ist zu berücksichtigen, daß eine Position jeweils innerhalb einer sehr kurzen Zeit (z.B. 15 Minuten) wieder liquidiert wird. So kann durch eine hohe Geld-Brief-Spanne ein Gewinn aus der Handelsstrategie verunmöglicht werden, auch wenn die antizipierte Richtung der Kursänderung korrekt war.

Da in dieser Untersuchung sowohl die Annahme eines Aktienmarktleads als auch eines Optionsmarktleads berücksichtigt werden soll und die Ergebnisse zu vergleichen sind, spielt es eine große Rolle, wie hoch die prozentualen Geld-Brief-Spannen am Aktien- und Optionsmarkt sind und ob diese unterschiedlich hoch ausfallen. Sind große Unterschiede festzustellen, so ist ein direkter Vergleich der Ergebnisse evtl. gar nicht möglich.

Die wesentliche Komponente der Transaktionskosten stellt die Geld-Brief-Spanne dar.[1] Andere Komponenten wie etwa die Gebühren und Kommissionen machen dagegen nur einen kleinen Teil aus. Schon allein die von der SOFFEX vorgeschriebenen minimalen Preisabstufungen erzeugen beachtliche Transaktionskosten.

---

1 Auf Determinanten bzw. potentielle Einflußfaktoren der Geld-Brief-Spanne sowie auf die Frage, warum in einem Markt überhaupt eine Geld-Brief-Spanne existiert und warum Marktteilnehmer diese akzeptieren, wird hier nicht näher eingegangen. Siehe dazu z.B. die Studie von Lüdecke/Schlag (1992), welche Faktoren wie *Handelsaktivität, Information, Risiko und Wettbewerb* hinsichtlich ihrer Wirkung auf die Geld-Brief-Spanne analysiert haben. Neben etlichen theoretischen Arbeiten existieren eine Vielzahl empirischer Analysen der Geld-Brief-Spanne. Erste empirische Studien wurden von Demsetz (1968) und Tinic (1972) durchgeführt. Die folgenden Arbeiten von Benston/Hagermann (1974, 1978); Ho/Marris (1984); Choi/Salandro/Shastri (1988); Glosten/Harris (1988); Harris (1989c; 1990); Marchand (1990); Stoll/Whaley (1990; 1990b; 1990c); Vijh (1990); Aerni (1991); Followill/Rodriguez (1991): George/Kaul/Nimalendran (1991); Laux/Senchack (1992); Ma/Peterson/Sears (1992); Lee/Mucklow/Ready (1993) haben den Zusammenhang zwischen Geld-Brief-Spannen und den verschiedensten Variablen untersucht.

In Kap. 6 wurden die minimalen Preisfluktuationen für SOFFEX-Optionen aufgeführt. Um diese besser in Relation setzen zu können, wurden in folgender Tab. 8-2 unter der Annahme, daß Geld- und Briefkurse eine Preisstufe auseinanderliegen, die minimalen Preisspannen für einige Optionspreise in Prozent aufgelistet.

Tab. 8-2: Minimale Preisfluktuationen für SOFFEX-Aktienoptionen in %[1]

Optionspreis in SFr.	Mimimalpreisfluktuation in %
1,00	20,00
2,00	10,00
5,00	10,00
10,00	5,00
20,00	2,50
50,00	1,00
100,00	1,00
200,00	0,50
500,00	0,20

Effektiv sind die Spannen zwischen Geld- und Briefkursen wesentlich höher als dies die Zahlen der Tab. 8-2 zulassen würden. So kann man sagen, daß sich die Geld-Brief-Spannen für liquide Kontrakte im Bereich von 5-10% des Optionspreises bewegen, während sie für weniger liquide sowie out-of-the-money-Optionen weit über 100% betragen können.

Da darüber bisher noch keine Veröffentlichung Aufschluß gibt, wurden die reellen Geld-Brief-Spannen während der Untersuchungsperiode über alle Options- und Aktienkurse berechnet. Da alle Daten mit einer Zeitkennzeichnung versehen sind, kann für jede Sekunde der Handelszeit die aktuell existierende Geld-Brief-Spanne als Differenz zwischen bestem Briefkurs und bestem Geldkurs berechnet werden.[2] Um die Vergleichbarkeit der Geld-Brief-Spannen unterschiedlicher Options- als auch Aktienserien zu gewährleisten, wurde jeweils eine prozentuale Geld-Brief-Spanne verwendet.[3] Diese ergibt sich für sowohl für eine Options- als auch Aktienserie aus der Differenz von bestem Briefkurs und bestem Geld-Kurs, dividiert durch den Mittelwert beider Quotes. Gemäß obiger Notation stellt

$$BSSP_{jt} = \frac{S_{jt}^{B} - S_{jt}^{G}}{\left(S_{jt}^{B} + S_{jt}^{G}\right)/2} \qquad (8\text{-}9)$$

die beobachtete prozentuale Geld-Brief-Spanne einer Aktie j zum Zeitpunkt t dar, während

1 Errechnet gemäß SOFFEX-Kontraktspezifikationen, Stand: Oktober 1992.

2 Die Quotierungen stammen von Market-Makern (nur SOFFEX) sowie anderen Marktteilnehmern und reflektieren deren Angebots- und Nachfrageverhalten.

3 Sieh hierzu auch die Arbeit von Phillips/Smith (1980) sowie aktueller von Lüdecke/Schlag (1992), die die Geld-Brief-Spannen der DTB untersucht haben.

$$BSCP_{jt} = \frac{C_{kt}^{B} - C_{kt}^{G}}{\left(C_{kt}^{B} + C_{kt}^{G}\right)/2} \tag{8-10}$$

die beobachtete prozentuale Geld-Brief-Spanne einer Optionen k zum Zeitpunkt t angibt. Transaktionen finden immer zum Geldkurs oder zum Briefkurs statt, niemals zu einem Kurs zwischen den beiden Quotes. Damit entfällt das Problem, ob zu den gestellten Kursen oder zu einem Kurs innerhalb der Geld-Brief-Spanne abgeschlossen wird.[1]

Obwohl es sich beim Aktien- und Optionsmarkt um unterschiedliche Systeme handelt, sollen die Geld-Brief-Spannen dieser beiden Märkte verglichen werden. Da Options- und Aktienserien nicht direkt miteinander verglichen werden können, ist dazu ist die Ermittlung der impliziten prozentualen Geld-Brief-Spanne (einer Aktie j, errechnet aus den beobachteten Geld- und Briefkursen der Option k zum Zeitpunkt t) notwendig:

$$ISP_{jkt} = \frac{\hat{S}_{jkt}^{B} - \hat{S}_{jkt}^{G}}{\left(\hat{S}_{jkt}^{B} + \hat{S}_{jkt}^{G}\right)/2} \tag{8-11}$$

Wie auch bei der Analyse der Geschäftstätigkeit wurden die Handelszeiten am Aktienmarkt und der SOFFEX in 10-Minuten-Intervalle eingeteilt, um ein Verlaufsmuster der Geld-Brief-Spannen zu identifizieren. Für jedes dieser Intervalle wurde die mittlere Geld-Brief-Spanne über alle Options- und Aktienserien bzw. impliziten Aktienserien berechnet. Dabei sind die Quotes so lange als gültig angesehen worden, bis sie von einem der Marktteilnehmer geändert wurden.[2] Das Ergebnis der Untersuchung der mittleren Geld-Brief-Spannen pro Zeitintervall an der SOFFEX ist in Abb. 8-3 dargestellt.[3]

Es zeigt sich, daß die Geld-Brief-Spannen einen W-förmigen Verlauf über den Handelstag[4] aufweisen. Mit Beginn des Handelstages fällt die Geld-Brief-Spanne von einem relativ hohen Niveau (bis auf ein Intervall) streng monoton auf seinen Tagestiefstand bis 12.00 Uhr und steigt danach bis zur Mittagspause wieder an. Mit Beginn des Nachmittags weist die Geld-Brief-Spanne ein lokales Maximum auf, fällt dann ab (wie zu Tagesbeginn) und steigt nach einem konstanten Niveau von 14.30 bis 15.30 Uhr zum Handelsschluß wieder an.

---

1 Vgl. Phillips/Smith (1980).

2 Lüdecke/Schlag (1992), S. 333ff. führen aus, daß ein derart berechneter Index von Geld-Brief-Spannen in seiner Zusammensetzung von Zeitintervall zu Zeitintervall weitgehend konstant ist. Allerdings kann bei dieser Vorgehensweise das Problem alter Quotes auftreten (vgl. Cohen/Maier/Schwartz/Whitcomb (1986), Kap. 6), welches aber aufgrund der Wettbewerbsumgebung am Aktienmarkt sowie an der SOFFEX vernachlässigbar erscheint. Lüdecke/Schlag (1992), S. 333ff. testen zusätzlich das Monotonieverhalten der Geld-Brief-Spannen auf Signifikanz.

3 Lüdecke/Schlag (1992) untersuchen nicht nur, ob die Geld-Brief-Spannen innerhalb des Handelstages ein Verlaufsmuster aufweisen, welches sich vor dem Hintergrund der neuartigen Marktstruktur der DTB begründen läßt. Es werden zudem potentielle Einflußfaktoren wie *Handelsaktivität, Information, Risiko und Wettbewerb* hinsichtlich ihrer Wirkung auf die Geld-Brief-Spanne analysiert. Es sei betont, daß für die Zwecke dieser Arbeit keine derartigen Analysen als notwendig erachtet wurden.

4 Mit Handelstag ist die Trading-Periode gemeint.

Abb. 8-3: Verlauf der Geld-Brief-Spannen über den Handelstag an der SOFFEX (Aktienkaufopt.) (10.5.90 - 27.8.90)[1]

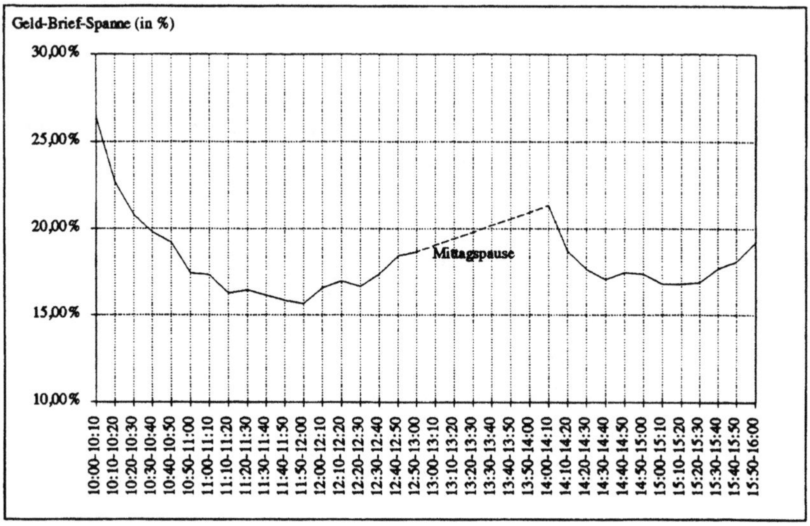

Das relative hohe Niveau der Geld-Brief-Spanne zu Beginn des Handelstages macht deutlich, daß unter den Marktteilnehmern noch eine gewisse Unsicherheit bezüglich der Marktentwicklung besteht. So dauert es über eine Stunde, bis sich die Marktteilnehmer an das vermeintlich richtige Preisniveau herangetastet haben. Vor und nach der Mittagspause kommt die Spanne etwas in Bewegung. Da von ca. 12.10 Uhr an eine geringere Handelsaktivität zu verzeichnen ist **(siehe Abb. 7-7)**, könnte damit ein kurzfristiger Anstieg der Spanne begründet werden. In den letzten 30 Minuten des Handelstages verzeichnet der Markt im allgemeinen eine Zunahme der Handelsaktivität **(siehe Abb. 7-7)**, wobei Investoren mit größeren Orders aggressiv in den Markt gehen. Dies könnte ein Ansteigen der Geld-Brief-Spanne zum Ende der Börsenzeit begründen.[2]

Insgesamt bewegt sich die Geld-Brief-Spanne an der SOFFEX im Bereich von 16,2% bis 26,4% mit einem Gesamtdurchschnitt von 19,2%. Dabei fällt auf, daß diese Zahlen um einiges höher sind als die prozentualen minimalen Preisspannen aus Tab. 8-2.

Options- und Aktienserien können nicht direkt miteinander verglichen werden. Deshalb wurden implizite prozentuale Geld-Brief-Spannen ermittelt.[3] Diese lassen sich mit den be-

---

1 Gesamtanzahl Kurse: Briefkurse: 396800, Geldkurse: 391658, Anzahl berechneter Geld-Brief-Spannen: 275645. Die durchschnittliche Geld-Brief-Spanne in der Pre-Trading-Phase vor 10.00 Uhr (Post-Trading-Phase nach 16.00 Uhr) beträgt 45,84% (20,8%). Wie schon erwähnt, ist an der SOFFEX während der Zeit von 13.00 Uhr bis 14.00 Uhr die Eingabe von Geld- und Briefkursen zwar möglich. Da aber reell nur sehr wenige Quotes festgestellt werden konnten, wurden für die Zeit von 13.00 Uhr bis 14.00 Uhr keine Geld-Brief-Spannen berechnet.

2 Bis auf die Tatsache, daß an der DTB andere Börsenzeiten bestehen und der Kassamarkt bereits vor Ende (13.30 Uhr) des eigentlichen Handels an der DTB schließt (15.00 Uhr), sind diese Resultate bzw. Kurvenverläufe strukturell identisch mit denen der Studie von Lüdecke/Schlag (1992).

3 Die impliziten Geld-Brief-Spannen ergeben sich aus den impliziten Aktienkursen, welche aus den beobachteten Geld- und Briefkursen der Optionen mittels des Optionsbewertungsmodells errechnet werden.

obachteten prozentualen Geld-Brief-Spannen am Aktienmarkt vergleichen. Auch hier wurde für jedes der 10-Minuten-Intervalle die mittlere Geld-Brief-Spanne über alle beobachteten und impliziten Aktienserien berechnet. Das Ergebnis der Untersuchung der mittleren beobachteten und impliziten Geld-Brief-Spannen pro Zeitintervall ist in Abb. 8-4 dargestellt.

Abb. 8-4: Verlauf von Geld-Brief-Spannen beobachteter und impliziter Aktienkurse über den Handelstag, CH (10.5.90 - 27.8.90)[1]

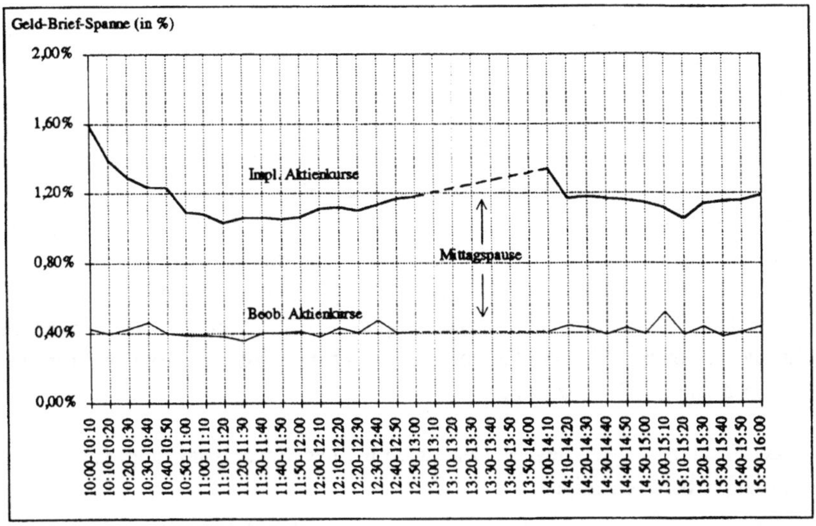

Aufgrund der Invertierung des Black/Scholes-Modells zur Ermittlung der impliziten Aktienkurse fällt die Kurve der impliziten Geld-Brief-Spannen etwas flacher aus, ist aber in ihrer Struktur derjenigen der Optionsserien im wesentlichen gleich geblieben, d.h. es gilt auch hier der weiter oben erläuterte W-förmige Verlauf. Am Aktienmarkt kann man den Geld-Brief-Spannen ein insgesamt konstantes Niveau mit einigen wenigen Ausreißern bescheinigen, welches sich bei 0,40% befindet. Der Gesamtdurchschnitt der impliziten Geld-Brief-Spannen beträgt dagegen 1,21%, ist also dreimal so hoch. Der tiefste Wert wird im Intervall von 11.10 Uhr bis 11.20 Uhr mit 1.03%, der höchste im ersten Intervall des Handelstages mit 1,59% erreicht. Dieser wesentliche Unterschied in der Höhe der beobachteten und impliziten Geld-Brief-Spannen von Aktienkursen ist nicht nur bei der Interpretation der Ergebnisse aus den Handelsstrategien zu berücksichtigen, sondern es gilt vielmehr, mittels einer geeigneten Regel die Ergebnisse der Handelsstrategien vergleichbar zu machen. Darauf wird später eingegangen.

[1] Die impliziten Kurse wurden aus Aktienkaufoptionen berechnet. Gesamtanzahl Aktienkurse: Briefkurse: 66650, Geldkurse: 71363, Anzahl berechneter Geld-Brief-Spannen beobachteter Aktienkurse: 42053. Gesamtanzahl Optionskurse: Briefkurse: 396800, Geldkurse: 391658, Anzahl berechneter Geld-Brief-Spannen impliziter Aktienkurse: 225416. Die durchschnittliche Geld-Brief-Spanne impliziter Aktienkurse in der Pre-Trading-Phase vor 10.00 (Post-Trading-Phase nach 16.00) beträgt 4,14% (1,26%).

8.5. Resultate der Handelsstrategien

Im folgenden werden die Resultate der einzelnen Handelsstrategien dargestellt. Aufgrund der Bedeutung der Transaktionskosten für den Erfolg oder Mißerfolg einer Handelsstrategie wurden zunächst die einzelnen Handelsstrategien *ohne Berücksichtigung von Transaktionskosten* durchgeführt.[1] Im Unterschied zu den oben beschriebenen Handelsstrategien wurde hier im Falle einer Ausführung zu *Mittelkursen* gehandelt, d.h. gekauft und verkauft. Weiterhin wurden *keine Gebühren* verrechnet. Die Ergebnisse sollen Aufschluß über die Korrektheit der antizipierten Kursänderungen und damit auch über eine Lead-Lag-Beziehung zwischen Aktien- und Optionsmarkt geben, da sie noch nicht von der Höhe der Transaktionskosten beeinflußt bzw. verzerrt werden. Hierbei spielt die Geld-Brief-Spanne eine besondere Rolle. Im Anschluß an die Darstellung der Ergebnisse ohne Transaktionskosten werden die Resultate der Handelsstrategien *mit Berücksichtigung von Transaktionskosten* erläutert. Wie im vorigen Abschnitt gezeigt wurde, sind die Geld-Brief-Spannen am Aktien- und Optionsmarkt unterschiedlich hoch, auch wenn man die Spannen von impliziten Aktienkursen berücksichtigt. Damit ist ein direkter Vergleich der einzelnen Handelsstrategien am Aktien- und Optionsmarkt nur schwer möglich. Aus diesem Grunde wurden weitere Handelsstrategien entwickelt, welche hier Abhilfe schaffen sollen. Darauf wird in den Abschnitten 8.5.3 und 8.5.4 eingegangen.

Wie bei der Rendite-Analyse liegt es nahe, auch bei den Handelsstrategien unterschiedliche Handelszeiten zu berücksichtigen:

a) Die Untersuchung wurde deshalb für den *gesamten Handelstag*, d.h. die Trading-Periode, durchgeführt.[2] Desweiteren wurde der Handelstag in zwei Teilintervalle aufgeteilt, nämlich
b) in die Zeit von *10:00 Uhr bis 11.00 Uhr (Handelsbeginn)* und
c) in den Rest des Handelstages, also in die Zeit von *11.00 Uhr bis 16.00 Uhr.*

Bei der Zeiteinteilung ist jeweils der Zeitpunkt des Ausführungssignals relevant. Weiterhin erfolgt die Darstellung aller Ergebnisse in drei Gruppierungen:

a) Annahme eines *Aktienmarktleads*, wobei die Ausführung der Signale durch Kauf und Verkauf von *Optionen* geschieht,
b) Annahme eines *Aktienmarktleads*, wobei die Ausführung der Signale durch ein Engagement in *impliziten Aktienkursen* stattfindet und
c) Annahme eines *Optionsmarktleads* mit Investition in *Aktien.*

---

[1] Die Reihenfolge der hier gewählten Darstellung entspricht nicht derjenigen der Vorgehensweise bei der Durchführung der Untersuchung. Die Durchführung der Handelsstrategien unter Vernachlässigung von Transaktionskosten wurde an sich erst nach Auswertung der Ergebnisse der "realitätsnäheren" Strategie, also mit Berücksichtigung von Transaktionskosten relevant. Diese Reihenfolge wurde aus Gründen der Übersichtlichkeit gewählt.

[2] Da Geld- und Briefkurse auch nach der Trading-Periode eingegeben werden können und der eigentliche Handelsschluß an einzelnen Handelstagen unterschiedlich sein kann, wurde wie auch bei der Rendite-Analyse das Handelsende einheitlich auf 16.00 Uhr gesetzt.

8.5.1. Angaben zur Datenbasis und berechneten Arbitragesignalen

Die Datenbasis für die Handelsstrategien unterscheidet sich von derjenigen der Rendite-Analyse nur dadurch, daß Geld- und Briefkurse anstelle von Bezahltkursen eingehen. Grundlage der Untersuchung bilden also Geld- und Briefkurse der Aktien, welche an den Börsen von Zürich, Genf und Basel gehandelt werden sowie Geld- und Briefkurse von SOFFEX-Optionen. Es werden ausschließlich diejenigen Aktien betrachtet, welche als Basistitel der SOFFEX-Optionen fungieren. Die Angaben zur Zeitkennzeichnung entsprechen denen der Bezahltkurse. Der Untersuchungszeitraum ist der gleiche wie bei der Rendite-Analyse, erstreckt sich also über die Periode vom 9. Mai 1990 bis zum 27. August 1990 und umfaßt 76 Handelstage.

Im Untersuchungszeitraum wurden an den Börsen Zürich, Genf und Basel insgesamt 845791 Geld- und Briefkurse registriert. Während dieser Periode fungieren 13 Aktientitel als Basisinstrumente von SOFFEX-Optionen. Da in dieser Studie kurzfristige zeitliche Interdependenzen zwischen dem Aktien- und Optionsmarkt untersucht werden, wurden die Kurse anderer Titel dementsprechend aus der Untersuchung eliminiert. Weiterhin wurden Doppel- oder Fehlmeldungen entfernt. Es bleiben 140256 zu untersuchende Kurse (72473 Geld- und 67783 Briefkurse).

An der SOFFEX wurden im Untersuchungszeitraum insgesamt 1736225 Geld- und Briefkurse registriert. Hiervon sind alle Aktienoptionen zu selektieren, da hierbei beispielsweise auch Kurse von Futures enthalten sind. Zudem sind Doppel- oder Fehlmeldungen zu eliminieren. Wie schon bei der Rendite-Analyse aufgeführt, wurden auch hier nicht sinnvoll zuordenbare Kurs- und Volumenmeldungen aus der Untersuchung eliminiert. Die nach dieser Selektion existierenden Geld- und Briefkurse von SOFFEX-Aktienoptionen sind in Tab. 8-3 aufgeführt.

Tab. 8-3: Geld- und Briefkurse von SOFFEX-Aktienoptionen (9.5.90 - 27.8.90)

	Anzahl Optionen[1]	**Anzahl Geld- und Briefkurse**		
		Gesamt	**Geldkurse**	**Briefkurse**
Kaufoptionen	17375	799958	397388	402570
Verkaufsoptionen	17018	651708	321474	330234
Alle Aktienoptionen	34393	1451666	718862	732804

Es existieren demnach 1451666 Kurse (718862 Geld- und 732804 Briefkurse) der zu untersuchenden Aktienoptionen. Davon entfallen 799958 Kurse (397388 Geld- und 402570 Briefkurse) auf Kaufoptionen, während 651708 Kurse (321474 Geld- und 330234 Briefkurse) auf Verkaufsoptionen quotieren. Es wurden dabei insgesamt für 34393 Optionen (17375 Kauf- und 17018 Verkaufsoptionen) Kurse gestellt. Wie auch bei der Rendite-Analyse wurden für die Handelsstrategien ausschließlich Kaufoptionen herangezogen. Von den 17375

1 Da es sich hier um eine Intraday-Untersuchung handelt, wird jede Option, für die an einem Handelstag mindestens ein Geld- oder Briefkurs gestellt wird, separat gezählt.

Kaufoptionen handelte es sich bei 2286 um at-the-money-Optionen mit einer Restlaufzeit von weniger als 2 Monaten.

Tab. 8-4 enthält die Angaben über die Berechnung der Δ's zur Ermittlung von Kauf- bzw. Verkaufssignalen.

Tab. 8-4: Arbitragesignale

	Berechnete Signale	Arbitragesignale		
		Gesamt	Kauf-signale	Verkaufs-signale
Aktienmarktlead	115932	4041	1807	2234
Optionsmarktlead	70760	2535	1444	1091

In den 76 Handelstagen der Untersuchungsperiode wurden bei allen Handelsstrategien unter der Annahme eines Aktienmarktleads 115932 Signale berechnet, wovon 4041 als Arbitragesignale identifiziert werden konnten. 1807 zeigten dabei ein Kauf- und 2234 ein Verkaufssignal an. Unter der Annahme eines Optionsmarktleads wurden 70760 Signale berechnet, wovon 2535 als Arbitragesignale entdeckt wurden. 1444 zeigten dabei ein Kauf- und 1091 ein Verkaufssignal an.

Nicht alle dieser Arbitragesignale konnten bei den unterschiedlichen Ausführungszeiten und Halteperioden ausgeführt werden, da entweder kein Kurs zur Positionsschließung oder - im Falle der Ex-ante-Tests mit mindestens 15 Minuten Ausführungszeit - kein Kurs zur Positionseröffnung festgestellt werden konnte. Weiter hängt eine mögliche Ausführung auch von der Ausführungszeit und der Länge der Halteperiode ab. Bei einer Ausführungszeit von 30 Minuten und der längsten Halteperiode von 60 Minuten muß beispielsweise das Ausführungssignal vor 14.45 Uhr eintreten, damit eine Position aufgebaut und noch am gleichen Tag liquidiert werden kann. Aus diesen Gründen werden die jeweils ausgeführten Signale bei jeder einzelnen Strategie angegeben.

8.5.2. Keine Berücksichtigung von Transaktionskosten

8.5.2.1. Aktienmarktlead

Unter der Annahme eines Aktienmarktleads fungiert der *Aktienmarkt* als Preissetzer. Bei Kenntnis der aktuellen Aktien- und Optionspreise sollen Preisanpassungsverzögerungen auf dem *Optionsmarkt* ausgenutzt werden. Wie schon erörtert, sind dazu grundsätzlich zwei Varianten möglich. Durch ein direktes *Engagement in Optionen* finden die konkreten Kosten sowie Gewinne/Verluste an der SOFFEX Berücksichtigung. Da allerdings in dieser Untersuchung auch die umgekehrte Annahme eines Optionsmarktleads getestet werden soll, wird auch in *implizite Aktienkurse investiert*, um die Ergebnisse der Handelsstrategien mit unterschiedlichen Annahmen besser vergleichen zu können.

a) Handel in Optionen

Die Resultate der Handelsstrategien bei Annahme eines Aktienmarktleads und dem Engagement in Optionen sind in den Tabellen 8-5, 8-6 und 8-7 dargestellt.

Tab. 8-5:

Realisierte Gewinne/Verluste aus der Handelsstrategie (Aktienmarktlead, Handel in Optionen, keine Transaktionskosten)

Ausführungs-zeit	Halte-periode	Ø Gewinn (+) /Verlust (-) pro Option		Anzahl ausgeführter Signale	t-Wert für % Gewinn/ Verlust[1]
		in %	SFr.		
30 Sek.	10 Min.	6,992	4,41	1977	7,999*
	15 Min.	6,907	3,62	2872	6,371*
	30 Min.	4,879	3,57	2720	11,468*
	45 Min.	6,152	3,97	2508	10,264*
	60 Min.	7,171	5,14	2309	15,856*
15 Min.	10 Min.	1,898	0,94	1532	4,157*
	15 Min.	2,239	0,96	2277	5,181*
	30 Min.	3,395	1,61	2149	5,121*
	45 Min.	3,910	1,90	1945	8,082*
	60 Min.	3,401	2,43	1684	6,463*
30 Min.	10 Min.	-0,104	-1,16	1335	-0,261
	15 Min.	1,390	0,10	1972	2,251*
	30 Min.	2,514	0,43	1826	5,262*
	45 Min.	2,414	1,56	1563	5,074*
	60 Min.	3,431	1,62	1417	6,872*

Die Ergebnisse für den gesamten Handelstag (Tab. 8-5) zeigen - mit Ausnahme einer einzigen von 15 Strategien (30-Minuten-Ausführungszeit, 10-Minuten-Halteperiode) - für alle Tests signifikante Gewinne. Sowohl die prozentualen Zahlen als auch die absoluten Beträge sind deutlich positiv. Dies zeigt sich vor allem bei der Ausführungszeit von 30 Sekunden. Bei dieser Strategie sind die prozentualen Gewinne für alle Halteperioden besonders hoch und nehmen mit bis zu 7,17% ein beträchtliches Ausmaß an.

Sofern das Ausführungssignal in der ersten Handelsstunde festgestellt wurde (Tab. 8-6), so nehmen diese Gewinne noch zu. Sie nehmen im wesentlichen ab, wenn alle Ausführungssignale der ersten Handelsstunde ausgeschlossen werden (Tab. 8-7), sind aber noch deutlich positiv. Wie schon bei der Rendite-Analyse festgestellt wurde, scheint der Aktienmarktlead in der ersten Handelsstunde besonders ausgeprägt zu sein. Weiter ist zu bemerken, daß vor allem die Gewinne aus der Ex-ante-Strategie mit 30-Sekunden-Ausführungszeit und Halteperioden von 10 und 15 Minuten auffallen. Es kann also auch aufgrund dieser Ergebnisse der Aktienmarktlead von ca. 15 Minuten bestätigt werden.

1 * ≡ Signifikant bei 5%-Signifikanzniveau.

Tab. 8-6:

Realisierte Gewinne/Verluste aus der Handelsstrategie (Aktienmarktlead, Handel in Optionen, Ausführungssignal: 10:00 - 11:00, keine Transaktionskosten)

Ausführungszeit	Halteperiode	Ø Gewinn (+) / Verlust (-) pro Option		Anzahl ausgeführter Signale	t-Wert für % Gewinn/ Verlust
		in %	SFr.		
30 Sek.	10 Min.	12,510	8,10	621	7,242*
	15 Min.	16,064	7,62	863	4,925*
	30 Min.	10,819	7,21	852	9,262*
	45 Min.	13,259	7,56	802	7,899*
	60 Min.	13,850	8,84	780	12,854*
15 Min.	10 Min.	3,934	1,73	527	3,623*
	15 Min.	5,704	2,29	756	5,297*
	30 Min.	6,727	2,92	713	3,731*
	45 Min.	7,465	2,93	684	6,872*
	60 Min.	5,602	2,16	634	5,038*
30 Min.	10 Min.	-0,129	-1,72	447	-0,148
	15 Min.	2,709	-0,23	661	1,614
	30 Min.	4,613	-0,43	627	4,021*
	45 Min.	3,119	0,20	603	3,313*
	60 Min.	4,550	1,59	575	5,174*

Tab. 8-7:

Realisierte Gewinne/Verluste aus der Handelsstrategie (Aktienmarktlead, Handel in Optionen, Ausführungssignal: 11:00 - 16:00, keine Transaktionskosten)

Ausführungszeit	Halteperiode	Ø Gewinn (+) / Verlust (-) pro Option		Anzahl ausgeführter Signale	t-Wert für % Gewinn/ Verlust
		in %	SFr.		
30 Sek.	10 Min.	4,478	2,75	1362	4,535*
	15 Min.	2,980	1,92	2015	4,675*
	30 Min.	2,159	1,92	1874	7,312*
	45 Min.	2,811	2,29	1711	7,713*
	60 Min.	3,735	3,24	1534	9,939*
15 Min.	10 Min.	0,791	0,51	1011	1,999*
	15 Min.	0,496	0,30	1527	1,399*
	30 Min.	1,734	0,96	1441	4,137*
	45 Min.	1,939	1,32	1266	4,328*
	60 Min.	2,029	2,57	1056	4,020*
30 Min.	10 Min.	-0,164	-0,94	894	-0,404
	15 Min.	0,702	0,24	1316	1,851*
	30 Min.	1,362	0,83	1204	3,340*
	45 Min.	1,905	2,36	966	3,831*
	60 Min.	2,634	1,63	843	4,491*

Um herauszufinden, ob die Arbitragesignale vorhersagenden Charakter haben, wurde ein zusätzlicher Test durchgeführt, der die Höhe der ausgeführten Signale und die realisierten Renditen bzw. absoluten Gewinne in Beziehung setzt. Um die Vergleichbarkeit der Signale unterschiedlicher Optionsserien zu gewährleisten, wurde ein prozentuales Signal verwendet.

Dieses ergibt sich gemäß Abb. 8-2 und der Definition (8-5) für das absolute Signal im Falle einer Kaufposition wie folgt:

$$\delta_{jkt} = \frac{S_{jt}^{G} - \hat{S}_{jkt}^{B}}{\left(\hat{S}_{jkt}^{B} + \hat{S}_{jkt}^{G}\right)/2} \tag{8-12}$$

Im Falle einer Verkaufsposition ergibt sich gemäß Definition (8-7):

$$\delta_{jkt} = -\frac{S_{jt}^{B} - \hat{S}_{jkt}^{G}}{\left(\hat{S}_{jkt}^{B} + \hat{S}_{jkt}^{G}\right)/2} \tag{8-13}$$

Hier wird also das absolute Signal durch den Mittelwert aus den impliziten Geld- und Briefkursen (errechnet aus den beobachteten Geld- und Briefkursen der Option k zum Zeitpunkt t) der Aktie j zum Zeitpunkt t dividiert.

Die ausgeführten Signale und die zugehörigen Gewinne wurden anhand der Höhe der Signale aufsteigend sortiert und in fünf gleich große Portefeuilles 1 bis 5 eingeteilt. Die durchschnittliche prozentuale Signalhöhe nimmt also mit jedem Portefeuille zu. Die Tabellen 8-8 und 8-9 enthalten für die Strategie mit 30-Sekunden-Ausführungszeit und 10-Minuten-Halteperiode die durchschnittlichen prozentualen Signalhöhen und zugehörigen durchschnittlichen Renditen für jedes der fünf Portefeuilles. Tab. 8-8 bezieht sich auf Ausführungssignale über den gesamten Handelstag, während Tab. 8-9 nur die Ausführungssignale der ersten Handelsstunde erfaßt.

Es ist zu erkennen, daß jeweils für die Portefeuilles 1 bis 4 der Gewinn bzw. die Rendite mit zunehmender durchschnittlicher Signalhöhe wächst. Das Portefeuille 5 erzielt in beiden Fällen eine geringere Rendite als Portefeuille 4. Wie aus beiden Tabellen hervorgeht, ist die Standardabweichung des Signals bei Portefeuille 5 besonders hoch. Ebenso ist bei der durchschnittlichen Signalhöhe ein großer Sprung zu verzeichnen. Dies kann damit begründet werden, daß dieses Portefeuille sozusagen nach oben "offen" ist, d.h. auch die besonders hohen Signale enthält.

Tab. 8-8:

Beziehung zwischen ausgeführten Signalen und erzielten Renditen für 30-Sek.-Ausführungszeiten und 10-Minuten-Halteperioden (Aktienmarktlead, Handel in Optionen, keine Transaktionskosten)

Portefeuille	Ø Signal (δ) in %	Standardabw. von δ (%)	Ø Gewinn pro Option in %	Ø Gewinn pro Option SFr.	Standardabw. der Rendite (%)
1	0,496	0,108	3,340	4,42	9,808
2	0,812	0,094	5,138	3,04	21,780
3	1,160	0,102	5,540	4,47	33,612
4	1,716	0,242	17,136	6,53	74,236
5	3,331	1,213	3,781	3,85	14,081

Tab. 8-9:

Beziehung zwischen ausgeführten Signalen und erzielten Renditen für 30-Sek.-Ausführungszeiten und 10-Minuten-Halteperioden (Aktienmarktlead, Handel in Optionen, Ausführungssignal: 10:00 - 11:00, keine Transaktionskosten)

Portefeuille	Ø Signal (δ) in %	Standardabw. von δ (%)	Ø Gewinn pro Option		Standardabw. der Rendite (%)
			in %	SFr.	
1	0,467	0,110	5,089	6,33	12,205
2	0,760	0,075	12,104	6,48	57,965
3	1,071	0,092	12,314	10,60	34,295
4	1,498	0,173	24,015	10,89	24,015
5	2,863	1,197	8,209	6,14	29,294

b) Handel in impliziten Aktienkursen

Die Resultate der Handelsstrategien bei Annahme eines Aktienmarktleads und dem Engagement in Optionen sind in den Tabellen 8-10, 8-11 und 8-12 dargestellt. Da die impliziten Aktienkurse ein erheblich höheres Gesamtniveau aufweisen, zeigen die Resultate logischerweise insgesamt niedrigere prozentuale Gewinne. Absolut gesehen nehmen sie allerdings noch zu. Ansonsten ist das Bild ähnlich dem der Investition in Optionen.

Tab. 8-10:

Realisierte Gewinne/Verluste aus der Handelsstrategie (Aktienmarktlead, Handel in impl. Aktienkursen, keine Transaktionskosten)

Ausführungszeit	Halteperiode	Ø Gewinn (+) / Verlust (-) pro Aktie[1]		Anzahl ausgeführter Signale	t-Wert für % Gewinn/ Verlust
		in %	SFr.		
30 Sek.	10 Min.	0,220	8,49	1977[2]	11,948*
	15 Min.	0,186	6,32	2865	12,672*
	30 Min.	0,193	6,28	2711	14,794*
	45 Min.	0,218	7,73	2499	14,422*
	60 Min.	0,290	9,91	2299	18,595*
15 Min.	10 Min.	0,037	0,09	1532	1,673*
	15 Min.	0,048	0,22	2277	2,409*
	30 Min.	0,075	2,03	2149	3,566*
	45 Min.	0,107	2,45	1944	4,589*
	60 Min.	0,127	2,58	1683	5,040*
30 Min.	10 Min.	-0,056	-2,34	1326	-2,495*
	15 Min.	-0,006	0,38	1961	-0,319
	30 Min.	0,044	1,25	1812	2,069*
	45 Min.	0,067	2,62	1554	3,054*
	60 Min.	0,102	3,85	1407	4,952*

1 Wie schon ausgeführt, kann ein Engagement in den impliziten Aktienkurs als Investition in ein Portefeuille bestehend aus Kaufoptionen und risikoloser Anlage interpretiert werden. Es wird hier vom Gewinn pro implizitem Aktienkurs ausgegangen.

2 Die Anzahl ausgeführter Signale kann beim Vergleich des Handels in impliziten Aktienkursen mit dem Handel in Optionen voneinander abweichen.

Tab. 8-11:

Realisierte Gewinne/Verluste aus der Handelsstrategie (Aktienmarktlead, Handel in impl. Aktienkursen, Ausführungssignal: 10:00 - 11:00, keine Transaktionskosten)

Ausführungs-zeit	Halte-periode	Ø Gewinn (+) / Verlust (-) pro Aktie		Anzahl aus-geführter Signale	t-Wert für % Gewinn/ Verlust
		in %	SFr.		
30 Sek.	10 Min.	0,362	13,66	621	11,675*
	15 Min.	0,368	12,71	863	11,428*
	30 Min.	0,362	11,48	852	14,238*
	45 Min.	0,393	13,48	802	12,035*
	60 Min.	0,471	16,42	779	15,439*
15 Min.	10 Min.	0,070	-1,61	527	1,323
	15 Min.	0,125	1,09	756	3,025*
	30 Min.	0,132	2,20	713	3,042*
	45 Min.	0,181	3,52	683	3,956*
	60 Min.	0,165	0,59	633	3,180*
30 Min.	10 Min.	-0,104	-4,16	444	-2,341*
	15 Min.	-0,027	-0,37	656	-0,696
	30 Min.	0,042	1,18	618	1,071
	45 Min.	0,025	0,54	594	0,627
	60 Min.	0,118	4,52	566	3,421*

Tab. 8-12:

Realisierte Gewinne/Verluste aus der Handelsstrategie (Aktienmarktlead, Handel in impl. Aktienkursen, Ausführungssignal: 11:00 - 16:00, keine Transaktionskosten)

Ausführungs-zeit	Halte-periode	Ø Gewinn (+) / Verlust (-) pro Aktie		Anzahl aus-geführter Signale	t-Wert für % Gewinn/ Verlust
		in %	SFr.		
30 Sek.	10 Min.	0,158	6,14	1362	7,022*
	15 Min.	0,110	3,60	2008	7,111*
	30 Min.	0,116	3,89	1865	7,928*
	45 Min.	0,136	5,01	1702	8,703*
	60 Min.	0,196	6,53	1525	11,427*
15 Min.	10 Min.	0,019	0,95	1011	0,999
	15 Min.	0,010	-0,21	1527	0,466
	30 Min.	0,047	1,94	1441	2,041*
	45 Min.	0,065	1,82	1266	2,511*
	60 Min.	0,102	3,73	1056	4,038*
30 Min.	10 Min.	-0,037	-1,52	888	-1,477
	15 Min.	0,002	0,73	1310	0,086
	30 Min.	0,041	1,21	1199	1,634
	45 Min.	0,087	3,81	966	3,528*
	60 Min.	0,091	3,39	842	3,564*

Die Ergebnisse für den gesamten Handelstag (Tab. 8-10) zeigen - mit Ausnahme von zwei Strategien - für alle Tests signifikante Gewinne. Die prozentualen Gewinne sind nur scheinbar niedrig. Dies machen die absoluten Zahlen sowie die Tatsache deutlich, daß es sich hier um 10- bis 60-Minuten-Renditen handelt. Die deutlich positiven Gewinne werden ebenfalls durch die sehr hohen t-Werte bestätigt. Dies zeigt sich vor allem bei der Ausführungszeit von 30 Sekunden. Bei dieser Strategie sind die Gewinne für alle Halteperioden besonders hoch.

Wie auch beim Handel in Optionen, nehmen die Gewinne noch zu, sofern das Ausführungssignal in der ersten Handelsstunde festgestellt wurde (Tab. 8-11). Sie nehmen im wesentlichen ab, wenn alle Ausführungssignale der ersten Handelsstunde ausgeschlossen werden (Tab. 8-12), sind aber noch deutlich positiv. Deshalb kann auch hier gefolgert werden, daß der Aktienmarktlead in der ersten Handelsstunde besonders ausgeprägt ist.

Analog zum Handel in Optionen enthalten die Tabellen 8-13 und 8-14 für die Strategie mit 30-Sekunden-Ausführungszeit und 10-Minuten-Halteperiode die durchschnittlichen prozentualen Signalhöhen und zugehörigen durchschnittlichen Renditen für jedes der fünf Portefeuilles. Tab. 8-13 bezieht sich auf Ausführungssignale über den gesamten Handelstag, während Tab. 8-14 nur die Ausführungssignale der ersten Handelsstunde erfaßt.

Tab. 8-13:

Beziehung zwischen ausgeführten Signalen und erzielten Renditen für 30-Sek.-Ausführungszeiten und 10-Minuten-Halteperioden (Aktienmarktlead, Handel in impl. Aktienkursen, keine Transaktionskosten)

Portefeuille	Ø Signal (δ) in %	Standardabw. von δ (%)	Ø Gewinn pro Aktie		Standardabw. der Rendite (%)
			in %	SFr.	
1	0,496	0,108	0,153	7,16	0,404
2	0,812	0,094	0,180	5,66	0,669
3	1,160	0,102	0,199	6,73	0,602
4	1,716	0,242	0,386	13,84	1,366
5	3,331	1,213	0,182	9,04	0,689

Tab. 8-14:

Beziehung zwischen ausgeführten Signalen und erzielten Renditen für 30-Sek.-Ausführungszeiten und 10-Minuten-Halteperioden (Aktienmarktlead, Handel in impl. Aktienkursen, Ausführungssignal: 10:00 - 11:00, keine Transaktionskosten)

Portefeuille	Ø Signal (δ) in %	Standardabw. von δ (%)	Ø Gewinn		Standardabw. der Rendite (%)
			in %	SFr.	
1	0,467	0,110	0,228	10,68	0,458
2	0,760	0,075	0,365	11,11	0,995
3	1,071	0,092	0,426	15,39	0,741
4	1,500	0,173	0,492	20,05	0,766
5	2,863	1,197	0,316	11,00	0,777

Es ergeben sich die gleichen Schlußfolgerungen wie beim Handel in Optionen (Tab. 8-8 und 8-9), nämlich daß jeweils für die Portefeuilles 1 bis 4 der Gewinn bzw. die Rendite mit zunehmender durchschnittlicher Signalhöhe wächst.

8.5.2.2. Optionsmarktlead

Unter der Annahme eines Optionsmarktleads fungiert der *Optionsmarkt* als Preissetzer. Bei Kenntnis der aktuellen Aktien- und Optionspreise sollen dementsprechend Preisanpassungsverzögerungen auf dem *Aktienmarkt* ausgenutzt werden. Es findet dazu ein direktes ***Engagement in Aktien*** statt. Die Resultate der Handelsstrategien im Falle der Nichtberücksichtigung von Transaktionskosten sind in den Tabellen 8-15, 8-16 und 8-17 dargestellt.

Tab. 8-15:

Realisierte Gewinne/Verluste aus der Handelsstrategie (Optionsmarktlead, keine Transaktionskosten)

Ausführungs-zeit	Halte-periode	Ø Gewinn (+) / Verlust (-) pro Aktie		Anzahl aus-geführter Signale	t-Wert für % Gewinn/ Verlust
		in %	SFr.		
30 Sek.	10 Min.	0,107	5,32	1436	7,744*
	15 Min.	0,102	5,19	1918	9,458*
	30 Min.	0,084	4,81	1766	7,083*
	45 Min.	0,077	5,11	1606	5,277*
	60 Min.	0,104	6,16	1495	6,058*
15 Min.	10 Min.	0,094	5,51	1261	4,837*
	15 Min.	0,057	3,79	1708	3,999*
	30 Min.	0,038	3,22	1529	2,274*
	45 Min.	0,078	5,26	1431	3,672*
	60 Min.	0,031	2,42	1273	1,243
30 Min.	10 Min.	-0,009	-0,23	1013	-0,409
	15 Min.	-0,028	-0,60	1440	-2,046*
	30 Min.	-0,009	1,34	1344	0,452
	45 Min.	-0,034	-1,26	1190	-1,497
	60 Min.	-0,069	-1,90	1103	-3,064*

Die Ergebnisse für den gesamten Handelstag (Tab. 8-15) zeigen für die Strategien mit 30-Sekunden- und 15-Minuten-Ausführungszeit Gewinne, die vereinzelt allerdings nicht mehr signifikant sind. Bei einer Ausführungszeit von 30 Minuten werden Verluste erzielt. Vergleicht man die Zahlen mit denen des Aktienmarktleads (Tab. 8-10), so fallen die Gewinne hier geringer aus. Dies wird um so deutlicher, sofern nur die erste Handelsstunde Berücksichtigung findet.

Sofern das Ausführungssignal in der ersten Handelsstunde festgestellt wurde (Tab. 8-16), nehmen die Gewinne ab und sind zum Teil auch nicht mehr signifikant. Sie nehmen wieder zu, wenn alle Ausführungssignale der ersten Handelsstunde ausgeschlossen werden (Tab. 8-17). Insgesamt fällt auf, daß die Gewinne zwar deutlich geringer ausfallen als bei Annahme des Aktienmarktleads, aber zum Teil immer noch positiv sind. Während sich bei einer Ausführungszeit von 30 Sekunden signifikant von Null verschiedene Gewinne ergeben, erzeugt die Handelsstrategie mit 30-Minuten-Ausführungszeit entweder Verluste oder nicht signifikant von Null verschiedene Größen. Die Gewinne bei der 30-Sekunden-Ausführungszeit sind dann am größten, wenn die Ausführungssignale der erste Handelsstunde ausgeschlossen werden.

Tab. 8-16:

Realisierte Gewinne/Verluste aus der Handelsstrategie (Optionsmarktlead, Ausführungssignal: 10:00 - 11:00, keine Transaktionskosten)

Ausführungs-zeit	Halte-periode	Ø Gewinn (+) / Verlust (-) pro Aktie		Anzahl aus-geführter Signale	t-Wert für % Gewinn/ Verlust
		in %	SFr.		
30 Sek.	10 Min.	0,052	2,95	429	2,514*
	15 Min.	0,064	3,98	552	2,813*
	30 Min.	0,067	4,35	522	2,864*
	45 Min.	0,017	3,06	525	0,672
	60 Min.	0,091	5,98	524	3,215*
15 Min.	10 Min.	0,051	2,79	372	1,287
	15 Min.	0,052	3,39	526	2,153*
	30 Min.	-0,016	1,04	512	-0,608
	45 Min.	0,066	4,59	516	1,889*
	60 Min.	0,019	1,23	479	0,463
30 Min.	10 Min.	-0,048	-2,10	315	-0,837
	15 Min.	-0,094	-3,24	490	-3,666*
	30 Min.	-0,023	0,41	487	-0,630
	45 Min.	-0,092	-3,97	458	-2,229*
	60 Min.	-0,141	-4,97	445	-3,540*

Tab. 8-17:

Realisierte Gewinne/Verluste aus der Handelsstrategie (Optionsmarktlead, Ausführungssignal: 11:00 - 16:00, keine Transaktionskosten)

Ausführungs-zeit	Halte-periode	Ø Gewinn (+) / Verlust (-) pro Aktie		Anzahl aus-geführter Signale	t-Wert für % Gewinn/ Verlust
		in %	SFr.		
30 Sek.	10 Min.	0,131	6,33	1007	7,419*
	15 Min.	0,087	4,60	1366	7,819*
	30 Min.	0,914	5,00	1244	6,657*
	45 Min.	0,106	6,11	1081	5,983*
	60 Min.	0,112	6,25	971	5,144*
15 Min.	10 Min.	0,112	6,64	889	5,095*
	15 Min.	0,059	3,97	1182	3,371*
	30 Min.	0,065	4,31	1017	3,057*
	45 Min.	0,085	5,64	915	3,169*
	60 Min.	0,038	3,13	794	1,224
30 Min.	10 Min.	0,008	0,62	698	0,419
	15 Min.	0,006	0,75	950	0,374
	30 Min.	0,026	1,87	857	1,201
	45 Min.	0,002	0,44	732	0,075
	60 Min.	-0,021	0,17	658	-0,788

Auch hier wurde zusätzlich die Beziehung zwischen der Höhe der ausgeführten Signale und der realisierten Renditen bzw. absoluten Gewinne untersucht. Um die Vergleichbarkeit der Signale unterschiedlicher Aktienserien zu gewährleisten, wurde dazu ein prozentuales Signal verwendet. Dieses ergibt sich gemäß Abb. 8-1 und der Definition (8-1) für das absolute Signal im Falle einer Kaufposition wie folgt:

$$\delta_{jkt} = \frac{\hat{S}^G_{jkt} - S^B_{jt}}{\left(S^B_{jkt} + S^G_{jkt}\right)/2} \qquad (8\text{-}14)$$

Im Falle einer Verkaufsposition ergibt sich gemäß Definition (8-3):

$$\delta_{jkt} = -\frac{\hat{S}^B_{jkt} - S^G_{jt}}{\left(S^B_{jkt} + S^G_{jkt}\right)/2} \qquad (8\text{-}15)$$

Das absolute Signal wird also durch den Mittelwert aus den beobachteten Geld- und Briefkursen der Aktie j zum Zeitpunkt t dividiert.

Die ausgeführten Signale und die zugehörigen Gewinne wurden wiederum anhand der Höhe der Signale aufsteigend sortiert und in fünf gleich große Portefeuilles 1 bis 5 eingeteilt. Die Tabellen 8-18 und 8-19 enthalten für die Strategie mit 30-Sekunden-Ausführungszeit und 10-Minuten-Halteperiode die durchschnittlichen prozentualen Signalhöhen und zugehörigen durchschnittlichen Renditen für jedes der fünf Portefeuilles. Tab. 8-18 bezieht sich auf Ausführungssignale über den gesamten Handelstag, während Tab. 8-19 nur die Ausführungssignale der ersten Handelsstunde erfaßt.

Tab. 8-18:

Beziehung zwischen ausgeführten Signalen und erzielten Renditen für 30-Sek.-Ausführungszeiten und 10-Minuten-Halteperioden (Optionsmarktlead, keine Transaktionskosten)

Portefeuille	Ø Signal (δ) in %	Standardabw. von δ (%)	Ø Gewinn		Standardabw. der Rendite (%)
			in %	SFr.	
1	0,442	0,118	0,092	5,00	0,441
2	0,754	0,081	0,133	6,50	0,661
3	1,032	0,087	0,104	4,48	0,507
4	1,411	0,150	0,088	4,29	0,355
5	2,678	0,879	0,117	6,33	0,596

Tab. 8-19:

Beziehung zwischen ausgeführten Signalen und erzielten Renditen für 30-Sek.-Ausführungszeiten und 10-Minuten-Halteperioden (Optionsmarktlead, Ausführungssignal: 10:00-11:00, keine Transaktionskosten)

Portefeuille	Ø Signal (δ) in %	Standardabw. von δ (%)	Ø Gewinn		Standardabw. der Rendite (%)
			in %	SFr.	
1	0,426	0,112	0,165	8,77	0,529
2	0,691	0,075	-0,030	-0,21	0,275
3	0,940	0,082	0,019	1,78	0,472
4	1,292	0,115	0,097	3,13	0,437
5	2,382	1,032	0,007	1,27	0,332

Im Gegensatz zu den Ergebnissen bei Annahme eines Aktienmarktleads ist hier kein Zusammenhang zwischen der Höhe des Ausführungssignals und der realisierten Gewinne zu erkennen. Es ist sogar so, daß ein Portefeuille Verluste erzielt.

Auch wenn bei den bisher gezeigten Untersuchungen keine Transaktionskosten berücksichtigt wurden und deshalb die Ergebnisse nur als ein Indikator angesehen werden dürfen, so läßt doch der Vergleich der einzelnen Resultate den Schluß zu, daß sich der zeitliche Vorsprung des Aktienmarktes auch hier bestätigt. Dies wird dadurch unterstützt, daß im Falle der Annahme des Optionsmarktleads kein Zusammenhang zwischen der Höhe von Ausführungssignalen und den realisierten Renditen besteht. Die dennoch erzielten, aber im Gegensatz zum Aktienmarktlead wesentlich geringeren Gewinne spiegeln den bereits in der statistischen Analyse gefundenen Feedback des Optionsmarktes wider.

8.5.3. Berücksichtigung von Transaktionskosten

Die bisherigen Untersuchungen dienten vorwiegend dem Vergleich zwischen den beiden zu untersuchenden Annahmen. Eine realitätsnahe Handelsstrategie muß allerdings die direkten Transaktionskosten einbeziehen.

Wie im Abschnitt 8.4 gezeigt wurde, sind die Geld-Brief-Spannen am Aktien- und Optionsmarkt unterschiedlich hoch, auch wenn man die Spannen von impliziten Aktienkursen berücksichtigt. Damit ist ein direkter Vergleich der einzelnen Handelsstrategien am Aktien- und Optionsmarkt nur schwer möglich. Weiter hängt der Erfolg einer Handelsstrategie maßgeblich von der Höhe der Geld-Brief-Spanne ab. Auch dann, wenn die zur Handelsstrategie führende Annahme korrekt ist und damit die erwarteten Preisänderungen eintreten, kann nach Abzug von Transaktionskosten ein Verlust entstehen. Bei den hier durchzuführenden Tests ist zu berücksichtigen, daß eine Position jeweils innerhalb einer sehr kurzen Zeit (z.B. 15 Minuten) wieder liquidiert wird. So kann durch eine hohe Geld-Brief-Spanne ein Gewinn aus der Handelsstrategie verunmöglicht werden, auch wenn die antizipierte Richtung der Kursänderung korrekt war. Wie im Abschnitt 8.4 gezeigt wurde, sind die Geld-Brief-Spannen an der SOFFEX zum Teil sehr hoch. Dies hat einen wesentlichen Einfluß auf die Handelsstrategien. Deshalb empfiehlt es sich, weitere Regeln bei den Handelsstrategien einzuführen, welche die Höhe der Geld-Brief-Spanne mit berücksichtigen.

Zuvor sollen allerdings der Vollständigkeit halber die Ergebnisse derjenigen Handelsstrategien aufgeführt werden, welche die direkten Transaktionskosten in Form der *Geld-Brief-Spanne* und den *Gebühren* mit einbeziehen, aber sonstige Erkenntnisse wie eben die Höhe der Geld-Brief-Spanne außer acht lassen. Aufgrund des Umfangs aller hier durchgeführten Analysen und dem Umstand, daß diese Ergebnisse für die Interpretation von geringerer Bedeutung sind, können die Resultate dem Anhang X entnommen werden. Die Darstellung erfolgt in der gleichen Art wie bisher. Diese Resultate zeigen im wesentlichen Verluste für alle Handelsstrategien. Es kann allerdings festgehalten werden, daß die Verluste sinken, sofern ein Aktienmarktlead unterstellt wird und nur die Ausführungssignale der ersten Handelsstunde Berücksichtigung finden.

Da bei diesen Strategien keine weiteren Regeln einbezogen wurden, kann die Hypothese eines zeitlichen Vorsprungs des Aktienmarktes Gültigkeit haben, obwohl hier Verluste erwirtschaftet werden. Dies kann wie folgt begründet werden:

1. Es werden bei dieser Untersuchung ausschließlich Geld- und Briefkurse von at-the-money-Optionen mit einer Restlaufzeit von weniger als zwei Monaten berücksichtigt. Mittels der beschriebenen Ausschlußkriterien können weniger aktive Optionen nicht ausgeschlossen werden. Für diese Optionen existieren zu manchen Handelszeiten keine Geld- oder Briefkurse. Market-Maker sind lediglich verpflichtet, auf *Anfrage* Kurse zu stellen. Die hier simulierte Handelsstrategie kann allerdings nur von den in der Datenbasis bestehenden Geld- und Briefkursen ausgehen. So ist es möglich, daß etliche Positionen aufgrund fehlender Kurse bzw. Volumen nach der festgelegten Halteperiode nicht liquidiert werden können, obwohl sie bei einer Kursanfrage zu einem Gewinn geführt hätten.

2. Die Geld-Brief-Spannen sind am Optionsmarkt sehr hoch. Sie nehmen zum Teil Werte von weit über 100% an. Die bisherigen Handelsstrategien beziehen dies nicht bei der Berechnung von Kauf- oder Verkaufssignalen mit ein. So werden aufgebaute Positionen gemäß der Hypothese innerhalb kürzester Zeit (z.B. 15 Minuten) wieder glattgestellt. Bestand beim Aufbau der Position ein besonders großer Unterschied zwischen Geld- und Briefkurs so ist es einleuchtend, daß innerhalb solcher kurzer Zeiten ein Gewinn verunmöglicht wird, obwohl die Hypothese eines zeitlichen Vorsprungs Gültigkeit besitzt und die erwartete Richtung der Preisänderung eingetreten ist.

3. Es wurden zum Teil große Schwankungen in der Höhe aktueller Geld-Brief-Spannen einer Optionsserie während des Handelstages festgestellt. Dies kann damit begründet werden, daß hier ausschließlich Geld- und Briefkurse beobachtet werden. Kommt eine Transaktion zustande, so findet diese immer zum Geld- oder zum Briefkurs statt. Damit ist der Kurs, zu dem die Transaktion getätigt wurde, i.d.R. nicht mehr gültig. Auf Anfrage wird im Anschluß ein neuer Kurs gestellt. Hierbei konnte beobachtet werden, daß sich dieser Kurs des öfteren weit ab von dem Niveau des bisherigen Kurses bewegte. Die bisherigen Handelsstrategien berücksichtigten diesen Effekt nicht. Die jeweiligen aufgebauten Positionen wurden somit exakt nach der festgelegten Halteperiode, aber evtl. zu an sich unrealistischen Kursen glattgestellt. Kein Händler oder Investor verkauft eine Option, deren Geldkurs z.B. gerade um 40% gefallen ist.

4. Grundsätzlich ist der aus der statistischen Analyse hervorgegangene Feedback des Optionsmarktes zu beachten. Man muß sich vergegenwärtigen, daß die hier gewählten Handelsstrategien ausschließlich auf solche Konstellationen von Über- oder Unterbewertungen aus sind, um daraus Profit zu schlagen.

Aus diesen Gründen wurden weitere Handelsstrategien entwickelt, in denen die obigen Punkte 2) und 3) so weit wie möglich Berücksichtigung finden. Aufgrund der simulierten Handelsstrategien kann das Problem unter Punkt 1) nicht gelöst werden. Die folgenden beiden Abschnitte behandeln die diesbezüglich durchgeführten Handelsstrategien.

8.5.4. Berücksichtigung von Transaktionskosten mit Geld-Brief-Spannen-Regeln

Gemäß der beschriebenen Problematik, welche die *Höhe* und *Schwankung* von Geld-Brief-Spannen betrifft, wurden zusätzlich folgende Regeln eingeführt:

Regel 1: Positionsaufbau

Bei Feststellung eines Arbitragesignals erfolgt zunächst die Berechnung der aktuellen Geld-Brief-Spanne der zu handelnden Wertpapiere. Im Falle der Annahme eines Aktienmarktleads wird also für die jeweils betrachtete Option die Spanne aus Geld- und Briefkurs berechnet. Die Ausführung des Signals erfolgt nur dann, wenn diese prozentuale Spanne einen Schwellenwert nicht übersteigt. Andernfalls gilt das Signal nicht als Arbitragesignal.

Der Schwellenwert für die prozentuale Geld-Brief-Spanne von beobachteten bzw. impliziten Aktienkursen wurde dazu auf 0,4% und von beobachteten Optionskursen auf 6% festgesetzt. Dies begründet sich wie folgt: Es sollen hier die Ergebnisse der Handelsstrategien für die beiden Annahmen des Aktien- bzw. Optionsmarktleads miteinander verglichen werden. In Abschnitt 8.4 wurde festgestellt, daß die Geld-Brief-Spannen am Aktienmarkt ein konstantes Niveau von ca. 0,4% aufweisen. Die impliziten Spannen sind dagegen etwa dreimal so hoch. Aus diesem Grunde sollen diejenigen Optionen mit höheren Spannen in den Handelsstrategien nicht berücksichtigt werden. Das bedeutet, daß im Falle des Handels mit impliziten Aktienkursen der Schwellenwert für die Geld-Brief-Spanne auf das Niveau der durchschnittlichen beobachteten Spannen festgelegt wird. Für den Fall des direkten Optionshandels sind die beobachteten Spannen der Optionskurse zu betrachten, die ja beträchtlich höher sind. Der Schwellenwert von 6% stellt hierbei ein Drittel der durchschnittlichen beobachteten Geld-Brief-Spannen an der SOFFEX von ca. 19% dar.

Regel 2: Positionsschließung

Sofern ein Signal festgestellt und auch ausgeführt wurde, so sollte verhindert werden, daß die Position zu einem Kurs geschlossen wird, der durch eine zuvor getätigte Transaktion beeinflußt ist, d.h. sich weit ab vom Niveau des ursprünglichen Kurses befindet. Dazu bestehen grundsätzlich zwei Möglichkeiten:

a) Nach der festgelegten Halteperiode wird wiederum die aktuelle Geld-Brief-Spanne des zu betrachtenden Wertpapiers ermittelt. Übersteigt diese Spanne die beim Positionsaufbau ermittelte Spanne um mehr als einen festgelegten Wert, so wird angenommen, daß kein Händler zu diesem Kurs in der Realität die Position schließen würde. Die Position gilt als nicht ausführbar und wird gestrichen. Der Schwellenwert für die Positionsschließung wurde der Einfachheit halber auf 0% festgelegt, da so der Problematik des Vergleichs unterschiedlicher Handelsstrategien am besten begegnet wird. 0% bedeutet, daß sich die jeweils betrachtete Geld-Brief-Spanne nicht vergrößern darf.[1]

[1] Es wird darauf hingewiesen, daß diese Werte natürlich willkürliche Werte darstellen. Würde man eine Optimierung der Handelsstrategien anstreben, so müßten diese Zahlen evtl. genauer betrachtet werden.

Diese Regel ist insoweit kritisch zu betrachten, als daß diese Handelsstrategie nicht realitätsnah ist. Sie wird hier aber trotzdem durchgeführt, um einen Vergleich der Ergebnisse bei unterschiedlichen Halteperioden zu gewährleisten. Grundsätzlich hat es den Anschein, als würde man hier eine Auswahl treffen, die den Gewinn der Handelsstrategie positiv beeinflußt. Dies ist nicht so, da durch diese Regel auch Positionen gestrichen werden können, welche hohe Gewinne erzielen. Ist z.B. bei Positionsaufbau die Geld-Brief-Spanne sehr klein, so besteht eine hohe Wahrscheinlichkeit, daß diese Spanne zunimmt und somit als nicht ausführbar erachtet wird, obwohl eine Glattstellung zu einem Gewinn führt.

b) Die zweite Variante will nun realitätsnah sein. Die einfachste sich anbietende Regel besteht darin, den Kurs bei Positionsschließung auf Gewinn zu überprüfen. Sofern der Kurs zur Glattstellung unter einem Schwellenwert liegt, wird die Position nicht geschlossen. Es wird dann solange der Markt beobachtet, bis sich der Kurs erholt hat und anschließend die aufgebaute Position glattgestellt. Für den Fall, daß sich der Kurs während des Handelstages nicht mehr erholt, wird grundsätzlich um 16.00 Uhr die Position geschlossen. Somit ist immer gewährleistet, daß aufgebaute Positionen realitätsnah spätestens bis zum Ende des Handelstages wieder glattgestellt werden.[1] Der Schwellenwert zur Positionsschließung wurde hier der Einfachheit halber auf den Kurs gesetzt, der zu Positionsaufbau bestand.[2] Bei dieser realitätsnahen Strategie ist gegenüber der Variante a) zu beachten, daß ein Vergleich der Resultate bei unterschiedlichen Halteperioden wenig Sinn macht. Dies ist damit zu begründen, daß sich zwar jede einzelne Strategie zunächst an der festgelegten Halteperiode ausrichtet, letztendlich aber aufgrund der beschriebenen Regel zur Positionsschließung variieren kann.

Im folgenden sollen die Ergebnisse der Handelsstrategien dargestellt werden, welche diese Regeln berücksichtigen. Auf den ersten Teil, d.h. diejenigen Strategien, welche Regel 1 und Regel 2a mit einbeziehen, soll nur kurz eingegangen werden. Aufgrund Regel 2a sind die Handelsstrategien nicht mehr realitätsnah, können aber vor allem für einen Vergleich der unterschiedlichen Halteperioden herangezogen werden. Die einzelnen Resultate sind im Anhang XI aufgeführt. Zwei dieser Ergebnisse sind besonders hervorzuheben und werden deshalb herausgezogen. Sie sind in den Tabellen 8-20 und 8-21 dargestellt.

Während alle Strategien bei Annahme eines Optionsmarktleads zu Verlusten führen, werden im Falle der Annahme eines Aktienmarktleads Gewinne erzielt, sofern ausschließlich die erste Handelsstunde berücksichtigt wird. Tab. 8-20 enthält diesbezüglich die Ergebnisse für den Fall, daß Optionen gehandelt werden. Tab. 8-21 führt die Resultate für den Handel in impliziten Aktienkursen auf.

---

1 Es ist zu erwähnen, daß grundsätzlich auch die Möglichkeit bestünde, an darauffolgenden Tagen die aufgebauten Positionen zu schließen.

2 Auch hier wird darauf hingewiesen, daß diese Werte willkürliche Werte darstellen. Würde man eine Optimierung der Handelsstrategien anstreben, so müßten diese Zahlen genauer betrachtet werden.

Tab. 8-20:

Realisierte Gewinne/Verluste aus der Handelsstrategie (Aktienmarktlead, Handel in Optionen, Ausführungssignal: 10:00 - 11:00, Geld-Brief-Spanne < 6%, Diff. Geld-Brief-Spanne ≤ 0)

Ausführungs-Lag	Halte-periode	Ø Gewinn (+) / Verlust (-) pro Option		Anzahl ausgeführter Signale	t-Wert für % Gewinn/ Verlust
		in %	SFr.		
30 Sek.	10 Min.	1,516	1,46	85	1,510
	15 Min.	3,653	2,22	110	3,444*
	30 Min.	-0,645	-1,81	107	-1,118
	45 Min.	-0,061	-0,57	99	-0,100
	60 Min.	1,215	0,94	101	1,933*
15 Min.	10 Min.	-1,157	-3,84	79	-1,459
	15 Min.	-1,162	-4,41	95	-1,585
	30 Min.	-2,009	-6,20	95	-2,735*
	45 Min.	-1,477	-6,18	101	-2,006*
	60 Min.	-0,911	-4,89	98	-0,835
30 Min.	10 Min.	-3,344	-6,27	64	-5,480*
	15 Min.	-3,528	-6,31	76	-5,175*
	30 Min.	-2,692	-5,19	85	-4,171*
	45 Min.	-4,372	-9,70	78	-4,784*
	60 Min.	-0,668	-3,04	79	-0,838

Tab. 8-21:

Realisierte Gewinne/Verluste aus der Handelsstrategie (Aktienmarktlead, Handel in impl. Aktienkursen Ausführungssignal: 10:00 - 11:00, impl. Geld-Brief-Spanne < 0,4%, Diff. Geld-Brief-Spanne ≤ 0)

Ausführungs-Lag	Halte-periode	Ø Gewinn (+) / Verlust (-) pro Aktie		Anzahl ausgeführter Signale	t-Wert für % Gewinn/ Verlust
		in %	SFr.		
30 Sek.	10 Min.	0,052	2,36	94	0,921
	15 Min.	0,112	5,09	142	2,301*
	30 Min.	0,124	5,88	131	2,322*
	45 Min.	-0,032	-1,36	120	-0,078
	60 Min.	0,083	1,27	125	1,843*
15 Min.	10 Min.	-0,017	-2,52	82	-0,319
	15 Min.	-0,056	-4,90	123	-1,439
	30 Min.	-0,016	-3,33	109	-0,400
	45 Min.	0,005	-0,74	106	0,121
	60 Min.	-0,041	-2,22	106	-0,824
30 Min.	10 Min.	-0,213	-11,38	84	-7,093*
	15 Min.	-0,139	-7,22	109	-3,716*
	30 Min.	-0,125	-6,18	98	-3,813*
	45 Min.	-0,202	-10,52	106	-4,157*
	60 Min.	-0,143	-8,74	104	-3,475*

Bei beiden fällt auf, daß für die Handelsstrategie mit 30-Sekunden-Ausführungszeit bei einigen Halteperioden Gewinne erzielt werden. Hier ist besonders die 15-Minuten-Halteperiode zu nennen. Sowohl für den Handel in Optionen als auch in impliziten Aktienkursen werden hier signifikant positive Gewinne erwirtschaftet. Mit 3,65% und einem t-Wert von 3,44 wird bei Optionen ein beachtlicher Wert erreicht. Allerdings ist auch zu erwähnen, daß die Anzahl ausgeführter Signale mit 110 bzw. 142 gering ausfällt.

Zum Schluß sollen die Ergebnisse der Handelsstrategien dargestellt werden, welche Regel 1 und Regel 2b mit einbeziehen. Da sie von besonderer Bedeutung sind, werden alle Resultate komplett[1] aufgeführt.

8.5.4.1. Aktienmarktlead

Die einzelnen Resultate bei Annahme eines Aktienmarktleads sind in den Tabellen 8-22, 8-23 und 8-24 dargestellt. Sie gelten jeweils für den Fall, daß der Handel in Optionen stattfindet.

Tab. 8-22:

Realisierte Gewinne/Verluste aus der Handelsstrategie (Aktienmarktlead, Handel in Optionen, Geld-Brief-Spanne < 6%, Glattstellen bis 16.00 Uhr)

Ausführungs-Lag	Halte-periode	Ø Gewinn (+) / Verlust (-) pro Option		Anzahl ausgeführter Signale	t-Wert für % Gewinn/Verlust
		in %	SFr.		
30 Sek.	10 Min.	-2,103	-3,19	1880	-9,240*
	15 Min.	-2,054	-3,00	1874	-8,764*
	30 Min.	-1,732	-2,74	1797	-6,763*
	45 Min.	-1,846	-2,89	1692	-6,639*
	60 Min.	-1,508	-2,43	1543	-5,103*
15 Min.	10 Min.	-1,983	-3,04	1199	-7,868*
	15 Min.	-2,056	-2,85	1233	-8,159*
	30 Min.	-1,895	-2,79	1160	-6,815*
	45 Min.	-1,134	-2,09	1042	-3,711*
	60 Min.	-0,769	-1,76	940	-2,272*
30 Min.	10 Min.	-2,882	-4,02	1011	-11,031*
	15 Min.	-2,866	-3,76	1034	-10,862*
	30 Min.	-2,613	-3,49	932	-8,928*
	45 Min.	-2,502	-3,62	823	-7,315*
	60 Min.	-2,185	-3,26	778	-5,740*

Die Ergebnisse für den gesamten Handelstag (Tab. 8-22) sowie die Zeit von 11.00 Uhr bis 16.00 Uhr (Tab. 8-24) zeigen Verluste an. Dagegen führt die Handelsstrategie mit 30-Sekunden-Ausführungszeit zu erheblichen Gewinnen, sofern nur die Ausführungssignale der ersten Handelsstunde berücksichtigt werden (Tab. 8-23). Die Gewinne sind für alle Halteperioden signifikant positiv. Wie schon erwähnt, ist aufgrund der gewählten Regel 2b eine Aussage zu den einzelnen Halteperioden nicht mehr möglich. Dies wird auch dadurch unterstrichen, daß bei gleichen Ausführungszeiten die Anzahl ausgeführter Signale weitestge-

1 Aufgrund der noch zu beschreibenden Ergebnisse wird auf die Darstellung der Resultate für den Fall des Handelns in impliziten Aktienkursen verzichtet.

hend identisch ist. Es kann also vor allem festgestellt werden, daß Gewinne erwirtschaftet werden, ohne dabei aber einen Bezug zur Halteperiode herstellen zu können.

Tab. 8-23:

Realisierte Gewinne/Verluste aus der Handelsstrategie (Aktienmarktlead, Handel in Optionen, Ausführungssignal: 10:00 - 11:00, Geld-Brief-Spanne < 6%, Glattstellen bis 16.00 Uhr)

Ausführungs-Lag	Halte-periode	Ø Gewinn (+) / Verlust (-) pro Option		Anzahl ausgeführter Signale	t-Wert für % Gewinn/ Verlust
		in %	SFr.		
30 Sek.	10 Min.	2,591	2,28	529	6,785*
	15 Min.	2,818	2,45	529	7,067*
	30 Min.	2,539	1,58	529	5,874*
	45 Min.	2,178	1,02	529	4,484*
	60 Min.	1,976	0,98	528	4,113*
15 Min.	10 Min.	0,168	-1,06	359	0,389
	15 Min.	0,194	-1,00	359	0,445
	30 Min.	0,481	-0,82	359	0,982
	45 Min.	0,892	-0,38	358	1,588
	60 Min.	1,256	0,08	358	2,117*
30 Min.	10 Min.	-1,321	-2,76	298	-2,454*
	15 Min.	-1,235	-2,63	298	-2,272*
	30 Min.	-1,021	-2,31	298	-1,858*
	45 Min.	-0,478	-1,64	298	-0,799
	60 Min.	-0,065	-1,35	298	-0,099

Tab. 8-24:

Realisierte Gewinne/Verluste aus der Handelsstrategie (Aktienmarktlead, Handel in Optionen, Ausführungssignal: 11:00 - 16:00, Geld-Brief-Spanne < 6%, Glattstellen bis 16.00 Uhr)

Ausführungs-Lag	Halte-periode	Ø Gewinn (+) / Verlust (-) pro Option		Anzahl ausgeführter Signale	t-Wert für % Gewinn/ Verlust
		in %	SFr.		
30 Sek.	10 Min.	-3,915	-5,30	1356	-14,936*
	15 Min.	-3,943	-5,11	1350	-14,703*
	30 Min.	-3,494	-4,51	1273	-11,635*
	45 Min.	-3,655	-4,63	1168	-11,287*
	60 Min.	-3,297	-4,17	1020	-9,172*
15 Min.	10 Min.	-2,862	-3,83	845	-9,480*
	15 Min.	-2,941	-3,56	879	-9,791*
	30 Min.	-2,917	-3,62	806	-8,886*
	45 Min.	-2,151	-2,93	689	-6,107*
	60 Min.	-1,965	-2,83	587	-4,967*
30 Min.	10 Min.	-3,531	-4,54	718	-12,227*
	15 Min.	-3,524	-4,21	741	-12,032*
	30 Min.	-3,360	-4,04	639	-9,956*
	45 Min.	-3,645	-4,73	530	-9,046*
	60 Min.	-3,495	-4,44	485	-7,837*

8.5.4.2. Optionsmarktlead

Bei Annahme eines Optionsmarktleads führen die einzelnen Strategien sowohl für den gesamten Handelstag als auch die zwei Teilperioden zu Verlusten oder zu nicht signifikanten Gewinnen. Dies ist den Tabellen 8-25, 8-26 und 8-27 dargestellt.

Tab. 8-25:

Realisierte Gewinne/Verluste aus der Handelsstrategie (Optionsmarktlead, Geld-Brief-Spanne < 0,4%, Glattstellen bis 16.00 Uhr)

Ausführungs-Lag	Halteperiode	Ø Gewinn (+) / Verlust (-) pro Aktie		Anzahl ausgeführter Signale	t-Wert für % Gewinn/ Verlust
		in %	SFr.		
30 Sek.	10 Min.	-0,039	-1,08	2065	-2,044*
	15 Min.	-0,037	-1,19	1938	-1,830*
	30 Min.	-0,012	0,26	1824	-0,495
	45 Min.	-0,010	0,61	1682	-0,440
	60 Min.	-0,013	0,66	1541	-0,483
15 Min.	10 Min.	-0,076	-1,78	1279	-3,112*
	15 Min.	-0,065	-1,53	1228	-2,454*
	30 Min.	-0,070	-1,57	1114	-2,501*
	45 Min.	-0,056	-1,19	1025	-1,772*
	60 Min.	-0,074	-1,32	939	-2,295*
30 Min.	10 Min.	-0,094	-3,44	1021	-3,070*
	15 Min.	-0,078	-2,65	966	-2,399*
	30 Min.	-0,049	-1,21	885	-1,321
	45 Min.	-0,080	-2,67	814	-2,091*
	60 Min.	-0,093	-3,10	749	-2,345*

Bei Betrachtung des gesamten Handelstages (Tab. 8-25) oder ausschließlich der ersten Handelsstunde (Tab. 8-26) werden ausschließlich Verluste erwirtschaftet. Wie bisher alle Ergebnisse bestätigten, ist der Aktienmarktlead zu Handelsbeginn besonders ausgeprägt bzw. der Feedback des Optionsmarktes im wesentlichen zu späteren Handelszeiten zu erkennen. Wird deshalb die erste Handelsstunde ausgeschlossen, so nehmen die Verluste ab (Tab. 8-27). Für die Handelsstrategie mit 30-Sekunden-Ausführungszeit sind zum Teil sogar positive, allerdings nicht signifikante Gewinne erkennbar.

Tab. 8-26:

Realisierte Gewinne/Verluste aus der Handelsstrategie (Optionsmarktlead, Ausführungssignal: 10:00 - 11:00, Geld-Brief-Spanne < 0,4%, Glattstellen bis 16.00 Uhr)

Ausführungs-Lag	Halteperiode	Ø Gewinn (+) / Verlust (-) pro Aktie		Anzahl ausgeführter Signale	t-Wert für % Gewinn/ Verlust
		in %	SFr.		
30 Sek.	10 Min.	-0,051	-1,96	521	-1,370
	15 Min.	-0,044	-1,90	521	-1,180
	30 Min.	-0,054	-1,51	521	-1,402
	45 Min.	-0,033	-0,76	521	-0,823
	60 Min.	-0,063	-1,73	520	-1,480
15 Min.	10 Min.	-0,031	-2,08	359	-0,640
	15 Min.	-0,028	-2,02	359	-0,576
	30 Min.	-0,023	-1,47	359	-0,472
	45 Min.	-0,022	-1,70	358	-0,438
	60 Min.	-0,001	0,07	356	0,019
30 Min.	10 Min.	-0,118	-6,16	346	-2,251*
	15 Min.	-0,117	-5,95	346	-2,120*
	30 Min.	-0,110	-5,47	346	-2,110*
	45 Min.	-0,118	-5,94	343	-2,047*
	60 Min.	-0,135	-6,02	341	-2,293*

Tab. 8-27:

Realisierte Gewinne/Verluste aus der Handelsstrategie (Aktienmarktlead, Handel in impl. Aktienkursen, Ausführungssignal: 11:00 - 16:00, impl. Geld-Brief-Spanne < 0,4%, Glattstellen bis 16.00 Uhr)

Ausführungs-Lag	Halteperiode	Ø Gewinn (+) / Verlust (-) pro Aktie		Anzahl ausgeführter Signale	t-Wert für % Gewinn/ Verlust
		in %	SFr.		
30 Sek.	10 Min.	-0,035	-0,79	1544	-1,573
	15 Min.	-0,035	-0,93	1417	-1,433
	30 Min.	0,005	0,97	1303	0,171
	45 Min.	0,000	1,23	1161	-0,004
	60 Min.	0,013	1,88	1021	0,403
15 Min.	10 Min.	-0,093	-1,66	920	-3,327*
	15 Min.	-0,080	-1,32	869	-2,546*
	30 Min.	-0,091	-1,62	755	-2,733*
	45 Min.	-0,074	-0,91	667	-1,833*
	60 Min.	-0,110	-2,17	583	-2,932*
30 Min.	10 Min.	-0,082	-2,04	675	-2,166*
	15 Min.	-0,056	-0,80	620	-1,362
	30 Min.	-0,010	1,53	539	-0,186
	45 Min.	-0,051	-0,28	471	-1,016
	60 Min.	-0,058	-0,66	408	-1,078

9 Zusammenfassung

Die vorliegende Untersuchung hatte zum Ziel, *kurzfristige zeitliche Interdependenzen zwischen dem Aktien- und dem Optionsmarkt* zu untersuchen. Es wurde die Möglichkeit einer Lead-Lag-Beziehung zwischen dem Aktien- und Optionsmarkt analysiert.

Die Untersuchung wurde sowohl für die Schweiz als auch für Deutschland durchgeführt. Den Untersuchungsgegenstand bildeten dabei einerseits die schweizerischen und deutschen Aktienmärkte, die Parkettbörsen darstellen. Andererseits wurden Aktienkaufoptionen an den Terminbörsen SOFFEX und DTB herangezogen. Diese beiden Börsen sind vollelektronische Computerbörsen mit einem Marker-Maker-Handelsprinzip.

Wesentlich an der vorliegenden Untersuchung ist die Tatsache, daß Real-Time-Daten (sogenannte "time-stamped data") untersucht wurden, welche jede Sekunde des Handelsgeschehens über den Handelstag widerspiegeln. Das Vorliegen dieser Daten auf der Ebene einzelner Transaktionen, bei denen für *alle Transaktionspreise* bekannt ist, zu welchem *Zeitpunkt* sie festgelegt wurden und wie groß das entsprechende *Transaktionsvolumen* gewesen ist, ermöglichte es, eine Intraday-Analyse wie diese im Bereich der empirischen Kapitalmarktforschung durchzuführen. In Intraday-Analysen findet die jeweilige Marktstruktur explizite Berücksichtigung.

Eine solche empirische Intraday-Untersuchung zur Preisanpassungsgeschwindigkeit am Aktien- und Optionsmarkt wurde in der Schweiz und in Deutschland bisher nicht durchgeführt. Die vorliegende Untersuchung ist damit die erste Studie, welche sich nicht nur ausführlich mit dem Handelsgeschehen in Form von Verlaufsmustern der Handelsaktivität, Renditen und Geld-Brief-Spannen am Aktien- und Optionsmarkt über den Handelstag auseinandersetzt, sondern vor allem auch der Frage nachgeht, ob es zeitliche Unterschiede in der Preisanpassungsgeschwindigkeit am Aktien- und Optionsmarkt gibt und in welche Richtung der Informationsfluß zwischen diesen beiden Märkten läuft.

Es ist zu erwähnen, daß die vorliegende Arbeit eine umfassende Untersuchung des schweizerischen und deutschen Aktien- und Optionsmarktes darstellt. Dies ist zum einen damit zu begründen, daß es sich um eine Intraday-Analyse von Real-Time-Daten handelt, welche jede Sekunde des Börsengeschehens widerspiegeln. Zum anderen beschränkte sich diese Untersuchung nicht - wie manche andere Arbeiten - auf einige wenige Basistitel oder etwa auf die ausschließliche Auswertung von Bezahltkursen. Um ein aussagekräftiges Ergebnis zu erhalten, wurden vielmehr alle Geld-, Brief- und Bezahltkurse für alle Aktienkaufoptionen der SOFFEX und der DTB sowie der zugehörigen Basistitel zugrundegelegt. Weiterhin wurden auch SMI-Optionen betrachtet. Der Umfang der Basisdaten hierzu nahm ein beträchtliches Ausmaß an.

Es existieren einige wenige Studien für den amerikanischen Markt, welche zeitliche Interdependenzen zwischen dem Aktien- und Optionsmarkt vor dem Hintergrund untersuchen, daß neue Informationen sich unterschiedlich schnell in den Preisen an diesen Märkten widerspiegeln. Diese Studien arbeiten mit variablen Options- und Aktiendaten und Zeitintervallen im Minutenbereich sowie Geld-Brief-Spannen für den Aktien- und Optionsmarkt. Als Untersuchungsgegenstand wird im wesentlichen die CBOE und die NYSE betrachtet. Meist wird die Hypothese zugrundegelegt, daß Optionspreise Informationen widerspiegeln, welche noch nicht in den gleichgerichteten Aktienkursen enthalten sind, d.h. es wird der Informationsgehalt von Optionspreisen für die Kursentwicklung der zugrundeliegenden Aktien analysiert. Einige der Arbeiten lassen in ihrer Hypothese jedoch offen, ob Optionspreise den zugrundeliegenden Aktienkursen vorauslaufen oder ob der umgekehrte Zusammenhang gilt. Es wird grundlegend untersucht, ob neue Informationen am Aktien- und Optionsmarkt nicht völlig zeitgleich verarbeitet werden.

Während mehrheitlich die Meinung vertreten wird, daß aufgrund einiger institutioneller Faktoren Optionspreise neue Informationen schneller reflektieren müßten als die Preise ihrer zugrundeliegenden Aktien, zeigt sich die empirische Evidenz uneinheitlich. Insbesondere die ersten Studien finden heraus, daß Optionspreise einen zeitlichen Vorsprung gegenüber den Aktienpreisen haben. Dagegen kommen vor allem aktuelle Untersuchungen zu dem Ergebnis, daß Aktienkursveränderungen den gleichgerichteten Kaufoptionspreisveränderungen zeitlich vorauslaufen. Allen Untersuchungen gemeinsam ist, daß es ihnen nicht gelingt, Ex-ante-Handelsstrategien nachzuweisen, mit denen abnormale Gewinne erzielbar sind.

Neben unterschiedlichen Testansätzen - vor allem unterschiedlichen Methoden zur Volatilitätsschätzung - wird als eine mögliche Erklärung für die unterschiedlichen Resultate der Untersuchungsgegenstand angeführt. Generell ist bei der Interpretation der Resultate zu beachten, ob es sich bei der Betrachtung des Kassamarktes um einzelne Aktien oder um Aktienindizes handelt. Etliche Autoren zeigen, daß bei Unterscheidung von unternehmensspezifischen und allgemeinen Marktinformationen die Lead-Lag-Beziehung zwischen Kassa- und Terminmärkten unterschiedlich ausfällt. Die Untersuchungen kommen zum Schluß, daß vor allem allgemeine Marktinformationen vom Terminmarkt zum Aktienmarkt laufen. Informierte Marktteilnehmer mit unternehmensspezifischen Informationen scheinen dagegen Präferenzen für den Aktienmarkt zu haben.

Das Ziel der vorliegenden Untersuchung kann in zwei Teile gegliedert werden. Zunächst wurde mittels einer *statistischen Analyse* der Frage nachgegangen, ob *es zeitliche Unterschiede in der Verarbeitung von Informationen am Aktien- und Optionsmarkt gibt, d.h. ob eine Lead-Lag-Beziehung festgestellt werden kann.*

a) Statistische Analyse

In einer *multiplen Regressionsanalyse* wurden implizite Aktienrenditen auf vergangene, gleichzeitige und zukünftige beobachtete Aktienrenditen regressiert. Diese Regression wurde sowohl für den *gesamten Handelstag* als auch *spezifische Teilperioden* durchgeführt, da zu erwarten ist, daß die Informationsverarbeitung um so mehr Zeit benötigt, je größer die zu verarbeitende Informationsmenge ist. Dies bedeutet, daß zu Beginn eines Handelstages mehr Informationen zu verarbeiten sind, nämlich auch die, die über Nacht entstanden sind. Weiter wurden unterschiedliche Handelsaktivitäten und Basistitel berücksichtigt. Für diese statistische Analyse wurden ausschließlich *Bezahltkurse* von Aktien und Optionen bzw. deren *Renditen* verwendet. Die Renditen wurden über 5- bzw. 10-Minuten-Intervalle gebildet. Es wurden Aktienkaufoptionen der SOFFEX, SMI-Kaufoptionen der SOFFEX und Aktienkaufoptionen der DTB untersucht.

Folgende wesentlichen Resultate wurden festgestellt:

1. **Zeitlicher Vorsprung des schweizerischen Aktienmarktes gegenüber der SOFFEX von bis zu 20 Minuten.**

   Der schweizerische Aktienmarkt weist gegenüber der SOFFEX einen zeitlichen Vorsprung auf. Es kann festgehalten werden, daß beobachtete Aktienrenditen über den gesamten Handelstag betrachtet im Durchschnitt einen Lead von ca. 10 bis 15 Minuten gegenüber den impliziten Aktienrenditen aufweisen. Betrachtet man ausschließlich die ersten 90 Handelsminuten, so drückt sich dieser zeitliche Vorsprung noch stärker aus und kann bis zu 20 Minuten betragen. Dies ist besonders bemerkenswert, da angenommen werden kann, daß zu Beginn eines Handelstages mehr Informationen zu verarbeiten sind, nämlich auch die, die über Nacht entstanden sind. Offensichtlich werden am Aktienmarkt Informationen schneller verarbeitet als am Optionsmarkt. Es wird ein geringer Feedback des Optionsmarktes festgestellt, der im Durchschnitt 5 Minuten beträgt.

   Dieses Resultat wird auch dann bestätigt, wenn weniger aktive Optionen in die Untersuchung mit einbezogen werden. Ebenso zeigen sich keine signifikanten Änderungen, sofern ausschließlich inaktive Optionen untersucht werden.

2. **Zeitlicher Vorsprung des SMI gegenüber SMI-Kaufoptionen von ca. 10 Minuten.**

   Auch beim Vergleich von SMI und SMI-Optionen zeigt sich ein Lead-Effekt des SMI, welcher im Durchschnitt ca. 10 Minuten beträgt. Im Unterschied zu den Aktienoptionen ist hier kein oder nur ein sehr geringer Feedback vom Optionsmarkt augenscheinlich. Neben dem zeitlichen Vorsprung des SMI läßt sich bei Betrachtung von SMI und SMI-Kaufoptionen gegenüber den individuellen Aktien eine stärkere Konzentration auf zeitlich gleichgerichtete Renditen feststellen.

   Die Resultate für weniger aktive Optionen ergeben wiederum die gleichen Schlußfolgerungen.

   Zu dem Ergebnis für den SMI sind folgende zwei Punkte besonders zu beachten: a) Der SMI wird aus den an den Börsen von Zürich, Genf und Basel bezahlten Kursen von schweizerischen Aktien bzw. Partizipations- oder Genußscheinen berechnet. Die Neuberechnung eines SMI-Wertes findet jeweils dann statt, wenn einer der zugrundeliegenden Titel einen neuen Bezahltkurs aufweist. Der komplette erneuerte Index ergibt sich somit dann, wenn alle Aktienkurse erneuert wurden. Da dies aber an sich niemals gleichzeitig erfolgt, läuft der Index sozusagen dem Aktienmarkt hinterher. Aus diesem Grunde könnte man erwarten, daß der zuvor aufgezeigte Lead des Aktienmarktes beim Index nicht festzustellen ist oder sich sogar ein Lead des Optionsmarktes aufzeigt. b) In den amerikanischen Studien wurde festgestellt, daß gerade bei Betrachtung von Aktienindizes der Trend zu einem zeitlichen Vorsprung des Optionsmarktes besteht, da informierte Marktteilnehmer mit allgemeinen Marktinformationen scheinbar Präferenzen für den Terminmarkt haben.

Aus diesen Gründen ist es um so bemerkenswerter, daß die hier vorliegende Untersuchung auch einen zeitlichen Vorsprung des SMI gegenüber den SMI-Optionen nachweist. Dies bestätigt im besonderem Maße die höhere Preisanpassungsgeschwindigkeit des Aktienmarktes gegenüber dem Optionsmarkt.

3. **Geringer zeitlicher Vorsprung des deutschen Aktienmarktes gegenüber der DTB von 5 bis 10 Minuten mit Feedback.**

   Der deutsche Aktienmarkt scheint auch einen zeitlichen Vorsprung gegenüber dem Optionsmarkt aufzuweisen.

   Insgesamt ist ein Aktienmarktlead von durchschnittlich ca. 5 bis 10 Minuten augenscheinlich, bei dem allerdings mit erheblich mehr Feedback von Seiten des Optionsmarktes zu rechnen ist. Dieses Ergebnis kann - zumindest für den Beginn des Handelstages - damit begründet werden, daß aufgrund der Pre-Opening-Periode an der DTB Optionsserien erst dann eröffnet werden, wenn eine gewisse Kursnivellierung stattgefunden hat. Da hier nur Bezahltkurse in die Untersuchung einfließen, können eventuelle Preisanpassungsverzögerungen nicht erfaßt werden.

Diese Ergebnisse gaben Anlaß zur Annahme, daß es am schweizerischen Aktien- und Optionsmarkt möglich ist, mittels einer Handelsstrategie die gefundenen zeitlichen Unterschiede von Aktien- und Optionsrenditen auszunutzen. Der zweite Teil der empirischen Untersuchung ging deshalb der Frage nach, ob *Ineffizienz zwischen dem schweizerischen Aktien- und Optionsmarkt in der Art existiert, daß vorhandene zeitliche Preisanpassungsverzögerungen an einem Markt ausgenutzt werden können und dadurch abnormale Gewinne erzielbar sind.*

b) Handelsstrategien

Im Unterschied zur statistischen Analyse ging es hier darum, ob durch reellen Handel eine Lead-Lag-Beziehung aufgezeigt bzw. eine vorhandene Lead-Lag-Beziehung ausgenutzt werden kann. Da dazu Geld- und Briefkurse anstelle von Bezahltkursen benötigt wurden, war es somit auch möglich, direkte Transaktionskosten in Form von Geld-Brief-Spannen und

Gebühren zu berücksichtigen. Es wurden also Handelsstrategien entworfen, die evtl. vorhandene *Intermarkt-Ineffizienzen* zu risikolosen Gewinnen auszunutzen versuchen. Dabei wurde sowohl die Möglichkeit eines zeitlichen Vorsprungs des Options- als auch des Aktienmarktes berücksichtigt. Die Handelsstrategien wurden für verschiedene Ausführungszeiten und unterschiedliche Halteperioden der Kauf- und Verkaufspositionen durchgeführt, was eine wesentliche Neuerung gegenüber einigen amerikanischen Studien darstellt. Weiter wurden auch hier wiederum unterschiedliche Handelszeiten mit einbezogen.

Die Untersuchung mittels Handelsstrategien verlief in mehreren Schritten, die sich im wesentlichen in der Berücksichtigung von Transaktionskosten unterscheiden.

1. Keine Berücksichtigung von Transaktionskosten

Aufgrund der Bedeutung der Transaktionskosten für den Erfolg oder Mißerfolg einer Handelsstrategie wurden zunächst die einzelnen Handelsstrategien *ohne Berücksichtigung von Transaktionskosten* durchgeführt. Im Falle einer Ausführung eines Arbitragesignals wurde hier zu *Mittelkursen* gehandelt, d.h. gekauft und verkauft. Weiterhin wurden *keine Gebühren* verrechnet. Die Ergebnisse sollten Aufschluß über die Korrektheit der antizipierten Kursänderungen und damit auch über eine Lead-Lag-Beziehung zwischen Aktien- und Optionsmarkt geben, da sie noch nicht von der Höhe der Transaktionskosten beeinflußt bzw. verzerrt werden. Hierbei spielt die Geld-Brief-Spanne eine besondere Rolle.

Wird ein Aktienmarktlead unterstellt, so zeigen die Ergebnisse für den gesamten Handelstag signifikante Gewinne. Sowohl die prozentualen Zahlen als auch die absoluten Beträge sind deutlich positiv. Sofern das Ausführungssignal in der ersten Handelsstunde festgestellt wurde, nehmen diese Gewinne noch zu. Sie nehmen im wesentlichen ab, wenn alle Ausführungssignale der ersten Handelsstunde ausgeschlossen werden, sind aber noch deutlich positiv. Wie schon bei der Rendite-Analyse festgestellt wurde, scheint der Aktienmarktlead in der ersten Handelsstunde besonders ausgeprägt zu sein. Weiter ist zu bemerken, daß vor allem die Gewinne aus der Ex-ante-Strategie mit 30-Sekunden-Ausführungszeit und Halteperioden von 10 und 15 Minuten auffallen. **Es kann also auch aufgrund dieser Ergebnisse der Aktienmarktlead von ca. 15 Minuten bestätigt werden.**

Bei Annahme eines Optionsmarktleads zeigen sich nur vereinzelt Gewinne. Vergleicht man die Zahlen mit denen des Aktienmarktleads, so fallen die Gewinne hier geringer aus. Dies wird um so deutlicher, sofern nur die erste Handelsstunde Berücksichtigung findet. Sofern das Ausführungssignal in der ersten Handelsstunde festgestellt wurde, nehmen die Gewinne ab. Zum Teil sind sie auch nicht mehr signifikant. Sie nehmen wieder zu, wenn alle Ausführungssignale der ersten Handelsstunde ausgeschlossen werden.

Insgesamt fällt auf, daß die Gewinne zwar deutlich geringer ausfallen als bei Annahme des Aktienmarktleads, aber zum Teil immer noch positiv sind. Während sich bei einer Ausführungszeit von 30 Sekunden signifikant von Null verschiedene Gewinne ergeben, erzeugt die Handelsstrategie mit 30-Minuten-Ausführungszeit entweder Verluste oder nicht signifikant von Null verschiedene Größen. Die Gewinne bei der 30-Sekunden-Ausführungszeit sind dann am größten, wenn die Ausführungssignale der erste Handelsstunde ausgeschlossen werden.

Um herauszufinden, ob die Arbitragesignale vorhersagenden Charakter haben, wurde zusätzlich die Beziehung zwischen der Höhe der ausgeführten Signale und der realisierten Renditen bzw. absoluten Gewinne untersucht. **Während beim Aktienmarktlead - bis auf eine Ausnahme - steigende Arbitragesignale höhere Gewinne bzw. Renditen induzieren, ist bei Annahme eines Optionsmarktleads kein Zusammenhang zwischen der Höhe des Ausführungssignals und der realisierten Gewinne zu erkennen.** Es ist sogar so, daß ein Portefeuille Verluste erzielt.

Auch wenn bei den bisher gezeigten Untersuchungen keine Transaktionskosten berücksichtigt wurden und deshalb die Ergebnisse nur als ein Indikator angesehen werden dürfen, so läßt doch der Vergleich der einzelnen Resultate den Schluß zu, daß **sich der zeitliche Vorsprung des Aktienmarktes auch hier bestätigt**. Dies wird dadurch unterstützt, daß im Falle der Annahme des Optionsmarktleads kein Zusammenhang zwischen der Höhe von Ausführungssignalen und den realisierten Renditen besteht. Die dennoch erzielten, aber im Gegensatz zum Aktienmarktlead wesentlich geringeren Gewinne können mit dem in der statistischen Analyse gefundenen Feedback begründet werden, da eine Handelsstrategie ja gerade auf solche Fälle reagiert.

Grundsätzlich werden mit diesen Ergebnissen die Resultate der Rendite-Analyse bestätigt.

2. Berücksichtigung von Transaktionskosten

Die obigen Untersuchungen dienten vorwiegend dem Vergleich zwischen den beiden zu untersuchenden Annahmen. Eine realitätsnahe Handelsstrategie muß allerdings die direkten Transaktionskosten einbeziehen.

Die Resultate hierzu zeigen im wesentlichen Verluste für alle Handelsstrategien. Es kann allerdings festgehalten werden, daß die Verluste sinken, sofern ein Aktienmarktlead unterstellt wird und nur die Ausführungssignale der ersten Handelsstunde Berücksichtigung finden.

Dieses Ergebnis ist zunächst überraschend. Es können jedoch Gründe angeführt werden, warum es hier zu Verlusten kommt, auch wenn die Annahme eines Aktienmarktleads Gültigkeit hat und die antizipierten Richtungen der Kursänderungen korrekt sind. Als wichtigster Punkt sind die zum Teil äußerst *hohen Geld-Brief-Spannen an der SOFFEX* zu nennen. Mittels einer Analyse der reellen Geld- und Briefkurse am Aktien- und Optionsmarkt kann gezeigt werden, daß die Geld-Brief-Spannen am Aktienmarkt auch relativ wesentlich geringer ausfallen als an der SOFFEX. So kann durch eine hohe Geld-Brief-Spanne ein Gewinn aus der Handelsstrategie verunmöglicht werden, auch wenn die antizipierte Richtung der Kursänderung korrekt war.

3. Berücksichtigung von Transaktionskosten mit Geld-Brief-Spannen-Regeln

In einer modifizierten Handelsregel wird versucht, die Probleme, die aufgrund der hohen Geld-Brief-Spannen an der SOFFEX und des untersuchten Datenmaterials bestehen, zu beseitigen.

Es ergeben sich folgende Ergebnisse dieser modifizierten Handelsstrategien:

Bei Annahme eines Aktienmarktleads werden zwar bei Betrachtung des gesamten Handelstag Verluste erwirtschaftet. **Sofern die Ausführungssignale der ersten Handelsstunde berücksichtigt werden, führt die Handelsstrategie mit 30-Sekunden-Ausführungszeit zu signifikanten Gewinnen.**

Bei Annahme eines Optionsmarktleads führen die einzelnen Strategien sowohl für den gesamten Handelstag als auch die zwei Teilperioden zu Verlusten oder zu nicht signifikanten Gewinnen.

Dieses Ergebnis kann nicht nur als eindeutiges Indiz für einen zeitlichen Vorsprung des schweizerischen Aktienmarktes gegenüber der SOFFEX interpretiert werden. **Vielmehr zeigt es Ineffizienzen der SOFFEX in der Art an, daß es möglich ist, mittels einer Handelsstrategie, welche ausschließlich auf Preisinformationen des Aktienmarktes beruht, abnormale Gewinne zu erzielen.** Dabei ist allerdings zu berücksichtigen, daß dies ausschließlich einem Market-Maker vorbehalten bleibt, da dieser die niedrigsten Transaktionskosten hat und gerade gegenüber einem Nicht-Clearing-Mitglied schneller auf Signale reagieren kann.

Die vorliegende Untersuchung zeigt, daß es für Market-Maker möglich ist, ausschließlich auf Basis von Preisinformationen des Aktienmarktes abnormale Gewinne auf dem Optionsmarkt zu erwirtschaften. Kritisch ist dabei anzumerken, daß z.B. Analysekosten oder Opportunitätskosten für einen Börsensitz nicht mit einbezogen wurden.

Das hier erzielte Ergebnis ist insbesondere deshalb bemerkenswert, da die Zahlen an sich untere Schranken darstellen. Es wird bei der hier durchgeführten Analyse nämlich nicht nur von einer Durchschnittsbetrachtung ausgegangen, sondern es werden einige Regeln der Einfachheit halber mittels plausiblen Überlegungen aufgestellt. Hier könnte eine weitere Analyse bzw. Optimierung zu Verbesserungen hinsichtlich der zu erzielenden Gewinne führen. Im einzelnen können u.a. folgende Punkte aufgeführt werden:

1. Es findet eine Durchschnittsbetrachtung statt.

   In dieser Untersuchung wird grundsätzlich eine Durchschnittsbetrachtung über alle untersuchten Aktien und Aktienkaufoptionen vorgenommen. Es ist einleuchtend, daß eine Auswahl bestimmter Optionen zu noch höheren Gewinnen führen würde. Diese

Auswahl könnte mittels einer Optimierung, der eine weitere Einzelbetrachtung vorausgeht, ermittelt werden.

2. Diese Untersuchung beschränkt sich nicht auf bestimmte Basistitel. Auch hier könnte eine Aufteilung nach einzelnen Basistiteln zu höheren Gewinnen führen.
3. Bei der Handelsstrategie mit Geld-Brief-Spannen-Regeln wird die Glattstellung von offenen Positionen grundsätzlich um 16.00 Uhr durchgeführt. Auch hier kann eine Optimierung zu Verbesserungen führen.
4. Die Formel für das Arbitragesignal kann ebenfalls einer weiteren Analyse unterzogen werden.
5. Es konnte gezeigt werden, daß - bis auf besonders hohe Signale - mit zunehmendem Arbitragesignal die Höhe der Gewinne steigt. Auch hier wäre eine Optimierung möglich.
6. Grundsätzlich kann die Glattstellungsregel weiter verfeinert werden. Hier wird z.B. der Einfachheit halber davon ausgegangen, daß der Kurs zur Glattstellung mindestens so hoch bzw. tief sein muß wie der Ausgangskurs.

Das Untersuchungsziel der vorliegenden Untersuchung sowie die Untersuchungsmethodik brachten es mit sich, daß neben den Ergebnissen zum eigentlichen Ziel einige interessante Nebenerkenntnisse bzgl. Intraday-Verlaufsmustern der Handelsaktivität, Renditen und Geld-Brief-Spannen ermittelt werden konnten. Hierbei sollen folgende besonders hervorgehoben werden:

1. Der Verlauf der Geschäftstätigkeit über den Handelstag an den schweizerischen Aktienmärkten sowie an der SOFFEX ist nicht identisch. Während am Aktienmarkt - bis auf ein Intervall kurz nach der Mittagspause - ein U-förmiger Verlauf festgestellt werden kann, zeigt sich ein leicht veränderter Verlauf an der SOFFEX. Die Geschäftstätigkeit beginnt im Vergleich zum Aktienmarkt auf einem niedrigeren Niveau, steigt bis etwa 50 Minuten nach Eröffnung auf ein Maximum an und fällt dann bis 13.00 Uhr stark ab. Zu Beginn des Nachmittags sowie gegen Ende des Handels ist ein leichter Anstieg zu verzeichnen.
2. Bei Betrachtung des Verlaufs der Geschäftstätigkeit über den Handelstag an den deutschen Aktienmärkten sowie an der DTB ist insbesondere hervorzuheben, daß der vorzeitige Schluß des Kassamarktes um 13.30 Uhr einen gewissen Einfluß auf die Geschäftstätigkeit an der DTB auszuüben scheint. Ein fallender Verlauf der Geschäftstätigkeit an der DTB wird gegen 13.40 Uhr durch eine ansteigende Kurve abgelöst, die bis zum Handelsschluß anhält. Es hat somit den Anschein, als würde sich die Geschäftstätigkeit vom schließenden Kassamarkt zum Terminmarkt verlagern.
3. Die Geld-Brief-Spannen an der SOFFEX weisen einen W-förmigen Verlauf auf. Die der Markteröffnung bzw. Trading-Phase vorgeschalteten Pre-Trading-Phase kann offensichtlich nicht dazu dienen, den Markt an das typische Geld-Brief-Spannenniveau heranzuführen. Vielmehr dauert es über eine Stunde, bis dieses Niveau erreicht ist. Dieses Ergebnis bestätigt Untersuchungen an der DTB. Zu Beginn des Nachmittages sowie gegen Ende des Handels ist jeweils ein leichter Anstieg der Geld-Brief-Spannen

an der SOFFEX zu verzeichnen. Da der Preis eines Wertpapieres eine wichtige Informationsquelle für uninformierte Investoren ist, haben informierte Investoren den größten Informationsvorteil kurz nach der Markteröffnung. Dies könnte ein weiterer Grund für die hohen Geld-Brief-Spannen nach der Eröffnung des Marktes sein, was auch durch die Ergebnisse zur Lead-Lag-Beziehung zwischen Aktien- und Optionsmarkt unterstrichen wird.

Generell zeigt die vorliegende Untersuchung die besonderen Möglichkeiten von Intraday-Analysen im Bereich der empirischen Kapitalmarktforschung auf. Untersuchungen mittels Real-Time-Daten sind bis anhin im europäischen Raum nur vereinzelt anzutreffen, was nicht zuletzt am erheblichen Aufwand und den technischen Möglichkeiten liegen dürfte. Allerdings dürfte das innertägliche Handelsgeschehen an den einzelnen Finanzmärkten und die Analyse von Intraday-Effekten in der zukünftigen Kapitalmarktforschung von besonderem Interesse sein. Im Zeitalter vernetzter Systeme hat dabei die Frage von Intermarkt-Beziehungen bzw. Informationsflüssen zwischen mehreren, miteinander zusammenhängenden Märkten einen wesentlichen Stellenwert.

Anhang I: Kontinuierliche Rendite[1]

Bei den in den Bewertungsformeln verwendeten Zinssätzen sowie bei der Berechnung von Aktien- bzw. Optionsrenditen handelt es sich um *stetige* Verzinsungen bzw. Renditen. Die Berechnung mittels kontinuierlicher Verzinsung (Rendite) ist oft zweckmäßiger als mittels diskreter, so daß hier eine kurze Darstellung erfolgen soll.

Die Investition in eine Kapitalanlage K_0 erbringt bei *diskreter* jährlicher Verzinsung R nach $n \in N$ Jahren den Wert

$$K_n = K_0 (1 + R)^n , \qquad R = \frac{p}{100}, \; p = \text{Nominalzinssatz / Jahr.}$$

Existiert zusätzlich eine m-fache unterjährige Verzinsung, so beträgt der Wert der Kapitalanlage nach n Jahren

$$K_n = K_0 \left(1 + \frac{R}{m}\right)^{mn}.$$

Der stetige Zinssatz entsteht als theoretischer Grenzfall der unterjährigen Verzinsung, wenn die Anzahl der m unterjährigen Zinszahlungen gegen unendlich strebt. Aus

$$\lim_{m \to \infty} K_0 \left(1 + \frac{R}{m}\right)^{mn} = K_0 \, e^{rn} \quad \text{(e: Exponentialfunktion)}$$

(r heißt *stetiger Zinszuwachs)*

folgt für den Zusammenhang zwischen den beiden Zinsbegriffen R und r

$$R = m(e^{r/m} - 1)$$

bzw.

$$r = m \ln\left(1 + \frac{R}{m}\right) \qquad \text{(ln: Natürlicher Logarithmus).}$$

Dies läßt sich auf die Berechnung von Aktienrenditen übertragen. Sei P_t der Preis einer Aktie zum Zeitpunkt t. So wird beispielsweise die wöchentliche Rendite dieser Aktie im Zeitintervall [t−1;t] berechnet als

$$r_t = \ln P_t - \ln P_{t-1}$$

(P_{t-1} (P_t): Aktienkurs zu Beginn (zum Ende) der Woche)

---

[1] Siehe hierzu z.B. Hull (1989), S. 28ff.

Durch die Logarithmierung berechnet sich eine Renditemaßzahl, welche der stetigen bzw. kontinuierlichen Verzinsung der Aktie während der betrachteten Zeitperiode entspricht. Der Zusammenhang zu "gewöhnlichen" Renditen

$$R_t = \frac{P_t - P_{t-1}}{P_{t-1}}$$

ist wie folgt gegeben:

$$r_t = \ln (1 + R_t)$$

$$R_t = e^{r_t} - 1$$

Das Arbeiten mit stetigen Renditen hat eine Reihe von Vorteilen:[1]

- Es werden negative Renditen von über 100% ausgeschlossen.
- Aufgrund empirischer Untersuchungen wurde beobachtet, daß die logarithmierten Aktienkursveränderungen gut durch eine Normalverteilung beschrieben werden können.
- Stetige Renditen sind additiv.

1 Vgl. z.B. Dubacher/Zimmermann (1989).

Anhang II: Grundlagen stochastischer Prozesse[1]

Zur Definition eines stochastischen Prozesses werden folgende Grundbegriffe der Wahrscheinlichkeitstheorie benötigt:

Def. AII-1: Ein System F von Teilmengen einer nichtleeren Menge Ω, der Menge der "Elementarereignisse" ω, heißt σ-Algebra in Ω wenn gilt: ($\emptyset :=$ leere Menge; $A^c := \Omega \backslash A$)

1. $\emptyset \in F$
2. $A \in F \Rightarrow A^c \in F$
3. (A_n) sei eine Folge von Mengen aus $F \Rightarrow \bigcup_n A_n \in F$

Def. AII-2: Sei F eine σ-Algebra in Ω, dann heißt (Ω,F) *Meßraum*. Die Elemente von F heißen F-meßbare Mengen aoder auch Ereignisse.

Def. AII-3: Sei F eine σ-Algebra in Ω. Eine Abbildung $P: F \rightarrow R$ heißt *Wahrscheinlichkeitsmaß* auf F und (Ω,F,P) heißt *Wahrscheinlichkeitsraum*, wenn gilt:

1. $P(A) \geq 0, A \in F$
2. $P(\Omega) = 1$
3. $P(\sum_{j \in J} A_j) = \sum_{j \in J} P(A_j)$ für jede abzählbar unendliche Familie $\{A_j \mid j \in J\}$ von paarweise fremden Mengen aus F.

P(A) heißt dann *Wahrscheinlichkeit des Ereignisses* $A \in F$.

Def. AII-4: Sei (Ω,A,P) ein *Wahrscheinlichkeitsraum* und sei X eine Abbildung von Ω in die Menge der reellen Zahlen R, dann heißt X *Zufallsvariable*[2], wenn für jedes $x \in R$ gilt: $\{\omega \in \Omega \mid X(\omega) \leq x\} \in F$, d.h. also ein Ereignis ist.

Def. AII-5: Ein *sochastischer Prozeß* $\{X_t \mid t \in I\}$ ist eine Familie von Zufallsvariablen, die alle auf demselben Wahrscheinlichkeitsraum (Ω,F,P) definiert und durch die Parameter t der Parametermenge I gekennzeichnet sind.

Bei den hier interessierenden Anwendungen stochastischer Prozesse stellt der Parameter t einen Zeitindex dar, so daß die Parametermenge I hier auch als *Zeitraum* bezeichnet wird.

Die Notation $\{X_t \mid t \in I\}$ ist eine Kurzschreibweise für $\{X_t(\omega) \mid t \in I, \omega \in \Omega\}$ bzw. für $\{X(t,\omega) \mid t \in I, \omega \in \Omega\}$. Ein stochastischer Prozeß ist folglich eine Funktion des Zeitparameters t und

---

1 Vgl. z.B. Arnold (1973), S. 17f.; Hinderer (1975), S. 75ff.; Ferschl (1977); Heller et al. (1978), S. 117f.; Scherf (1980); Senghas (1981), S. 101ff.; Malliaris/Brock (1982), S. 32ff.; Chung (1985), S. 255ff.

2 Des öfteren wird das Symbol einer Zufallsvariablen auch mit einer Tilde versehen. Darauf wird hier generell verzichtet.

des Wahrscheinlichkeitsparameters ω. Für jedes $t \in I$ bezeichnet $X_t(.)$ eine Zufallsvariable und für jedes $\omega \in \Omega$ bezeichnet $X_.(\omega)$ den zu dem Ausgang $\omega \in \Omega$ gehörenden Pfad. Die Menge aller reellen Zahlen, die als Wert einer der Zufallsvariablen $X_t(.)$ $(t \in I)$ auftreten können, heißt *Zustandsmenge* oder *Zustandsraum* Z ($Z := \{X_t(\omega) \mid t \in I, \omega \in \Omega\}$) des stochastischen Prozesses $\{X_t \mid t \in I\}$.

Die Parametermenge I und die Zustandsmenge Z können aus diskreten oder kontinuierlichen Mengen reeller Zahlen bestehen. Stochastische Prozesse lassen sich deshalb bezüglich dieser beiden Mengen wie folgt klassifizieren:

		Zustandsmenge Z	
		diskret	kontinuierlich
Parametermenge I	diskret	Typ A (diskrete Parameterkette)	Typ B (Zufallsfolge)
	kontinuierlich	Typ C (kontinuierliche Parameterkette)	Typ D (Zufallsfunktion)

Ein weiteres wesentliches Merkmal zur Charakterisierung stochastischer Prozesse ist durch die Art und Weise der Abhängigkeiten zwischen den Zufallsvariablen gegeben. Bei endlich vielen Zufallsvariablen X_t $(t \in I)$ gilt diese gegenseitige Abhängigkeit durch Angabe der gemeinsamen Verteilung dieser Zufallsvariablen als hinreichend beschrieben. Im Fall unendlich vieler Zufallsvariablen X_t $(t \in I)$ ist eine hinreichende Beschreibung dann gegeben, wenn zu beliebigem $n \in N$ und zu beliebigen Parameterwerten $t_1, \ldots, t_n \in I$ die gemeinsame Verteilung der Zufallsvariablen $X_{t_1}, \ldots, X_{t_n}$ (z.B. durch die n-dimensionale Verteilungsfunktion $F(X_{t_1}, \ldots, X_{t_n})$ bzw. Dichtefunktion $f(X_{t_1}, \ldots, X_{t_n})$ angegeben werden kann.

Handelt es sich bei allen endlichdimensionalen Verteilungen eines stochastischen Prozesses X_t $(t \in I)$ um Normalverteilungen, so gelten die endlichdimensionalen Verteilungen durch Anagbe der Erwartungswerte $E(X_t)$ und der Kovarianz $Cov(X_t, X_\tau)$ $(t, \tau \in I)$ als vollständig beschrieben. Prozesse dieser Art werden als *Gaußprozesse* bezeichnet.

Ein stochastischer Prozeß X_t $(t \in I)$ heißt *Markovprozeß*, wenn bei gegebenem Zustand X_τ die Verteilungen der Zufallsvariablen X_t für $t > \tau$ $(t, \tau \in I)$ nur von X_τ und nicht von X_k mit $k < \tau$ abhängen.

Unter Verwendung bedingter Verteilungsfunktionen $P(X_{t_n} \mid X_{t_{n-1}}, \ldots, X_{t_1})$ bzw. Dichtefunktionen $p(X_{t_n} \mid X_{t_{n-1}}, \ldots, X_{t_1})$ bedeutet dies:

$$P(X_{t_n} \mid X_{t_{n-1}}, \ldots, X_{t_1}) = P(X_{t_n} \mid X_{t_{n-1}})$$

bzw.

$$p(X_{t_n} \mid X_{t_{n-1}}, \ldots, X_{t_1}) = p(X_{t_n} \mid X_{t_{n-1}})$$

$$(t_1, t_2, \ldots, t_n \in I \text{ und } t_1 < t_2 < \ldots < t_n)$$

Auf ein stochastisches System angewendet besagt also die Markov-Eigenschaft sinngemäß: Ist der Zustand eines Systems in einem gewissen Zeitpunkt τ (Gegenwart) bekannt, so ist zusätzliche Information über das System zu Zeiten $k<\tau$ (Vergangenheit) ohne Einfluß auf die Kenntnis der wahrscheinlichen Entwicklung des Systems für $t>\tau$ (Zukunft).

Ein Markovprozeß heißt *homogen*, wenn die bedingten Verteilungsfunktionen $P(X_{t_n} \mid X_{t_{n-1}})$ bzw. Dichtefunktionen $p(X_{t_n} \mid X_{t_{n-1}})$ nicht von t_n und t_{n-1} sondern nur von der Differenz $t_n - t_{n-1}$ abhängen.

Ein stochastischer Prozeß X_t $(t \in I)$ heißt *stationär*, wenn für alle $n>1$, $(t_1, t_2, \ldots, t_n) \subset I$ und $h>0$ mit $(t_1+h, t_2+h, \ldots, t_n+h) \subset I$ die Verteilungen der Zufallsvektoren $(X_{t_1}, X_{t_2}, \ldots, X_{t_n})$ und $(X_{t_1+h}, X_{t_2+h}, \ldots, X_{t_n+h})$ identisch sind.

Bei verschiedenen Anwendungen stochastischer Prozesse sind die Verteilungen der Differenzen $X_t - X_\tau$ $(t, \tau \in I)$ von besonderem Interesse.

Ein stochastischer Prozeß X_t $(t \in I)$ heißt *stochastischer Prozeß mit unabhängigen Zuwächsen*, wenn für jede endliche Menge $(t_1, t_2, \ldots, t_n) \subset I$ mit $t_1 < \ldots < t_n$ die Zuwächse $X_{t_2} - X_{t_1}$, $X_{t_3} - X_{t_2}$, ..., $X_{t_n} - X_{t_{n-1}}$ unabhängige Zufallsvariable sind. Ein solcher Prozeß heißt *stationär*, wenn die Verteilung der Zuwächse $X_t - X_\tau$ $(t, \tau \in I;\ t>\tau)$ nur von der Differenz $t-\tau$, aber nicht von den Zeitpunkten t und τ abhängt.

Prozesse mit unabhängigen Zuwächsen lassen sich vollständig durch die Verteilungen dieser Zuwächse beschreiben.

Anhang III: Brownscher Prozeß[1] und Itô-Prozeß

Def. AIII-1: Ein stochastischer Prozeß $\{Z_t \mid t \geq 0\}$ mit kontinuierlicher Parametermenge und kontinuierlicher Zustandsmenge heißt *Brownscher Prozeß (Wiener-Prozeß)*, wenn gilt:

1. $Z_0 = 0$.
2. Die Zuwächse $(Z_{t+\tau} - Z_t)$ $(\tau>0)$ sind unabhängig und stationär.
3. Für jedes $\tau>0$ ist der Zuwachs $(Z_{t+\tau} - Z_t)$ normalverteilt mit dem Erwartungswert 0 und der Varianz $\sigma^2\tau$. Dabei ist σ^2 ein konstanter Parameter $(\sigma^2>0)$.

Ist $\sigma^2=1$, so wird der Brownsche Prozeß auch als *standardisierter Brownscher Prozeß* bezeichnet und kann wie folgt dargestellt werden:

$$Z_{t+\Delta t} = Z_t + \varepsilon_t \sqrt{\Delta t} \qquad \text{(AIII-1)}$$

bzw.

$$\Delta Z_t := Z_{t+\Delta t} - Z_t = \varepsilon_t \sqrt{\Delta t} \qquad \text{(AIII-2)}$$

Dabei bezeichnet Δt ein beliebig kleines Zeitintervall und ε_t eine normalverteilte Zufallsvariable mit Erwartungswert 0 und Varianz 1.

Für $\Delta t \rightarrow 0$ geht (AIII-2) über in die folgende, einen standardisierten Brownschen Prozeß definierende stochastische Differentialgleichung (in der die Zeitindices aus Vereinfachungsgründen unterdrückt werden):

$$dZ = \varepsilon \sqrt{dt} \qquad \text{(AIII-3)}$$

Der bisher betrachtete Prozeß hat keinen Trend. Das bedeutet, daß der Erwartungswert von Z für jeden Zeitpunkt in der Zukunft gleich dem jetzigen Wert ist. Die Varianzrate von 1 sagt aus, daß die Varianz der Änderungen von Z in einem Zeitintervall der Länge τ gleich 1.0 τ ist. Mit Hilfe des standardisierten Brownschen Prozesses kann ein *verallgemeinerter Brownscher Prozeß* $\{X_t \mid t \geq 0\}$ entsprechend durch folgende stochastische Differentialgleichung definiert werden:

$$dX = a\,dt + b\,dZ\ ;\ a,b = \text{konst.} \qquad \text{(AIII-4)}$$

Der verallgemeinerte Brownsche Prozeß $\{X_t \mid t \geq 0\}$ ist ein Brownscher Prozeß mit Trendparameter a und einem Varianzparameter b^2. Für den Erwartungswert von dX gilt: $E(dX) = a\,dt$. Der Trendparameter besagt, daß X eine erwartete Änderungsrate pro Zeiteinheit von a hat und wird deshalb auch als erwartete "momentane" Änderungsrate von X bezeichnet. Der Term b dZ kann als addiertes "Rauschen" oder Variabilität des Pfades von X ange-

[1] Vgl. z.B. Arnold (1973), S. 60ff.; Ernst (1974), S. 11ff.; Senghas (1981), S. 105ff.; Chung (1985), S. 266. Der Begriff des *Brownschen Prozesses* bzw. der *Brownschen Bewegung* stammt aus der Physik. Es handelt sich um Partikel, die sich in einer Flüssigkeit unter rasch aufeinander folgenden zufälligen Anstößen von Nachbarpartikeln bewegen.

sehen werden. Für die Varianz von dX gilt: Var(dX) = b^2 dt. Sie wird als Varianz der "momentanen" Änderungsrate bzw. als Varianzrate von X bezeichnet.

Charakteristisch für einen durch (AIII-4) definierten stochastischen Prozeß ist, daß die Zufallsvariable X in kleinen Zeitintervallen dt keine abrupten Änderungen erfährt und deshalb mit Wahrscheinlichkeit 1 einen kontinuierlichen Pfad besitzt.

Der durch (AIII-4) definierte stochastische Prozeß läßt sich dahingehend erweitern, daß als Trend- bzw. Varianzparameter nicht nur Konstanten, sondern von X und t abhängige Funktionen a(X,t) bzw. b(X,t) zugelassen werden. Ein solcher verallgemeinerter Brownscher Prozeß wird *Itô-Prozeß* bezeichnet und durch folgende stochastische Differentialgleichung definiert:

$$dX = a(X,t)\,dt + b(X,t)\,dZ \qquad \text{(AIII-5)}$$

Ein Itô-Prozeß $\{X_t \mid t \geq 0\}$ mit $a(X,t) = \hat{a}\,X_t$ und und $b(X,t) = \hat{b}\,X_t$ ($\hat{a}$, $\hat{b}$ konstant) wird auch als *geometrische Brownsche Bewegung* bezeichnet. Hier gilt also:

$$dX = \hat{a}\,X_t\,dt + \hat{b}\,X_t\,dZ \qquad \text{(AIII-6)}$$

Als Lösung dieser stochastischen Differentialgleichung ergibt sich:

$$X_t = X_0\,e^{(\hat{a} - (1/2)\,\hat{b}^2)t + dZ_t} \quad \text{, für } t \geq 0 \qquad \text{(AIII-7)}$$

bzw.

$$\ln X_t = \ln X_0 + (\hat{a} - (1/2)\,\hat{b}^2)t + dZ_t \quad \text{, für } t \geq 0 \qquad \text{(AIII-8)}$$

Da Z_t normalverteilt ist mit Erwartungswert 0 und Varianz t, ist der natürliche Logarithmus von X_t normalverteilt mit Erwartungswert $X_0 + (\hat{a} - (1/2)\,\hat{b}^2)t$ und Varianz $\hat{b}^2 t$. Wenn also der stochastische Prozeß $\{X_t \mid t \geq 0\}$ eine geometrische Brownsche Bewegung darstellt, dann sind die Zufallsvariablen X_t ($t \geq 0$) logarithmische normalverteilt.

Die logarithmierten Zuwächse sind also über einem beliebigem Intervall $[t,t+\tau]$ normalverteilt:

$$\ln X_{t+\tau} - \ln X_t \sim N[(\hat{a} - (1/2)\,\hat{b}^2)(\tau),\ \hat{b}^2\tau] \qquad \text{(AIII-9)}$$

Anhang IV: Itô's Lemma[1]

Es sei G(X,t) eine Funktion, die einmal nach t und zweimal nach X differenzierbar ist. Weiter sei angenommen, daß X einem Itô-Prozeß folgt, der Form $dX = a(S,t)\ dt + b(S,t)\ dZ$, wobei Z einen standardisierten Brownschen Prozeß bezeichnet.

Da X Argument der Funktion G(X,t) ist, unterliegt auch G im Zeitablauf Zufallsschwankungen und ist daher nicht mehr im üblichen Sinne differenzierbar. Die Veränderung von G in der Zeit kann aber durch ein stochastisches Differential dG beschrieben werden. Durch Entwicklung der Taylor-Reihe ergibt sich zunächst der Ausdruck

$$dG = \frac{\delta G}{\delta X} dX + \frac{\delta G}{\delta t} dt + \frac{1}{2} \frac{\delta^2 G}{\delta X^2} (dX)^2$$

$$+ \frac{\delta^2 G}{\delta X \delta t} dX\, dt + \frac{1}{2} \frac{\delta^2 G}{\delta t^2} (dt)^2 + \ldots \qquad \text{(AIV-1)}$$

Aus den Eigenschaften der *Brownschen-Prozesse* resultieren für die Differentiale dt und dZ folgende Multiplikationsregeln:[2]

$$\begin{aligned} dt\, dt &= 0 \\ dZ\, dt &= 0 \\ dZ\, dZ &= dt \end{aligned} \qquad \text{(AIV-2)}$$

Unter Berücksichtigung von (AIV-2) sowie unter Verwendung von (AIII-5) und (AIII-3) reduziert sich (AIV-1) somit auf den als *Itô-Theorem* bezeichneten Ausdruck[3]

$$dG = \frac{\delta G}{\delta X} dX + \frac{\delta G}{\delta t} dt + \frac{1}{2} \frac{\delta^2 G}{\delta X^2} (dX)^2 \qquad \text{(AIV-3)}$$

bzw.

$$dG = \frac{\delta G}{\delta X} dX + \frac{\delta G}{\delta t} dt + \frac{1}{2} \frac{\delta^2 G}{\delta X^2} b^2\, dt\,. \qquad \text{(AIV-4)}$$

1 Vgl. z.B. Arnold (1973), S. 101ff.; Ernst (1974), S. 52ff.; Klump (1985); Hull (1989), S. 102ff.

2 Klump (1985), S. 183.

3 Für die genaue Darstellung des Beweises siehe z.B. Hull (1989), S. 103.

Anhang V: Poissonprozeß[1]

Def. AV-1: Ein stochastischer Prozeß $\{X_t \mid t \geq 0\}$ mit kontinuierlicher Parametermenge und diskreter Zustandsmenge heißt *Poissonprozeß*, wenn gilt:

1. $P(X_t = 0) = 1$.
2. $\{X_t \mid t \geq 0\}$ besitzt stationäre unabhängige Zuwächse.
3. Es existiert eine Konstante $\lambda > 0$, so daß für alle $i,j \in N_0$ und $t, \Delta t \geq 0$ gilt:[2]

$$p_{ij}(\Delta t) := P(X_{t+\Delta t} = j \mid X_t = i) = \begin{cases} 0 & \text{für } 0 \leq j \leq i-1 \\ 1 - \lambda\,\Delta t + O(\Delta t) & \text{für } j = i \\ \lambda\,\Delta t + O(\Delta t) & \text{für } j = i+1 \\ O(\Delta t) & \text{für } j \geq i+2 \end{cases}$$

λ gibt die mittlere Anzahl der pro Zeiteinheit eintretenden Ereignisse an und wird als Intensität des Poissonprozesses bezeichnet.

Die Zufallsvariable X_t eines Poissonprozesses $\{X_t \mid t \geq 0\}$ mit der Intensität λ ist poissonverteilt mit der Intensität λt, so daß gilt:

$$P(X_t = n) = \frac{(\lambda t)^n}{n!} e^{-\lambda t}, \; t \geq 0, \; n \in N_0 \tag{AV-1}$$

Poissonprozesse eignen sich insbesondere dazu, plötzlich und unabhängig voneinander eintretende Ereignisse zu registrieren und zu zählen. Dabei gibt die Zufallsvariable X_t die Anzahl der bis zum Zeitpunkt t (einschließlich) eintretenden Ereignisse an. Der zugehörige Pfad ist mit der Wahrscheinlichkeit 1 diskontinuierlich (unstetig).

---

1 Vgl. etwa Heller et al. (1978), S. 156ff. und Senghas (1981), S. 108.

2 $O(\Delta t)$ steht für eine beliebige Funktion $f(\Delta t)$ mit der Eigenschaft: $\lim\limits_{\Delta t \to 0} \frac{f(\Delta t)}{\Delta t} = 0$.

Anhang VI: Partielle Ableitungen der Black/Scholes-Formel[1]

Black/Scholes-Formel:[2]

$$C\,(S, K, \tau, \sigma, r) = S\,N(d_1) - K\,e^{-r\tau}\,N(d_2)$$

wobei

S ≡ gegenwärtiger Preis der zugrundeliegenden Aktie,

K ≡ Basispreis,

τ ≡ Restlaufzeit,

σ^2 ≡ Momentanvarianz der Aktienrendite,

r ≡ risikolose Momentanverzinsungsrate,

$N(.)$ ≡ Verteilungsfunktion der Standardnormalverteilung,

$$d_1 = \frac{\ln\left(\frac{S}{K}\right) + \left(r + \frac{\sigma^2}{2}\right)\tau}{\sigma\sqrt{\tau}},$$

$$d_2 = \frac{\ln\left(\frac{S}{K}\right) + \left(r - \frac{\sigma^2}{2}\right)\tau}{\sigma\sqrt{\tau}} = d_1 - \sigma\sqrt{\tau}\,.$$

Für die Ableitung der Normalverteilungsfunktion gilt:

$$\frac{\delta N(d)}{\delta S} = N'(d)\,\frac{\delta d}{\delta S}$$

mit

$$N'(d) = \frac{1}{\sqrt{2}\sqrt{\pi}}\,e^{-(d)^2/2}$$

$$\frac{\delta d}{\delta S} = \frac{\delta d_1}{\delta S} = \frac{\delta d_2}{\delta S} = \frac{1}{S\,\sigma\sqrt{\tau}}$$

1 Siehe hierzu auch Bös (1991), S. 214ff. oder Smith (1976).

2 Black/Scholes (1973).

1. Ableitung nach dem Aktienkurs (Options-Delta):

$$\frac{\delta C}{\delta S} = N(d_1) + S\,\frac{\delta N(d_1)}{\delta S} - K\,e^{-r\tau}\,\frac{\delta N(d_2)}{\delta S}$$

$$= N(d_1) + S\,N'(d_1)\,\frac{\delta d_1}{\delta S} - K\,e^{-r\tau}\,N'(d_2)\,\frac{\delta d_2}{\delta S}$$

$$= N(d_1) + S\,\frac{1}{\sqrt{2}\,\sqrt{\pi}}\,e^{-(d_1)^2/2}\,\frac{1}{S\,\sigma\,\sqrt{\tau}} - K\,e^{-r\tau}\,\frac{1}{\sqrt{2}\,\sqrt{\pi}}\,e^{-[d_1-\sigma\sqrt{\tau}]^2/2}\,\frac{1}{S\,\sigma\,\sqrt{\tau}}$$

$$= N(d_1) + S\,\frac{1}{\sqrt{2}\,\sqrt{\pi}\,\sqrt{\tau}\,\sigma}\left[e^{-(d_1)^2/2} - \frac{K}{S}\,e^{-r\tau-[d_1-\sigma\sqrt{\tau}]^2/2}\right]$$

$$\text{da: } -r\tau - [d_1-\sigma\sqrt{\tau}]^2/2 = -(d_1)^2 + \ln\frac{S}{K}$$

$$= N(d_1) + S\,\frac{1}{\sqrt{2}\,\sqrt{\pi}\,\sqrt{\tau}\,\sigma}\,[e^{-(d_1)^2/2} - e^{-(d_1)^2/2}],$$

$$\frac{\delta C}{\delta S} = N(d_1)$$

1. Ableitung nach der Standardabweichung (Options-Eta):

$$\frac{\delta C}{\delta \sigma} = S\,N'(d_1)\,\frac{\delta d_1}{\delta \sigma} - K\,e^{-r\tau}\,N'(d_2)\,\frac{\delta d_2}{\delta \sigma}$$

$$= S\,\frac{1}{\sqrt{2}\,\sqrt{\pi}}\,e^{-(d_1)^2/2}\left(-\frac{d_2}{\sigma}\right) - K\,e^{-r\tau}\,\frac{1}{\sqrt{2}\,\sqrt{\pi}}\,e^{-(d_2^2)/2}\left(-\frac{d_1}{\sigma}\right)$$

$$= S\,\frac{1}{\sqrt{2}\,\sqrt{\pi}}\,e^{-(d_1)^2/2}\left(-\frac{d_1-\sigma\sqrt{\tau}}{\sigma}\right) - K\,e^{-r\tau}\,\frac{1}{\sqrt{2}\,\sqrt{\pi}}\,e^{-[d_1-\sigma\sqrt{\tau}]^2/2}\left(-\frac{d_1}{\sigma}\right)$$

$$= \frac{1}{\sqrt{2}\,\sqrt{\pi}}\,e^{-(d_1)^2/2}\left[S\left(\frac{\sigma\sqrt{\tau}-d_1}{\sigma}\right) - K\,e^{-r\tau+[d_1\sigma\sqrt{\tau}-(\sigma^2\sqrt{\tau})/2]}\left(-\frac{d_1}{\sigma}\right)\right]$$

$$\text{da: } -r\tau + [d_1\sigma\sqrt{\tau} - (\sigma^2\sqrt{\tau})/2] = \ln\frac{S}{K}$$

$$= \frac{1}{\sqrt{2}\,\sqrt{\pi}}\,e^{-(d_1)^2/2}\left[S\left(\frac{\sigma\sqrt{\tau}-d_1}{\sigma}\right) - S\left(-\frac{d_1}{\sigma}\right)\right]$$

$$\frac{\delta C}{\delta \sigma} = \frac{1}{\sqrt{2}\,\sqrt{\pi}}\,e^{-(d_1)^2/2}\,S\,\sqrt{\tau} = N'(d_1)\,S\,\sqrt{\tau}$$

Anhang VII:
Geschäfts-und Volumenentwicklung an der SOFFEX und der DTB[1]

Abb. A-1: Geschäftsentwicklung von SOFFEX-Aktien- und SMI-Optionen (gleitende 75-Tage-Durchschnitte) (3.1.89 - 6.11.92)

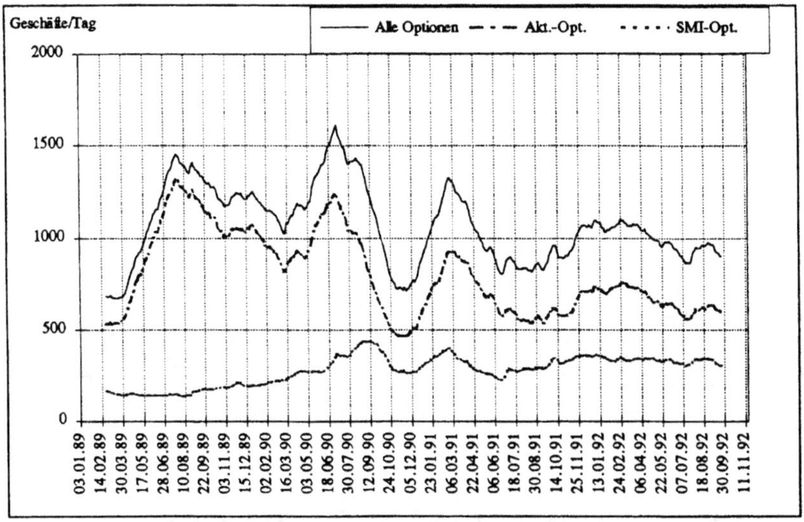

Abb. A-2: Geschäftsentwicklung von SOFFEX-Kauf- und Verkaufsoptionen (gleitende 75-Tage-Durchschnitte) (3.1.89 - 16.11.92)

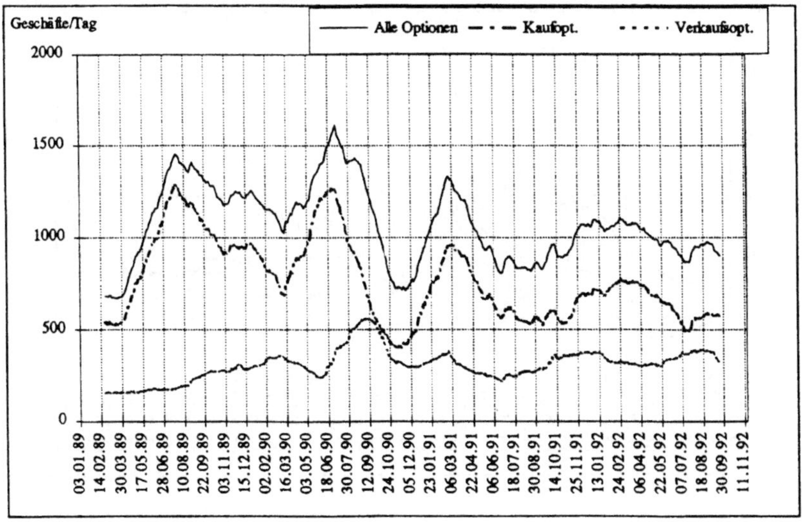

1 Quellen: SOFFEX, Kursbatt der Zürcher Effektenbörse, Quelle: Deutsche Terminbörse (DTB) (Hrsg.): DTB-Statistiken 1990/1991/1992.

Abb. A-3: Geschäftsentwicklung von SOFFEX-Kaufoptionen (gleitende 75-Tage-Durchschnitte) (3.1.89 - 16.11.92)

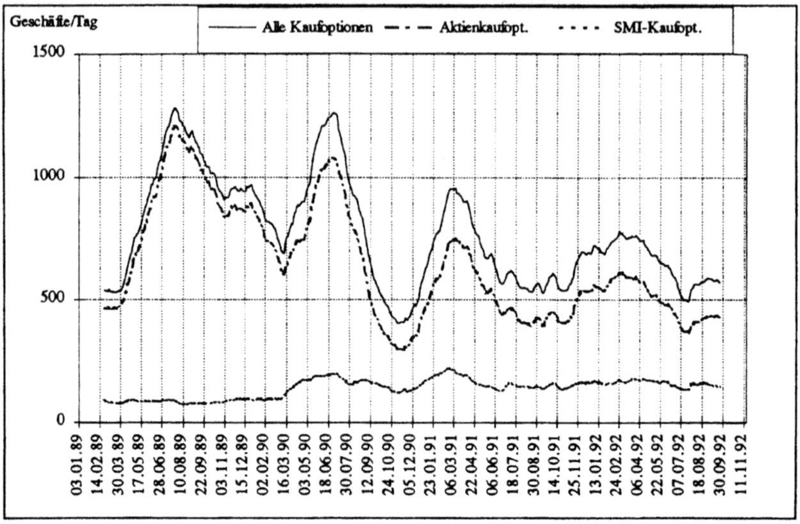

Abb. A-4: Geschäftsentwicklung von SOFFEX-Verkaufsoptionen (gleitende 75-Tage-Durchschnitte) (3.1.89 - 16.11.92)

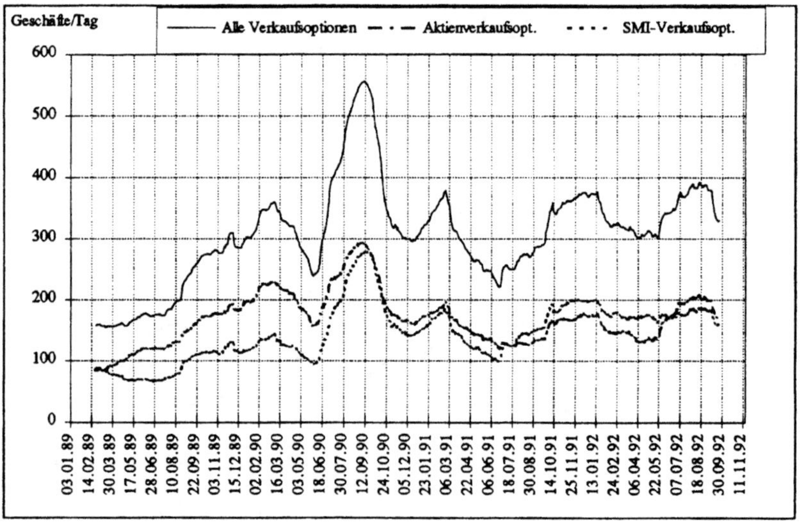

Abb. A-5: Volumenentwicklung von SOFFEX-Aktien- und SMI-Optionen (gleitende 75-Tage-Durchschnitte) (3.1.89 - 16.11.92)

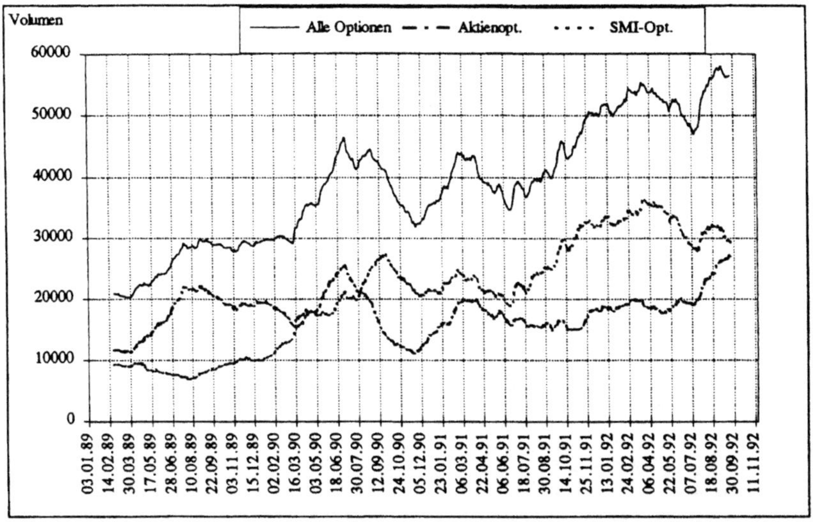

Abb. A-6: Volumenentwicklung von SOFFEX-Kauf- und Verkaufsoptionen (gleitende 75-Tage-Durchschnitte) (3.1.89 - 16.11.92)

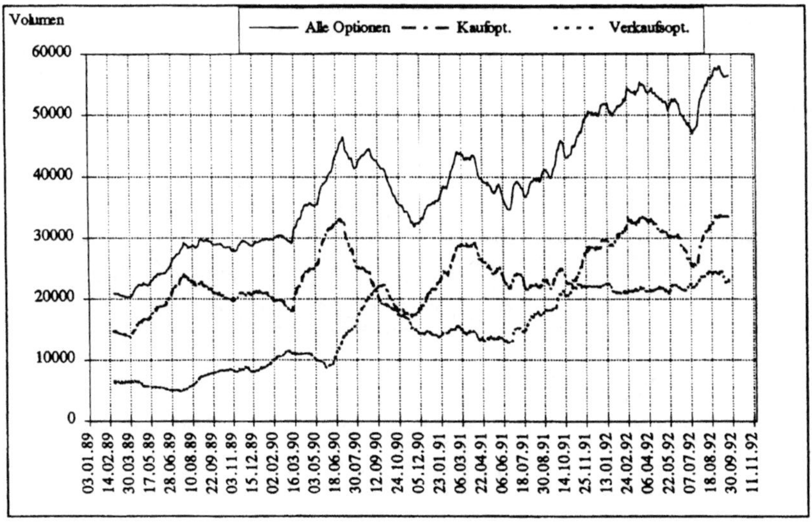

Abb. A-7: Volumenentwicklung von SOFFEX-Aktienoptionen (gleitende 75-Tage-Durchschnitte) (3.1.89 - 16.11.92)

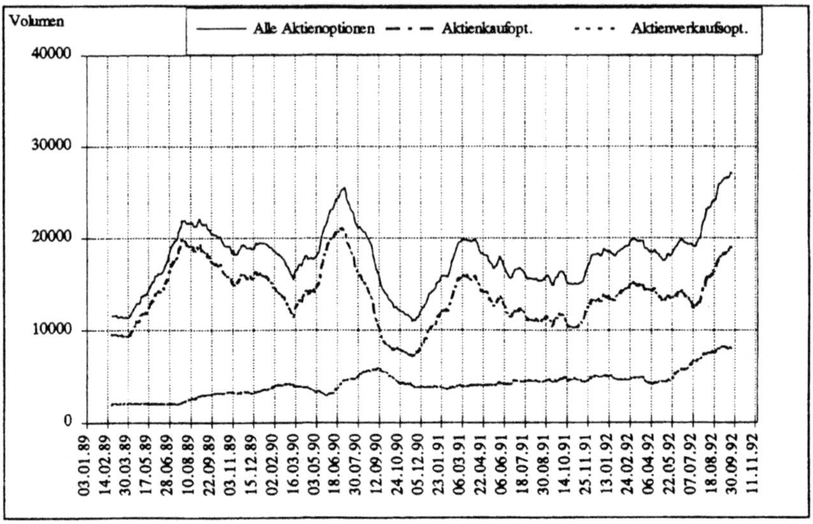

Abb. A-8: Volumenentwicklung von SOFFEX-SMI-Optionen (gleitende 75-Tage-Durchschnitte) (3.1.89 - 16.11.92)

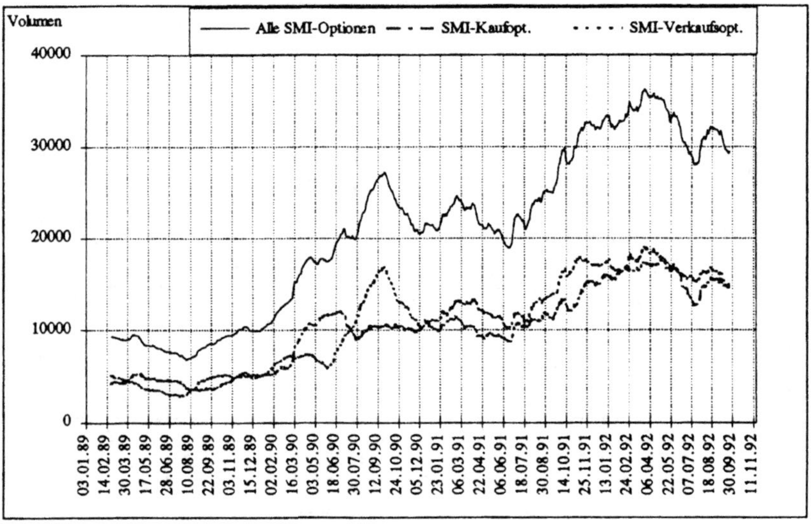

Abb. A-9: Volumenentwicklung von SOFFEX-Kaufoptionen (gleitende 75-Tage-Durchschnitte) (3.1.89 - 16.11.92)

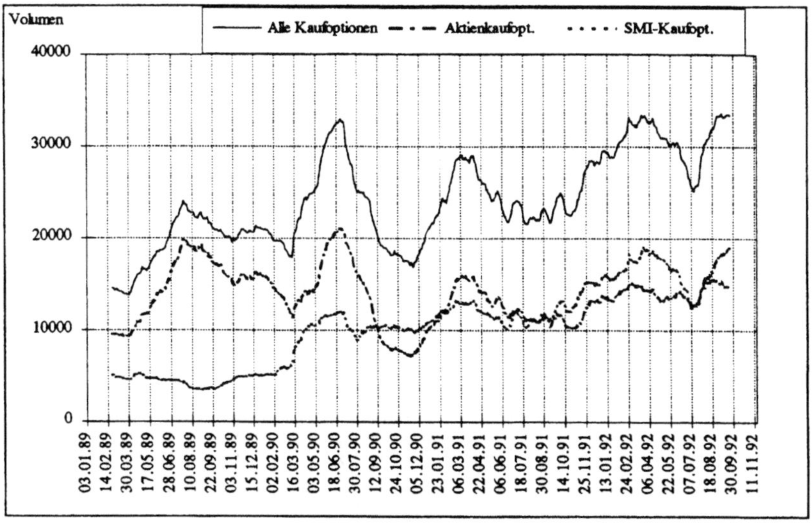

Abb. A-10: Volumenentwicklung von SOFFEX-Verkaufsoptionen (gleitende 75-Tage-Durchschnitte) (3.1.89 - 16.11.92)

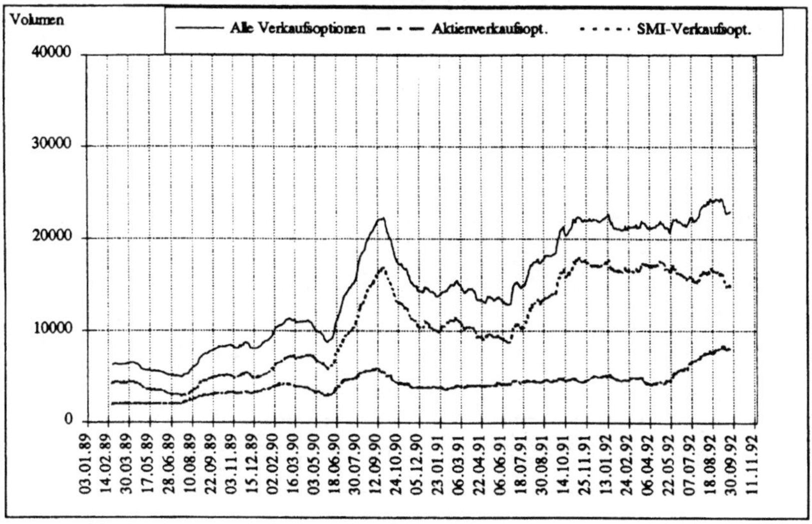

Abb. A-11: Geschäftsentwicklung von DTB-Aktienoptionen (1990 - 1992)

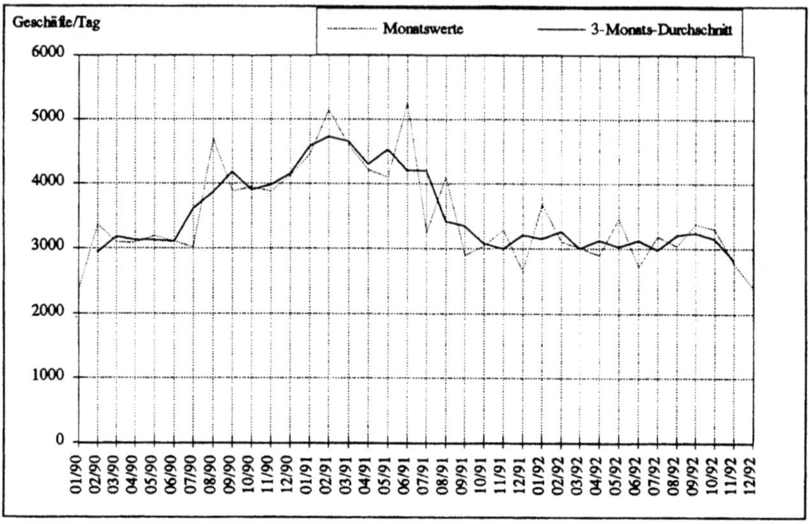

Abb. A-12: Geschäftsentwicklung von DTB-Aktienoptionen (Kauf-/Verkaufsoptionen) (1990 - 1992)

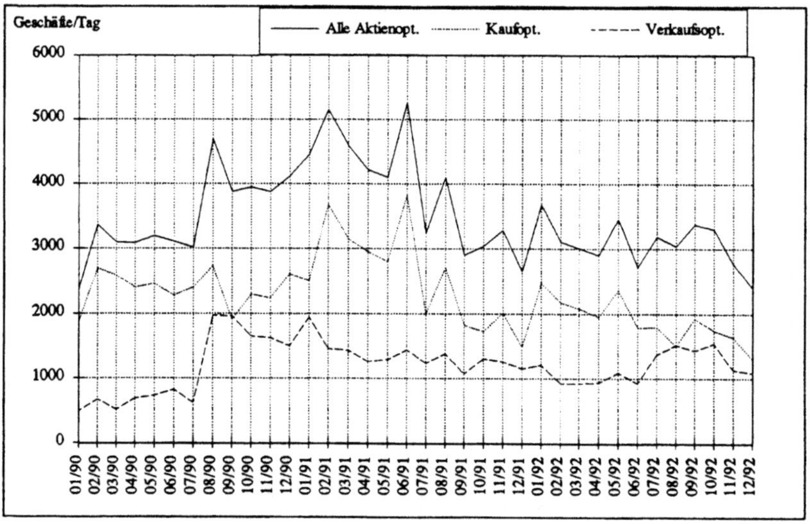

Anhang VIII:

Resultate der multiplen Regressionsanalyse für SOFFEX-SMI-Optionen (Anzahl Geschäfte ≥ 20)

Tab. A-1: Entstehung der Stichprobe zur Regressionsanalyse (SOFFEX-SMI-Optionen, Anzahl Geschäfte ≥ 20)

Kriterium	Optionen	Geschäfte	% zu Vorgänger	% zu Total
Alle Optionen	2202	26934		
1. Puts entfernen	1079	12414	46,1	
Nur Calls	1123	14520		100,0
2. Early Exercise-Bedingung	44	816	5,6	5,6
Rest	1079	13704		94,4
3. Geschäfte < 20	850	4337	31,6	29,9
Rest	229	9367		64,5
4. Löschen 1. Tag	2	86		
5. Kein Vol.-Schätzer am Vortag	12	662	8,0	5,1
Rest	215	8691		59,4

Tab. A-2: Intervallpreis-/Renditebildung: CH, SMI/SMI-Optionen, Anzahl Geschäfte ≥ 20, 10-min-Intervalle

	Indexmarkt	Optionsmarkt
Handelszeit	10.00-13.00 14.00-16.00	10.00-13.00 14.00-16.00
Anzahl Zeitpunkte/-intervalle	30/29	30/29
Anzahl Aktien-/Optionstage	69	215
Anzahl Meldungen	2070	6450
Errechnete Renditen	2001	6095
Fehlende Kurse zu Beginn	0	140
Anzahl erste Kurse	69	215
Nullrenditen (Nichttransakt.)	11 (0,5%)	2523 (41,4%)
"Normale" Nullrenditen	55	704

Tab. A-3:

Regression impliziter SMI-Renditen auf vergangene, gleichzeitige und zukünftige beobachtete SMI-Renditen, CH, SMI-Optionen, Anzahl Geschäfte ≥ 20, 10min-Intervalle, 10.00-16.00, Regressionsintervall: [10.50, 15.30]

$$\hat{s}_t = \alpha + \sum_{k=-3}^{3} \beta_k s_{t+k} + \varepsilon_t$$

Parameter	Schätzwert	t-Wert[1]	Signifik. t[2]
α	0,0000	0,636	0,5250
β_{-3}	-0,0146	-0,655	0,5125
β_{-2}	0,1035	4,208	0,0000
β_{-1}	0,3101	11,764	0,0000
β_0	0,4796	17,646	0,0000
β_{+1}	0,0696	2,646	0,0087
β_{+2}	0,0582	2,253	0,0232
β_{+3}	0,0131	-0,250	0,6019
Anz. Beob.: 4935	R^2: 0,1436	Adj. R^2: 0,1424	

Tab. A-4:

Regression impliziter SMI-Renditen auf vergangene, gleichzeitige und zukünftige beobachtete SMI-Renditen, CH, SMI-Optionen, Anzahl Geschäfte ≥ 20, 10min-Intervalle, 10.00-11.40, Regressionsintervall: [10.50, 11.10]

$$\hat{s}_t = \alpha + \sum_{k=-3}^{3} \beta_k s_{t+k} + \varepsilon_t$$

Parameter	Schätzwert	t-Wert	Signifik. t
α	0,0000	-0,026	0,9794
β_{-3}	0,0011	0,023	0,9814
β_{-2}	0,1122	1,825	0,0585
β_{-1}	0,3064	3,813	0,0002
β_0	0,4870	5,307	0,0000
β_{+1}	0,0522	0,516	0,6059
β_{+2}	0,1384	1,452	0,1470
β_{+3}	-0,0230	-0,245	0,8066
Anz. Beob.: 635	R^2: 0,1298	Adj. R^2: 0,1201	

1 t-Werte für die Null-Hypothese, daß $\alpha = 0$ und $\beta_k = 0$, $k = -3, \ldots, 3$.

2 Signifik. t: Signifikanzniveau des t-Wertes = 1 - Vertrauenswahrscheinlichkeit.

Tab. A-5:

Regression impliziter SMI-Renditen auf vergangene, gleichzeitige und zukünftige beobachtete SMI-Renditen, CH, SMI-Optionen, Anzahl Geschäfte ≥ 20, 10min-Intervalle, 11.20-16.00, Regressionsintervall: [11.50, 15.30]

$$\hat{s}_t = \alpha + \sum_{k=-3}^{3} \beta_k s_{t+k} + \varepsilon_t$$

Parameter	Schätzwert	t-Wert	Signifik. t
α	0,0000	0,172	0,8633
β_{-3}	-0,0207	-0,701	0,4836
β_{-2}	0,1075	3,537	0,0004
β_{-1}	0,3164	10,073	0,0000
β_0	0,4599	14,852	0,0000
β_{+1}	0,1209	3,982	0,0001
β_{+2}	0,0239	0,851	0,3951
β_{+3}	0,0307	1,112	0,2663
Anz. Beob.: 3655	R^2: 0,1469		Adj. R^2: 0,1456

Anhang IX:
Resultate der multiplen Regressionsanalyse für DTB-Aktienoptionen (Anzahl Geschäfte ≥ 20)

Tab. A-6: Entstehung der Stichprobe zur Regressionsanalyse (DTB-Aktienoptionen, Anzahl Geschäfte ≥ 20)

Kriterium	Optionen	Geschäfte	% zu Vorgänger	% zu Total
Alle Optionen	31341	250285		
1. Puts entfernen	14085	98725	39,5	
Nur Calls	17256	151560		100,0
2. ALV entfernen	421	915	0,6	0,6
RWE entfernen	191	852	0,6	0,6
Rest	16644	149793		98,8
3. Early Exercise-Bedingung	684	9339	6,2	6,1
Rest	15960	140454		92,7
4. Geschäfte < 40	14244	79154	56,4	52,2
Rest	1716	61300		40,5
5. Löschen 1. Tag	16	616		
6. Kein Vol.-Schätzer am Vortag	12	307	1,5	0,6
Rest	1688	60377		39,9

Tab. A-7: Intervallpreis-/Renditebildung: D, Aktien/Aktienoptionen, Anzahl Geschäfte ≥ 20, 10-min-Intervalle

	Aktienmarkt	Optionsmarkt
Handelszeit	10.30-13.30	10.30-14.00[1]
Anzahl Zeitpunkte/-intervalle	18/17	20/19
Anzahl Aktien-/Optionstage	462	1688
Anzahl Meldungen	8316	33760
Errechnete Renditen	7835	31272
Fehlende Kurse zu Beginn	19	800
Anzahl erste Kurse	462	1688
Nullrenditen (Nichttransakt.)	415 (5,3%)	11602 (37,1%)
"Normale" Nullrenditen	1220	4026

[1] Die Trading-Periode an der DTB ist während der Untersuchungsperiode um 15.00 Uhr beendet.

Tab. A-8:

Regression impliziter Aktienrenditen auf vergangene, gleichzeitige und zukünftige beobachtete Aktienrenditen, D, Aktienoptionen, Anzahl Geschäfte ≥ 20, 10-min-Intervalle, 10.30-13.30, Regressionsintervall: [11.20, 13.00].

$$\hat{s}_t = \alpha + \sum_{k=-3}^{3} \beta_k s_{t+k} + \varepsilon_t$$

Parameter	Schätzwert	t-Wert[1]	Signifik. t[2]
α	-0,0001	-4,440	0,0000
β_{-3}	0,0621	11,642	0,0000
β_{-2}	0,0914	15,776	0,0000
β_{-1}	0,1717	28,711	0,0000
β_0	0,1702	28,471	0,0000
β_{+1}	0,0846	14,161	0,0000
β_{+2}	0,0489	7,369	0,0000
β_{+3}	-0,0027	-0,384	0,7010
Anz. Beob.: 18326	R^2: 0,0622	Adj. R^2: 0,0619	

Tab. A-9:

Regression impliziter Aktienrenditen auf vergangene, gleichzeitige und zukünftige beobachtete Aktienrenditen, D, Aktienoptionen, Anzahl Geschäfte ≥ 20, 10-min-Intervalle, 10.30-12.10, Regressionsintervall: [11.20, 11.40].

$$\hat{s}_t = \alpha + \sum_{k=-3}^{3} \beta_k s_{t+k} + \varepsilon_t$$

Parameter	Schätzwert	t-Wert	Signifik. t
α	-0,0001	-1,424	0,1546
β_{-3}	0,0905	5,510	0,0000
β_{-2}	0,1184	7,345	0,0000
β_{-1}	0,1938	15,297	0,0000
β_0	0,1628	14,324	0,0000
β_{+1}	0,1128	9,398	0,0000
β_{+2}	0,0894	6,431	0,0000
β_{+3}	-0,0023	-0,106	0,9159
Anz. Beob.: 4849	R^2: 0,0664	Adj. R^2: 0,0650	

1 t-Werte für die Null-Hypothese, daß $\alpha = 0$ und $\beta_k = 0$, $k = -3, \ldots, 3$.

2 Signifik. t: Signifikanzniveau des t-Wertes = 1 - Vertrauenswahrscheinlichkeit.

Tab. A-10:

Regression impliziter Aktienrenditen auf vergangene, gleichzeitige und zukünftige beobachtete Aktienrenditen, D, Aktienoptionen, Anzahl Geschäfte ≥ 20, 10-min-Intervalle, 11.40-13.30, Regressionsintervall: [11.20, 13.00].

$$\hat{s}_t = \alpha + \sum_{k=-3}^{3} \beta_k s_{t+k} + \varepsilon_t$$

Parameter	Schätzwert	t-Wert	Signifik. t
α	-0,0002	-5,079	0,0000
β_{-3}	0,0466	3,847	0,0000
β_{-2}	0,0705	6,178	0,0000
β_{-1}	0,2328	20,969	0,0000
β_0	0,2175	21,821	0,0000
β_{+1}	0,0869	9,372	0,0000
β_{+2}	0,0294	3,240	0,0012
β_{+3}	-0,0072	-0,862	0,3888
Anz. Beob.: 8434	R^2: 0,0858	Adj. R^2: 0,0851	

Ohne Basistitel DAI, DBK, SIE und VOW

Tab. A-11: Aufteilung der Geschäfte von DTB-Kaufoptionen bezogen auf die vier aktivsten Basistitel.

	Anz. Geschäfte ≥ 40		Anz. Geschäfte ≥ 20	
Basistitel	Optionen	Geschäfte	Optionen	Geschäfte
DAI	99	6240	263	10734
DBK	84	4807	298	10570
SIE	125	7599	401	15048
VOW	143	8407	403	15465
Summe	411	27053	1365	51817
in % zu alle	86,7	96,2	79,5	84,5
Alle Calls	474	28136	1716	61300

Tab. A-12:

Regression impliziter Aktienrenditen auf vergangene, gleichzeitige und zukünftige beobachtete Aktienrenditen, D, Aktienoptionen, Anzahl Geschäfte ≥ 20, ohne Basistitel DAI, DBK, SIE, VOW, 10-min-Intervalle, 10.30-13.30, Regressionsintervall: [11.20, 13.00].

$$\hat{s}_t = \alpha + \sum_{k=-3}^{3} \beta_k s_{t+k} + \varepsilon_t$$

Parameter	Schätzwert	t-Wert	Signifik. t
α	0,0002	0,313	0,7544
β_{-3}	0,0541	4,273	0,0000
β_{-2}	0,0660	5,068	0,0000
β_{-1}	0,1759	12,689	0,0000
β_0	0,1520	11,128	0,0000
β_{+1}	0,0877	5,816	0,0000
β_{+2}	0,0593	3,898	0,0011
β_{+3}	-0,0270	-1,690	0,0911
Anz. Beob.: 3778	R^2: 0,0602		Adj. R^2: 0,0585

Tab. A-13:

Regression impliziter Aktienrenditen auf vergangene, gleichzeitige und zukünftige beobachtete Aktienrenditen, D, Aktienoptionen, Anzahl Geschäfte ≥ 20, ohne Basistitel DAI, DBK, SIE, VOW, 10-min-Intervalle, 10.30-12.10, Regressionsintervall: [11.20, 11.40].

$$\hat{s}_t = \alpha + \sum_{k=-3}^{3} \beta_k s_{t+k} + \varepsilon_t$$

Parameter	Schätzwert	t-Wert	Signifik. t
α	0,0002	1,848	0,0649
β_{-3}	0,0660	2,365	0,0182
β_{-2}	0,1174	4,285	0,0000
β_{-1}	0,1964	5,568	0,0000
β_0	0,1496	5,490	0,0000
β_{+1}	0,1341	3,857	0,0001
β_{+2}	0,1177	3,643	0,0013
β_{+3}	-0,0388	-1,153	0,2492
Anz. Beob.: 995	R^2: 0,0684		Adj. R^2: 0,0618

Tab. A-14:

Regression impliziter Aktienrenditen auf vergangene, gleichzeitige und zukünftige beobachtete Aktienrenditen, D, Aktienoptionen, Anzahl Geschäfte ≥ 20, ohne Basistitel DAI, DBK, SIE, VOW, 10-min-Intervalle, 10.40-13.30, Regressionsintervall: [12.20, 13.00].

$$\hat{s}_t = \alpha + \sum_{k=-3}^{3} \beta_k s_{t+k} + \varepsilon_t$$

Parameter	Schätzwert	t-Wert	Signifik. t
α	-0,0001	-1,254	0,2100
β_{-3}	0,0101	0,404	0,0182
β_{-2}	0,1199	5,196	0,0000
β_{-1}	0,2747	12,654	0,0000
β_0	0,2059	9,226	0,0000
β_{+1}	0,0894	3,960	0,0001
β_{+2}	0,0435	1,873	0,0612
β_{+3}	0,0056	0,263	0,7924
Anz. Beob.: 1745	R^2: 0,1070		Adj. R^2: 0,1034

Anhang X:
Resultate der Handelsstrategien unter Berücksichtigung von Transaktionskosten

a) Aktienmarktlead: Handel in Optionen

Tab. A-15:

Realisierte Gewinne/Verluste aus der Handelsstrategie (Aktienmarktlead, Handel in Optionen)

Ausführungs-zeit	Halte-periode	Ø Gewinn (+) / Verlust (-) pro Option		Anzahl aus-geführter Signale	t-Wert für % Gewinn/ Verlust[1]
		in %	SFr.		
30 Sek.	10 Min.	-5,953	-6,97	2105	-15,557*
	15 Min.	-6,238	-6,99	3044	-24,506*
	30 Min.	-5,619	-6,74	2863	-17,027*
	45 Min.	-5,758	-6,52	2603	-20,444*
	60 Min.	-4,725	-5,10	2359	-15,016*
15 Min.	10 Min.	-7,399	-9,32	1624	-18,554*
	15 Min.	-6,931	-8,57	2411	-19,697*
	30 Min.	-7,461	-9,06	2207	-22,834*
	45 Min.	-6,624	-8,08	1991	-17,812*
	60 Min.	-6,235	-6,89	1795	-16,273*
30 Min.	10 Min.	-8,661	-10,18	1394	-26,808*
	15 Min.	-8,991	-10,04	2067	-33,192*
	30 Min.	-8,045	-9,09	1835	-25,235*
	45 Min.	-7,426	-8,27	1637	-20,875*
	60 Min.	-6,593	-7,34	1509	-16,576*

1 * ≡ Signifikant bei 5%-Signifikanzniveau.

Tab. A-16:

Realisierte Gewinne/Verluste aus der Handelsstrategie (Aktienmarktlead, Handel in Optionen, Ausführungssignal: 10:00 - 11:00)

Ausführungs-zeit	Halte-periode	Ø Gewinn (+) / Verlust (-) pro Option		Anzahl ausgeführter Signale	t-Wert für % Gewinn/ Verlust
		in %	SFr.		
30 Sek.	10 Min.	-1,475	-3,44	618	-1,348
	15 Min.	-2,552	-3,42	874	-3,753*
	30 Min.	-1,100	-3,24	856	-1,229
	45 Min.	-2,318	-3,44	800	-3,994*
	60 Min.	-1,229	-2,26	773	-1,929*
15 Min.	10 Min.	-5,179	-7,81	550	-5,495*
	15 Min.	-4,674	-7,35	761	-5,161*
	30 Min.	-6,259	-8,15	705	-8,853*
	45 Min.	-5,320	-7,41	685	-6,956*
	60 Min.	-5,598	-6,83	678	-7,574*
30 Min.	10 Min.	-9,896	-11,14	453	-14,845*
	15 Min.	-10,225	-11,56	665	-18,944*
	30 Min.	-8,520	-10,16	630	-13,870*
	45 Min.	-7,957	-9,40	643	-12,701*
	60 Min.	-7,496	-8,12	639	-11,291*

b) Aktienmarktlead: Handel in impl. Aktienkursen

Tab. A-17:

Realisierte Gewinne/Verluste aus der Handelsstrategie (Aktienmarktlead, Handel in impl. Aktienkursen)

Ausführungs-zeit	Halte-periode	Ø Gewinn (+) / Verlust (-) pro Aktie		Anzahl aus-geführter Signale	t-Wert für % Gewinn/ Verlust
		in %	SFr.		
30 Sek.	10 Min.	-0,365	-15,32	2104	-27,331*
	15 Min.	-0,366	-15,70	3040	-33,852*
	30 Min.	-0,338	-14,99	2858	-27,511*
	45 Min.	-0,334	-14,67	2599	-25,482*
	60 Min.	-0,278	-12,04	2356	-19,218*
15 Min.	10 Min.	-0,479	-20,94	1623	-20,912*
	15 Min.	-0,460	-20,30	2411	-23,974*
	30 Min.	-0,474	-21,15	2206	-22,830*
	45 Min.	-0,438	-19,02	1990	-19,109*
	60 Min.	-0,394	-17,67	1795	-17,983*
30 Min.	10 Min.	-0,509	-21,67	1384	-23,638*
	15 Min.	-0,532	-22,01	2054	-29,992*
	30 Min.	-0,492	-19,97	1822	-23,550*
	45 Min.	-0,445	-17,91	1628	-22,671*
	60 Min.	-0,390	-16,09	1500	-18,309*

Tab. A-18:

Realisierte Gewinne/Verluste aus der Handelsstrategie (Aktienmarktlead, Handel in impl. Aktienkursen Ausführungssignal: 10:00 - 11:00)

Ausführungs-zeit	Halte-periode	Ø Gewinn (+) / Verlust (-) pro Aktie		Anzahl aus-geführter Signale	t-Wert für % Gewinn/ Verlust
		in %	SFr.		
30 Sek.	10 Min.	-0,218	-8,95	618	-8,100*
	15 Min.	-0,217	-9,90	874	-9,730*
	30 Min.	-0,187	-9,70	856	-7,704*
	45 Min.	-0,180	-9,86	800	-7,544*
	60 Min.	-0,123	-7,16	773	-4,965*
15 Min.	10 Min.	-0,379	-18,36	550	-7,854*
	15 Min.	-0,390	-19,07	761	-9,653*
	30 Min.	-0,414	-20,68	705	-9,748*
	45 Min.	-0,384	-18,34	685	-9,060*
	60 Min.	-0,376	-17,94	678	-8,600*
30 Min.	10 Min.	-0,554	-23,10	450	-13,365*
	15 Min.	-0,572	-23,50	657	-18,435*
	30 Min.	-0,503	-20,48	622	-13,906*
	45 Min.	-0,488	-18,72	635	-13,295*
	60 Min.	-0,445	-18,05	631	-11,693*

c) Optionsmarktlead

Tab. A-19:

Realisierte Gewinne/Verluste aus der Handelsstrategie (Optionsmarktlead)

Ausführungs-zeit	Halte-periode	Ø Gewinn (+) / Verlust (-) pro Aktie		Anzahl aus-geführter Signale	t-Wert für % Gewinn/ Verlust
		in %	SFr.		
30 Sek.	10 Min.	-0,193	-6,24	1500	-18,567*
	15 Min.	-0,214	-7,46	1952	-21,183*
	30 Min.	-0,207	-6,16	1812	-12,352*
	45 Min.	-0,203	-5,23	1634	-13,149*
	60 Min.	-0,204	-4,96	1502	-11,912*
15 Min.	10 Min.	-0,244	-7,89	1322	-14,057*
	15 Min.	-0,249	-7,69	1729	-15,377*
	30 Min.	-0,246	-6,84	1547	-13,470*
	45 Min.	-0,234	-6,10	1434	-11,258*
	60 Min.	-0,268	-8,59	1326	-11,691*
30 Min.	10 Min.	-0,331	-11,98	1062	-17,265*
	15 Min.	-0,316	-10,87	1462	-19,837*
	30 Min.	-0,309	-10,60	1335	-16,327*
	45 Min.	-0,311	-11,36	1244	-15,574*
	60 Min.	-0,357	-13,09	1103	-15,005*

Tab. A-20:

Realisierte Gewinne/Verluste aus der Handelsstrategie (Optionsmarktlead, Ausführungssignal: 10:00 - 11:00)

Ausführungs-zeit	Halte-periode	Ø Gewinn (+) / Verlust (-) pro Aktie		Anzahl aus-geführter Signale	t-Wert für % Gewinn/ Verlust
		in %	SFr.		
30 Sek.	10 Min.	-0,214	-7,32	450	-10,098*
	15 Min.	-0,214	-7,21	555	-10,306*
	30 Min.	-0,233	-7,34	528	-9,843*
	45 Min.	-0,230	-6,35	531	-9,017*
	60 Min.	-0,209	-5,19	537	-7,363*
15 Min.	10 Min.	-0,271	-9,38	407	-9,482*
	15 Min.	-0,260	-8,68	524	-10,746*
	30 Min.	-0,272	-8,43	518	-10,202*
	45 Min.	-0,253	-7,55	524	-8,510*
	60 Min.	-0,282	-9,04	507	-7,880*
30 Min.	10 Min.	-0,390	-16,13	302	-10,184*
	15 Min.	-0,351	-12,66	494	-12,705*
	30 Min.	-0,338	-12,18	490	-11,511*
	45 Min.	-0,374	-14,14	486	-10,503*
	60 Min.	-0,400	-14,98	437	-9,902*

Anhang XI:

Ergänzung der Resultate der Handelsstrategien unter Berücksichtigung von Transaktionskosten und Geld-Brief-Spannen-Regeln

a) Aktienmarktlead: Handel in Optionen

Tab. A-21:

Realisierte Gewinne/Verluste aus der Handelsstrategie (Aktienmarktlead, Handel in Optionen, Geld-Brief-Spanne < 6%, Diff. Geld-Brief-Spanne ≤ 0)

Ausführungs-Lag	Halte-periode	Ø Gewinn (+) / Verlust (-) pro Option		Anzahl ausgeführter Signale	t-Wert für % Gewinn/ Verlust[1]
		in %	SFr.		
30 Sek.	10 Min.	-1,509	-4,13	307	-4,527*
	15 Min.	-0,346	-3,34	388	-0,866
	30 Min.	-1,111	-2,41	393	-2,763*
	45 Min.	-1,309	-3,61	366	-3,236*
	60 Min.	-1,025	-2,69	310	-2,339*
15 Min.	10 Min.	-1,758	-4,78	248	-4,086*
	15 Min.	-0,987	-3,10	302	-2,432*
	30 Min.	-2,233	-5,05	320	-6,018*
	45 Min.	-1,422	-4,53	260	-3,526*
	60 Min.	-0,897	-3,56	235	-1,525
30 Min.	10 Min.	-2,645	-5,36	201	-8,971*
	15 Min.	-2,582	-5,82	290	-9,202*
	30 Min.	-1,951	-4,20	280	-6,562*
	45 Min.	-3,213	-5,88	238	-8,082*
	60 Min.	-0,541	-2,31	194	-1,075

1 * ≡ Signifikant bei 5%-Signifikanzniveau.

Tab. A-22:

Realisierte Gewinne/Verluste aus der Handelsstrategie (Aktienmarktlead, Handel in Optionen, Ausführungssignal: 11:00 - 16:00, Geld-Brief-Sp. < 6%, Diff. Geld-Brief-Sp. ≤ 0)

Ausführungs-Lag	Halte-periode	Ø Gewinn (+) / Verlust (-) pro Option		Anzahl ausgeführter Signale	t-Wert für % Gewinn/ Verlust
		in %	SFr.		
30 Sek.	10 Min.	-2,386	-5,75	238	-8,146*
	15 Min.	-1,791	-5,35	285	-5,623*
	30 Min.	-1,264	-2,61	296	-2,533*
	45 Min.	-1,728	-4,64	274	-3,472*
	60 Min.	-1,966	-4,21	220	-3,974*
15 Min.	10 Min.	-2,039	-5,22	169	-4,001*
	15 Min.	-0,907	-2,50	207	-1,862*
	30 Min.	-2,327	-4,56	225	-5,454*
	45 Min.	-1,475	-3,56	164	-3,260*
	60 Min.	-0,982	-2,69	142	-1,589
30 Min.	10 Min.	-2,538	-5,18	142	-7,812*
	15 Min.	-2,246	-5,64	214	-7,751*
	30 Min.	-1,817	-4,00	200	-5,654*
	45 Min.	-2,828	-4,27	165	-7,484*
	60 Min.	-0,652	-2,03	120	-1,038

b) Aktienmarktlead: Handel in impl. Aktienkursen

Tab. A-23:

Realisierte Gewinne/Verluste aus der Handelsstrategie (Aktienmarktlead, Handel in impl. Aktienkursen, impl. Geld-Brief-Spanne < 0,4%, Diff. Geld-Brief-Spanne ≤ 0)

Ausführungs-Lag	Halte-periode	Ø Gewinn (+) / Verlust (-) pro Aktie		Anzahl ausgeführter Signale	t-Wert für % Gewinn/ Verlust
		in %	SFr.		
30 Sek.	10 Min.	-0,108	-5,67	405	-5,892*
	15 Min.	-0,059	-5,23	512	-3,011*
	30 Min.	-0,052	-3,60	493	-2,060*
	45 Min.	-0,089	-5,47	420	-4,006*
	60 Min.	-0,107	-6,03	379	-3,934*
15 Min.	10 Min.	-0,120	-5,67	274	-4,469*
	15 Min.	-0,080	-5,11	394	-3,851*
	30 Min.	-0,135	-7,75	362	-5,886*
	45 Min.	-0,072	-4,98	305	-2,931*
	60 Min.	-0,075	-4,90	294	-2,750*
30 Min.	10 Min.	-0,157	-8,42	258	-10,753*
	15 Min.	-0,126	-6,40	328	-7,084*
	30 Min.	-0,133	-6,63	297	-6,794*
	45 Min.	-0,181	-9,60	279	-7,650*
	60 Min.	-0,088	-6,23	269	-3,477*

Tab. A-24:

Realisierte Gewinne/Verluste aus der Handelsstrategie (Aktienmarktlead, Handel in impl. Aktienkursen, Ausführungssignal: 11:00 - 16:00, impl. Geld-Brief-Spanne < 0,4%, Diff. Geld-Brief-Spanne ≤ 0)

Ausführungs-Lag	Halte-periode	Ø Gewinn (+) / Verlust (-) pro Aktie		Anzahl ausgeführter Signale	t-Wert für % Gewinn/ Verlust
		in %	SFr.		
30 Sek.	10 Min.	-0,156	-8,10	311	-9,916*
	15 Min.	-0,122	-7,27	370	-6,703*
	30 Min.	-0,116	-7,08	363	-4,249*
	45 Min.	-0,126	-7,19	301	-4,774*
	60 Min.	-0,201	-9,63	254	-6,159*
15 Min.	10 Min.	-0,165	-7,01	192	-5,378*
	15 Min.	-0,094	-5,30	272	-3,799*
	30 Min.	-0,186	-9,65	253	-6,854*
	45 Min.	-0,113	-7,24	199	-3,725*
	60 Min.	-0,095	-6,41	188	-2,922*
30 Min.	10 Min.	-0,133	-7,11	175	-8,374*
	15 Min.	-0,119	-6,00	219	-6,286*
	30 Min.	-0,137	-6,85	199	-5,625*
	45 Min.	-0,168	-9,04	173	-7,063*
	60 Min.	-0,058	-4,79	166	-1,802*

c) Optionsmarktlead

Tab. A-25:

Realisierte Gewinne/Verluste aus der Handelsstrategie (Optionsmarktlead, Geld-Brief-Spanne < 0,4%, Diff. Geld-Brief-Spanne ≤ 0)

Ausführungs-Lag	Halte-periode	Ø Gewinn (+) / Verlust (-) pro Aktie		Anzahl ausgeführter Signale	t-Wert für % Gewinn/ Verlust
		in %	SFr.		
30 Sek.	10 Min.	-0,079	-3,06	672	-6,200*
	15 Min.	-0,103	-4,40	940	-8,800*
	30 Min.	-0,059	-1,40	851	-2,364*
	45 Min.	-0,044	-0,33	707	-2,278*
	60 Min.	-0,060	-0,43	658	-2,925*
15 Min.	10 Min.	-0,130	-4,67	479	-6,865*
	15 Min.	-0,113	-3,04	683	-5,550*
	30 Min.	-0,118	-3,19	534	-5,477*
	45 Min.	-0,097	-2,11	506	-3,302*
	60 Min.	-0,118	-2,11	458	-4,542*
30 Min.	10 Min.	-0,148	-6,35	340	-7,233*
	15 Min.	-0,165	-5,82	451	-8,447*
	30 Min.	-0,156	-4,78	379	-4,585*
	45 Min.	-0,138	-4,30	381	-5,677*
	60 Min.	-0,190	-8,03	314	-4,590*

Tab. A-26:

Realisierte Gewinne/Verluste aus der Handelsstrategie (Optionsmarktlead, Ausführungssignal: 10:00 - 11:00, Geld-Brief-Spanne < 0,4%, Diff. Geld-Brief-Spanne ≤ 0)

Ausführungs-Lag	Halteperiode	Ø Gewinn (+) / Verlust (-) pro Aktie		Anzahl ausgeführter Signale	t-Wert für % Gewinn/ Verlust
		in %	SFr.		
30 Sek.	10 Min.	-0,093	-4,10	230	-3,649*
	15 Min.	-0,080	-3,92	282	-3,647*
	30 Min.	-0,122	-3,58	251	-4,018*
	45 Min.	-0,131	-4,10	232	-4,196*
	60 Min.	-0,073	-0,41	249	-2,376*
15 Min.	10 Min.	-0,166	-6,80	144	-4,379*
	15 Min.	-0,119	-4,15	197	-4,126*
	30 Min.	-0,144	-4,98	177	-3,700*
	45 Min.	-0,093	-3,90	183	-2,604*
	60 Min.	-0,094	-3,34	185	-2,201*
30 Min.	10 Min.	-0,145	-8,10	96	-3,523*
	15 Min.	-0,220	-8,73	179	-7,111*
	30 Min.	-0,182	-6,88	153	-4,952*
	45 Min.	-0,144	-6,01	177	-3,717*
	60 Min.	-0,288	-15,24	161	-4,216*

Tab. A-27:

Realisierte Gewinne/Verluste aus der Handelsstrategie (Aktienmarktlead, Handel in impl. Aktienkursen, Ausführungssignal: 11:00 - 16:00, impl. Geld-Brief-Spanne < 0,4%, Diff. Geld-Brief-Spanne ≤ 0)

Ausführungs-Lag	Halteperiode	Ø Gewinn (+) / Verlust (-) pro Aktie		Anzahl ausgeführter Signale	t-Wert für % Gewinn/ Verlust
		in %	SFr.		
30 Sek.	10 Min.	-0,072	-2,51	442	-5,081*
	15 Min.	-0,113	-4,60	658	-8,172*
	30 Min.	-0,033	-0,49	600	-0,994
	45 Min.	-0,001	2,50	475	-0,046
	60 Min.	-0,052	0,95	409	-1,917*
15 Min.	10 Min.	-0,115	-3,75	335	-5,311*
	15 Min.	-0,111	-2,59	486	-4,235*
	30 Min.	-0,106	-2,30	357	-4,079*
	45 Min.	-0,099	-1,10	323	-2,398*
	60 Min.	-0,135	-1,28	273	-4,125*
30 Min.	10 Min.	-0,149	-5,66	244	-6,356*
	15 Min.	-0,129	-3,90	272	-5,162*
	30 Min.	-0,138	-3,37	226	-2,690*
	45 Min.	-0,133	-2,82	204	-4,351*
	60 Min.	-0,086	-0,43	153	-1,983*

LITERATURVERZEICHNIS

Abkürzungen:

AER	The American Economic Review
AESM	Annals of Economic and Social Measurement
AR	Accounting Review
AFOR	Advances in Futures and Options Research
AJ	The Analysts Journal
AE	Applied Economics
BJEMS	Bell Journal of Economics (and Management) Science
EM	Econometrica
EL	Economics Letters
EJOOR	European Journal of Operational Research
FAJ	Financial Analysts Journal
FM	Financial Management
FR	Financial Review
FMPM	Finanzmarkt und Portfolio Management
IER	International Economic Review
IMR	Industrial Management Rewiew
JOAAE	Journal of Accounting and Economics
JOAR	Journal of Accounting Research
JOBF	Journal of Banking and Finance
JOB	Journal of Business
JOBES	Journal of Business and Economic Statistics
JOE	Journal of Econometrics
JOEDC	Journal of Economic Dynamics and Control
JOEL	Journel of Economic Literature
JOET	Journal of Economics Theory
JOF	Journal of Finance
JOFQA	Journal of Financial and Quantitative Analysis
JOFE	Journal of Financial Economics
JOFI	Journal of Financial Intermediation
JOFR	Journal of Financial Research
JOFSR	Journal of Financial Services Research
JOFM	Journal of Futures Markets

JOIMF Journal of International Money and Finance

JOPE Journal of Political Economy

JOPM Journal of Portfolio Management

JORSS Journal of the Royal Statistical Society

JSIAM Journal of the Society for Industrial and Applied Mathematics

KK Kredit und Kapital

ÖBA Österreichisches Bankarchiv

OR Operations Research

QJOBE The Quarterly Journal of Business and Economics

QJOE The Quarterly Journal of Economics

ROES Review of Economic Studies

ROEAS Review of Economics and Statistics

ROFS Review of Financial Studies

ROFM Review of Futures Markets

SZVS Schweizerische Zeitschrift für Volkswirtschaft und Statistik

SIAMR SIAM Review (Society for Industrial and Applied Mathematics)

ZBB Zeitschrift für Bankrecht und Bankwirtschaft

ZfbF Zeitschrift für betriebswirtschaftliche Forschung

ZfgK Zeitschrift für das gesamte Kreditwesen

ZfWS Zeitschrift für Wirtschafts- und Sozialwissenschaften

Abel, U. / Bergmann, H. / Boing, G. (1989): Optionsbewertung, in: ÖBA, 11/1989, S. 1047-1055.

Admati, A.R. / Pfleiderer, P. (1988): A Theory of Intraday Patterns: Volume and Price Variability, in: ROFS, Vol. 1, 1988, S. 3-40.

Admati, A.R. / Pfleiderer, P. (1989): Divide and Conquer: A Theory of Intraday and Day-of-the-Week Mean Effects, in: ROFS, Vol. 2, 1989, S. 189-223.

Admati, A.R. / Pfleiderer, P. (1990): Sunshine Trading and Financial Market Equilibrium, in: ROFS, Vol. 4, 1990, S. 443-481.

Aerni, P. (1991): Eine Analyse der impliziten Geld-Briefkursspannen des schweizerischen Börsenplatzes, in: SZVS, Vol. 127, Nr. 3, 1991, S. 395-408.

Albers, W. et al. (Hrsg.) (1977): Handwörterbuch der Wirtschaftswissenschaften, Fischer, Stuttgart, 1977.

Albisetti, E. et al. (Hrsg.) (1988): Handbuch des Geld-, Bank- und Börsenwesens der Schweiz, Ott, Thun, 4. Aufl., 1988.

Amihud, Y. / Mendelson, H. (1987): Trading Mechanisms and Stock Returns: An Empirical Investigation, in: JOF, Vol 42, 1987, S. 533-553.

Amin, K.I. (1991): On the Computation of Continous Time Option Pricing Using Discrete Approximations, in: JOFQA, Vol. 26, 1991, S. 477-495.

Angel, J.J. (1992): Order Placement Strategy of Informed Investors: Limit Orders and Market Impact, Dissertation, California, Berkeley, 1992.

Anthony, J.H. (1988): The Interrelation of Stock and Options Market Trading-Volume Data, in: JOF, Vol. 43, 1988, S. 949-964.

Arbeitsgemeinschaft der Deutschen Wertpapierbörsen (1992): Jahresbericht 1992, Frankfurt am Main, 1992.

Arnold, H.L. (1973): Stochastische Differentialgleichungen, Oldenbourg, München, 1973.

Association Tripartite Bourses (Hrsg.) (1993): SwissIndex - Die Indexfamilie der Schweizer Börsen, ATB, Zürich, 1993.

Bachelier, L. (1900): Theory of Speculation, Anales de l'Ecole Normale Superieure, in: Anales de l'Ecole Normale Superieure, Vol. 17, 1900, S. 21-86, Engl. Übersetzung in: Cootner (Ed.) (1964), S. 17-78.

Ball, C.A. / Torous, W.N. (1983): Bond Price Dynamics and Options, in: JOFQA, Vol. 18, 1983, S. 517-531.

Ball, C.A. / Torous, W.N. (1985): On Jumps in Common Stock Prices and Their Impact on Call Option Pricing, in: JOF, Vol. 40, 1985, S. 155-173.

Bamberg, G. / Spremann, K. (Hrsg.) (1986): Capital Market Equilibria, Springer, Berlin, 1986.

Barclay, M.J. / Litzenberger, R.H. (1988): Announcement Effects of new Equity Issues and the Use of Intraday Price Data, in: JOFE, Vol. 21, 1988, S. 71-99.

Barone-Adesi, G. / Whaley, R.E. (1986): The Valuation of American Call Options and the Expected Ex-Dividend Stock Price Decline, in: JOFE, Vol. 17, 1986, S. 91-111.

Barone-Adesi, G. / Whaley, R.E. (1987): Efficient Analytic Approximation of American Option Values, in: JOF, Vol. 42, 1987, S. 301-320.

Barone-Adesi, G. / Whaley, R.E. (1988): On the Valuation of American Put Options on Dividend-Paying Stocks, in: AFOR, Vol. 3, 1988, S. 1-13.

Barth, J. / Cordes, J. (1980): The Efficient Markets Model and the Capital Asset Pricing Model: an Interpretative Essay, in: Revista Internationale di Scienze Economiche e Commerciali, Vol. 27, 1980, S. 301-337.

Bates, D.S. (1991): The Crash of '87: Was it Expected? The Evidence from Option Markets, in: JOF, Vol. 46, 1991, S. 1009-1044.

Baumol, W.J. / Malkiel, B.G. / Quandt, R.E. (1966): The Valuation of Convertible Securities, in: QJOE, Vol. 80, 1966, S. 48-59.

Beckers, S. (1981): Standard Deviations Implied in Option Prices as Predictors of Future Stock Price Variability, in: JOBF, Vol. 5, 1981, S. 363-382.

Beckers, S. (1983): Variances of Security Price Returns Based on High, Low, and Closing Prices, in: JOB, Vol. 56, 1983, S. 97-112.

Bender, D. (1977): Arbitrage, in: Albers et al. (Hrsg.) (1977), Bd. 1, S. 325-333.

Benston, G.J. / Hagermann, R.L. (1974): Determinants of Bid-Ask-Spreads in the Over-Counter Market, in: JOFE, Vol. 1, 1974, S. 353-364.

Benston, G.J. / Hagermann, R.L. (1978): Risk, Volume, and Spread, in: FAJ, Jan.-Feb. 1978, S. 46-49.

Betker, Brian (1992): Essays on Information and Asset Prices, Dissertation, University of California, Los Angeles, 1992.

Bhattacharya, M. (1980): Empirical Properties of the Black-Scholes Formula Under Ideal Conditions, in: JOFQA, Vol. 15, 1980, S. 1081-1105.

Bhattacharya, M. (1983): Transactions Data Tests of Efficiency of the Chicago Board Options Exchange, in: JOFE, Vol. 12, 1983, S. 161-185.

Bhattacharya, M. (1987): Prices Changes of Related Securities: The Case of Call Options and Stocks, in: JOFQA, Vol. 22, No. 1, 1987, S. 1-15.

Bhattacharyay, B.N. (1990): Money and Income in India - Application of Time Domain Causality Test, in: Margin, October 1989 - March 1990, Vol. 22, S. 36-51.

Bhattacharya, A.K. / Gallinger, G.W. (1991): Causality Tests of Short Sales on the New York Stock Exchange, in: JOFR, Vol. 14, Nr. 3, Fall 1991, S. 277-286.

Bick, A. (1987): On the Consistency of the Black-Scholes-Model with a General Equilibrium Framework, in: JOFQA, Vol. 22, 1987, S. 259-275.

Bierman, H.Jr. (1967): The Valuation of Stock Options, in: JOFQA, Vol. 2, 1967, S. 327-334.

Black, F. / Scholes, M. (1972): The Valuation of Option Contracts and a Test of Market Efficiency, in: JOF, Vol. 27, 1972, S. 399-418.

Black, F. / Scholes, M. (1973): The Pricing of Options and Corporate Liabilities, in: JOPE, Vol. 81, 5,6/1973, S. 637-654.

Black, F. (1975): Fact and Fantasy in the Use of Options, in: FAJ, July-August, 1975, S. 36-41, 61-72.

Black, F. (1976): Studies of Stock Price Volatility Changes, in: Proceedings of the 1976 Meetings of the American Statistical Association, 1976, S. 177-181.

Black, F. (1976b): The Pricing of Commodity Contracts, in: JOFE, Vol. 3, 1986, S. 167-179.

Black, F. / Cox, J.C. (1976c): Valuing Corporate Securities: Some Effects on Bond Indenture Provisions, in: JOF, Vol. 31, 1976, S. 351-368.

Blohmeyer, E.C. (1986): An Analytical Approximation for the American Put on Stocks with Dividends, in: JOFQA, Vol. 21, 1986, S. 229-233.

Blohmeyer, E.C. / Klemkosky, R.C. (1983): Tests of Market Efficiency for American Call Options, in: Brenner (Hrsg.) (1983), S. 101-121.

Board, J. / Goodhart, C. / Sutcliffe, C. (1992): Inter-Market Volatility Linkages: The London Stock Exchange & London International Financial Futures Exchange, London School of Economics, Financial Markets Group, Hrsg. Securities and Investments Board, 1992.

Bös, M. (1991): Optionsbewertung und Kapitalmarkt, Reihe: Quantitative Ökonomie, Bd. 29, Eul, Köln, 1991.

Boness, A.J. (1964): Elements of a Theory of Stock-Option Value, in: JOPE, 1964, S. 163-175.

Bookstaber, R.M. (1981): Option Pricing and Strategies in Investing, Addison-Wesley, Reading, Mass., 1981.

Bookstaber, R.M. (1981b): Observed Option Mispricing and the Nonsimultaneity of Stock and Option Quotations, in: JOB, Vol. 54, 1981, S. 141-155.

Box, G. / Wilson, K. (1951): On the Experimental Attainment of Optimum Conditions, in: JORSS (Series B), Vol. 13, 1951, S. 1-45.

Box, G.E.P. / Jenkins, G.M. (1976): Time Series Analysis, Forecasting and Control, Holden-Day, San Francisco, 2. Aufl., 1976.

Boyle, P.P. (1989): The Quality Option and Timing Option in Futures Contracts, in: JOF, Vol. 44, 1989, S. 101-113.

Brennan, M.J. / Schwartz, E.S. (1977): The Valuation of American Put Options, in: JOF, Vol. 32, 1977, S. 449-462.

Brennan, M.J. (1979): The Pricing of Contingent Claims in Discrete Time Models, in: JOF, Vol. 34, 1979, S. 53-68.

Brennan, M.J. / Schwartz, E.S. (1979b): Alernative Investment Strategies for the Issues of Equity Linked Life Insurance Policies with an Asset Value Guarantee, in: JOB, Vol. 52, 1979, S. 63-93.

Brenner, M. (Hrsg.) (1983): Option Pricing, D.C. Heath, Lexington, Mass., 1983.

Brenner, M. / Galai, D. (1984): On Measuring the Risk of Common Stocks Implied by Options Prices: A Note, in: JOFQA, Vol. 19, 1984, S. 403-412.

Brenner, M. / Galai, D. (1987): On the Prediction of the Implied Standard Deviation, in: AFOR, Vol. 2, 1987, S. 167-177.

Brenner, M. / Subrahmanyam, M.G. / Uno, J. (1989): The Behavior of Prices in the Nikkei Spot and Futures Market, in: JOFE, Vol. 23, 1989, S. 363-383.

Brenner, M. / Subrahmanyam, M.G. (1990): The Design of Stock Index Options, in: Göppl/Bühler/von Rosen (Hrsg.) (1990), S. 101-113.

Breuer, R.-E. (1988): Das Effektengeschäft, in: Obst/Hintner (1988), S. 464-509.

Brorsen, B.W. (1991): Futures Trading, Transaction Costs, and Stock Market Volatility, in: JOFM, Vol. 11, 1991, S. 153-163.

Büchel, H. (1988): Bewertung von Kaufoptionen mit aktienkursabhängigem Basispreis, in: ZfbF, 40.Jg., 1988, S. 884-895.

Carey, K.J. / Sheer, L.A. (1974): Market and Price Factors in Transaction-to-Transaction Price Change Behavior of Common Stocks, in: AE, Vol. 6, 1974, S. 45-58.

Carey, K.J. (1977): Nonrandom Price Changes in Association with Trading in Large Blocks: Evidence of Market Efficiency in Behavior of Investor's Returns, in: JOB, Vol. 50, 1977, S. 407-444.

Chan, K. (1990): Information in the Cash Market and Stock Index Futures Market, Dissertation, Ohio State University, 1990.

Chan, K. / Chan, K.C. / Karolyi, G.A. (1991): Intraday Volatility in the Stock Index and Stock Index Futures Markets, in: ROFS, Vol. 4, 1991, S. 657-684.

Chan, K. (1992): A Further Analysis of the Lead-Lag Relationship between the Cash Market and the Stock Index Futures Market, in: ROFS, Vol. 5, 1992, S. 123-152.

Chan, K. / Chung, Y.P. (1993): Intraday Relationships among Index Arbitrage, Spot and Futures Price Volatility, and Spot Market Volume: A Transactions Data Test, in: JOBF, Vol. 17, 1993, S. 663-687.

Chatfield, C. (1982): Analyse von Zeitreihen, Hanser, München, 1982.

Chen, A.H. (1970): A Model of Warrant Pricing in a Dynamic Market, in: JOF, Vol. 25, 1970, S. 1041-1060, hier zit. aus Smith, C.W. (1976).

Cheng, D. M.-D. (1986): Information Content of Quarterly Earnings Data and the Market's Revision of the Risk Predictions Implied in Option Prices, Dissertation, University of Illinois at Urbana-Champaign, 1986.

Cheung, Y.-W. / Ng, L.K. (1990): The Dynamics of S&P Index and S&P 500 Futures Intraday Price Volatilities, in: ROFM, Vol. 9, 1990, S. 458-486.

Chicago Board Options Exchange (CBOE) (1976): Analysis of Volume and Price Patterns in Stocks Underlying CBOE Options from December 31, 1975 to January 16, 1976, Chicago, 1976.

Chiras, D.P. / Manaster, S. (1978): The Information Content of Option Prices and a Test of Market Efficiency, in: JOFE, Vol. 6, 9/1978, S. 213-234.

Choi, J.Y. / Salandro, D. / Shastri, K. (1988): On the Estimation of Bid-Ask Spreads: Theory and Evidence, in: JOFQA, Vol. 23, 1988, S. 219-231.

Chung, K.L. (1985): Elementare Wahrscheinlichkeitstheorie und stochastische Prozesse, Berlin, 1985.

Chung, Y.P. (1991): A Transaction Data Test of Stock Index Futures Market Efficiency and Index Arbitrage Profitability, in: JOF, Vol. 46, 1991, S. 1791-1809.

Churchill, R.V. (1963): Fourier Series and Boundary Value Problems, McGraw-Hill, New York, 2. Aufl., 1963.

Cohen, K.J. / Maier, S.F. / Schwartz, R.A. / Whitcomb, D.K. (1986): The Microstructure of Security Markets, Prentice-Hall, Englewood Cliffs, 1986.

Conrad, J. (1989): The Price Effect of Option Introduction, in: JOF, Vol. 44, 1989, S. 487-498.

Cootner, P.H. (Ed.) (1964): The Random Character of Stock Market Prices, M.I.T. Press, Cambridge, Mass., 1964.

Copeland, T.E. / Friedman, D. (1987): The Effect of Sequential Information Arrival on Asset Prices: An Experimental Study, in: JOF, Vol. 42, 1987, S. 763-797.

Copeland, T.E. / Friedman, D. (1991): Partial Revelation of Information in Experimental Asset Markets, in: JOF, Vol. 46, 1991, S. 265-295.

Courtadon, G. (1982): The Pricing of Options on Default-Free Bonds, in: JOFQA, Vol. 17, 1982, S. 75-100.

Coursey, D.L. / Dyl, E.A. (1990): Price Limits, Trading Suspensions, and the Adjustment of Prices to New Information, in: ROFM, Vol. 9, 1990, S. 342-359.

Cox, J.C. (1975): Notes on Option Pricing I: Constant Elasticity of Variance Diffusions, Working Paper, Stanford University, Calif., 1975.

Cox, J.C. / Ross, S.A. (1975b): The Pricing of Options for Jump Process, Working Paper No. 2-75, R.L. White (Hrsg.), Center for Financial Research, University of Pennsylvania, Philadelphia, April 1975.

Cox, J.C. / Ross, S.A. (1976): The Valuation of Options for alternative Stochastic Processes, in: JOFE, Vol. 3, 1976, S. 145-166.

Cox, J.C. / Ross, S.A. (1976b): A Survey of some new Results in Financial Option Pricing Theory, in: JOF, Vol. 31, 1976, S. 383-402.

Cox, J.C. / Ross, S.A. / Rubinstein, M. (1979): Option Pricing: a simplified Approach, in: JOFE, Vol. 7, 1979, S. 229-263.

Cox, J.C. / Rubinstein, M. (1983): A Survey of Alternative Option-Pricing Models, in: Brenner (Hrsg.) (1983), S. 3-33.

Cox, J.C. / Rubinstein, M. (1985): Option Markets, Prentice-Hall, New Jersey, 1985.

Damodaran, A. (1990): Index Futures and Stock Market Volatility, in: ROFM, Vol. 9, 1990, S. 442-457.

Damodaran, A. (1990b): Option Listing and Stock Volatility, in: FMPM, 4.Jg., Nr. 1, S. 31-42.

Damodaran, A. / Lim, J. (1991): The Effects of Option Listing on the Underlying Stock's Return Processes, in: JOBF, Bol. 15, 1991, S. 647-664.

Damodaran, A. (1992): Option Pricing Theory and Applications: A Review, 1992.

Dann, L.Y. / Mayers, D. / Raab, R.J.Jr. (1977): Trading Rules, Large Blocks and the Speed of Price Adjustment, in: JOFE, Vol. 4, 1977, S. 3-22.

Day, T.E. / Lewis, C.M. (1988): The Behavior of the Volatility implicit in the Prices of Stock Index Options, in: JOFE, Vol. 22, 1988, S. 103-122.

Day, T.E. / Lewis, C.M. (1992): Stock Market Volatility and the Information Content of Stock Index Options, in: JOE, Vol. 52, 1992, S. 267-287.

Demsetz, H. (1968): The Cost of Transacting, in: QJOE, Vol. 82, 1968, S. 33-53.

Denzler, M. / Janssen, M. (1991): Informationsverarbeitung an der Aktienbörse: Resultate aus der Analyse von realtime Aktienkursen, in: SZVS, Vol. 127, 1991, S. 365-377.

Detemple, J. / Jorion, P. (1988): Option Listing and Stock Returns, First Boston Working Paper Series, Columbia University, 1988.

Detemple, J. / Jorion, P. (1990): Option Listing and Stock Returns, in: JOBF, Vol. 14, 1990, S. 781-801.

Detemple, J. / Selden, L. (1991): A General Equilibrium Analysis of Option and Stock Market Interactions, in: IER, Vol. 32, No. 2, 1991, S. 279-303.

Deutsche Terminbörse (DTB) (Hrsg.), Red. Imo,C. / Gith,T. (1989): Einführung in den Optionshandel - DTB, Gabler, Wiesbaden, 1989.

Deutsche Terminbörse (DTB) (Hrsg.) (1990): DTB-Statistiken 1990/1991/1992, Frankfurt am Main, 1990.

Deutsche Terminbörse (DTB) (1992): Regelwerk, Stand: Januar 1992, Deutsche Terminbörse GmbH, Frankfurt, 1992.

Deutsche Terminbörse (DTB) (1992b): Börsenordnung, in: DTB (1992).

Deutsche Terminbörse (DTB) (1992c): Clearing-Bedingungen, in: DTB (1992).

Deutsche Terminörse (DTB) (1992d): Handelsbedingungen, in: DTB (1992).

Dickinson, A. / Peterson, D.R. (1989): Seasonality in the Option Market, in: FR, November 1989, S. 529-540.

Diz, F. / Finucane, T. (1991): The Time Series Properties of S&P 100 Index Option Implied Volatilities, Working Paper, Syracuse University, 1991.

Dubacher, R. / Zimmermann, H. (1989): Risikoanalyse schweizerischer Aktien: Grundkonzepte und Berechnungen, in: FMPM, 3.Jg., Nr. 1, 1989, S. 66-85.

Dubacher, R. (1991): Aktienindexinstrumente in der Schweiz, Dissertation Hochschule St. Gallen, 1991.

Easley, D. / O'Hara, M. (1992): Time and the Process of Security Price Adjustment, in: JOF, Vol. 47, 1992, S. 577-605.

Ebneter, A. (1987): Strategien mit Aktienoptionen, Verlag des Schweizerischen Kaufmännischen Verbandes, Zürich, 1987.

Effektenbörsenverein Zürich (Hrsg.) (1990): Handbuch der Zürcher Börse, Bleicherweg 5, 8021 Zürich, 1990.

Effektenbörsenverein Zürich (Hrsg.) (1991): Die Zürcher Börse, Bleicherweg 5, 8021 Zürich, 1991.

Egle, K. / Trautmann, S. (1981): On Prefrence-dependent Pricing of Contingent Claims, in: Göppl/Henn (Hrsg.) (1981), S. 400-416.

Eilenberger, G. (1986): Bankbetriebswirtschaftslehre, Oldenbourg, München, 2. Aufl., 1986.

Eisner, M. / Pindyck, R.S. (1973): A Generalized Approach to Estimation as Implemented in the TROLL/1 System, in: AESM, 2/1, 1973, S. 29-51.

Ekman, P.D. (1992): Intraday Patterns in the S&P Index Futures Market, in: JOFM, Vol. 12, No. 4, 1992, S. 365-381.

Emanuel, D.C. / MacBeth, J.D. (1982): Further Results of Constant Elasticity of Variance Call Option Pricing Model, in: JOFQA, Vol. 17, 1982, S. 533-554.

Emanuel, D.C. (1983): Warrant Valuation and Exercise Strategy, in: JOFE, Vol. 12, 1983, S. 211-235.

Ernst, D.P. (1974): Aktienverlaufshypothesen und Optionsscheinmodelle - Eine Darstellung, Diss. Technische Universität Berlin, 1974.

Fama, E.F. (1965): The Behavior of Stock-Market-Prices, in: JOB, Vol. 38, S. 34-105.

Fama, E.F. / Fisher, L. / Jensen, M.C. / Roll, R. (1969): The Adjustment of Stock Prices to New Information, in: IER, Vol. 10, 1969, S. 1-21.

Fama, E.F. (1970): Efficient Capital Markets: A Review of Theory and Empirical Work, in: JOF, 1970, S. 383-417.

Fama, E.F. / Miller, M. (1972): The Theory of Finance, Holt, Rinehort & Winston, New York, 1972.

Fama, E.F. (1979): Foundations of Finance, Basic Books, New York, 1979.

Fama, E.F. (1991): Efficient Capital Markets: II, in: JOF, Vol. 46, 1991, S. 1575-1617.

Feige, E.L. / Pearce, D.K. (1979): The Casual Causal Relationship between Money and Income: Some Caveats for Time Series Analysis, in: ROEAS, Vol. 61, 1979, S. 521-533.

Feiger, G. / Jacquillat, B. (1979): Currency Options Bonds, Puts and Calls on Spot Exchange and the Hedging of Contingent Foreign Earnings, in: JOF, Vol. 34, 1979, S. 1129-1138.

Fernando, Chitra (1992): Essays on Liquidity in Financial Markets, Dissertation, Univ. Pennsylvania, 1992.

Ferris, S.P. / Chance, D.M. / Wolfe, G.A. (1991): A Transaction Data Study of Stock Returns and Trading Activity During Option Expiration Periods, in: AFOR, Vol. 5, 1991, S. 149-174.

Ferschl, F. (1977): Stochastische Prozesse in der Ökonomie, in: Albers et al. (Hrsg.) (1977), Bd. 7, S. 451-468.

Figlewski, S. / Silber, W.L. / Subrahmanyam, M.G. (Hrsg.) (1990): Financial Options - From Theory to Practice, New York University Salomon Center, 1990.

Finnerty, J.E. (1978): The Chicago Board Options Exchange and Market Efficiency, in: JOFQA, Vol. 13, 1978, S. 29-38.

Finnerty, J.E. / Park, H.Y. (1987): Stock Index Futures: Does the Tail Wag the Dog?, in: FAJ, Vol. 43, No. 2, March-Aril, 1987.

Finnerty, J.E. / Park, H.Y. (1988): Intraday Return and Volatility Patterns in the Stock Market: Futures versus Spot, in: AFOR, Vol. 3, 1988, S. 301-317.

Finucane, T.J. (1991): Put-Call Parity and Expected Returns, in: JOFQA, Vol. 26, No. 4, 1991, S. 445-457.

Fischer, S. (1978): Call Option Pricing when the Excercise Price is Uncertain, and the Valuation of Index Bonds, in: JOF, Vol. 33, 1978, S. 169-176.

Fitzgerald, M.D. (1987): Financial Options, Euromoney Publications, London, 1987.

Followill, R. / Rodriguez, A. (1991): The Estimation and Determinants of Bid-Ask Spreads in Futures Markets, in: ROFM, Vol. 10, 1991, No. 1, S. 1-15.

Forster, M.M. / George, T.J. (1992): Anonymity in Securities Markets, in: JOFI, Vol. 2, 1992, S. 168-206.

Frankfurter Wertpapierbörse AG (Hrsg.) (1992): Organisation und Arbeitsweise der Frankfurter Wertpapierbörse, Börsenplatz 4, Frankfurt am Main, 1992.

Frankfurter Wertpapierbörse AG (Hrsg.) (1992b): Integriertes Börsenhandels- und Informationssystem (IBIS), Börsenplatz 4, Frankfurt am Main, 1992.

Frantzmann. H.-J. (1986): Saisonale Effekte am deutschen Aktienmarkt, Institut für Entscheidungstheorie und Unternehmensforschung der Universität Karlsruhe, Diskussionspapier Nr. 91, 1986.

Frantzmann, H.-J. (1987): Return and Pricing Seasonalities in the German Stock Market, Institut für Entscheidungstheorie und Unternehmensforschung der Universität Karlsruhe, Diskussionspapier Nr. 104, 1987.

Frantzmann, H.-J. (1989): Saisonalitäten und Bewertung am deutschen Aktien- und Rentenmarkt, Fritz Knapp, Frankfurt, 1989.

French, K.R. (1980): Stock Returns and the Weekend Effect, in: JOFE, Vol. 8, 1980, S. 55-69.

French, K.R. / Roll, R. (1986): Stock Return Variances: The Arrival of Information and the Reaction of Traders, in: JOFE, Vol. 17, 1986, S. 5-26.

French, K.R. / Schwert, G.W. / Stambaugh, R.F. (1987): Expected Stock Returns and Volatility, in: JOFE, Vol. 19, 1987, S. 3-29.

Galai, D. / Masulis, R.W. (1976): The Option Pricing Model and the Risk Factor of Stock, in: JOFE, Vol. 3, 1976, S. 53-81.

Galai, D. (1977): Tests of Market Efficiency of the Chicago Board Options Exchange, in: JOB, Vol. 50, 4/1977, S. 167-197.

Galai, D. (1978): Empirical Tests of Boundary Conditions for CBOE Options, in: JOFE, Vol. 6, 1978, S. 187-211.

Galai, D. (1978b): On the Boness and Black-Scholes Models for Valuation of Call Options, in: JOFQA, Vol. 13, 1978, S. 15-27.

Galai, D. / Schneller, M.I. (1978c): Pricing of Warrants and the Value of the Firm, in: JOF, Vol. 33, 1978, S. 1333-1342.

Galai, D. (1983): A Survey of Empirical-Tests of Option-Pricing Models, in: Brenner (Hrsg.) (1983), S. 45-80.

Galai, D. (1989): Testing the Arbitrage Conditions for Option Pricing - A Survey, in: FMPM, Vol. 3, 1989, Nr. 1, S. 16-27.

Garcia, P. / Leuthold, R.M. / Zapata, H. (1986): Lead-Lag-Relationships between Trading Volume and Price Variability: New Evidence, in: JOFM, Vol. 6, No. 1, 1986, S. 1-10.

Garman, M.B. / Kohlhagen, S.W, (1983): Foreign Currency Option Valuas, in: JOIMF, Vol. 2, 1983, S. 231-237.

Gastineau, G.L. (1988): The Options Manual, McGraw-Hill, New York, 3. Aufl., 1988.

George, T.J. / Kaul, G. / Nimalendran, M. (1991): Estimation of the Bid-Ask Spread and Its Components: A New Approach, in: ROFS, Vol. 4, 1991, S. 623-656.

Gerber, B. (1979): Das Random-Walk Modell des Wechselkures als spezielle Form der Markteffizienzhypothese, in: SZVS, Vol. 115, 1979, S. 585-604.

Geske, R. (1977): The Valuation of Corporate Liabilities as Compound Options, in: JOFQA, Vol. 12, 1977, S. 541-552.

Geske, R. (1979): The Valuation of Compound Options, in: JOFE, Vol. 7, 1979, S. 63-81.

Geske, R. (1979b): A Note on an Analytic Valuation Formula for unprotected American Call Options on Stocks with known Dividends, in: JOFE, Vol. 7, 1979, S. 375-380.

Geske, R. (1981): Comments on Whaley's Note, in: JOFE, Vol. 9, 1981, S. 213-215.

Geske, R. (1981b): Notes on Option Pricing on Bond Options, Manuscript, University of California, Los Angeles, 1981.

Geske, R. / Roll, R. / Shastri, K. (1983): Over-the-Counter Option Market Dividend Protection and "Biases" in the Black-Scholes Modell: A Note, in: JOF, Vol. 38, 1983, S. 1271-1277.

Geske, R. / Roll, R. (1984): On Valuing American Call Options with the Black-Scholes European Formula, in: JOF, Vol. 39, 1984, S. 443-455.

Geske, R. / Johnson, H.E. (1984b): The American Put Option Valued Analytically, in: JOF, Vol. 39, 1984, S. 1511-1524.

Geske, R. / Shastri, K. (1985b): The Early Exercise of American Puts, in: JOBF, Vol. 9, 1985, S. 207-219.

Geske, R. / Trautmann, S. (1986): Option Valuation: Theory and empirical Evidence, in: Bamberg/Spremann (Hrsg.) (1986), S. 79-133.

Gibbons, M.R. / Hess, P. (1981): Day of the Week Effects and Asset Returns, in: JOB, Vol. 54, S. 579-596.

Giguère, G. (1958): Warrants: A Mathematical Method of Evaluation, in: Analysts Journal, 1958, S. 17-25.

Gilg, J. (1989): Financial Futures unter dem Aspekt einer Einführung in der Schweiz, Schriftenreihe des Insituts für Betriebswirtschaft der Universität Basel, Bd. 15, Haupt, Bern, 1989.

Glosten, L.R. (1987): Components of Bid-Ask Spread and the Statistical Properties of Transactions Prices, in: JOF, Vol. 42, 1987, S. 1293-1307.

Glosten, L.R. / Harris, L.E. (1988): Estimating the Components of the Bid/Ask Spread, in: JOFE, Vol. 21, 1988, S. 123-142.

Goebel, Joseph. M. (1992): Announcement Day Effects and the Role of Strategic Transactions: An Empirical Investigation, Dissertation, Florida State, 1992.

Göppl, H. / Henn, R. (Hrsg.) (1981): Geld, Banken und Versicherungen, VVW, Athenäum, Karlsruhe, 1981.

Göppl, H. / Henn, R. (Hrsg.) (1985): Geld, Banken und Versicherungen, VVW, Athenäum, Karlsruhe, 1985.

Göppl, H. / Bühler, W. / Rosen von, R. (Hrsg.) (1990): Optionen und Futures, Knapp, Frankfurt, 1990.

Goldfeld, S.M. / Quandt, R.E. (1972): Nonlinear Methods in Econometrics, North-Holland, Amsterdam, 1972.

Grabbe, J.O. (1983): The Pricing of Call and Put Options on Foreign Exchange, in: JOIMF, Vol. 2, 1983, S. 239-253.

Granger, C.W.J. (1969): Investigating Causal Relations by Econometric Models and Cross-Spectral Methods, in: EM, Vol. 37, 1969, S. 424-438.

Granger, C.W.J. / Morgenstern, O. (1970): Predictability of Stock Market Prices, Heath-Lexington Book, Lexington, Mass., 1970.

Granziol, M. (1981): Tägliche Wechselkursschwankungen, Devisenmarkt-Interventionen der monetären Behörden und rationale Erwartungen, Diss. Universität Zürich, 1981.

Grossman, S.J. (1976): On the Efficiency of Competetive Stock Markets where Trades have Diverse Information, in: JOF, Vol. 31, 1976, S. 573-585.

Grossman, S.J. / Stiglitz, J.E. (1976b): Information and Competetive Price Systems, in: AER, Vol. 66, 1976, S. 246-253.

Grossman, S.J. (1978): Further Results on the Informational Efficiency of Competetive Stock Markets, in: JOET, Vol. 18, 1978, S. 81-101.

Grossman, S.J. / Stiglitz, J.E. (1980): On the Impossibility of Informationally Efficient Markets, in: AER, Vol. 70, 1980, S. 393-408.

Grossman, S.J. (1981): An Introduction to the Theory of Rational Expectations under Asymmetric Information, in: ROES, Vol. 48, 1981, S. 541-559.

Grossman, S.J. / Miller, M.H. (1988): Liquidity and Market Structure, in: JOF, Vol. 43, 1988, S. 617-633.

Grossman, S.J. (1989): The Informational Role of Prices, MIT Press, Cambridge, Mass., 1989.

Grossman, S.J. (1990): Report for Market Volatility and Investor Confidence Panel, New York Stock Exchange, G2-1 - G2-17, 1990.

Grünwald, L. (1979): Optionsmarkt und Kapitalmarkteffizienz, Dissertation Universität Augsburg, Florentz, München, 1979.

Grünbichler, A. / Longstaff, F.A. / Schwartz, E.S. (1992): Electronic Screening Trading and the Transmission of Information: An Empirical Examination, Finance Working Paper, No. 27-92, Anderson Graduate School of Management, University of California, Los Angeles, 1992.

Gunter, M.J. (1990): Intermarket Relationships: A Direct Test of Interaction between the Common Stock and Option Markets, Dissertation, Florida State University, 1990.

Hämmerlin, G. (1978): Numerische Mathematik, Bibliographisches Institut, Mannheim, 2. Aufl., 1978.

Hakansson, H.H. (1979): The Fantastic World of Finance: Progress and the Free Lunch, in: JOFQA, 1979, S. 717-734.

Hallingby, P.Jr. (1947): Speculative Opportunities in Stock Purchase Warrants, in: AJ, Vol. 3, 1947, S. 41-49.

Halpern, J.H. / Turnbull, S.M. (1985): Empirical Tests of Boundary Conditions for Toronto Stock Exchange Options, in: JOF, Vol. 40, No. 2, June 1985, S. 481-500.

Hansell, S. (1989): The Wild, Wired World of Electronic Exchanges, in: Institutional Investor, Vol. 23, 1989, S. 91-119.

Harris, L. (1986): A Transaction Data Study of Weekly and Intradaily Patterns in Stock Returns, in: JOFE, Vol. 16, 1986, S. 99-117.

Harris, L. (1986b): How to Profit from Intradaily Stock Returns, in: JOPM, Vol. 12, No. 2, 1986, S. 61-65.

Harris, L. (1989): A Day-End Transaction Price Anomaly, in: JOFQA, Vol. 24, No. 1, 1989, S. 29-45.

Harris, L. (1989b): S&P 500 Cash Stock Price Volatilities, in: JOF, Vol. 44, 1989, S. 1155-1175.

Harris, L. (1989c): The Power of the Roll Serial Covariance Bid/ask Spread Estimator, Working Paper, U.S. Securities and Exchange Commission, 1989.

Harris, L. (1990): Statistical Properties of the Roll Serial Covariance Bid/Ask Spread Estimator, in: JOF, Vol. 45, 1990, S. 579-590.

Harris, L. (1990b): Liquidity, Trading Rules, and Electronic Trading Systems, New York University Salomon Center Monograph Series in Finance and Economics, Monograph 1990-4.

Harvey, C.R. / Whaley, R.E. (1991): S&P 100 Index Option Volatility, in: JOF, Vol. 46, 1991, S. 1551-1561.

Harvey, C.R. / Whaley, R.E. (1992): Market Volatility Prediction and the Efficiency of the S&P 100 Index Option Market, JOFE, Vol. 31, 1992, S. 44-73.

Hasbrouck, J. / Ho, T.S.Y. (1987): Order Arrival, Quote Behavior, and the Return-Generating Process, in: JOF, Vol. 42, 1987, S. 1035-1048.

Hasbrouck, J. / Sosebee, D. (1992): Orders, Trade, Reports and Quotes at the New York Stock Exchange, New York Stock Exchange Working Paper, 92-01, 1992.

Hauck, W. (1991): Optionspreise: Märkte, Preisfaktoren, Kennzahlen, Gabler, Wiesbaden, 1991.

Hayek, F.H. (1945): The Use of Knowledge in Society, in: AER, Vol. 35, 1945, S. 519-530.

Hayes, S. / Tennenbaum, M. (1979): The Impact of Listed Options on the Underlying Shares, in: FM, Vol. 8, No. 4, 1979, S. 72-76.

Hecker, R. (1993): Informationsgehalt von Optionspreisen - Eine empirische Untersuchung der Preisbildung am Markt für Kaufoptionen im Vorfeld abnormaler Kursbewegungen am Aktienmarkt, Physica, Heidelberg, 1993.

Heller, W.D. / Lindenberg, H. / Nuske, M. / Schriever, K.-H. (1978): Stochastische Systeme, Springer, Berlin, 1978.

Hellwig, M.F. (1980): On the Aggregation of Information in Competetive Markets, in: JOET, Vol. 22, 1980, S. 477-498.

Hellwig, M.F. (1982): Zur Informationseffizienz des Kapitalmarktes, in: ZfWS, 1982, Nr. 1, S. 1-27.

Herbst, A.F. / McCormack, J.P. / West, E.N. (1987): Investigation of a Lead-Lag Relationship between Spot Stock Indices and Their Futures Contracts, in: JOFM, Vol. 7, 1987, S. 373-381.

Herbst, A.F. / Maberly, E.D. (1992): The Informational Role of End-of-the-Day Returns in Stock Index Futures, in: JOFM, Vol. 12, No. 5, S. 595-601.

Heri, E.W. (1981): Eine emprische Überprüfung der Effizienzhypothese für den Schweizer-Franken-Markt, in: SZVS, Vol. 117, 1981, S. 564-568.

Heri, E.W. (1982): Bestimmungsgründe kurzfristiger Wechselkursfluktuationen, Diss. Universität Basel, Veröffentlichungen des HWWA-Instituts für Wirtschaftsforschung, Weltarchiv, Hamburg, 1982.

Hielscher, U. (1975): Technische Aktienanalyse versus Random-Walk-Hypothese, in: ZfgK, Bd. 24, 1975, S. 11-14.

Hillmer, S.C. / Yu, P.L. (1979): The Market Speed of Adjustment to New Information, in: JOFE, Vol. 7, 1979, S. 321-345.

Hinderer, K. (1975): Grundbegriffe der Wahrscheinlichkeisttheorie, Berlin, 1975.

Ho, T.S.Y. / Marris, R.G. (1984): Dealer Bid-Ask Quotes and Transaction Prices: An Empirical Study of some AMEX Options, in: JOF, Vol. 39, 1984, S. 23-45.

Hochgesand, H. (1977): Spekulation, in: Albers et.al. (Hrsg.) (1977), Bd. 7, S. 170-177.

Hoffmann, P. / Ramke, R. (1990): Finanzinnovationen an der Deutschen Terminbörse: Chancen und Risiken des Handels mit Optionen und Finanzterminkontrakten, Grundlagen und Praxis des Bank- und Börsenwesens, Bd. 23, Schmidt, Berlin, 1990.

Hsia, C.-C. (1981): Coherence of the Modern Theories of Finance, in: FR, Vol. 16, 1981, S. 27-42.

Hüttner, M. (1986): Prognoseverfahren und ihre Anwendung, de Gruyter, Berlin, 1986.

Hull, J. / White, A. (1987): The Pricing of Options on Assets with Stochastic Volatilities, in: JOF, Vol. 42, 6/1987, S. 281-300.

Hull, J. (1989): Options, Futures and Other Derivative Securities, Prentice Hall, London, 1989.

Ingersoll, J.E.Jr. (1987): Theory of Financial Decision Making, Rowmann & Littlefield, Totowa, NJ, 1087.

Janßen, B. / Rudolph, B. (1992): Der Deutsche Aktienindex DAX, Fritz Knapp, Frankfurt, 1992.

Jarrow, R.A. / Rudd, A. (1983): Option Pricing, Irwing, Homewood, Illinois, 1983.

Jarrow, R.A. / Trautmann, S. (1992): Warrant Valuation in Complete Markets, Arbeitspapier Johannes Gutenberg-Universität, Mainz, 1992.

Jennings, R. / Starks, L. / Fellingham, J.C. (1981): An Equilibrium Model of Asset Trading with Sequential Information Arrival, in: JOF, Vol. 36, 1981, S. 143-161.

Jennings, R. / Starks, L. (1985): Information Content and the Speed of Stock Price Adjustments, in: JOAR, Vol. 23, 1985, S. 336-350.

Jennings, R. / Starks, L. (1986): Earnings Announcements, Stock Price Adjustment, and the Existence of Option Markets, in: JOF, Vol. 41, 1986, S. 107-125.

Jentzsch, B. (1985): Optionspreise in der Bundesrepublik Deutschland - Empirische Überprüfung eines theoretischen Ansatzes, Harry Deutsch, Frankfurt, 1985.

Johnson, H. (1983): An Analytical Approximation for the American Put Price, in: JOFQA, Vol. 18, 1983, S. 141-148.

Johnson, H. / Shanno, D. (1987): Option Pricing when the Variance is Changing, in: JOFQA, Vol. 22, 1987, S. 143-151.

Jong de, F. / Kemna, A. / Kloek, T. (1992): A Contribution to Event Study Methodology with an Application to the Dutch Stock Market, in: JOBF, Vol. 16, 1992, S. 11-36.

Jordan, J.V. / Seale, W.E. (1986): Transactions Data Tests of Minimum Prices and Put-Call Parity for Treasury Bond Futures Options, in: AFOR, Vol. 1, Part A, S. 63-87.

Joy, O.M. / Litzenberger, R.N. / McEnally, R.W. (1977): The Adjustment of Stock Prices to Announcements of Unanticipated Changes in Quarterly Earnings, in: JOAR, Vol. 15, 1977, S. 207-225.

Judge, G.G. et al. (1982): Introduction to the Theory and Practice of Econometrics, John Wiley & Sons, New York, 1982.

Jurgeit, L. (1989): Bewertung von Optionen und bonitätsrisikobehafteten Finanztiteln, Deutscher Universitäts-Verlag, Wiesbaden, 1989.

Kalaba, R.E. / Langetieg, T. / Weinstein, M.I. / Zubi, N. (1987): Implied Parameter Estimation in Contingent Claim Models, in: AFOR, Vol. 2, 1987, S. 65-95.

Kassouf, S.T. (1962): Evaluation of Convertible Securities, Analytic Investors, New York, 1962.

Kassouf, S.T. (1969): An Econometric Model for Option Price with Implications for Investors Expectations and Audacity, in: EM, Vol. 37, 1969, S. 685-696.

Kawaller, I.G. / Koch, P.D. / Koch, T.W. (1987): The Temporal Price Relationship between S&P 500 Futures and the S&P 500 Index, in: JOF, Vol. 42, S. 1309-1329.

Kawaller, I.G. / Koch, P.D. / Koch, T.W. (1990): Intraday Relationships between Volatility in S&P 500 Futures Prices and Volatility in the S&P 500 Index, in: JOBF, Vol. 14, 1990, S. 373-397.

Keim, D.B. (1983): Size-Related Anomalies and Stock Market Seasonality: Further Empirical Evdience, in: JOFE, June 1983, S. 13-32.

Keller, H.J. / Redelberger, T. / Schwaiger, R. (1991): Die Abwicklung von Termingeschäften an der DTB, Gabler, Wiesbaden, 1991.

Kirchgässner, G. (1981): Einige neuere statistische Verfahren zur Erfassung kausaler Beziehungen zwischen Zeitreihen, Vandenhoeck & Ruprecht, Göttingen, 1981.

Kirelli, S. (1988): Geldmärkte, Kapitalmärkte und Börsen - Ein Überblick, in: Obst/Hintner (1988), S. 933-936.

Kleeberg, J.M. (1990): Die Eignung von Marktindizes für empirische Aktienmarktuntersuchungen, OIKOS Studien zur Ökonomie, Bd. 23, Gabler, Wiesbaden, 1990.

Klemkosky, R.C. (1978): The Impact of Option Expirations on Stock Prices, in: JOFQA, Vol. 13, 1978, S. 507-518.

Klemkosky, R.C. / Resnick, B.G. (1979): Put-Call Parity and Market Efficiency, in: JOF, Vol. 34, 12/1979, S. 1141-1155.

Klemkosky, R.C. / Resnick, B.G. (1980): An Ex-Ante Analysis of Put-Call-Parity, in: JOFE, Vol. 8, 1980, S. 363-378.

Klemkosky, R.C. / Maness, T.S. (1980b): The Impact of Options on the Underlying Securities, in: JOPM, Vol. 7, 1980, S. 12-18.

Klump, R. (1985): Wiener-Prozesse und das Ito-Theorem, in: Wirtschaftswissenschaftliches Studium, 14. Jg., Nr. 4, 1985, S. 183-185.

Köpf, G. (1987): Ansätze zur Bewertung von Aktienoptionen - Eine kritische Analyse, Hochschulschriften zur Betriebswirtschaftslehre, Bd. 52, Florentz, München, 1987.

Kohler, H.-P. (1992): Grundlagen der Bewertung von Optionen und Optionsscheinen, OIKOS Studien zur Ökonomie, Bd. 31, Gabler, Wiesbaden, 1992.

Kolb, R.W. (1991): Options, Kolb Publishing Company, Miami, 1991.

Koester, U. (1980): Terminmärkte, in: Albers et.al. (Hrsg.) (1977), Bd. 8, 1980, S. 1-7.

Kruizenga, R.J. (1964): Introduction to the Option Contract, in: Cootner (Hrsg.) (1964), S. 377-391.

Kumar, R. / Shastri, K. (1990): The Predictive Ability of Stock Prices Implied in Option Premia, in: AFOR, Vol. 4, 1990, S. 165-176.

Kutner, G.W. / Sweeney, R.J. (1991): Causality Tests between the S&P 500 Cash and Futures Markets, in: QJBE, Vol. 30, Nr. 2, 1991, S. 51-74.

Laatsch, F.E. / Schwarz, T.V. (1988): Price Discovery and Risk Transfer in Stock Index Cash and Futures Markets, in: ROFM, Vol. 7, 1988, S. 272-289.

Latané, H.A. / Rendleman, R.J. (1976): Standard Deviations of Stock Price Ratios implied in Option Prices, in: JOF, Vol. 31, 1976, S. 369-381.

Laux, P.A. / Senchack, A.J.Jr. (1992): Bid-Ask Spreads in Financial Futures, in: JOFM, Vol. 12, No. 6, 1992, S. 621-634.

Lee, C.M.C. / Mucklow, B. / Ready, M.J. (1993): Spreads, Depths, and the Impact of Earnings Information: An Intraday Analysis, in: ROFS, Vol. 6, No. 2, 1992, S. 345-374.

Lee, C.M.C. / Ready, M.J. (1991): Inferring Trade Direction from Intraday Data, in: JOF, Vol. 46, 1991, S. 733-746.

Lefoll, J. / Ormond, R. / Velazquez, M. (1990): Arbitrage Conditions for Option Pricing on the SOFFEX, in: FMPM, 4.Jg., 1990, Nr. 2, S. 129-143.

Leiner, B. (1986): Einführung in die Zeitreihenanalyse, Oldenbourg, München, 2. Aufl., 1986.

Leland, H.E. (1980): Who Should Buy Portfolio Insurance, in: JOF, Vol. 35, 1980, S. 581-596.

Leoni, W. (1990): Möglichkeiten der Wechselkursprognose, Verlag der Ferber'schen Universitätsbuchhandlung, Giessen, 1990.

Lingner, U. (1987): Optionen, Gabler, Wiesbaden, 1987.

Linkwitz, C. (1992): Devisenoptionen zur Kurssicherung: Bewertung und Strategien, OIKOS Studien zur Ökonomie, Bd. 33, Gabler, Wiesbaden, 1992.

Liu, S.-M. / Thompson, S. (1991): The Price Adjustment Process and Efficiency of Grain Futures Markets Implied by Return Series of various Time Intervals, in: ROFM, Vol. 10, 1991, No. 1, S. 16-48.

Liu, S.-M. / Thompson, S. / Newbold, P. (1992): Impact of the Price Adustment Process and Trading Noise on Return Patterns of Grain Futures, in: JOFM, Vol. 12, No. 5, 1992, S. 575-585.

Lockwood, L.J. / Linn, S.C. (1990): An Examination of Stock Market Return Volatility During Overnight and Intradaily Periods, 1964-1989, in: JOF, Vol. 45, 1990, S. 591-601.

Loistl, O. / Landes, T. (1989): The Dynamic Pricing of Financial Assets, McGraw- Hill, Hamburg, 1989.

Loistl, O. (1990): Computergestütztes Wertpapiermanagement, Oldenbourg, München, 3. Aufl., 1990.

Loistl, O. (1991): Kapitalmarkttherorie, Oldenbourg, München, 1991.

Lüdecke, T. / Schlag, C. (1992): Die Marktstruktur der Deutschen Terminbörse: Eine empirische Analyse der Bid-Ask-Spreads, in: ZfbF, Jg. 44, Nr. 4, 1992, S. 323-346.

Ma, C.K. / Rao, R.P. (1988): Information Asymmetry and Options Trading, in: FR, Vol. 23, 1988, S. 39-51.

Ma, C.K. / Peterson, R.L. / Sears, R.S. (1992): Trading Noise, Adverse Selection, and Intraday Bid-Ask Spreads in Futures Markets, in: JOFM, Vol. 12, No. 5, 1992, S. 519-538.

Maberly, E.D. (1989): The Relationship between Stock Indices and Stock Index Futures from 3:00-3:15: A Note, in: JOFM, Vol. 9, 1989, S. 271-272.

Maberly, E.D. / Spahr, R.W. / Herbst, A.F. (1989b): An Analysis of Daily Patterns in Stock Returns across Indices: Spot versus Futures, in: QJOBE, 1989, S. 55-67.

MacBeth, J.D. / Merville, L.J. (1979): An Empirical Examination of the Black-Scholes Call Option Pricing Model, in: JOF, Vol. 34, 12/1979, S. 1173-1186.

MacBeth, J.D. / Merville, L.J. (1980): Tests of the Black-Scholes and Cox Call Valuation Option Models, in: JOF, Vol. 35, 1980, S. 285-303.

MacKinnon, J.G. (1992): Model Specification Tests and Artifical Regressions, in: JOEL, Vol. 30, 1992, S. 102-146.

MacMillan, L.W. (1986): Analytical Approximation for the American Put Option, in: AFOR, Vol. 1, Part A, S. 119-139.

Malinvaud, E. (1980): Statistical Methods of Econometrics, North Holland, New York, 1980.

Malliaris, A.G. / Brock, W.A. (1982): Stochastic Methods in Economics and Finance, Amsterdam, 1982.

Manaster, S. / Koehler, G. (1982): The Calculation of Implied Variances from the Black-Scholes Model: A Note, in: JOF, Vol. 37, 1982, S. 227-230.

Manaster, S. / Rendleman, R.J.Jr. (1982): Option Prices as Predictors of Equilibrium Stock Prices, in: JOF, Vol. 37, 1982, S. 1043-1057.

Marchand, P.H. (1990): Relative Futures-Option Pricing and Option Contracts on S&P 500 Futures. A Test of Market Efficiency, Dissertation, Alabama University, 1990.

Margrabe, W. (1978): The Value of an Option to Exchange one Asset for Another, in: JOF, Vol. 33, 1978, S. 177-187.

Marquardt, D.W. (1963): An Algorithm for Least-Squares Estimation of Nonlinear Parameters, in: JSIAM, Vol. 11, No. 2, 1963, S. 431-441.

Martikainen, T. / Puttonen, V. (1992): On the Informational Flow Between Financial Stock Markets: International Evidence from Thin Stock and Stock Index Futures Markets, in: EL, Vol. 38, 1992, S. 213-216.

Martikainen, T. / Puttonen, V. (1993): A Note on the Predictability of Finnish Stock Market Returns: Evidence from Stock Index Futures Markets, in: EJOOR, 1993, (im Druck).

McInish, T.H. / Wood, R.A. (1990): A Transactions Data Analysis of the Variability of Common Stock Returns During 1980-1984, in: JOBF, Vol.14, 1990, S. 99-112.

McInish, T.H. / Wood, R.A. (1991): Autocorrelation of Daily Index Returns: Intraday-to-Intrayday versus Close-to-Close Intervals, in: JOBF, Vol. 15, 1991, S. 193-206.

Merton, R.C. (1973): Theory of Rational Option Pricing, in: BJEMS, Vol. 4, 1973, S. 141-183.

Merton. R.C. (1973b): The Relationship between Put and Call Option Prices: Comment, in: JOF, Vol. 28, 1973, S. 183-184.

Merton, R.C. (1976): Option Pricing when underlying Stock Returns are discontinous, in: JOFE, Vol. 3, 1976, S. 125-144.

Miller, R.M. (1990): The Design of Decentralized Auction Mechanisms that Coordinate Continuous Trade in Synthetic Securities, in: JOEDC, Vol. 14., S. 237-253.

Miller, M.H. (1990b): International Competitiveness of U.S. Futures Exchanges, in: JOFSR, Vol. 4, 1990, S. 387-408.

Modigliani, F. / Miller, M.H. (1958): The Cost of Capital, Corporate Finance and the Theory of Investment, in: AER, Vol. 48, S. 261-297.

Morrison, R.J. (1957): The Warrants or the Stock?, in: AJ, Vol. 13, 1957, S. 51-53.

Morse, J.N. (1991): An Intraweek Seasonality in the Implied Volatilities of Individual and Index Options, in: FR, Vol. 26, No. 3, 1991, S. 319-341.

Muth, J. (1961): Rational Expectations and the Theory of Price Movements, in: EM, Vol. 29, 1961, S. 315-335.

Nathan, R. (1974): Review of Initial Trading Experience at the Chicago Board Options Exchange, Chicago, 1974.

Neter, J. / Wassermann, W. / Kutner, M.H. (1983): Applied Linear Regression Models, Irvin, Homewood, Il., 1983.

Neumann, M.J.M. / Klein, M. (1982): Probleme der Theorie effizienter Märkte und ihre empirische Überprüfung, in: KK, 1982, S. 165-187.

Ng, N. (1987): Detecting Spot Price Forecasts in Futures Prices Using Causality Tests, in: ROFM, Vol. 6, 1987, S. 250-267.

O'Brien, T. / Kennedy,W. (1982): Simultaneous Stock and Option Prices: Another Look at the Black-Scholes Model, in: FR, Vol. 17, 1982, S. 219-227 S. 219-227.

Obst, G. / Hintner, O. (1988): Geld-, Bank- und Börsenwesen, (Hrsg.) Kloten, N. / Stein, von J.H., Poeschel, Stuttgart, 38. Aufl., 1988.

Officer, D.T. / Trennepohl, G.L. (1981): Price Behavior of Corporate Equities Near Option Expiration Dates, in: FM, Vol. 10, No. 3, Summer 1981, S. 75-80.

Osborne, M.F.M. (1959): Brownian Motion in the Stock Market, in: OR, Vol. 7, 1959, S. 145-173; wiederabgedruckt in Cootner, P.H. (Ed.) (1964), S. 100-128.

Panton, D. (1976): Chicago Board Call Options as Predictors of Common Stock Price Changes, in: JOE, Vol. 4, 1976, S. 101-113.

Parkinson, M. (1977): Option Pricing: The American Put, in: JOB, Vol. 50, 1977, S. 21-36.

Parkinson, M. (1980): The Extreme Value Method for Estimating the Variance of the Return, in: JOB, Vol. 53, S. 61-65.

Patell, J. / Wolfson, M. (1979): Anticipated Information Releases Reflected in Call Option Prices, in: JOAAE, Vol. 1, 1979, S. 117-140.

Patell, J. / Wolfson, M. (1981): The Ex Ante and Ex Post Price Effects of Quarterly Earnings Announcements Reflected in Option and Stock Prices, in: JOAR, Vol. 19, 1981, S. 434-458.

Patell, J. / Wolfson, M. (1982): Good News, Bad News, and the Intraday Timing of Corporate Disclosures, in: AR, Vol. 57, 1982, S. 509-527.

Patell, J. / Wolfson, M. (1984): The Intraday Speed of Adjustment of Stock Prices to Earnings and Dividend Announcements, in: JOFE, Vol. 13, 1984, S. 223-252.

Patterson, D.M. (1986): The Speed of Adjustment of Warrent Prices to Changes in Stock prices, in: JOBES, Vol. 4, 1986, S. 233-241.

Pease, F. (1963): The Warrant - Its Powers and its Hazards, in: FAJ, Vol. 19, 1963, S. 25-32.

Peterson, D.R. (1990): A Transaction Data Study of Day-of-the-Week and Intraday Patterns in Option Returns, in: JOFR, Vol. 13, No. 2, 1990, S. 117-131.

Phillips, S.M. / Smith, C.W.Jr. (1980): Trading Costs for Listed Options - The Implications for Market Efficiency, in: JOFE, Vol. 8, 1980, S. 179-201.

Pollock, M. (1990): Die Zukunft gehört dem Computer, in: SOFFEX-Extra, 1/1990, S. 19-20.

Porak, A. (1988): Die Optionspreisformel von Black und Scholes, Gabler, Wiesbaden, 1988.

Puttonen, V. (1993): Short Sales Restrictions and the Temporal Relationship between Stock Index and Derivative Markets, in: JOFM, Vol. 13, No. 6, 1993, S. 645-664.

Quan, J. (1992): Two-Step Testing Procedure for Price Discovery Role of Futures Prices, in: JOFM, Vol. 12, No. 2, 1992, S. 139-149.

Raab, R. (1976): The Speed of Adjustment to New Information, in: Proceedings: Seminar on the Analysis of Security Prices, November 1976.

Ramaswamy, K. / Sundaresan, S.M. (1985): The Valuation of Options on Futures Contracts, in: JOF, Vol. 40, 1985, S. 1319-1340.

Reiß, W. (1974): Random-Walk-Hypothese und deutscher Aktienmarkt, Diss. Technische Universität Berlin, 1974.

Rendleman, R.J. / Bartter, B.J. (1979): Twostate Option Pricing, in: JOF, Vol. 34, 1979, S. 1093-1110.

Rendleman, R.J. / Bartter, B.J. (1980): Option Pricing on Dept Securities, in: JOFQA, Vol. 15, 1980, S. 11-24.

Röell, A. (1990): Dual-Capacity Trading and the Quality of the Market, in: JOFI, Vol. 1, 1990, S. 105-124.

Roll, R. (1977): An analytic Formula for unprotected American Call Options on Stocks with known Dividends, in: JOFE, Vol. 5, 1977, S. 251-258.

Roll, R. (1984): A Simple Implicit Measure of the Effective Bid-Ask Spread in an Efficient Market, in: JOF, Vol. 39, 1984, S. 1127-1139.

Ronning, G. (1991): Mikroökonometrie, Springer, Berlin, 1991.

Ross, S.A. (1976): Options and Efficiency, in: QJOE, Vol. 90, 1976, S. 75-89.

Rubinstein, M. (1976): The Valuation of Uncertain Income Streams and the Pricing of Options, in: BJEMS, Vol. 7, 1976, S. 407-425.

Rubinstein, M. (1983): Displaced Diffusion Option Pricing, in: JOF, Vol. 38, 3/1983, S. 213-217.

Rubinstein, M. (1985): Nonparametric Tests of Alternative Option Pricing Models Using all Reported Trades and Quotes on the most active CBOE Option, in: JOF, Vol. 40, 6/1985, S. 455-480.

Rubinstein, M. / Vijh, A.M. (1987): The Berkeley Options Data Base: A Tool for Empirical Research, in: AFOR, Vol. 2, 1987, S. 209-221.

Samuelson, P.A. (1965): Rational Theory of Warrant Pricing, in: IMR, Vol. 6, 1965, S. 13-31.

Samuelson, P.A. / Merton, R.C. (1969): A Complete Model of Warrant Pricing that Maximizes Utility, in: IMR, Vol. 10, S. 17-46, hier zit. aus Smith (1976).

Scherf, H. (1980): Wahrscheinlichkeitstheorie, in: Albers et al. (Hrsg.) (1977), Bd. 9, 1980, S. 563-576.

Schlittgen, R. / Streitberg, B. (1987): Zeitreihenanalyse, Oldenbourg, München, 2. Aufl., 1987.

Schlag, C. (1991): Der Einfluß der Deutschen Terminbörse auf Volatilität und Wertpapierrisiko am Frankfurter Aktienmarkt, in: ZBB, 1991, S. 92-98.

Schmalensee, R. / Trippi, R.R. (1978): Common Stock Volatility Expectations implied by Option Premia, in: JOF, Vol. 33, 1978, S. 129-147.

Schmidt, H. (1988): Wertpapierbörsen, Vahlen, München, 1988.

Schneeweiß, H. (1990): Ökonometrie, Physica, Heidelberg, 4. Aufl., 1990.

Schnyder, W. (1992): Wertschriftenhandel und Brokerdealerbeziehungen, Bank- und Finanzwirtschaftliche Forschungen, Bd. 149, Haupt, Bern, 1992.

Schöbel, R. (1985): The Valuation of Insurance Contracts in an Option Pricing Framework, Diskussionspapier Nr. 94, Wirtschaftswiss. Dokumentation, TU Berlin, 1985.

Schönfeld, P. (1969): Methoden der Ökonometrie, Band 1, Lineare Regressionsmodelle, Vahlen, Berlin, 1969.

Schönfeld, P. (1971): Methoden der Ökonometrie, Band II, Stochastische Regressoren und simultane Gleichungen, Vahlen, München, 1971.

Schulz, U. / Trautmann, S. (1989): Valuation of Warrants, Arbeitspapier Johannes Gutenberg-Universität, Mainz, 1989.

Schulz, U. / Trautmann, S. (1992): Robustness of Option-Like Warrant Valuation, Arbeitspapier Johannes Gutenberg-Universität, Mainz, 1992.

Schwarz, T.V. / Laatsch, F.E. (1991): Dynamic Efficiency and Price Leadership in Stock Index Cash and Futures Markets, in: JOFM, Vol. 11, 1991, S. 669-683.

Schwarz, T.V. (1991b): The Relationship between Stock Indices and Stock Index Futures from 3:00 to 3:15: A Clarification, in: JOFM, Vol. 11, 1991, S. 647-649.

Schwert, G.W. (1989): Why does Stock Market Volatility change over Time?, in: JOF, Vol. 44, 1989, S. 1115-1154.

Scott, L.O. (1987): Option Pricing when the Variance Changes Randomly: Theory, Estimation and an Application, in: JOFQA, Vol. 22, 1987, S. 419-438.

Senghas, N. (1981): Präferenzfreie Bewertung von Kapitalanlagen mit Options-Charakter, Quantitative Methoden der Unternehmungsplanung, Bd. 17, Hain, Königstein/Ts., 1981.

Sfiridis, James M. (1992): Two Essays on a new Event Study Methodology, Dissertation, Connecticut, 1992.

Sharpe, W.F. (1978): Investments, Prentice-Hall, Englewood Cliffs, 1978.

Shastri, K. / Tandon, K. (1986): Valuation of Foreign Currency Options: Some Empirical Tests, in: JOFQA, Vol. 21, 6/1986, S. 145-160.

Shastri, K. / Tandon, K. (1986b): An Empirical Test of a Valuation Model for American Options on Future Contracts, in: JOFQA, Vol. 21, 1986, S. 377-392.

Sheikh, A.M. (1991): Transaction Data Tests of S&P 100 Call Option Pricing, in: JOFQA, Vol. 26, No. 4, S. 459-475.

Shelton, J.P. (1967): The Relation of the Pricing of a Warrant to the Price of its Associated Stock, in: FAJ, Vol. 23, May-June 1967, S. 143-151 und July-August 1967, S. 88-99.

Sijben, J.J. (1980): Rational Expectations and Monetary Policy, Sijthoff & Norhoff, Alphen an den Rijn, 1980.

Sims, C.A. (1972): Money, Income, and Causality, in: AER, Vol. 62, 1972, S. 540-552.

Sims, C.A. (1977): Exogeneity and Causal Ordering in Macroeconomics, in: Federal Reserve Bank of Minneapolis (ed.), 1977, S. 23-44.

Smirlock, M. / Starks, L. (1986): Day-of-the-Week and Intraday Effects in Stock Returns, in: JOFE, Vol. 17, 1986, S. 197-210.

Smith, C.W. (1976): Option Pricing: A Review, in: JOFE, Vol. 3, 1976, S. 3-51.

Snelling, P.A. (1988): Disequilibrium between Option Prices and the Underlying Stock Price, Unpublished Manuscript, 1988.

Spang, H.A. (1962): A Review of Minimization Techniques for Nonlinear Functions, in: SIAMR, Vol. 4, 1962, S. 343-365.

Sprenkle, C.M. (1961): Warrant Prices as Indicators of Expectations and Preferences, in: Yale Economic Essays, Vol. 1, 1961, S. 179-232, wiederabgedruckt in Cootner (Ed.) (1964), S. 412-474.

Spremann, K. (1990): Investition und Finanzierung, Oldenbourg, München, 3. Aufl., 1990.

Spudy, J. (1991): Die ersten vier Wochen der Deutschen Terminbörse (Teil I), in: KK, 4/1991, S. 537-573.

Spudy, J. (1992): Die ersten vier Wochen der Deutschen Terminbörse (Teil II), in: KK, 1/1992, S. 135-174.

Stephan, J. (1989): Entscheidungsorientierte Wechselkurssicherung, Dissertation Universität Köln, 1989.

Stephan, J.A. / Whaley, R.E. (1990): Intraday Price Change and Trading Volume Relations in the Stock and Stock Options Markets, in: JOF, Vol. 45, 1990, S. 191-220.

Sterk, W.E. (1982): Tests of Two Models for Valuing Call Options on Stocks with Dividends, in: JOF, Vol. 37, 1982, S. 1229-1237.

Sterk, W.E. (1983): Comparative Performance of Black-Scholes and Roll-Geske-Whaley Option Pricing Models, in: JOFQA, Vol. 18, 1983, S. 345-354.

Sterk, W.E. (1983b): Option Pricing: Dividends and the In- and Out-of-the-Money Bias, in: FM, Vol. 12, 1983, S. 47-53.

Stoer, J. (1989): Numerische Mathematik, Springer, Berlin, 5. Aufl., 1989.

Stoll, H.R. (1969): The Relationship between Put and Call Option Prices, in: JOF, Vol. 24, 1969, S. 801-824.

Stoll, H.R. / Whaley, R.E. (1987): Expiration Day Effects of Index Options and Futures, Monograph Series in Finance and Economics, Monograph Nr. 1986-3, New York University, 1987.

Stoll, H.R. / Whaley, R.E. (1987b): Program Trading and Expiration Day Effects, in: FAJ, March-April, 1987, S. 16-28.

Stoll, H.R. / Whaley, R.E. (1989): Expiration-Day Effects: What Has Changed?, Working Paper, Vanderbilt University, 1989.

Stoll, H.R. (1989b): Inferring the Components of the Bid-Ask Spread: Theory and Empirical Results, in: JOF, Vol. 44, 1989, S. 115-135.

Stoll, H.R. / Whaley, R.E. (1990): The Dynamics of Stock Index and Stock Index Futures Returns, in: JOFQA, Vol. 25, 1990, Nr. 4, S. 441-468.

Stoll, H.R. / Whaley, R.E. (1990b): Program Trading and Individual Stock Returns: Ingredients of the Triple-Witching Brew, in: JOB, Vol. 63, 1990, S. 165-192.

Stoll, H.R. / Whaley, R.E. (1990c): Stock Market Structure and Volatility, in: Review of Financial Studies, Vol. 3, 1990, S. 37-71.

Straush, C. (1990): Handbuch Terminhandel, Hoppenstedt & Co, Darmstadt, 1990.

Subrahmanyam, A. (1991): A Theory of Trading in Stock Index Futures, in: ROFS, Vol. 4, 1991, S. 17-51.

Swidler, S. (1985): Simultaneous Option Prices and Implied Risk Free Rate of Interest: A Test of the Black-Scholes Model, in: Göppl/Henn (Hrsg.) (1985), S. 1077-1086.

Swidler, S. / Diltz, J.D. (1992): Implied Volatilities and Transaction Costs, in: JOFQA, Vol. 27, No. 3, 1992, S. 437-447.

Swiss Options and Financial Futures Exchange (SOFFEX) (1990): SOFFEX Manual, SOFFEX AG, Dietikon, 1990.

Tanner, M. / Zimmermann, H. (1993): Auswirkungen schweizerischer Stillhalteroptionen auf den Aktienmarkt, in: FMPM, 7.Jg., 1993, Nr. 1, S. 46-72.

Tinic, S.M. (1972): The Economics of Liquidity Services, in: QJOE, Vol. 86, 1972, S. 79-93.

Trautmann, S. (1983): Tests of Two Option Pricing Modells using German Stock Options Market Data from January 1979 through March 1973, Institut für Entscheidungstheorie und Unternehmensforschung, Universität Karlsruhe, Diskussionspapier Nr. 48, 1983.

Trautmann, S. (1985): Distribution-Free Tests of the Efficiency of the Frankfurt Options Exchange from April 5, 1983 through September 28,1984, in: Göppl/Henn (Hrsg.) (1985), S. 1087-1094.

Trautmann, S. (1986): Finanztitelbewertung bei arbitragefreien Finanzmärkten, Habilitationsschrift der Fakultät für Wirtschaftswissenschaften der Universität Karlsruhe, 1986.

Trautmann, S. (1990): Aktienoptionspreise an der Frankfurter Optionsbörse im Lichte der Optionsbewertungstheorie, in: Göppl/Bühler/von Rosen (Hrsg.) (1990), S. 79-110.

Uhlir, H. / Steiner, P. (1991): Wertpapieranalyse, Physica, Heidelberg, 2. Aufl., 1991.

Vijh, A.M. (1990): Liquidity of CBOE Equity Options, in: JOF, Vol. 45, 1990, S. 1157-1179.

Wenger, E. / Hecker, R. / Gais, M. (1993): Interdependenzen zwischen der Preisbildung am Aktien- und Optionsmarkt, in: ZfbF, Sonderheft 31, 1993, S. 131-168.

Weßels, T. (1992): Numerische Verfahren zur Bewertung von Aktienoptionen, Deutscher Universitäts-Verlag, Wiesbaden, 1992.

Whaley, R.E. (1981): On the Valuation on American Call Options on Stocks with known Dividends, in: JOFE, Vol 9, 1981, S. 207-211.

Whaley, R.E. (1982): Valuation on American Call Options on Dividend-Paying Stocks - Empirical Tests, in: JOFE, Vol. 10, 1982, S. 29-58.

Whaley, R.E. (1986): Valuation of American Futures Options: Theory and Empirical Tests, in: JOF, Vol. 41, 1986, S. 127-150.

Whaley, R.E. (1986b): On Valuing American Futures Options, in: FAJ, Vol. 42, 1986, S. 49-59.

Whiteside, M. / Dukes, W. / Dunne, P. (1983): Short Term Impact of Option Trading on Underlying Securities, in: JOFR, Vol. 6, 1983, S. 313-322.

Wiggens, J.B. (1987): Option Values under Stochastic Volatility - Theory and Empirical Evidence, in: JOF, Vol. 42, 1987, S. 351-372.

Wood, R.A. / McInish, T.H. / Ord, J.K. (1985): An Investigation of Transactions Data for NYSE Stocks, in: JOF, Vol 40, 1985, S. 723-741.

Woodruff, C.S. / Senchack, A.J.Jr. (1988): Intraday Price-Volume Adjustments of NYSE Stocks to Unexpected Earnings, in: JOF, Vol. 43, 1988, S. 467-491.

Yadav, P.K. / Pope, P.F. (1991): Testing Index Futures Market Efficiency Using Price Differences: A Critical Analysis, in: JOFM, Vol. 11, 1991, S. 239-252.

Yadav, P.K. / Pope, P.F. (1992): Intraweek and Intraday Seasonalities in Stock Market Risk Premia: Cash and Futures, in: JOBF, Vol. 16, 1992, S. 233-270.

Zeckhauser, R. / Niederhoffer, V. (1983): The Performance of Market Index Futures Contracts, in: FAJ, Vol. 39, No. 1, January-February, 1983.

Zimmermann, H. (1990): Vorwort zur Ausgabe FMPM, 4. Jg., Nr. 2, 1990, S. 83-86.

GPSR Compliance

The European Union's (EU) General Product Safety Regulation (GPSR) is a set of rules that requires consumer products to be safe and our obligations to ensure this.

If you have any concerns about our products, you can contact us on ProductSafety@springernature.com

In case Publisher is established outside the EU, the EU authorized representative is:

Springer Nature Customer Service Center GmbH
Europaplatz 3
69115 Heidelberg, Germany

Batch number: 10815974

Printed by Printforce, the Netherlands